DIE ZEIT

Welt- und Kulturgeschichte

DIE ZEIT

Welt- und Kulturgeschichte

Epochen, Fakten, Hintergründe in 20 Bänden

Mit dem Besten aus der ZEIT,
u. a. mit Beiträgen
von Theo Sommer,
Angelika Franz
und Gunter Hofmann

14 Zweiter Weltkrieg und Nachkriegszeit

Die Welt im Zeitalter des Totalitarismus II (1919 – 1945)

Die Welt im Zeitalter des Ost-West-Konflikts I (1945 – 1991)

Zeitverlag
Gerd Bucerius GmbH & Co. KG

Herausgeber

Zeitverlag Gerd Bucerius GmbH & Co. KG
Pressehaus, Speersort 1, 20095 Hamburg

Bibliographisches Institut & F. A. Brockhaus AG

Projektleitung Dr. Hildegard Hogen
Redaktion Jürgen Hotz M. A., Klaus M. Lange, Mathias Münter-Elfner, Marianne Strzysch-Siebeck
Bildredaktion Dr. Eva Bambach (Leitung), Dipl.-Geogr. Ellen Astor, Frank Endres M. A., Eva van Meeuwen M. A.
Redaktionsleitung ZEIT Aspekte Dr. Dieter Buhl

Layout Sigrid Hecker
Einband- und Umschlaggestaltung Mike Kandelhardt
Herstellung Constanze Sonntag

Bibliografische Information der Deutschen Bibliothek
Die Deutsche Bibliothek verzeichnet diese Publikation in der Deutschen Nationalbibliografie; detaillierte bibliografische Daten sind im Internet über http://dnb.ddb.de abrufbar.

Satz A–Z Satztechnik GmbH, Mannheim (PageOne, alfa Media Partner GmbH)
Druck und Bindung GGP Media GmbH, Pößneck
Printed in Germany

ISBN Gesamtwerk: 3-411-17590-7
ISBN Band 14: 3-411-17604-0

Abbildungen auf dem Einband aisa, Archivo iconográfico, Barcelona: Afrika, Aksum, Konfuzius, Byzanz, China Kolonialismus, Erster Weltkrieg, Etrusker, Franken, Französische Revolution, Hausa, Huangdi, Mesopotamien, Mykene, Osmanisches Reich, Steinzeit, Zweiter Weltkrieg; akg-images, Berlin: Erster Weltkrieg, Jungsteinzeit, Stalin; Bibliographisches Institut & F. A. Brockhaus AG, Mannheim: Ägypten, Avignon, Gandhi, Minoer, Preußen, Taj Mahal; Farb- und Schwarzweiß-Fotografie E. Böhm, Mainz: Buddhismus; A. Burkatovski, Rheinböllen: Katharina II., Skythen; M. Gropp, Unterhaching: Maya; Image Source, Köln: Kolosseum; Istituto Geografico de Agostini, Novara: Napoleon, Römer; Dr. V. Janicke, München: Mogulreich; picture-alliance/akg-images, Frankfurt am Main: Afrika – Sklavenhandel, Amerika – Unabhängigkeit, Azteken, Heinrich IV., Indianer, Karolinger, Lenin, Ludwig XIV., Luther, Marx, Maximilian I., Metternich, Mittelalter, Ottonen, Sonnenwagen von Trundholm, Völkerwanderung, Wirtschaftswunder; picture-alliance/Bildfunk, Frankfurt am Main: Bronzezeit; picture-alliance/dpa, Frankfurt am Main: Clinton, Golfkrieg, Gorbatschow, Kennedy, Kohl, Mandela, Mauerfall, UN

Die Reihe im Überblick

Anfänge der Menschheit und Altes Ägypten
Vor- und Frühgeschichte
Ägypten (3000 - 330 v. Chr.) — Band 01

Frühe Kulturen in Asien
Frühe Hochkulturen in Vorderasien
(3000 - 539 v. Chr.)
Persien (539 - 330 v. Chr.)
Frühe Hochkulturen in Süd- und Ostasien I
(3000 - 221 v. Chr.) — Band 02

Frühe Kulturen in Europa
Frühe Hochkulturen in Süd- und Ostasien II
(3000 - 221 v. Chr.)
Frühe Kulturen der antiken Welt
(700 v. Chr. - 500 n. Chr.) — Band 03

Klassische Antike
Griechische Antike (1600 - 30 v. Chr.)
Römische Antike I (650 v. Chr. - 395 n. Chr.) — Band 04

Spätantike und Völkerwanderungszeit
Römische Antike II (650 v. Chr. - 395 n. Chr.)
Völkerwanderung (395 - 565)
Vorderasien und Afrika I (850 v. Chr. - 651 n. Chr.) — Band 05

Aufstieg des Islam
Vorderasien und Afrika II (850 v. Chr. - 651 n. Chr.)
Süd- und Ostasien (320 v. Chr. - 550 n. Chr.)
Die arabische Welt (610 - 1492)
Europa im Mittelalter I (550 - 1500) — Band 06

Europa im Mittelalter
Europa im Mittelalter II (550 - 1500) — Band 07

Frühe Neuzeit und Altamerika
Europa in der frühen Neuzeit (1500 - 1648)
Altamerika (13 000 v. Chr. - 1492 n. Chr.) — Band 08

Zeitalter des Absolutismus
Süd- und Ostasien (550 - 1650)
Afrika (300 - 1800)
Europa im Zeitalter des Absolutismus I
(1648 - 1770) — Band 09

Inhaltsverzeichnis

Die Welt im Zeitalter des Totalitarismus (Fortsetzung)

Die Welt am Vorabend des Zweiten Weltkriegs

Der Zweite Weltkrieg

Die Welt am Vorabend des Zweiten Weltkriegs

Das Mächtegleichgewicht gerät ins Wanken: Der japanische Überfall auf die Mandschurei

»Es ist unbestreitbar, dass ohne jede Kriegserklärung ein großer Teil chinesischen Gebiets von japanischen Truppen mit Gewalt eingenommen und besetzt und dass er infolge dieser Unternehmung von dem übrigen China getrennt und für unabhängig erklärt worden ist.« Mit diesen Worten nahm der Völkerbund zur Besetzung der Mandschurei durch Japan Stellung, mit der 1931 die Serie kriegerischer Gewalt gegen die internationale Nachkriegsordnung begann.

An die Stelle einer befriedeten Ordnung, auf die man Mitte der Zwanzigerjahre in Europa und Asien noch hoffen mochte, trat in den Jahren der Weltwirtschaftskrise der Zerfall sowohl wirtschaftlicher als auch politischer Zusammenhänge in den internationalen Beziehungen. Als zur Steuerung der Krise internationale Kooperation dringend nötig gewesen wäre, begannen die großen Volkswirtschaften und Wirtschaftsräume, sich gegeneinander abzuschotten und das Heil in nationalstaatlichen Alleingängen zu suchen. Geradezu paradigmatisch für die Abkehr von internationaler Verflechtung war die Einführung von Präferenzzöllen im Britischen Reich und Commonwealth, mit der Großbritannien von einem seit dem 19. Jahrhundert heiligen Prinzip seiner Außenhandelspolitik abrückte und die lange Ära des Freihandels beendete.

Wachsende Gewaltbereitschaft...

Welthistorisch ist bedeutsam, dass Gewalt innergesellschaftlich und international auf dem Vormarsch war. Die aus dem 19. Jahrhundert stammenden ideologischen und ordnungspolitischen Konflikte des 20. Jahrhunderts zwischen Liberalismus, Nationalismus und Sozialismus gerieten in manchen Ländern zu einem unversöhnlichen Gegensatz. Westliche Gesellschaften wie die amerikanische, britische und als Grenzfall auch die französische

100562

Mukden, das heutige Shenyang, war eine aufstrebende Industriestadt und als alte Kaiserstadt der Qingdynastie auch von symbolischer Bedeutung für China, als es 1931 von den Japanern eingenommen wurde.

Gesellschaft konnten sich vor der Welle der gesellschaftlichen Gewalt schützen.

In Japan und Deutschland dagegen gab das liberale System dem Druck der nationalistischen Rechten nach und wich staatlich legitimierter Gewalt, wie sie sich in Italien schon in den Zwanzigerjahren durchgesetzt hatte. Italien und Deutschland waren Länder mit einer stark ausgebildeten extremen Linken, die im Namen der Revolution ebenfalls den Einsatz physischer Gewalt rechtfertigte und nach Moskau blickte, dem Zentrum des internationalen Kommunismus. In der Sowjetunion führte der Stalinismus im Zuge der Zwangskollektivierung der Landwirtschaft, der forcierten Industrialisierung und politischen Säuberungen zu staatlicher Gewalt ungeahnten Ausmaßes mit Millionen von Toten.

Der gewaltsame innerstaatliche Konfliktaustrag setzte sich auf der internationalen Ebene fort und ging von jenen Ländern aus, die sich von den Nachkriegsordnungen benachteiligt fühlten. Nacheinander und schließlich miteinander im Bündnis schritten Japan, Italien und Deutschland zum Krieg. Der Gewaltbereitschaft auf der einen entsprach die Konfliktscheu auf der anderen Seite.

... und die auf Entspannung bedachten Mächte

Noch unter dem Schock der »Urkatastrophe« des 20. Jahrhunderts stehend, wie der Erste Weltkrieg einmal genannt wurde, verfolgten Großbritannien und Frankreich mit dem Ziel der äußeren Besitzstandswahrung und der innergesellschaftlichen Stabilität eine Politik der Friedenswahrung, die als Politik des appeasement bekannt geworden ist. Im Unterschied zum heutigen Gebrauch dieses Begriffs wurde in den Zwanziger- und Dreißigerjahren darunter eine Politik der Entspannung verstanden, nicht aber eine Politik des Friedens um jeden Preis. Die Politik des appeasement im Verständnis der damaligen Zeit ließ die Revision der Nachkriegsordnungen, wie sie in Versailles 1919/20 und in Washington 1921/22 beschlossen worden waren, zu; sie gab den revisionistisch-expansiven Staaten Italien, Japan und Deutschland aber keinesfalls freie Hand. Japan sollten in Ostasien, Italien im Mittelmeerraum und in Afrika sowie Deutschland in Mittel- und Südosteuropa territoriale Zugeständnisse gemacht werden, sodass sie zu regionalen Führungsmächten aufsteigen konnten.

Aus der Sicht Großbritanniens, das im Laufe der Dreißigerjahre immer stärker den Kurs der westlichen Appeasementpolitik bestimmte, basierte diese Politik auf einer Doppelstrategie, die die Hoffnung, die revisionistischen Staaten durch Konzessionen zufrieden zu stellen, mit der Entschlossenheit verband, der Störung des globalen Mächtegleichgewichts entgegenzutreten. Sollte also Deutschland über die ihm zugestandene Interessen-

INFOBOX

Nationalismus

Der aggressive Nationalismus oder Chauvinismus, der sich fanatisch für die Belange seiner Nation einsetzt und die Rechte anderer Nationen missachtet, war besonders charakteristisch für die Zeit zwischen den Weltkriegen. Dabei spielte in Deutschland und Japan die enge Verbindung zwischen Nationalismus und Militarismus eine wichtige Rolle. Besonders Faschismus und Nationalsozialismus nutzten die vom Nationalismus geschürten Erwartungen. Sie homogenisierten nach innen in Gestalt einer totalitären Diktatur und unter Rückgriff auf die Vorstellung der Volksgemeinschaft sowie – im Nationalsozialismus – der »Rassenreinheit« und expandierten nach außen durch unbedenklich ausgelöste Angriffskriege.

sphäre hinausgehen und die westeuropäische Sicherheit beeinträchtigen, musste es mit Widerstand rechnen. Wie die Doppelstrategie aus Konzessions- und Widerstandsbereitschaft von den Aggressoren verstanden wurde und ob diese Strategie eine befriedende, eindämmende oder gar abschreckende Wirkung haben konnte, musste sich zeigen. Anfänglich stand jedenfalls die Konzessionsbereitschaft im Vordergrund, die den Angreifer zunächst begünstigen musste.

Im Unterschied zur westeuropäischen Politik des appeasement wollten die USA und die UdSSR Veränderungen des territorialen Status quo nicht hinnehmen und anerkennen. Der Effekt ihrer Politik war allerdings derselbe, denn beide Staaten taten nichts, um einem Opfer der Aggression beistehen zu können. So wie Großbritannien und Frankreich waren sie vorrangig daran interessiert, militärische Auseinandersetzungen zu vermeiden. Die Sowjetunion war – wie Stalin es nannte – ganz auf den »Aufbau des Sozialismus in einem Land« konzentriert, und in den USA versuchte Präsident Franklin D. Roosevelt ab 1933, seine Sozial- und Wirtschaftspolitik des New Deal zu verwirklichen. Darüber hinaus dominierte in der amerikanischen Öffentlichkeit eine isolationistische Grundstimmung.

Gemeinsam war allen an der Erhaltung des Friedens interessierten Ländern das außenpolitische Ruhebedürfnis und dies zu einem Zeitpunkt, als die von ihnen nach dem Ersten Weltkrieg herbeigeführte internationale Ordnung gewaltsam infrage gestellt wurde. Sie brachten nicht genügend Energie zur Verteidigung einer Ordnung auf, deren Erhaltung an sich in ihrem Interesse lag. Es gab ab 1931 immer wieder Anläufe zur Eindämmung der aggressiven Politik der Revisionsmächte, sie scheiterten aber regelmäßig an nationalegoistischen Vorbehalten.

Nur im Ziel der Kriegsvermeidung waren sich die auf Entspannung bedachten Mächte einig, nicht aber in den Mitteln und den konkreten Lagebeurteilungen. Auf Unterschiede innerhalb der Gruppe der westlichen Großmächte ist ebenso zu verweisen wie auch auf die Sonderstellung der Sowjetunion, deren Selbstverständnis auf dem ausdrücklichen und systembedingten Gegensatz zu den kapitalistischen Ländern basierte und die im Westen auch in dieser Weise wahrgenommen wurde.

3267

Diese amerikanische Karikatur spiegelt die Tatenlosigkeit des Westens beim Überfall auf die Mandschurei wider: Der Völkerbunds-Offizier befielt dem japanischen Banditen, von seinem chinesischen Opfer abzulassen, seine Waffe ist jedoch nur ein Vertragstext aus Papier.

100563

Puyi, der als letzter chinesischer Kaiser 1912 abdanken musste, wurde 1932 von der japanischen Regierung als Kaiser ihres Satellitenstaates Mandschukuo eingesetzt – Puyi (rechts) und der japanische Kaiser Hirohito 1935 während eines Staatsbesuchs in Tokio.

Der japanische Überfall auf die Mandschurei

Das militärische Vorgehen Japans in der Mandschurei war der erste Fall, bei dem eine Großmacht gegen den Einspruch, aber bei Tatenlosigkeit der anderen Großmächte expandierte. Insofern prägte der Ablauf der Mandschureikrise das Muster, das bis 1939 in Europa und bis 1941 in Asien galt. Erst zu diesem Zeitpunkt antworteten die Status-quo-Mächte mit Krieg, oder sie wurden selbst angegriffen. Japan verletzte mit seiner Expansion die bestehenden Verträge von Washington, darüber hinaus die Satzung des Völkerbunds und den Briand-Kellogg-Pakt, zu dessen Unterzeichnern Japan gehört hatte.

Der von China angerufene Völkerbund befasste sich mit der Angelegenheit, blieb aber machtlos und musste schließlich auch den Austritt Japans im März 1933 hinnehmen. Die förmliche Anerkennung der territorialen Veränderungen wurde verweigert, was in den USA zu der nach ihrem Außenminister genannten Stimsondoktrin hochstilisiert wurde. Parallel dazu kündigte Japan das

INFOBOX

Amerikanischer Isolationismus

In den USA bestimmte die Doktrin der politischen Nichteinmischung in Angelegenheiten nichtamerikanischer Staaten und der Vermeidung von Bündnisverpflichtungen bis ins 20. Jh. die Außenpolitik. Sie wurde zum Ausdruck gebracht in der Abschiedsbotschaft George Washingtons (1796) und in der Monroedoktrin (1823). Der Isolationismus schloss jedoch nie rege Handelsbeziehungen oder wirtschaftliches Engagement in anderen Ländern aus. Nach dem – zunächst erfolglosen – Versuch von Präsident Woodrow Wilson, im Ersten Weltkrieg die isolationistische Politik zu beenden, wurde diese schließlich während des Zweiten Weltkriegs aufgegeben.

Flottenabkommen von 1930, sodass ein maritimes Wettrüsten im pazifisch-ostasiatischen Raum einsetzte.

Die Sowjetunion, die erst 1934 Mitglied des Völkerbunds werden sollte, verfolgte ebenfalls eine Politik der Konfliktbegrenzung und war zur faktischen Anerkennung des japanischen Vorgehens bereit. Ende 1931 versuchte sie sogar – allerdings vergeblich – das von ihr in Europa begonnene System von Nichtangriffsverträgen auf den Fernen Osten und die Beziehungen zu Japan zu übertragen. Es kam aber immerhin zu einem sowjetisch-japanischen Wirtschaftsabkommen und zum Verkauf der sowjetischen Anteile an der nordmandschurischen Eisenbahn an Japan.

Im Rückblick erscheint die Besetzung der Mandschurei und die Ausrufung eines selbstständigen Staats Mandschukuo, der international aber kaum Anerkennung fand, als Dammbruch, der die Flut der Anarchie in der internationalen Politik stetig ansteigen ließ, bis schließlich ein neuer Weltkrieg unvermeidbar wurde. Wäre der Damm rechtzeitig repariert worden, so wird oft argumentiert, hätte der Weltkrieg vielleicht vermieden werden können. Diese Sicht der Dinge ist einerseits zutreffend, andererseits ignoriert sie die Perspektive der Zeitgenossen, die noch nicht die ganze Kette von Gewalt und Krieg von 1931 bis 1941 vor Augen haben konnten.

Für die meisten Beobachter war der japanische Gewaltakt, so sehr auch seine Begleiterscheinungen bis hin zu den Kriegsverbrechen der Bombardierung von Wohngebieten abgelehnt werden mochten, das Resultat realer Machtverhältnisse in der betroffenen Region und seine

ZITAT

Aus dem Bericht der vom Völkerbund berufenen Kommission vom 4. September 1932 unter dem Vorsitz von Lord Lytton zur japanischen Besetzung der Mandschurei:

Die Japaner besaßen … einen sorgfältig vorbereiteten Plan für den Fall, dass Feindseligkeiten mit den Chinesen ausbrechen würden. In der Nacht vom 18. und 19. September wurde dieser Plan mit großer Schnelligkeit und Präzision in die Tat umgesetzt. Die Chinesen … wurden von dem japanischen Angriff und den darauf folgenden Operationen überrascht.

Hinnahme ein Akt des politischen Realismus. Schon im Washingtoner Abkommen von 1922 waren Japan spezielle Interessen in der Mandschurei eingeräumt worden, die allerdings wirtschaftlicher Art sein sollten. Wenn sich Japan das Gebiet jetzt in aller Form unterwarf, so war dies völkerrechtlich nicht in Ordnung.

Bestimmt von pragmatischen und machtpolitischen Gesichtspunkten, froren die Großmächte weder die diplomatischen noch die wirtschaftlichen Beziehungen zu Japan ein. Denn dies hätte – so ein Argument, das auch bei künftigen Fällen von Aggression und Vertragsbruch zu hören war – die Lage nur verschärft, weil Japan dann auf direkten Konfrontationskurs mit den im Fernen Osten präsenten Großmächten gezwungen worden wäre. Bei Verzicht auf einen solchen Kurs bestünde vielleicht eine Chance, dass sich der Aggressor mit seiner Beute, die das globale Mächtegleichgewicht jenseits der betroffenen Region ja noch nicht gefährdete, zufrieden geben könnte. *Gottfried Niedhart*

Die alte Weltmacht wird herausgefordert: Großbritannien

Aus der Sicht der Zeitgenossen verlief die Politik der einzelnen Aggressorstaaten ebenso unkoordiniert und zum Teil sogar gegenläufig wie die Politik der an Friedenswahrung interessierten Mächte. Es war noch nicht jene Linie erkennbar, die letztendlich 1941 zum Überfall der Japaner auf Pearl Harbor führte. Binnen Kurzem wurden aber die Auswirkungen des japanischen Erfolgs sichtbar, denn er leitete die Umorientierung der italienischen Fernostpolitik zugunsten Japans ein und führte 1937, als Japan den Krieg gegen China fortsetzte, zur Beendigung der bis dahin gepflegten italienisch-chinesischen Kooperation.

Dasselbe traf auch auf Deutschland zu, zu dem die japanische Armee engere Beziehungen wünschte. Sie blieben aber ungeachtet des schon Ende 1935 konzipierten und ein Jahr später verkündeten Antikominternpakts, dem 1937 auch Italien beitrat, recht lose und führten zu keinem Zeitpunkt zu einer aufeinander abgestimmten Weltpolitik der beteiligten Staaten.

Deutschland – Feind oder Handelspartner?
Besonders für Großbritannien, das aufgrund der Ausdehnung seines Weltreichs in alle internationalen Krisen verwickelt und damit zunehmend überfordert war, bestand Anlass zur Sorge, als Italien und Deutschland auch als kriegsbereite Aggressorstaaten auf der Bildfläche erschienen. Die britische Grundannahme der Zwanzigerjahre, in den nächsten zehn Jahren sei nicht mit einem Krieg mit einer Großmacht zu rechnen, musste Ende 1932 aufgegeben werden.

Als Reaktion auf die nationalsozialistisch geführte Regierung in Deutschland, die im Oktober 1933 aus dem Völkerbund austrat, ließ die britische Regierung im November 1933 eine Kommission zur Untersuchung der britischen Verteidigungsfähigkeit und Sicherheitspolitik zusammentreten. Sie kam im Februar 1934 zu dem Ergebnis, dass Deutschland als potenzieller Feind anzusehen sei. Eine akute Gefahr werde von Deutschland allerdings frühestens in fünf Jahren ausgehen. Für den damaligen britischen Schatzkanzler Arthur Neville Chamberlain war Deutschland im Herbst 1934 zur Quelle aller Unsicherheit in Europa geworden. Premierminister Stanley Baldwin meinte 1935, Deutschland führe die Liste der Länder an, von denen eine Bedrohung ausgehe, gefolgt von Italien, der Sowjetunion und Japan.

Britische Außenpolitik war nicht blind gegenüber den Gefahren, die vom nationalsozialistischen Deutschland drohten. Gleichzeitig blieb Deutschland aber ein wichtiges Mitglied des europäischen Staatensystems. Vorerst war die britische Deutschlandpolitik noch nicht von dem negativer werdenden Image Deutschlands und seiner Rolle als antiwestlich ausgerichteter Diktatur und als Militärstaat bestimmt, sondern von den Interessenlagen Großbritanniens und der Wahrnehmung Deutschlands als Wirtschaftsmacht und Handelspartner.

Das ökonomische Interesse am Frieden und ein Sicherheitsdenken in den Kategorien des Handelsstaats hatte noch einige Zeit Vorrang vor militärischen Machtmaßstäben. Auch in den Dreißigerjahren hielt man entgegen der Tatsache, dass die Welt sich militarisierte und verschiedene Staaten sich durch Rüstung und Krieg dem Verbund des liberalen Systems entzogen, an der Grundannahme fest, Wirtschaftsmacht und Weltmachtstatus seien für Großbritannien unauflöslich gekoppelt. Dazu gehörte es, eine ausgeglichene Zahlungsbilanz und die Stabilität des Pfunds sicherzustellen.

Wirtschaftliche Leistungsfähigkeit erschien als »vierte Teilstreitkraft«. Sie aber drohte zu versagen, wenn der Staatshaushalt übermäßig durch Rüstungsausgaben belastet werden musste. Besonders schwierig wurde die Lage, als in den Dreißigerjahren erstmals seit knapp hundert Jahren ein Zahlungsbilanzdefizit auftrat. Britische Minister fürchteten, der Kollaps - nämlich der finanzielle - könnte noch vor dem militärischen Ernstfall eintreten, wenn durch forcierte Rüstung Kapital und Arbeitskräfte aus der Exportwirtschaft abgezogen würden, wie dies in Deutschland geschah.

Nach seiner Ernennung zum Premierminister 1937 unterstrich Chamberlain, Kriege würden nicht nur mit Waffen und Soldaten gewonnen, sondern mit ausreichenden materiellen und finanziellen Reserven und aufgrund der größeren Ressourcen. Krieg als Mittel der Politik schied nicht aus, auch wenn Krieg - anders als dies in Deutschland gesehen wurde - zutiefst interessenwidrig erschien. Sollte es zum Krieg kommen, dann zu einem möglichst späten Zeitpunkt. Er würde aus der Defensive heraus zu führen sein und war als lang dauernder Krieg konzipiert, in dem Deutschland mit seinen begrenzten Ressourcen unterliegen musste.

Hitlers Englandbild

Mit dieser Strategie konnte die britische Politik frei entscheiden, wann der Kriegsfall gegeben sein würde. Man war durch automatisch wirkende Bündnisverpflichtungen in keiner Weise festgelegt. Nicht jede territoriale Veränderung musste zum Krieg führen. Welche es sein würde, darüber ließ man jedoch den Gegner im Zweifel.

Entschieden war die britische Regierung nur insofern, als sie zu keinem Zeitpunkt bereit war, auf Hitlers Lieblingsvorstellung einzugehen: In dessen geopolitisch ausgerichtetem Denken sollte der Kontinent Deutschland und das Weltmeer Großbritannien gehören, das auf diese Weise seinen Besitzstand wahren könne. Deutschland könne hinzugewinnen und expandieren. Noch ein wenig schmackhafter sollte das Angebot eines deutsch-briti-

1933 trat die nationalsozialistisch geführte Regierung Deutschlands aus dem Völkerbund aus. Die Aufnahme entstand während der Sitzung des Völkerbunds 1925 mit den Vertretern Frankreichs, Italiens und Großbritanniens.

100264

INFOBOX

Chamberlain und Churchill

In seiner Biographie über Winston Churchill setzt sich der deutsche Schriftsteller und Historiker Sebastian Haffner mit der Kritik Churchills an der Politik des Premierministers Arthur Neville Chamberlain (1937–40) gegenüber Deutschland auseinander:

»Chamberlain kannte die wirtschaftliche und finanzielle Lage Englands weit besser als Churchill, der diese Sicht der Dinge immer ein wenig kavaliermäßig beiseite wischte. Chamberlain, ein langjähriger und im Gegensatz zu Churchill sehr sachkundiger und erfolgreicher Schatzkanzler, wusste, dass England seine Reserven im Weltkrieg erschöpft hatte und dass ein zweiter Weltkrieg, selbst ein siegreicher, für die Wirtschaft und Finanzen Englands, und damit auch für die prekär gewordene Weltmachtposition, der Ruin sein würde ... Krieg, Weltkrieg war – von seiner unberechenbar gewordenen Furchtbarkeit sogar einmal abgesehen – etwas, das England um fast jeden Preis vermeiden musste, wenn es nicht Bankrott gehen wollte.«

schen Kondominiums dadurch werden, dass die deutsche Expansion mit dem Ziel neuen Lebensraums nach Osten gegen die Sowjetunion erfolgen sollte.

Hitlers Vorstellungen verrieten, dass seine Wahrnehmung Großbritanniens stärker von eigenen Wunschvorstellungen geprägt war als von realitätsnaher Einschätzung der britischen Politik. Er bemerkte völlig zutreffend, dass Großbritannien auf dem Kontinent und erst recht in Ostmittel- und Südosteuropa keinerlei Bündnisverpflichtungen einzugehen bereit war; ferner, dass es in britischen Regierungskreisen einen unübersehbaren antikommunistischen Affekt gab. Daraus durfte aber nicht die Schlussfolgerung gezogen werden, die Hitler herbeiwünschte, dass Deutschland auf der Grundlage des Antikommunismus freie Hand im Osten haben könnte.

Hitler diagnostizierte auch korrekt das außenpolitische Ruhebedürfnis Großbritanniens. Er übersah aber, dass das britische Friedensbedürfnis nicht auf einen Frieden um jeden Preis hinauslief. Neben dem unbezweifelbaren Machtverfall der alten Weltmacht stand das nach wie vor vorhandene Machtbewusstsein Großbritanniens, das als internationale Ordnungsmacht keineswegs kampflos abdanken wollte. Darauf aber wäre eine Verdrängung Großbritanniens aus den Angelegenheiten der kontinentaleuropäischen Politik hinausgelaufen. Großbritannien wäre in Europa zum Juniorpartner Deutschlands abgesunken, was aus britischer Sicht nicht akzeptabel war und britische Sicherheitsinteressen in Westeuropa verletzt hätte.

Anlehnung an die USA, Zusammenarbeit mit Frankreich

Wenn die Rolle des Juniorpartners für Großbritannien nicht zu vermeiden sein sollte, dann kamen als Seniorpartner nur die USA in Betracht. Aber auch dies erschien der britischen Führungsschicht wenig attraktiv. Man konnte ihr nur entgehen, wenn der Frieden erhalten werden konnte. Wenn das attentistische Konfliktverhalten Großbritanniens den Frieden nicht würde retten können, dann gab es allerdings keine Alternative zum Krieg – mit der Hoffnung, die überlegenen Machtmittel der vorerst isolationistischen USA würden letztendlich zur Verfügung stehen, selbst um den Preis der dann unvermeidlichen Abdankung Großbritanniens als gleichberechtigter Weltmacht. Angesichts der weltpolitischen Überbeanspruchung und relativen Schwäche Großbritanniens war die Anlehnung an die USA mit gleichzeitiger Abhängigkeit von ihnen im Kriegsfall unvermeidbar.

Mit einiger Sicherheit lässt sich sagen, dass eine zeitigere Zusammenarbeit zwischen Großbritannien und Frankreich dem nationalsozialistischen Deutschland im Zweiten Weltkrieg nicht die Möglichkeit zur Beherrschung Kontinentaleuropas gegeben hätte, in deren Windschatten dann auch die Ermordung der europäischen Juden geschah. Der Spielraum, den sich Großbritannien und Frankreich bewahren wollten und der zu einem möglichst späten Kriegseintritt führte, zog entsprechenden Spielraum für die Aggressorstaaten nach sich.

Solchen Erwägungen, die im Rückblick nahe liegen, gilt es freilich immer wieder die begrenzte Perspektive der Zeitgenossen gegenüberzustellen. Wer die Friedenswahrung zum nationalen Interesse erklärt, betont primär die Kriegsrisiken. Zudem erschien die deutsche Politik nicht zweifelsfrei auf einen Hegemonial- und Vernichtungskrieg hinauszulaufen. Musste man nicht zunächst einmal ausloten, wohin eigentlich die deutsche Aufrüstung und die Infragestellung des Versailler Systems führten? Über Krieg und Frieden zwischen den Großmächten durfte nicht jede Veränderung des territorialen Status quo entscheiden. Diese Lebensfrage stellte sich erst, wenn solche Veränderungen die Sicherheit Westeuropas selbst infrage stellten. *Gottfried Niedhart*

Hitler und Mussolini Arm in Arm: Die »Achse Berlin–Rom«

Der Spielraum zwischen der Abwägung von Kriegsrisiken und der Sicherung des Friedens war der Rahmen, innerhalb dessen die westlichen Großmächte auf die faschistischen und nationalsozialistischen Herausforderungen in Europa reagierten. Zunächst konnte keine Rede davon sein, dass Italien und Deutschland eine Art faschistischen Block bildeten. Vielmehr waren die deutsch-italienischen Beziehungen zunächst von Interessengegensätzen im Donauraum bestimmt.

Als die österreichischen Nationalsozialisten im Juli 1934 einen Putschversuch unternahmen, ließ Mussolini Truppen an der Brennergrenze aufmarschieren. In London wurde diese Maßnahme begrüßt, ließ sie doch darauf hoffen, Italien als Gegengewicht gegenüber Deutschland einplanen zu können. Militärische Gegenmacht sei das Einzige, was die Deutschen verstünden, kommentierte Chamberlain die italienische Militärpräsenz.

Auch im März 1935, als die allgemeine Wehrpflicht entgegen den militärischen Bestimmungen des Versailler Vertrags in Deutschland wieder eingeführt wurde, bezog Italien zusammen mit Großbritannien und Frankreich in der »Stresafront« eine antideutsche Position. Man protestierte gegen die einseitige Aufkündigung von Verträgen. Auf dem Verhandlungsweg wäre man durchaus bereit gewesen, Deutschland in der Rüstungsfrage entgegenzukommen. London und Paris erklärten dies Anfang 1935 in aller Form, doch war Deutschland nicht an neuen vertraglichen Festlegungen interessiert, sondern an der Beseitigung jeglicher Bindung und Beschränkung.

Das Deutsch-Britische Flottenabkommen vom Juni 1935, das die deutsche Flottenrüstung im Verhältnis zur britischen auf eine für Deutschland sehr günstige Obergrenze festlegte, war kein Abweichen von dieser Linie, denn es war ein bilaterales Abkommen mit höchst unterschiedlichen Erwartungen auf beiden Seiten. Großbritannien betrachtete es als Vorstufe zu weiter gehenden und multilateralen Regelungen auch und vor allem im Bereich der Luftwaffe. Dazu aber war Deutschland nicht bereit, um seine eigene Rüstungsdynamik nicht beschränken zu müssen. Aus Hitlers Sicht sollte das Flottenabkommen als erster Schritt zu einem deutsch-britischen Bündnis gerade außerhalb multilateraler Vertragswerke dienen.

Während Großbritannien und Frankreich eine Anpassung des Versailler Systems an die Großmachtbedürfnisse Italiens und Deutschlands anstrebten in der Absicht, eine neue internationale Ordnung begründen zu können, wollten die Führungen in Rom und Berlin jegliche Ordnung zerbrechen, um freie Hand zu haben.

Eine Partnerschaft, gegründet auf Aggression

Die weitgehende methodische Parallelität führte erst 1936 zu einer deutsch-italienischen Annäherung in der Sache. Mit dem im Oktober 1935 begonnenen Krieg gegen Äthiopien (früher Abessinien genannt), das zwischen den beiden italienischen Kolonien Somaliland und Eritrea lag, brachte sich Italien in einen Gegensatz zu Großbritannien und Frankreich. Die italienische Expansion beeinträchtigte die imperialen Verbindungslinien Großbritanniens »östlich von Suez«.

INFOBOX

Achse Berlin–Rom

Mit der deutsch-italienischen Übereinkunft vom 25. 10. 1936, in der u. a. Deutschland die Annexion Abessiniens (später: Äthiopien) durch Italien anerkennt und beide Mächte ein einheitliches Vorgehen im Spanischen Bürgerkrieg verabreden, begründen beide Staaten die Achse Berlin–Rom. Sie wurde ergänzt durch den Beitritt Italiens zum Antikominternpakt (1937) sowie durch den Stahlpakt (1939) und den Dreimächtepakt (1940). Die »Achse Berlin–Rom« erlosch 1943 mit der Kapitulation Italiens.

Mit der »Achse Berlin–Rom« fand 1936 die Annäherung Deutschlands und Italiens statt. Die Aufnahme zeigt den italienischen Diktator Benito Mussolini während einer Parade zu Pferde.

s. ZEIT Aspekte
Mussolinis Krieg
S. 516

Mit Äthiopien war nach China ein weiteres Völkerbundsmitglied Opfer einer Aggression geworden, ohne dass der Völkerbund wirksame Maßnahmen ergriffen hätte. Die von ihm verhängten Wirtschaftssanktionen blieben ohne Wirkung auf Italien. Entscheidend war, dass der Suezkanal geöffnet blieb. Auch wurde von einem Ölembargo abgesehen, das nur durch eine Blockade hätte effektiv werden können. Dadurch wiederum wäre das Risiko eines Kriegs zwischen den Großmächten heraufbeschworen worden. Die Einbeziehung von Öl in die Sanktionspolitik hätte darüber hinaus einen Konflikt mit den USA nach sich gezogen, die ihre Öllieferungen nach Italien während des Kriegs verdoppelten. Auch die Sowjetunion zögerte nicht, Rohöl an den Aggressor zu liefern. Im Mai 1936 erreichte Mussolini mit der Annexion Äthiopiens sein Kriegsziel.

Deutschland befand sich 1936 noch in der Vorbereitung auf kriegerische Expansion. Wichtig für die deutsche Aufrüstung war die Remilitarisierung des Rheinlands im März 1936, mit der die volle Hoheit über das rüstungspolitisch so wichtige Industriegebiet an Rhein und Ruhr hergestellt wurde. Darüber hinaus trug der »Wochenendcoup« vom 7. März 1936 maßgeblich zur Stabilisierung des nationalsozialistischen Regimes und Hitlers Führung bei.

Deutschland hätte dasselbe Ergebnis auch auf dem Verhandlungsweg erreichen können. Ein rascher und erfolgreicher Schlag zur Beseitigung der Verträge von Versailles und Locarno dagegen musste Hitlers Stellung zusätzlich stärken. Militär und Diplomatie hatten zu diesem frühen Zeitpunkt abgeraten, ein Risiko einzugehen. Hätte Frankreich seine Truppen in Marsch gesetzt, wäre dem Spuk ein rasches Ende bereitet worden. Auch Hitler selbst war sich nicht so sicher, ob eine Intervention ausbleiben würde. Aber er ging das aus seiner Sicht vertretbare Restrisiko ein und behielt Recht. Die Deutschen waren begeistert! Im Herbst desselben Jahres wurde ihnen dann der Vierjahresplan verkündet, der die Wirtschaft der absoluten Priorität der Aufrüstung unterordnete.

Mit der Begründung der »Achse Berlin–Rom« am 25. Oktober 1936 fand die Annäherung der beiden revisionistischen Staaten Deutschland und Italien einen ersten Höhepunkt. *Gottfried Niedhart*

Testfall für Europa: Der Spanische Bürgerkrieg

Der außenpolitische Radius Deutschlands ging 1936 über Schritte zur Revision des Versailler Vertrags hinaus. Kurz nach Beginn der Militärrevolte General Francos in Spanien im Juli 1936, die sich zu einem dreijährigen Bürgerkrieg entwickelte, beschloss Hitler, Franco zu unterstützen. Es war Hitlers persönliche Entscheidung, die er in Bayreuth traf, wo er zu den Festspielen weilte und Francos Hilfe suchende Abgesandte empfing.

Die Intervention im Spanischen Bürgerkrieg, die Deutschland an der Seite des ebenfalls intervenierenden Italien sah, erfolgte aus ideologischen, wirtschaftlichen

100563

Der spanische Dichter und Theaterleiter Federico Garcia Lorca war eine vielseitige Künstlerpersönlichkeit. Kurz nach Beginn des Spanischen Bürgerkriegs wurde er von Falangisten erschossen. Ein Denkmal in Madrid erinnert an den Lyriker, Dramatiker, Zeichner und Musiker.

ZITAT

Aus einem Bericht Ernest Hemingways in der »New York Times« über seine Erlebnisse bei der Verteidigung Madrids (November 1936 bis Januar 1937) im Spanischen Bürgerkrieg:
An der Ecke, zwanzig Schritt vom Eingang (des Hotels) entfernt liegt auf Zementschutt und aufgewühlter Erde ein toter Mann. Seine Kleider sind zerrissen und mit grauem Staub bedeckt. Im Bürgersteig gähnt ein großes Loch. Aus einer getroffenen Leitung strömt Gas, es flimmert in der kalten Morgenluft wie eine Luftspiegelung an heißen Tagen.

und militärischen Gründen. Spanien diente als Experimentierfeld für die Luftwaffe, die auch zivile Ziele bombardierte und damit demonstrierte, wie der moderne Krieg aussah. Internationales Entsetzen erregte besonders die Bombardierung von Guernica. Der für den Ausgang des Bürgerkriegs entscheidende deutsch-italienische Einsatz entwickelte sich in diesem Umfang indes erst im Laufe der Auseinandersetzung. In welchem Ausmaß rüstungswirtschaftliche Gesichtspunkte bei Hitlers Entscheidung eine Rolle gespielt haben, ist nur zu vermuten. Auf jeden Fall war Spanien als Rohstofflieferant (Eisenerz, Schwefelkies) ein willkommener Partner.

Was Hitler bewogen hat, kurz nach der Rheinlandbesetzung erneut ein außenpolitisches Abenteuer einzugehen, dürfte in der programmatischen Ausrichtung seiner Politik gegen den internationalen Kommunismus und die Sowjetunion begründet sein. Der Topos, Lebensraum im

INFOBOX

Guernica – ein Ozean von Leid und Tod

Am 26.4. 1937 zerstörten Flugzeuge der mit General Francisco Franco verbündeten deutschen Legion Condor unter dem Befehl von General Hugo Sperrle in einem dreistündigen Bombenangriff die nordspanische Stadt Guernica y Luno. 30 bis 40 Maschinen der Typen Junkers Ju 52 sowie Heinkel He 111 und He 51 hinterließen ein Trümmerfeld. 1645 Menschen kamen ums Leben. Was im Nachhinein als Fanal der Bombennächte des Zweiten Weltkriegs erscheint, war für die Zeitgenossen unerhört und unfassbar: Der Terror richtete sich ausschließlich gegen die Zivilbevölkerung, denn die heilige Stadt der Basken – vom 9. Jh. bis 1877 Versammlungsort des baskischen Landtags – war ein militärisch unbedeutender Ort im Hinterland. Eine nahe gelegene Munitionsfabrik blieb unbeschädigt.

Das Ziel der Operation wurde jedoch nicht erreicht, denn die Kampfmoral der republikanischen Seite blieb ungebrochen. Der internationale Aufschrei des Entsetzens veranlasste Francos nationalistische Junta schließlich zu der Behauptung, »rote Horden« hätten die Stadt mit Benzin in Brand gesteckt. Auf die Zerstörung der Stadt bezieht sich Pablo Picasso in seinem monumentalen Gemälde »Guernica«, zu dem er schrieb: In diesem Bild »bringe ich deutlich meinen Abscheu vor der militärischen Kaste zum Ausdruck, die Spanien in einem Ozean von Leid und Tod versenkt hat«.

100563

An die Zerstörung der baskischen Stadt Guernica Luno durch die deutsche Legion Condor erinnert Pablo Picassos Gemälde »Guernica«. Der Künstler schuf das großformatige Ereignisbild für den spanischen Pavillon der Weltausstellung in Paris 1937 (Madrid, Museo Nacional Centro de Arte Reina Sofía).

Osten gewinnen zu müssen, verband sich für Hitler 1936 mit der konkreter werdenden Perspektive, die er kurz vor der spanischen Entscheidung ebenfalls in Bayreuth äußerte: Russland müsse wieder in seine »ursprünglichen historischen Teile« zerlegt werden. Die Parteinahme zugunsten Francos gegen die Volksfrontregierung in Spanien, die womöglich mit dem eben gebildeten Volksfrontbündnis in Frankreich zusammengehen könnte, muss wohl vor allem unter ideologischen Gesichtspunkten gesehen werden.

Die Rolle Deutschlands als Bollwerk gegen den Kommunismus konnte vielleicht auch Großbritannien übersehen lassen, dass Deutschland die Bahn konventioneller Revisionspolitik verließ und im Mittelmeerraum mit britischen Interessen kollidierte. Auf jeden Fall war die spanische Arena ein Testfall dafür, welchen Spielraum die westeuropäischen Großmächte Deutschland einzuräumen bereit waren.

Die Reaktion der westeuropäischen Großmächte

Großbritannien reagierte auf die Herausforderung in der ihm eigenen Weise. Es versuchte, den Konflikt lokalisiert zu halten und seine Ausweitung zu verhindern. Die alte Weltmacht dankte nicht von der Bühne der internationalen Politik ab, tat aber auch nichts zur Unterstützung der spanischen Republik und zur Niederschlagung des europäischen Faschismus. Die Scheinlösung bestand in der Bildung eines in London tagenden Nichtinterventionskomitees. Es wurde von den Großmächten beschickt,

100264

Die Aufnahme aus dem Spanischen Bürgerkrieg zeigt Kämpfer am Fluss Ebro.

um offiziell darüber zu wachen, dass in Spanien nicht interveniert wurde, während gleichzeitig – schließlich auch seitens der Sowjetunion, die seit Oktober 1936 Kriegsmaterial für die Republik bereitstellte – eine Einmischung massiver Art stattfand. Es ging bei alldem nicht um die Unterbindung der Intervention, sondern um die Vermeidung eines Konflikts auf Großmachtebene.

Der Spanische Bürgerkrieg beschäftigte jedoch nicht nur die Regierungen, sondern auch als Auseinandersetzung zwischen Demokratie und Faschismus die internationale Gesellschaft insgesamt. Die spanische Republik erhielt in ihrem Kampf gegen Franco Unterstützung durch Freiwilligenverbände aus zahlreichen Ländern. In den Internationalen Brigaden kämpften rund 60 000 Mann, darunter auch viele Deutsche, die als Gegner des Nationalsozialismus Hitler in Spanien bekämpften. Die Zusammensetzung der Brigaden reichte von Kommunisten stalinistischer Orientierung, die innerhalb des internationalen Kommunismus gegen »Abweichler« vorgingen, bis zu bürgerlichen Liberalen und Intellektuellen.

Der amerikanische Fotograf Robert Capa wurde durch seine Bilder des Spanischen Bürgerkriegs weltberühmt. Seine Fotos erfassten die Realität und Brutalität des Krieges, indem sie individuelle und persönliche Augenblicke fokussierten, wie hier ein erschöpftes Mädchen auf Sandsäcken.

100562

Für Länder mit ausgeprägter politischer Polarisierung wie Frankreich bedeutete der Spanische Bürgerkrieg eine Gefahr von großer Sprengkraft, sodass die französische Regierung die Grenze nach Spanien schloss und damit das republikanische Spanien von der Landzufuhr abschnitt.

Die Rolle der Sowjetunion und der USA

Die Auseinandersetzung in Spanien ging offensichtlich über einen Bürgerkrieg weit hinaus. Sie spiegelte die ideologische Frontenbildung zwischen links und rechts ebenso wider wie die Zersplitterung der Linken. Der Spanische Bürgerkrieg demonstrierte die doppelte Frontstellung der Sowjetunion: Sie befand sich in einer direkten Konfrontation mit Deutschland und Italien. Aber auch ihre Beziehungen zu den westeuropäischen Großmächten waren belastet, weil sie deren Politik der Nichtintervention nicht mittrug.

Darüber hinaus wird deutlich, wo die Weltmacht USA stand, die im weiteren Verlauf der internationalen Entwicklung aufgrund ihrer Finanz- und Wirtschaftskraft, aber auch ihres militärischen Potenzials von ausschlag-

Eine Fotografie zeigt Flüchtlinge während des Spanischen Bürgerkriegs an der Grenze zu Frankreich.

100880

100264

Die Rolle Deutschlands als Bollwerk gegen den Kommunismus war auch für Spanien interessant. Die Aufnahme zeigt Adolf Hitler mit General Franco.

gebender Bedeutung werden sollte. 1937 verschärften die USA noch einmal die seit 1935 verfolgte Neutralitätsgesetzgebung; der isolationistisch gestimmte Kongress untersagte die Ausfuhr von Waffen und kriegswichtigen Gütern auch in Bürgerkriegsgebiete, ohne zwischen Angreifern und Angegriffenen zu unterscheiden. Der amerikanische Präsident hatte angesichts dieser Gesetzgebungslage nur die Möglichkeit, gemäß der auf zwei Jahre befristeten, also im Krisensommer 1939 auslaufenden Cash-and-carry-Klausel zu handeln. Danach konnten auch Krieg führende Staaten Käufe in den USA tätigen, wenn sie bar (cash) zahlten und die Waren auf eigenen Schiffen transportierten (carry). *Gottfried Niedhart*

Dem Zweiten Weltkrieg entgegen: Das Münchener Abkommen und der Hitler-Stalin-Pakt

Aus den USA waren nicht nur isolationistische Töne zu vernehmen. Präsident Roosevelt wies im Oktober 1937 in einer Rede in Chicago darauf hin, dass die internationale Politik zunehmend der Anarchie entgegentreibe und dass kein Staat davor die Augen verschließen dürfe. Die »Gemeinschaft« der Staaten müsse zur Vermeidung eines allgemeinen Kriegs die Aggressorstaaten »in Quarantäne legen«. Roosevelt reagierte damit auf den Krieg, der in Ostasien wieder aufgeflammt war und den Japan seit dem militärischen Zwischenfall an der Marco-Polo-Brücke bei Peking im Juli 1937 führte. Der Krieg sollte zu der von Japan angestrebten »Neuen Ordnung Ostasiens« führen, die das Washingtoner System endgültig beseitigen sollte.

ZITAT

Aus der Rede des britischen Premierministers Arthur Neville Chamberlain nach dem Einmarsch deutscher Truppen in die Tschechoslowakei am 15. 3. 1939:
Die Ereignisse dieser Woche drängen uns allen die Frage auf: Ist das jetzt das Ende des alten Abenteuers oder der Beginn eines neuen?... Jeder dieser Übergriffe schafft für Deutschland nur neue Gefahren für die Zukunft, und ich wage vorauszusagen, dass Deutschland bitter bereuen wird, was seine Regierung jetzt getan hat.

Wie aber sah die von Roosevelt erwähnte »Gemeinschaft« der Staaten aus? Gab es sie überhaupt, wenn man darunter die Fähigkeit zu koordiniertem politischen Handeln versteht? Der britische Premierminister Chamberlain sah die Dinge sehr nüchtern. Von den Amerikanern seien nur schöne Worte zu erwarten, wie sie Roosevelt gerade von sich gegeben habe. In seiner Einschätzung sah sich Chamberlain im November 1937 bestätigt, als die Brüsseler Konferenz, zu der der Völkerbund die von der angespannten Situation im Fernen Osten betroffenen Staaten eingeladen hatte, ohne Ergebnis blieb.

Die USA verweigerten sich zu diesem Zeitpunkt noch Sanktionen gegen Japan. Erste Maßnahmen ergriffen sie erst im Juli 1939, als sie den Handelsvertrag mit Japan kündigten. Auch gegen Deutschland sollte diese Waffe eingesetzt werden, indem der 1935 ausgelaufene Handelsvertrag entgegen deutschen Wünschen nicht erneuert wurde. Stattdessen sollte mit dem amerikanisch-britischen Handelsvertrag vom November 1938 demonstriert werden, dass die westlichen Demokratien zusammenstanden. Roosevelt wusste freilich auch, dass die Militärstaaten Japan, Italien und Deutschland nicht wirklich mit den Mitteln einzudämmen waren, die für die westlichen Handelsstaaten charakteristisch waren. Darum kurbelte seine Regierung seit 1938 sowohl die Flotten- als auch die Luftrüstung an.

Britische Appeasementpolitik ohne Alternative

Auch in Großbritannien wurde im Rahmen der Doppelstrategie, die Flexibilität gegenüber den expansionistischen Staaten mit der Bereitschaft zur Verteidigung eigener Interessen verband, vermehrt gerüstet, wenn auch nicht mit dem Ziel einer raschen Interventionsfähigkeit auf dem Kontinent. Für Großbritannien zeichnete sich 1937 in aller Schärfe die weltpolitische Überbelastung ab. Sanktionen gegen Japan mit dem Risiko eines Kriegs im Fernen Osten kamen auch darum nicht infrage, weil aus der Sicht der britischen Regierung die »Versuchung« für die europäischen »Diktatoren« zu groß sein könnte, die Situation auszunutzen, »sei es in Osteuropa oder in Spanien«.

Die Befürchtung, bei einer außereuropäischen Eskalation könnten auch die europäischen Verhältnisse außer Kontrolle geraten, war keineswegs abwegig. Hitler bezog die »Schwächung der englischen Position in Ostasien durch Japan« durchaus in seine Überlegungen ein, in

100880

Die Zusammenarbeit zwischen Deutschland und Japan gegen die Sowjetunion wurde 1936 im Antikominternpakt geregelt, dem sich weitere Bündnispartner anschlossen. Das Bild zeigt die Aufnahme Italiens 1937: Reichsaußenminister von Ribbentrop unterzeichnet die Urkunde im italienischen Außenministerium.

ZITAT

Franklin D. Roosevelt über den Krieg:

Der Krieg ist eine Seuche. Er kann Staaten und Völker verschlingen, die vom ursprünglichen Schauplatz der Feindseligkeiten weit entfernt sind.

denen die militärische Kraftprobe auch mit Großbritannien und Frankreich Ende 1937 immer deutlichere Züge annahm. Die Hinnahme der Aggression im Fernen Osten wurde 1938/39 durch entsprechende Schritte gegenüber Italien und Deutschland ergänzt: Die Annexion Äthiopiens wurde anerkannt, dem »Anschluss« Österreichs und der schrittweisen Auflösung der Tschechoslowakei kein Widerstand entgegengesetzt.

Was Großbritannien und Frankreich mit dem Münchener Abkommen im September 1938 immerhin erreichten, war eine Verhandlungslösung der sudetendeutschen Frage. Damit wurde Hitler um seinen Genuss eines Blitzkriegs gegen die Tschechoslowakei gebracht, den er angesteuert hatte.

Hitlers Plan

Hitler hatte im Herbst 1938 das frühestmögliche Datum aufgreifen wollen, das ihm für den Beginn der Ostexpansion geeignet schien. In einer von Oberst Hossbach überlieferten geheimen Besprechung hatte Hitler im November 1937 seinen »Entschluss zur Anwendung von Gewalt unter Risiko« möglicherweise schon 1938, spätestens aber 1943/45 mitgeteilt. Nach der Sudetenkrise bekräftigte er vor Pressevertretern, es müsse nun Schluss sein mit der »pazifistischen Platte« und mit der jahrelang betriebenen »Friedenspropaganda«, die man aus außenpolitischen Gründen nicht habe vermeiden können. Sie führe nämlich zu einer »falschen Beurteilung der Zielsetzung dieses Systems«.

Der deutsche Diktator sah mit einiger Besorgnis, dass nicht sein Säbelrasseln in Deutschland populär war, sondern Chamberlains Politik der Friedenswahrung. Scheute Hitler 1938 noch die kriegerische Auseinandersetzung, weil Großbritannien damit drohte, militärische Gewaltanwendung nicht hinnehmen zu wollen, so blieb die unverändert beibehaltene britische Haltung 1939 weitgehend ohne Wirkung auf ihn. Hitler setzte darauf, Großbritannien von einer Intervention auf dem Kontinent abhalten zu können.

Stalin zeigte sich in der Außenpolitik 1939 nach allen Seiten hin offen und verhandelte sowohl mit den Westmächten als auch mit dem nationalsozialistischen Deutschland. Das Gemälde schuf Dimitrij Arkadjewitsch Nalbandian (1940; Jekaterinburg, Kunstmuseum).

Bis März 1939 wurde zu diesem Zweck versucht, Polen in die deutsche Kriegsplanung zu integrieren. Dem widersetzte sich die Regierung in Warschau, aber nicht, weil sie strikt an den bestehenden Grenzen in Europa

4601

festhalten wollte; denn an der Demontage der Tschechoslowakei hatte sie sich ja 1938 sehr wohl beteiligt. Warschau ging es vielmehr in erster Linie darum, sich nicht in die Abhängigkeit von Deutschland zu begeben, sondern im Rahmen der europäischen Politik eine unabhängige Stellung zu behaupten. In Selbstüberschätzung hielt Polen daran auch fest, als es im weiteren Verlauf des Jahres 1939 immer stärker zum nächsten Angriffsziel Deutschlands wurde und sich bis zuletzt sträubte, einer politischen oder gar militärischen Kooperation mit der Sowjetunion zuzustimmen.

100562

Der sowjetische Politiker Wjatscheslaw Michajlowitsch Skrjabin, der seit 1906 den Decknamen Molotow führte, wurde 1939 als für die Außenpolitik zuständig bestimmt.

Im Sommer 1939 verhandelten Großbritannien und Frankreich mit der Sowjetunion, um sie auf der Seite des Westens zu halten. Ziel der Gespräche war der Abschluss eines Beistandspakts mit der Sowjetunion. Bereits am 31. März 1939 hatten die beiden Westmächte die Unabhängigkeit Polens garantiert. Diese weit reichende Erklärung sollte eventuelle Verhandlungen mit Deutschland über eine Teilrevision von Grenzen etwa in der Danzigfrage keineswegs ausschließen.

Auch die Verhandlungen mit der Sowjetunion, die im August 1939 kurz vor dem Abschluss standen, als die Sowjetunion das für sie günstiger erscheinende deutsche Angebot akzeptierte, galten nicht der »Einkreisung« Deutschlands. Sie waren vielmehr als Warnung für Hitler gemeint, vom Einsatz deutscher Truppen abzusehen. Priorität hatte aus britischer Sicht auch 1939 die Entspannung der Beziehungen zu Deutschland, was wiederum der sowjetischen Seite nicht verborgen blieb und

INFOBOX

Das Münchener Abkommen

Nach zwei Treffen zwischen dem britischen Premierminister Arthur Neville Chamberlain und Hitler in Berchtesgaden (15. 9. 1938) und Bad Godesberg (22. 9. 1938) unterzeichneten am 29. 9. 1938 in München Hitler und Chamberlain sowie Ministerpräsident Édouard Daladier (Frankreich) und Benito Mussolini (Italien) das Münchener Abkommen, das die an den Verhandlungen nicht beteiligte Tschechoslowakei zwang, die mehrheitlich von Deutschen besiedelten Grenzgebiete Böhmens (Sudetengebiete) an das Deutsche Reich abzutreten. Hitler betrachtete die Angliederung der Sudetengebiete lediglich als eine Etappe auf dem Weg zur »Zerschlagung« der Tschechoslowakei.

ihre stets gegenwärtige Angst vor einer antisowjetischen Einheitsfront der kapitalistischen Staaten schürte.

Der Hitler-Stalin-Pakt

Die Sowjetunion - bis dahin viel geschmähter und zum Teil auch gefürchteter Außenseiter in der europäischen Politik - rückte 1939 in eine gewichtige Position. Stalin signalisierte im März 1939, man werde für niemanden die »Kastanien aus dem Feuer« holen und sei nach allen Seiten hin offen, um das Hauptziel sowjetischer Politik, die Wahrung der nationalen Sicherheit, erreichen zu können. Stalins Flexibilität zeigte an, dass die sowjetische Außenpolitik mit dem neuen im Mai 1939 ernannten Außenminister Molotow an der Spitze nicht mehr einseitig auf die europäischen Westmächte oder gar den Völkerbund ausgerichtet war. Der ungefähr zum selben Zeitpunkt gereifte britische Entschluss, bisherige Barrieren gegenüber der Sowjetunion abbauen zu wollen, traf also in Moskau auf nur bedingt offene Ohren.

Ausschlaggebend war, dass der deutsche Außenminister von Ribbentrop mit seinem Konzept eines Kontinentalblocks von Japan bis Spanien unter Einschluss der Sowjetunion die bisher verfolgte strikt antisowjetische Linie der deutschen Politik verließ. Unter dem Eindruck schwindender Optionen stimmte auch Hitler im August 1939 der Absicht zu, die sowjetische Karte zu spielen. Der deutsch-sowjetische Nichtangriffspakt, der so genannte Hitler-Stalin-Pakt vom 23. August 1939, verhinderte im Kriegsfall einen Zweifrontenkrieg. Darüber hinaus legte ein geheimes Zusatzprotokoll unter Aufteilung Polens die deutsche und sowjetische Interessensphäre fest.

Dass Hitler dieser überraschenden Abkehr von der bisherigen ideologischen Festlegung zustimmte, hing mit einer doppelten Einengung seines Spielraums zusammen. Zum einen erwies sich Großbritannien als eine Großmacht, die ihre Rüstung vorantrieb und eine weitere gewaltsame Expansion Deutschlands nicht hinnehmen wollte. Zum anderen geriet Deutschland aufgrund seiner Hochrüstung, die 1938 noch einmal gesteigert worden war, in einen immer merklicher werdenden finanziellen und wirtschaftlichen Engpass.

ZITAT

Zum deutschen Kriegsziel sagte Adolf Hitler 1939:

Das deutsche Kriegsziel hat in der endgültigen Erledigung des Westens zu bestehen. Diese innere Zielsetzung muss allerdings der Welt gegenüber die von Fall zu Fall psychologisch bedingten propagandistischen Korrekturen erfahren.

Hitler erklärte im Mai 1939, man müsse Polen »bei erster passender Gelegenheit« angreifen. Danzig sei »nicht das Objekt, um das es geht. Es handelt sich für uns um die Erweiterung des Lebensraums im Osten und Sicherstellung der Ernährung«. Da der Außenhandel unter dem Primat der Rüstung stand und nicht die erforderlichen Importe erbringen konnte, blieb nur, wie Hitler im August 1939 betonte, ein Ausweg: die Auslösung des lange geplanten Kriegs. »Uns bleibt nichts anderes übrig, wir müssen handeln.« Krieg als Beutekrieg hieß die Devise. Mit der Sowjetunion als Rohstoff- und Nahrungsmittellieferant konnte die erste Phase des europäischen Kriegs entfesselt werden. In der nächsten Etappe wollte Hitler wieder zu seinem alten Objekt zurückkehren, zur Unterwerfung und Ausbeutung der Sowjetunion.

Die sensationelle Nachricht vom Hitler-Stalin-Pakt schlug wie eine Bombe ein – nicht zuletzt auch bei den deutschen Kommunisten, die sich im Widerstand gegen das NS-Regime befanden. In London hatte man einen Rückzug der Sowjetunion in die Isolation für möglich gehalten, nicht aber mit einer deutsch-sowjetischen Annäherung gerechnet.

Die Entscheidung über Krieg und Frieden aber lag weder in Moskau noch in London oder Paris, sondern allein in Berlin. Mit dem deutschen Angriff auf Polen am 1. September 1939 war sie gefallen. Polen erhielt zwar keine direkte Hilfe von den westeuropäischen Großmächten. Aber nach Ablauf eines Ultimatums befanden sich Großbritannien und Frankreich am 3. September 1939 mit Deutschland im Kriegszustand.

Gottfried Niedhart

Der Zweite Weltkrieg

In der Propaganda der »Blitzkriege«: Der deutsche Überfall auf Polen und Frankreich

Am 1. September 1939 um 4.45 Uhr überfiel die deutsche Wehrmacht ohne Kriegserklärung Polen (»Fall Weiss«). Sie löste damit einen Konflikt aus, der mit einer gewissen inneren Zwangsläufigkeit über kurz oder lang in einen europäischen und schließlich in einen Weltkrieg eskalieren sollte. Hitler riskierte das militärische »Vabanquespiel« im Bewusstsein der Konsequenz eines langen und verlustreichen Ringens und setzte dennoch immer wieder darauf, einen Gegner nach dem anderen isoliert »erledigen« zu können. Am 3. September erklärten Großbritannien und Frankreich Deutschland den Krieg, we-

100563

Bereits beim Angriff auf Polen zeigt sich der brutale rassenideologische Vernichtungscharakter der Ostkriege. Ab November 1939 müssen alle Juden ein Kennzeichen tragen. Der deutsche Maler Felix Nussbaum porträtiert sich 1943 mit Judenstern und Judenkarte. Nussbaum wird am 9. 8. 1944 im Konzentrationslager Auschwitz umgebracht.

100563

Am 1. 9. 1939 um 4.45 Uhr beginnt das deutsche Linienschiff »Schleswig-Holstein« mit der Beschießung der festungsartigen Westerplatte bei Danzig (Farbpostkarte nach einem Gemälde von Claus Bergen).

nig später auch die Commonwealthstaaten Australien, Neuseeland, Kanada, Südafrika und Indien.

Der amerikanische Präsident Franklin D. Roosevelt ließ, obwohl ihm innenpolitisch durch die Neutralitätsgesetze noch die Hände gebunden waren, keinen Zweifel daran, dass er materiell und psychologisch den Westmächten das gewaltige »Arsenal der Demokratie« voll zur Verfügung stellen und bei einer Existenzbedrohung Großbritanniens auch den Schritt von der »bewaffneten Neutralität« in die offene Kriegführung tun werde. Stalin betrachtete wohl auch wie Hitler den am 23. August 1939 geschlossenen Hitler-Stalin-Pakt eher als ein Zweckbündnis auf Zeit. Danzig war für Hitler längst nicht mehr »das Objekt, um das es geht«, sein eigentliches Ziel war »die Erweiterung des Lebensraumes im Osten«.

Mit dem Ziel, die Kontinentalherrschaft zu erringen, bevor die USA ihr überlegenes Kriegspotenzial entfalten und die Sowjets ihn im Osten erpressen würden, solange die Wehrmacht noch im Westen gebunden war, hatte sich Hitler unter Zugzwang gesetzt. Als die Briten nicht, wie erhofft, den Kampf zu deutschen Bedingungen einstellten, fühlte sich der Diktator getrieben, immer wieder »blitzartig« die militärische Initiative zu ergreifen, neue Fronten zu eröffnen und den Gegner »niederzuringen«, bevor dieser ihm zuvorkam. Die dadurch ausgelöste unerhörte Belastung der nur beschränkten personellen und materiellen Ressourcen des Reichs musste bald an ihre

ZITAT

Hitlers Vorstellungen vor Beginn des Zweiten Weltkriegs:

Danzig ist nicht das Objekt, um das es geht. Es handelt sich für uns um Arrondierung des Lebensraumes im Osten und Sicherstellung der Ernährung. Aufrollen des Ostsee- und Baltikumproblems. Lebensmittelversorgung nur von dort möglich, wo geringe Besiedlung.

Grenzen stoßen, wenn es nicht innerhalb kurzer Zeit gelang, den Kontinent in den Dienst der deutschen Kriegführung zu stellen.

Der Angriff auf Polen

Dem deutschen Zangenangriff von Ostpreußen und Pommern - durchgeführt von der Heeresgruppe Nord unter Fedor von Bock - und von Schlesien aus - vorgenommen von der Heeresgruppe Süd unter Gerd von Rundstedt - vermochten die Polen nur wenige Wochen Widerstand entgegenzusetzen. Das Schicksal Polens war besiegelt, als am 17. September die polnische Regierung auf rumänisches Gebiet übertrat und am selben Tag die Rote Armee, wie mit Berlin abgesprochen, nach Ostpolen einrückte. Nach schweren deutschen Luftangriffen kapitulierte am 27. September die seit zehn Tagen eingeschlossene polnische Hauptstadt. Am 6. Oktober erlosch auch der letzte Widerstand.

Am 28. September hatten der deutsche Außenminister Joachim von Ribbentrop und der unter dem Decknamen Molotow bekannte russische Außenminister (eigentlich Wjatscheslaw Michajlowitsch Skrjabin) in einem geheimen Zusatzabkommen zum deutsch-sowjetischen Grenz- und Freundschaftsvertrag eine Grenzkorrektur der im Hitler-Stalin-Pakt vom 23. August ebenfalls geheim festgelegten beiderseitigen Interessensphären vereinbart:

ZITAT

Am 3. 9. 1939 ließ Frankreich durch seinen Botschafter in Berlin, Robert Coulondre, gegenüber dem deutschen Außenminister Joachim von Ribbentrop erklären:

... Ich habe den unangenehmen Auftrag, Sie davon in Kenntnis zu setzen, dass ab heute, dem 3. September, 17 Uhr, die französische Regierung sich genötigt sehen wird, ihre der deutschen Regierung bekannten vertraglichen Verpflichtungen (zum Beistand) gegenüber Polen zu erfüllen.

INFOBOX

»Blitzsieg« über Polen

Der rasche deutsche Sieg hatte mehrere Gründe: das Überraschungsmoment, die Überlegenheit der operativ eingesetzten Luftwaffe, ein raumgreifender Bewegungskrieg infolge hoher Mobilität der vielfach motorisierten und durch Panzerdivisionen unterstützten Truppenverbände sowie die technische Unterlegenheit der Polen und ihre völlige Isolierung. Bereits damals vom Reichspropagandaministerium gesteuerte und bis heute kolportierte Bemühungen, diesen unerwarteten »Blitzsieg« und alle weiteren militärischen Erfolge 1940/41 zu einer planvoll vorbereiteten »Strategie des Blitzkrieges« zu stilisieren, entspringen reiner NS-Propaganda. Sie gehen an der historischen Realität vorbei. Das einzige als »Blitzkrieg« konzipierte militärische »Unternehmen«, der Überfall auf die Sowjetunion am 22. 6. 1941, scheiterte bereits innerhalb weniger Monate.

Die deutsche Interessenzone wurde von der Weichsel bis an den Bug ausgeweitet, dafür wurde das bis dahin zum deutschen Einflussgebiet gehörende Litauen zusätzlich zu Finnland, Estland, Lettland, Ostpolen und Bessarabien dem sowjetischen Machtbereich zugeschlagen.

Bereits gegenüber Polen entfaltete der Ostkrieg seinen brutalen rassenideologischen Vernichtungscharakter gegen Juden und »slawisches Untermenschentum«. Der polnische Staat wurde ausgelöscht, polnische Gebiete wurden über Westpreußen und Posen hinaus dem »Großdeutschen Reich« in den neuen Reichsgauen Danzig-Westpreußen und Wartheland angegliedert und »Restpolen« als Generalgouvernement und koloniales »Nebenland« des Reichs zur kriegswirtschaftlichen Ausbeutung freigegeben. Bevölkerungsverschiebungen zur »Germanisierung« der neuen Reichsgebiete, die gezielt einsetzende Ausrottung der polnischen Führungsschicht sowie die Konzentration der Juden in Großgettos (unter anderem in Warschau) als Vorstufe zu ihrer späteren physischen Liquidierung nahmen das vorweg, was zwei Jahre später in noch viel größerem Maßstab der UdSSR bevorstehen sollte.

ZITAT

Aus Hitlers Weisung »Nr. 6« vom 9. 10. 1939:

... Zweck dieser Angriffsoperation ist es, möglichst starke Teile des französischen Operationsheeres und die an seiner Seite fechtenden Verbündeten zu schlagen und gleichzeitig möglichst viel holländischen, belgischen und nordfranzösischen Raum als Basis für eine aussichtsreiche Luft- und Seekriegsführung gegen England und als weites Vorfeld des lebenswichtigen Ruhrgebietes zu gewinnen ...

Die Besetzung Norwegens und Dänemarks

Der von Zeitnot diktierte Plan Hitlers, noch im Herbst 1939 in einem Zuge sofort zur Offensive gegen Frankreich »durchzustarten« und damit den zermürbenden und zeitraubenden »Sitzkrieg« im Westen einseitig zu beenden, scheiterte am Widerstand der Militärs, an Verschleißerscheinungen in der Ausrüstung des Heeres und an den winterlichen Witterungsbedingungen.

Im Dezember 1939 überzeugte das Oberkommando der Marine unter Erich Raeder Hitler, dem nunmehr endgültig für das Frühjahr 1940 anvisierten Westfeldzug die Besetzung Norwegens und Dänemarks, das so genannte Unternehmen Weserübung, vorzuschalten. Es galt, die bereits durch den Finnisch-Sowjetischen Winterkrieg und durch das geplante Eingreifen der Westalliierten gefährdete Zufuhr des schwedischen Erzes über den Hafen Narvik und die gesamte Nordflanke mit den Ostseezugängen zu sichern und von Norwegen aus eine operative Basis für die Atlantikkriegführung gegen Großbritannien zu schaffen.

Die am 9. April eingeleiteten Landungsoperationen trafen in Norwegen auf erbitterten Widerstand der einheimischen Kräfte, die von britischen und französischen Truppen unterstützt wurden. In Kopenhagen ergaben sich König Christian X. und die Regierung kampflos und sicherten so ihrem Staat eine geduldete »Souveränität«. Der Rückzug der Alliierten nach dem deutschen Angriff im Westen zwang die Norweger am 10. Juni 1940 zur Kapitulation. Ihr Land wurde dem harten Regiment des Reichskommissars Josef Terboven unterstellt.

Die deutsche Offensive gegen Frankreich

Am 10. Mai 1940 begann schließlich die Westoffensive (»Fall Gelb«) unter Verletzung der niederländischen, belgischen und luxemburgischen Neutralität mit dem Ziel, Frankreichs militärische Kraft zu zerschlagen, nach der französischen Niederlage doch noch ein Arrangement mit den Briten herbeizuzwingen und dann endlich den Rücken im Westen für den eigentlichen Lebensraumkrieg im Osten freizuhaben.

Deutsche JU-52-Flugzeuge setzen am 10. 5. 1940 über den Niederlanden Fallschirmjäger ab. Damit beginnt die Operation »Sichelschnitt«, die zur Besetzung der Niederlande, Belgiens und Luxemburgs führt.

100880

Die lange Winterpause hatte nicht nur zur erheblichen Verbesserung der Ausrüstung des Heeres geführt, sondern vor allem auch dem General Erich von Manstein die Möglichkeit eröffnet, mit dem Operationsplan »Sichelschnitt« jenes durch seine Unkonventionalität geniale Erfolgskonzept zu entwickeln und an Hitler heranzutragen. Dieser setzte ihn gegen die Bedenken seines Generalstabs durch: Während die Heeresgruppe B (von Bock) im Norden in die Niederlande und nach Belgien einrückte und die Heeresgruppe C (Wilhelm von Leeb) im Süden am Oberrhein verharrte, trug die Heeresgruppe A (von Rundstedt) mit dem massierten Einsatz von Panzer- und motorisierten Verbänden, unterstützt von einer überlegenen Luftwaffe, den Hauptangriffsstoß durch die als unwegsam geltenden Ardennen.

Unter Ausnutzung des Überraschungsmoments erreichten die Panzerspitzen in schnellem Vormarsch am 20. Mai bei Abbéville die Kanalküste und konnten dadurch die nördlich dieses »Sichelschnitts« stehenden französischen, britischen und belgischen Kräfte in Flandern von ihren Verbindungen nach Frankreich abschneiden. Der Befehl Hitlers, vor Dünkirchen zu halten, um die bereits überstrapazierten Panzerverbände für die bevorstehende Schlacht in Frankreich zu schonen, ermöglichte es

Hitler besteht 1940 darauf, dass am selben Ort im selben Salonwagen, in dem die Kapitulation am Ende des Ersten Weltkriegs unterzeichnet wurde, auch die deutsch-französischen Waffenstillstandsverhandlungen stattfinden.

100563

100563

Eine Staffel deutscher Flugzeuge vor der Kanalküste während der »Luftschlacht um England« (Operation »Adler«). Der deutschen Luftwaffe gelingt es nicht, die Luftherrschaft über dem Kanal zu erlangen. Damit ist eine Invasion Südenglands nahezu unmöglich geworden.

den Briten, in einer improvisierten Aktion (Unternehmen »Dynamo«) bis zum 4. Juni ihr Expeditionskorps und einen Teil der eingeschlossenen französischen Truppen, insgesamt 338 000 Mann, unter Zurücklassung ihrer Ausrüstung aus der »Sichelfalle« in Dünkirchen zu evakuieren.

Am 15. Mai kapitulierten die Niederlande, die dem Reichskommissar Arthur Seyß-Inquart unterstellt wurden, am 28. Mai Belgien, das fortan zusammen mit den beiden nordfranzösischen Départements Nord und Pas-de-Calais dem Militärbefehlshaber Alexander von Falkenhausen unterstand. Der Angriff auf die nach dem neuen französischen Oberbefehlshaber Maxime Weygand benannte improvisierte Abwehrlinie entlang der Somme und der Aisne am 5. Juni leitete die zweite Phase des Westfeldzugs (»Fall Rot«) ein. Aber die Front konnte im Chaos der zurückflutenden Verbände und Flüchtlinge nicht mehr stabilisiert werden. Am 14. Juni wurde Paris kampflos besetzt. Die »Schlacht um Frankreich« war in wenigen Tagen entschieden.

Am 22. Juni unterzeichnete Frankreich auf Betreiben des neu ernannten Regierungschefs Marschall Philippe

Die Karte zeigt den Verlauf des Zweiten Weltkriegs in Europa und Afrika in den Jahren 1939–42 und dokumentiert die anfänglichen Erfolge der deutschen Truppen.

Pétain im Wald von Compiègne einen Waffenstillstand in dem historischen Salonwagen, in dem die deutsche Kapitulation vom 11. November 1918 unterzeichnet worden war. Elsass, Lothringen und Luxemburg wurden faktisch annektiert, die französische Flotte und Luftwaffe demobilisiert und der unbesetzte Süden der Regierung Pétain mit Sitz in Vichy zum Aufbau eines autoritären Regimes, des État Français, zugewiesen. Italien konnte aus seinem späten Kriegseintritt gegen Frankreich am 10. Juni bei dem Waffenstillstand vom 24. Juni keinen nennenswerten Gewinn schlagen.

Die Selbstbehauptung Großbritanniens
Der militärische Triumph Hitlers vom Nordkap bis hinunter zur Biskaya konnte kaum darüber hinwegtäuschen, dass jeder »Blitzsieg« ihn vom »Endsieg« und von der erhofften unumschränkten Kontinentalhegemonie weiter wegführte. Denn der Widerstandswille Großbritanniens, seit dem 10. Mai unter dem Kriegspremier Winston Churchill, versteifte sich. Darüber hinaus traten die USA immer unverhohlener an die Seite der Briten.

Im Sommer 1940 wurden in der deutschen Führung noch einmal vergleichsweise offen alle Möglichkeiten durchgespielt, Großbritannien niederzuringen, bevor die USA eingriffen: 1. direkter Druckansatz gegen das Inselreich mithilfe von Luftwaffe und Flotte und dann gegebenenfalls Landung (Unternehmen »Seelöwe«); 2. Bildung eines eurasischen Kontinentalblocks gegen Großbritannien und die USA »von Madrid bis Yokohama« unter Einbeziehung der Sowjetunion (Konzeption Ribbentrops); 3. »Kriegführung an der Peripherie«, um zusammen mit Italien und Spanien (Unternehmen »Felix« zur Eroberung Gibraltars) die britische Weltmachtstellung von Gibraltar bis zum Suezkanal, im Nahen Osten, in Ägypten und in Ostafrika aufzurollen, in Kooperation mit Japan die Bastionen in Fernost und in Indien zum Einsturz zu bringen und in Nordwestafrika und auf den Kanarischen Inseln Stützpunkte für den

ZITAT

Sebastian Haffner hebt in seiner Monographie »Winston Churchill« (1967) die Bedeutung Churchills 1940/41 hervor:
Bis zum Jahre 1940 ist es durchaus möglich, die Gestalt Churchills aus der Weltgeschichte und sogar aus der Geschichte Englands wegzudenken… Aber in den Jahren 1940 und 1941 war Churchill der Mann des Schicksals. In diesen Jahren schmilzt seine Biographie in die Weltgeschichte ein; man kann die eine nicht ohne die andere erzählen.

INFOBOX

Die Atlantikcharta
Auf dem britischen Schlachtschiff »Prince of Wales«, das sich in der Placentia Bay vor Argentia (Neufundland) befand, veröffentlichten der amerikanische Präsident Franklin D. Roosevelt und der britische Premierminister Winston Churchill am 14. 8. 1941 eine acht Punkte umfassende Erklärung, die Atlantikcharta. Sie forderten darin u. a. den Verzicht auf Annexionen, das Selbstbestimmungsrecht der Völker, v. a. bei der Wahl ihrer Herrschaftsformen, freien und gleichberechtigten Zugang zu den Rohstoffen der Erde sowie den Aufbau eines kollektiven Sicherheitssystems.
Die Atlantikcharta richtete sich besonders gegen die Achsenmächte Deutschland, Italien und Japan. Ihre Prinzipien gingen in den Katalog der Ziele und Grundsätze der »Charta der Vereinten Nationen« vom 26. 6. 1945 ein.

Atlantikkrieg gegen die beiden angelsächsischen Seemächte zu gewinnen (Konzeption des Marineoberkommandos unter Raeder); 4. Wendung gegen die Sowjetunion ohne Entscheidung im Westen, um den Briten ihren letzten »Festlandsdegen« zu nehmen und den Japanern den Rücken für die Bindung der USA im Pazifik freizuhalten; dann sollte in einem zweiten Schritt von Südrussland aus die britische Stellung in Mittelasien bis zum Indischen Ozean aufgerollt werden (Konzeption Hitlers).

Das Unternehmen »Seelöwe« scheiterte nach mehrfachen Abänderungen des Angriffstermins spätestens am 17. September mit der Verschiebung der Landung »bis auf Weiteres«. Denn der deutschen Luftwaffe gelang es unter schweren Verlusten auf beiden Seiten in der »Luftschlacht über England« (Operation »Adler«) nicht, die Luftabwehr der Briten in Südengland und ihre Luftrüstungsindustrie niederzukämpfen und die Luftherrschaft über dem Kanal und dem geplanten südenglischen Invasionsraum zu sichern. Auch die U-Boote und die Überwasserstreitkräfte konnten in der zweiten Phasc der Atlantikschlacht, die von Juni/Juli 1940 bis März 1941 andauerte, nicht die Zufuhren nach Großbritannien abschneiden.

Auf ihrem Vormarsch im April 1941 rücken die deutschen Truppen in eine Ortschaft in Serbien ein.

100880

Ribbentrops Kontinentalblockkonzeption ließ sich im Sommer und Herbst 1940 nicht realisieren, weil besonders Hitlers Bemühungen scheiterten, Spanien, Frankreich und die UdSSR in die Front gegen Großbritannien einzureihen. Was von der weltumspannenden Kontinentalblockkonzeption blieb, war der Dreimächtepakt zwischen Deutschland, Italien und Japan, eine dekorative bündnispolitische Fassade, um den völligen Mangel an enger militärstrategischer Kooperation und Koordination zwischen den drei Achsenpartnern in Europa und Fernost zu kaschieren.

Gegenüber Raeders Peripheriestrategie im Mittelmeer gab der Diktator stets zu erkennen, dass dieser Raum für ihn eindeutig ein Nebenkriegsschauplatz war. Im Gegensatz zur mangelnden Koordination zwischen den Achsenpartnern verstärkten Großbritannien und die USA ihre Zusammenarbeit, sodass sich Letztere bald in einem »unerklärten Krieg« befanden.

ZITAT

Winston Churchill in einer Unterhausrede zu einem eventuellen deutschen Angriff auf die Britischen Inseln nach der Evakuierung der britischen Soldaten aus Dünkirchen:
Ich glaube keinen Augenblick daran, aber wenn es so kommen sollte, dass diese Insel unterworfen ist und verhungert, dann werden unser Empire und unsere Flotte weiterkämpfen, so lange, bis die Zeit erfüllt ist und die Neue Welt in Waffen zur Befreiung der Alten antritt.

Hilfe für den Bundesgenossen – Krieg auf dem Balkan

Im Herbst 1940 durchkreuzte der italienische Diktator Mussolini mit dem Angriff auf Griechenland das strategische Konzept Hitlers, die potenziell stets von den Briten bedrohte Südflanke Europas und hier besonders den Balkan ruhig zu stellen und aus dem Krieg herauszuhalten, um alle Kräfte ungestört nach Osten richten zu können. Der nicht mit Berlin abgestimmte Angriff vom 28. Oktober 1940, der sich durch eine erfolgreiche griechische Gegenoffensive schnell in eine Niederlage verwandeln sollte, führte auf der einen Seite wie im Ersten Weltkrieg britische Land-, See- und Luftstreitkräfte auf den Balkan und damit auf die rumänischen Erdölfelder bei Ploieşti; dies zwang Hitler auf der anderen Seite kurzfristig und wider Willen, die Besetzung Griechenlands (Unternehmen »Marita«) und dann nach dem prowestlichen Staatsstreich in Belgrad am 27. April 1941 auch die Jugoslawiens ins Auge zu fassen, um die Gefährdung des eingeleiteten Aufmarsches gegen die Sowjetunion vom Süden her auszuschalten.

Zwar konnte der am 6. April 1941 beginnende Balkanfeldzug mit der jugoslawischen (17. April) und griechischen (21. April) Kapitulation und der Vertreibung der Briten relativ schnell beendet werden, nur die Er-

Deutsche Fallschirm- und Gebirgsjäger landen während des Unternehmens »Merkur« auf der Insel Kreta. Die Eroberung der von britischen und griechischen Truppen besetzten Insel dauerte vom 20. 5. bis 1. 6. 1941.

100880

oberung Kretas Ende Mai 1941 durch Luftlandetruppen erwies sich als außerordentlich verlustreich. Der Balkanfeldzug band aber zusätzlich starke Truppenkontingente als Besatzung und zur Bekämpfung der jugoslawischen Partisanen unter Josip Tito. Jugoslawien wurde durch erhebliche Gebietsabtretungen an Deutschland, Italien, Ungarn, Bulgarien und Albanien und nach Gründung des deutsch-italienischen Satellitenstaats Kroatien unter Führung der faschistischen Ustascha-Bewegung auf »Altserbien« in den Grenzen von 1912 reduziert und unter deutsche Besatzungsverwaltung gestellt. Griechenland erhielt teils eine deutsche, teils eine italienische Besatzung. *Bernd Jürgen Wendt*

»Vernichtung« als Leitkategorie: Der deutsche Überfall auf die Sowjetunion

Am 18. Dezember 1940 erging Hitlers Weisung »Nr. 21« an die Wehrmacht, »auch vor Beendigung des Krieges gegen England Sowjetrussland in einem schnellen Feldzug niederzuwerfen (Unternehmen Barbarossa)«. Anhaltende Bemühungen, diesen Feldzug als Präventivkrieg zu rechtfertigen, werden dadurch eindeutig widerlegt, dass es weder Anzeichen für konkrete Angriffspläne Stalins noch für derartige Überlegungen Hitlers gibt.

Hitler nutzte die scheinbare Gunst der Stunde: Noch schien die deutsche Wehrmacht im Nimbus ihrer »Blitzsiege« der gerade in der Reorganisation und Modernisierung befindlichen Roten Armee überlegen. Aber wie lange noch? Das optimal günstige »strategische Fenster« drohte sich über kurz oder lang zu schließen. Der für 1942 angenommene Kriegseintritt der USA ließ es geraten erscheinen, rechtzeitig den längst anvisierten »Lebensraum im Osten« zu erobern und dadurch die deutsche Stellung auf dem Kontinent auch wehrwirtschaftlich unangreifbar zu machen.

Am 22. Juni 1941 überfiel die deutsche Wehrmacht ohne Kriegserklärung die Sowjetunion. Rumänien, Italien, die Slowakei, Finnland und Ungarn schlossen sich dem Angriff an. Auf der Gegenseite formierte sich die Anti-Hitler-Koalition aus Westalliierten und Sowjetunion, die bis dahin an der Divergenz der Interessen gescheitert war. Ein Sonderwaffenstillstand mit Deutschland sollte nun ausgeschlossen sein.

Hitler ließ von Anfang an keinen Zweifel daran, dass es sich für ihn um einen »Kampf zweier Weltanschauungen gegeneinander« handelte mit dem Ziel der »Vernichtung der bolschewistischen Kommissare und der kommunistischen Intelligenz« und, wie sich bald zeigen sollte, der »Ausrottung des Judentums«. Er wollte diesen ideologisch-rassistischen Krieg »ohne Schonung und völkerrechtliche Rücksichtnahme« auch gegenüber der Zivilbevölkerung führen. Gegen die Normen des Völkerrechts wurden »Vernichtung« und »Ausrottung« zu Leitkategorien der Kriegführung. Konkretisiert wurden sie in einem Erlass vom 13. Mai 1941, der die Kriegsgerichtsbarkeit im Umgang der Truppe mit »feindlichen Zivil-

ZITAT

Aus dem Kommissarbefehl vom 6. 6. 1941: *Insbesondere ist von den politischen Kommissaren aller Art als den eigentlichen Trägern des Widerstandes eine hasserfüllte, grausame und unmenschliche Behandlung unserer Gefangenen zu erwarten … Sie sind daher, wenn im Kampf oder Widerstand ergriffen, grundsätzlich sofort mit der Waffe zu erledigen …*

ZITAT

Aus Hitlers Weisung »Nr. 16« vom 16. 7. 1940:

Da England, trotz seiner militärisch aussichtslosen Lage, noch keine Anzeichen der Verständigungsbereitschaft zu erkennen gibt, habe ich mich entschlossen, eine Landungsoperation gegen England vorzubereiten und, wenn nötig, durchzuführen.

Zweck dieser Operation ist es, das englische Mutterland als Basis für die Fortführung des Krieges gegen Deutschland auszuschalten und, wenn es erforderlich werden sollte, in vollem Umfang zu besetzen.

personen« außer Kraft setzte, und im Kommissarbefehl vom 6. Juni 1941.

Ausführende Organe des Vernichtungsfeldzugs besonders gegen die jüdische Bevölkerung im Osten waren hinter der Front operierende vier Einsatzgruppen der Sicherheitspolizei und des SD (Sicherheitsdienst), SS, Polizeibataillone, einheimische Miliz und Hilfswillige ebenso wie Einheiten der Wehrmacht. In enger Absprache mit den Einsatzgruppen leisteten sie nicht nur logistische Unterstützung, sondern beteiligten sich aktiv an Mordaktionen.

Das völkerrechtswidrige Vorgehen der deutschen Besatzungsmacht half mit, einen Partisanenkampf hinter der Front zu entfesseln, der auf beiden Seiten mit großer Erbitterung und Grausamkeit geführt wurde und häufig barbarische Vergeltungsmaßnahmen gegen die Zivilbevölkerung auslöste. Die von den Deutschen in Gang gesetzte Spirale von Gewalt und Gegengewalt sollte bis in die letzten Kriegstage 1945 hinein eskalieren und schließlich gnadenlos auf die deutsche Bevölkerung zurückschlagen.

Deutsche Raumgewinne, steigender sowjetischer Widerstand

Die deutsche Wehrmacht marschierte am 22. Juni 1941 mit 153 Divisionen, etwa drei Millionen Mann, die 75 Prozent des Feldheers ausmachten, in drei Heeresgruppen in die Sowjetunion ein. Die Verbündeten stellten

INFOBOX

Der Kommissarbefehl

Am 6. 6. 1941 erließ das Oberkommando der Wehrmacht (OKW) auf Weisung Hitlers den Befehl, im – unmittelbar bevorstehenden – Krieg gegen die UdSSR alle gefangen genommenen politischen Kommissare zu erschießen. Der völkerrechtswidrige Kommissarbefehl – amtlich »Richtlinien für die Behandlung politischer Kommissare« –, der v. a. von den Einsatztruppen ausgeführt wurde, jedoch auch die Wehrmacht in die nationalsozialistische Vernichtungsstrategie einbezog, zielte auf die Liquidierung der sowjetischen Führungselite. Der nicht von allen deutschen Truppenteilen befolgte bzw. zum Teil umgangene Befehl wurde im Mai 1942 gelockert, um politische Kommissare zum Überlaufen bzw. zur Kapitulation zu veranlassen.

Mit dem »Unternehmen Barbarossa« sollte in einem schnellen Feldzug Sowjetrussland niedergeworfen werden. Hier befinden sich Einheiten der SS-Panzerdivision »Wiking«, in der viele Freiwillige aus skandinavischen Ländern kämpften, vor einer Stadt in Südrussland.

600 000 Mann. Die Rote Armee verfügte damals über eine Gesamtstärke von fünf Millionen Mann. Strategisches Ziel Hitlers war es, in einem »Blitzfeldzug« von drei bis vier Monaten bis Herbst die Rote Armee möglichst in Kesselschlachten westlich von Düna und Dnjepr vernichtend zu schlagen und die UdSSR ihrer wichtigsten Rüstungs- und Industriezentren, Rohstoffvorkommen und agrarischen Überschussgebiete vor allem in der Ukraine und im Donezbecken zu berauben.

Wieder waren es die Ausnutzung des Überraschungsmoments, die technisch überlegene Luftwaffe, die selbstständig operierenden und beweglichen Panzerverbände und die Schnelligkeit und Durchschlagskraft der weiträumigen Umfassungsoperationen, aber auch die ungünstige frontnahe Konzentration der Sowjetverbände, die in den ersten Wochen zu gewaltigen Geländegewinnen und hohen Gefangenenzahlen führten. Die Heeresgruppe Nord (von Leeb) eroberte in schnellem Tempo das Baltikum und schnitt am 8. September Leningrad für 900 Tage von allen Landverbindungen ab. Die Heeresgruppe Mitte (von Bock) erreichte am 16. Juli Smolensk. Die Heeresgruppe Süd (von Rundstedt) nahm im Zusammenwirken mit der Heeresgruppe Mitte am 19. September Kiew ein und besetzte bis Oktober das Donezbecken und die Krim außer Sewastopol.

In mehreren großen Kesselschlachten bei Białystok, Minsk, Uman, Smolensk, Kiew sowie Wjasma und Brjansk machte die Wehrmacht bis Mitte Oktober drei Millionen Gefangene. Von insgesamt 5,7 Millionen sowjetischen Kriegsgefangenen des Zweiten Weltkriegs kamen 3,3 Millionen durch Hunger, Seuchen, Massenerschießungen und in Konzentrationslagern um, ein weit höherer Prozentsatz als bei den deutschen Kriegsgefangenen.

Der unerwartet zähe Widerstandswille der Sowjetsoldaten in dem von Stalin proklamierten »Großen Vaterländischen Krieg«, die pausenlose Auffüllung der Verluste durch die Mobilisierung immer neuer Reserven, die

In der Kesselschlacht von Minsk wird die Stadt nahezu komplett zerstört, der größte Teil der jüdischen Bevölkerung wird ermordet. Zum Gedenken an die Opfer des Zweiten Weltkriegs wurde an zentraler Stelle ein Denkmal mit ewiger Flamme errichtet.

100562

INFOBOX

Stalingrad
»Mit erbarmungslosem Frost hatte das neue Jahr (1943) begonnen und die mannigfaltigen Leiden der Eingekesselten verschärft. Die Brotration wurde auf 50g pro Kopf und Tag herabgesetzt. Klirrende Kälte, nagender Hunger, schleichendes Siechtum, feindliches Feuer wirkten zusammen in unauflöslichem Angriffsbündnis. Ruhr und Typhus hatten sich als unheimliche Gäste eingestellt, und die Läuseplage vermehrte sich von Tag zu Tag. Der Tod tanzte seinen mörderischen Reigen kreuz und quer durch den Kessel. Sein Hauptquartier waren die vielen Elends- und Verzweiflungsorte der Feldlazarette und Verbandsplätze, die sich beängstigend überfüllten, aber auch an den Frontabschnitten fühlte er sich Tag und Nacht zu Hause.«
Aus »Stalingrad und die Verantwortung des Soldaten« von Joachim Wieder und Heinrich Graf von Einsiedeln (1963).

Gefährdung des Nachschubs durch Partisanen und ein ungewöhnlicher Materialverschleiß und Ausfall bei Panzern und Fahrzeugen führten aber bereits Ende Juli zu dem Eingeständnis des Generalstabschefs Franz Halder, dass es sich in diesem Krieg keineswegs um einen »Blitzfeldzug« bewährten Musters handele.

Die am 2. Oktober 1941 durch die Heeresgruppe Mitte vorgetragene Offensive gegen Moskau sollte sich zunächst im herbstlichen Schlamm und dann endgültig Anfang Dezember im winterlichen Kälteeinbruch etwa dreißig Kilometer vor Moskau festlaufen. Die Truppe war total erschöpft. Motoren und automatische Waffen versagten, da das Gros der Verbände auf den Winter nicht vorbereitet war. Nur der am 16. Dezember 1941 erfolgte »Haltebefehl« Hitlers zum »fanatischen Widerstand« in zäh zu verteidigenden »Igelstellungen« verhinderte tiefere Fronteinbrüche unter den Schlägen der am 5. Dezember einsetzenden sowjetischen Gegenoffensive.

Die deutsche Niederlage vor Moskau
Am 19. Dezember 1941 entließ der Diktator den Oberbefehlshaber des Heeres, Walther von Brauchitsch, und übernahm selbst diese Funktion. Die Bilanz des zweiten Kriegsjahrs war für die Angreifer eine Katastrophe: Bis Herbst 1941 hatte die Wehrmacht mit 831 000 Gefallenen, Vermissten, Verwundeten und Kranken mehr als ein

ZITAT

Der Sohn eines Pfarrers schrieb während der Schlacht vor Stalingrad an seinen Vater:
Ich habe Gott gesucht in jedem Trichter, in jedem zerstörten Haus, an jeder Ecke, bei jedem Kameraden, wenn ich in einem Loch lag, und am Himmel... vom Himmel kamen Bomben und Feuer, nur Gott war nicht da. Nein Vater, es gibt keinen Gott.

ZITAT

Als deutsche Truppen Leningrad belagerten, erklärte die Lyrikerin Anna Achmatowa 1942 in dem »Poem ohne Held« ihre Liebe zu der leidenden Stadt:

Du, aus Granit, verzweifelte, geliebte,
Erblasst, gestorben, verstummt,
Unsere Trennung ist nur Schein:
Unlösbar bin ich mit dir.
Mein Schatten ist auf deinen Wänden,
Meine Spiegelung in den Kanälen,
Das Hallen meiner Schritte in den Sälen der Eremitage, …

Viertel ihrer Anfangsstärke vom Juni verloren. Bis zum Frühjahr 1942 kamen noch einmal Verluste von 900 000 Mann hinzu. Die Panzerdivisionen hatten teilweise nur noch 35 Prozent ihrer Gefechtskraft. Demgegenüber war die zahlenmäßige Überlegenheit der Roten Armee trotz aller deutschen Erfolge nicht gebrochen. Die jenseits des Urals verlagerten Produktionsstätten arbeiteten auf Hochtouren. Der Nachschub an Menschen, Waffen und Ausrüstung strömte offenbar unbegrenzt.

Manche Anzeichen sprechen dafür, dass sich im Dezember 1941 auch Hitler der in seiner engeren Umgebung gewonnenen Einsicht nicht verschloss, dass der Krieg nicht mehr zu gewinnen sei. Sein auf die radikale Alternative »Sieg oder Untergang« reduziertes Weltbild – »Deutschland wird entweder Weltmacht oder überhaupt nicht sein« (»Mein Kampf«) – verbot ihm jedoch bis zuletzt jeden Gedanken an einen Friedensschluss mit den Sowjets.

Die dem japanischen Überfall auf Pearl Harbor am 7. Dezember 1941 folgende, aber an sich durch den Dreimächtepakt nicht zwangsläufig gebotene deutsche Kriegserklärung an die USA am 11. Dezember täuschte einen Bewegungsfreiraum für Initiativen vor, den Hitler tatsächlich längst verloren hatte. Er wollte Japan fortan um jeden Preis im Krieg halten, um die USA im Pazifik zu binden.

Entscheidend aber war: Die äußerst knapp bemessene Frist für die »blitzartige« Erringung einer auch wirtschaftlich unangefochtenen Vormachtstellung auf dem eurasischen Kontinent vor Kriegseintritt der USA war mit der letztlich kriegsentscheidenden Niederlage vor Moskau Anfang Dezember 1941 abgelaufen. Es war nur noch eine Frage von Wochen, bis die Amerikaner, die der Sowjetunion seit August 1941 Kriegsmaterial lieferten, ihr übermächtiges Kriegspotenzial mobilisieren würden.

Die Stunde der Wahrheit sollte für Hitler und seine Führung erst im Herbst 1942 schlagen. Denn große militärische Erfolge und Raumgewinne im Osten Europas, in Nordafrika und auf dem Atlantik führten Deutschland im Sommer dieses Jahres noch einmal auf den Zenit seiner Macht. In ihm war freilich der Keim für die endgültige Niederlage bereits angelegt.

Im Zuge der am 28. Juni 1942 aus dem Raum Kursk und Charkow eingeleiteten Offensive gelang es der – nunmehr in die Heeresgruppe B (Maximilian von Weichs) und Heeresgruppe A (Wilhelm List) gegliederten – deutschen Südfront, bis Ende Juli Woronesch, Rostow am Don und die Krim zu erobern und die Front an den Donbogen nach Osten vorzuschieben.

In diesem Augenblick traf Hitler am 23. Juli wieder einen seiner folgenreichen einsamen Entschlüsse, die ihn operativ immer tiefer bis hinunter auf die Divisionsebene durchgreifen ließen: Aus dem vorgesehenen Nacheinander wurde nun ein gleichzeitig angesetzter deutscher Vorstoß gegen Stalingrad (Heeresgruppe B) und ins Kaukasusgebiet (Heeresgruppe A). Die sechste Armee unter

100563

Der geplante schnelle Feldzug in Russland scheitert nicht nur am Widerstand der Roten Armee. Der ungewöhnlich früh einbrechende Winter trifft die deutsche Armee so gut wie unvorbereitet.

100264

Am 22. 11. 1942 schließt die Rote Armee bei Kalatsch am Don den Kessel von Stalingrad. Rund 250 000 Mann der deutschen sechsten Armee sind damit eingeschlossen. Trotz Hitlers Verbot startet die verzweifelte sechste Armee am 21. 12. einen Ausbruchsversuch, der scheitert.

Generaloberst Friedrich Paulus eroberte bis Mitte November in harten Kämpfen neun Zehntel des völlig zerstörten Stadtgebiets von Stalingrad, während die südlich operierende Heeresgruppe A in das unbrauchbar gemachte Erdölfeld von Maikop einrückte und am 21. August auf dem Elbrus die Reichskriegsflagge hisste, ohne die Südgrenze Russlands zu erreichen und damit den amerikanischen Nachschub unterbrechen zu können. Diese gleichzeitigen Vorstöße führten zu einer Überdehnung der Südfront auf etwa 2000 Kilometer Länge.

Die Katastrophe von Stalingrad und die Panzerschlacht von Kursk

Am 19./20. November durchstießen die Sowjets in einer Großoffensive die deutsche Front nordwestlich und südlich von Stalingrad und schlossen am 22. November bei Kalatsch am Don den Kessel für die deutsche sechste Armee mit etwa 250 000 Mann in der Wolgastadt. Hitler verbot jeden Ausbruchsversuch. Ein verzweifelter deutscher Entsatzvorstoß scheiterte am 21. Dezember 48 Kilometer vor dem Einschließungsring. Am 31. Januar 1943 kapitulierte der Süd-, zwei Tage später der Nordkessel von Stalingrad. Von 250 000 Soldaten wurden 34 000 Verwundete und Spezialeinheiten ausgeflogen, 91 000 gerieten in Gefangenschaft, von denen nur etwa 6 000 nach dem Kriege zurückkehrten.

Nach der Aufgabe von Rostow standen die deutschen Truppen im Frühjahr 1943 wieder auf der Linie, aus der sie im Vorjahr zur Offensive aufgebrochen waren. Die Heeresgruppen Mitte und Nord hatten bis März 1943 auch wieder eine feste Front gewonnen.

Die Initiative an der Ostfront war jetzt endgültig auf die sowjetische Seite übergegangen. Um sie wenigstens an einem Punkt wiederzugewinnen, befahl Hitler im Sommer 1943 einen Zangenangriff gegen den sowjetischen Frontbogen bei Kursk von Norden und Süden aus (Unternehmen »Zitadelle«). Er führte zur größten Panzerschlacht des Zweiten Weltkriegs, musste aber nach einer sowjetischen Gegenoffensive am 13. Juli erfolglos abgebrochen werden, da die alliierte Landung auf Sizilien eine Abgabe von Kräften nach Italien erzwang. Diese Gegenoffensive führte die Rote Armee bis Ende September 1943 an den improvisiert befohlenen »Ostwall« (»Pantherstellung«).

Hitler nahm Zuflucht zu einer defensiven Haltestrategie mit begrenzten offensiven Gegenschlägen. Das Blatt zu wenden vermochte er nicht mehr. Dennoch hielt er an seinem ideologischen Kriegsziel, der Vernichtung der europäischen Juden, fest, auch wenn die Durchführung des Massenmords die Kriegsführung erheblich belastete. Beim Rückzug zerstörten die Deutschen mit der Taktik der »verbrannten Erde« alle Verkehrs- und Versorgungseinrichtungen und Unterkünfte und zwangen die arbeits- und wehrfähige Bevölkerung, sich ihnen anzuschließen. *Bernd Jürgen Wendt*

Die deutsche Niederlage nimmt endlich ihren Lauf: Das Kriegsende in Europa

Die Wende des Kriegs in Nordafrika, das ab September 1940 in den Krieg einbezogen war, vollzog sich 1942/43. Hitler hatte niemals einen Zweifel daran gelassen, dass dies für ihn ein Nebenkriegsschauplatz war, und trotz des ständigen Drängens des Oberbefehlshabers Erwin Rom-

ZITAT

Franklin D. Roosevelt und Winston Churchill forderten auf der Konferenz von Casablanca 1943 u. a. die bedingungslose Kapitulation der Achsenmächte:
In Anbetracht der gesamten Kriegslage sind wir mehr denn je davon überzeugt, dass nur eine totale Beseitigung der deutschen und japanischen Kriegsmacht der Welt den Frieden bringen kann. Dies führt zu der einfachen Formulierung der Kriegsziele, welche eine bedingungslose Kapitulation Deutschlands, Japans und Italiens zum Inhalt hat.

mel den Nachschub in engen Grenzen gehalten. Die Konsequenz war aber nicht nur der Verlust Nordafrikas bis Mai 1943, sondern nunmehr die akute Bedrohung der europäischen Südflanke in Italien.

Eine am 26. Mai 1942 eingeleitete Großoffensive hatte die deutsch-italienischen Verbände Ende Juni bis El-Alamein, hundert Kilometer westlich von Alexandria, geführt. Am 23. Oktober begann die britische achte Armee unter Bernard Law Montgomery mit weit überlegenen Kräften eine Gegenoffensive, die Rommel am 4. November gegen Hitlers Befehl »Halten um jeden Preis« zum Rückzug nach Libyen zwang.

Die amerikanisch-britische Landung in Marokko und Algerien unter Dwight D. Eisenhower am 7./8. November 1942 wurde mit der Einrichtung eines deutsch-italienischen Brückenkopfes in Tunesien beantwortet, um den Rückzug des Afrikakorps in seinem Rücken zu decken. Nach dem französischen Waffenstillstand in Nordafrika mit den Westalliierten marschierte die deutsche Wehrmacht am 11. November 1942 in das bisher unbesetzte Frankreich ein. Rommels Panzerarmee konnte nach dem Verlust von Tripolis am 23. Januar 1943 längerfristig keine feste Front mehr aufbauen. Als Rommel ein Halten des »Brückenkopfs Tunesien« durch die nunmehr organisatorisch zusammengefasste Heeresgruppe Afrika bezweifelte, wurde er am 9. März von Hitler seines Kommandos enthoben. Mitte Mai kapitulierte diese Heeresgruppe.

INFOBOX

Vier Freiheiten

In einer Rede vor dem amerikanischen Kongress verkündete Präsident Roosevelt zu Beginn des Kriegsjahres 1942 »Die vier Freiheiten«:

»Die erste dieser Freiheiten ist die der Rede und des Ausdrucks, und zwar überall auf der Welt.

Die zweite dieser Freiheiten ist die, Gott auf seine Weise zu verehren, für jedermann und überall.

Die dritte dieser Freiheiten ist die Freiheit von Not. Das bedeutet, weltweit gesehen, wirtschaftliche Verständigung ...

Die vierte Freiheit aber ist die von Furcht. Das bedeutet, weltweit gesehen, eine globale Abrüstung, so gründlich und so lange durchgeführt, bis kein Staat mehr in der Lage ist, seine Nachbarn mit Waffengewalt anzugreifen, und zwar überall auf der Welt.«

Die Landung der Westalliierten auf Sizilien

Im Juli 1943 nach Sizilien übergesetzte britische und amerikanische Streitkräfte zwangen die Deutschen am 17. August, die Insel zu räumen. Am 3. September landeten britische Truppen in Kalabrien, am 9. September die amerikanische fünfte Armee in Salerno.

Nachdem der Große Faschistische Rat Mussolini am 24. Juli das Vertrauen entzogen hatte, ließ ihn König Viktor Emanuel III. verhaften. Zwar erklärte der neue Ministerpräsident Marschall Pietro Badoglio, den Kampf an der Seite Deutschlands fortsetzen zu wollen, knüpfte jedoch gleichzeitig vor dem Hintergrund einer allgemeinen Kriegsmüdigkeit in Italien und des Zusammenbruchs des faschistischen Systems Kontakte mit den Alliierten an, die am 3. September zum Abschluss eines Waffenstillstands führten.

Seit 1943 musste die deutsche Kriegsführung eine Reihe von Niederlagen hinnehmen, dies leitete die Wende des Krieges ein. Der deutsche Vormarsch im Osten kam Anfang 1943 vor Stalingrad zum Stillstand, im Mai brach die Front in Afrika zusammen. Dies ermöglichte die Landung alliierter Truppen in Europa, das Ende des Krieges kam in Sicht.

Am 10. 7. 1943 landeten britische und amerikanische Truppen auf Sizilien.

Am 8. September besetzten deutsche Truppen schlagartig alle wichtigen Punkte in Italien, entwaffneten die italienischen Verbände im Mutterland, in Frankreich und auf dem Balkan und setzten den am 12. September befreiten Mussolini als Chef der Marionettenregierung einer faschistischen Repubblica Sociale Italiana mit Sitz in Salò am Gardasee ein (Republik von Salò).

Am 18. Mai 1944 durchbrachen die Alliierten die deutsche Stellung bei Neapel und besetzten am 4. Juni das kampflos geräumte Rom. Sie stießen bis zur ausgebauten Apenninstellung vor, bis ihre Offensive im November infolge der Witterungsbedingungen noch vor Erreichen der Poebene eingestellt werden musste.

Die Schlacht im Atlantik

In den Jahren 1942 und 1943 gelang es den Westalliierten, zwei weitere wichtige Voraussetzungen für einen erfolgreichen Sturm auf die »Festung Europa« zu schaffen: die endgültige Wende im atlantischen Zufuhrkrieg im Mai 1943 und die absolute Luftüberlegenheit, um das »Dach« über der »Festung Europa« schließlich wie ein Sieb zu durchlöchern. Zwar konnten die deutschen U-Boote ihre Versenkungsziffern im Nordatlantik im November 1942 noch einmal auf eine monatliche Rekordhöhe von 650 000 Bruttoregistertonnen hochtreiben, aber im folgenden Mai fielen die Versenkungsziffern dramatisch.

Diese Entwicklung zwang Großadmiral Karl Dönitz, der am 31. Januar 1943 Raeder als Marineoberbefehlshaber abgelöst hatte, die Gruppenoperationen im Nordatlantik und damit faktisch die »Schlacht im Atlantik« abzubrechen, nachdem die U-Boot-Waffe in dem genannten Zeitraum zwar über 3,8 Millionen Bruttoregistertonnen versenkt, dabei aber 123 Boote verloren hatte. Ein Bündel widriger Umstände ließ die »Schlacht im Atlantik« scheitern: unter anderem die Erfolge der britischen Funkaufklärung und die gelungene Entschlüsselung des deutschen Funkkodes »Ultra«, die zu geringe Zahl der im Nordatlantik operierenden U-Boote, die alliierte Konvoisicherung, Radarortung sowie die flächendeckende Luftüberwachung durch die Alliierten.

Strategischer Bomberkrieg der Westalliierten gegen Deutschland

Dramatischer als der Verlust der Initiative im fernen Atlantik traf die deutsche Bevölkerung die Wende im Luftkrieg. Denn der Übergang der Briten und dann der

Am 24. 7. 1943 entzieht der Große Faschistische Rat Mussolini das Vertrauen. König Viktor Emanuel III. lässt den »Duce« verhaften (hier im Bild).

> **ZITAT**
>
> **Gerhart Hauptmann beklagt 1945 die Vernichtung einer großen Kulturstätte:**
>
> *Wer das Weinen verlernt hat, der lernt es wieder beim Untergang Dresdens. Dieser heitere Morgenstern der Jugend hat bisher der Welt geleuchtet. Ich weiß, dass in England und Amerika gute Geister genug vorhanden sind, denen das göttliche Licht der Sixtinischen Madonna nicht fremd war und die von dem Erlöschen dieses Sternes allertiefst schmerzlich getroffen weinen.*

Amerikaner zum strategischen Bomberkrieg 1942 führte den Menschen vor Augen, dass sie nunmehr unmittelbar in den »totalen Krieg« mit einbezogen und die Grenzen zwischen »Front« und »Heimat« fließend geworden waren. Im Januar 1943 auf der Konferenz in Casablanca, in der zugleich die Forderung nach bedingungsloser Kapitulation für Deutschland beschlossen wurde, einigten sich die Combined Chiefs of Staff (Vereinigten Generalstabschefs) auf die »ständig zunehmende Zerstörung und Lähmung des deutschen militärischen, industriellen und wirtschaftlichen Systems und auf die Unterminierung der Kampfbereitschaft des deutschen Volkes bis zur entscheidenden Schwächung der Fähigkeit zum bewaffneten Widerstand«.

Kriegsentscheidend war der Luftkrieg sicher nicht in der Richtung, dass er durch die vergleichsweise unge-

100563

Der Funkcode »Ultra« der deutschen Armee wurde mit der Enigma-Verschlüsselungsmaschine übermittelt. Seine Entschlüsselung ermöglichte es den Alliierten, die deutschen Funksprüche abzuhören und Gegenmaßnahmen einzuleiten.

100562

Winston Churchill und Franklin D. Roosevelt beratschlagten im Januar 1943 in Casablanca das weitere militärische Vorgehen der Alliierten und die Kriegsziele. Der Oberkommissar für Französisch-Nordafrika, General Henri-Honoré Giraud, wurde für die französischen Belange hinzugezogen. Auf Forderung Churchills nahm auch der führende Kopf der französischen Widerstandsbewegung Charles de Gaulle (2. von rechts) an den Beratungen teil.

nauen Flächenbombardements den Widerstandswillen der deutschen Bevölkerung auch nur ansatzweise gelähmt hätte. Aber die erdrückende materielle Überlegenheit der Angloamerikaner hatte drei Konsequenzen: Sie brach der deutschen Luftwaffe Ende 1943 das Genick; sie schuf im Sommer 1944 zusammen mit der Flotte die Voraussetzung dafür, dass der von den Westalliierten in Aussicht genommene Landungsraum in der Normandie von Anfang an unangefochten unter alliierter Kontrolle stand. Schließlich zeitigten die Präzisionsangriffe auf Flugzeug-, Motoren- und Kugellagerfabriken, auf Ölraffinerien und Hydrierwerke und vor allem auf die Verkehrswege insofern eine verheerende Wirkung, als sie im Sommer 1944 die Treibstoffzufuhr unter das Minimum des Notwendigen drückten und die deutsche Kriegswirtschaft in wenigen Monaten bis zum Herbst 1944 nahezu zum Erliegen brachten.

Eklatantes Versagen und Hybris auf deutscher Seite potenzierten eine an sich schon nicht mehr aufholbare personelle und materialmäßige Unterlegenheit. Neben Fehlentscheidungen und Verzögerungen bei militärtechnischen Projekten kam besonders ein viel zu spätes und

INFOBOX

Der Bomberkrieg

Die seit 1940 eskalierende Spirale der Gewalt aus der Luft, die das deutsche Schuldkonto mit der Zerstörung von Warschau (Ende September 1939), Rotterdam (14. 5. 1940) und Coventry (20. 11. 1940) erheblich belastete, erreichte am 14. 2. 1942 eine neue Qualität. Das Londoner Luftfahrtministerium befahl dem »Bomber Command«, alle Angriffe »auf die Moral der feindlichen Zivilbevölkerung, insbesondere der Industriearbeiter« zu konzentrieren und durch ein »dehousing« den Widerstandswillen der deutschen Bevölkerung zu brechen. Durchgeführt wurde dieser Befehl unter Leitung des Luftmarschalls Arthur Harris, genannt Bomber-Harris, in nächtlichen Flächenbombardements aus großer Höhe. Erstes spektakuläres Opfer eines Bombenteppichs von Spreng- und Brandbomben wurde Lübeck in der Nacht zum 29. 3. 1942.
Es folgten Rostock, Köln (mit dem ersten »1000-Bomber-Angriff«), mehrfach Berlin (Ende 1943 »Battle of Berlin«).
Der Kriegseintritt der USA v. a. mit ihren Langstreckenbombern, den »Fliegenden Festungen«, führte im Sommer 1942 zum Aufbau einer »US-Army Air Force« (USAAF) in Großbritannien. Das kombinierte britisch-amerikanische Flächenbombardement traf als erste deutsche Großstadt Hamburg zwischen dem 25. 7. und 3. 8. 1943.

nur zögerndes Umsteuern von Offensiv- auf Defensivwaffen (Jäger, Flak) sowie ein zwar prestigeträchtiges, aber 1944 strategisch bereits unsinniges Festhalten an den als »Wunderwaffen« geltenden Raketen V1 und V2 hinzu.

ZITAT

In einer im Berliner Sportpalast am 18. 2. 1943 gehaltenen Rede steigerte sich Joseph Goebbels bis zu folgender Passage:
Die Engländer behaupten, das deutsche Volk wehrt sich gegen die totalen Kriegsmaßnahmen der Regierung. Es will nicht den totalen Krieg, sondern die Kapitulation.
Ich frage euch: Wollt ihr den totalen Krieg? Wollt ihr ihn, wenn nötig, totaler und radikaler, als wir ihn uns heute überhaupt erst vorstellen können?

Die Reorganisation der deutschen Rüstungsproduktion

Die militärische Wende an allen Fronten 1942/43 erzwang im Innern des Deutschen Reichs den Übergang zur vollen Kriegswirtschaft durch eine grundlegende Reorganisation der Rüstungsproduktion und eine Mobilisierungskampagne, die unter dem Schlagwort des »totalen Krieges« alle Bereiche der Gesellschaft durchdrang. Der Reichsminister für Rüstung und Kriegsproduktion Albert Speer schuf mit der kollegial organisierten »Zentralen Planung« eine effiziente Lenkungsbehörde. Die Verdreifachung des Volumens der Rüstungsendfertigung zwischen 1942 und einem Höhepunkt im Juli 1944 konnte freilich nicht darüber hinwegtäuschen, dass der relative Abfall gegenüber den Gegnermächten immer spektakulärer wurde und der Treibstoff für Waffen und Gerät unter den Schlägen der alliierten Luftwaffe und nach Einnahme der rumänischen Erdölfelder bei Ploieşti durch die Rote Armee zur Neige ging.

Die gesellschaftlichen Mobilisierungskampagnen für den »totalen Krieg« erfolgten in Schüben: nach der Niederlage vor Moskau 1941/42, nach Stalingrad Januar/Februar 1943 und nach den Bombenangriffen auf die Schlüsselindustrien im Frühjahr 1944. Zur psychologischen Vorbereitung der Bevölkerung auf den »totalen

100562

Eine der so genannten »Wunderwaffen«, die V2-Rakete, soll den Krieg für das Deutsche Reich wenden. Sie wird ab September 1944 hauptsächlich gegen belgische und britische Städte eingesetzt und hat v. a. eine psychologische Wirkung auf die Zivilbevölkerung.

Krieg« hielt Joseph Goebbels am 18. Februar 1943 seine berühmte Propagandarede im Berliner Sportpalast. Im Juli 1944 zum Generalbevollmächtigten für den totalen Kriegseinsatz ernannt, suchte Goebbels mit allen propagandistischen (»Wunderwaffen«) und terroristischen Mitteln das Letzte an Widerstandskraft aus dem Volk herauszupressen.

ZITAT

Erklärung Churchills am 6. 6. 1944 vor dem Unterhaus zur Landung der Alliierten in der Normandie:
Eine gewaltige Flotte von 4 000 Schiffen hat den Kanal überquert. Starke Luftlandeverbände sind hinter den deutschen Stellungen abgesetzt worden... Die deutschen Küstenbatterien wurden weitgehend zum Schweigen gebracht. Die alliierten Streitkräfte werden von über 11 000 Flugzeugen aus der Luft unterstützt.

Die Landung der Westalliierten in der Normandie

Nach systematischen Luftangriffen auf die Infrastruktur Nordfrankreichs landeten die Alliierten am 6. Juni 1944 um 6.30 Uhr in einer ersten Welle im Schutz eines überlegenen »Feuerschirms« von sieben Schlachtschiffen, 23 Kreuzern und 105 Zerstörern in fünf Brückenköpfen zwischen der Ostküste der Halbinsel Cotentin und der Ornemündung. Sie eröffneten damit nach langem Zögern endlich die – Stalin längst versprochene – »zweite Front« in Europa. Schon am Abend des ersten Tages zeichnete sich das Gelingen der Invasion ab.

Vieles lähmte den deutschen Widerstand: die unbegrenzte Materialüberlegenheit der Alliierten zu Wasser und in der Luft, das Überraschungsmoment durch den funktelegraphisch simulierten Aufmarsch einer starken amerikanischen (Phantom-)Heeresgruppe gegenüber von Calais, die Zerstörung der Verkehrswege, die

INFOBOX

»Aktion Donnerschlag«

Am 13./14. 2. 1945 wurde das mit zusätzlich rund 200 000 schlesischen Flüchtlingen sowie vielen Zwangsarbeitern und Soldaten überfüllte Dresden von amerikanischen und britischen Bomberverbänden stark zerstört. Im Rahmen der »Aktion Donnerschlag« warfen 772 britische Bomber bei zwei Nachtangriffen 1 477,7 t Minen und Sprengbomben sowie 1 181,8 t Brandbomben ab. Die amerikanischen Bomberverbände – 311 »Fliegende Festungen« – warfen bei den folgenden sechs Tagesangriffen 3 767,1 t Minen und Sprengbomben sowie 643,1 t Brandbomben ab. Der Bereich totaler Zerstörung betrug 12 km², zusammen mit dem Bereich schwerer Beschädigung 15 km². Angaben über die Zahl der Opfer schwanken stark. Die amtlichen Schätzungen 1945 gingen zunächst (Abschlussbericht Mitte März) von 25 000 Todesopfern aus, eine Zahl, die 2005 durch eine von der Stadt Dresden eingesetzte Historikerkommission bestätigt wurde.

100562

Am 6. 6. 1944, 6.30 Uhr, landeten die ersten alliierten Truppen in der Normandie und eröffneten so die Stalin versprochene zweite Front in Europa.

schnelle Sicherung des Nachschubs durch künstliche Häfen, die frontferne Stationierung der deutschen Panzerverbände sowie deutscherseits chaotische Kommandostrukturen.

Nach der Herstellung eines zusammenhängenden Landekopfes von hundert Kilometer Breite und dreißig Kilometer Tiefe am 12. Juni leitete der entscheidende Durchbruch der Amerikaner bei Saint-Lô am 25. Juli und bei Avranches am 31. Juli den Bewegungskrieg und ein fächerförmiges Vorrücken in die Tiefe des französischen Raumes ein. Bis zum Herbst des Jahres 1944 konnte keine geschlossene deutsche Abwehrfront mehr hergestellt werden. Der amerikanisch-französischen Landung in Südfrankreich zwischen Cannes und Toulon Mitte August folgten schnelle Vorstöße an die französisch-italienische Alpengrenze und rhôneaufwärts Richtung Lyon–Dijon. Am 25. August fiel Paris unzerstört in die Hände der Amerikaner und Franzosen; die französische provisorische Regierung unter Charles de Gaulle zog in die Stadt ein. Am 21. Oktober fiel mit Aachen die erste deutsche Großstadt.

100563

Bis zum 12. 6. 1944 ist es den gelandeten alliierten Truppen durch ihre Materialüberlegenheit und das Überraschungsmoment gelungen, einen zusammenhängenden Landekopf von 100 km Breite und 30 km Tiefe zu erobern.

Nur ein Führungskonflikt zwischen Montgomery, der durch die Niederlande und Belgien ins Ruhrgebiet und in die norddeutsche Tiefebene vordringen und die Entscheidung nach Möglichkeit noch 1944 erzwingen wollte, und Eisenhower, seit dem 1. September Oberbefehlshaber über die alliierten Landstreitkräfte in Frankreich, der sich mit seiner Konzeption eines systematischen Vorrückens gegen den Rhein durchsetzte, verschaffte der deutschen Abwehrfront eine Atempause.

Die deutsche Ardennenoffensive

Noch im Bann des erfolgreichen »Sichelschnitts« von 1940 setzte Hitler mit der sinnlosen Ardennenoffensive im Dezember 1944 noch einmal alles auf eine Karte. Militärisch war es sein Ziel, dem Krieg im Westen durch eine neue »Sichelschnitt«-Offensive Richtung Antwerpen und Kanalküste gegen einen völlig überraschten Gegner und durch die Vernichtung der nördlich stehenden Streitkräfte eine entscheidende Wende zu geben. Politisch sollte der Erfolg den Glauben der Westmächte an ein schnelles Kriegsende erschüttern. Doch das Unternehmen scheiterte nach nur geringem Raumgewinn Ende Dezember 1944.

Der Untergang der Heeresgruppe Mitte im Osten
Im Schatten der Invasion in Frankreich vollzog sich im Sommer 1944 mit dem Untergang der Heeresgruppe Mitte an der Ostfront eine noch größere militärische Katastrophe als bei Stalingrad. Nachdem die Rote Armee in mehreren Offensiven zwischen Sommer 1943 und Frühjahr 1944 die deutsche Front im Norden an den Peipussee und im Süden an die rumänische Grenze und nach Ostgalizien (Lemberg) zurückgedrängt hatte, führte eine am 22. Juni 1944, dem »Barbarossatag«, eingeleitete sowjetische Großoffensive gegen den weit nach Osten vorspringenden deutschen Frontbogen in wenigen Tagen zur Zerschlagung von 28 Divisionen der Heeresgruppe Mitte mit 350000 Gefallenen und Kriegsgefangenen.

Weitere Großoffensiven führten die sowjetischen Streitkräfte bis Jahresende an die Ostsee bei Memel, an die Grenze Ostpreußens, an die mittlere und obere Weichsel bei Warschau und im Süden durch Rumänien nach Bulgarien und Ungarn bis Budapest. Der Frontwechsel Rumäniens und Bulgariens und das Vordringen der Sowjets entlang der Donau erzwangen einen über-

100880

»Wollt ihr den totalen Krieg?«, fragt Joseph Goebbels im Februar 1943 im Berliner Sportpalast das deutsche Volk. Die fanatisierten Massen bejahen die Frage mit frenetischem Beifall. Diese Reaktion bestärkt die Alliierten in ihrem Kriegsziel der bedingungslosen Kapitulation.

stürzten Rückzug der Heeresgruppe E aus Griechenland und Jugoslawien zunächst bis an die Drinalinie.

Politisch wurde der Zusammenbruch Deutschlands dadurch mit vorangetrieben, dass das auf die deutsche Hegemonie gegründete Bündnissystem, das Hitler unter dem propagandistischen Banner eines gemeinsamen »Kreuzzuges Europas gegen den Bolschewismus« geschmiedet hatte, in dem Augenblick wie ein Kartenhaus zusammenbrach, als die Führungsmacht 1943/44 einen militärischen Rückschlag nach dem anderen einstecken musste: Dem Waffenstillstand Italiens am 3. September 1943 folgten der Abfall Rumäniens am 23. August 1944, Bulgariens am 2./9. September 1944 und Finnlands am 19. September 1944. Das am 19. März 1944 von deutschen Truppen besetzte Ungarn konnte nur dadurch im Krieg gehalten werden, dass der Reichsverweser Miklós Horthy am 16. Oktober 1944 ein bereits an die UdSSR ergangenes Waffenstillstandsangebot öffentlich zurückziehen musste und durch seinen Rücktritt einer faschistischen Satellitenregierung unter dem Pfeilkreuzlermitglied Ferenc Szálasi als »Staatsführer« und Ministerpräsident Platz machte.

Vertriebene aus den ehemaligen deutschen Ostgebieten kommen nach Ende des Zweiten Weltkriegs in großen Flüchtlingstrecks in die westlichen Besatzungszonen.

100563

100880

Im ostpreußischen Hafen von Pillau werden Flüchtlinge mit Schiffen evakuiert. Weil nicht genügend Kapazität zur Verfügung steht, müssen Wagen, Haushaltsgegenstände und Tiere zurückgelassen werden.

Die Rote Armee auf verlustreichem Weg nach Berlin
Die am 12. Januar 1945 aus dem Baranów-Brückenkopf heraus begonnene sowjetische Großoffensive, die sich schnell auf den gesamten Frontabschnitt zwischen Memel und den Karpaten ausdehnte, hatte für die Bewohner Ost- und Westpreußens eine Tragödie zur Folge; denn als die Rote Armee am 26. Januar 1945 das Frische Haff bei Elbing erreichte, schnitt sie Ostpreußen vom Reichsgebiet und damit Tausenden von Flüchtlingstrecks den Weg ab. Im mittleren Frontabschnitt kämpfte sich die sowjetische Armee nach der Eroberung von Warschau am 17. Januar 1945 bis Mitte März auf eine Linie vor, die vom nördlichen Rand der Sudeten entlang der Görlitzer Neiße und der Oder bis Stettin verlief. Schon im Herbst 1944 hatte die SS die Vernichtungs- und Konzentrationslager mit dem Näherrücken der Roten Armee aufgelöst und die Lagerinsassen in Todesmärschen nach Westen getrieben.

Am 16. April 1945 traten zwei sowjetische Heeresgruppen unter Georgij Konstantinowitsch Schukow aus dem Raum Küstrin (Schlacht bei den Seelower Höhen) und unter Iwan Stepanowitsch Konjew von der Neiße aus zum Umfassungsangriff gegen Berlin an und leiteten von der Ostfront her den endgültigen Untergang des »Dritten

100880

Die Eroberung der intakten Brücke von Remagen am 7. 3. 1945 hatte zentrale strategische Bedeutung. Mit ihr gelang der amerikanischen Armee die Überquerung des Rheins.

Reichs« ein. Am 25. April schlossen die beiden sowjetischen Armeen den Ring um Berlin.

Die Brücke von Remagen

Die Überquerung des Rheins durch die westalliierten Streitkräfte am 7. März über die unzerstörte Brücke bei Remagen, am 23. März bei Oppenheim südlich von Mainz und am 24. März bei Wesel öffnete ihnen den Weg zum Sturm in das Reichsinnere: Am 18. April erfolgte die Übergabe des Ruhrkessels und die Elbe bei Magdeburg wurde erreicht, am 19. April wurde Leipzig genommen, am 25. April kam es zum Zusammentreffen mit der Roten Armee bei Torgau; am 5. Mai fand die Teilkapitulation der abgeschnittenen »Festung Holland« statt, im Süden erfolgten am 30. April die Besetzung Münchens und am 3. Mai die Vereinigung am Brenner mit den am 19. April bei Bologna an der Italienfront durchgebrochenen amerikanischen Truppen.

Während um ihn herum sein Reich unter den militärischen Schlägen der Alliierten in Trümmer sank, spann sich Hitler in seinem Führerhauptquartier - bis zum 20. November 1944 war es die »Wolfsschanze« bei Rastenburg in Ostpreußen, ab dem 16. Januar 1945 der Befehlsbunker unter der Reichskanzlei - immer mehr in die illusionäre Traumwelt seiner Hoffnungen auf den »Endsieg« ein. Er operierte am Kartentisch mit Phantomarmeen oder solchen, die nur noch ein Schatten ihrer selbst waren, etwa die »Armee Wenck« für den Entsatz von Berlin, und schob seine Heerführer wie Figuren auf

Am 25. 4. 1945 treffen Teile der US-Armee und der Roten Armee bei Torgau an der Elbe aufeinander und reichen sich auf der zerstörten Brücke die Hände.

100880

INFOBOX

Die Konferenzen von Teheran und Jalta
Nachdem sich die führenden Staatsmänner der »Anti-Hitler-Koalition«, Roosevelt (USA), Churchill (Großbritannien) und Stalin (Sowjetunion) bereits Ende 1943 in Teheran über Strategiefragen (Errichtung einer zweiten Front im Westen) und Kriegszielplanungen verständigt hatten, konkretisierten sie auf der Konferenz von Jalta im Februar 1945 ihre Vorstellungen von der unmittelbaren Nachkriegsordnung. Sie beschlossen u. a.: die Grundzüge der alliierten Besatzungspolitik im besiegten Deutschland (Errichtung von Besatzungszonen und Bildung eines alliierten Kontrollrates, totale Entwaffnung und Entnazifizierung Deutschlands), die Bildung einer provisorischen polnischen Regierung, den Abstimmungsmodus in der geplanten Organisation der »Vereinten Nationen« (»United Nations Organization«) und den Eintritt der Sowjetunion in den Krieg gegen Japan nach der deutschen Kapitulation.

ZITAT

Befehl Hitlers vom 19. 3. 1945:
Der Kampf um die Existenz unseres Volkes zwingt auch innerhalb des Reichsgebietes zur Ausnutzung aller Mittel, die die Kampfkraft unseres Feindes schwächen… Ich befehle daher: 1) Alle militärischen Verkehrs-, Nachrichten-, Industrie- und Versorgungsanlagen sowie Sachwerte innerhalb des Reichsgebietes, die sich der Feind für die Fortsetzung seines Kampfes irgendwie sofort oder in absehbarer Zeit nutzbar machen kann, sind zu zerstören…

dem Schachbrett des Kriegs hin und her in der »felsenfesten« Überzeugung, dass die militärische Wende nur eine Sache des »eisernen« Willens und persönlicher Führungsqualitäten sei.

Offenbar bis zuletzt im Banne ihres »Führers« und der Ausstrahlungskraft seines »Führermythos«, rafften sich Männer seines Vertrauens wie Albert Speer erst zu einer Auflehnung auf, als Hitler mit seinem »Nero-Befehl« vom 19. März 1945 zu erkennen gab, dass er »sein Volk« mit in den eigenen Untergang hineinreißen und die schon in der Sowjetunion beim Rückzug praktizierte Taktik der »verbrannten Erde« nun auch im eigenen Lande anwenden wolle.

Hitlers Ende – Die bedingungslose Kapitulation

Während die Rote Armee bereits am 13. April 1945 Wien erobert hatte, kapitulierte Berlin am 2. Mai, nachdem Hitler am 30. April in seinem »Führerbunker« unter der Reichskanzlei Selbstmord begangen hatte. Seit April 1945 bemühte sich die Wehrmachtführung um separate Waffenstillstandsabschlüsse im Westen zur Rettung der aus dem Osten zurückflutenden Truppen vor der sowjetischen Gefangenschaft. Nach Teilkapitulationen in Italien am 29. April und den Kapitulationen der deutschen Streitkräfte in den Niederlanden, Nordwestdeutschland und Dänemark am 4. Mai erzwang Stalin die bedingungs-

Auf der Konferenz von Jalta vom 4. bis 11. 2. 1945 konkretisierten die Alliierten ihre Vorstellungen von einer Nachkriegsordnung im besiegten Deutschland. Die Errichtung von Besatzungszonen wurde ebenso thematisiert wie die Bildung des alliierten Kontrollrates oder die totale Entwaffnung und Entnazifizierung Deutschlands.

100880

100562

Am 7. 5. 1945 unterzeichnet Generaloberst Alfred Jodl im Hauptquartier des amerikanischen Oberbefehlshabers Dwight D. Eisenhower die Urkunde über die Gesamtkapitulation der deutschen Wehrmacht.

lose Gesamtkapitulation in doppelter Ausfertigung: am 7. Mai in Reims vor Vertretern der Westalliierten und in der Nacht vom 8. auf den 9. Mai auch vor dem sowjetischen Oberkommandierenden in Berlin-Karlshorst. Der europäische Krieg war beendet.

Nach der Verhaftung der nach Hitlers Tod gebildeten Regierung Dönitz am 23. Mai in Flensburg-Mürwick übernahmen die vier Militärbefehlshaber mit der Berliner Deklaration am 5. Juni 1945 die oberste Regierungsgewalt in Deutschland. *Bernd Jürgen Wendt*

Formen brutaler Unterdrückung: Europa unter deutscher Besatzung

Zwischen 1939 und 1945 herrschte das nationalsozialistische Deutschland über weite Teile Europas. Zwangsläufig sind das Kriegserleben und die Kriegserfahrung zahlreicher Europäer dieser Generation weniger geprägt von den militärischen Ereignissen vor Beginn der Besetzung oder bei der Befreiung ihres Landes als von der Besatzungszeit und ihren Umständen selbst: von Unsicherheit und Rechtlosigkeit, von Erlassen und Verordnungen, von Zwangsmaßnahmen und Willkürhandlungen und von ständig härter und unerträglicher werdenden Lebensbedingungen. Sofern diese Europäer aber zu jenen Millionen Menschen zählten, denen Hitler und sein Regime jedes Recht auf Leben und Existenz abgesprochen hatten, und sofern sie die Verfolgungen und Deportationen überlebten, so wird sich ihnen die Zeit der deutschen Besatzung ihres Landes erst recht als eine schreckliche Erfahrung darstellen.

Die deutsche Herrschaft in Europa während des Zweiten Weltkriegs umfasste eine Vielzahl von Unterwerfungs- und Unterdrückungsmechanismen, sie spiegelte sich in unterschiedlichen Formen der Abhängigkeit und Kontrolle. Die jeweiligen Besatzungs- und Verwaltungstypen wiederum waren bestimmt durch politische, militärische, ökonomische oder ideologische Faktoren.

Die von der deutschen Führung zunächst favorisierte Form der Besatzung war die direkte Annexion. Nach der Niederlage Polens im September 1939 wurde ein Viertel dieses Landes von Deutschland direkt de iure annektiert: Westpreußen wurde als Reichsgau Danzig-Westpreußen, Posen als Reichsgau Wartheland eingegliedert. Ostoberschlesien, das »zweite Ruhrgebiet«, kam zusammen mit dem früheren tschechoslowakischen Teschen samt dem Olsagebiet zur Provinz Schlesien. Im Westen annektierte das Reich die ostbelgischen Gebiete Eupen und Malmedy sowie das Gebiet von Moresnet. Daneben gab es eine Anzahl nichtdeutscher Territorien in Europa, die zwar nicht formell, jedoch de facto annektiert und, den »Chefs der Zivilverwaltung« unterstellt, von Anfang an oder zunehmend als Reichsgebiete behandelt wurden: das Großherzogtum Luxemburg, Elsass-Lothringen, die jugoslawischen (slowenischen) Gebiete Südkärnten und Oberkrain und der polnische Bezirk Białystok.

In einigen okkupierten Territorien und Ländern Europas, für die Hitler und seine unmittelbaren Unterführer ein ausgesprochenes politisches Interesse hegten, richtete das Deutsche Reich Zivilverwaltungen ein: In Dänemark, dessen Regierung bis auf Weiteres im Amt belassen wurde, amtierte zunächst ein Diplomat als

ZITAT

Äußerungen Hitlers nach einer Niederschrift vom 2. 10. 1940:

Unbedingt zu beachten sei, dass es keine polnischen Herren geben dürfe; wo polnische Herren vorhanden seien, sollten sie, so hart das klingen möge, umgebracht werden. Die Polen müssten umbedingt dumm und blöd gehalten werden. Würden sie auf eine höhere Intelligenzstufe gehoben, dann seien sie nicht mehr die Arbeitskräfte, die wir benötigen.

Reichsbevollmächtigter; ab August 1943 erhielt das Land eine De-facto-Militärbesatzung. In Norwegen und den Niederlanden, die als »rein germanische« Länder angesehen wurden, ließ Hitler so genannte Reichskommissariate einrichten, die sich vor allem auf die belassenen einheimischen Verwaltungen stützen sollten. Das Generalgouvernement im besetzten Polen tat sich durch eine ebenso straffe wie unmenschliche Herrschaftsausübung über die polnische, vor allem die jüdische Bevölkerung hervor. Im Protektorat Böhmen und Mähren lag die wahre Macht innerhalb der deutschen Verwaltung in den Händen der SS-Führer und Stellvertretenden Reichsprotektoren. Darüber hinaus gab es die Reichskommissariate Ostland, das Estland, Lettland und Litauen sowie einen Teil Weißrusslands umfasste, und Ukraine.

ZITAT

Auszug aus dem Leitartikel der SS-Wochenzeitung »Das Schwarze Korps« vom 20. 8. 1942:
Unsere Aufgabe ist es, den Osten nicht im alten Sinne zu germanisieren, das heißt, den dort wohnenden Menschen deutsche Sprache und deutsche Gesetze beizubringen, sondern dafür zu sorgen, dass im Osten nur Menschen wirklich deutschen, germanischen Blutes wohnen.

Vor allem aufgrund militärisch-strategischer Erwägungen verblieb eine Anzahl besetzter Territorien in der Zuständigkeit der Wehrmachtsführung, das heißt, diese Gebiete unterstanden direkt den jeweiligen deutschen Militärbefehlshabern: Belgien (einschließlich der nordfranzösischen Départements Nord und Pas-de-Calais), Nordfrankreich, die britischen Kanalinseln, der größte Teil Serbiens sowie Küstenstreifen in Nordgriechenland und Inseln.

Außerdem existierten eine Anzahl prodeutscher oder mit Deutschland kollaborierender nationaler Regierungen: Slowakei, Frankreich (Vichy), Ungarn, Rumänien,

INFOBOX

Das Generalgouvernement

Das am 26. 10. 1939 geschaffene Generalgouvernement umfasste den Teil des von deutschen Truppen besetzten Polen, der dem Deutschen Reich nicht eingegliedert wurde. Es gliederte sich in die »Distrikte« Warschau, Krakau, Radom und Lublin. Nach dem Überfall auf die UdSSR 1941 kam Ostgalizien (mit Lemberg) dazu.

Unter dem Generalgouverneur Hans Frank war das Generalgouvernement einer brutalen Besatzungspolitik unterworfen: Vernichtung der polnischen Intelligenz, Verschleppung vieler Polen zur Zwangsarbeit nach Deutschland, Einrichtung jüdischer Gettos in den Städten, Ermordung von Millionen Juden in den von der SS errichteten Vernichtungslagern. Es wurde zum Zentrum der polnischen Widerstandsbewegung.

Bis 1942/43 konnten die Deutschen ihre Herrschaft in unterschiedlicher Form über große Teile Europas ausdehnen. Ziel dabei war es, in den beherrschten Gebieten die ökonomischen Ressourcen auszubeuten und Zwangsarbeiter zu rekrutieren. Im Osten sollte die »Germanisierung« und die »Eroberung neuen Lebensraums« verwirklicht werden.

Bulgarien. Die faschistische Republik von Salò unter Mussolini in Oberitalien ist ein Sonderfall der Kollaboration.

»Neuordnung Europas« – Die Ausbeutung der Ressourcen
Der Begriff der »Neuordnung« oder »Neuen Ordnung« entstammt einer im Frühsommer 1940 in Deutschland geführten wirtschaftspolitischen Debatte über die Errichtung eines »Großwirtschaftsraums« in Europa. Bereits kurz nach der Kapitulation Frankreichs am 22. Juni 1940 und nach dem Abschluss der Besetzung Nord- und Westeuropas forderte Hermann Göring in seiner Eigenschaft als Beauftragter für den Vierjahresplan die deutschen Wirtschaftsverbände auf, konkrete Vorschläge für »den Einbau der in das Reich eingegliederten und der besetzten Gebiete in die Großdeutsche Wirtschaft« zu er-

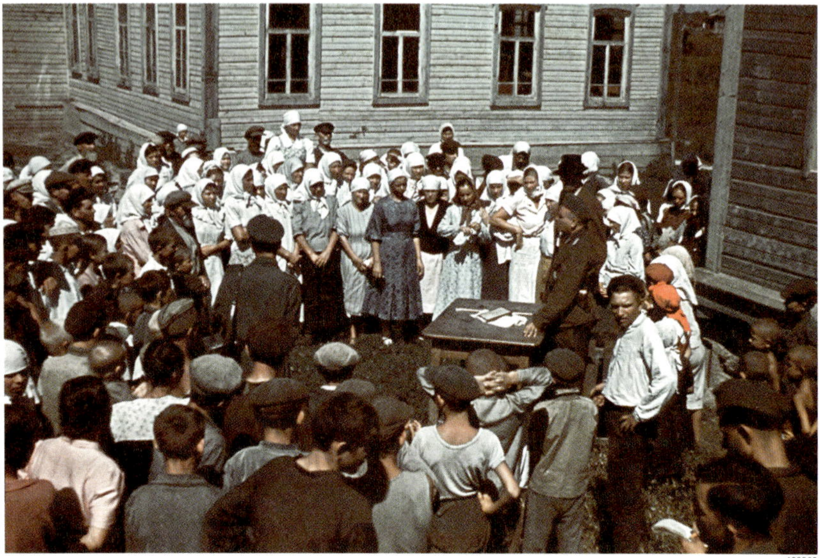

100563

Die Wehrmacht zählt und registriert die Bevölkerung in den besetzten Gebieten, hier in der ukrainischen Stadt Stalino (heute Donezk). Mit der Registrierung werden die arbeitsfähigen Menschen erfasst und die jüdische Bevölkerung aussortiert.

arbeiten. Auch dic staatlichen Institutionen erhielten entsprechende Vorgaben.

Die von den Unternehmen und Wirtschaftsverbänden in der Reichsgruppe Industrie erarbeiteten »Neuordnungspläne« und »Friedensplanungen« enthielten vor allem massive Forderungen gegenüber den Industrien der von Deutschland eroberten Länder. Die programmatischen Europakonzeptionen der staatlichen Wirtschaftsbehörden erwiesen sich trotz aller verbaler Schönfärberei in ihrem Kern als Zeugnisse sehr konkreter imperialistischer Machtausübung.

Statt des angekündigten autarken »Großwirtschaftsraums« entstand ein dirigistisches System zunehmender ökonomischer Abhängigkeit und Kontrolle. Die deutsche Wirtschaftspolitik gegenüber den besetzten Ländern lässt sich durchaus als klassische Ausbeutung und ebenso häufig als brutale Ausnutzung einer Notsituation charakterisieren. Dies gilt für Westeuropa ebenso wie für die neuen »Ostkolonien« des Reichs, wenn auch die Formen der Ausplünderung aufgrund der Anwendung rassenideologischer Gesichtspunkte jeweils unterschiedlich war.

In nahezu allen besetzten Ländern erhoben die deutschen Verwaltungen einen gezielten Anspruch auf die angelegten Rohstoffvorräte. Dieser ersten Plünderungsphase folgten in der Regel mehr oder weniger verbindliche Abmachungen zwischen den deutschen Kontrollbehörden (Rüstungsinspektionen, Zentralauftragsstellen) und der einheimischen Industrie oder den nationalen Wirtschaftsverwaltungen, die einen beständigen Abfluss von Rohstoffen und Gütern nach Deutschland garantierten.

Eine in allen besetzten Ländern vorhandene wichtige Ressource war die menschliche Arbeitskraft. Innerhalb Deutschlands führten der stetig steigende Rekrutierungsbedarf der Wehrmacht und Hitlers vorwiegend ideologisch begründete kategorische Weigerung, den Anteil der weiblichen Arbeitskräfte in der Industrie signifikant zu erhöhen, zu einem erheblichen Arbeitskräftemangel. Den einzigen Ausweg schien die zwangsweise Beschaffung von möglichst vielen ausländischen Arbeitskräften zu bieten. Der dem Rüstungsminister Albert Speer unmittelbar untergebene Generalbevollmächtigte für den Arbeitseinsatz, Gauleiter Fritz Sauckel, erfüllte diese Aufgabe mit schrankenloser Brutalität und ebensolcher Effizienz.

Die Masse der von Sauckel zwangsrekrutierten Arbeiter kam aus Osteuropa, vor allem aus den eroberten Gebieten der Sowjetunion. Ursprünglich hatte es Hitler

ZITAT

Denkschrift des Reichskommissars für die Festigung des deutschen Volkstums Heinrich Himmler vom 25. 4. 1940:
Für die nichtdeutsche Bevölkerung des Ostens darf es keine höhere Schule geben als die vierklassige Volksschule. Das Ziel dieser Volksschule hat lediglich zu sein: einfaches Rechnen bis höchstens 500, Schreiben des Namens, eine Lehre, dass es ein göttliches Gebot ist, den Deutschen gehorsam zu sein und ehrlich, fleißig und brav zu sein. Lesen halte ich nicht für erforderlich.

INFOBOX

Zwangsarbeit

Bis Mai 1943 waren etwa 2,1 Mio. Zwangsarbeiter für den Arbeitseinsatz in Deutschland rekrutiert. Zu dieser Zeit wurden im Reich bereits 6 Mio. ausländische »Fremdarbeiter« eingesetzt. Ab Spätherbst 1942 überließ das Wirtschafts- und Verwaltungshauptamt der SS vorzugsweise den Unternehmen der deutschen Rüstungsindustrie gegen Gebühr arbeitsfähige KZ-Häftlinge, die in eigens dazu errichteten KZ-Außenlagern in der Nähe der Betriebe untergebracht wurden. Die Zahl der in der Industrie tätigen KZ-Häftlinge lag Ende 1944 bei etwa 230 000, weitere 140 000 wurden bei den unter die Erde verlagerten Fertigungsbetrieben und etwa 130 000 bei den Bauvorhaben der Organisation Todt eingesetzt. Ihre Überlebenschancen waren angesichts zumeist unmenschlicher Arbeits- und Wohnverhältnisse, systematischer medizinischer Vernachlässigung und Willkürhandlungen des Wachpersonals bedeutend geringer als die der übrigen Zwangsarbeiter.

entschieden abgelehnt, die beim Vormarsch der Wehrmacht gemachten, als »Untermenschen« diffamierten sowjetischen Kriegsgefangenen zur Arbeit im Reich heranzuziehen. Mehr als die Hälfte der bis Ende 1943 in deutsche Hände gefallenen 3,35 Millionen sowjetischen Kriegsgefangenen, die man in völlig überfüllten Lagern im Hinterland der deutschen Front zumeist ihrem Schicksal überlassen hatte, starb an Erschöpfung, völliger Unterernährung und Infektionskrankheiten.

Das schließlich durch den Kriegsverlauf motivierte Umdenken der deutschen Führung und die vor allem von den Unternehmen des deutschen Bergbaus geforderte Beschäftigung der sowjetischen Kriegsgefangenen verbesserte die Lage nur relativ weniger Gefangenen: Bis März 1942 wurden etwa 160 000 Kriegsgefangene zum Arbeitseinsatz ins Reich gebracht. Darüber hinaus griffen die deutschen Behörden auf den Einsatz sowjetischer Zivilarbeiter zurück, von denen in den folgenden zwei Jahren rund 2,5 Millionen Frauen und Männer nach Deutschland deportiert wurden. Nur vergleichsweise wenige sowjetische Kriegsgefangene traten der im Herbst 1944 unter der Schirmherrschaft Heinrich Himmlers gebildeten russischen Befreiungsarmee unter General Andrej Andrejewitsch Wlassow bei. Die meisten von ihnen, sofern sie den Krieg überlebten, wurden nach ihrer erzwungenen Repatriierung ein Opfer der Rache Stalins.

ZITAT

Antwort auf den Schnellbrief des Reichssicherheitshauptamtes vom 17. 10. 1939:

Der erste Transport von Zigeunern nach dem Generalgouvernement wird Mitte Mai in Stärke von 2 500 Personen – in geschlossenen Sippen – in Marsch gesetzt werden. Es kommen vorerst die in den westlichen und nordwestlichen Grenzgebieten aufhaltlichen Zigeuner in Betracht.

INFOBOX

Zwangsarbeit – endlich Entschädigung

Mehr als ein halbes Jahrhundert nach dem Ende des Zweiten Weltkriegs wurde 2001 der Weg frei für Zahlungen an ehemalige NS-Zwangsarbeiter. Nach zähen Verhandlungen zwischen Regierungsvertretern der Bundesrepublik Deutschland und den Vereinigten Staaten sowie Vertretern der Opfergruppen einigten sich die Verhandlungspartner auf die Summe von zehn Milliarden DM. Je zur Hälfte sollte die Summe von der Bundesregierung und von der Stiftungsinitiative der deutschen Wirtschaft »Erinnerung, Verantwortung und Zukunft« aufgebracht werden. Viele Firmen machten ihre Beteiligung davon abhängig, dass sie künftig vor weiteren Sammelklagen in den USA geschützt würden. Als der Bundestag im Mai 2001 die Rechtssicherheit deutscher Firmen vor weiteren Entschädigungsklagen feststellte, konnte das Geld an die Überlebenden ausbezahlt werden.

INFOBOX

»Artfremde«

Die traditionelle Diskriminierung der Zigeuner ging Mitte der 1930er-Jahre in Verfolgung über. Durch die Nürnberger Gesetze von 1935 wurden auch Sinti und Roma – »Artfremde« wie die Juden – zu Bürgern minderen Rechts. 1938 wurde im Reichskriminalpolizeiamt eine »Reichszentrale zur Bekämpfung des Zigeunerunwesens« gebildet, am 8. 12. 1938 verfügte Heinrich Himmler als Reichsführer SS und Chef der Deutschen Polizei, die »Regelung der Zigeunerfrage« habe »aus dem Wesen dieser Rasse heraus« zu erfolgen. NS-Institutionen wie das Rassenhygienische Forschungsinstitut erstellten pseudowissenschaftliche Gutachten, die der Polizei als Grundlage der Verfolgung dienten.

Im Mai 1940 begann die organisierte Deportation von Sinti und Roma aus dem Gebiet des Deutschen Reiches über Sammellager nach Polen. Nach Zwischenaufenthalten in Gettos und Zwangsarbeitslagern wurde im Januar 1943 die Einweisung nach Auschwitz verfügt. Das »Zigeunerlager« in Auschwitz-Birkenau wurde im August 1944 liquidiert, d. h., alle Insassen wurden ermordet. Auch in den Vernichtungslagern Culm, Treblinka und Majdanek sind Sinti und Roma ermordet worden, im Baltikum, in der Ukraine, in Kroatien und Serbien wurden sie durch SS und Wehrmacht sowie einheimische Hilfskräfte der deutschen Rassenpolitik in Massenexekutionen getötet. Die Zahl der Opfer beträgt nach Schätzungen etwa 500 000.

»Lebensraumpolitik« – Die Germanisierung Osteuropas

Die zentrale Absicht der deutschen Führung in Bezug auf Osteuropa war die von Hitler in zahllosen Erklärungen geforderte Gewinnung von »Lebensraum«, angeblich dringend benötigtes Land zur Ansiedlung und zur Ausbeutung der Bodenschätze und anderer Ressourcen. Die Hauptverantwortung für die Ostsiedlung und Germanisierung der eroberten Gebiete im Osten lag beim Reichsführer SS Heinrich Himmler als Reichskommissar für die Festigung deutschen Volkstums. Mit dieser zunehmend nach Osten ausgreifenden Institution verband sich ein äußerst personalintensiver, mit Weisungsbefugnissen großzügig ausgestatteter Apparat, der fortan Rassen-, Bevölkerungs- und Siedlungspolitik im großen Stil betrieb.

Himmlers erste Aufgabe war die zwangsweise, häufig von Massenerschießungen begleitete Verbringung von

Im Jahr 1940 musste Rumänien den nördlichen Teil der Bukowina an die Ukraine abtreten. Mit einem »Aufruf zur Heimkehr ins Reich« wurde die Umsiedlung der 70 000 Deutschen, die in der Bukowina lebten, ins westliche Polen angekündigt.

100563

etwa 365 000 Polen und etwa 500 000 Juden aus den annektierten Gauen Wartheland und Danzig-Westpreußen in das künstlich geschaffene Gebilde des Generalgouvernements. Mit der Konzentration der Juden in großstädtischen Gettos vollzog sich bereits der erste Akt ihrer seit dem Frühsommer 1942 systematisch betriebenen Deportation in die Vernichtungslager. In den eingegliederten Ostgebieten, also dem westlichen Teil Polens, wurden anschließend etwa 370 000 Reichsdeutsche und 350 000 Volksdeutsche angesiedelt, die überwiegend aus dem Baltikum, aus Bessarabien und der Bukowina stammten.

Mit dem Überfall auf die Sowjetunion im Sommer 1941 und der Errichtung der Reichskommissariate Ostland und Ukraine eröffneten sich weitere Möglichkeiten der aggressiven Siedlungspolitik. Ein von der SS-Führung 1941/42 projektierter Generalplan Ost sah dabei die millionenfache Aus- und Umsiedlung der Bevölkerung vor.

Hinter den pangermanischen Ideen und propagierten ethnisch-rassistischen Zielen standen aber auch sehr konkrete Maßnahmen der Besatzungsmacht, die in der Vertreibung, Deportation und Vernichtung ganzer Bevölkerungsgruppen gipfelten. Bereits innerhalb der ersten neun Monate des so genannten Russlandfeldzugs ermordeten die vier unmittelbar hinter der Front operierenden Einsatzgruppen der Sicherheitspolizei und des SD (Sicherheitsdienst) systematisch mehr als eine Million Juden, »Zigeuner« und andere »unerwünschte Elemente«. Dies geschah nicht selten mit der Unterstützung der für diese Gebiete verantwortlichen Wehrmacht. Die anfänglichen Sympathien mancher Einwohner der Ukraine oder auch anderer Gebiete der westlichen Sowjetunion für die neuen Herren verflüchtigten sich angesichts des Auftretens der deutschen »Herrenmenschen« und ihrer Ausbeutungspolitik sehr rasch. Der neu eroberte »Lebensraum« in Osteuropa geriet somit zum Experimentierfeld menschenverachtender nationalsozialistischer Planer und Praktiker. *Gerhard Hirschfeld*

Schulter an Schulter oder Faust gegen Faust: Kollaboration und Widerstand in Europa

Unter dem Eindruck der militärischen Anfangserfolge der deutschen Wehrmacht wuchs in den meisten europäischen Ländern ungeachtet ihrer offenkundigen Instrumentalisierung seitens der deutschen Verwaltungen sehr rasch die Bereitschaft eines großen Teils der jeweiligen Bevölkerung, sich mit den Siegern, nicht zuletzt im Interesse von äußerer Ruhe und Sicherheit, auf der Basis des Status quo zu arrangieren. Kennzeichnend für die Kollaboration war eine durchgehende Ambivalenz der Argumente und Handlungsweisen.

Dies betrifft besonders die wirtschaftliche Zusammenarbeit zwischen der deutschen Kriegswirtschaft und

INFOBOX

Der Kollaborateur

Vidkun Quisling, der 1933 nach nationalsozialistischem Vorbild die Nasjonal Samling (»Nationale Sammlung«) gegründet hatte, trat 1939 Hitler gegenüber für die präventive Besetzung Norwegens durch deutsche Truppen ein. Nach der Okkupation Norwegens war er als »Führer« der einzigen zugelassenen Partei 1942–45 Leiter einer eng mit der Besatzungsmacht zusammenarbeitenden Regierung, politisch abhängig von Reichskommissar Josef Terboven.

Nach der Kapitulation der deutschen Truppen wurde Quisling von einem norwegischen Gericht wegen Hochverrats zum Tode verurteilt und im Oktober 1945 hingerichtet. Sein Name wurde zum Synonym für einen Landesverräter und Kollaborateur.

den meisten privaten wie staatlichen Unternehmen in den besetzten Ländern, insbesondere in West- und Nordeuropa. Für die ökonomische Kollaboration mit Deutschland sprachen zunächst sowohl unternehmerische als auch volkswirtschaftliche Gründe: das Interesse, die Betriebe rentabel zu halten, das investierte Kapital vor dem Zugriff der Besatzungsmacht zu sichern und eine Vereinnahmung der einheimischen Industrie durch deutsche Konzerne zu verhindern. Einige west- und nordeuropäische Unternehmer verstanden es, sich die besonderen Umstände der Besatzungssituation zunutze

100880

Vidkun Quisling (Mitte), dessen Name zum Synonym für »Landesverräter, Kollaborateur« wurde, gründete 1933 in Norwegen die »Nasjonal Samling« und war Chef des Kollaborationsregimes (hier im Gespräch mit Heinrich Himmler, links, und einem Mitglied seines Regimes in Berlin, Februar 1942).

zu machen. So erfreute sich etwa die niederländische und flämische Bauwirtschaft unter anderem durch ihre Mitwirkung beim Ausbau des Atlantikwalls und von deutschen Luftwaffenstützpunkten zeitweilig eines enormen wirtschaftlichen Aufschwungs.

Die Zusammenarbeit einheimischer Faschisten mit der deutschen Besatzungsmacht wird als der klassische Fall von politischer Kollaboration während des Zweiten Weltkriegs angesehen. Nirgends wird die Bandbreite kollaborierenden Verhaltens deutlicher, nirgends zeigt sich eindrucksvoller, dass Chancen wie Grenzen der Kollaboration stets an die handfesten Interessen der Besatzungsmacht gekoppelt waren. Hitler und seine Satrapen in den besetzten Ländern sahen die faschistischen Bewegungen und deren Führer im Allgemeinen lediglich als nützliche Werkzeuge an, mit deren Hilfe die Indienststellung der jeweiligen wirtschaftlichen und administrativen Ressourcen für die Besatzungsmacht organisiert werden sollte.

Vidkun Quisling in Norwegen, Fritz Clausen in Dänemark, Anton Adrian Mussert in den Niederlanden, Philippe Pétain, Jacques Doriot und Marcel Déat in Frankreich, die Führer der Eisernen Garde in Rumänien oder der Pfeilkreuzler in Ungarn, sie alle mussten erfahren, dass die Politik des Dritten Reichs nur einem einzigen Ziel diente: der Errichtung und Aufrechterhaltung der deutschen Hegemonie in Europa. Von den meisten faschistischen Gruppen und Organisationen wurde die

INFOBOX

Révolution nationale

Die politische Kollaboration enthielt stets auch Elemente einer historischen Kontinuität. So entsprach etwa die von der französischen Vichy-Regierung angestrebte »Révolution nationale« den von der französischen Rechten bereits lange vor dem Krieg postulierten ständestaatlichen und antiliberalen Ideen. Über Inhalte und Ziele dieser »Révolution nationale« mit den Schlagworten »Arbeit, Familie, Vaterland« waren sich deren Verfechter jedoch keineswegs immer einig – kaum erstaunlich bei einem Regime, das reaktionär-patriarchalische Züge (Henri Philippe Pétain) mit einem autoritär-technokratischen Herrschaftsanspruch (Pierre Laval) und einer offen faschistischen Ideologie und Praxis (Joseph Darnand) zu verbinden suchte.

Nach der Niederlage der jüdischen Widerstandskämpfer im Warschauer Getto im April/Mai 1943 werden die letzten Überlebenden in die Vernichtungslager abtransportiert.

100563

während des Kriegs mit der Besatzungsmacht praktizierte Kollaboration hingegen als das primäre Ziel angesehen, sei es als dauerhafte Zusammenarbeit mit dem nationalsozialistischen Deutschland oder gar als ein späteres Aufgehen in einem von Himmlers SS beherrschten »Großgermanischen Reich«. Der Unterschied zwischen nationalsozialistischer Herrschaft und faschistischer Kollaboration war angesichts der ideologischen Nähe häufig kaum mehr zu unterscheiden – auch nicht bei den während der Besatzung begangenen Verbrechen.

Nationalistische und (gebiets)revisionistische Beweggründe beeinflussten vor allem die Politik der mit Deutschland verbündeten, faktisch jedoch mehr oder weniger abhängigen Staaten in Mittel- und Südosteuropa, Ungarn, Rumänien und Bulgarien sowie der Slowakei, die sich schließlich (mit Ausnahme Bulgariens) mit eigenen Truppen an Hitlers Feldzug gegen die Sowjetunion beteiligten. Mit dem Näherrücken der Roten Armee 1944 an die Grenzen dieser Staaten wurden deren Bevölkerungen voll in die Endphase des Krieges hineingezogen. Mit Ausnahme einiger radikalfaschistischer Führer und ihrer überzeugtesten Anhänger schien kaum noch jemand bereit, auf der Seite Hitlers und seines untergehenden Reichs zu stehen. Eine Ausnahme bildeten jene Soldaten, die als »germanische Freiwillige« aus West- und Nordeuropa oder als letztes Aufgebot einer

ZITAT

Nach der Kapitulation im Juni 1940 wandte sich Charles de Gaulle aus dem Exil an seine Landsleute:
Frankreich hat eine Schlacht verloren, aber nicht den Krieg.

russischen Befreiungsarmee, oftmals in gesonderten Verbänden, auch jetzt noch auf deutscher Seite kämpften.

Mit dem phasenweisen Zusammenbruch der deutschen Herrschaft in Europa 1944/45 fand auch die Kollaboration mit dem nationalsozialistischen Deutschland in den besetzten Ländern ihr sukzessives Ende. Es folgten Massenarrestierungen und öffentliche politische »Säuberungen«, in die oftmals Hunderttausende - und nicht immer nur die Schuldigen - einbezogen wurden. Tausende, vor allem in Frankreich und Osteuropa, fanden bei »wilden Säuberungen« den Tod, andere - unter ihnen mit wenigen Ausnahmen auch die meisten prominenten Kollaborateure - mussten sich vor eigens eingerichteten Sondergerichten oder so genannten Volkstri-

INFOBOX

Philippe Pétain, der »Held von Verdun«

Philippe Pétain war Berufssoldat und wurde im Ersten Weltkrieg als Verteidiger von Verdun 1916/17 zum Nationalhelden. Nach dem Sieg über Deutschland förderte er die militärische Karriere Charles de Gaulles und berief ihn als persönlichen Berater in seinen Mitarbeiterstab.

Zu direkten Gegenspielern wurden die beiden, als Pétain sich im Juni 1940 angesichts der unmittelbar bevorstehenden Niederlage Frankreichs für einen Waffenstillstand mit Hitler-Deutschland aussprach, während de Gaulle zur Fortsetzung des Widerstands aufrief.

Als »Chef de l'État Français« (Chef des französischen Staates), der die Funktionen von Staats- und Ministerpräsident vereinigte, verfolgte Pétain das Konzept einer »nationalen Revolution«, die auf die Erneuerung traditioneller Werte und Wiederherstellung der Einheit der Nation zielte und antirepublikanische Maßnahmen sowie antisemitische Gesetzgebung einschloss. Außenpolitisch suchte Pétain die Zusammenarbeit mit dem Deutschen Reich, um in einem neuen Europa deutscher Ordnung die Stelle eines Partners einzunehmen und einer sowjetischen Hegemonie vorzubeugen.

Nach der Befreiung Frankreichs im Sommer 1944 wurde Pétain zunächst durch die Deutschen in Belfort und Sigmaringen interniert. Im April 1945 gelang ihm die Flucht in die Schweiz, wenig später stellte er sich den französischen Behörden. Am 15. 8. 1945 wurde er vom Obersten Gerichtshof wegen Hoch- und Landesverrats zum Tode verurteilt, doch wegen seines hohen Alters wurde die Strafe ausgesetzt; er starb 1951 in der Verbannung auf der Insel Yeu.

bunalen verantworten. Art und Ausmaß dieser »Säuberungen« in Europa waren historisch beispiellos und entsprachen somit der einzigartigen verbrecherischen Ausprägung von Nationalsozialismus und Faschismus.

Der deutsche Industrielle Oskar Schindler hat insgesamt 1 200 Juden vor der Ermordung durch die nationalsozialistischen Machthaber gerettet. Schindler setzte die Juden zunächst als billige Arbeitskräfte in Polen ein. Unter Einsatz seines gesamten Vermögens kaufte er sie frei und bewahrte sie so vor dem sicheren Tod. Hier im Bild trifft er 1962 in Israel einige der Geretteten wieder.

Angesichts des von Deutschland von Beginn an in Osteuropa geführten Vernichtungskriegs und des Vorgehens der nationalsozialistischen Verwaltungen gegen die polnischen und sowjetischen Bevölkerungen konnte das Ausmaß des dort praktizierten aktiven Widerstands hinter der deutschen Front kaum überraschen. Vor allem den in den unübersichtlichen Waldgebieten Russlands zunehmend seit dem Sommer 1942 operierenden, teilweise von Moskau aus straff geführten sowjetischen Partisanenverbänden gelang es mitunter, erhebliche militärische Kräfte der Wehrmacht zu binden. Ihre operative Wirkung stellten die Partisanen etwa bei der sowjetischen Großoffensive im Juni 1944 unter Beweis, als es

100562

INFOBOX

Die Heimatarmee

Die Armia Krajowa (AK), die »Armee im Lande« oder »Heimatarmee«, ging im Februar 1942 aus dem 1939/40 gegründeten »Verband für den bewaffneten Kampf« hervor und rekrutierte sich v. a. aus untergetauchten Soldaten der besiegten polnischen Armee. Sie wurde 1943–44 von General Tadeusz Bór-Komorowski geführt und umfasste 1944 etwa 350 000 Mann. Als militärischer Arm der in London residierenden polnischen Exilregierung kämpfte sie gegen die deutsche Besatzungsmacht in Polen und entfesselte 1944 den militärisch von ihr getragenen Warschauer Aufstand. In Konkurrenz zur Heimatarmee stand die Anfang Januar 1944 gebildete Volksarmee, der militärische Arm des kommunistisch geführten »Landesnationalrates«.

Die AK löste sich offiziell am 19. 1. 1945 auf; einzelne Gruppen führten bis etwa 1947 einen bewaffneten Kampf gegen das sich etablierende kommunistische System in Polen.

ihnen durch mehr als 10 000 Sprengungen gelang, das Eisenbahnnetz hinter der deutschen Heeresgruppe Mitte zu zerstören. Der Partisanenkrieg im Osten lieferte den deutschen Militärs aber auch jenes Argument, mit dem sie ihr menschenverachtendes Vorgehen gegen die sowjetische Zivilbevölkerung zu legitimieren suchten.

In Polen hatte sich bereits kurz nach der deutschen und sowjetischen Besetzung des Landes 1939 eine eher konservativ-nationale Untergrundorganisation, die »Heimatarmee«, gebildet, die in enger Verbindung zur polnischen Exilregierung in London stand. In Rivalität zu ihr stand die zahlenmäßig kleinere geheime Volksarmee des kommunistischen Untergrunds. Verglichen mit diesen stark politisch ausgerichteten Organisationen verfügten die wenigen und schlecht bewaffneten jüdischen Widerstandskämpfer kaum über einen Rückhalt in der polnischen Bevölkerung. Trotzdem widersetzten sie sich mit dem Mut der Verzweiflung im April 1943 der Räumung des Warschauer Gettos, indem sie Wehrmacht und SS in einen fast vierwöchigen Häuserkampf verwickelten. Der Kampf gegen einen ungleich stärkeren Gegner, der mit der Deportation auch der restlichen 6 000 Juden in die deutschen Vernichtungslager endete, wird zu Recht als eine heroische Tat sondergleichen bewertet.

ZITAT

Am 18. 6. 1940 hielt Charles de Gaulle seine berühmte Radioansprache:

Ich, General de Gaulle, gegenwärtig in London, ich lade die französischen Offiziere und Soldaten, die sich auf britischem Gebiet befinden oder sich noch hier einfinden werden, ein, mit und ohne ihre Waffen, ich lade die Ingenieure und Facharbeiter der Waffenindustrie, die sich auf britischem Gebiet befinden oder sich noch hier einfinden werden, ein, sich mit mir in Verbindung zu setzen. Was auch immer geschieht, die Flamme des französischen Widerstands darf nicht erlöschen, sie wird nicht erlöschen.

INFOBOX

Das Dorf Lidice

Als Vergeltungsmaßnahme für den Tod des stellvertretenden Reichsprotektors für Böhmen und Mähren Reinhard Heydrich, der einem auf Betreiben der tschechoslowakischen Exilregierung in London ausgeführten Attentat zum Opfer gefallen war, gab Hitler am 9. 6. 1942, dem Tag der Beisetzung Heydrichs, den Befehl, das Dorf Lidice bei Prag dem Erdboden gleichzumachen.

Heydrich hatte als SS-Obergruppenführer und General der Polizei 1941 die Massentötung von Juden in den eroberten sowjetischen Gebieten befehligt. Im Januar leitete er die Wannseekonferenz, die den Genozid an den im deutschen Machtbereich lebenden Juden organisatorisch vorbereitete.

Am 10. 6. 1941 umstellte die SS das Dorf Lidice, alle männlichen Einwohner über 16 Jahre – etwa 173 – wurden erschossen, Frauen und Kinder in Konzentrationslager gebracht; einige der 98 Kinder sollten »eingedeutscht« werden, die meisten – etwa 82 – wurden in Lagern ermordet. Das Dorf wurde total zerstört. Nach 1947 wurde es wieder aufgebaut; eine Gedenkstätte erinnert an die Vernichtung Lidices.

Zu einer Tragödie großen Ausmaßes entwickelte sich auch der militärisch unzureichend vorbereitete Warschauer Aufstand der Heimatarmee unter General Tadeusz Bór-Komorowski Anfang August 1944. Inzwischen gibt es kaum Zweifel daran, dass Stalin den sowjetischen Vormarsch auf Warschau kalkuliert stoppte, um Hitler eine Gelegenheit zu geben, den konservativen polnischen Widerstand zu vernichten. Der Aufstand endete mit der fast völligen Vernichtung der Heimatarmee. Hitlers Befehl, Warschau dem Erdboden gleichzumachen, wurde mit brutaler Gründlichkeit ausgeführt.

Organisierter und bewaffneter Widerstand gegen die deutsche Besatzungsmacht lässt sich in nahezu allen besetzten Ländern feststellen, doch nirgends, mit der Ausnahme der besetzten sowjetischen Gebiete, erreichte der Kampf gegen die Deutschen eine derartige Stärke wie auf dem Balkan. In den Gebirgen Serbiens und Montenegros operierten schließlich zwei, noch dazu miteinander verfeindete Partisanenarmeen gegen die deutschen und italienischen Invasoren: die nationalserbischen Tschetniks unter Draža (eigentlich Dragoljub) Mihailović und die kommunistische Partisanenbewegung unter dem Kroaten Josip Broz, genannt Tito. Mit seiner auf über 300000 Mann angewachsenen Partisanenarmee, die inzwischen weite Teile des Landes kontrollierte, war Titos Bewegung spätestens Mitte 1944 zu einer festen militärischen und auch politischen Größe im Kalkül der Alliierten geworden. Außer in Jugoslawien bestanden ausgesprochene Partisanenbewegungen in Griechenland, der Slowakei und schließlich nach 1944 innerhalb der italienischen Resistenza in Norditalien.

Je verlustreicher und ungünstiger sich der Krieg für Deutschland entwickelte, umso stärker traten bewaffnete Organisationen auch in West- und Nordeuropa auf den Plan. Allerdings stellten derartige Gruppen zunächst eher eine Ausnahme dar. Lediglich die im Dickicht des bergigen Zentralmassivs kämpfenden und nach der dortigen Vegetation benannten französischen Widerstandskämpfer (maquisards) waren imstande, über einen größeren Zeitraum hinweg gezielte Anschläge und Sabotageaktionen gegen die deutsche Besatzungsmacht zu unternehmen. Ansonsten beschränkte sich der Widerstand gegen die deutschen Besatzungen in Westeuropa im Allgemeinen auf unbewaffnete Aktionen wie die Übermittlung von Nachrichten an westliche Agenten, die Hilfe für abgeschossene alliierte Flieger und entflohene Kriegs-

100880

Sabotageakte der Résistance, wie hier die Sprengung von Eisenbahnschienen, waren in vielen Fällen wichtige Aktionen gegen die deutschen Besatzer.

gefangene oder die Unterstützung jüdischer und anderer Opfer des Besatzungsregimes.

Da die deutschen Behörden mit großer Brutalität, oft unter Einbeziehung der übrigen Familie – daher sprach man von »Sippenhaft« – gegen Oppositionelle und Widerständler vorzugehen pflegten, ist die anfängliche Weigerung der meisten Menschen, sich an derartigen Aktionen zu beteiligen, nur zu begreiflich. Mit der Gewissheit eines alliierten Sieges wuchs die Bereitschaft zum Widerstand. Ebenso übte die nach 1942/43 zunehmende wirtschaftliche und soziale Verelendung als Folge der Besatzungssituation einen nicht zu unterschätzenden Einfluss auf das Widerstandsverhalten aus. Zwar blieb der aktive Widerstand in seinen vielfältigen Formen stets Ausdruck einer Minderheit in der Bevölkerung, aber der Widerstand bewies durch seine bloße Existenz, durch Flugblätter und illegale Zeitungen, dass es fortan eine wirkliche Alternative zur Passivität oder zur Kollaboration mit den Deutschen gab.

Die Aktionen der Widerstandsgruppen und Untergrundorganisationen wurden zunehmend wirkungsvoller und begannen die deutschen, aber auch die kollaborierenden Verwaltungen mitunter empfindlich zu treffen.

Nach der Befreiung von Paris im Jahr 1944 nehmen diese Mitglieder der Résistance an einer Parade teil.

100264

Es kam zu vereinzelten Arbeitsniederlegungen und schließlich sogar zu zeitweiligen Massenstreiks, so in den Niederlanden im Mai 1943. Als bevorzugte Zielscheibe für Attentate des Widerstands erwiesen sich die Repräsentanten und Führer der einheimischen faschistischen Bewegungen und Parteien.

Im Gegenzug reagierten Polizei- und Sicherheitsdienste, aber auch die Wehrmacht, mit brutalen Vergeltungsmaßnahmen, die den Terror, oft auch gegen Unbeteiligte und Unschuldige, zum obersten Gebot erhoben; dazu gehörten summarische Geiselerschießungen und die Zerstörungen ganzer Ortschaften. Die an zahlreichen Orten im besetzten Europa von Deutschen begangenen Untaten – stellvertretend seien genannt die Namen Lidice in Tschechien, Oradour-sur-Glane in Frankreich, Putten in den Niederlanden und Marzabotto in Italien – haben sich tief in das kollektive Gedächtnis der jeweiligen Nation eingegraben.

Der Widerstand in den besetzten Ländern Europas hat die große Wende im Krieg gegen das nationalsozialistische Deutschland nicht herbeizuführen vermocht. Dazu war er militärisch zu schwach und politisch zu zersplittert. Die politischen und gesellschaftlichen Perspektiven der beteiligten Widerstandsgruppen reichten von konservativen und monarchischen Staatsvorstellungen bis hin zu den Ideen von sozialistischen und kommunistischen Nachkriegsordnungen. Befreit wurden die europäischen Staaten und ihre Bevölkerungen vor allem durch die siegreichen Armeen der Alliierten und durch die Opfer ihrer Soldaten. Der Widerstand gab vielen Menschen Würde und Selbstachtung zurück, die sie unter deutscher Besatzung verloren hatten, er trug entscheidend zur Legitimation der demokratischen Nachkriegsregierungen in Europa bei. *Gerhard Hirschfeld*

ZITAT

Hitlers Weisung »Nr. 46«:

Das Bandenunwesen im Osten hat in den letzten Monaten einen nicht mehr erträglichen Umfang angenommen und droht zu einer ernsten Gefahr für die Versorgung der Front und die wirtschaftliche Ausnützung des Landes zu werden.

Bis zum Beginn des Winters müssen die Banden im Wesentlichen ausgerottet... werden, um entscheidende Nachteile für die Kampfführung der Wehrmacht im Winter zu vermeiden.

Die Heimat wird Front: Der Luftkrieg

Im Bewusstsein der meisten Zeitgenossen knüpfte die europäische Konfliktgeschichte am 1. September 1939 dort an, wo sie am 11. November 1918 im Wald von Compiègne unterbrochen worden war. Weithin in Europa empfanden die Menschen den Ausbruch des Zweiten

Weltkriegs als Wiederaufnahme der militärischen Kampfhandlungen nach zwei Jahrzehnten mehr oder minder offenen Ringens um die Ergebnisse des Ersten Weltkriegs.

Der Versailler Friedensvertrag vom Juni 1919 hatte das französische Verlangen nach dauerhaften Sicherungen gegen gewaltsame Revisionsversuche des potenziell übermächtigen Nachbarn im Osten nicht annähernd befriedigt. Dort verbreiteten die »nationale« Rechte und die alten Militäreliten mit der Dolchstoßlegende die Behauptung, das »im Felde unbesiegte« Heer sei erst durch den revolutionären Zusammenbruch der deutschen »Heimatfront« Anfang November 1918 zur Aufgabe gezwungen worden. Tatsächlich aber hatte es sich genau umgekehrt verhalten: Der Krieg war militärisch schon Wochen, ja Monate zuvor verloren gegangen. Die Revolution der kriegsmüden Soldaten und Arbeiter war nicht die Ursache der militärischen Niederlage Deutschlands, sondern deren unmittelbare Folge.

Gleichwohl blieben der Erste Weltkrieg und sein Ende der Fluchtpunkt aller Planungen für einen neuen Waffengang – in Berlin wie in London oder anderenorts in Europa. Im Mittelpunkt standen dabei zwei Probleme: die Mobilisierung der eigenen Hilfsquellen im Dienste der Kriegswirtschaft und die Stabilität einer Krieg führenden Gesellschaft. Angesichts der Entwicklung der Waffentechnik, die inzwischen das Kriegsgeschehen weit in das Hinterland des Gegners zu tragen imstande war, entwickelte sich der Zweite Weltkrieg zum Fernduell der – allseits ausdrücklich so genannten – »Heimatfronten«. Beides erschien untrennbar miteinander verknüpft.

ZITAT

Aus dem Tagebuch des Offiziers und späteren Schriftstellers Wolfgang Paul:

13. 2. 1945
Gegen 22 Uhr. Das Musikprogramm wird unterbrochen. Der Ansager meldet Bomberverbände im Anflug. Plötzlich ruft er erregt: »Achtung, Achtung, Achtung, Achtung«, viermal dieses Achtung, noch nie hörte ich es viermal…

Nach den Erfahrungen der Jahre 1914 bis 1918 war im Zeichen des Massen- und Abnutzungskrieges keine räumliche Beschränkung der Kämpfe auf das eigentliche »Kriegstheater« (Carl von Clausewitz) mehr denkbar. Dies umso weniger, als die zwischenzeitlichen Fortschritte der Waffentechnik es den Kontrahenten ermöglichten, das Kriegsgeschehen zu Lande und zu Wasser, vor allem aber durch den Luftraum tief in das gegnerische Territorium hineinzutragen. Überdies erleichterten technische Neuerungen auch die unmittelbare Ansprache der Bevölkerung der gegnerischen Mächte durch die

100001

»We can do it« war die Parole auf diesem amerikanischen Propagandaplakat nach dem Eintritt der USA in den Zweiten Weltkrieg im Dezember 1941, mit der die Bevölkerung auf den Krieg eingeschworen wurde.

eigene Diversionspropaganda. Im Übrigen hatte die überaus materialintensive Kampfführung bereits im Ersten Weltkrieg keinen Zweifel daran gelassen, dass der Ausgang eines modernen Krieges zwischen hoch entwickelten Industriestaaten vor allem auch in den Werken der Rüstungsindustrie entschieden wurde.

Im Vorfeld des 1. September 1939 und danach gingen deshalb alle beteiligten Seiten selbstverständlich davon aus, dass die Leistungsfähigkeit der politischen, gesellschaftlichen und wirtschaftlichen Systeme mit entscheidenden Einfluss auf den Ausgang des militärischen Kräftemessens haben werde. Insofern prallten 1939 bis 1945 nicht bloß hochgerüstete Kriegsmaschinen an den militärischen Fronten direkt gegeneinander. Von herausragender Bedeutung waren dabei die Situationen in jenen beiden Staaten, deren Bevölkerungen, Infrastrukturen und Rüstungsindustrien unmittelbar den gegnerischen

Nach der Bombardierung Rotterdams entschließen sich die Alliierten, die deutschen Städte in Schutt und Asche zu bomben, um den Durchhaltewillen der deutschen Bevölkerung zu brechen.

Luftangriffen ausgesetzt waren: das Deutsche Reich und das Vereinigte Königreich.

Aus seiner traumatischen Erfahrung des Zusammenbruchs von 1918 hatte Hitler vor allem eine Konsequenz gezogen: Unter keinen Umständen dürfe die unkontrollierte Dynamik der Massenstimmung im Innern nochmals die äußere Machtentfaltung des Reiches behindern. Dieser Leitlinie hatten sich nach dem Willen des Diktators und seiner Gefolgsleute alle strategischen Überlegungen unterzuordnen. In diesem Rahmen fiel der NSDAP und ihren Gliederungen die Aufgabe zu, durch »Menschenführung« – im Sinne von betreuender Überwachung – das politische Wohlverhalten der Bevölkerung zu gewährleisten. Der übernommene Staatsapparat sollte seinen Teil zur Kontrolle und Unterdrückung beitragen und sich um den effizienten Kriegseinsatz der menschlichen und materiellen Ressourcen kümmern. Diese Aufträge machten sich die alten Eliten in Militär, Verwaltung und Wirtschaft nahezu vorbehaltlos zu Eigen.

Allen Rivalitäten zum Trotz sorgten Staatspartei und Staatsapparat gemeinsam dafür, dass die Bevölkerung bis zum bitteren Ende keine Anstalten machte, gegen das nationalsozialistische Regierungssystem zu revoltieren, obwohl mehr und mehr Menschen die verheerenden Rückwirkungen der scheiternden Expansionspolitik Hitlers zu spüren bekamen. Gelingen konnte das freilich nur, weil die große Mehrheit der Deutschen seine Politik mehr oder minder enthusiastisch mittrug. Für die Entwicklung der Massenstimmung im Krieg entscheidend waren zum einen die Wahrnehmung des militärischen Kriegsverlaufs und seiner Folgen für das persönliche Wohlergehen, zum anderen die alltäglichen Lebensbedingungen und die Einschätzung ihrer künftigen Entwicklung. Offenkundige Widersprüche zwischen allgemeiner Erfolgspropapanda und Hiobsbotschaften aus dem erweiterten privaten Umfeld drohten die Kriegsmoral ebenso zu untergraben wie die Verschlechterung der alltäglichen Lebensumstände über ein als unvermeidlich erachtetes Maß hinaus. Hier setzten die Anstrengungen zur Stabilisierung der Heimatfront an.

Durchhalteparolen und Opferkult

Die tatsächliche Lage an den äußeren Fronten und im Innern des »Altreiches« ließ sich im Verlauf des Krieges immer weniger beschönigen. Umso mehr konzentrierten sich Hitler und seine Helfer darauf, durch symbolische Zugeständnisse, durch Mythenbildung und durch exzessive Pflege von Feindbildern enttäuschungsfeste Mas-

INFOBOX

Wirtschaftliche Mobilmachung

Ab 1924 hatte eine Gruppe von Offizieren im Heereswaffenamt die Grundlagen für eine wirtschaftliche Mobilmachung geschaffen. Sie waren davon überzeugt, dass Deutschland den Ersten Weltkrieg v. a. deshalb verloren hatte, weil es seine wirtschaftlichen Möglichkeiten nicht hinreichend ausgeschöpft hatte. Die Militärs, die sich mit dieser Frage beschäftigten, nahmen an, dass die Leistungsgrenze der Wirtschaft im Hinblick auf die verlangte Kriegsproduktion eine feste Größe war. Es galt, sie zu errechnen und in der Praxis zu erreichen. Die Umstellung der Wirtschaft, so nahmen die Militärs ferner an, musste bereits in Friedenszeiten gründlich und generalstabsmäßig vorbereitet werden. Als Ergebnis würde man dann über einen Mobilmachungsplan für die Wirtschaft verfügen, der bei Kriegsbeginn wie ein »Räderwerk« in Gang zu setzen wäre.

senloyalitäten gegenüber ihrem Regime zu befestigen. So wurden die deutschen Arbeiter, Bauern und Soldaten zu Kultfiguren einer arischen Herrenrasse stilisiert, als deren vernichtungswürdige Todfeinde vor allem Juden und Bolschewisten dienten. Nach dem Fall von Stalingrad Anfang 1943 ergänzten Durchhalteparolen und ein Opferkult ohnegleichen die üblichen Beschwörungen des Hitlermythos.

Darauf zielte die Gegenstrategie der internationalen Anti-Hitler-Koalition – erst recht nach der militärischen Wende vor Moskau und dem Kriegseintritt der USA im Dezember 1941. Während die deutschen Heere in Nordafrika und auf dem Balkan, vor allem aber in der Sowjetunion, in substanzzehrende Schlachten verwickelt wurden, attackierten die beiden angelsächsischen Mächte schwerpunktmäßig die deutsche Heimatfront durch massive Flächenbombardements nichtmilitärischer Angriffsziele.

Die demoralisierende Wirkung solcher Luftangriffe auf die Zivilbevölkerung hatte bereits während der Vorkriegsjahre im Mittelpunkt vieler Planspiele britischer Militärstrategen gestanden. Nach der Zerstörung Guernicas durch deutsche Kampfflieger Ende April 1937 und nach den Stuka-Erfolgen des Polenfeldzuges im Herbst 1939 stand zunächst einmal das eigene Territorium im Vordergrund. Mit unverhohlener Sorge dachten führende Militärs in London über die Reaktionen der Massenstimmung auf jene gezielten Vernichtungsschläge nach, mit denen die Luftwaffe mutmaßlich britische Städte überziehen würde. Um der deutschen Führung keinen Vorwand zu gezielten Vernichtungsschlägen gegen britische Ziele zu liefern, musste sich die Air Force bis zum Frühjahr 1940 damit begnügen, Flugblätter über deutschen Städten abzuwerfen.

Der Blick auf ein Wohnviertel der Stadt Hamburg nach einem Flächenbombardement der britischen Bomberverbände zeigt die totale Zerstörung des Bombenkrieges. Bis zum Ende des Krieges erlebte die Stadt über 200 Luftangriffe, bei denen fast 300 000 Wohnungen zerstört wurden.

Erst nach dem verheerenden deutschen Luftangriff auf Rotterdam im Mai 1940 gab das Londoner Kriegskabinett diese Zurückhaltung teilweise auf. Von nun an flog die noch kleine britische Bomberflotte regelmäßig Angriffe auf militärische Ziele innerhalb des Deutschen Reiches. Die Zivilbevölkerung blieb einstweilen noch verschont. Als jedoch deutsche Bomben auf London fielen, wurden auch die städtischen Wohnquartiere Deutschlands in das militärische Kriegsgeschehen ein-

100563

bezogen: erster Bombenangriff auf Berlin am 25. August 1940. Dies war der Auftakt jener Angriffswellen, unter denen die Reichshauptstadt und fast alle deutschen Städte seitdem immer massiver zu leiden hatten, weil die alliierten Luftkriegsstrategen hofften, unter dem Eindruck des Bombenhagels werde die Bevölkerung von Hitler abfallen.

Bestärkt durch erste Stimmungsberichte aus Berlin hatten sich die britischen Luftkriegsstrategen davon nachhaltige Erschütterungen der zivilen Kriegsmoral vor allem in den gegnerischen Industriezentren versprochen. Auch die verzweifelten Hoffnungen der deutschen Regimegegner im Innern und in der Emigration auf einen politischen Umschwung in Berlin richteten sich darauf, Hitler auf diese Weise an der Heimatfront zu schlagen. Unter dem Eindruck des alliierten Bombardements werde die demoralisierte Bevölkerung ihm über kurz oder lang die Loyalität aufkündigen. Dies umso eher, als das NS-Regime seine inneren Widersprüche angesichts der vorhersehbaren Versorgungsprobleme immer weniger durch materielle Bestechung zu übertünchen imstande sein werde. Der britische Premierminister Winston Churchill teilte diese Erwartungen nur bedingt. Auch sonst fehlte es nicht an skeptischen Stimmen in Großbritannien und in den USA. Immerhin hatte die britische Bevölkerung ihrerseits überraschend gleichmütig auf die schweren deutschen Luftangriffe reagiert.

Trotzdem wurde die Bomberflotte bevorzugt ausgebaut, und bis in den Mai 1945 hinein prägten britisch-amerikanische Flächenbombardements den Kriegsalltag in Deutschland. Am Ende standen über 600 000 Tote und fast 900 000 Verletzte zu Buche. Über die Hälfte des städtischen Wohnraums war bis zum Frühjahr 1945 völlig oder weitgehend zerstört worden. Fast 14 Millionen Deutsche hatten kein Dach mehr über dem Kopf. Doch selbst im Angesicht der totalen Niederlage blieb die Loyalität der deutschen Bevölkerung und die Autorität des nationalsozialistischen Regimes im Wesentlichen ungebrochen. *Michael Ruck*

Zwang kontra Freiwilligkeit: Der Einsatz von Arbeitskräften

Im Zeichen der Rüstungskonjunktur und während des Krieges wurde die innerbetriebliche Arbeitsgesellschaft tief greifenden Wandlungen unterworfen. In der Folge lösten sich zunehmend auch jene informellen Solidarbeziehungen am Arbeitsplatz auf, aus denen sich nach der gewaltsamen Ausschaltung der Arbeiterbewegung im Frühjahr 1933 überhaupt noch massenhafter Widerstand gegen das nationalsozialistische Regime hätte entwickeln können. Zu Kriegsbeginn gab es diese Möglichkeit grundsätzlich noch. Zwar hatten die Volksgemeinschaftspropaganda in Deutschland, das Verschwinden der millionenfachen Erwerbslosigkeit, die bescheidene Hebung des materiellen Lebensstandards und einige sozialpolitische Zugeständnisse (»Kraft durch Freude«) die meisten Arbeiter wenn schon nicht für Hitlers Diktatur eingenommen, so doch immerhin vorläufig ruhig gestellt. Ein Übriges taten die außenpolitischen Erfolge der Jahre 1933 bis 1938.

Freilich vermochte auch der »Blitzsieg« über Polen nicht darüber hinwegzutäuschen, dass die viel beschworene Volks- und Betriebsgemeinschaft ein zerbrechliches Kunstgebilde blieb. Weder unter den Arbeitern noch sonst irgendwo in der deutschen Gesellschaft äußerte sich im September 1939 Begeisterung über die Entscheidung Hitlers, nun von militärischen Drohungen zum Krieg überzugehen. Es herrschte eine »widerwillige Loyalität«. Deren Grenzen wurden deutlich, als das Regime die kriegswirtschaftlichen Zügel anzuziehen begann.

Arbeiten im Dienste des Krieges

Seit dem Anspringen der Rüstungskonjunktur 1936 herrschte in Deutschland ein rasch wachsender Arbeitskräftemangel. Infolgedessen und wegen der verlängerten Arbeitszeiten stiegen die Arbeitnehmereinkünfte in der Rüstungsindustrie, im Bergbau und in der Landwirtschaft merklich an. Weil die wachsende Massenkaufkraft auf ein stagnierendes Konsumgüterangebot traf, häuften sich gegen Ende der Dreißigerjahre die Anzeichen notdürftig verdeckter Inflation – bis hin zur Entstehung verbotener Schwarzmärkte. Mit Rücksicht auf die Massen-

909

Die »NS-Gemeinschaft Kraft durch Freude« (KdF) sollte die deutschen Arbeiter in die »Volksgemeinschaft« integrieren. Der so genannte KdF-Wagen (später VW-Käfer) konnte durch eine Sparkarte, in die wöchentlich Sparmarken eingeklebt wurden, erworben werden.

stimmung verzichtete die Reichsregierung einstweilen darauf, dieser Entwicklung konsequent entgegenzusteuern. Das änderte sich mit dem Kriegsbeginn. Bereits in der ersten Septemberhälfte wurde nochmals eine halbe Million Arbeitskräfte für die Rüstungsproduktion dienstverpflichtet.

Anfang Dezember 1939 wurden dann per Kriegswirtschaftsverordnung sämtliche Überstunden- und Feiertagszuschläge gestrichen, die gesetzlichen Beschränkungen der Arbeitszeit wie die geltenden Urlaubsregelungen außer Kraft gesetzt und der Lohnstopp bekräftigt. Ferner wurde ein hoher Kriegszuschlag auf die Lohn- und Einkommensteuer sowie auf die Umsatzsteuer für Güter des außeralltäglichen Bedarfs erhoben. Mit diesen und anderen Zwangsmaßnahmen sollten die grassierende Arbeitskräftemisere gelindert und zugleich weiteren Preissteigerungen vorgebeugt werden. Die Reaktionen in den Betrieben führten der politischen Führung aber vor Augen, dass die Arbeitnehmerschaft ihre Kriegspolitik weithin nicht um den Preis solcher Einschnitte mitzutragen bereit war.

Allerorten bekamen nationalsozialistische »Amtswalter«, besonders die Funktionäre der Deutschen Arbeitsfront (DAF), deren kaum verhohlenen Unmut zu spüren. Gleichzeitig trafen aus der Rüstungsindustrie Hiobsbotschaften über passiven Widerstand der Belegschaften und spürbare Produktionsrückgänge ein. Binnen weniger Wochen wurden daraufhin die meisten Bestimmungen der Kriegswirtschaftsverordnung kassiert oder abgeschwächt. Bis zum Herbst 1942 sank die Zahl zwangsverpflichteter Arbeiter von 1,4 Millionen auf weniger als die Hälfte. Hitler selbst hatte angeordnet, bei deren Einsatz höchstmögliche Rücksicht auf ihre privaten Belange zu nehmen.

Im Übrigen gelang es dem Regime, die Geldentwertung durch rigorose Lohn- und Preiskontrollen in Grenzen zu halten. Auch die allfälligen Zukäufe auf dem Schwarzmarkt blieben für die meisten Arbeitnehmer bezahlbar. Im Ersten Weltkrieg war das kaum noch möglich gewesen. Die allgegenwärtige Erinnerung an die Misere der Jahre 1916 bis 1918/19 sorgte maßgeblich dafür, dass sich die Unzufriedenheit der deutschen Bevölkerung bis 1945 durchweg in beherrschbaren Grenzen hielt.

Die indirekte Umlenkung des knappen Arbeitskräfteangebots in kriegswichtige Branchen und Betriebe mittels höherer Löhne, wie sie in den angelsächsischen Staaten mit Erfolg praktiziert wurde, widersprach sowohl der zwangswirtschaftlichen Doktrin des totalitären Regimes als auch den kriegswirtschaftlichen Traditionen in Deutschland. Als die Einberufungen für den Russlandfeldzug eine Lösung des Arbeitskräfteproblems unabweisbar machten, reagierte die deutsche Führung in regimetypischer Manier. Hitler berief im Januar 1942 einen seiner engsten Gefolgsleute, den Thüringer Gauleiter Fritz Sauckel, zum Reichskommissar für den Arbeitskräfteeinsatz. Gemeinsam mit dem neuen »Reichsminister für Bewaffnung und Munition« Albert Speer ging dieser alsbald daran, über Schließungen kriegsunwichtiger Betriebe und so genannte »Auskämmaktionen« personelle Reserven für die Rüstungsproduktion und die Wehrmacht zwangsweise zu schaffen.

Doch auch diese Versuche scheiterten zumeist am passiven Widerstand der betroffenen Belegschaften und Betriebsleitungen, die häufig Rückhalt bei lokalen und regionalen Verwaltungs- und Parteispitzen fanden. Angesichts solcher Widerstände blieb nur die Möglichkeit, anstelle der fehlenden Arbeitskräfte deutsche Frauen dienstzuverpflichten oder zwangsweise Ausländer, Häftlinge und Kriegsgefangene heranzuziehen.

Das Millionenheer der Fremdarbeiter

Bereits vor dem Krieg waren mancherorts ausländische Arbeiter eingesetzt worden. Zumeist handelte es sich um Italiener, die von der faschistischen Arbeitsorganisation nach Deutschland geschickt wurden. In den Anfangsjahren des Krieges stießen mehr oder minder freiwillig Arbeitskräfte aus den besetzten Ländern Westeuropas zu ihnen. Unter der Ägide von Fritz Sauckel wurden in großem Stil Arbeitskräfte aus dem Generalgouvernement Polen und aus den okkupierten Teilen der Sowjetunion zwangsrekrutiert. Gut die Hälfte von ihnen waren junge Mädchen.

Insgesamt wurden 1940 schon 1,15 Millionen Zivilarbeiter und Kriegsgefangene in der deutschen Wirtschaft eingesetzt. Damit stellten sie 3,2 Prozent aller Beschäftigten. Im darauf folgenden Jahr waren es bereits 8,5 Prozent (3,07 Millionen). Bis 1942 stieg ihr Anteil auf 11,6 Prozent (4,13 Millionen), bis 1943 auf 17,7 Prozent (6,46 Millionen) an, um im letzten Kriegsjahr mit durchschnittlich 19 Prozent (7,13 Millionen) den Höhepunkt zu erreichen. Im Sommer 1944 war gut jeder vierte Beschäftigte (26,5 Prozent) in Deutschland ein Fremd- oder Zwangsarbeiter.

ZITAT

Hitler äußert in einer Abendunterhaltung am 26. 2. 1942 seine Pläne zur Ausbeutung der besetzten Ostgebiete:

Man müsse stets davon ausgehen, dass diese Völker uns gegenüber in erster Linie die Aufgabe haben, uns wirtschaftlich zu dienen. Es müsse daher unser Bestreben sein, mit allen Mitteln wirtschaftlich aus den besetzten russischen Gebieten herauszuholen, was sich herausholen lasse.

Die deutsche Landwirtschaft wurde fast zur Hälfte von ihnen aufrechterhalten (46,4 Prozent). Weitere Schwerpunkte des Ausländereinsatzes waren neben dem Bergbau (33,7 Prozent) die Metallindustrie (30 Prozent), die chemische Industrie (28,4 Prozent) sowie das Baugewerbe (32,3 Prozent) und die Verkehrsbetriebe (26,0 Prozent). Mithin waren die Nahrungsmittelversorgung und die Rüstungsproduktion zu entscheidenden Anteilen vom Wohlverhalten eines Millionenheeres von Fronarbeitern abhängig. Die umfassende Überwachung dieses Unsicherheitsfaktors ließ den nationalsozialistischen Unterdrückungsapparat weiter auswuchern.

Unter dem Diktat der militärischen und rüstungspolitischen Zwänge hatten die nationalsozialistischen Ideologen ihre anfänglichen Bedenken gegen den massenhaften Zustrom »fremdrassiger Elemente« rasch zurückstel-

100563

Im März 1938 besichtigt Hitler das KdF-Schiff »Wilhelm Gustloff«. Mit einer Reise auf diesem Schiff wurden gute Arbeiter für ihre Leistungen belohnt. Auch ein kulturelles Angebot mit Tanz- und Konzertveranstaltungen wurde von der NS-Organisation angeboten.

len müssen. Dafür wurden die »Fremdarbeiter« einem drakonischen Regime abgestufter Diskriminierungen und Unterdrückungsmaßnahmen unterworfen. Am unteren Ende der streng von der deutschen Bevölkerung isolierten Fremdarbeiterschaft standen die rassisch diskriminierten »Ostarbeiter« aus Russland. Kaum besser war die Lage ihrer polnischen und – nach dem »Abfall« Roms Mitte 1943 – ihrer italienischen Kollegen.

Noch schlechter erging es jenen Millionen Kriegsgefangenen, die sich für den deutschen »Endsieg« massenhaft zu Tode schuften mussten. Zumindest im Falle der russischen Gefangenen ging Zwangsarbeit hier oft in planmäßige »Vernichtung durch Arbeit« über. Erst recht galt das für jene Insassen der Konzentrationslager, mit denen Heinrich Himmlers SS die deutsche Industrie 1944/45 in immer neuen Kontingenten versorgte. In einer großen Zahl lokaler »Außenlager« wurden sie unter furchtbaren Umständen gehalten, bis sie ihre Arbeitskraft restlos verbraucht hatten und den Hunger- oder Kältetorturen erlagen, sofern sie nicht zuvor vom Lagerpersonal ermordet oder in die Vernichtungslager abtransportiert worden waren.

Über den Umgang der in den Betrieben verbliebenen deutschen Arbeiter mit den ihnen zwangsweise zur Seite gestellten Ausländern und Gefangenen liegen widersprüchliche Zeugnisse vor. Offenkundig hat es manche Schikanen und Übergriffe gegeben, doch an der Tagesordnung waren sie nicht. Je qualifizierter und einsatzwilliger sich die neuen Kollegen präsentierten, desto eher konnten sie mit guter Behandlung rechnen. Das galt auch für die Ostarbeiter. Mancher von ihnen stand, sofern er nicht halb verhungert und erfroren war, dem deutschen Personal in seiner Leistungsfähigkeit um nichts nach. Diese alltägliche Erfahrung stand in krassem Widerspruch zum offiziellen Zerrbild des russischen »Untermenschen«. Manche deutsche Arbeitskräfte fühlten sich in ihrer Funktion als Vorarbeiter und Aufseher tatsächlich jener »Herrenrasse« zugehörig, deren Überlegenheit in der Propaganda unablässig beschworen wurde.

Insofern gingen von dem millionenfachen Zwangsarbeitereinsatz ebenso wenig beunruhigende Wirkungen auf die deutsche Arbeiterschaft aus wie von den überaus strapaziösen Arbeitsbedingungen. Die »uk« (unabkömmlich) gestellten Facharbeiter waren ängstlich bestrebt, nicht durch kritische Bemerkungen oder verdächtige Handlungsweisen ihre Stellung zu gefährden oder ins Blickfeld der Geheimen Staatspolizei (Gestapo) zu geraten. Schließlich grassierte allerorten das Denunziationswesen; so genannten Bummelanten drohte die Einweisung in eines jener Lager, die die Gestapo Anfang der Vierzigerjahre zur »Wiedergewöhnung an Arbeit« eingerichtet hatte. Wer sich gar dem Verdacht »defätistischer« oder »heimtückischer« Reden aussetzte oder eines

INFOBOX

Der Beveridgeplan

Im amtlichen Auftrag arbeitete der britische Wirtschaftswissenschaftler und Sozialpolitiker William Henry Beveridge of Tuggal, 1919–37 Direktor der London School of Economics and Political Science, 1942 eine Denkschrift, den nach ihm benannten Beveridgeplan aus. Die Schwerpunkte dieses epochalen Reformprojekts lagen auf der staatlichen Vollbeschäftigungspolitik, der Schaffung eines umfassenden Sozialversicherungssystems und dem Aufbau eines staatlichen Gesundheitsdienstes. Der Beveridgeplan bildete die Grundlage für die britischen Sozialreformen nach dem Zweiten Weltkrieg.

»Rundfunkverbrechens«, dem Abhören ausländischer Kriegsnachrichten, beschuldigt wurde, der musste befürchten, von nationalsozialistischen Sondergerichten ins Zuchthaus oder aufs Schafott geschickt zu werden.

Der Krieg als Motor der Sozialpolitik

Auf den Britischen Inseln gab es keine Möglichkeit, in großem Stil zusätzliche Arbeitskräfte von außen heranzuführen. Die personellen Anforderungen der Armee und der Rüstungsindustrie mussten aus dem vorhandenen Menschenpotenzial befriedigt werden. In scharfem Kontrast zu Deutschland wurden diese Herausforderungen weitgehend ohne Zwangsmaßnahmen bewältigt. Die Kriegskoalition der Konservativen mit der Labour Party setzte alles daran, die Arbeiterschaft und ihre Gewerkschaften für eine freiwillige Mitarbeit zu gewinnen. Zugute kam ihr dabei, dass es dem wirtschaftsliberalen Kabinett Chamberlain bis Ende 1939 nicht gelungen war, die Massenarbeitslosigkeit aus den Jahren der Weltwirtschaftskrise nennenswert zu verringern.

Erst der einsetzende Rüstungsboom sorgte dafür, dass selbst hoffnungslose Langzeitarbeitslose bis Mitte 1940 wieder eine Beschäftigung fanden. Eine gut bezahlte zudem, denn vonseiten der Regierung wurden Lohnbewegungen der Gewerkschaften selbst dann nicht behindert, wenn es dabei gelegentlich zu Streikaktionen kam. Stattdessen versuchte sie durch strenge Preiskontrollen, teilweise auch durch Subventionen, ausgewählte Grundnahrungsmittel und Bekleidung zu verbilligen, um die reale Kaufkraft der Arbeitnehmereinkommen zu verbessern und den sozialen Frieden zu fördern. Dieses Unterfangen war ausgerechnet in einer Phase von besonderem Erfolg gekrönt, als sich, zwei Jahre nach Kriegsbeginn, die Hinweise auf eine wachsende Unzufriedenheit mit den kargen Lebensverhältnissen zu häufen begannen.

Arbeitsminister Ernest Bevin von der Labour Party scheute sich keineswegs, für besonders unbeliebte Verrichtungen bei Bedarf Arbeitskräfte dienstverpflichten zu lassen. Freilich ließ die Einsatzfreude dieser »Bevin Boys« notorisch zu wünschen übrig. Der vormalige Gewerkschaftsführer konzentrierte sich besonders darauf, Arbeitskräfte mit sozialpolitischen Zukunftsverheißungen für freiwillige Anstrengungen und Opfer zu

ZITAT

Vermerk über eine Besprechung unter dem Vorsitz von Reinhard Heydrich im Reichskriminalpolizeiamt:

Heydrich führte aus, dass etwa neun Millionen fremde Menschen (davon 6,5 Millionen Kriegsgefangene) im deutschen Raum leben. Sie bedeuten in nervenangreifender Zeit wie heute in vieler Hinsicht Gefahr und verdienen besondere Beachtung. Die wirtschaftliche Seite (Produktionshebung und Abwehr von Sabotage) sowie die Unterwanderungsgefahr fanden besondere Erwähnung…

gewinnen. Gegen den hinhaltenden Widerstand des konservativen Premierministers ließ er nicht nur detaillierte Pläne für eine öffentliche Beschäftigungspolitik sowie Reformen des Gesundheits- und des Bildungswesens ausarbeiten.

Mit dem Beveridgeplan legte er 1942 ein Programm vor, das bis heute als »Magna Charta des Welfare State« und internationaler »Markstein der Sozialstaatsgeschichte« gilt und die Grundlage für die britischen Sozialreformen nach dem Zweiten Weltkrieg bildete. Die Schwerpunkte dieses epochalen Reformprojekts lagen auf der staatlichen Vollbeschäftigungspolitik, dem Ausbau sozialer Sicherungssysteme und dem Aufbau eines öffentlichen Gesundheitsdienstes. Bevin verdiente sich damit sogleich höchste Popularität, und seine Partei wurde im Juli 1945 mit einem sensationellen Wahlsieg über den Kriegsheroen Churchill dafür belohnt. Zunächst aber stiftete seine Politik des gesellschaftlichen Ausgleichs und der sozialen Reformen einen innerstaatlichen Konsens.

Auch in Deutschland erwies sich der moderne Massenkrieg einmal mehr als »Motor der Sozialpolitik«. Dort hatte Robert Leys Deutsche Arbeitsfront bereits 1940 erste Pläne für Renten- und Gesundheitsreformen vorgelegt, die manche Gemeinsamkeit mit den Konzepten des britischen Kriegsgegners aufwiesen. Vor der Kulisse ausgebrannter Städte propagierte Ley später ein groß angelegtes Wohnungsbauprogramm als Beleg dafür, dass der »Endsieg« schließlich »ein besseres Leben für jeden Deutschen« ermöglichen solle. Offenkundig zog das NS-Regime mit seinen sozialen Verheißungen ungedeckte Wechsel auf eine ungewisse Zukunft. Angesichts dessen kann der Beitrag, den solche Versprechungen zur Stabilisierung der deutschen Heimatfront geleistet haben, nicht sonderlich hoch veranschlagt werden.

Frauen zwischen Familie und Arbeitseinsatz

So schonend die britischen Behörden mit der Arbeiterschaft umgingen, so rigoros wurde die allgemeine Dienstpflicht für Frauen durchgesetzt. Unter dem Diktat des drückenden Arbeitskräftemangels wurde nicht nur ein großer Teil der Hausgehilfinnen (0,8 von 1,2 Millionen) in die Kriegswirtschaft dirigiert. Unversehens fand sich manche gehobene Dame aus den upper classes ohne Berufserfahrung ebenfalls an den Fließbändern der Rüstungsindustrie wieder. Dorthin trieb die materielle Not auch viele Mütter, deren Ehemänner zum Kriegsdienst eingezogen worden waren. Ihnen wurde lediglich ein reichliches Drittel des bisherigen Familieneinkommens als Unterhalt gewährt. Damit sollten sie veranlasst werden, sich unverzüglich aus eigener Initiative eine bezahlte Beschäftigung zu suchen und ihr zuverlässig nachzukommen.

Die Frauenerwerbsquote schnellte auf über sechzig Prozent. Besondere Arbeitsschutzbestimmungen für diese Kriegsarbeiterinnen gab es kaum. Überlange Arbeitszeiten und Nachtarbeit waren deshalb weithin üblich. Unter schwierigen Bedingungen haben die britischen Frauen entscheidend dazu beigetragen, die Heimatfront vor dem Kollaps zu bewahren.

Ihren Geschlechtsgenossinnen auf der deutschen Gegenseite wurde in dieser Hinsicht nicht annähernd Vergleichbares zugemutet. Hier sank die Frauenerwerbsquote seit 1939 auf deutlich unter fünfzig Prozent. Damit lag sie weit unter den Vergleichszahlen der Jahre 1914 bis 1918. Freilich waren Hitler und seine Ideologen nicht nur überzeugt, dass die Frauenarbeit im Ersten Weltkrieg

Das KdF-Motorpassagierschiff »Wilhelm Gustloff« (undatierte Aufnahme) wurde bis Kriegsausbruch für KdF-Reisen eingesetzt. Gegen Ende des Krieges wurde die »Gustloff« zum Transport von Flüchtlingen aus Ostpreußen verwendet. Der Untergang des Schiffes nach drei russischen Torpedotreffern am 30. 1. 1945 kostete 9 300 Menschen das Leben.

100562

100562

Bis Mai 1943 waren etwa 2,1 Mio. Zwangsarbeiter für den Arbeitseinsatz in Deutschland rekrutiert. Im Bild sind Häftlinge des Konzentrationslagers Dachau zu sehen, die Zwangsarbeit bei der Herstellung von Waffen leisten.

ihren Teil zum deutschen Zusammenbruch im November 1918 beigetragen hatte. In ihrem Weltbild war der deutschen Frau die Rolle der Mutter und der Hüterin der Familie vorbehalten. Beiden Gesichtspunkten räumten sie von Beginn an Vorrang vor rüstungswirtschaftlichen Erwägungen ein. So erhielten die Familien einberufener Soldaten eine großzügig bemessene Unterhaltshilfe in Höhe von 75 Prozent des bisherigen Familieneinkommens.

Die Folge war zum einen eine Welle von Kriegsheiraten und ein nachfolgender Babyboom, zum anderen ein merklicher Rückgang der weiblichen Erwerbsarbeit. Daraufhin wurden zwar immer wieder schubweise Frauen dienstverpflichtet. Deren Arbeitsmoral aber ließ stark zu wünschen übrig. Außerdem wurde ihre Einsatzfähigkeit durch eine Reihe von Arbeitsschutzvorschriften (Höchstarbeitszeit, Nachtarbeitsverbot und Mutterschutz) beschränkt. Die Personalplaner der Rüstungsbetriebe zogen deshalb die leistungsfähigeren und anspruchsloseren Fremdarbeiter vor.

Dessen ungeachtet haben die Frauen insbesondere außerhalb der Industriebetriebe die deutsche Kriegswirtschaft mit aufrechterhalten, vornehmlich in gewerblichen Familienbetrieben und in der Landwirtschaft. Dem nationalsozialistischen Staat standen jedoch über Jahre hinweg genügend Zwangsarbeiter zur Verfügung, um sie vor den ärgsten Zumutungen zu bewahren. Darin liegt eine weitere Erklärung dafür, dass die Heimatfront bis zum militärischen Zusammenbruch gehalten hat.

Hitler verschloss sich hartnäckig dem Drängen der zuständigen Institutionen, Möglichkeiten zur Mobilisierung von Frauen konsequenter zu nutzen. Er und seine Ideologen waren überzeugt, dass die Frau auf die Rolle der Mutter festgelegt sei, was ideologisch Vorrang vor rüstungswirtschaftlichen Erwägungen hatte. Wiederum ließ er sich dabei zuletzt von persönlichen Erinnerungen an den Ersten Weltkrieg leiten. Nach seiner Überzeugung hatte die Arbeit in den Rüstungsfabriken nicht nur auf die Stimmung der deutschen Frauen gedrückt, sondern auch deren moralische Standfestigkeit oftmals überfordert. Ihren Ehemännern an der Front sei das nicht verborgen geblieben. Dadurch sei sowohl der Durchhaltewille an der »Heimatfront« als auch die Kampfmoral der Truppe schwer in Mitleidenschaft gezogen worden.

Nicht nur in dieser Hinsicht waren die territorialen Eroberungen der ersten Kriegshälfte entscheidend für die Stabilität der deutschen Heimatfront. Denn nur den riesigen Lebensmittellieferungen aus den von deutschen Truppen besetzten Gebieten war es zu verdanken, dass deren Moral nicht durch Hungerexzesse zerrüttet wurde, wie sie die Jahre 1916 bis 1919 geprägt hatten. In Erinnerung an die folgenschweren »Steckrübenwinter« des Ersten Weltkriegs waren die deutschen Planungen Ende der Dreißigerjahre strikt darauf abgestellt worden, deren Wiederholung unter allen Umständen zu vermeiden.

Zwei Tage vor Kriegsbeginn wurde eine Liste von Gütern des alltäglichen Bedarfs rationiert. Sie war wesentlich umfangreicher als jemals in Großbritannien. Im Rahmen eines ausgeklügelten Zuteilungssystems wurden Normalverbrauchern, Schwer- und Schwerstarbeitern, Langzeit- und Nachtarbeitern sowie Soldaten und Kindern verschiedener Alterskategorien unterschiedliche Tageskalorienwerte zugestanden. Diese Rationen unterschritten durchweg nicht bloß die Versorgungsquoten des letzten Vorkriegsjahres, sondern auch den durchschnittlichen Mindestbedarf.

Die Reaktionen der Bevölkerung waren alarmierend. Vielerorts wurde merkliche Unruhe registriert, und in den Betrieben gingen die Arbeitsleistungen spürbar zurück. Ähnliche Stimmungseinbrüche gab es nochmals, als Versorgungsengpässe im Frühjahr 1942 eine Kürzung der Rationen erzwangen. Doch schon im Herbst wurden die Sätze wieder heraufgesetzt. Erst während des »Endkampfes«, im Winter 1944/45, begann sich die Versorgungslage wieder kritisch zuzuspitzen. Dies allerdings keineswegs flächendeckend, sondern vor allem in den verstädterten Industrieregionen. Von dort aber war die Wohnbevölkerung mittlerweile überwiegend in die ländlichen Gebiete evakuiert worden. Hier standen bis über die Kapitulation hinweg zureichend Lebensmittel zur Verfügung. Mangelbedingte Krankheitssymptome, wie sie gegen Ende des Ersten Weltkriegs massenhaft aufgetreten waren, wurden denn auch nur ausnahmsweise registriert. Und auch lokale Hungerrevolten hat es 1944/45 nirgends in Deutschland gegeben. *Michael Ruck*

»Eh ick mir hängen lasse, jloob ick an 'n Sieg!«: Die politische Stimmungslage

Seit September 1940 wurden britische Städte von der Luftwaffe mit Flächenbombardements verwüstet. Zum »Blitz« gab es zynische Begleitmusik aus dem Reich. So prahlte Goebbels' Propagandamaschine nach dem Vernichtungsangriff auf die mittelenglische Industriestadt Coventry im November 1940 damit, deutsche Stukas würden demnächst noch viele Städte auf der Insel »coventrysieren«. Zum Erstaunen ihrer eigenen Kriegsplaner ließen sich die Briten von alledem kaum nachhaltig beeindrucken. Wohl kam es anfänglich zu örtlichen Panikreaktionen, doch bereits nach kurzer Zeit arrangierte sich die Bevölkerung rasch mit der bedrohlichen Situation.

Das war nicht anders, als Hermann Görings Bomber im Sommer 1942 die Seebäder attackierten, um sodann anderthalb Jahre lang unberechenbare Attacken auf alle möglichen Einzelziele zu fliegen. Mit dem »Little Blitz«, der im ersten Quartal 1944 über verschiedene Industrieanlagen hereinbrach, und mit den punktuellen »V-Waffen«-Angriffen, welche im Sommer und Herbst des

ZITAT

Aus dem Flugblatt der »Weißen Rose« vom 18. 2. 1943:

Der Tag der Abrechnung ist gekommen, der Abrechnung der deutschen Jugend mit der verabscheuungswürdigsten Tyrannis, die unser Volk je erduldet hat. Im Namen der deutschen Jugend fordern wir vom Staat Adolf Hitlers die persönliche Freiheit, das kostbarste Gut des Deutschen, zurück, um das er uns in der erbärmlichsten Weise betrogen hat…

INFOBOX

»Luftschlacht um England«
In Vorbereitung einer Landung in Großbritannien wurde seit dem 13. 8. 1940, dem »Adlertag«, der deutsche Luftkrieg verstärkt. Nachdem er sich zunächst mit Großoffensiven gegen die britische Luftwaffe, ihre südenglischen Flugplätze und Produktionsanlagen gerichtet hatte, begann im August 1940 die Bombardierung großer Städte; dieser Luftkrieg forderte hohe Opfer unter der Zivilbevölkerung. Seit Mai 1940 flog die britische Luftwaffe Angriffe auf deutsche Städte. Die Bombenangriffe der »Royal Air Force« am 25./26. 8. auf Berlin nahm Hitler zum Anlass, um »Vergeltungsangriffe« einzuleiten, was zu einer nicht abreißenden Kette von Terror und Gegenterror aus der Luft führte.
Die »Luftschlacht um England« erreichte ihren Höhepunkt am 15. 9. 1940, als bei einem Großangriff auf London zahlreiche deutsche Flugzeuge abgeschossen wurden und sich die Abwehrkraft der Briten als ungebrochen erwies. Es gelang der deutschen Luftwaffe nicht, die für eine erfolgreiche Landungsoperation notwendige Luftherrschaft zu gewinnen – den Befehl zur Einstellung der Vorbereitungen für eine Invasion in Großbritannien hatte Hitler schon am 17. 9./12. 10. gegeben: Verschiebung »bis auf weiteres«.

gleichen Jahres nochmals beträchtliche Schäden anrichteten, ließ sich die Moral der britischen Heimatfront erst recht nicht mehr erschüttern.

Dafür gab es mehrere Gründe. So erreichten die deutschen Luftangriffe und die angerichteten Schäden zu keinem Zeitpunkt das befürchtete Ausmaß. Überdies

INFOBOX

Attentat auf den »Führer«
Der Tischler Georg Elser, ein entschiedener Gegner des Nationalsozialismus, wollte Hitler töten, um dadurch den Ausbruch bzw. die Ausweitung des Krieges zu verhindern. Das Attentat plante er für den 8. 11. 1939, den Jahrestag des Hitlerputsches von 1923, im Münchner Bürgerbräukeller; es schlug fehl, da Hitler den Saal unerwartet vor der Detonation der Bombe verließ.
Elser wurde beim Fluchtversuch in die Schweiz verhaftet und als »Sonderhäftling des Führers« ins KZ Sachsenhausen, später Dachau eingeliefert, wo er in völliger Isolationshaft, aber privilegiert gefangen gehalten wurde. Es war geplant, nach dem Krieg einen Schauprozess gegen ihn zu führen. Georg Elser wurde am 9. 4. 1945 in Dachau erschossen.

konnte die betroffene Bevölkerung wirkungsvoller geschützt werden, als zuvor angenommen. Allen Warnungen von Luftschutzexperten zum Trotz wurden etwa die Londoner U-Bahn-Röhren kurzerhand zu Bunkern umfunktioniert. Auch die Organisation der Lösch- und Aufräumarbeiten strafte alle Pessimisten Lügen. Dies nicht zuletzt auch deshalb, weil sich jeweils freiwillige Helfer in großer Zahl zur Verfügung stellten.

Im Übrigen gewöhnten sich die meisten Briten zumindest oberflächlich an den Ausnahmezustand. Die Mas-

Propagandaminister Goebbels drohte nach dem Vernichtungsangriff auf die mittelenglische Industriestadt Coventry im November 1940 damit, weitere britische Städte zu »coventrysieren«. Die britische Bevölkerung zeigte sich wenig beeindruckt von den Angriffen.

100563

INFOBOX

»Die Weiße Rose«

Als Kinder eines Bürgermeisters geboren und in Ulm aufgewachsen, standen die Geschwister Hans und Sophie Scholl dem Nationalsozialismus zunächst positiv gegenüber und engagierten sich in dessen Jugendorganisationen. 1937 wurden sie jedoch erstmals wegen bündischer Jugendarbeit verhaftet. Hans Scholl studierte später Medizin an der Universität München, seine Schwester Sophie Biologie und Philosophie.

1942 trat Hans unter dem Eindruck seiner Kriegserlebnisse als Sanitäter in der Sowjetunion in Kontakt mit Carl Muth und Theodor Haecker. Unter dem Namen »Die Weiße Rose« organisierten sie eine gegen das nationalsozialistische Regime gerichtete Vereinigung, der Studenten und Lehrkräfte sowie einige Künstler angehörten. Sophie Scholl schloss sich der Gruppe an, die nach der Schlacht von Stalingrad in Flugblattaktionen, aber auch mit Wandparolen die NS-Gewaltherrschaft anprangerte und zum Widerstand aufrief.

Am 18. 2. 1943 wurden Hans und Sophie Scholl sowie Christoph Probst an der Universität München festgenommen, am 22. 2. vom Volksgerichtshof unter dem Vorsitz Roland Freislers zum Tode verurteilt und noch am selben Tag hingerichtet.

Im Zuge der Zerschlagung der Weißen Rose wurden die meisten anderen Mitglieder ebenfalls verhaftet und zum Tode verurteilt.

senevakuierungen vor allem von Kindern und Jugendlichen, von denen sich die Schreibtischstrategen eine beruhigende Wirkung versprochen hatten, scheiterten rasch am Widerstand der betroffenen Familien. Je länger es währte, desto selbstverständlicher wurde das Außeralltägliche als Normalität empfunden.

Gestützt wurde diese Haltung von der verbreiteten Gewissheit, die entbehrungsreiche Auseinandersetzung mit Hitlers Deutschland über kurz oder lang nur gewinnen zu können. Ungeachtet kurzfristiger Schwankungen zeigte die Stimmungskurve nach den depressiven Monaten des »Phoney War« seit Mitte 1940 stetig nach oben. Die offizielle Durchhaltepropaganda leistete dazu nicht den ihr zugedachten Beitrag. Bald schon zog die Regierung praktische Konsequenzen aus entsprechenden Stimmungsberichten. In den Medien wurde nun der nüchternen Sachberichterstattung und der leichten Unterhaltung ein wesentlich höherer Stellenwert einge-

ZITAT

Im Alter von 15 Jahren schrieb Claus Graf Schenk von Stauffenberg:

... des Vaterlandes und des Kampfes fürs Vaterland würdig zu werden und dann sich dem erhabenen Kampf für das Volk zu opfern; ein wirklichkeits- und kampfbewusstes Leben zu führen ...

INFOBOX

Die Rote Kapelle

Eine der größten deutschen Widerstandsgruppen war die von der Gestapo so bezeichnete Rote Kapelle, die ihre Schwerpunkte in Berlin und Hamburg hatte. Sie bestand zunächst aus vielen Einzelgruppen, die Anfang der 1940er-Jahre zu einer Sammlungsbewegung mit über 100 Mitgliedern unterschiedlicher Herkunft, Weltanschauung, politischer Überzeugung und Konfession wurde.

Ziel dieses Widerstandsnetzes war es, den Zusammenbruch der NS-Gewaltherrschaft zu beschleunigen, die militärische Schwächung Deutschlands durch Weitergabe wichtiger Informationen an verschiedene Nachrichtendienste (v.a. den sowjetischen Geheimdienst) von innen zu betreiben, die deutsche Eigenstaatlichkeit zu sichern und schließlich angesichts des Holocausts den Krieg sofort zu beenden.

Die Rote Kapelle wurde zwischen Ende August 1942 und Frühjahr 1943 von der Gestapo zerschlagen, die meisten Mitglieder hingerichtet.

räumt. Das Publikum quittierte diesen Kurswechsel mit Genugtuung.

Im Deutschen Reich entwickelte sich die Stimmung gegenläufig. Nach den Blitzsiegen über Polen und Frankreich berichteten die Informanten des Sicherheitsdienstes der SS im Sommer und Herbst 1940 von einer nie da gewesenen Übereinstimmung der »Volksgemeinschaft«

INFOBOX

Der Kreisauer Kreis

Auf dem Gut Kreisau in Niederschlesien (heute zu Schweidnitz) des Grafen Helmuth James von Moltke kamen seit 1942/43 meist jüngere Oppositionelle verschiedener konfessioneller bzw. sozialer Herkunft und weltanschaulich-politischer Einstellung zusammen. Ihr Ziel war die Beseitigung des nationalsozialistischen Regierungssystems und seiner führenden Kräfte, wobei die Meinungen über die Art des Vorgehens, z.B. in der Frage eines Attentats auf Hitler, auseinander gingen. Die Bemühungen galten zugleich der Neuordnung Deutschlands auf rechtsstaatlicher Grundlage im Geist des Christentums und der sozialen Gerechtigkeit.

Die Verhaftung Moltkes im Januar 1944 sowie der Fehlschlag des Aufstandsversuchs vom 20.7. 1944 machten auch die Arbeit des Kreisauer Kreises zunichte. Viele seiner Mitglieder wurden hingerichtet.

100563

Nur leicht verletzt entging Hitler dem Attentat am 20. 7. 1944. Das Bild zeigt Mussolini, wie er zusammen mit Hitler den zerstörten Konferenzraum im Führerhauptquartier besichtigt.

in Deutschland mit dem Kurs ihrer politischen Führung. Darob seien sämtliche oppositionellen Stimmen verstummt. Allerdings speiste sich die vorübergehende Euphorie vor allem aus der Erwartung eines baldigen Siegfriedens.

Der Überfall auf die Sowjetunion im Juni 1941 zerstörte diese Illusion endgültig. Kaum jemand ließ sich durch die anfänglichen Siegesmeldungen darüber hinwegtäuschen, dass Deutschland nun in einen lang andauernden Mehrfrontenkrieg mit ungewissem Ausgang verwickelt war. Nach Goebbels' alarmierendem Aufruf zur Sammlung von Wintersachen für das eingefrorene Ostheer und nach der Kriegserklärung an die USA gewannen solche Ahnungen im Winter 1941/42 Gestalt.

Die deutsche Propaganda versagte vor der Herausforderung, die Bevölkerung beizeiten auf eine nüchterne Beurteilung der schwierigen Kriegslage einzustimmen. Stattdessen verbreiteten die zentral gelenkten Medien in Deutschland einen – durch private Nachrichten oder ausländische Radiosendungen immer häufiger widerleg-

100563

Der Präsident des Volksgerichtshofs, Roland Freisler, verhört einen Angeklagten im Prozess gegen die Widerstandskämpfer des Attentats vom 20. 7. 1944 (Foto vom 8. 8. 1944).

ten – Siegesoptimismus. Hitler wusste, dass sein persönlicher Nimbus und damit die Standfestigkeit seines Regimes auf Gedeih und Verderb vom immer währenden Erfolg abhing. Bezeichnenderweise besuchte er niemals eine zerstörte Stadt oder Fabrik.

Im Übrigen setzte er nicht zu Unrecht darauf, dass die große Masse der »Volksgenossen« schlechte Nachrichten im Grunde gar nicht hören wollte. Der alltägliche Daseinskampf kostete ohnehin Kraft genug. So blieb Goebbels nur der Versuch, die Serie militärischer Rückschläge seit Stalingrad und die unablässigen Luftschläge durch eine Lawine heiterer Unterhaltungsangebote vorübergehend vergessen zu machen. Die grassierenden Witze und Sarkasmen waren nur ein Anzeichen dafür, dass dieses Vorhaben zum Scheitern verurteilt war.

Zusammengehalten wurde die deutsche »Heimatfront« in den letzten beiden Kriegsjahren vor allem durch einen übermächtigen »Willen zur Normalität« und eine allgegenwärtige Angst. Je chaotischer die Lebensumstände wurden, desto mehr verengte sich das Interesse der Bevölkerung auf die Notwendigkeiten des alltäglichen »Durchkommens vor Ort«. Und je näher die Niederlage rückte, desto sorgsamer achtete jedermann darauf, nicht kurz vor Toresschluss doch noch in die Mühlen der nationalsozialistischen Verfolgungsinstanzen zu geraten. »Eh ick mir hängen lasse, jloob ick an 'n Sieg!«. Dieser keineswegs nur auf berlinerisch verbreitete Ausspruch fing die vorherrschende Stimmungslage treffend ein, gleichfalls die viel bezeugte Parole »Bleib übrig!«.

Über allem aber schwebte zudem 1944/45 die tief verwurzelte, von Goebbels immer hemmungsloser geschürte Bolschewismusangst der gesamten Bevölkerung. Denn auch wer den Schreckgemälden der eigenen Propaganda misstraute, musste für den Fall eines sowjetischen Einbruches in das Altreich die schlimmsten Befürchtungen hegen. Zu viel war mittlerweile über die deutschen Gewaltexzesse im Osten bekannt geworden,

ZITAT

Die Schriftstellerin Ricarda Huch äußert sich 1946 über die »Weiße Rose«:

Diese jungen Leute haben getan, was wir hätten tun sollen und nicht zu tun wagten – so reagierten Tausende auf die Nachricht von ihrem Widerstand und ihrer Hinrichtung im Frühjahr 1943.

INFOBOX

Zwanzigster Juli 1944

Nachdem 1938/39 Pläne führender Heeresoffiziere zum Sturz Hitlers und 1943 mehrere Attentate der Gruppe um Henning von Tresckow fehlgeschlagen waren, erhielt der Widerstand neue Impulse durch Claus Graf Schenk von Stauffenberg. Die Verschwörer wollten durch Auslösung des Alarmplans »Walküre«, der eigentlich für eine Mobilisierung des Ersatzheeres bei inneren Unruhen im Reich vorgesehen war, nach Hitlers Tod eine vom Widerstand gebildete Regierung an die Macht bringen; diese sollte den Krieg beenden und ein demokratisches Staatswesen errichten. Da Stauffenberg als Stabschef beim Befehlshaber des Ersatzheeres direkten Zugang zu Hitlers Hauptquartier »Wolfsschanze« bei Rastenburg (Ostpreußen) hatte, entschloss er sich, das Attentat selbst auszuführen und dann nach Berlin zurückzufliegen; am 20. 7. 1944 zündete er die in einer Aktentasche ins Hauptquartier mitgebrachte Bombe, die Hitler aber nur leicht verletzte.
Die Nachricht, dass Hitler überlebt hatte, löste in Berlin Unentschlossenheit bei verschiedenen Eingeweihten, aber auch Gegenmaßnahmen regimetreuer Kräfte aus, sodass das Unternehmen am Abend zusammenbrach.
Viele Verschwörer verloren ihr Leben in den Tagen und Monaten nach dem Umsturzversuch durch Selbstmord oder nach Verhören und Folterungen durch das Todesurteil des Volksgerichtshofs unter Roland Freisler. Die Zahl der Verhafteten betrug etwa 1 000, die der Hingerichteten etwa 200.

als dass nicht mit Racheakten furchtbaren Ausmaßes gerechnet werden musste.

Widerstand im Wartestand

Organisierter Massenwiderstand gegen die Diktatur konnte sich in Deutschland unter den zuvor genannten Bedingungen nicht formieren. Die Widerstandsgruppen der Arbeiterbewegung waren spätestens 1936 zerschlagen worden. Nach dem Motto »Widerstand im Wartestand« hatten sich die meisten Sozialdemokraten im eigenen Milieu eingeigelt, um dort für die Zeit nach dem Sturz Hitlers bereitzustehen. Die Kommunisten hatten für ihre anfängliche Fehleinschätzung des nationalsozialistischen Regimes einen hohen Blutzoll entrichtet. Danach wurden ihre Expeditionskommandos aus der Emigration regelmäßig von der Gestapo aufgespürt.

Die ebenso engagierte wie isolierte Aktion der »Weißen Rose« (1942/43) vermag nicht darüber hinwegzutäuschen, dass es während des Krieges keinen bedeutsamen Widerstand gegen den Nationalsozialismus gegeben hat. Wie hätte er sich unter den obwaltenden Umständen auch entfalten sollen? Feststellbar ist aber eine verbreitete Widerständigkeit gegen einzelne Verhaltenszumutungen der Diktatur. Sie machte sich auf dem Lande und in katholisch geprägten Regionen besonders hartnäckig bemerkbar. Systembedrohende Ausmaße erreichten solche gesellschaftlichen Teilwiderstände allerdings nir-

INFOBOX

Mörder auf dem Richterstuhl

Roland Freisler geriet während des Ersten Weltkriegs 1915 in russische Kriegsgefangenschaft und wurde später bolschewistischer Kommissar. 1920 kehrte er nach Deutschland zurück und trat 1925 der NSDAP bei, wo er als einer der radikalsten Verfechter nationalsozialistischer Strafrechtsvorstellungen auf sich aufmerksam machte.

Als Präsident des »Volksgerichtshofs« (1942–45) verkörperte er den nationalsozialistischen Justizterror, besonders bei der Verfolgung der deutschen Widerstandsbewegung. Er behandelte die Angeklagten mit beißendem Hohn und Spott sowie ausgesuchter Rohheit. Neben dem Schauprozess gegen die Mitglieder der »Weißen Rose« leitete er auch den Prozess gegen die Attentäter des 20. 7. 1944. Er kam 1945 bei einem Luftangriff auf Berlin ums Leben.

100563

Auf Befehl Hitlers werden am 5. 4. 1945 die noch nicht exekutierten »Verschwörer« des Attentats vom 20. 7. 1944 hingerichtet. Unter ihnen war der Theologe Dietrich Bonhoeffer (Bonhoeffer, zweiter von rechts, im Wehrmachtsgefängnis Berlin-Tegel mit gefangenen Offizieren der italienischen Luftwaffe im Frühsommer 1944).

gends. Dazu war das Selbstbehauptungsverhalten traditioneller Milieus viel zu sehr auf die Bewahrung selbstbestimmter Nischen im totalitären »Maßnahmenstaat« (Ernst Fraenkel) beschränkt.

Zum anderen änderte es nichts daran, dass die große Mehrheit auch dieser Bevölkerungsgruppen sich ansonsten mit den außen- und wirtschaftspolitischen Erfolgen Hitlers durchaus zufrieden gegeben und sich mit den Beschwernissen des Heimatkrieges einzurichten gelernt hatte. Den Gewalt- und Unterdrückungsmaßnahmen des Regimes gegen Juden und andere Minderheiten stand sie überwiegend teilnahmslos gegenüber. Wenn überhaupt, hätte Hitler in der zweiten Kriegshälfte von innen her nur noch durch jene alten Eliten gestürzt werden können, die ihm von Beginn an zu Diensten gewesen waren.

Dort wuchs zwar die innere Distanz zur nationalsozialistischen Staatsführung, praktische Konsequenzen für die eigene Person vermochte daraus aber kaum jemand zu ziehen. Die Militäropposition blieb deshalb viel zu schwach und unentschieden, um das Ruder in vorletzter Stunde noch herumreißen zu können. Der gescheiterte Aufstandsversuch vom 20. Juli 1944 belegt dies. Darüber hinaus zeigten die verständnislosen Reaktionen aus der Bevölkerung auch, dass ein gewaltsamer Staatsstreich dort nach wie vor keine Basis hatte. Bis zum militärischen Zusammenbruch konnte sich das nationalsozialistische Regime seiner »Heimatfront« sicher sein.

Michael Ruck

Der Antisemitismus wird deutsche Staatsdoktrin: Judengesetze und Novemberpogrom

Mit dem Sieg des Nationalsozialismus über die Demokratie war 1933 der Antisemitismus Staatsdoktrin in Deutschland geworden. Zu den Stationen der Entwicklung gehörten im April 1933 der Boykott gegen jüdische Geschäfte und Unternehmen, die Verdrängung der Juden aus Berufen, Universitäten, Theatern und Schulen und ihre Ausgrenzung aus der Gesellschaft durch die Nürnberger Gesetze 1935. Mit diesen Gesetzen wurden den Juden die Bürgerrechte aberkannt: Menschen, die seit Generationen in Deutschland lebten, die tief in der

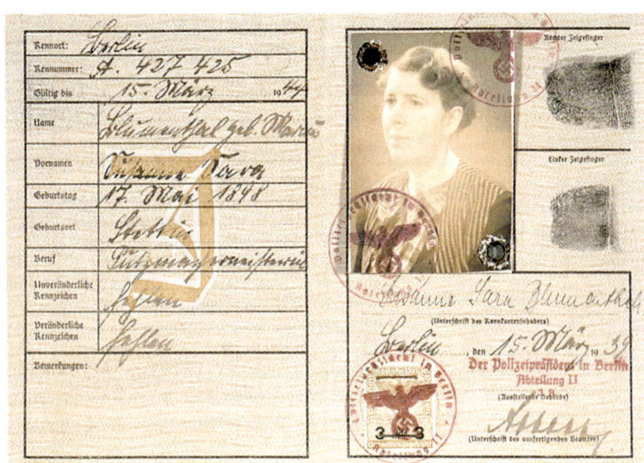

Kennort: Berlin
Kennummer: A. 427 425
Gültig bis 15. März 1944
Name [illegible]
Vornamen [illegible] Sara
Geburtstag 17. Mai 1898
Geburtsort Stettin
Beruf [illegible]
Unveränderliche Kennzeichen [illegible]
Veränderliche Kennzeichen [illegible]
Bemerkungen:

Rechter Zeigefinger
Linker Zeigefinger

(Unterschrift des Kennkarteninhabers)
Berlin, den 15. März 1939
Der Polizeipräsident in Berlin
Abteilung II
(Ausstellende Behörde)
(Unterschrift des ausfertigenden Beamten)

100563

Ab 1938 wurden Kennkarten und Pässe von Juden mit einem großen »J« gekennzeichnet; außerdem mussten Juden zwangsweise den zusätzlichen Vornamen »Sara(h)« oder »Israel« führen.

deutschen Kultur verwurzelt waren, wurden zu Staatsangehörigen zweiter Klasse herabgestuft. Die deutschen Bürger nahmen diese Diskriminierungen, da sie formal »legal« waren, weil sie von Staats wegen verfügt worden waren, ohne Protest als neues »Recht« hin.

Im April 1938 mussten Juden ihre Vermögen deklarieren, ab Mai 1938 waren sie von öffentlichen Aufträgen ausgeschlossen, im Juli gab es eine besondere Kennkarte für sie, im August erging die Verordnung zur Führung der zusätzlichen Zwangsvornamen Sara(h) oder Israel, im Oktober wurde – auf Initiative Schweizer Behörden – in die Reisepässe ein J gestempelt. Nach seinem »Anschluss« im März 1938 wurde Österreich Experimentierfeld für die forcierte Auswanderung der etwa 200 000 Juden. Im Auftrag des Reichssicherheitshauptamtes (RSHA) übte die Zentralstelle für jüdische Auswanderung in Wien seit August 1938 entsprechenden Druck aus. Geleitet von Adolf Eichmann, war sie das Vorbild der Berliner Reichszentrale für jüdische Auswanderung, die im Januar 1939 eingerichtet wurde.

ZITAT

Absatz 1 der Anordnung der NSDAP-Parteileitung vom 28. 3. 1933:
In jeder Ortsgruppe und Organisationsgliederung der NSDAP sind sofort Aktionskomitees zu bilden zur praktischen, planmäßigen Durchführung des Boykotts jüdischer Geschäfte, jüdischer Waren, jüdischer Ärzte und jüdischer Rechtsanwälte.

Der Novemberpogrom 1938 und die Reaktion der Deutschen

Die Ermordung des deutschen Botschaftssekretärs Ernst Eduard vom Rath in Paris am 7. November 1938 durch den 17-jährigen Herschel Grynszpan bot den Nationalsozialisten den Anlass zum Pogrom im November 1938. Weil er sich in Paris aufhielt, war Grynszpan als einziges Familienmitglied nicht im Oktober 1938 deportiert worden, als 17 000 Juden polnischer Nationalität, die in Deutschland gelebt hatten, abgeschoben worden waren. Das nationalsozialistische Regime machte aus dieser Verzweiflungstat eine »Verschwörung des Weltjudentums« und benutzte diese Gelegenheit, Judenfeindschaft brutal und öffentlich zu demonstrieren. Die Demonstration erfolgte als Gewaltakt gegen die jüdische Minderheit. Der staatlich verordnete Pogrom leitete die offene Verfolgung der Juden in Deutschland und wenig später in Europa ein.

Der Novemberpogrom war nur ein Symptom, ein erster, Schrecken erregender Höhepunkt der Diskriminierung: Der Sachschaden betrug einige Hundert Millionen Reichsmark, die Zahl der Todesopfer – durch Mord, als

ZITAT

Aus dem Fernschreiben des Geheimen Staatspolizeiamtes, Amt II, vom 9. 11. 1938 an alle Stapo-Stellen (Staatspolizeileitstellen):

1. Es werden in kürzester Frist in ganz Deutschland Aktionen gegen Juden insbesonders gegen deren Synagogen stattfinden. Sie sind nicht zu stören. Jedoch ist im Benehmen mit der Ordnungspolizei sicherzustellen, dass Plünderungen und sonstige besondere Ausschreitungen unterbunden werden können.

Folge von Misshandlung, Schrecken, Verzweiflung – ging, die Selbstmorde nicht mitgerechnet, mindestens in die Hunderte. Am 12. November wurde den Juden eine »Sühneabgabe«, die eine Milliarde Reichsmark betrug, auferlegt; mit Gewalt drängte das Regime Juden zur Auswanderung; es folgten die Liquidierung aller Geschäfte und Unternehmen, die »Arisierung« auch des Grund- und Immobilienbesitzes, die völlige Entrechtung in Etappen bis zur physischen Vernichtung.

Die Reaktion der Deutschen auf den Novemberpogrom war zwiespältig. Viele, sie bildeten sicherlich die Mehrheit, lehnten die pöbelhaften Exzesse, die rohe Gewalt gegen Menschen und deren Eigentum ab, sie fanden ihre Vorstellungen von Ordnung und Vernunft ins Gegenteil verkehrt, wenn sie beobachteten, wie die Feuerwehr brennende Synagogen nicht löschte, sondern sich darauf beschränkte, die Nachbargebäude zu schützen, wie die Polizei befehlsgemäß zusah oder sich abwandte, wenn Juden misshandelt wurden. Viele Bürger, die die Gewaltakte missbilligten, waren aber nur mit den Methoden unzufrieden, die ihre nationalsozialistische Obrigkeit anwandte. Mit dem Ziel, die Juden zu vertreiben, sie bei passender Gelegenheit ihres Eigentums zu berauben, waren sie, wenn nicht von Hause aus, so in der Folge der antisemitischen Propaganda im Großen und Ganzen schon einverstanden.

Man kann den Novemberpogrom als ein Ritual öffentlicher Demütigung deuten, als inszenierte Entwürdigung einer Minderheit, gegen die Vorurteile existierten, gegen die latente Hass- und Neidgefühle mobilisiert werden konnten. Die Nationalsozialisten verwandten viel Mühe daran, die deutschen Juden zu Fremden zu machen. Der Unterschied zwischen »Deutschen« und »Juden« ist dabei propagandistisch erfolgreich herausgearbeitet worden.

In der Nacht vom 9. auf den 10. 11. 1938 wurden in der »Reichspogromnacht« Synagogen in Brand gesteckt, Geschäfte und Wohnungen jüdischer Mitbürger demoliert, Menschen verprügelt, verschleppt und ermordet.

Die Entrechtung der Juden zu Beginn des Kriegs

Zu Beginn der nationalsozialistischen Herrschaft hatten etwa 500 000 Juden in Deutschland gelebt, bis zum Beginn des Zweiten Weltkriegs war etwa die Hälfte von ihnen ausgewandert. Die Emigration war schwierig genug, und diejenigen, denen die Auswanderung glückte, wurden zuvor vom deutschen Staat gründlich ausgeplündert.

100563

Der 1. September 1939 brachte, mit dem Krieg begründet, weitere Schikanen für die deutschen Juden. Dazu zählten Ausgangsbeschränkungen, ab dem 20. September 1939 das Verbot des Besitzes von Rundfunkgeräten und die Einschränkung, die knapp zugeteilten Lebensmittel nur in bestimmten Läden zu besonderen Zeiten kaufen zu können. Zu den Schikanen gehörten schließlich auch die Verbote, Leihbüchereien zu benutzen und Haustiere zu halten. Ab Juli 1940 durften Juden keine Telefonanschlüsse mehr haben, ab Dezember 1941 war ihnen auch die Benutzung öffentlicher Fernsprecher verboten.

Im Frühjahr 1939 wurden mit dem Gesetz über Mietverhältnisse mit Juden die Voraussetzungen für die Zusammenlegung jüdischer Familien in »Judenhäusern« geschaffen. Diese Gettoisierung wiederum diente der Vorbereitung zu ihrer Deportation aus Deutschland. Im Oktober 1941 erging in Umkehrung der bisherigen Poli-

INFOBOX

Niederländisches Flugblatt vom Juli 1942

»Volksgenossen!
Es ist so weit!
Nach der langen Reihe unmenschlicher Bestimmungen in den letzten Wochen ... ist jetzt das Schlussstück gekommen:
DIE ABSCHIEBUNG ALLER JUDEN IM ALTER VON 16 BIS 42 JAHREN.
Am 15. 7. 42 des Nachts um 1.50 musste die erste Gruppe sich am Zentralbahnhof in Amsterdam melden. Hiernach werden täglich 1 200 Juden das gleiche tun müssen. Von Westerbork in Drenthe, wo die Unglücklichen gesiebt werden, werden dann jedes Mal ca. 4 000 Juden zugleich abgeschoben. Die Züge stehen dafür bereit ... Insgesamt werden auf diese Art und Weise ca. 120 000 jüdische Niederländer entfernt werden ...
Niederland ist hart geschlagen und tief erniedrigt. Jetzt werden wir den Beweis liefern müssen, dass im Druck unsere Ehre nicht verloren ist und unser Gewissen nicht verstummt, dass unser Glaube nicht kraftlos gemacht ist. Deshalb erwarten wir, dass alle Bürger die Vorbereitungen und Ausführung dieser Abschiebung sabotieren werden. Gedenkt des Februarstreiks im Jahre 1941, als ein bis zum äußersten gereiztes Volk zeigte, was es kann, wenn es will. Wir erwarten, dass Generalsekretäre, Bürgermeister, hohe Beamte ihr Amt in die Waagschale werfen und (sich) weigern, noch länger mit der deutschen Besatzungsmacht zusammenzuarbeiten.«

tik ein Emigrationsverbot für Juden. Zwei Verfügungen vollendeten die Diskriminierung und Entrechtung: Die Polizeiverordnung vom 1. September 1941 zwang Juden vom vollendeten sechsten Lebensjahr an zum Tragen des Judensterns. Mit Wirkung vom 1. Juli 1943 wurden die Juden in Deutschland unter Polizeirecht gestellt; damit existierten für sie keine Rechtsinstanzen mehr.

Die Gettoisierung der Juden in Polen

Mit der deutschen Besetzung Polens begann dort im Herbst 1939 die Verfolgung der Juden. Zwangsarbeit und Ausgangssperren waren erste offizielle Maßnahmen. Es folgten der Ausschluss aus der Wirtschaft, die Sperrung der Bankkonten, willkürliche Verhaftungen. Im November 1939 wurden die Synagogen zerstört. Ab November 1939 mussten alle Juden ein Kennzeichen tragen, zunächst eine gelbe Armbinde, dann einen Judenstern.

Als Orte des Zwangsaufenthalts zur Demütigung und Ausbeutung der Juden wurden mit Beginn des Kriegs unter deutscher Besatzung in größeren Städten Gettos errichtet. Sie dienten durch die örtliche Konzentrierung der jüdischen Bevölkerung als Relaisstationen eines riesigen Bevölkerungstransfers.

Ab Anfang 1940 wurden die Gettos gegen die Außenwelt abgeriegelt, ab 1941 waren sie auch das Ziel von Deportationen aus Deutschland. Zu den Gettos in Warschau, Lodz und Krakau, Tschenstochau, Radom, Kielce und in vielen anderen Orten auf polnischem Boden kamen ab Juni 1941 mit dem Überfall auf die Sowjetunion die Gettos in Ostpolen, Litauen, Estland und Lettland, Weißrussland und in der Ukraine hinzu, so wie Wilna und Kaunas, Riga, Minsk und als eines der letzten Lemberg im August 1942.

Die Gettos bildeten eine Etappe in der Geschichte des Holocaust, sie waren bei allem Leid und Elend, bei allen Tragödien, die sich dort abspielten, jedoch noch nicht die Hauptschauplätze des Völkermords. Sie waren in den Jahren 1940 bis 1943 Wartesäle zur Vernichtung, Vorhöfe der Hölle, Zwischenstationen für die Lager, in die die Menschen dann zum Zweck ihrer Ermordung deportiert wurden.

Im Herbst 1941 begannen, systematisch vorbereitet und gut organisiert, die Deportationen der deutschen Ju-

ZITAT

Aus der berühmt-berüchtigten Rede Adolf Hitlers vom 30. 1. 1939 über die Vernichtung der Juden:
Wenn es dem internationalen Finanzjudentum in und außerhalb Europas gelingen sollte, die Völker noch einmal in einen Weltkrieg zu stürzen, dann wird das Ergebnis nicht die Bolschewisierung der Erde und damit der Sieg des Judentums sein, sondern die Vernichtung der jüdischen Rasse in Europa.

100563

Mit Beginn des Krieges richteten die deutschen Besatzer in größeren Städten Ghettos ein. Das Bild zeigt Bewohner des Warschauer Gettos Anfang 1941.

den. Probehalber waren bereits Anfang 1940 tausend Juden aus Stettin in die Nähe von Lublin und Ende Oktober 1940 Juden aus Südwestdeutschland nach Südfrankreich »evakuiert« worden. Ziel der planmäßigen Deportationen ab Herbst 1941 waren erst die Gettos und später direkt die Vernichtungslager im Osten.

Mit der Deportation endete die bürgerliche Existenz; alle Vermögenswerte fielen an das Deutsche Reich. Einige Tage vor dem Abtransport ergingen detaillierte Anweisungen, unter anderem, wie die Wohnungen zu hinterlassen seien, oder über das Bezahlen von Licht- und Wasserrechnungen. An Sammelplätzen in den Großstädten wurden die Transporte zusammengestellt und auf zentral gelegenen Güterbahnhöfen abgefertigt. Jüdische Organisationen mussten Hilfsdienste dabei leisten. Die Deportationen waren als Umsiedlungsmaßnahmen getarnt, deshalb mussten die Deportierten Handwerkszeug und Baustoffe mitführen. Die meisten Transporte aus Deutschland erfolgten 1942/43.

Eine Gruppe deutscher Juden galt als »privilegiert«, weil sie aufgrund ihrer gesellschaftlichen Stellung scheinbar besser behandelt werden sollte. Ihr Ziel war ab Juni 1942 das »Altersgetto« Theresienstadt in Nordböhmen, wo Weltkriegsteilnehmer, Alte und Kranke unter schwer vorstellbaren elenden Bedingungen vegetierten. Ihnen hatte das Deutsche Reich die letzten Vermögenswerte durch »Heimeinkaufsverträge« abgejagt, die Wohnung, Ernährung und Pflege vorspiegelten. Tatsächlich war aber Theresienstadt für die meisten nur eine Station auf dem Weg in die Mordlager. *Wolfgang Benz*

Ein barbarisches, beispielloses Verbrechen: Der Holocaust

Unter der Bezeichnung »Endlösung der Judenfrage« wurde ab Frühjahr 1941 die Vernichtung der Juden im gesamten deutschen Herrschaftsgebiet geplant. Am 31. Juli 1941 beauftragte Reichsmarschall Hermann Göring Heydrich, »einen Gesamtentwurf über die organisatorischen, sachlichen und materiellen Vorausmaßnahmen zur Durchführung der angestrebten Endlösung der Judenfrage vorzulegen«. Die Ausrottung der Juden war allerdings schon zum Zeitpunkt des Überfalls auf die Sowjetunion im Juni 1941 beschlossen. Ein schriftlicher Auftrag Hitlers existierte nicht, er war auch nicht erforderlich, um die Vernichtung in Gang zu setzen.

Das Reichssicherheitshauptamt als Zentrale von Gestapo, Sicherheitsdienst und Kriminalpolizei war die Schaltstelle, von der aus die Judenpolitik, die zunächst die Deportation, dann den Völkermord betraf, organisiert wurde. Die entscheidenden Männer waren Heinrich Himmler, der als Reichsführer SS die oberste Instanz des Terrorapparats war, zu dem die Konzentrations- und Vernichtungslager und die Einsatzgruppen gehörten, und unter ihm die SS-Offiziere im Generalsrang wie Reinhard Heydrich und sein Nachfolger Heinrich Müller an der Spitze des Reichssicherheitshauptamts, die »Höheren SS- und Polizeiführer« in den besetzten Gebieten, die Befehlsempfänger in der SS-Bürokratie wie die KZ-Kommandanten und ihre Wachmannschaften oder die Männer der Einsatzgruppen.

ZITAT

Bericht der Abschnittskommandantur Nord, Litzmannstadt (Lodz), vom 13. 11. 1941 über die Ankunft von Transporten mit deportierten Juden:
In der Zeit vom 16. 10. 41 bis einschließlich 4. 11. 41 wurden auf dem Bahnhof Radegast 19 827 Personen aus dem Altreich in Empfang genommen und in das Getto eingewiesen.

Die Wannseekonferenz

Um die beteiligten Reichsbehörden zu informieren, lud Heydrich deren Vertreter zum 20. Januar 1942 in eine SS-eigene Villa am Großen Wannsee in Berlin ein. Die Teilnehmer vertraten im Rang von Staatssekretären und hohen SS-Offizieren Reichsministerien und zentrale SS-Dienststellen sowie Behörden wie das Amt des Generalgouverneurs für die besetzten polnischen Gebiete. Das Protokoll führte Eichmann, ein SS-Offizier im Range eines Obersturmbannführers, der seit Ende 1939 das Referat IV B 4 (»Judenreferat«) im RSHA (Reichssicherheitshauptamt) leitete. Er hatte seit 1940 Erfahrungen im Massentransport und in der Gettoisierung von Menschen, er organisierte die Abschiebung von Juden – und Polen – erst in den besetzten polnischen Gebieten, dann auch aus Deutschland und schließlich aus ganz Europa nach Polen.

Die Besprechung am Wannsee eröffnete Heydrich mit der Feststellung, dass die Kompetenz in der Judenpolitik ausschließlich und ohne geographische Begrenzung beim Reichsführer SS Heinrich Himmler oder bei ihm selbst als dem von diesem dazu Bevollmächtigten lag.

Die Konzentrationslager (KZ) spielten im NS-Terrorregime eine zentrale Rolle. Bereits im März 1933 entstand in Dachau das erste KZ. Unter den Gefangenen der KZs waren politische Gegner, jüdische Bürger, Homosexuelle, Sinti und Roma, Zeugen Jehovas und Kriminelle. Die in den eroberten Gebieten im Osten ab 1940 entstandenen Lager waren Vernichtungslager, in denen während des Holocaust über sechs Millionen Menschen auf grausamste Weise umgebracht wurden.

100563

Nach der Ankunft eines Eisenbahntransports in Auschwitz-Birkenau werden die aus einem ungarischen Getto kommenden Gefangenen selektiert (Juni 1942). Die Arbeitsfähigen wurden in Arbeitslager gebracht, alle anderen wurden sofort in die Gaskammern geschickt.

Das Geschick, das mindestens elf Millionen Juden zugedacht war, war im Protokoll der Konferenz unmissverständlich prognostiziert: »Unter entsprechender Leitung sollen nun im Zuge der Endlösung die Juden in geeigneter Weise im Osten zum Arbeitseinsatz kommen. In großen Arbeitskolonnen, unter Trennung der Geschlechter, werden die arbeitsfähigen Juden straßenbauend in diese Gebiete geführt, wobei zweifellos ein Großteil durch natürliche Verminderung ausfallen wird. Der allfällig endlich verbleibende Restbestand wird, da es sich bei diesem zweifellos um den widerstandsfähigsten Teil handelt, entsprechend behandelt werden müssen, da dieser, eine natürliche Auslese darstellend, bei Freilassung als Keimzelle eines neuen jüdischen Aufbaues anzusprechen ist.«

Weil der Völkermord an den Juden auf der Tagesordnung stand, wird das Treffen am 20. Januar 1942 immer wieder missverstanden als die Gelegenheit, bei der der Holocaust »beschlossen« worden sei. Abgesehen davon, dass eine Verabredung zur Vernichtung von Millionen Menschen die Kompetenz der Besprechungsteilnehmer überstiegen hätte, waren die Mordkommandos längst an der Arbeit. Das Protokoll der Wannseekonferenz ist trotzdem ein Schlüsseldokument des Genozids, da aus ihm zweifelsfrei hervorgeht, dass das nationalsozialisti-

ZITAT

Anfang des Gedichts »Babij Jar« (1961) von Jewgenij Jewtuschenko, übersetzt von Paul Celan:

Über Babij Jar steht kein Denkmal.
Ein schroffer Hang – der eine, unbehauene Grabstein.
Mir ist angst.
Ich bin alt heute,
so alt wie das jüdische Volk.

sche Regime die Ermordung von elf Millionen Juden in Europa plante.

Mitte 1942 lief die »Aktion Reinhardt« an. Die Aktion hatte die Tötung der Juden zum Ziel, die in den Gettos auf polnischem Boden lebten und Zwangsarbeit für die deutsche Rüstungsindustrie leisten mussten. Drei spezielle Vernichtungslager, Bełżec, Sobibór und Treblinka, sind als Mordstätten errichtet worden, in ihnen endeten die meisten Gettobewohner. In Białystok und in Warschau setzten sich verzweifelte Juden gegen ihre Deportation zur Wehr und leisteten heroischen, aber aussichtslosen Widerstand gegen die Deutschen.

ZITAT

Aus Augenzeugenberichten über Massaker an Juden: *Ohne Geschrei oder Weinen zogen sich diese Menschen aus, standen in Familiengruppen beisammen, küssten und verabschiedeten sich und warteten auf den Wink eines anderen SS-Mannes, der an der Grube stand, und ebenfalls eine Peitsche in der Hand hielt. Ich habe während einer Viertelstunde, als ich bei der Grube stand, kein Klagen oder Bitten um Schonung gehört.*

Die Mordaktionen der Einsatzgruppen

Der Wehrmacht beim Überfall auf die Sowjetunion folgend, waren seit Juni 1941 die »Einsatzgruppen der Sicherheitspolizei und des SD« in Tätigkeit. Der Auftrag der Mordkommandos – insgesamt 3 000 Mann in vier »Einsatzgruppen« – bestand darin, im Baltikum, in Weißrussland, in der Ukraine und auf der Krim potenzielle Gegner zu liquidieren. Die Juden wurden in erster Linie zu diesem Personenkreis gerechnet, sie bildeten die meisten Opfer der Einsatzgruppen. Zwischen Juni 1941 und April 1942 sind von den aus SS und Polizei rekrutierten Mördern fast 560 000 Menschen getötet worden.

INFOBOX

Eine Schlucht bei Kiew

In der Schlucht von Babij Jar ermordeten am 29./30. 9. 1941 deutsche Einheiten – Angehörige des Sonderkommandos 4 A zusammen mit dem Stab der Einsatzgruppe C und zwei Polizeiregimentern – 33 771 Juden. Bis zur Rückeroberung Kiews durch die Rote Armee Anfang November 1943 wurden hier zwischen 100 000 und 200 000 Menschen getötet, darunter mindestens 80 000 Juden aus Kiew und Umgebung.

Der Opfer von Babij Jar gedachten der Dichter Jewgenij Jewtuschenko in seinem Gedicht »Babij Jar« und Dmitrij Schostakowitsch in seiner Sinfonie Nr. 13.

1976 wurde am Ort in Erinnerung an die von 1941 bis 1943 in Babij Jar ermordeten »Kiewer Bürger und Kriegsgefangenen« eine große Bronzeskulptur errichtet. 1991 erkannte die ukrainische Regierung Babij Jar auch als Symbol des jüdischen Martyriums während des Zweiten Weltkriegs auf dem sowjetischen bzw. ukrainischen Territorium an. Im gleichen Jahr wurde ein jüdisches Mahnmal eröffnet.

INFOBOX

Mitteilung an das Wirtschafts-Verwaltungshauptamt vom 8. März 1943

»Am 5. und 7. März trafen folgende jüdische Häftlingstransporte ein.

Transport aus Berlin, Eingang 5. März 43, Gesamtstärke 1 128 Juden. Zum Arbeitseinsatz gelangten 389 Männer (Buna) und 96 Frauen. Sonderbehandelt (das heißt: sofort ermordet) wurden 151 Männer und 492 Frauen und Kinder. Transport aus Breslau, Eingang 5. März 43, Gesamtstärke 1 405 Juden. Zum Arbeitseinsatz gelangten 406 Männer (Buna) und 190 Frauen. Sonderbehandelt wurden 125 Männer und 684 Frauen und Kinder.

Transport aus Berlin, Eingang 7. März 43, Gesamtstärke 690 einschließlich 25 Schutzhäftlinge. Zum Arbeitseinsatz gelangten 153 Männer und 25 Schutzhäftlinge (Buna) und 65 Frauen. Sonderbehandelt wurden 30 Männer und 417 Frauen und Kinder.

gezeichnet Schwarz
Obersturmführer«

Zur Taktik gehörten auch Pogrome, angezettelt mithilfe einheimischer Kollaborateure, und vor allem Massenerschießungen. In Litauen und Lettland, in Weißrussland und in der Ukraine sowie in den anderen besetzten Gebieten fanden sich willige Helfer beim Holocaust, die den deutschen Mördern zur Hand gingen.

In Babij Jar, einer Schlucht am Stadtrand von Kiew, wurden an zwei Tagen Ende September 1941 33 771 jü-

100563

In Auschwitz gefundene Dosen des Giftes Zyklon B

Neunzig Prozent der in Auschwitz Ankommenden wurden in Gaskammern ermordet.

dische Menschen erschossen. Sie waren durch Plakate an eine bestimmte Straßenkreuzung befohlen worden, von der aus sie zu der Schlucht getrieben wurden, deren Zweck sie erst im letzten Moment erkennen konnten. Zuvor mussten sie ihre Habe abliefern und sich entkleiden. Am Rand der Schlucht wurden sie in Zehnergruppen mit Maschinengewehren niedergeschossen. Die Schützen wechselten sich ab, das Morden hatte keine Pausen. Babij Jar war kein Einzelfall, Erschießungsaktionen und Massengräber gab es überall in den besetzten Ostgebieten; seit Frühjahr 1943 war ein Spezialkommando der SS damit beschäftigt, die Spuren zu beseitigen. Juden mussten, ehe sie zuletzt selbst erschossen wurden, die Leichen exhumieren und verbrennen.

Der »geräuschlose« Massenmord –
Der grausame Weg in die Gaskammer

Die Mordmethoden waren inzwischen längst verfeinert worden. Das Erschießen ging nicht schnell genug, und die Nerven der Mörder wurden dabei zu arg strapaziert. Auf der Suche nach effektiveren Mordwerkzeugen war man, auf die Erfahrungen und das Personal der Ermordung Behinderter und Geisteskranker in der »Euthanasie«-Aktion 1939/40 zurückgreifend, auf die Verwendung von Giftgas verfallen. Kohlenmonoxid wurde verwendet bei den »Gaswagen«, umgebauten Lastkraftwagen, deren Auspuffgase in den mit Menschen voll gestopften hermetisch abgedichteten Innenraum geleitet wurden. Nach kurzer Fahrt wurden die Leichen ins Massengrab gekippt. Gaswagen wurden von den Einsatzgruppen in Weißrussland ebenso verwendet wie in Serbien; in Chełmno (Culm) waren sie die Ausrüstung eines Vernichtungslagers.

Der Befehl Himmlers an den Kommandanten des KZ Auschwitz im Sommer 1941, eine quasi industrielle Tötungsmethode zu finden, leitete die letzte Phase des Massenmordens ein. Auschwitz war im Mai 1940 als KZ für Polen auf einem Kasernengelände errichtet worden und hatte sich zum größten Ausbeutungs- und Vernichtungskomplex überhaupt entwickelt. An drei Hauptstandorten (Stammlager, Birkenau, Monowitz) und in 38 Nebenlagern wurde Sklavenarbeit geleistet und Leben vernichtet. Im September 1941 fand im Stammlager (Auschwitz I) ein erster Versuch mit dem Gift Zyklon B statt. Das an Kieselgur gebundene blausäurehaltige gasförmige Desinfektionsmittel ließ sich leicht und für die Mörder gefahrlos transportieren und handhaben.

ZITAT

Am 15. 6. 1944 notiert Anne Frank in ihr Tagebuch:

Es hat leider so sein müssen, dass ich die Natur – und das auch nur ausnahmsweise – nur durch schmutzige Fenster mit verstaubten Gardinen sehen kann. Und dadurch zu sehen, ist wirklich kein Vergnügen mehr, denn die Natur ist das einzige, das wirklich kein Surrogat vertragen kann.

Verbrennungsöfen im Konzentrations- und Vernichtungslager Auschwitz (Stammlager; heutiger Zustand)

100880

s. ZEIT Aspekte
Rudolf Höß S. 526

Ab Frühjahr 1942 wurde in Birkenau (Auschwitz II) in eigens errichteten – dann mehrfach umgebauten und vergrößerten – Gaskammern der geräuschlose und schnelle Massenmord praktiziert. Aus ganz Europa kommend, endeten die Eisenbahntransporte auf der Rampe, wo die Arbeitsfähigen bei der Selektion zurückbehalten, alle anderen – in der Regel neunzig Prozent der Ankommenden – direkt in die Gaskammern getrieben wurden. Auch in Birkenau versuchte die SS Spuren zu beseitigen und sprengte im Herbst 1944 Gaskammern und Krematorien.

Die Gesamtzahl der Opfer des Holocaust exakt zu ermitteln, bereitet beträchtliche Schwierigkeiten, da ein Teil der Ermordeten nur pauschal registriert wurde. Mit quellenkritischen und statistischen Methoden haben jedoch Historiker die Dimension des Völkermords definiert.

Am 11.5. 1945 bot sich den einrückenden amerikanischen Soldaten im Konzentrationslager Buchenwald dieses Bild des Grauens.

100880

INFOBOX

»Nackt unter Wölfen«

Bruno Apitz, der 1936–45 im KZ Buchenwald inhaftiert war, berichtet in dem Roman »Nackt unter Wölfen« über den Todesmarsch von Häftlingen aus dem im Januar 1945 »evakuierten« Konzentrations- und Vernichtungslager Auschwitz nach dem Konzentrationslager Buchenwald:

»Hastig, mit unruhig schweifenden Blicken, erzählte er vom Marsch nach Buchenwald. Er berichtete von den Schrecken der Evakuierung. Wochenlang waren sie auf den Landstraßen dahingewankt, hungrig und schwach, ohne Ruhe, ohne Pause. – Des Nachts hatte man sie auf Feldern zu einem Haufen zusammengetrieben, und sie waren erschöpft auf steinhart gefrorenen Sturzäckern in den Schnee gesunken, eng aneinander gerückt, um sich gegen den grausamen Nachtfrost zu schützen. Wie viele waren am anderen Morgen nicht mehr zum Weitermarsch angetreten! Abteilungen der Begleit-SS gingen dann über die Äcker und knallten ab, was noch am Leben war. Bauern fanden die Leichen und vergruben sie auf den Feldern. Wie viele waren unterwegs in die Knie gebrochen. Wie oft knallten dann die Karabiner. Und jedes Mal, wenn die Fangschüsse peitschten, wurde der Zug im Laufschritt vorwärts gejagt.«

Bilanz des Schreckens

In 194 (von insgesamt 195) erhalten gebliebenen »Ereignismeldungen UdSSR« des Chefs der Sicherheitspolizei und des SD für den Zeitraum vom 23. Juni 1941 bis zum 24. April 1942, in den vom Chef der Sicherheitspolizei und des SD-Kommandostabs vorgelegten 55 »Meldungen aus den besetzten Ostgebieten« (1. Mai 1942 bis 21. Mai 1943) und in den elf zusammenfassenden »Tätigkeits- und Lageberichten der Einsatzgruppen der Sicherheitspolizei und des SD in der UdSSR« (22. Juni 1941 bis 31. März 1942) ist die Ermordung von mindestens 535 000 jüdischen Menschen dokumentiert. Aufgrund des vorliegenden Quellenmaterials über weitere Vernichtungsaktionen, Pogrome und Massaker ist davon auszugehen, dass 700 000 bis 750 000 Juden schon im ersten Dreivierteljahr der nationalsozialistischen Besatzungsherrschaft auf sowjetischem Boden ermordet worden sind.

Eine der wichtigsten statistischen Quellen ist der Bericht des in Diensten der SS stehenden »Inspekteurs für Statistik«, Richard Korherr, dem zu entnehmen ist, dass die nationalsozialistische Judenpolitik bis zum 31. März

ZITAT

Wie die Menschen in den nationalsozialistischen Konzentrationslagern gebrochen wurden, schildert Lion Feuchtwanger noch vor Beginn des Holocaust in dem Roman »Die Geschwister Oppermann« (1933). Nach einem Verhör:

... war ... der ältere, brillenlose Mann verschwunden, und es kam vor, dass an seiner Statt Gustav, wenn man ihn ansprach, die Arme vors Gesicht hielt und »Zu Befehl« sagte.

INFOBOX

Anne Frank

1933 übersiedelte die jüdische Familie Frank aus Angst vor dem Terror der Nationalsozialisten von Frankfurt am Main nach Amsterdam. Doch als nach der deutschen Besetzung 1941 auch dort die ersten Pogrome gegen die jüdische Bevölkerung verübt wurden, mussten die Franks untertauchen: Ab 1942 versteckten sie sich gemeinsam mit der jüdischen Familie van Daan im Hinterhaus der Amsterdamer Prinsengracht 263.

Der erste Tagebucheintrag Anne Franks datiert vom Juni 1942: »Am Freitag wurde ich schon um 6 Uhr wach. Das war begreiflich, denn ich hatte Geburtstag. Aber so früh durfte ich nicht aufstehen und musste meine Neugier noch bezähmen«.

In Form von Briefen an ihre fiktive Freundin Kitty beschreibt Anne ihr Leben in der Abgeschlossenheit ihres Verstecks. So bedeuten tagsüber jedes Geräusch und jede Bewegung eine mögliche Gefahr. Das Leben auf engstem Raum, Hysterie und Todesangst bringen tief greifende Konflikte unter Erwachsenen und Jugendlichen hervor.

Am 4. 8. 1944 informierte jemand – der Verräter ist bis heute unbekannt – die Deutschen über die versteckten Familien, die nun sofort festgenommen wurden. Man transportierte die Franks ins Durchgangslager Westerbork, von dort weiter nach Auschwitz. Die Kinder Anne und Margot wurden Ende Oktober 1944 nach Bergen-Belsen deportiert, wo sie im März 1945 starben.

ZITAT

In der »Todesfuge« fasste Paul Celan das Grauen des Völkermordes an den Juden in Worte:

Schwarze Milch der Frühe wir trinken dich nachts
wir trinken dich mittags und morgens wir trinken dich abends
wir trinken und trinken
ein Mann wohnt im Haus dein goldenes Haar Margarete
dein aschenes Haar Sulamith er spielt mit den Schlangen
Er ruft spielt süßer den Tod der Tod ist ein Meister aus Deutschland…

1943 schon mehr als zwei Millionen Opfer gefordert hatte. In den Vernichtungslagern auf polnischem Territorium sind fast drei Millionen Juden ermordet worden: in Chełmno 152 000, in Bełżec 600 000, in Sobibór 250 000, in Auschwitz-Birkenau 1 000 000, in Treblinka 900 000 und in Majdanek 60 000 bis 80 000. Die Gesamtbilanz aufgrund neuester Forschungsergebnisse kommt auf mindestens sechs Millionen Holocaustopfer.

Das auf der Wannseekonferenz verkündete Ziel, die Vernichtung aller Juden Europas, wurde nicht erreicht. Aber sechs Millionen Opfer machen ebenso wie die ideologischen Prämissen das Verbrechen singulär. Motive und Funktion des Genozids im nationalsozialistischen Herrschaftsgefüge, in der Expansionspolitik, im militärischen Verlauf des Zweiten Weltkriegs werden von den Historikern kontrovers diskutiert.

Vom nationalsozialistischen Programm als der Intention ausgehend, die in zielgerichteter Umsetzung der antisemitischen Ideologie von Anfang an die physische Vernichtung der Juden betrieb, nennt man diese historisch argumentierende Richtung »Intentionalisten«. In ihren Erklärungsmodellen spielt Hitler naturgemäß eine wichtige Rolle. Aus Zwangsläufigkeiten der Herrschaftsstruktur, die schließlich zur »kumulativen Radikalisierung« des ganzen nationalsozialistischen Systems führte (Hans Mommsen), interpretieren die »Funktionalisten« den Holocaust. Zur Begründung dienen ihnen systemimmanente Notwendigkeiten ebenso wie die Möglichkeiten und Zufälle, wie sie sich aus der militärischen Lage ergaben oder die Reflexe darauf waren. Aus einer Täterlogik heraus, die in erster Linie Bevölkerungspolitik im Sinne hatte und bei ihren säkularen Umsiedlungsaktionen auch die Juden vernichtete, sucht ein anderer Ansatz den Holocaust zu erklären.

Raul Hilberg, dem Historiker, der den Holocaust am genauesten und ausführlichsten beschrieben hat, bleibt

In das Konzentrationslager Buchenwald bei Weimar wurden etwa 239 000 rassisch, religiös oder politisch Verfolgte verschleppt. Rund 56 000 von ihnen starben an den unmenschlichen Haftbedingungen. Das Foto zeigt Überlebende wenige Tage nach der Befreiung.

100001

100563

Diese Gruppe von Sinti und Roma im Konzentrationslager Bełżec (Polen) im Jahr 1942 wurde ebenso deportiert und ermordet wie schätzungsweise 500 000 weitere Sinti und Roma.

das Geschehen letztlich unerklärlich. Diese Feststellung ist ebenso unbefriedigend wie jeder monokausale Erklärungsversuch und wie die theologischen, philosophischen, psychologischen Theorien, die mit dem Anspruch ausschließlicher Gültigkeit vorgetragen werden, um den Holocaust zu erklären. *Wolfgang Benz*

Aggressoren unter dem Sonnenbanner: Japans Weg in den Krieg

s. ZEIT Aspekte Holocaust-Forschung S. 534

Japans Weg in den Großen Krieg gegen seinen asiatischen Rivalen China und den westlichen Herausforderer USA war zwar nicht zwangsläufig vorgegeben, doch in der Art und Weise der gesamten Modernisierung des Landes und der diesem rasanten Prozess zugrunde liegenden Ideologie zumindest angelegt. Seit der Öffnung des über 200 Jahre abgeschlossenen Inselreiches hatte der traditionellen Führungsschicht der Samurai bei allen Maßnahmen der Umgestaltung des Landes das Ziel vor Augen gestanden, den Westen mit seinen eigenen Waffen zu schlagen und das Kaiserreich zur unangefochtenen Führungsmacht in Ostasien zu erheben.

Die Armee als Wehrpflichtigenheer und einzige Institution im kaiserlichen Japan, in der soziale Aufstiegsmöglichkeiten gegeben waren, artikulierte in ihrer Politik die Not und die Sehnsüchte eines durch die Weltwirtschaftskrise noch tiefer ins Elend gestürzten bäuerlichen Volkes. Wie der japanische Wehrpflichtige bäuerlicher Herkunft das gesamte verwestlichte, kapitalistische System im Lande selbst und die vom Westen dominierte internationale Ordnung für die wirtschaftliche Misere verantwortlich machte, so drängten die in diesem Denken und Milieu verhafteten sozialen Aufsteiger in der Armee, die mittleren Offiziersränge, auf direkte Aktionen zur Rettung des Vaterlandes.

Die schleichende Übernahme einer Vormachtstellung durch das Militär mit der Besetzung der Mandschurei (1931) und dem gewaltsam herbeigeführten Ende eines ohnehin in Ansätzen stecken gebliebenen parlamentarischen Systems (1932) engte den politischen Handlungsspielraum immer weiter ein. Innenpolitische Repression und außenpolitische Aggression wurden in den Dreißigerjahren zu Kennzeichen einer weitgehend vom Militär bestimmten Politik. Das Festhalten der imperialistischen Mächte an ihren kolonialen Präferenzen und Positionen in Ostasien begünstigte das aggressive japanische Vorgehen, das sich zudem noch als Befreiungsmission darstellen ließ. Der Große Krieg in Asien begann mit dem Scharmützel am 7. Juli 1937 vor den Toren Pekings und wuchs im Dezember 1941 nach dem japanischen Angriff auf die USA mit dem von Deutschland entfesselten Krieg in Europa zu einem weltweiten Kampf zusammen.

Der Krieg gegen China

Die massierte Stationierung japanischer Truppen im Korridor zwischen Peking und Küste, ein Relikt aus der Zeit des Boxeraufstandes, hatte dort immer wieder zu militärischen Zwischenfällen geführt. Wenn sich nunmehr eine nächtliche Schießerei zwischen chinesischen und japanischen Soldaten an der Marco-Polo-Brücke 1937 zum unerklärten Krieg ausweiten sollte, so lag dies an veränderten politischen Rahmenbedingungen. Der militärische und politische Führer Chinas, Marschall Chiang Kai-shek, stand genauso wie die vom Militär beherrschte japanische Oligarchie unter einem massiven

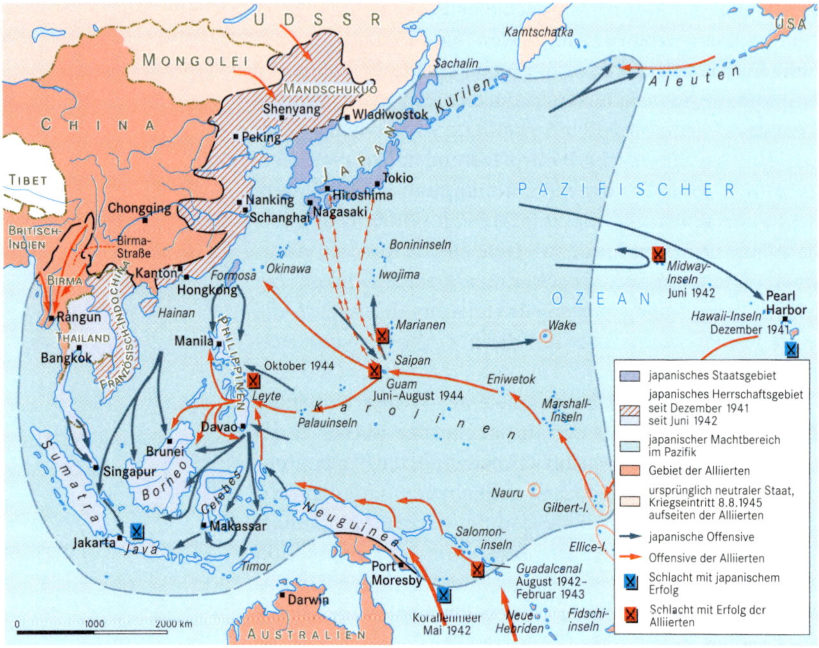

Schon seit 1931 hatte Japan Teile Chinas besetzt und strebte die Vormachtstellung in Ostasien an. Nach dem Kriegseintritt 1941 wurden u. a. gegen den Widerstand niederländischer und britischer Truppen Java und Sumatra erobert. Im Frühjahr 1942 hatte der japanische Machtbereich seine größte Ausdehnung erreicht. Mit dem Kriegseintritt der USA wendete sich das Blatt.

Druck von unten, die Überlegenheit eines durch Reformen geeinten neuen Nationalstaates gegenüber dem historischen Rivalen demonstrieren zu müssen.

Obgleich der Krieg zwischen beiden Ländern formell nie erklärt wurde und die Japaner bis zu dessen Ende verharmlosend von einem »Konflikt« sprachen, nahm das Vorgehen der japanischen Armee den Charakter eines Vernichtungsfeldzuges an. China sollte in seiner ethnischen Substanz getroffen, seine Kultur zerschlagen und seine Wirtschaftskraft ausgebeutet werden. Die genaue Zahl der Opfer dieses neben dem deutschen Ostkrieg größten Vernichtungskrieges im 20. Jahrhundert ist unbekannt. Schätzungen gehen von zwanzig Millionen Toten, überwiegend Zivilisten, aus.

Was ursprünglich von der kaiserlichen Armee als Demonstration der Stärke und als lokale Strafaktion gedacht war, weitete die neue Regierung des Fürsten Konoe zum Zweck der inneren Stabilisierung und Mobilisierung der Massen zum langen Krieg aus. Die politisch unruhige Armee war endlich auf dem »Felde der

Ehre« beschäftigt und konnte dort als Besatzungsmacht ihre eigenen sozialrevolutionären Vorstellungen umsetzen. Die Regierung Konoe bemühte sich daher keinesfalls um einen von der Armee erhofften günstigen Friedensschluss, einen »Bismarckfrieden«, wie es die Generäle mit Blick auf das hochgeschätzte deutsche Militär nannten, sondern wich konsequent allen chinesischen Friedensfühlern aus. Auch die deutsche Vermittlungsaktion, um die Jahreswende 1937/38 sehr zurückhaltend vorgetragen, wurde von der Regierung Konoe durch überhöhte Forderungen torpediert.

Nach raschen Anfangserfolgen in Nordchina verlagerten die Japaner die Kampfhandlungen südwärts auf das wirtschaftspolitische Zentrum des Riesenreiches. Im Raum Schanghai-Nanking hatte die chinesische Nationalregierung ihre von deutschen Militärfachleuten ausgebildeten und mit modernsten deutschen Waffen versehenen Eliteverbände konzentriert, um den Japanern die entscheidende Schlacht zu liefern. Deutsche Militärberater, die trotz des am 25. November 1936 mit Japan geschlossenen Antikominternpaktes nach wie vor in chinesischen Diensten standen, trugen mit ihren strategischen Hilfen oder sogar durch direkte Kampfeinsätze wesentlich dazu bei, dass sich die Kämpfe um Schanghai drei Monate lang hinzogen.

Vor den Augen der Weltöffentlichkeit leisteten chinesische Truppen, erstmals den japanischen Angreifern ebenbürtig, verbissenen Widerstand. Die »Schlacht von Schanghai« endete schließlich mit einem unter großen

INFOBOX

»Affäre vom 15. 5.«

Im Zeichen eines ständig anwachsenden Nationalismus beseitigte in Japan am 15. 5. 1932 ein Militärputsch das parlamentarische System. Der amtierende Ministerpräsident Inukai Tsuyoshi wurde im Zuge dieses Umsturzes ermordet. Nach einem erneuten Putschversuch jüngerer Offiziere am 26. Februar 1936 entwickelte sich die Armee zum alleinigen Machtfaktor in Japan. 1940 waren die chauvinistischen und antiparlamentarischen Gruppen so erstarkt, dass alle politischen Parteien und Bewegungen, darunter v. a. die, die immer noch versuchten, sich dem Militär entgegenzustellen, sich auflösen mussten. An ihre Stelle trat eine Art Einheitspartei, die »Vereinigung zur Unterstützung der Kaiserherrschaft«.

Opfern errungenen japanischen Sieg. Die geschlagenen Restverbände des chinesischen Heeres fluteten vor der anrückenden japanischen Walze in die Hauptstadt Nanking zurück. Obwohl die Stadt am 12. Dezember 1938 kampflos besetzt werden konnte, kam es seitens der Eroberer zu schweren Exzessen gegen die Zivilbevölkerung.

Der »Raub Nankings«, eines der schlimmsten Kriegsverbrechen, forderte etwa 200 000 Opfer unter der chinesischen Bevölkerung und offenbarte erstmals die auf Vernichtung Chinas abzielende japanische Politik. Wie auch bei allen späteren Ausschreitungen berauschten sich die der strengen sozialen Kontrolle ihrer heimischen Umgebung entrissenen japanischen Soldaten in einer Orgie der Gewalt. Kriegsgerichtliche Nachspiele hatten diese Exzesse nie, da die Ehre und der Ruhm der kaiserlichen Armee durch solche Untersuchungen hätten befleckt werden können. Große Kampfhandlungen fanden ab 1939 in China kaum noch statt.

Die Verbände der chinesischen Nationalregierung beschränkten sich auf Partisanenaktionen gegen den japanischen Eindringling, konnten indes bei der chinesischen Bevölkerung nie das Vertrauen erlangen wie die in Nordchina diszipliniert vorgehenden und politische Reformen begünstigenden kommunistischen Verbände. Die chinesische Rote Armee kontrollierte bald den gesamten Norden Chinas, die japanische Präsenz blieb auf die Großstädte und die Eisenbahnlinien beschränkt. Auch eine äußerst brutal durchgeführte Taktik der »verbrannten Erde« konnte die kommunistischen Partisanen nicht ausschalten, reduzierte jedoch durch Flucht und Vertreibung die chinesische Bevölkerung in Nordchina 1940/41 von 44 auf 25 Millionen.

Das japanische Vorgehen gegen die »kommunistischen Banditen« sollte diesen massenweise Zulauf verschaffen und das Lager Mao Zedongs entscheidend stärken helfen. Die japanische Besatzungspolitik in China schuf die Voraussetzungen für den späteren Bürgerkrieg im Lande und den Sieg des Kommunismus. Alle japanischen Anstrengungen, das »Reich der Mitte« zu pazifizieren, fruchteten weder militärisch noch politisch. Die Einsetzung einer japanfreundlichen Gegenregierung unter Wang Jingwei im Jahre 1940 half lediglich, den Konflikt mit den Westmächten zu beschleunigen, die

Die siegreichen japanischen Truppen jubeln im April 1942 bei Bataan auf den Philippinen. Bei den Kämpfen gerieten Tausende amerikanische Soldaten in Gefangenschaft. Auf dem »Todesmarsch von Bataan« starben bis zu 2 300 Amerikaner an den Strapazen.

100001

sich, angeführt von den USA, für China zu engagieren begannen und sich der japanischen Machtusurpation auf dem Kontinent endlich entgegenstellen sollten.

Das Projekt eines Großreichs und die Konflikte mit den Westmächten

Zum Angelpunkt, aber auch zum Streitfall der japanischen Außenpolitik wurde die Frage einer Anlehnung an das nationalsozialistische Deutschland. Je näher die beiden Außenseiter der internationalen Ordnung einander kamen, desto stärker entwickelten sich im westlichen, bald von den USA dominierten Lager Vorstellungen von einer »Weltverschwörung der Habenichtse« und führten zu einer politischen Frontenbildung gegen die Achsenmächte. Über das schließlich im September 1940 vollzogene Bündnis des Dreimächtepaktes wurden die machtpolitisch-militärischen Ereignisse in Europa mit denen in Ostasien verbunden und die Bündniskonstellationen des späteren Weltkriegs vorweggenommen.

Der schnelle deutsche Wiederaufstieg nach dem verlorenen Ersten Weltkrieg und die unter Hitler erreichte nationale Geschlossenheit hatten in Japan allgemeine Bewunderung ausgelöst und wurden von der stark

Diese japanischen Soldaten posieren als »Herrenmenschen« mit zwei gefangen genommenen Chinesen.

100880

INFOBOX

Überfall auf Pearl Harbor

Ohne Kriegserklärung griffen am 7. 12. 1941 350 japanische Flugzeuge die Pazifikflotte der USA in Pearl Harbor auf Oahu (Hawaii) an und zerstörten bei geringen eigenen Verlusten 179 Flugzeuge, die meisten auf dem Boden, versenkten drei Schlachtschiffe, beschädigten vier schwer und versenkten elf weitere Kriegsschiffe. Die Amerikaner beklagten 2 729 Tote. Das strategische Ziel der Ausschaltung der amerikanischen Pazifikflotte wurde jedoch nicht erreicht, da sich zum Zeitpunkt des Angriffs ein Teil auf hoher See befand und die Verluste durch Abgaben anderer Flottenteile und Neubauten relativ rasch ausgeglichen werden konnten. Ein Teil der versenkten Einheiten wurde später gehoben und neu in Dienst gestellt.

Der Vorfall, der in den USA zur einmütigen Unterstützung der Politik Franklin D. Roosevelts führte, brachte die Ausweitung des Konflikts zum Weltkrieg: 8. 12. 1941 Kriegserklärung der USA an Japan, 11. 12. 1941 Kriegserklärung Deutschlands und Italiens an die USA.

deutsch geprägten kaiserlichen Armee geradezu als musterhaft angesehen. Das japanische Heer wurde zum Anwalt eines engen Bündnisses mit dem Deutschen Reich, während die Marine einer solchen kontinentalen Allianz skeptisch gegenüberstand.

Verband die Armee entsprechend ihrer auf das asiatische Festland gerichteten Stoßrichtung mit einem solchen Militärpakt vor allem die Hoffnung, den ideologischen Todfeind, das kommunistische Russland, gemeinsam mit den Deutschen niederringen zu können, so verfolgte die Marine im Bund mit der Großindustrie eher ihre gewohnte Südstrategie, den Blick auf die reichen Rohstoffvorkommen der südostasiatischen europäischen Kolonien gerichtet. Der Krieg in China hatte diese strategischen Gegensätze zwischen den beiden japanischen Waffengattungen vorübergehend verdeckt und die Stoßrichtung der Armee ohnehin nach Süden, in das Landesinnere Chinas hinein, abgeknickt.

Doch die Verhandlungen mit Deutschland belebten diesen alten Streit schnell wieder. Die japanische Marine stellte sich einem Militärbündnis zwischen den drei totalitären Staaten, wie es von dem deutschen Außenminister Joachim von Ribbentrop als machtpolitischer

ZITAT

Auszüge aus dem Dreimächtepakt vom 27. 9. 1940:

Artikel 1: Japan anerkennt und respektiert die Führung Deutschlands und Italiens bei der Schaffung einer neuen Ordnung in Europa.

Artikel 2: Deutschland und Italien anerkennen und respektieren die Führung Japans bei der Schaffung einer neuen Ordnung im großostasiatischen Raum.

100001

Beim Angriff auf die US-Marinebasis Pearl Harbor am 7. 12. 1941 wurden über 2 700 Menschen getötet und große Teile der US-Flotte versenkt.

Flankenschutz für den bevorstehenden europäischen Krieg angestrebt wurde, konsequent entgegen. Das japanische Heer wiederum verweigerte sich einer südwärts gerichteten Expansionspolitik und sabotierte entsprechende maritime Planungen. Bei Ausbruch des Krieges in Europa bestand daher in Japan eine machtpolitische Pattsituation, die sich erst durch den Verlauf der militärischen Operationen in Europa auflösen sollte.

Hatten sich die japanischen Generäle in Grenzkonflikten mit der Roten Armee 1938/39 widerwillig von deren strategischer und waffentechnischer Überlegenheit überzeugen müssen, so beschleunigte der deutsch-sowjetische Nichtangriffspakt dieses Umdenken in der Armeeführung noch weiter. Eine starke und mit Deutschland vertraglich gebundene Sowjetunion schied fortan als zentraler, alleiniger Gegner aus.

Stattdessen wandte sich die Armee den Vorstellungen der Marine von einem in Südostasien und nicht in den sibirischen Weiten zu schaffenden japanischen Großreich zu. Der deutsche Sieg über die Niederlande und Frankreich im Sommer 1940 lieferte schließlich deren asiatische Kolonien schutzlos einem möglichen japanischen Zugriff aus. Von dem ebenfalls in Europa stark geschwächten Großbritannien war im Falle eines südwärts gerichteten japanischen Ausgreifens auch kein Widerstand zu erwarten. Lediglich die USA stellten aus damaliger japanischer Sicht einen unkalkulierbaren Faktor dar. Obwohl auf den Philippinen militärisch und in China wirtschaftlich präsent, hatte die stark isolationistisch eingestimmte amerikanische Öffentlichkeit das japanische Vorgehen in China noch nicht als Bedrohung wahrgenommen.

Der in aller Eile ausgehandelte und am 27. September 1940 in Berlin unterzeichnete Dreimächtepakt zwischen den Achsenmächten Deutschland, Italien und Japan diente den Japanern in erster Linie dazu, die angestrebte und propagandistisch bereits verkündete »Großostasiatische Wohlstandssphäre« gegen jegliche westliche Einmischung abzusichern. Im Schatten des Krieges in Europa gedachte die Regierung Konoe im Einvernehmen mit den Militärs, die japanische Herrschaft über Ost- und Südostasien auf friedlichem Wege zu erringen. Diese zukünftige Machtsphäre des Tennoreiches sollte sich, entsprechend den Verhandlungen mit den Deutschen, von Indien bis Australien und von der Mandschurei bis nach Neukaledonien erstrecken.

Die brennende »USS Arizona« in Pearl Harbor. Das schwer getroffene Schiff sank innerhalb kürzester Zeit und wurde zum Grab von 1 177 Mann Besatzung. Heute ist sie Teil des »USS Arizona Memorial«, das über dem Schiff errichtet wurde.

100001

Die japanische Seite hatte überdies bei den Gesprächen mit den deutschen Unterhändlern darauf bestanden, die Sowjetunion zu einem Beitritt zu dieser Allianz aufzufordern, um die europäische Landbrücke zu schließen und für die beiden angloamerikanischen Seemächte unangreifbar zu machen. Dieser Wunsch entsprach den Vorstellungen der Italiener und auch des deutschen Außenministers Joachim von Ribbentrop, lief jedoch Hitlers Zielsetzung von einem deutschen Eroberungskrieg in Russland diametral entgegen. An diesem unterschiedlichen Verhältnis zur Sowjetunion sollten die Wege der Verbündeten auseinander laufen, bevor sich diese im Bündnis hätten vereinen können. Der deutsche Überfall auf die Sowjetunion kam für die zuvor von Berlin gut unterrichtete Regierung Konoe nicht überraschend.

Als einziger votierte Außenminister Yosuke Matsuoka für eine japanische Beteiligung am Krieg gegen die Sowjetunion, während die restlichen Regierungsmitglieder einschließlich des Armeeministers und späteren Kriegspremiers Hideki Tōjō bei der einmal beschlossenen Südstrategie bleiben wollten. Die Kaiserliche Konferenz beschloss am 2. Juli 1941, einen Krieg gegen die Sowjetunion erst einmal auszusetzen und stattdessen die Süd-

Die Schlacht um Iwo Jima war die blutigste im Pazifikkrieg. Am 23. 2. 1944 macht der Fotograf Joe Rosenthal diese weltberühmte Aufnahme nach der Einnahme des strategisch wichtigen Suribachi-Vulkans. Das Bild diente später als Vorlage des U. S. Marine Corps War Memorial in Virginia.

100001

100001

Verletzte US-Soldaten werden nach dem Kampf um die Vulkaninsel Iwo Jima in Sicherheit gebracht.

expansion durch eine militärische Besetzung des südlichen Teils von Französisch-Indochina weiter voranzutreiben. An dieser unterschiedlichen Haltung der Dreierpaktstaaten zur Sowjetunion sollte sich - militärisch gesehen - ihr Schicksal entscheiden. Blieb das deutsche Kriegspotenzial fortan im Kampf gegen die Sowjetunion gebunden, so das japanische an die Auseinandersetzung mit den Angelsachsen.

Die amerikanische Regierung unter Präsident Franklin D. Roosevelt hatte sich nach dem Fall Frankreichs zu einer uneingeschränkten Hilfeleistung für das in Europa schwer bedrängte Großbritannien verpflichtet. Nach dem Abschluss des Dreimächtepaktes nahmen die USA eine ähnliche Haltung gegenüber China ein. Nach den deutschen Anfangserfolgen im Krieg gegen die Sowjetunion drängte Roosevelt umso vehementer auf einen amerikanischen Kriegseintritt, um einen befürchteten Hitler'schen Diktatfrieden zu unterlaufen.

Da jedoch die deutsche Führung einer Konfrontation mit den USA für die Dauer des Feldzuges in der Sowjetunion auswich und alle amerikanischen Provokationen, wie den Schießbefehl im Atlantik, ignorierte, griff Roosevelt die japanische Herausforderung sofort auf.

ZITAT

Am 11. 12. 1941 versenkten japanische Flugzeuge die britischen Schlachtschiffe »Repulse« und »Prince of Wales«:

... Als ich in der dicken schwarzen Ölschicht schwamm, sah ich die »Prince of Wales« wie ein müdes Streitross auf der Seite liegen und langsam unter Wasser sinken. Ich habe von 11 Uhr 15, dem Augenblick des ersten japanischen Bombenangriffs an, bis 12 Uhr 31, als Kapitän William Tennant Befehl gab, das Schiff zu verlassen, Tagebuch geführt.

Die Freude der am 29. 8. 1945 in Aomori befreiten alliierten Kriegsgefangenen ist kaum zu überbieten. Die so genannten POWs (Prisoners of War) fürchteten in japanischer Gefangenschaft Hunger und Tod.

Als die japanischen Truppen am 24. Juli 1941 in Saigon einrückten und von dort aus Südostasien bedrohten, verhängte er zwei Tage später ein Totalembargo gegen den Aggressor.

Die Hintertür zum Kriege öffnete sich wunschgemäß binnen kürzester Zeit. Die zwischen Tokio und Washington angelaufenen Ausgleichsverhandlungen wurden von keiner Seite ernsthaft betrieben und dienten eher der diplomatischen Abschirmung der Kriegsvorbereitungen. Bereits am 6. September 1941 fasste die Kaiserliche Konferenz einen bedingten Kriegsbeschluss. In der Hoffnung, dass der Krieg in der Sowjetunion entweder mit einem deutschen Sieg oder mithilfe japanischer Vermittlung beendet und die Landverbindung wiederhergestellt werden könne, wollten sich die japanischen Militärs einer deutschen Teilnahme an einem Krieg gegen die USA versichern.

Entsprechende japanische Sondierungen scheinen in Berlin ein strategisches Umdenken gefördert zu haben. Die ursprüngliche Haltung, die USA um jeden Preis aus dem Konflikt herauszuhalten, wurde nunmehr, als der Blitzkrieg im Osten vor Moskau festgefahren war, revidiert. Hitler beschied Ende November 1941 das japanische Anliegen positiv. Die deutsche Zusage hat den formellen Kriegsbeschluss, wie ihn die Kaiserliche Konferenz am 1. Dezember 1941 fasste, nicht maßgeblich beeinflusst, war indes als Unterstützung der japanischen Kriegspolitik willkommen. Etwa 48 Stunden vor der Eröffnung der Feindseligkeiten, als die japanische Flugzeugträgerflotte bereits Kurs auf Hawaii hielt, überreichten der deutsche und der italienische Botschafter die Bündniszusagen der europäischen Achsenpartner in Tokio in schriftlicher Form. Der Weltkrieg begann.

Über diese Entscheidung Hitlers, zum Zeitpunkt der ersten massiven militärischen Rückschläge der stärksten Industrienation der Welt den Krieg zu erklären, ist viel gerätselt worden. Vermutlich wurde dieser Entschluss von dem Kalkül bestimmt, das amerikanische Kriegspotenzial werde vollständig durch die Japaner im Pazifik gebunden, sodass ein verstärktes militärisches Engagement der USA in Europa vorerst nicht zu erwarten sei. In dieser Atempause sollte dann 1942 ein erneuter Anlauf unternommen werden, um die Sowjetunion niederzurin-

100562

Am 2. 9. 1945 unterzeichnet der japanische Außenminister Mamoru Shigemitsu auf dem Schlachtschiff »Missouri« die Kapitulationsurkunde.

gen. Möglichkeiten einer gemeinsamen Kriegführung mit den Japanern spielten bei dieser Entschlussbildung in Berlin keine Rolle, wurden indes auch in Tokio nur sehr vage von den Militärs erörtert.

Eintritt in den Weltkrieg

Der in aller Eile erstellte japanische Gesamtkriegsplan war nicht vor dem 20. Oktober fertig geworden und nahm sich in seinen Zielen im Vergleich zu den Visionen mancher Politiker von einer weltweiten Führungsrolle des Tennoreiches recht bescheiden aus: Er sah vor, in zwei Phasen die »weiße« Dominanz in Ostasien und im Pazifik zu brechen sowie die wichtigsten strategischen Basen der Kolonialmächte selbst zu übernehmen. Die japanischen Militärs hatten in Fehleinschätzung der amerikanischen Kampfmoral eine massive Gegenoffensive der USA ausgeschlossen. Die USA und Großbritannien, so das Kalkül, würden sich mit den gewaltsam geschaffenen Veränderungen in Ostasien abfinden und die japanische Machtsphäre respektieren.

Der gelungene Überraschungsangriff auf Pearl Harbor demoralisierte indes die von den Japanern als dekadent eingeschätzten Amerikaner keineswegs. In fester

Kampfentschlossenheit standen die meisten Amerikaner hinter der Regierung Roosevelt. Die bereits von Zeitgenossen erhobene und bis heute nicht verstummte Anschuldigung, Präsident Roosevelt und seine Ratgeber hätten den japanischen Überfall ganz bewusst hingenommen, um Kriegsbereitschaft bei einer immer noch stark isolationistisch denkenden Bevölkerung zu erzeugen, lässt sich nicht belegen.

Zeitgleich mit dem Schlag gegen Pearl Harbor erfolgten japanische Landungsunternehmen in Malaya und auf den Philippinen. Wenige Tage später, am 10. Dezember 1941, versenkten japanische Torpedoflugzeuge die zum Schutz Singapurs beorderten beiden britischen Schlachtschiffe. Die japanische Flotte beherrschte unangefochten die See, sodass die vielen amphibischen Landungsunternehmen ungestört und rasch durchgeführt werden konnten. Die geringen Truppenverbände der Westmächte mussten einer gut ausgerüsteten und strategisch äußerst sachkundig operierenden japanischen Armee weichen.

Der Siegeszuversicht der Soldaten des Tenno, Ostasien vom Joch des »weißen Mannes« zu befreien, hatten die westlichen Besatzungstruppen keine gleichwertige Motivation entgegenzusetzen. Die überlegene Kampfmoral der japanischen Armee wurde bei den Landkämpfen um Singapur noch deutlicher. Der Fall der Seefestung Singapur bedeutete das Ende der britischen Kolonialherrschaft in Ostasien und leitete den Beginn der nationalen Freiheitsbewegungen in den von den Japanern »befreiten« europäischen Kolonien ein. Premierminister Winston Churchill bezeichnete den Verlust Singapurs daher nicht zu Unrecht als größte Niederlage in der englischen Geschichte. Die Tage des stolzen Empire waren gezählt, zumal den Japanern nunmehr der Indische Ozean und somit eine Seeverbindung zu den in Nordafrika in Richtung Suezkanal vorrückenden Deutschen offen zu stehen schien.

Die zweite Phase der japanischen Expansion war dann auch schnell abgeschlossen. Nach einem überragenden Sieg in der Javasee gegen einen kombinierten britisch-niederländischen Verband wurden Java und Sumatra ohne größeren Widerstand besetzt. Es folgten Landungsunternehmen im Norden Neuguineas, sodass der

Norden Australiens in den Aktionsradius japanischer Flugzeuge geriet. Mit der Besetzung Birmas und dem Vorrücken japanischer Verbände bis an die Grenze Indiens erreichte Japan Ende März 1942, nach vier Monaten unaufhaltsamen Vormarsches, den Zenit seiner Macht im gesamten Pazifikkrieg. Die Japaner beherrschten ein mehrfach größeres Gebiet als die Deutschen. Als Herren über 450 Millionen Menschen und die größten Rohstoffvorkommen der Welt – Öl, Kautschuk, Erze und das Grundnahrungsmittel Reis – hatten die Japaner alle Chancen, die »Großostasiatische Wohlstandssphäre« zu verwirklichen. *Bernd Martin*

Trennung statt Kooperation: Die Strategien der Achsenmächte

Die leicht errungenen Siege führten noch im März 1942 zu überspannten Planungen und wurden binnen weniger Monate verspielt. Selbstüberschätzung, ungenutzte Möglichkeiten einer globalen Kriegführung im Bunde mit Deutschland, eine ignorante und selbstherrliche Besatzungspolitik sowie vollständige politische Untätigkeit sind als Hauptfaktoren für die rasche Wende im Pazifikkrieg anzuführen.

Im Rausch der Siege verfielen die japanischen Militärs utopischen Planungen und waren keinerlei Argumenten, das militärisch Erreichte nunmehr doch politisch abzusichern, zugänglich. Statt sich auf die Defensive zu beschränken oder zumindest nur einen militärischen Schwerpunkt zu bilden, traten die alten Rivalitäten zwischen Heer und Marine wieder hervor. Wollte die Armee das Bündnis mit Deutschland beleben und den Achsenpartnern durch einen Vorstoß in den Indischen Ozean entgegenkommen, aber gleichzeitig auch die Landungsoperationen gegen Neuguinea (Port Moresby) und Australien weiter vorantreiben, so setzte die kaiserliche Marine auf die Entscheidungsschlacht mit der amerikanischen Pazifikflotte.

Die inzwischen wieder instand gesetzte amerikanische Pazifikflotte stellte sich zusammen mit den Flugzeugträgern in voller Stärke den auf die Midway-Inseln vorrückenden japanischen Einheiten. In der größten

See-Luftschlacht des gesamten Pazifikkrieges vom 3. bis 7. Juni 1942 verloren die Japaner vier Flugzeugträger und 275 Trägerflugzeuge samt den erfahrensten Piloten der Marineluftwaffe. Diese Verluste vermochte die japanische Marine nicht wieder auszugleichen. Technische Überlegenheit und geschickt improvisiertes Taktieren hatten bei den Amerikanern, die numerisch weit unterlegen waren, den Ausschlag für den Sieg gegeben.

Auf japanischer Seite herrschten Kompetenzwirrwarr und strategische Inflexibilität vor, sodass die materielle Überlegenheit nicht ausgespielt werden konnte. Die amerikanische Marine hatte nunmehr die Initiative zurückgewonnen und bestimmte nach einem halben Jahr Kriegführung den weiteren Fortgang des Krieges. Auch in der Landkriegführung bahnte sich mit der amerikanischen Besetzung von Guadalcanal am 7. August 1942 eine Wende an. Auf dieser Insel demonstrierten die Amerikaner ebenfalls, wie sie ihre zahlenmäßige Unterlegenheit durch souveräne Handhabung eines technisch überlegenen Kriegsmaterials und vor allem durch eine flexible Strategie auszugleichen vermochten.

Dem amerikanischen Improvisieren setzte die japanische Armeeführung auf Guadalcanal erstmals die Strategie frontaler Selbstmordattacken entgegen. Doch kollektive Selbstaufopferung, durch die sich die japanischen Soldaten nach der Kriegswende auszeichnen sollten,

INFOBOX

Die Schlacht bei den Midway-Inseln

Vom 3. bis 7. 6. 1942 fand bei den Midway-Inseln, einem Atoll im Pazifik rund 2 000 km nordwestlich von Hawaii, eine See- und Luftschlacht zwischen japanischen und amerikanischen Streitkräften statt, wobei es den USA gelang, den japanischen Angriff abzuwehren. Dieser Erfolg leitete die Kriegswende auf dem pazifischen Kriegsschauplatz zugunsten der USA ein. Die Schlacht, bei der sich die Schiffe nie sichteten, bewies erstmals die Bedeutung der Flugzeugträger gegenüber den herkömmlichen Schlachtschiffen.

Nach diesem Sieg der Pazifikflotte entwickelte deren Oberbefehlshaber General Chester William Nimitz den kombinierten Einsatz von See- und Luftstreitkräften und die Taktik des »Inselspringens«, d. h. die Zurückdrängung der japanischen Streitkräfte und die Rückeroberung des pazifischen Raumes Insel für Insel.

konnte die Amerikaner, die auf den Einzelkämpfer und dessen vollendete Beherrschung hoch technisierten Kriegsmaterials setzten, nicht aufhalten. In die Defensive gedrängt, vermochten japanische Truppen strategisch nicht adäquat zu reagieren, sondern nur getreu dem überkommenen Kriegerkodex »heldenhaft« gemeinsam unterzugehen.

Angesichts dieser vormodernen Züge des japanischen militärischen Systems und der ihm innewohnenden Schwächen verwundert es nicht, dass die Möglichkeiten einer Koalitionskriegführung in Tokio verkannt wurden. Die kaiserliche Flotte war auf die amerikanische Pazifikflotte als ihren Hauptgegner derart fixiert, dass sie das von der deutschen Kriegsmarine mehrmals vorgebrachte Anliegen einer gemeinsamen maritimen Strategie zur Herstellung eines Seeverbindungsweges von Suez nach Singapur im Grunde gar nicht zur Kenntnis nahm.

Die Trennung der beiderseitigen Operationsgebiete durch den 70. Längengrad Ost (etwa Karatschi, Mündung des Indus) in einer von japanischer Seite gewünschten und in Berlin am 18. Januar 1942 gezeichneten Militärkonvention lief eher auf eine Trennung der Einsatzräume denn auf Kooperation hinaus. Wenn schon die Zusammenarbeit zwischen den beiden japanischen Waffengattungen des Heeres und der Marine, die jeweils ihre eigene Luftwaffe hatten, durch historische Rivalitäten belastet war und, erst recht in der Defensive, nicht funktionieren konnte, dann bedurfte jede Form von Kooperation mit einer fremden »weißen« Nation unüberwindbarer Anstrengungen für die ohnehin engstirnigen japanischen Militärs.

Diese Verweigerung jeglicher Koalitionskriegführung wurde indes in Berlin von Hitler und den in rassischen Kategorien verhafteten nationalsozialistischen Spitzenpolitikern begrüßt. Den »Schicksalskampf« im Osten sollte die »arische Herrenrasse« nämlich ohne Hilfe der »gelben« Japaner aus eigenen Kräften gewinnen. Die deutsche Heeresführung war auf den Lebensraumkrieg in Russland derart festgelegt, dass auch die hohe Generalität wie ihr Führer nicht einmal auf den Gedanken kamen, die Chancen einer gemeinsamen Zangenoperation gegen die Sowjetunion in Tokio auszuloten. Die entsprechenden Aufforderungen des deutschen Außenministers

Flugzeugträger waren im Pazifikkrieg die kriegsentscheidenden Schiffe. Bereits im Mai 1942 fand die erste Trägerschlacht im Korallenmeer statt, bei der die sich bekämpfenden Schiffe sich nicht mehr in Sichtweite befanden. Im Bild ist die »USS Yorktown« zu sehen.

Joachim von Ribbentrop mussten in der japanischen Führung als private Auffassung abgetan werden.

Chancen für einen gemeinsamen militärischen Schlag gegen die Sowjetunion hätten in der ersten Hälfte des Jahres 1942, als die kaiserliche Armee noch an allen Fronten siegreich war, durchaus bestanden. Doch als die deutsche Sommeroffensive 1942 im Südabschnitt der Ostfront im August verspätet in Schwung kam, waren das kaiserliche Heer auf Guadalcanal und die Marine nach der Niederlage bei Midway in die Defensive gedrängt und sahen sich außerstande, globale Großoperationen zu übernehmen. Auch der Fall der Festung Tobruk am 20. Juni 1942, der den deutschen Truppen den Weg zum Suezkanal freizumachen schien, hatte keinerlei Folgen für eine gemeinsame deutsch-japanische Strategie.

Die deutsche Niederlage bei Stalingrad bewog Hitler, seine rassistischen Vorbehalte zurückzustellen und die Japaner formell um Beistand gegen das gestärkte sowjetische Regime zu bitten. Die japanische Regierung unter General Hideki Tōjō lehnte dieses Ansinnen jedoch ab und forcierte stattdessen ihre schon lange angelaufenen

100001

Bei der Schlacht um die Midway-Inseln spielten Flugzeugträger eine wesentliche Rolle. Dieses Bild zeigt US-amerikanische Piloten an Bord einer F6F Hellcat auf dem Flugzeugträger »USS Lexington«.

Bemühungen um eine politische Lösung des deutsch-sowjetischen Konfliktes. Japanische Vermittlungsbemühungen wurden jedoch sowohl in Berlin als auch in Moskau abgelehnt. Nach dem Ausscheiden Italiens aus dem Krieg, das die japanischen Vermittlungsbestrebungen immer unterstützt hatte, wandte sich die japanische Regierung von dem deutschen Partner und den Vorgängen in Europa offiziell ab.

Per Regierungsbeschluss wurde der ostasiatische Kriegsschauplatz im September 1943 für völlig eigenständig erklärt und fortan gegenüber der benachbarten Sowjetunion eine »asiatische Politik« verfolgt. Diesen Avancen, als befreundete und mit Japan kooperierende Macht vereinnahmt zu werden, entzog sich Stalin, dem die Westmächte für einen Kriegseintritt gegen Japan weitaus mehr bieten konnten als die Japaner im Zuge einer verstärkten Zusammenarbeit. Das sowjetische Kriegsziel in Ostasien, die großrussisch-zaristischen Grenzen und Einflussgebiete von 1904 wieder zu erlangen, sollten die Westmächte schließlich in Jalta im Februar 1945 in Form eines Geheimvertrages bestätigen.

Bernd Martin

»Großostasiatische Wohlstandssphäre«: Die japanische Besatzungspolitik

Japanische Vorstellungen von einer Befreiungsmission gegenüber den kolonialen Völkern Südostasiens beruhten auf der von den Meijigründervätern als Religionsersatz verkündeten nationalen Ideologie von der göttlichen Herkunft der japanischen Rasse. Der gottähnliche Tenno als politisch-religiöser Bezugspunkt des auserwählten Volkes sei daher berufen – so ein offizieller Kommentar zur Kriegseröffnung gegen Amerika –, die unterschiedlichen Rassen Ostasiens durch vorbildhafte Tugend friedlich zu einen und die natürlichen Reichtümer angemessen zu verteilen. Japan sei zum »Licht Asiens« im Kampf gegen den westlichen Materialismus, die egoistischen Interessen der Kolonialmächte, geworden.

Dem Westen müsse eine deutliche Lektion erteilt werden, damit er sich ein für alle Mal aus Asien zurückziehe und die dortigen Völker in friedlicher Harmonie unter wohlwollender japanischer Aufsicht belasse. Gewiss, das koloniale Sündenregister der »Weißen« in Ostasien, einem im Gegensatz zu Afrika uralten Kulturraum, war lang, sodass diese Vorstellungen von der Überlegenheit Japans und seiner besonderen Rolle bei den jungen, auf politische Unabhängigkeit drängenden Eliten verfingen.

Seit dem überragenden japanischen Sieg über die russische Großmacht 1905 ruhten die Hoffnungen der Unabhängigkeitsbewegungen von Indiens Kongresspartei bis zur indonesischen Nationalpartei auf dem Tennoreich, das allein fähig und mächtig schien, die angloamerikanische Dominanz in Ostasien notfalls auch mit Gewalt zu brechen. Japans rasante technische Modernisierung bei Bewahrung traditioneller geistiger Werte wurde geradezu als Modell empfunden. Die Defizite und Schwächen dieses Erneuerungsprozesses, unter denen die auf Freiheit hoffenden Völker dann während der japanischen Besatzungszeit selbst zu leiden hatten, wurden übersehen.

Als die japanischen Truppen ab Dezember 1941 in die Kolonien der Westmächte einrückten und dem »weißen Mann« eine demütigende Niederlage beibrachten, wurden die Soldaten des Tenno tatsächlich als Befreier gefeiert. Die neue japanische Besatzungsmacht verfügte bei den Nationalisten über einen derartigen Vertrauenskredit, dass lokale Ausschreitungen japanischer Soldaten oder repressive Requisitionen diesem guten Ruf zunächst keinen Abbruch taten. Die lokalen Freiheitsbewegungen bekamen großen Zulauf.

Eine verfehlte Wirtschaftspolitik der japanischen Militärs, die recht schnell zu Versorgungsschwierigkeiten und gegen Ende des Krieges sogar zu Hungersnöten unvorstellbaren Ausmaßes führte, und die Zwangsaushebung von einheimischen Arbeitskräften dämpften die anfängliche Begeisterung recht schnell und bewirkten eine spürbare Entfremdung zwischen den Besetzten und der japanischen Siegermacht. Fortan fanden die jungen Nationalbewegungen durch eine doppelte Abkehr, von den alten wie gleichermaßen von den neuen Kolonialherren, ihre eigenständige Form.

Die großostasiatische Befreiungspolitik der Japaner scheiterte im Wesentlichen an drei Faktoren: an einer fehlenden Gesamtkonzeption, rassistischem Dünkel der Besetzer und nicht zuletzt an wirtschaftlichen Zwängen. Die ursprünglichen Planungen für die politische Neuordnung Großostasiens sahen ein differenziertes System von Abhängigkeiten der einheimischen Völker vor. Entsprechend dem Muster von Mandschukuo und Nordchina sollten Birma, die Philippinen und Französisch-Indochina in die Unabhängigkeit entlassen und der entsprechende Status von Siam (Thailand) bestätigt werden. Für rückständige Gebiete wie Malaya und Niederländisch-Indien war eine Art japanisches Protektorat bei lokaler Autonomie vorgesehen. Strategische Schlüsselstellungen wie Hongkong, Singapur oder Timor sowie die Ölgebiete von Nordborneo und der Kautschukgürtel von Nordguinea sollten annektiert und der Marine zur Verwaltung übertragen werden. Doch die Militärs widersetzten sich in der Phase ihres Siegeszuges solchen pragmatischen Plänen.

Lokale Kommandeure schalteten und walteten selbstherrlich, ohne auf die Belange der einheimischen Bevölkerung Rücksicht zu nehmen. Da an eine Zusammenarbeit beider Waffengattungen in Besatzungsfragen nicht zu denken war, wurde der besetzte Raum zwischen ihnen aufgeteilt. Die Armee bekam das asiatische Festland und die Inseln des Südpazifik (Sumatra und Java) in ihre Obhut, die Marine regierte über die pazifische Inselwelt von den Aleuten (im Juni 1942 besetzt) über die Philippinen bis zu den Gilbert-Inseln im Südostpazifik. Eine koordinierte Logistik für dieses weiträumige Gebiet war weder von der Marine selbst noch von den See-Transporteinheiten des Heeres zu leisten.

Die in der Propaganda gepriesene Gleichheit aller asiatischen Völker entsprach keinesfalls den Realitäten der japanischen Besatzungspolitik. Das Armeeoberkommando in Shonan, wie Singapur nun hieß, unterteilte die Völker in drei Gruppen: »Herrenvölker« – »Fremdvölker« – »Gastvölker« und erarbeitete entsprechende Richtlinien für ihre Behandlung. Von den japanischen »Herrenmenschen« wurde die »Reinheit des Blutes« verlangt – Mischehen etwa mit Chinesen waren unvorstellbar – und alles Japanische allgemein zur überlegenen Zivilisation erklärt.

Die japanische Sprache wurde im gesamten beherrschten Ostasien als zukünftige Verkehrssprache verbindlich gelehrt, in Siam wie auf Java oder den Philippinen, das Chinesische als die traditionelle Lingua franca Südostasiens drastisch zurückgedrängt. Die verfeinerte japanische Kultur und nicht zuletzt auch die japanische

Am 18. 4. 1942 starteten B-25-Bomber vom Flugzeugträger »USS Hornet« zum Überraschungsangriff »Doolittle Raid« auf Tokio.

100001

Küche wurde den Besetzten als höhere Werte gepriesen. Um die Substanz der vom Kriege dezimierten heimatlichen Bevölkerung zu erhalten, wurden gegen Ende des Krieges die bereits seit Jahrzehnten japanisierten Taiwanesen und Koreaner schlichtweg zu japanischen Staatsbürgern erklärt.

Eine allerdings vergebliche Revision dieser japanischen Kolonialpolitik, die vom Ausmaß der Unterdrückung und wirtschaftlichen Ausbeutung her die Politik der »weißen« Kolonialherren weit übertraf, erfolgte im Zusammenhang mit den militärischen Rückschlägen. Als der Pazifikkrieg militärisch nicht mehr zu gewinnen war, sollte Großostasien wenigstens politisch stabilisiert werden und derart vereint dem Westen entgegentreten. Außenminister Shigemitsu Mamoru setzte nunmehr die alten Pläne zur Befreiung der befreundeten Nationen um. Birma (1. August 1943), die Philippinen (14. Oktober 1943) und schließlich die Regierung Freies Indien (21. Oktober 1943) wurden nominell in die Unabhängigkeit entlassen.

Außerdem schloss Japan mit der von ihm kontrollierten chinesischen Nankinger Regierung unter Wang Jingwei eine Reihe von Verträgen, mit denen die vollständige

Ein chinesischer Soldat bewacht P-40 Hellcat Fighter der US-Streitkräfte, die nach einem Angriff auf japanische Stellungen in China landeten.

Gleichrangigkeit beider Länder besiegelt wurde und sich Japan zu einem Abzug seiner Truppen bei Kriegsende verpflichtete. Den Höhepunkt dieser politischen Bemühungen um eine unter japanischer Führung geeinte asiatische Völkerfamilie bildete die Anfang November 1943 in Tokio abgehaltene »Großostasienkonferenz«. In einer Art Gegenerklärung zur Atlantikcharta verlangten die Völker Asiens in ihrer Deklaration die gleichen Freiheitsrechte für sich, wie sie die Angloamerikaner proklamiert hatten, und sie verpflichteten sich zudem zu uneigennütziger Kooperation. Japan als den Raum beherrschende Macht hatte sich in diesem zukunftweisenden Dokument vollständig zurückgenommen. Doch die hehren Absichten asiatischer Brüderlichkeit konnten in der auch für die asiatischen Völker immer härter werdenden Realität des Krieges nicht umgesetzt werden.

Die Situation in den besetzten Gebieten verschlechterte sich von Tag zu Tag. Hungersnöte und Seuchen forderten wie in Vietnam Hunderttausende von Opfern und gaben den radikalen Richtungen innerhalb der Unabhängigkeitsbewegungen, den Kommunisten, Auftrieb. Die Indochina am 11. März 1945 von Japan gewährte Unabhängigkeit sollte diese politische Radikalisierung eindämmen und das Land gegen eine befürchtete westliche Gegenoffensive einigen. Wenige Tage nach dem Waffenstillstand erhielt auch Niederländisch-Indien die Eigenstaatlichkeit von dem japanischen Armeeoberbefehlshaber zugesprochen, um auch in diesem Gebiet eine Rückkehr der alten westlichen Kolonialmacht wenn nicht zu verhindern, so doch massiv zu erschweren. Japan hatte 1945 die Völker Südostasiens politisch befreit, doch um einen so hohen Preis, dass dem ehemaligen Befreier noch heute der Hass der ehedem unterdrückten und ausgeplünderten Völker entgegenschlägt.

Die »Heimatfront«: Allgemeiner Mangel und sozialer Wandel

In keinem der Krieg führenden Länder herrschte ein derart eklatanter Mangel an allem, von Konsumgütern bis zu den Grundnahrungsmitteln, wie in Japan. Das gesamte administrativ-politische und wirtschaftliche System war einem längeren, großen Krieg nicht gewachsen. Die japanische Wirtschaft, deren Stahlproduktion nur 7,7 Prozent der ihres amerikanischen Hauptgegners ausmachte, konnte weder die Belange der Streitkräfte noch die elementaren Bedürfnisse der Bevölkerung befriedigen. Nur der hohen Kampfmoral und Durchhaltebereitschaft der Bevölkerung war es zuzuschreiben, dass die sich gegen Kriegsende immer weiter verschlimmernde Mangelsituation nicht zu politischen Protesten führte.

Als die amerikanische Besatzungsmacht das Land »befreien« wollte, fand sie in den Gefängnissen nur eine Hand voll unverbesserlicher Kommunisten, die sich dem »Ruf des Vaterlandes« entzogen hatten. Obwohl die Regierung mit den Kriegsmobilisierungsgesetzen von 1938 alle Vollmachten hatte, um auch im Bereich der Wirtschaft lenkend einzugreifen, bestimmten etwa acht Zaibatsu-Großkonzerne über die gesamte Rüstungsproduktion. In keinem der Krieg führenden Länder besaßen die Wirtschaftsführer einen derartigen Einfluss auf den Verlauf des Krieges und vor allem auf die Situation im Mutterland selbst.

Entsprechend der vertikal ausgerichteten Struktur der japanischen Gesellschaft wurde die gesamte Industrie mit dem Gesetz über »Industriekontrollausschüsse« 1941 in nach Branchen organisierte Zwangskartelle überführt. Eine wirksame Koordination der Rüstungsanstrengungen zwischen den einzelnen Wirtschaftszweigen etwa auf ein kriegswichtiges Endprodukt, wie Tankschiffe oder Flugzeuge, war fortan erschwert und blieb meist im Dickicht der aufgeblähten Bürokratie stecken. Die Zaibatsu dominierten die Industriekontrollausschüsse, forcierten mit erzwungenen Zusammenlegungen von Firmen den Konzentrationsprozess zu ihren Gunsten und wirtschafteten selbstherrlich in die eigenen Taschen, unbekümmert um die Erfordernisse der Truppe.

Erst als der Mangel nicht mehr zu übersehen war und die Rüstungsproduktion vor allem wegen der fehlenden Seetransportkapazitäten drastisch zurückgefahren werden musste, wurden mit der Errichtung des Munitionsministeriums am 15. Januar 1944 die Schlüsselindustrien reorganisiert. Die vertikalen Strukturen der Wirtschaft wurden nunmehr aufgebrochen und 150 kriegswichtige Betriebe direkt diesem neuen Ministerium unterstellt,

Die Kämpfe um Schanghai dauerten rund drei Monate. Hier standen sich gut ausgebildete chinesische Soldaten und fanatische Japaner gegenüber. Am Ende lag die Stadt in Trümmern.

um die Produktion von Flugzeugen und Tankern zu koordinieren.

Aber alle Anstrengungen und gewaltigen Produktionserfolge im Schiffsbau konnten die Defizite nicht mehr ausgleichen. Die amerikanische Flotte versenkte während des Krieges etwa 86 Prozent der den Japanern zur Verfügung stehenden Handelstonnage. Die Kriegswirtschaft im Mutterland wurde durch die unaufhaltsame Dezimierung der Transportkapazitäten trockengelegt, noch bevor die massiv im Frühjahr 1945 einsetzenden Luftbombardements die Infrastruktur zerstörten und die Produktion zum Erliegen brachten. Vormodernes Denken und Handeln hatten diesen Prozess des wirtschaftlichen Zusammenbruchs beschleunigt.

Nicht die Wirtschaft als solche hatte versagt, sondern die Führungsstrukturen. Rationalem Handeln standen überkommene Ehrbegriffe entgegen, wenn sich die kaiserliche Marine weigerte, Konvoischutz für Handelsschiffe zu fahren, und einen von U-Booten zu führenden Handelskrieg ablehnte. Doch trotz aller Unzulänglichkeiten der japanischen Rüstungsindustrie erlebten die dem Munitionsministerium unterstellten Betriebe einen beachtlichen technischen und administrativen Innovationsschub. Auch die kostenlose Überlassung sämtlicher deutscher Patente, wie sie der Vertrag vom 2. Januar 1944 über die gegenseitige Zurverfügungstellung von Nachbaurechten vorsah, kam einem einseitigen Technologietransfer gleich und half wesentlich mit, den technischen Rückstand der japanischen Industrie zu überwinden.

Die Grundlagen für Japans rasanten wirtschaftlichen Aufstieg in der Nachkriegszeit wurden in den Neuerungsprozessen der Rüstungswirtschaft während des Krieges gelegt. Auch in der japanischen Landwirtschaft, in der während des Krieges immer noch knapp die Hälfte aller Erwerbstätigen beschäftigt war, wirkte das Kriegsgeschehen als Modernisator und half, die alte feudale Ordnung der Pachtverhältnisse aufzubrechen. Da die Versorgung mit dem Grundnahrungsmittel Reis durch die heimische Produktion nicht gewährleistet war, wurden erste Rationierungen noch vor Ausbruch des Pazifikkrieges vorgenommen. Diese erfolgten jedoch nicht entsprechend den Bedürfnissen von Einzelpersonen, sondern wurden kollektiv über die Nachbarschaftsverbände, den Zusammenschluss mehrerer Familien, vorgenommen.

Aber alle Anstrengungen und Reformansätze konnten nicht verhindern, dass der Krieg in Japan wie in keinem anderen Land auf dem Rücken der Massen ausgetragen wurde. Die Konsumgüter wurden schon vor Kriegsbeginn um ein Drittel reduziert, sie wurden mit fortlaufendem Krieg immer weniger und verschwanden 1944 endgültig aus den Geschäftsregalen. Der Nahrungsmittelverbrauch ging bis Ende 1944 in Japan um etwa zwanzig Prozent zurück.

Im Frühjahr 1945 brach die Nahrungsmittelversorgung an der »Heimatfront« endgültig zusammen, da alle Bestände dem Militär zugeführt wurden. Die systematische Zerstörung der japanischen Städte – bei den Großangriffen auf Tokio im Frühjahr 1945 fanden mehr Menschen den Tod als bei den späteren Atombombenabwürfen – trieb die Bevölkerung auf das Land zurück, wo sie zur Subsistenzwirtschaft überging. Das kaiserliche System stand vor dem endgültigen Kollaps, als es in der Propaganda am lautesten in Endsiegparolen verherrlicht wurde. *Bernd Martin*

Hiroshima und Nagasaki: Das Ende des kaiserlichen Japan

Mit dem Fall der zu den Marianen gehörenden Insel Saipan Anfang Juli 1944 geriet das Mutterland erstmals in den Aktionsradius amerikanischer Fernbomber. Trotz fanatischen Widerstandes der Inselgarnison – von 30 000 Verteidigern sollten nur 2 000 Mann überleben – waren die Amerikaner in die innere Verteidigungszone Japans eingedrungen. Hatten ähnlich schwer wiegende Niederlagen der Deutschen einen gescheiterten Putschversuch am 20. Juli 1944 gegen Hitler zur Folge, so zwang in Japan der Rat der Älteren Staatsmänner, die inoffizielle Versammlung aller ehemaligen Premierminister, General Tōjō zum Rücktritt und installierte eine von Heer und Marine gleichermaßen getragene Doppelregierung mit General Koiso Kuniakai und Admiral Yonai Mitsumasa.

Mit dieser Regierungsumbildung hatte die Marine politischen Einfluss zurückgewonnen und sondierte erstmals die Möglichkeiten eines Friedensschlusses. Die japanische Armee nutzte den politischen Wechsel, um die Kriegführung weiter zu radikalisieren. Nach wie vor

Das Atoll Tarawa war vom 20. bis 23. 11. 1943 Schauplatz eines der heftigsten Kämpfe zwischen Japanern und Amerikanern. Die Japaner hielten Teile der Insel besetzt, um das japanische Festland zu verteidigen. Diese gewonnene Schlacht war für die Alliierten ein Wendepunkt im Pazifikkrieg.

100001

100001

Am 20. 10. 1944 wurde die japanische Armee in der Seeschlacht bei Leyte vernichtend geschlagen. Damit wurde der Weg frei für amerikanische Landungsunternehmen. Das Bild zeigt die »USS Pennsylvania« und ihren Marinekonvoi im Januar 1945 auf den Philippinen.

durchdrungen von der Tenno-Ideologie und der aus ihr abgeleiteten panasiatischen Befreiungsmission, setzte die Armee nach deutschem Vorbild die totale Mobilmachung durch, zog erstmals massenweise ganze Jahrgänge ein und startete auf dem asiatischen Festland zwei groß angelegte Landoffensiven.

Blieb der von Birma aus gegen Indien vorgetragene Feldzug an der Grenze stecken und weitete sich schließlich zum ersten militärischen Desaster für die kaiserliche Armee aus, so gelang es den Heeresverbänden in China, die Landbrücke zwischen Hankou (Wuhan) und Kanton zu schließen und die dortigen amerikanischen Flugbasen auszuschalten. Politisch setzte die Armee nunmehr auf die Sowjetunion als möglichen Verbündeten im Rahmen einer asiatischen Blockpolitik und offerierte Moskau erstmals Zugeständnisse wie die Rückgabe der 1906 erworbenen Südhälfte der Insel Sachalin. Eine Koordination der militärischen und politischen Aktionen von Heer und Marine fand jedoch auch unter der neuen Regierung nicht statt.

Als die japanische Marine nach der geglückten amerikanischen Landung auf den Philippinen am 20. Oktober 1944 in der Seeschlacht bei Leyte praktisch aufge-

INFOBOX

Das »Manhattan Project«

»Manhattan Project« war die Tarnbezeichnung für das streng geheime, seit Sommer 1942 durchgeführte Projekt zur Entwicklung der amerikanischen Atombombe.

Nachdem Albert Einstein den amerikanischen Präsidenten Franklin D. Roosevelt bereits 1939 auf die deutschen Fortschritte in der Kernforschung aufmerksam gemacht und den Bau einer amerikanischen Atombombe angeregt hatte, verstärkten die USA ihre Anstrengungen.

1942 wurden die Aktivitäten unter Federführung des Heerespionierkorps gebündelt, seit 1943 arbeitete die wissenschaftliche Abteilung unter Leitung von Robert Oppenheimer und Enrico Fermi in Los Alamos (New Mexico), wo auch die Endfertigung der Atombombe erfolgte. Zeitweise waren am »Manhattan Project« an mehr als 30 Forschungs- und Produktionsorten bis zu 130 000 Mitarbeiter beteiligt.

Am 16. 7. 1945 wurde die erste Atombombe (»Trinity«) auf dem Luftwaffen-Versuchsgelände Alamogordo südlich von Los Alamos gezündet. Präsident Harry S. Truman ordnete daraufhin den Einsatz der neuen Waffe auf japanische Städte an.

rieben wurde, lag der verbliebene und nunmehr in zwei Hälften gespaltene japanische Machtbereich amerikanischen Landungsunternehmen offen. Auch die bei den Philippinen erstmals zum Einsatz gekommenen japanischen Selbstopfer-Fliegerverbände, die Kamikaze (japa-

INFOBOX

Einsteins Anteil an der Bombe

1951 wurde Albert Einstein vom Chefredakteur der japanischen Zeitschrift »Kaizo« gefragt, warum er an der Erzeugung der Atombombe mitgewirkt habe. Er antwortete:

»Meine Beteiligung bei der Erzeugung der Atombombe bestand in einer einzigen Handlung: Ich unterzeichnete einen Brief an Präsident Roosevelt, in dem die Notwendigkeit betont wurde, Experimente im Großen anzustellen zur Untersuchung der Möglichkeit der Herstellung einer Atombombe.

Ich war mir der furchtbaren Gefahr wohl bewusst, die das Gelingen dieses Unternehmens für die Menschheit bedeutete. Aber die Wahrscheinlichkeit, dass die Deutschen am selben Problem mit Aussicht auf Erfolg arbeiten dürften, hat mich zu diesem Schritt gezwungen. Es blieb mir nichts anderes übrig, obwohl ich stets ein überzeugter Pazifist gewesen bin. Töten im Krieg ist nach meiner Auffassung um nichts besser als gewöhnlicher Mord.«

INFOBOX

»Vater der Atombombe«

Der amerikanische Atomphysiker Robert Oppenheimer (1904–67) wurde 1943 zum Direktor der Forschungslaboratorien in Los Alamos, New Mexico, ernannt. Damit hatte er die Position des wissenschaftlichen Leiters des amerikanischen Atomenergieprojekts (»Manhattan Project«) inne und war für die Entwicklung und Herstellung der amerikanischen Atombomben verantwortlich.

Da sich Oppenheimer später dem Bau der Wasserstoffbombe in den USA widersetzte, wurde Ende 1953 wegen (angeblicher) kommunistischer Gesinnung ein Untersuchungsverfahren gegen ihn eingeleitet; 1954 verlor er den Zugang zu allen Staatsgeheimnissen; 1963 wurde er rehabilitiert.

nisch »göttliche Winde«), vermochten den amerikanischen Landungseinheiten zwar schwere Schäden zuzufügen, die Wiedereroberung der Inseln aber nicht zu vereiteln.

Bei den Kämpfen um die zum Mutterland gerechnete Insel Okinawa ereichte der systematisch von der Armee entfachte Fanatismus seinen Höhepunkt, als etwa

Ein US-Soldat zielt auf einen japanischen Heckenschützen beim Kampf um Okinawa. Rund 112 000 japanische Soldaten fanden den Tod oder töteten sich selbst, um nicht in Gefangenschaft zu geraten. Selbst Schulklassen stürzten sich vor den anrückenden Amerikanern von den Klippen ins Meer.

100001

100562

Die Innenstadt von Hiroshima nach dem Abwurf der ersten Atombombe am 6. 8. 1945; das Gebäude der Industrie- und Handelskammer bleibt teilweise stehen und wird später zum Mahnmal.

112 000 japanische Soldaten den Tod fanden oder freiwillig den Tod suchten, um nicht in Gefangenschaft zu geraten. Die Armee riss mit ihrer Selbstaufopferung Tausende von Zivilisten mit in den Tod. Ganze Schulklassen samt ihren Lehrern stürzten sich vor den anrückenden Amerikanern mit Siegrufen für den Tenno von den Klippen ins Meer.

Der Kampf bis zum letzten Mann auf der zum Mutterland gerechneten Insel Okinawa vom 1. April bis 21. Juni 1945 verleitete die amerikanische Führung zur Überschätzung des japanischen Widerstandspotenzials und ließ sie vor einer Invasion der Hauptinseln erst einmal zurückschrecken. Aus amerikanischer Sicht sollte der japanische fanatische Widerstand ohne übermäßige eigene Verluste durch eine sowjetische Kriegsbeteiligung und den Abwurf von zwei Atombomben gebrochen werden. Die Erkenntnisse der amerikanischen Luftaufklärung, dass Japan nicht länger kampffähig sei, wurden bei den beiden politisch motivierten Grundsatzentscheidungen übergangen.

s. ZEIT Aspekte
Atombombe S. 539

Hatte die Niederlage auf Okinawa erneut zu einer Regierungsumbildung geführt und einen Admiral, Suzuki Kantaro, auf den Posten des Premierministers gebracht, so vermochte sich die Marine mit ihren Vorstellungen, den aussichtslosen Krieg nunmehr politisch zu beenden, noch immer nicht gegen die vom Endsieg nach wie vor überzeugten fanatischen Armeekreise durchzusetzen. Auch die deutsche Kapitulation änderte an der unbeugsamen Haltung Japans vorerst nichts. Im Sommer 1945 in der Schweiz und in Schweden vorsichtig vorgebrachte Friedenssondierungen kamen den USA dann ebenso ungelegen wie die der Sowjetunion angetragene Mittlerrolle den Russen.

Die neue amerikanische Regierung unter Präsident Harry S. Truman wollte ihrerseits mit dem Einsatz der Atombombe vor allem ein Zeichen ihrer militärischen Überlegenheit gegenüber einem auf der Potsdamer Konferenz immer selbstbewusster auftretenden Stalin setzen. Denn militärisch war der Abwurf der beiden Atombomben auf die von Luftangriffen ausgesparten Städte Hiroshima am 6. August und Nagasaki am 9. August genauso überflüssig wie die ebenfalls am 9. August erfolgte sowjetische Kriegserklärung.

Beim Atombombenabwurf auf Hiroshima sterben 130 000 Menschen sofort. Die Stadt wird zu 80 Prozent zerstört. Bis heute sind durch die Langzeitfolgen des Abwurfs insgesamt mehr als 240 000 Menschen gestorben.

100264

INFOBOX

Atombombenabwurf

In den Pazifikschlachten 1944 und mit der Eroberung Okinawas durch die USA 1945 war die japanische Seemacht vollständig besiegt worden. Auf der Konferenz von Potsdam forderten die USA, Großbritannien und die Sowjetunion Japan am 26. 7. 1945 ultimativ auf, die Waffen niederzulegen. Als die Japaner ablehnten, entschloss sich der neue amerikanische Präsident Harry Truman zum Einsatz der Atombombe: Am 6. 8. 1945 warf der US-B-29-Bomber »Enola Gay« um 8.15 Uhr Ortszeit die erste Atombombe auf Hiroshima ab, am 9. 8. die zweite auf Nagasaki. Insgesamt wurden etwa 130 000 Einwohner getötet und über 100 000 verwundet. Die Anzahl der Langzeitopfer durch Verstrahlung ist nicht zu schätzen. Bereits am 10. 8. schickte Kaiser Hirohito ein Kapitulationsangebot an die Alliierten.

Am 2. 9. unterzeichneten die japanischen Unterhändler die bedingungslose Kapitulation, der die Entwaffnung der japanischen Armee bis Ende Oktober 1945 folgte. Der Krieg im Pazifik war damit beendet. Mit dem einzigen Atomwaffeneinsatz in der Geschichte der Menschheit wurde das Zeitalter der nuklearen Aufrüstung eingeläutet.

Volk und Führung in Japan kapitulierten auch nicht wegen der beiden Atomschläge oder wegen des Vormarsches der Roten Armee in der Mandschurei, sondern die Japaner streckten letztendlich die Waffen vor der eigenen Unfähigkeit, westliche Technik und westliches Gedankengut mit japanischen Lebensformen zu verschmelzen. Der gottgleiche Tenno selbst entschied auf den Kaiserlichen Konferenzen am 10. und 14. August, sich in das Unvorstellbare zu schicken und damit seine Entgöttlichung einzuleiten. Am 15. August sprach der himmlische Herrscher erstmals über den Rundfunk zu seinen Untertanen und verkündete den Waffenstillstand.

Die förmliche Kapitulation wurde am 2. September 1945 an Bord des amerikanischen Schlachtschiffes »Missouri« in der Bucht von Tokio unterzeichnet, wo 92 Jahre zuvor amerikanische Kriegsschiffe gewaltsam die Öffnung des Landes erzwungen hatten. Der Kreis hatte sich geschlossen – das Experiment einer erzwungenen Modernisierung nach westlichen Vorbildern war gescheitert.

Bernd Martin

ZITAT

Ein Mitglied der Bordcrew erinnert sich an den Abwurf der Atombombe auf Nagasaki am 9. 8. 1945:
Der Beobachter im Heckstand unserer Maschine sah einen riesigen Feuerball, der aus der Erde zu wachsen schien und gewaltige weiße Rauchringe ausstieß. Dann sahen wir eine riesenhafte purpurrote Feuersäule, die mit rascher Geschwindigkeit emporstieg.

ZITAT

Ihre Hoffnungen für eine bessere Zukunft drückt Käthe Kollwitz in ihrem letzten Brief vom 16. 4. 1945, wenige Tage vor ihrem Tod, aus:

Der Krieg begleitet mich bis zu Ende. Aber es wird ein neues Ideal entstehen, und es wird mit allem Krieg zu Ende sein... In dieser Überzeugung sterbe ich. Man wird hart dafür arbeiten müssen, aber man wird es erreichen... Es ist eine neue Idee, die Idee der Bruderschaft der Menschen.

Ein amerikanischer Soldat steht in den Trümmern der Altstadt von Köln und blickt auf den Dom.

Am Ende des Krieges: Eine Bilanz

Der größte Land-, Luft- und Seekrieg der Geschichte forderte Opfer, die alles Bisherige in den Schatten stellten. Nach abgerundeten Schätzungen, die freilich erheblich voneinander differieren, lag die Zahl der Toten und Vermissten des Zweiten Weltkriegs bei insgesamt 55 Millionen. Im Verhältnis viel höher als in allen bisherigen Kriegen war in diesem »totalen Krieg« der Anteil der getöteten Zivilisten: Durch Luftangriffe, Partisanenkämpfe, Massenvernichtungen, Arbeits- und Konzentrationslager, Erschießungen, Racheakte, unmittelbare Kriegseinwirkungen, Besatzungsherrschaft, Flucht, Deportation und Vertreibung kamen mehr als 25 Millionen Zivilisten um, darin eingeschlossen die fünf bis sechs Millionen Opfer des nationalsozialistischen Rassenwahns. Hinzu kamen Millionen von Kriegsversehrten und Krüppeln, deren Leben durch den Krieg zerstört war. Bei der Aufgliederung nach Nationalitäten fällt auf, dass der Anteil der getöteten Zivilpersonen dort besonders hoch war, wo die deutsche und japanische Besatzungsherrschaft und die im Osten vorrückenden Sowjetarmeen ihre Spuren hinterlassen haben. Die enorm

INFOBOX

Untergang der »Wilhelm Gustloff«

Am 23. 3. 1938 unternahm die zur Flotte der Organisation »Kraft durch Freude« (KdF) gehörende Wilhelm Gustloff ihre erste Ausfahrt. Mit 25 484 Bruttoregistertonnen, 208,5 m Länge, 23,6 m Breite und zehn Decks war das Schiff für 417 Besatzungsmitglieder und rund 1 465 Passagiere ausgelegt. Nach Ausbruch des Zweiten Weltkriegs war die Wilhelm Gustloff »Hilfsbeischiff der Kriegsmarine« – zunächst Lazarettschiff, dann lag sie als Kasernenschiff in Gotenhafen vor Anker. Da der Landweg nach Westen abgeschnitten war, befanden sich am Kriegsende Hunderttausende auf der Flucht vor der Roten Armee auf dem Weg an die Ostseeküste, um über See evakuiert zu werden. Am 30. 1. 1945 ging das mit 4 974 Flüchtlingen sowie 1 626 Besatzungsmitgliedern und Marineangehörigen (darunter Verwundeten) völlig überfüllte Schiff in Richtung Kiel–Flensburg in See. Am selben Abend wurde es vor Stolpmünde von drei Torpedos eines sowjetischen U-Boots getroffen und sank kurz darauf; dabei fanden 5 348 Menschen, darunter etwa 3 000 Kinder, den Tod; nur 1 252 konnten durch andere Schiffe gerettet werden.

100880

hohen materiellen Kriegsschäden dürften ebenso wie die finanziellen Kosten kaum zuverlässig aufzurechnen sein.

Der Zweite Weltkrieg hat in Europa Millionen Menschen jeden Alters meist unter Zwang und Terror und unter unsagbarem persönlichen Leid in Bewegung gesetzt. Schon in der ersten Kriegsphase wurden neun Millionen Menschen in dem von Hitler beherrschten Europa »zurückgesiedelt«, »umgesiedelt«, »eingedeutscht«, »umgevolkt« oder einfach verschleppt. Das »Jahrhundert der Flüchtlinge« war geprägt durch die Umsiedlung Volksdeutscher »heim ins Reich« von 1939 bis 1944, die Zwangsumsiedlung von Polen 1939/41 ins Generalgouvernement und durch die Sowjets nach Nordrussland, die Deportation von Volksdeutschen und »unzuverlässigen« Völkern 1941 durch Stalin nach Sibirien, die Zwangsrekrutierung von etwa neun Millionen »Fremdarbeitern« für die deutsche Kriegswirtschaft und am Ende von etwa zwölf Millionen deutschen Flüchtlingen und Vertriebenen aus dem Osten und Südosten Europas. Etwa dreißig Millionen Europäer, darunter sechzig Prozent Deutsche, sollen durch den Krieg ihre Heimat verloren haben. Der

Auf den Ruinen des Reichstagsgebäudes in Berlin hissen am 30. 4. 1945 Soldaten der Roten Armee die Sowjetflagge (kolorierte Schwarz-Weiß-Aufnahme).

100880

100563

Mitte Februar 1945 bombardieren die Alliierten die Stadt Dresden, die von Flüchtlingen aus dem Osten überfüllt ist. Schätzungen zufolge kommen dabei 35 000 bis 135 000 Menschen zu Tode. Das Bild zeigt den Blick vom Rathausturm auf die Ruinen der Innenstadt von Dresden.

Krieg hatte Familien auseinander gerissen, über Jahrhunderte gewachsene Siedlungsgemeinschaften und Sozialmilieus zerstört und viele Millionen entwurzelt.

Auschwitz, Dresden, Hiroshima, Nagasaki - jedes dieser Ereignisse steht für sich und kann nicht gegen das andere aufgerechnet werden. Sie dokumentieren insgesamt das ganze Ausmaß von moderner Gewaltanwendung, Zerstörung und Verrohung, das dem Zweiten Weltkrieg seine spezifische Prägung gegeben hat.

Folgenschwer war auch die politische Bilanz dieses Kriegs. Mit der bedingungslosen Kapitulation schied Deutschland als Großmacht aus dem europäischen Mächtekonzert aus und verlor ein knappes dreiviertel Jahrhundert nach der Gründung wieder seine Einheit als Nationalstaat - für die kommenden 44 Jahre. Der Schwerpunkt des internationalen Geschehens verlagerte sich nun weg von Europa auf die Flügelmächte, die USA und die Sowjetunion. Mitten durch Europa zog sich jetzt ebenso wie quer durch Korea ein »Eiserner Vorhang«.

In den blutigen chauvinistischen und imperialistischen Exzessen des Zweiten Weltkriegs erreichte die im Europa des 19. Jahrhunderts entfaltete Nationalstaatsidee ihre äußerste Perversion; und doch vermittelten ge-

100001

Amerikanische Soldaten bewachen im April 1945 deutsche Soldaten. Für viele Soldaten beginnt nicht erst mit dem Ende des Krieges eine jahrelange Kriegsgefangenschaft.

rade die Erfahrungen dieses Kriegs mit der Atlantikcharta vom 14. August 1941, der Gründung der Vereinten Nationen (UNO) in San Francisco am 26. Juni 1945 und den Entwürfen für ein vereintes Europa jene entscheidenden Impulse, um den Nationalstaat langsam zu überwinden, die alten Gräben zwischen den Nationen – etwa zwischen Deutschland und Frankreich – zuzuschütten oder zumindest zu überbrücken und so etwas wie eine globale Friedensordnung zu errichten.

Ging der Schock des ersten »totalen Kriegs« in der Geschichte offenbar trotz hoffnungsvoller Ansätze im Völkerbund und in den zahlreichen Entwürfen für eine europäische Ordnung nicht tief genug, um der Welt mehr als dreizehn Friedensjahre bis zum Einfall der Japaner in die Mandschurei am 18. September 1931 zu vergönnen, so hat die zwischen 1939 und 1945 freigesetzte zerstörerische Kraft der modernen Technik bis hin zum Einsatz von Kernwaffen einen Prozess des Umdenkens ausgelöst, der den kriegerischen Austrag globaler internationaler Streitigkeiten bis heute als selbstmörderisch verhindert hat. Das schloss nicht aus, dass ab 1945 viele kleinere und mittlere »konventionelle« militärische Konflikte und »Stellvertreterkriege« ausgetragen wurden.

Bernd Jürgen Wendt

Exkurs: Der Antisemitismus

Drangsaliert, verfolgt, ermordet

Als »Gottesmörder« stigmatisiert: Der Antijudaismus in Mittelalter und früher Neuzeit

Das Wort »Antisemitismus« dient einerseits als Oberbegriff für jede Art von Judenfeindschaft, andererseits charakterisiert dieses im letzten Drittel des 19. Jahrhunderts entstandene Wort im engeren Sinne eine neue, nicht christlich, sondern pseudowissenschaftlich mit Rasseneigenschaften und Rassemerkmalen argumentierende Form des antijüdischen Vorbehalts. Von diesem modernen Antisemitismus ist der religiös motivierte, ältere Antijudaismus zu unterscheiden, der freilich den Nährboden für die im 19. Jahrhundert sich ausbreitende neue Judenfeindschaft bildete.

Der Antijudaismus im Mittelalter
Die Vorbehalte gegen Juden waren, nachdem sich das Christentum im 3./4. Jahrhundert als Staatsreligion im Römischen Reich durchgesetzt hatte, zunächst auch im Mittelalter ausschließlich religiöser Natur. Allerdings bestimmte der Glaube in existenziellem Umfang den Alltag, und religiöse Differenzen hatten entsprechend einschneidende Bedeutung. Die Verweigerung der Taufe, das Festhalten am eigenen Ritus, das Unverständnis der Juden für die Erlösungsidee durch Christus machte die Juden in christlichen Augen zu »Verstockten«.

Aus dem religiösen Unverständnis zwischen Minderheit und Mehrheit folgte die sowohl von Kirchenlehrern als auch von Rabbinern erhobene Forderung nach äußerer Trennung zwischen den Anhängern des Alten Testaments, die sich als erwähltes Volk verstanden, und denen, die, erlöst durch Jesus Christus, an die Überwindung des Alten Testaments glaubten und als christliche Gemeinschaft die Mehrheit bildeten. Nach christlicher Lehrmeinung galten die Juden als »Gottesmörder«, so Abt Hieronymus von Bethlehem. Bischof Johannes I. Chrysostomos von Antiochia schrieb, die Synagoge sei eine »Sammelstätte der Christusmörder«.

Die religiösen Vorschriften, vor allem die strenge Sabbatruhe und die rituellen Speisegesetze, zwangen die Juden auch in gesellschaftlicher und ökonomischer Hinsicht in die Rolle von Außenseitern in der Gesellschaft. Vom Warenaustausch – mit Ausnahme ländlichen Kleinhandels – und der Produktion aufgrund christlich definierter ständischer und zünftiger Ordnung des Wirtschaftslebens ausgeschlossen, waren Juden auf den Geldhandel beschränkt, da Zinsnehmen als Wucher Christen verboten war. Die Pfandleihe wurde jüdisches Monopol, geschützt von Königen und Fürsten, erkauft durch hohe Abgaben der Juden. Trotz ihrer eigenen Ausbeutung waren nur die jüdischen Geldverleiher dem Hass ihrer Schuldner ausgesetzt und nicht diejenigen, die dieses Finanzsystem für sich benutzten.

Am Ende des 11. Jahrhunderts entluden sich religiöse Gegensätze und gesellschaftliche Ressentiments in Gewaltakten gegen die jüdische Minderheit in Europa. Der erste Kreuzzug 1096 – der Intention nach ein Krieg gegen »Ungläubige« zur Befreiung des Heiligen Landes – wurde von fanatisierten Christen, die als Angehörige der Unterschichten, als verarmte Bauern, Abenteurer und Mittellose aus Sozialneid handelten, zunächst gegen Juden in ganz Mitteleuropa geführt, etwa in den Städten des Rheinlandes. Von den Kreuzfahrern bedrängt, standen die Juden vor der Wahl, getötet zu werden oder den christlichen Glauben durch den Empfang der Taufe als richtiges Bekenntnis anzuerkennen. Nach »geglückter Mission« endete die Verfolgung, da sie ausschließlich durch religiöse Ressentiments motiviert war. Die meisten Juden wählten jedoch den Tod.

Die Gewaltaktionen hatten, wie auch diejenigen späterer Kreuzzüge, die alle judenfeindlich waren, den Charakter von Pogromen, das heißt, die Gewalt richtete sich nicht gegen einzelne, sondern gegen alle Angehörige der

Brennende Synagoge in Bielefeld – zerstört in der Pogromnacht vom 9. auf den 10. 11. 1938; in dieser Nacht erreichte der Antisemitismus im nationalsozialistischen Deutschland vor dem Holocaust seinen Höhepunkt.

100563

100297

Die Mitteltafel von Fernando Gallegos Altars zeigt den segnenden Christus, umgeben von den Evangelisten und den Allegorien von Ecclesia (Neues Testament) und Synagoge (Altes Testament). Die blinde Synagoge mit zerbrochenem Fahnenstab hat keine Standfestigkeit (1492; Madrid, Prado).

Minderheit; die religiös-christliche Motivation sprengend, gehörten Plünderungen, Diebstahl und Raub untrennbar zum gewalttätigen Geschehen.

Zur Begründung der aggressiven Judenfeindschaft wurden seit dem 13. Jahrhundert Legenden und Erzählungen verbreitet, die Ritualmorde und Hostienfrevel zum Gegenstand hatten. 1144 tauchte erstmals in der Gestalt des William von Norwich das Opfer eines angeblich von Juden begangenen Ritualmordes auf. Der Legende nach begehen Juden alljährlich aus Hass auf Christus und die Christen unter Anleitung ihrer Rabbiner in der – von christlicher Seite religiös-emotional besonders sensiblen Passionswoche – einen Mord in ritueller Form an einem unschuldigen christlichen Knaben, um das Leiden Christi zu verhöhnen.

Nach dem Laterankonzil von 1215, das die Transsubstantiationslehre zum Dogma erhob, kam als zweites Motiv die Blutlegende hinzu, nach der die Juden ihren Opfern zur Bereitung von Matzen oder zu medizinischen Zwecken Blut entziehen. Die Unhaltbarkeit solcher Anschuldigungen ergibt sich schon aus den rituellen Geboten der jüdischen Lehre, nach der der Verzehr von Blut den Juden streng verboten ist. Kirchenlehrer und Päpste haben dies auch immer wieder konstatiert, Kaiser und Könige haben die Juden gegen die Blutbeschuldigungen verteidigt, jedoch ohne Erfolg. Die Blutlegenden waren, von Interessenten wie Predigern oder fanatisierten Bettelmönchen im Missionseifer verbreitet, bis ins 20. Jahrhundert wirksam als Anlass zur Verfolgung der Juden.

Die Ritualmordbeschuldigung verbreitete sich von England aus nach Frankreich und Spanien, an den Rhein und an den Bodensee, in den Alpenraum und nach Franken und schließlich im 16. Jahrhundert auch nach Polen. Die Opfer wurden mit kirchlicher Duldung oder Anerkennung Gegenstand der Verehrung als Märtyrer wie Little Hugh of Lincoln (1255), Werner von Bacharach (1287) oder Simon von Trient (1475).

Die judenfeindlichen Anschuldigungen wurden in zahllosen Chroniken, Geschichten, Liedern und Predigtsammlungen überliefert. Wie das Beispiel des Anderl von

INFOBOX

Verunglimpfungen

Die alltägliche Verunglimpfung der jüdischen Bevölkerung, die seit dem 4. Laterankonzil von 1215 zum Tragen eines gelben oder roten Judenhuts und eines gelben Rings auf dem Mantel, gewissermaßen einer Vorform des Judensterns, genötigt wurde, äußerte sich auch in der Darstellung der »Judensau«, die sich fast ausschließlich auf den deutschsprachigen Raum beschränkt. In Kirchen finden sich Abbildungen von Juden, die von Schweinen gesäugt werden, auf ihnen reiten oder gar deren Exkremente verzehren. Die Tatsache, dass den Juden aufgrund ihrer Reinheitsvorschriften der Umgang mit Schweinen und der Genuss von Schweinefleisch ein Gräuel war, trug nur noch zur Popularität, aber auch zur Perfidie des Motivs bei.

Rinn in Tirol zeigt, war der Kult bis in die Achtzigerjahre des 20. Jahrhunderts amtskirchlich geduldet. Wie gefährlich die Ritualmord- und Blutlegenden für die Juden waren und wie lange damit zu Ausschreitungen angestachelt werden konnte, zeigt der Pogrom von Kielce in Polen, bei dem noch 1946 die Vermutung, ein verschwundenes Kind sei von Juden getötet worden, Anlass zum Mord an mindestens 42 Juden, die den Holocaust überlebt hatten, bot.

Des Weiteren beschuldigte man die Juden seit dem 12. Jahrhundert, sie begingen Hostienfrevel. Diese Unterstellung gründete in der Wahnvorstellung, das Volk der »Gottesmörder« ritualisiere den antichristlichen Affekt durch die Wiederholung der Leiden, die einst Jesus zugefügt wurden, am Leib Christi in Gestalt der geweihten Hostie. Im reziproken Verhältnis zu den Hostienwundern, die sich nach vielfältiger Überlieferung ereigneten – die von Juden mit Messern, Dornen und Nägeln gemarterten Hostien sollen zu bluten begonnen haben –, wurden die Juden dämonisiert als Anhänger des Satans, als Verkörperungen des Antichrist.

Die Hostienfrevellegenden zeitigten einerseits Wallfahrten wie die »Deggendorfer Gnad«, die bis 1992 begangen wurde, und eine reiche Erbauungsliteratur, die das religiös motivierte feindselige Judenbild tradierte, andererseits waren sie oft Anlass zu Pogromen gegen Juden,

INFOBOX

Leben in der »Judengasse«

Bereits im 13. und 14. Jh. kam es in Frankfurt am Main zu Judenverfolgungen. Seit 1462 mussten die Juden in der Judengasse im Getto leben und noch 1762 war ihnen ein Spaziergang in der Stadt verboten. Während des Fettmilch-Aufstands (1612–16), in dem die Zünfte die Judengasse plünderten, mussten die Juden über den Main umsiedeln. 1711 zwang ein großer Brand zum Neubau, aber nach wie vor mussten 3000 Juden in extrem beengten Verhältnissen leben. Eine Überwölbung der Abwasserkanäle wurde ihnen 1750 noch immer nicht erlaubt. Auch nach der Zerstörung der Gasse durch die Geschütze der französischen Revolutionstruppen 1796 blieben die Juden vielen Reglementierungen ausgesetzt. Die vollen Bürgerrechte, einschließlich des passiven Wahlrechts, erhielten sie erst 1866.
1938 wurde die Frankfurter Synagoge zerstört, und 1942 wurden alle verbliebenen jüdischen Familien in Konzentrationslager deportiert.

Der um 1840 entstandene Holzstich zeigt die Judengasse in Frankfurt am Main. Seit 1462 mussten die Frankfurter Juden in diesem Getto leben; noch 1762 war ihnen ein Spaziergang in der Stadt verboten.

100880

am weitreichendsten im »Rintfleischaufruhr« von 1298, bei dem in Franken 5000 Juden getötet wurden, und in der »Armleder-Verfolgung« 1336–38, bei der in ganz Süddeutschland, im Elsass, in Böhmen, Mähren und Kärnten 6000 Menschen ermordet wurden. Bei der bis in die Neuzeit wirkenden negativen Stereotypisierung waren die Juden »Ketzern«, »Hexen«, später Freimaurern und Jakobinern als Feinde des Christentums gleichgestellt.

Judenfeindlichkeit in der frühen Neuzeit

Den klerikalen Judenbildern folgten, nicht weniger gefährlich, säkularisierte Zuschreibungen, die die Juden als Verursacher von Übeln stigmatisierten. Die Pestepidemie in Europa Mitte des 14. Jahrhunderts bot Anlass zur

Spekulation, die Juden hätten die Brunnen vergiftet. Auch ökonomische Motive bedingten, dass die Pest zum Vorwand für Verfolgung wurde. Erstmals auf einen weltlichen Vorwurf hin kam es 1348–50 zu mehreren Pogromwellen, in denen die meisten jüdischen Gemeinden zerstört wurden.

Bei der nun folgenden Marginalisierung der Juden durch weltliche Obrigkeiten, durch Städte und Fürsten, hatte die Kirche Schrittmacherdienste geleistet: Das Laterankonzil 1215 hatte beschlossen, dass die »Ungläubigen« durch eine eigene Tracht erkennbar sein sollten – gelber Fleck und Judenhut – und von den Christen abgesondert werden müssten. Das war der Beginn der Gettoisierung der Juden in den Städten und der Regelung ihrer beschränkten Teilnahme am öffentlichen Leben durch eine Unzahl von diskriminierenden Vorschriften.

Die Radierung von Albrecht Altdorfer zeigt den Innenraum der 1519 zerstörten Synagoge von Regensburg (Berlin, Kupferstichkabinett).

50

Seit den blutigen Judenverfolgungen der Kreuzfahrer im 11. Jh. wurden, v. a. in Deutschland, Juden in kirchlich legitimierten Verfolgungen hingerichtet, wie auf der Predellentafel »Das Wunder der entweihten Hostie« von Paolo Uccello dargestellt (1465–69; Urbino, Galleria Nazionale delle Marche).

Lion Feuchtwanger hat in seinem Roman »Jud Süß« die Situation der Juden im späten Mittelalter eindringlich beschrieben: »Im 14. Jahrhundert waren sie hier in mehr als 350 Gemeinden erschlagen, ertränkt, verbrannt, gerädert, erdrosselt, lebendig begraben worden. Die Überlebenden waren zumeist nach Polen ausgewandert. Seitdem saßen sie spärlich im Römischen Reich. Auf 600 Deutsche kam ein Jude. Unter raffinierten Plackereien des Volkes und der Behörden lebten sie eng, kümmerlich, dunkel, hingegeben jeder Willkür. Untersagt war ihnen Handwerk und freier Beruf, die Vorschriften der Ämter drängten sie in verwickelten und verwinkelten Schacher und Wucher. Beschränkten sie im Einkauf der Lebensmittel, ließen sie den Bart nicht scheren, steckten sie in eine lächerliche, erniedrigende Tracht. Pferchten sie in engen Raum, verrammelten die Tore ihres Ghettos,

INFOBOX

Freimaurer

Nach den ersten Gründungen in England entstanden im 18. Jh. Freimaurerlogen in ganz Europa. Die Freimaurer treten unter Achtung der Menschenwürde für Toleranz, für die freie Entfaltung der Persönlichkeit, für Hilfsbereitschaft, Brüderlichkeit und Menschenliebe ein. Ihre Zusammenkünfte sind von symbolgeladenen Ritualen geprägt, die dem Einzelnen seinen Ort in der Gesetzmäßigkeit des Universums anweisen sollen. Von Anfang an gerieten die Freimaurer in heftigen Konflikt mit der katholischen Kirche; ihrer Anziehungskraft tat dies allerdings keinen Abbruch. Viele bekannte Persönlichkeiten waren Freimaurer: Diderot, Lessing, Herder, Goethe, Haydn und Mozart, aber auch noch Gustav Stresemann, Kurt Tucholsky und Carl von Ossietzky.

sperrten sie zu Abend um Abend, bewachten Ein- und Ausgang.«

Im 13. Jahrhundert wandelte sich das Kreditsystem. Die christlichen Zinsrestriktionen wurden gelockert, wodurch Juden und Christen im Geldgeschäft zu Konkurrenten wurden. Nur noch diejenigen borgten gegen hohen Zins bei Juden, die sonst nirgendwo mehr Kredit bekamen. Als antijüdische Stereotype verfestigte sich nun das Bild des jüdischen Wucherers; die jüdischen Minderheiten in den Städten waren insgesamt, ihrer bisherigen ökonomischen Funktion weithin ledig, dämonisiert und standen, wie andere Randgruppen der Gesellschaft, unter ständigem Verfolgungsdruck. Dem Beispiel der Territorialherren (England 1290, Frankreich 1306,

»Der Goldwäger und seine Frau« des flämischen Malers Quentin Massys. Vom Warenhandel ausgeschlossen, mussten sich die Juden auf den Geldhandel beschränken (1514; Paris, Louvre).

100880

INFOBOX

Josef Süß Oppenheimer
Wie labil die Stellung auch eines angesehenen jüdischen Financiers war, zeigt Anfang des 18. Jh. das Schicksal des Geheimen Finanzrats und Beraters des Herzogs Karl Alexander von Württemberg. Er gründete eine Porzellan- und Seidenmanufaktur und wohl die erste Bank in Süddeutschland; seine neue Fiskalpolitik und seine rigiden merkantilistischen Methoden brachten ihm viele Feinde ein. Noch am Todestag des Herzogs wurde »Jud Süß«, wie er auch genannt wurde, wegen Verfassungsbruch und persönlicher Bereicherung verhaftet, in einem Schauprozess zum Tod verurteilt und etwa ein Jahr später 1738 am Galgen erhängt. In der nationalsozialistischen Propaganda wurde Oppenheimer zum Inbegriff jüdischer Verschlagenheit und Geldgier stilisiert.

Spanien 1492) folgend, wurden Juden seit der Mitte des 14. Jahrhunderts aus religiösen, sozialen und wirtschaftlichen Gründen aus den Städten vertrieben, und zwar meist auf Betreiben der Bürger: Am Ende des Mittelalters waren sie in Mitteleuropa – mit Ausnahme von Prag und Frankfurt am Main – aus den Städten verschwunden. Sie lebten, soweit sie nicht nach Osten abgewandert waren, als Dorfjuden kümmerlich von Kleinhandel, vor allem vom Hausier- und Altwarenhandel.

Aufgrund der aus christlicher Wurzel stammenden, tradierten Feindbildstereotype (Wucherer, Christenfeinde, Brunnenvergifter, Ritualmörder) und aufgrund der in Christenaugen rätselhaften religiösen Bräuche sowie der sich daraus vermeintlich ergebenden Eigenschaften (Geiz, Rachedurst, Raffgier, Hochmut, Feigheit, Arglist, Lügenhaftigkeit) waren die Juden als Angehörige einer randständigen Minderheit ohne eigene Schuld stigmatisiert. Sie erschienen als Gegenstand des Abscheus, aber schließlich auch als Objekte missionarischen Strebens. Wenn sie – wie es die Regel war – den Lockungen der christlichen Taufe widerstanden, zogen sie umso mehr den christlichen Zorn auf sich, wie das Beispiel Martin Luthers zeigt, dessen wütende antijüdischen Predigten wie seine Schrift von 1543 »Von den Juden und ihren Lügen« enttäuschten Bekehrungseifer spiegeln. An die Stelle von Zwangstaufen, die nach kanonischem Recht unzulässig waren, trat in der frühen Neuzeit die Judenmission mit verheerenden Folgen beim Misslingen dieser Absicht.

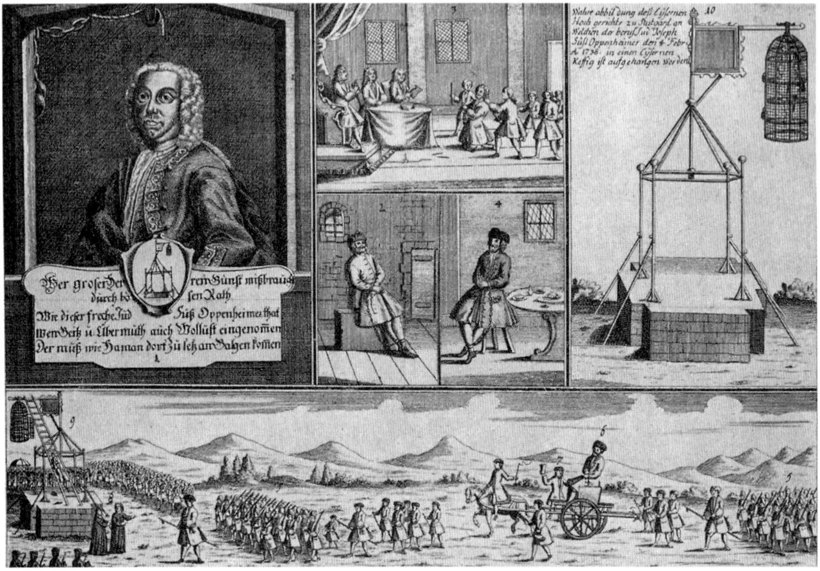

Auf Majestätsbeleidigung, Hochverrat und Münzfrevel lautete die Anklageschrift, der sich Josef Süß Oppenheimer ausgesetzt sah. Ausschlaggebend für seine Verurteilung (zeitgenössische Illustration) waren allerdings Neid, Furcht vor Machtverlust und Judenhass. 1738 wurde Oppenheimer am Galgen erhängt.

Im Mittelalter war die Rechtsstellung der Juden als servi camerae regis, als königliche Kammerknechte, definiert, das heißt, die Juden waren abgabenpflichtig und genossen dafür ein Minimum an Schutz vor Verfolgungen. Mit der Ausbildung der Landesherrschaft ging das Judenregal auf die Territorialfürsten über. In der Neuzeit waren dann diejenigen Juden, die für den Landesherren von Interesse waren, als »Schutzjuden« privilegiert.

Gegen beträchtliche Zahlungen bekamen Kapitalkräftige die Erlaubnis, sich anzusiedeln, vielfach traten jüdische »Entrepreneure« (Unternehmer) in der Zeit des Absolutismus in fürstliche Dienste, um als Hoffaktoren kostspielige Unternehmungen des Fürsten zu finanzieren wie der Berliner Münzmeister Lippolt, der vom Brandenburgischen Kurfürsten Joachim II. Hektor 1540 eingestellt worden war. Insgesamt hatte Joachim 42 000 Taler von Juden als Ansiedlungsgebühren kassiert, die Jahressteuern noch nicht gerechnet. Nach Joachims Tod 1571 wurde der Hoffaktor Lippolt der Veruntreuung von Geldern bezichtigt; des Weiteren hieß es, er habe auch den Kurfürsten vergiftet und dessen Geliebte verführt – allesamt stereotype und unhaltbare Vorwürfe. Ein Gerichtsverfahren endete jedoch mit der Hinrichtung Lippolts 1573.

Die Berliner Juden hatten unter Ausschreitungen und Plünderungen zu leiden, danach wurden sie wieder des Landes verwiesen, wofür sie noch Abzugsgelder als Kontribution bezahlen mussten. Der literarisch berühmteste Fall eines Hoffaktors, der zugleich die Willkür illustriert, der die Juden unterworfen waren, ist die Geschichte des Joseph Süß Oppenheimer, der als »Jud Süß« in Diensten des württembergischen Herzogs Karl Alexander stand, die Finanzen des Landes verwaltete und nach dem Tod seines Auftraggebers 1738 öffentlich hingerichtet wurde; er war zum Sündenbock erklärt worden für die Zerrüttung der Staatsfinanzen und den Verfall landständischer Rechte unter Herzog Karl Alexander. *Wolfgang Benz*

Von der religiös-gesellschaftlichen zur rassistischen Ausgrenzung: Der Antijudaismus im 19. Jahrhundert

In der Zeit der Aufklärung wurde mit der zum Beispiel von Gotthold Ephraim Lessing und Moses Mendelssohn propagierten Idee der Toleranz gegenüber Juden der Weg zur Emanzipation bereitet, die als »bürgerliche Verbesserung der Juden« gedacht war. Der Schriftsteller und Beamte in preußischen Diensten Christian Wilhelm Dohm fasste 1781 das Programm der aufklärerischen Judenemanzipation in die Worte: »Die der Menschlichkeit und der Politik gleich widersprechenden Grundsätze der Ausschließung, welche das Gepräge der finsteren Jahrhunderte tragen, sind der Aufklärung unserer Zeit unwürdig und verdienen schon längst nicht mehr, befolgt zu werden.«

Die Emanzipation der Juden, also ihre Befreiung aus den sozialen und rechtlichen Schranken, war in Deutschland und Österreich kein revolutionärer Akt wie 1791 in Frankreich, sondern Ergebnis einer langwierigen Debatte, die sich vom Beginn des 19. Jahrhunderts bis zum Ende der Sechzigerjahre hinzog. Als Bewegung gegen die rechtliche Gleichstellung der Juden und gefördert von gesellschaftlichen Krisen, kam es 1819 zu pogromartigen Ausschreitungen. Die »Hep-Hep-Verfolgungen« begannen in Würzburg und strahlten über ganz Deutschland bis nach Dänemark aus. Sie zeigten zugleich, dass Judenfeindschaft eine Form von sozialem Protest war, bei dem Aggressionen verschoben und gegen Juden gerichtet wurden.

Judenfeindschaft erhielt im 19. Jahrhundert eine neue Dimension in Gestalt des rassistisch und sozialdarwinistisch argumentierenden modernen Antisemitismus, der sich als Resultat wissenschaftlicher Erkenntnis ausgab. Zu dessen Vätern gehörte Arthur de Gobineau mit seinem voluminösen Essay »Versuch über die Ungleichheit der Menschenrassen« (erschienen 1853 bis 1855 in vier Bänden), der zwar nicht gegen die Juden gerichtet war, aber instrumentalisiert wurde als Eckpfeiler einer Rassentheorie, die den modernen Antisemitismus scheinbar wissenschaftlich unterfütterte.

Judenkopfgroschen von Freiberg. Die Münze ist ein nach der Münzreform von 1444 geprägter Typ des Meißner Groschens. Die Rückseite zeigt neben der Helmzier der Markgrafschaft Meißen den Kopf eines bärtigen Mannes mit einer Kopfbedeckung, die als Judenhut angesehen wurde.

Die Übereinstimmung der antisemitischen Theoretiker bestand darin, dass jede »Rasseneigenschaft« der Juden negativ war. Der Unterschied zur älteren Judenfeindschaft war die Überzeugung, dass Rasseneigenschaften anders als religiöse Bekenntnisse unveränderbar seien. Die Taufe konnte nach Überzeugung der Antisemiten den Makel des Judeseins nicht mehr aufheben. In der Diskussion über die »Judenfrage« spielten die Schmarotzermetaphorik und die Parasitenmetaphorik zunehmend eine Rolle, ungeachtet der Tatsache, dass die antieman-

INFOBOX

Theodor Mommsen

Der Jurist und Historiker Theodor Mommsen (1817–1903) erwies sich in seiner »Römischen Geschichte« (1854–85), für die er als erster Deutscher 1902 den Nobelpreis für Literatur erhielt, als Meister der Kritik und der Darstellung. In ihrem Mittelpunkt stand die Verherrlichung Caesars und der römischen Militärmonarchie. Mommsens Name ist v. a. mit der großen Sammlung der lateinischen Inschriften – »Corpus Inscriptionum Latinarum« – verknüpft, die er ins Leben rief und bis zu seinem Tod betreute, sowie mit dem monumentalen »Römischen Staatsrecht«, das er selbst als seine bedeutendste Leistung ansah.

Geprägt durch die Eindrücke der 1840er-Jahre, stand Mommsen auf der Seite der bürgerlichen Linken, politisch war er Gegner der Konservativen, aber auch zurückhaltend gegenüber allzu radikalen demokratischen Strömungen. Als scharfer Gegner der Politik Otto von Bismarcks und des Antisemitismus Heinrich von Treitschkes betrachtete er die innere Entwicklung Deutschlands seit dem Ende der 1870er-Jahre mit wachsender Sorge.

zipatorische Judenfeindschaft vor allem eine Bewegung gegen die Modernisierung der Gesellschaft und gegen den politischen Liberalismus war. Der Übergang vom religiösen Hass zur rassistischen Ablehnung war nicht abrupt, die Traditionen des religiösen Antijudaismus blieben wirkungsmächtig und verstärkten die neuen pseudorationalen Argumente des Rassenantisemitismus. Schließlich wurde Judenfeindschaft zum »kulturellen Code« (Shulamit Volkov), mit dessen Hilfe sich die Rechte im Wilhelminischen Kaiserreich verständigte.

Intellektueller Höhepunkt der Auseinandersetzung war der Berliner Antisemitismusstreit, ausgelöst durch einen Artikel Heinrich von Treitschkes in den »Preußischen Jahrbüchern« im November 1879. Der angesehene Historiker hatte sich gegen die von ihm befürchtete Masseneinwanderung osteuropäischer Juden ausgesprochen und den deutschen Juden mangelnden Assimilationswillen vorgeworfen. Obwohl er nicht für die Rücknahme der Emanzipation plädierte, war Treitschke in der Argumentation und durch die Verwendung ausgrenzender judenfeindlicher Stereotype – er verwendete einmal den Ausdruck »Deutsch redende Orientalen« – ins Lager der Antisemiten geraten. Auch angesichts der Wirkung, die Treitschkes kulturpessimistische Ausführungen hatten, ist die Diskussion, ob er selbst ein Antisemit war, ziemlich müßig, denn er machte zumindest die grassierende antisemitische Agitation, wie sie von drittrangigen Publizisten und eifernden Kleingeistern entfacht worden war, gesellschafts- und diskussionsfähig.

565

Theodor Mommsen hatte sich schon früh – allerdings nur privat – über die Judenfeindschaft seines langjährigen Weggefährten Heinrich von Treitschke erregt.

Kurz zuvor, im Februar 1879, war Wilhelm Marrs politisches Pamphlet »Der Sieg des Judenthums über das Germanenthum« erschienen, das im Herbst 1879 schon in der 12. Auflage verkauft wurde. Marr verwandte erstmals den Begriff »Antisemitismus«. Den Weg dahin hatten schon Autoren wie Otto Glagau bereitet, der im weit verbreiteten Wochenblatt »Die Gartenlaube« die Juden mit Verunglimpfungen wie »90 Prozent der Gründer und Makler sind Juden« als Verursacher der lang anhaltenden Wirtschaftskrise, die auf den »Gründerkrach« von 1873 folgte, denunzierte und in polemischen Artikeln die Juden zu Sündenböcken für aktuelles Ungemach stempelte. Die Pressekampagnen in der konserativen protestantischen Kreuzzeitung, aber auch in katholischen Blättern, deren gemeinsamer Feind der politische Liberalismus war, vertieften seit 1874/75 die judenfeindlichen Ressentiments.

Treitschke entfachte mit seiner Parteinahme in der »Judenfrage« im November 1879 eine Diskussion, die großes öffentliches Interesse fand. In Berliner Tageszeitungen erschien im November 1880 eine von 75 Persönlichkeiten des öffentlichen Lebens - unter ihnen der Althistoriker Theodor Mommsen - unterzeichnete »Erklärung«, die antisemitische Bestrebungen verurteilte und sich besonders gegen die »Antisemitenpetition« richtete, die ein Leipziger Professor zusammen mit Friedrich Nietzsches Schwager Bernhard Förster initiiert hatte.

250 000 Unterschriften sollten den Reichskanzler dazu bewegen, die Einwanderung von Juden zu verbieten und Juden von öffentlichen Ämtern auszuschließen. Zwei Tage lang war diese Petition im Preußischen Parlament Gegenstand des Streits zwischen der Fortschrittspartei einerseits sowie Konservativen und dem Zentrum andererseits. In der »Erklärung« hieß es »in unerwarteter und tief beschämender Weise wird jetzt an verschiedenen Orten,

100880

Im 19. und 20. Jh. steigerte man sich in irrationale Ängste vor der »weltumspannenden Macht« des »jüdischen Kapitals« (Karikatur zur Bedeutung der Bankiersfamilie Rothschild von Charles-Lucien Léandre aus der Zeitschrift »Le Rire«, 1898).

zumal den größten Städten des Reichs, der Racenhass und der Fanatismus des Mittelalters wieder ins Leben gerufen und gegen unsere jüdischen Mitbürger gerichtet«.

Mit dem Vorstoß Treitschkes drohte der Antisemitismus die Berliner Universität zu erobern. Dieser Gefahr stellten sich im Sinne der Erklärung Juden und Nichtjuden entgegen, unter ihnen bekannte Rabbiner, die nationalliberalen Politiker Ludwig Bamberger und Heinrich Bernhard Oppenheim, vor allem aber die Historiker Harry Bresslau aus Berlin und Heinrich Graetz aus Breslau.

Der Höhepunkt des Antisemitismusstreits war erreicht, als Theodor Mommsen in den Streit eingriff und Ende 1880 seine Schrift »Auch ein Wort über unser Judenthum« veröffentlichte, in der er scharf gegen Treitschke Stellung bezog und sich dagegen verwahrte, dass Juden als »Mitbürger zweiter Klasse betrachtet, gleichsam als besserungsfähige Strafcompagnie« rechtlich gestellt sein dürften. Treitschke, der sich unschuldig verfolgt glaubte, war an der Berliner Universität bald isoliert.

Der Berliner Hofprediger Adolf Stoecker, der sich seit 1878 als Gründer einer »Christlich-Sozialen Arbeiterpartei« um die Heranführung von Arbeitern und Handwerkern an die bestehende Staatsordnung bemühte und hoffte, sie der Sozialdemokratie zu entfremden, instrumentalisierte »die Judenfrage« und hielt unter dem Druck seiner mittelständischen Anhänger am 19. September 1879 die erste von mehreren judenfeindlichen Reden, in denen er die antisemitischen Erwartungen seiner Zuhörer bediente, die ökonomischen und sozialen Wünsche und Ängste der von existenziellen Sorgen geplagten Kleinbürger aufgriff und mit Schuldzuweisungen an »die Juden« Erklärungen und Lösungen für aktuelle Probleme anbot.

Die Partei Stoeckers hatte, trotz des volkstribunenhaften Prestiges des Hofpredigers, wenig Erfolg und wurde schließlich Bestandteil der Konservativen Partei. Das Konzept, die Arbeitermassen mit Thron und Altar durch klerikal-judenfeindliche Agitation zu versöhnen, erwies sich als wenig tragfähig, wohl aber hinterließ Stoeckers Politisierung des Christentums mit antisemitischen Parolen deutliche Spuren in der evangelischen Kirche bis weit in das 20. Jahrhundert hinein.

Im Gefolge des Antisemitismusstreits erschienen Schriften wie zum Beispiel 1881 »Die Judenfrage als

ZITAT

In seiner »Enzyklopädie der Theologie« (1879) schrieb der evangelische Theologe Johann Christian Konrad von Hofmann:
Man forderte im Namen der Humanität nicht nur die bürgerliche Gleichberechtigung der Juden, sondern die Auflösung des jüdischen Volks, indem man von der heilsgeschichtlichen Einzigkeit dieses Volks nichts wusste... Nachdem die Kirche vormals den Juden feindlich war aus Unverstand, so wird es jetzt ihre Aufgabe sein, diesem Volk seinen Beruf zu wahren.

INFOBOX

Heinrich von Treitschke

Der Historiker Heinrich von Treitschke (1834–96) trat als Mitglied des Reichstages 1871–84 für eine zentralistische Reichsführung ein und bekämpfte den Sozialismus. In seinen viel besuchten Vorlesungen über Politik vertrat er den Gedanken des Machtstaats, der allerdings ethisch gebunden sein sollte. Sein Hauptwerk, die »Deutsche Geschichte im 19. Jahrhundert« (1879–94) hat das Geschichtsbild des deutschen Bürgertums entscheidend bestimmt und im Ausland das Deutschlandbild geprägt. Mit seiner antisemitischen, antisozialistischen und anglophoben Grundhaltung hat Treitschke auch zur Verfestigung entsprechender Feindbilder im Bürgertum beigetragen und so auf den deutschen Nationalismus eingewirkt.

ZITAT

Noch in hohem Alter hat sich Theodor Mommsen als ein »animal politicum«, ein politisches Lebewesen, bezeichnet:

In meinem innersten Wesen, und ich meine, mit dem Besten, was in mir ist, bin ich stets ein animal politicum gewesen und wünschte, ein Bürger zu sein.

Rassen-, Sitten- und Kulturfrage« aus der Feder des Privatgelehrten Karl Eugen Dühring. Dieser war, wie andere führende Antisemiten, ein paranoider Einzelgänger, dessen Abneigungen gegen Sozialdemokratie, Juden und Liberale zu Wahnideen gesteigert waren. Als Theoretiker des modernen Antisemitismus erlangte er überragende Bedeutung, er propagierte die Vorstellung einer jüdischen Weltmacht und empfahl wortradikal sogar die Tötung und Ausrottung der Juden.

Theodor Fritsch, Ingenieur und Verleger, war ein anderer Vorkämpfer des modernen rassistisch und pseudowissenschaftlich argumentierenden Antisemitismus. 1887 veröffentlichte er unter dem Pseudonym Thomas Frey einen »Catechismus für Antisemiten«, der später unter seinem richtigen Namen mit dem Titel »Handbuch der Judenfrage« erschien und 1944 die 49. Auflage erreichte. In seinem Verlag erschienen neben Fachzeitschriften antisemitische Pamphlete und Flugblätter. Ab 1902 publizierte Fritsch die »Hammer-Blätter für deutschen Sinn« als Organ des »wissenschaftlichen« Antisemitismus und als Zentrum der judenfeindlichen rechtsradikalen Sekte »Deutscher Hammerbund«, die nach dem Ersten Weltkrieg in die Deutschvölkische Freiheitspartei mündete.

Houston Stewart Chamberlain, auch er ein schriftstellernder Privatgelehrter mit umfassenden naturwissenschaftlichen Interessen, gebürtiger Brite und naturalisierter Deutscher, durch psychosoziale Auffälligkeiten an einer akademischen oder militärischen Karriere gehindert, wurde durch seine 1899 veröffentlichte kulturhistorische Schrift »Die Grundlagen des 19. Jahrhunderts« berühmt, ein umfangreiches Konvolut rassistischer germanozentrischer Ideen, das von der Wissenschaft abgelehnt wurde, das gebildete Bürgertum jedoch faszinierte und auf Kaiser Wilhelm II., später dann auf Adolf Hitler, großen Eindruck machte.

Neurotisch auf den Gegensatz zwischen der »jüdischen« und »arischen« Rasse fixiert, arbeitete Chamberlain mit griffigen und gern aufgenommenen Stereotypen, wenn er zum Beispiel den Juden verinnerlichte Religiosität absprach und einen übermäßigen Einfluss der Juden in der modernen Welt fantasierte. Nicht weniger verhängnisvoll war der Einfluss seines von ihm verehrten und bewunderten Schwiegervaters Richard Wagner, dessen Renommee als Komponist, Musikdramatiker und Schriftsteller

Dr. Dühring während einer seiner Vorträge für Damen und Herren.

Der deutsche Philosoph und Nationalökonom Karl Eugen Dühring bezeichnete sich selbst als den eigentlichen »Begründer« des Antisemitismus. Für ihn waren sozialistische Bewegungen sowie die christliche und besonders die jüdische Religion Hemmnisse auf dem Weg zu einer freieren Gesellschaft.

Der protestantische Theologe und Hofprediger in Berlin, Adolf Stoecker, lockte Tausende Zuhörer in die Veranstaltungen seiner 1878 von ihm gegründeten Christlichsozialen Arbeiterpartei. Sein Antisemitismus wirkte allerdings eher auf den Mittelstand.

100563

seine antisemitischen Überzeugungen transportierte, wie sie in Wagners ebenso wirkungsvollem wie irrationalem Aufsatz »Das Judentum in der Musik« (1850) zum Ausdruck gekommen waren. Nicht nur die Gebildeten um die Jahrhundertwende waren vom Antisemiten Wagner und seinem Bayreuther Kreis fasziniert. Wagners Einfluss reichte bis weit in das 20. Jahrhundert hinein, wie das Beispiel Hitlers zeigt, der dessen Musik im Dritten Reich kultische Ehren zukommen ließ. *Wolfgang Benz*

Nicht nur die Dreyfusaffäre: Der politisch organisierte Antisemitismus im 19. Jahrhundert

Die Geschichte des politisch organisierten Antisemitismus, die 1879 mit Wilhelm Marrs Antisemiten-Liga, die 6000 Mitglieder gehabt haben soll, und Stoeckers Christlich-Sozialer Partei beginnt, ist die Geschichte von Sekten und Spaltungen, ein programmatischer Charivari konservativer, antikapitalistischer, sozialdemagogischer Ideologiefragmente, propagiert von untereinander konkurrierenden antiliberalen und antidemokratischen Demagogen.

Im September 1882 waren bei einem »Ersten Internationalen Antijüdischen Kongress« in Dresden 300–400 Antisemiten versammelt, die sich auf kein gemeinsames Programm verständigen konnten. In Konkurrenz standen die 1880 gegründete »Soziale Reichspartei« von Ernst Henrici und der auf Max Liebermann von Sonnenberg und Bernhard Förster zurückgehende extrem konservative »Deutsche Volksverein«. In Kassel wurde 1886 die »Deutsche Antisemitische Vereinigung«, deren Protagonist der Bibliothekar Otto Böckel war, ins Leben gerufen.

Auf dem Antisemitentag in Bochum einigten sich Anfang Juni 1889 verschiedene judenfeindliche Strömungen auf gemeinsame Grundsätze und Forderungen, aber schon wegen der Bezeichnung des Zusammenschlusses entzweiten sie sich wieder. Es gab nun eine »Antisemitische Deutschsoziale Partei« und eine »Deutschsoziale Partei« und ab Juli 1890 die von Böckel gegründete »Antisemitische Volkspartei«, die ab 1893 »Deutsche Reformpartei« hieß. Im Reichstag errangen Vertreter antisemitischer Gruppierungen 1890 fünf und 1893 16 Mandate.

Am meisten Aufsehen erregte der Demagoge Herrmann Ahlwardt, der als Parteiloser im Reichstag saß und als Radau-Antisemit besonders hervortrat. In Pommern agitierte er mit der Losung »Gegen Junker und Juden!«. Durch hemmungslosen Populismus war Ahlwardt, den Helmut von Gerlach »den stärksten Demagogen vor Hitler in Deutschland« genannt hatte, vorübergehend erfolgreich. Im Kaiserreich hatte der organisierte Antisemitismus keinen politischen Einfluss erringen können; zum kulturellen Klima der Zeit aber hatte er einen schwer zu unterschätzenden Beitrag geleistet; seine Agitation und Publizistik, die in die öffentliche Diskussion eingeführten Schlagworte und Postulate bildeten Keime, die schlummernd in der Erde lagen und nur auf günstige Bedingungen zu ihrer Entfaltung warteten.

Der mit einer Tochter Richard Wagners verheiratete britische Schriftsteller Houston Stewart Chamberlain hatte mit seinen rassistischen Schriften großen Einfluss auf Kaiser Wilhelm II. und später auch auf Adolf Hitler.

Der Antisemitismus im Wilhelminischen Kaiserreich war freilich keine singuläre Erscheinung und kein deutsches Charakteristikum. In Österreich entwickelte sich der Antisemitismus als politische Bewegung in den

1880er-Jahren vor allem im Kleinbürgertum. Die erste organisatorische Basis fanden die Antisemiten in Handwerksgenossenschaften und Innungen.

Im Reichsrat agierte zur gleichen Zeit der deutschnationale Abgeordnete Georg Ritter von Schönerer als Protagonist der Judenfeindschaft. Nachdem er 1888 infolge eines radau-antisemitischen Überfalls auf eine Zeitungsredaktion für lange Zeit ins Abseits geriet, verlor der extreme Antisemitismus an Boden. Dafür wurde der Abgeordnete Karl Lueger zur charismatischen Integrationsfigur der Christlichsozialen Partei, die, ähnlich wie Stoecker in Berlin, Judenfeindschaft für ihre antiliberale und antisozialistische Sammlungspolitik instrumentalisierte. Anders als im Deutschen Reich war die Demagogie der österreichischen antisemitischen Christlichsozialen erfolgreich. Lueger wurde, nachdem seine Anhänger 1895 die Mehrheit im Wiener Gemeinderat errungen hatten, 1897 Bürgermeister. Bei der späteren Bewertung seiner kommunalpolitischen Verdienste blieb weitgehend unberücksicht, dass sie ohne den Antisemitismus, der an Emotionen appellierte und als Bindeglied zwischen den christlichsozialen Anhängern fungierte, nicht zu erreichen gewesen wären.

Der christlichsoziale österreichische Politiker Karl Lueger propagierte ebenfalls den Antisemitismus, wenn auch in gemäßigter Form.

In Frankreich, das seiner kleinen jüdischen Minderheit – 80 000 Personen, mithin 0,02 Prozent der Bevölkerung – 1791 im Zuge der Französischen Revolution die vollen Bürgerrechte gewährt hatte, waren die antisemitischen Strömungen unterschiedlich motiviert. Während die sephardischen Juden in Südfrankreich kaum auf Integrationsprobleme stießen, waren die aschkenasischen Juden im Nordosten verschiedenen Anfeindungen ausgesetzt, die teils christlich-katholische Wurzeln hatten, teils auf den Rassismus zurückgingen wie ihn Gobineau verfocht und Édouard Adolphe Drumont in seiner 1886 erschienenen Schrift »La France Juive« (in deutscher Übersetzung: »Das verjudete Frankreich«) propagierte und teils – dies war ein Spezifikum Frankreichs – von den Sozialisten ausgingen.

Der französische Antisemitismus kulminierte in der Dreyfusaffäre, die ab 1894 jahrelang die französische Öffentlichkeit in Atem hielt. Der jüdische Hauptmann Alfred Dreyfus war aufgrund gefälschten Beweismaterials 1894 in einem dubiosen Prozess wegen Landesverrats

Eine Karikatur des antisemitischen französischen Publizisten Édouard Adolphe Drumont, dessen Schrift »La France Juive« 1886 erschien

zur Deportation verurteilt worden. Das Verfahren führte nach Interventionen Intellektueller - berühmt geworden ist Émile Zolas offener Brief »J'accuse« (»Ich klage an«) von 1898 - zur Staatskrise, die mit einem Sieg der Republikaner über Klerikale, Nationalisten und Antisemiten endete. Dreyfus wurde 1899 in einem neuen Prozess zu einer geringeren Strafe verurteilt, dann begnadigt und 1906 vollständig rehabilitiert. Der Antisemitismus als antimoderne politische Bewegung erlitt in Frankreich eine bedeutende Niederlage, ohne indes vollständig zu verschwinden.

Am Ende des 19. Jahrhunderts galt Russland als Synonym für virulenten und gewaltsamen Antisemitismus. Juden, die im Ansiedlungsrayon im Westen des Landes in Armut und rechtlicher Unsicherheit lebten, wurden regelmäßig von Pogromen heimgesucht. Nach der Ermordung Kaiser Alexanders II. 1881 nahm die Intensität der Verfolgungen zu. Ohne die religiösen und die für Deutschland und Frankreich typischen rassistischen und nationalistischen Komponenten war Antisemitismus ein Instrument antimoderner russischer Politik. Die von der

100563

Der französische Schriftsteller Joseph Arthur Comte de Gobineau versuchte in seinen Schriften die Überlegenheit der »arischen« Rasse zu begründen.

Émile Zola, hier in einem Porträt von Édouard Manet, nahm in der Dreyfusaffäre entschieden Partei für den zu Unrecht verunglimpften Dreyfus – Höhepunkt des fanzösischen Antisemitismus.

zaristischen Geheimpolizei gefälschten »Protokolle der Weisen von Zion«, die als Beweis einer angeblichen jüdischen Weltverschwörung dienen sollten, waren Element einer Politik, die jüdische Bevölkerung des Zarenreichs zu diffamieren. *Wolfgang Benz*

Auf dem Weg zur Staatsdoktrin: Der Antisemitismus im nationalsozialistischen Deutschland

Im Ersten Weltkrieg wurden die antijüdischen Vorbehalte in Deutschland erneut aktiviert. Ungeachtet der Tatsache, dass das deutsche Judentum die allgemeine Kriegsbegeisterung im Sommer 1914 ganz und gar teilte und dass die Zahl der jüdischen Freiwilligen – gemessen am jüdischen Bevölkerungsanteil – übermäßig groß war, machte das Gerücht von der »jüdischen Drückebergerei« die Runde, des Weiteren war als zweites antisemitisches Stereotyp die Überzeugung landläufig, dass Juden als die »geborenen Wucherer und Spekulanten« sich als Kriegsgewinnler an der Not des Vaterlandes bereicherten. In zahlreichen Publikationen wurden diese Klischees verbreitet, so etwa in einem Flugblatt, das im Sommer 1918 kursierte, auf dem die jüdischen Soldaten lasen, wovon ihre nichtjüdischen Kameraden und Vorgesetzten trotz der vielen Tapferkeitsauszeichnungen (30 000) und Beförderungen (19 000) und trotz der 12 000 jüdischen Kriegstoten bei insgesamt 100 000 jüdischen Soldaten überzeugt waren: »Überall grinst ihr Gesicht, nur im Schützengraben nicht«.

Nachdem sich ab Ende 1915 die antijüdischen Eingaben und Denunziationen häuften, die behaupteten, jüdische Wehrpflichtige seien in großer Zahl vom Kriegsdienst befreit und die Juden im Militärdienst seien vor allem in der Etappe zu finden, befahl der preußische Kriegsminister am 11. Oktober 1916 eine statistische Erhebung über die Dienstverhältnisse der deutschen Juden im Kriege. War diese Anordnung zur »Judenzählung« an sich schon eine antisemitische Monstrosität, so macht die Tatsache, dass die Ergebnisse nicht veröffentlicht wurden, die Angelegenheit vollends zum Skandal. Wenn die

INFOBOX

»Ein Denkmal und ein Name«

1957 wurde in Jerusalem Yad Vashem – hebräisch »ein Denkmal und ein Name« –, eine Gedenk- und Forschungsstätte zur Erinnerung an die Opfer des Holocaust gegründet. Im Ohel Jiskor, der »Halle der Erinnerung«, sind die Namen von 22 Konzentrations- und Vernichtungslagern, in der »Halle der Namen« die Namen von über 3 Mio. Toten, im »Tal der zerstörten Gemeinden« (1990–92 errichtet) die Namen von über 5 000 europäischen, seit 1933 auch deutschen jüdischen Gemeinden, die dem Holocaust zum Opfer fielen, festgehalten. Die »Kindergedenkstätte« erinnert an die Ermordung vieler jüdischer Kinder.

Zu der Anlage gehören neben zahlreichen Skulpturen auch mehrere Ausstellungen, ein Forschungsinstitut, eine Bibliothek und ein historisches Archiv. 2005 wurde ein neuer Museumskomplex eingeweiht.

»Judenzählung«, wie behauptet wurde, amtlich die Unhaltbarkeit der Beschwerden beweisen sollte, so sanktionierte sie, weil das Resultat trotz jüdischer Forderungen geheim blieb, die antisemitischen Ressentiments mit lang anhaltender Wirkung, von der die NSDAP und andere Rechtsparteien die ganze Weimarer Republik hindurch profitieren konnten.

Der Aufklärungsarbeit des »Reichsbunds jüdischer Frontkämpfer« zum Trotz, der bis 1933 die Öffentlichkeit auf den tatsächlichen Einsatz der deutschen Juden im Weltkrieg aufmerksam machte, blieb eine große und zunehmend einflussreiche Zahl von Deutschen davon überzeugt, »die Juden« seien Drückeberger gewesen und hätten den Krieg vor allem zu unsauberen Geschäften benutzt. Auch wegen dieser Folgewirkungen konnte die Judenzählung im Heer als »die größte statistische Ungeheuerlichkeit« bezeichnet werden, »deren sich eine Behörde je schuldig gemacht hat« (Franz Oppenheimer 1922).

Die Zeit zwischen dem Ersten Weltkrieg und dem Ende der Weimarer Republik brachte für die deutschen Juden zwar den Höhepunkt ihrer kulturellen Assimilation, zugleich aber auch schon den Beginn der sozialen Dissimilation. Antisemitische Propagandisten, die Schuldige für die als schmachvoll empfundenen Folgen

Die mit dem Wort »Jude« beschmierten Fensterscheiben fordern im April 1933 zum Boykott eines Berliner Kaufhauses in jüdischem Besitz auf.

100264

INFOBOX

Gerechter unter den Völkern
Mit dem Ehrentitel »Gerechter unter den Völkern«, der höchsten Auszeichnung, die der Staat Israel an Nichtjuden vergibt, werden Nichtjuden geehrt, die während der Zeit der nationalsozialistischen Diktatur in Europa – unter Einsatz ihres eigenen Lebens – das Leben verfolgter Juden gerettet haben. Die Verleihung erfolgt durch die nationale Gedenkstätte Yad Vashem nach Prüfung der Zeugenaussagen der Geretteten durch ein Komitee, dem u. a. ein Oberrichter des Obersten Gerichtshofs angehört. Die äußeren Zeichen der Ehrung sind die Yad-Vashem-Medaille, eine Urkunde sowie die Namensverewigung auf der Memorial-Wall in Yad Vashem. Auf Medaille und Urkunde werden die Worte des Talmuds wiedergegeben: »Wer immer ein Menschenleben rettet, hat damit gleichsam eine ganze Welt gerettet.«

des Kriegs suchten, verängstigte deklassierte Kleinbürger und diejenigen, die ihren Nationalstolz verletzt sahen, machten »den Juden« zum Sündenbock. Völkische und nationalistische Parteien, vor allem die NSDAP und die Deutschnationale Volkspartei, gewannen demokratie- und republikfeindliche Teile der Bevölkerung für ihre Politik. Ihr Antisemitismus projizierte Existenzängste auf Juden, konkretisierte sie dadurch und gab zugleich vor, die Ursachen für diese Ängste gründeten nicht in der Gesellschaft als Ganzes, sondern in einem isolierbaren Teil und könnten mithin gesondert bewältigt werden. Ergebnis der antisemitischen Agitation waren unter anderem der Mord an Außenminister Walther Rathenau 1922 und Attentate auf andere demokratische Politiker jüdischer Herkunft.

100563

Im Warschauer Getto bietet ein jugendlicher Gettobewohner Armbinden mit dem Davidstern zum Verkauf an (Foto von 1940).

Dass man die nationale Zuverlässigkeit der deutschen Juden infrage stellte, ihnen den Vorwurf doppelter Loyalität (»erst Jude, dann Deutscher«) machte, zeigte den Wunsch nach Ausgrenzung, der in der Unterstellung einer Kriegserklärung »der Juden« an das deutsche Volk im Frühjahr 1933 anlässlich der Boykottaktion vom 1. April einen ersten Höhepunkt hatte. Zu diesem Zeitpunkt war mit der Ernennung Hitlers zum Reichskanzler der von der NSDAP propagierte Antisemitismus Staatsdoktrin geworden. Nicht nur Joseph Goebbels an der Spitze des Reichspropagandaministeriums oder Julius Streicher mit seinem Hetzblatt »Der Stürmer« bemühten

100563

»Der Vater des Juden ist der Teufel«, Illustration von Elvira Bauer aus ihrem antisemitischen Kinderbuch »Trau keinem Fuchs auf grüner Heid / Und keinem Jud bei seinem Eid«, das 1936 im Stürmer-Verlag erschien (Berlin, Sammlung Archiv für Kunst und Geschichte).

sich, unter Verwendung gängiger Stereotype feindselige Zerrbilder über Juden zu verbreiten, die den Weg zum organisierten Massenmord bereiteten.

Parolen der NSDAP wie »Juda verrecke« und der SA wie »Wenn's Judenblut vom Messer spritzt« wurden durch Filme wie »Der ewige Jude« oder »Jud Süß« (beide 1940) transportiert; antisemitische Propaganda war allgegenwärtig und infizierte schließlich einen beträchtlichen Teil der Bevölkerung. Dem Boykott als einer Geste der Drohung folgten im Frühjahr 1933 das »Gesetz zur Wiederherstellung des Berufsbeamtentums« und zahllose Rechtsakte, so 1935 die »Nürnberger Gesetze«, durch die die deutschen Juden ihre bürgerlichen Rechte verloren, bis hin zur Verordnung von 1941, die das Tragen des Judensterns vorschrieb, und der Verfügung von 1943, mit der sie unter Polizeirecht gestellt wurden. Mit diesen Maßnahmen war der Weg beschritten, der für zwei Drittel der europäischen Juden in der Vernichtung endete.

Wolfgang Benz

Die Welt im Zeitalter des Ost-West-Konflikts

1945–1991

Neue Ordnungen in der Nachkriegszeit

Hoffnung auf eine bessere Welt: Die Gründung der Vereinten Nationen

Als die 51 Delegierten auf der Konferenz von San Francisco am 26. Juni 1945 ihre Unterschrift unter die Charta der Vereinten Nationen setzten, schlug eine Sternstunde der internationalen Politik. Nicht weniger wurde da beschlossen, als der Versuch, »die kommenden Generationen vor der Geißel des Krieges zu bewahren, die zweimal zu unseren Lebzeiten unsägliches Leid über die Menschheit gebracht hat«. So lautet der erste Satz der Präambel. Seiner Verwirklichung sind die weiteren Bestimmungen der Charta gewidmet.

Erste Sonderorganisationen
Da erste Überlegungen zu einer neuen Weltorganisation in den Kriegsjahren 1942 und 1943 als akademisch gelten mussten, rückten Pläne zur ökonomischen Umgestaltung der Nachkriegswelt in den Vordergrund. Der amerikanische Präsident Franklin D. Roosevelt überraschte die Welt mit dem Vorschlag, eine Ernährungskonferenz einzuberufen, die am 18. Mai 1943 in Hot Springs, Virginia, zusammentrat. Diese United Nations Conference on Food and Agriculture setzte eine Interimskommission ein, die die formale Gründung der Ernährungs- und Landwirtschaftsorganisation der Vereinten Nationen

(FAO) vorbereiten sollte, welche schließlich am 16. Oktober 1945 erfolgte. Damit regte Roosevelt zu einem Zeitpunkt Bemühungen um eine erste Sonderorganisation an, als die Hauptorganisation noch gar nicht zu sehen war.

Wenn man so will, entstand am 9. November 1943 die zweite Sonderorganisation der noch gar nicht existierenden Organisation der Vereinten Nationen (UNO), die United Nations Relief and Rehabilitation Administration (UNRRA). Ihr wurden die gemeinsamen Hilfsanstrengungen für die befreiten Länder übergeben, die natürlich hauptsächlich von den USA finanziert wurden. Im Dezember 1946 verließen die USA allerdings die gemeinsame Aktion und organisierten künftig ihre Hilfslieferungen allein.

ZITAT

Aus der Präambel der Charta der Vereinten Nationen:
Wir, die Völker der Vereinten Nationen – fest entschlossen, künftige Generationen vor der Geißel des Krieges zu bewahren … den sozialen Fortschritt und einen besseren Lebensstandard in größerer Freiheit zu fördern – haben beschlossen, in unserem Bemühen um die Erreichung dieser Ziele zusammenzuwirken.

Sehr viel bedeutsamer für das System der Vereinten Nationen war jedoch die Weltwährungskonferenz in Bretton Woods, New Hampshire, vom 1. bis 22. Juli 1944. Hier wurden mit dem Internationalen Währungsfonds und der Internationalen Bank für Wiederaufbau und Entwicklung (Weltbank) zwei bedeutende Instrumente konzipiert, die nach Kriegsende die Weltwirtschaft neu ordnen und den Freihandel einrichten sollten.

s. ZEIT Aspekte Bretton Woods S. 549

Die Zahl der Sonderorganisationen der entstehenden UNO wurde durch zwei Hinterlassenschaften des Völkerbunds vermehrt, der formal erst am 18. April 1946 aufgelöst wurde. Die 1919 im Rahmen des Völkerbunds gegründete Internationale Arbeitsorganisation ILO bekundete auf ihrer Konferenz in Philadelphia 1944 ihre Be-

Die Grundlagen für das Konzept der Vereinten Nationen wurden auf der vom 1. bis zum 22. 7. 1944 dauernden Weltwährungskonferenz in Bretton Woods, New Hampshire, geschaffen; in der Bildmitte der britische Volkswirtschaftler John Maynard Keynes.

100880

100880

Die erste Generalversammlung der UNESCO fand vom 20. 11. bis 10. 12. 1946 in Paris in der Sorbonne statt. Die Abbildung zeigt die Eröffnungssitzung am 20. 11.

reitschaft, auch mit der kommenden Weltorganisation zusammenzuarbeiten. Am 14. Dezember 1946 wurde sie zur UNO-Sonderorganisation. Etwas schwerer hatte es das ebenfalls vom Völkerbund eingerichtete, mit kulturellen Aufgaben befasste Committee on Intellectual Cooperation in eine entsprechende Sonderorganisation der UNO überführt zu werden. Die Charta der Vereinten Nationen widmet im Kapitel IX zwar auch der »Zusammenarbeit auf kulturellem und erzieherischem Gebiet« die notwendige Aufmerksamkeit; aber erst am 4. November 1946 wurde die United Nations Educational, Scientific and Cultural Organization (UNESCO) gegründet und am 14. Dezember 1946 als Sonderorganisation anerkannt.

Die ersten Überlegungen

Fast zwei Jahre nach der Gründung der Anti-Hitler-Koalition beschlossen die vier Großmächte USA, Großbritannien, Sowjetunion und China auf der Moskauer Konferenz am 30. Oktober 1943, nach dem Ende des Kriegs eine internationale Organisation zu gründen, die der Errichtung und Aufrechterhaltung des internationalen Friedens dienen sollte. Sie gaben ihr damals schon eine Aufgabe und zwei Merkmale mit auf den Weg.

Die Friedensordnung sollte dafür sorgen, dass der Rüstung künftig nur ein Minimalaufwand zuteil werde; in der Tat kümmerten sich die Vereinten Nationen gleich nach ihrer Gründung sowohl um die nukleare wie um die konventionelle Abrüstung, allerdings ohne großen Er-

ZITAT

Roosevelt begründet die Einrichtung einer Ernährungskonferenz:

(Die FAO) soll die Grundlagen einer neuen und besseren Welt herstellen, die aus diesem Krieg hervorgehen muss. Die Aufgabe der neuen Organisation ist es, die Staaten zu veranlassen, die Menschheit vom Mangel an Lebensmitteln zu befreien. Wenn dies erreicht sein wird, werden Hunger und Unterernährung ein für alle Mal aus der Welt verschwunden sein.

100563

Zusammen mit Marcel Lajos Breuer und Bernard-Louis Zehrfuss baute der italienische Architekt Pier Luigi Nervi das UNESCO-Gebäude in Paris (1953–58).

folg. Bedeutsamer wurden die beiden Konstruktionselemente, die in Moskau festgelegt worden waren: Die neue internationale Organisation sollte auf der souveränen Gleichheit aller »friedliebenden« Staaten beruhen. Die zweite Bestimmung grenzte zunächst und vor allem die Feindstaaten aus, wurde dann aber sehr schnell zum Zankapfel zwischen den Großmächten. Dass die Organisation aus souveränen Staaten bestehen würde, war eigentlich selbstverständlich; doch zeigten die weiteren Verhandlungen, dass gerade das Souveränitätsprinzip ein gewaltiges Hindernis für die Friedensarbeit darstellte. Dass die Moskauer Erklärung nur von den vier Großmächten herausgegeben wurde, ließ deren Sonderstellung als weiteren Baustein erkennen. Erst langsam gelang es den kleineren Staaten, sich im Verlauf der weiteren Verhandlungen ins Spiel zu bringen.

Grundlagen der UNO-Satzung

Am 9. Oktober 1944 wurden in Washington die so genannten Vorschläge von Dumbarton Oaks für die Errichtung einer allgemeinen internationalen Organisation veröffentlicht, die die Zustimmung aller vier Großmächte gefunden hatten. Formal enthielten sie nur Empfehlungen, de facto beschrieben sie schon den Aufbau und die Funktionsweise der Organisation. Zwei umstrittene Punkte konnten nicht gelöst werden: der Abstimmungsmodus im Sicherheitsrat und die Zulassung der Ukraine und Weißrusslands als »souveräne« Mitglieder der Vereinten Nationen. Besonders die Abstimmungsformel erwies sich als hartnäckiges Problem, weil gerade sie den Widerspruch zwischen der Souveränität der Großmächte und ihrer Aufgabe, den Frieden zu wahren und notfalls zu erzwingen, offen zutage treten ließ.

Sollte der Rat mit Mehrheit oder einstimmig entscheiden? Wie sollte er verfahren, wenn eine der Großmächte selbst in einen Konflikt verwickelt war? Für beide Fragen fand die Jaltakonferenz im Februar 1945 schließlich eine Antwort. Weißrussland und die Ukraine wurden als Vollmitglieder der Generalversammlung zugelassen, der Abstimmungsmodus im Sicherheitsrat geklärt: Jede Entscheidung musste die Zustimmung aller ständigen Sicherheitsratsmitglieder enthalten; legte ein solches Mitglied sein Veto ein, kam keine Entscheidung zustande. War ein ständiges Mitglied selbst in einen Konflikt verwickelt, so sollte es sich bei dessen friedlicher Beilegung – also nicht bei der gewaltsamen – der Stimme enthalten.

ZITAT

Die Charta der Vereinten Nationen zu den Zielen der Organisation:

Alle Mitglieder legen ihre internationalen Streitigkeiten durch friedliche Mittel so bei, dass der Weltfriede, die internationale Sicherheit und die Gerechtigkeit nicht gefährdet werden.
Alle Mitglieder unterlassen in ihren internationalen Beziehungen jede gegen die territoriale Unversehrtheit oder die politische Unabhängigkeit eines Staates gerichtete oder sonst mit den Zielen der Vereinten Nationen unvereinbare Androhung oder Anwendung von Gewalt.

100563

Die Gründungskonferenz der UNO fand in San Francisco im Opernhaus des Civic Center statt. Vor dem Eingang waren die Flaggen der 51 Teilnehmerstaaten gehisst.

ZITAT

Francis M. Forbe, ein Delegierter Australiens, kritisiert auf der Gründungskonferenz 1945 das System der UNO:

Wir können nicht entdecken, warum eine der fünf Großmächte berechtigt sein soll, die Beilegung eines Streites durch Versöhnung und Schiedsspruch zu verhindern, selbst wenn sie an diesem Streit gar nicht beteiligt ist. Wir glauben, dass hier ein Fehler gemacht worden ist und dass die Großmächte bereit sein sollten, ihn auf dieser Konferenz zu beseitigen.

Was sich die Amerikaner ausgedacht, in engem Schulterschluss mit Großbritannien erarbeitet, mit der Sowjetunion in hartem Ringen abgestimmt und von China hatten absegnen lassen, musste nun auf der Gründungskonferenz der Vereinten Nationen zur Diskussion gestellt werden. Sie begann am 25. April und endete am 26. Juni 1945 mit der Unterzeichnung der Charta der Vereinten Nationen in San Francisco.

Ein am Nationalstaat orientierter Aufbau?

Unverkennbar ist die Weltorganisation so ähnlich aufgebaut wie ein Staat. An der Spitze steht der Sicherheitsrat, das Exekutivorgan. Ihm eigentlich übergeordnet, faktisch aber nachgeordnet ist die Generalversammlung aller Mitgliedstaaten, sozusagen das Parlament. Der Internationale Gerichtshof ahmt die dritte Gewalt, die Judikative, nach. Den dazwischen angesiedelten Wirtschafts- und Sozialrat muss man sich als Kombination ei-

100880

Das Bild zeigt den Innenraum der Oper von San Francisco. Es wurden vom 25. 4. bis zum 26. 6. 1945 zehn Sitzungen mit 282 Delegierten abgehalten.

nes Wirtschafts-, Arbeits-, Sozial- und Entwicklungshilfeministeriums vorstellen. Das Sekretariat mit dem Generalsekretär an der Spitze enthält die Ministerialbürokratie der Vereinten Nationen.

Vergleiche hinken bekanntlich, und deswegen ist die dargestellte Analogie auch nur sehr oberflächlich. Dem Vergleich wird am ehesten noch der Sicherheitsrat gerecht, der im Falle einer Friedensbedrohung berechtigt ist, Gewalt einzusetzen bis hin zum Einmarsch in das Land des Aggressors. Die Generalversammlung kann aus zwei Gründen nicht mit einem Parlament verglichen werden. In ihr sind nicht die Bürger dieser Welt vertreten, sondern wiederum die Regierungen der Staaten. Die gesellschaftliche Ebene ist überhaupt nicht vertreten. Wenn sie sich in Gestalt von Nichtregierungsorganisationen überhaupt bemerkbar macht, ist der Wirtschafts- und Sozialrat ihr erster Ansprechpartner. Vor allem kennt das System der Vereinten Nationen keine Teilung der Gewalt. Sie liegt ausschließlich beim Sicherheitsrat, die Generalversammlung geht leer aus. Sie hat nichts zu tun und kaum etwas zu sagen.

Im Sicherheitsrat wurden den fünf Großmächten – Frankreich war inzwischen in diesen Kreis aufgenommen worden – sechs nichtständige Mitglieder hinzugesellt, allerdings ohne Vetorecht. Sie werden alle zwei Jahre neu gewählt. 1965 wurde ihre Zahl auf zehn erhöht.

Funktionsprinzipien

War der Aufbau der Vereinten Nationen dem Modell des Nationalstaats nachgebildet, so orientierte sich ihre Funktionsweise an der Praxis des Konzerts der europäischen Großmächte im 19. Jahrhundert. Deswegen wurde den Großmächten die beherrschende Stellung im Sicherheitsrat und diesem Gremium selbst das Gewaltmonopol zugewiesen. Es kann sich zwar nicht gegen eine Großmacht richten, weil sie den Gewalteinsatz mit ihrem Veto verhindern kann. Es soll sich aber auch nicht gegen eine Großmacht richten, weil in einem solchen Fall, wie der Krimkrieg (1853–56) gelehrt hat, das System zusammenbricht.

Gegen kleinere Friedensbrecher kann die Gewalt des Sicherheitsrats eingesetzt werden – wenn sich die Großmächte einig sind. Wenn das nicht der Fall ist, bleibt das

Der amerikanische Politiker Cordell Hull, ein enger Berater Präsident Franklin D. Roosevelts, erhielt 1945 den Friedensnobelpreis für die Vorbereitungen der Vereinten Nationen.

ZITAT

Der amerikanische Außenminister Cordell Hull am 18. 11. 1943 über den erhofften Nutzen der Vereinten Nationen:

Es wird fortan keine Notwendigkeit mehr geben für Einflusssphären, für Allianzen, für Machtgleichgewichte oder irgendeine andere dieser sonderbaren Maßnahmen, durch die in der unglücklichen Vergangenheit die Staaten versuchten, ihre Sicherheit zu gewährleisten oder ihre Interessen zu fördern.

System inaktiv. Nun ist diese Schwachstelle nicht willkürlich eingebaut worden, sondern spiegelt die realen Machtverhältnisse in der Welt der Nationalstaaten wider. Sie weist den Großmächten einen doppelt privilegierten Status zu. Wenn diese an einer Aktion nicht teilnehmen, kommt sie nicht zustande; den Mittel- und Kleinstaaten fehlt die Macht. Gegen eine Großmacht können auch die vereinigten Kräfte aller anderen Großmächte nichts ausrichten, weil der Preis, die Zerstörung der Welt, viel zu hoch wäre.

Die UNO hat aber noch eine zweite, sehr viel tiefer in die europäische Tradition hinabreichende Wurzel, die auf der Konferenz von San Francisco 1945 noch deutlich gesehen und gerade von den kleineren Staaten betont worden war. In dieser Perspektive wirken die Vereinten Nationen nicht als die Regierung der Welt, sondern als ihr Rathaus. Schon zu Beginn des 18. Jahrhunderts war den politischen Denkern Europas bewusst geworden, dass der Krieg nicht nur durch böse Absichten der Politiker, sondern auch durch strukturbedingte Verhaltenszwänge ausgelöst werden kann. Weil es im internationalen System keine Zentralinstanz mit Sanktionskompetenz gibt, muss jeder Staat für seine Verteidigung sorgen. Da es alle tun, entstehen Rüstung und Rüstungswettläufe, schließlich der Krieg. Wer diese Ursache beseitigen will, muss die Isolierung der Staaten beenden, muss sie in einer internationalen Organisation zusammenführen, damit sie sich in der Zusammenarbeit dort kennen lernen und wechselseitig von ihren friedlichen Absichten überzeugen können. Diese Wirkung der internationalen Organisation hat den Vorteil, dass sie die Ursachen von Aggression und Krieg beseitigen kann, statt, wie das Konzept der kollektiven Sicherheit, nur deren Folgen mit Gewalt zu bekämpfen.

Es war der amerikanische Senator Arthur H. Vandenberg, der in San Francisco die Trommel für diese Wirkung der internationalen Organisation rührte und ihre Erzeugung der Generalversammlung anvertraute. Hier kamen alle Staaten zusammen, hier entstand die Möglichkeit, durch Zusammenarbeit Vertrauen zu bilden. Hier ließ sich das wichtigste Problem des weltpolitischen Fortschritts, der friedliche Wandel wandlungsbedürftiger politischer Verhältnisse angehen, vielleicht sogar

ZITAT

Aus der Allgemeinen Erklärung der Menschenrechte, die die Generalversammlung der Vereinten Nationen am 10. 12. 1948 verkündete:

Artikel 1
Alle Menschen sind frei und gleich an Würde und Rechten geboren.
Artikel 2
1. Jeder Mensch hat Anspruch auf die in dieser Erklärung verkündeten Rechte und Freiheiten, ohne irgendeine Unterscheidung, wie etwa ... Geschlecht ...
Artikel 16
1. Heiratsfähige Männer und Frauen haben ... das Recht, eine Ehe zu schließen und eine Familie zu gründen. Sie haben bei der Eheschließung, während der Ehe und bei deren Auflösung gleiche Rechte.
Artikel 23
2. Alle Menschen haben ohne jede unterschiedliche Behandlung das Recht auf gleichen Lohn für gleiche Arbeit.

Die Vereinten Nationen wurden 1945 als Nachfolgeorganisation des Völkerbundes gegründet. Bis heute gehören der Organisation 191 Staaten an.

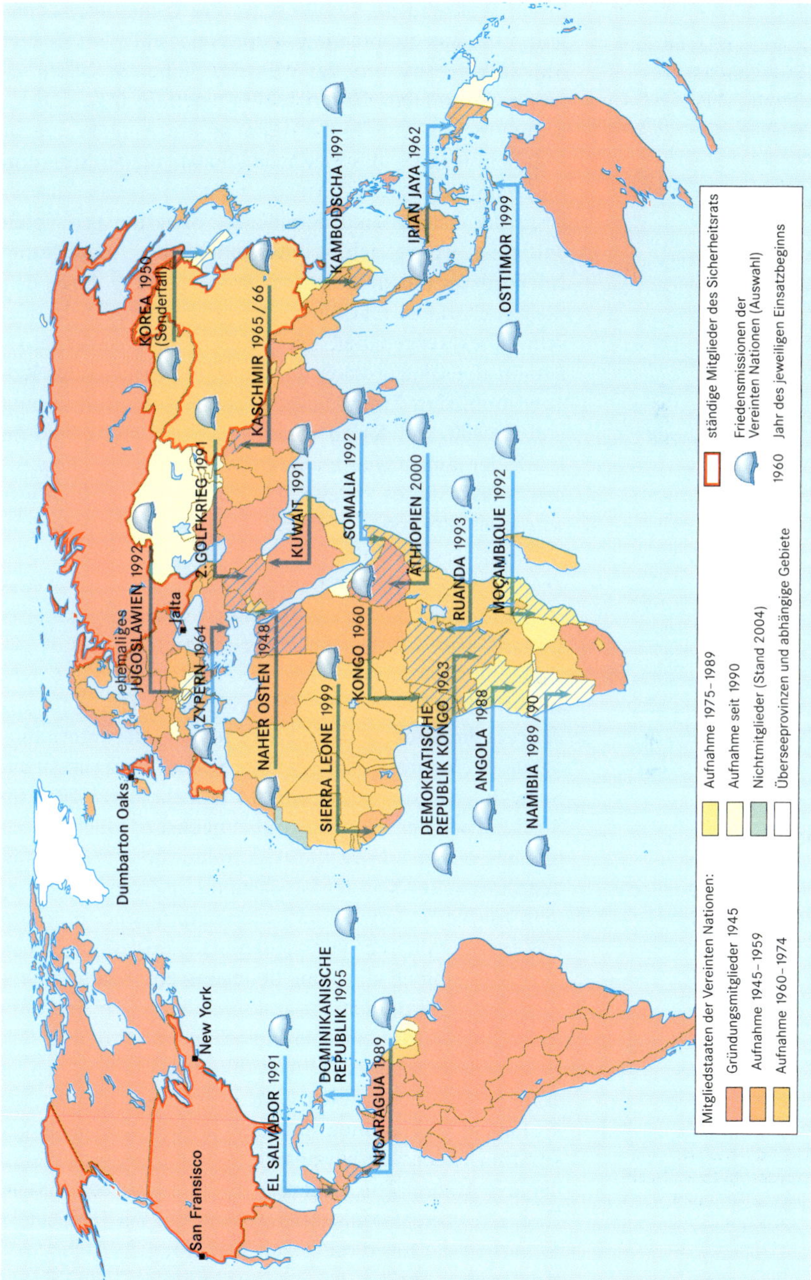
San Fransisco
New York
Dumbarton Oaks
Jalta
EL SALVADOR 1991
DOMINIKANISCHE REPUBLIK 1965
NICARAGUA 1989
ehemaliges JUGOSLAWIEN 1992
ZYPERN 1964
NAHER OSTEN 1948
2. GOLFKRIEG 1991
KUWAIT 1991
KASCHMIR 1965/66
KOREA 1950 (Sonderfall)
KAMBODSCHA 1991
IRIAN JAYA 1962
OSTTIMOR 1999
SIERRA LEONE 1999
KONGO 1960
DEMOKRATISCHE REPUBLIK KONGO 1963
SOMALIA 1992
ÄTHIOPIEN 2000
RUANDA 1993
MOÇAMBIQUE 1992
ANGOLA 1988
NAMIBIA 1989/90
Mitgliedstaaten der Vereinten Nationen:
Gründungsmitglieder 1945
Aufnahme 1945–1959
Aufnahme 1960–1974
Aufnahme 1975–1989
Aufnahme seit 1990
Nichtmitglieder (Stand 2004)
Überseeprovinzen und abhängige Gebiete
ständige Mitglieder des Sicherheitsrats
Friedensmissionen der Vereinten Nationen (Auswahl)
1960 Jahr des jeweiligen Einsatzbeginns

lösen. Während die Großmächte der Generalversammlung nur eine Empfehlungskompetenz auf dem Gebiet des Völkerrechts und der wirtschaftlichen sowie kulturellen Zusammenarbeit zugebilligt hatten, fügte das so genannte Vandenberg-Amendment die Aufgabe hinzu, »Maßnahmen für die friedliche Ordnung jeder Situation (zu) empfehlen«.

In der Charta sind damit zwei Funktionsprinzipien enthalten, wenngleich in unterschiedlicher Ausstattung. Im Vordergrund steht das der Weltregierung durch den Sicherheitsrat mit seiner Gewaltkompetenz. Sehr viel schwächer ausgebildet, aber doch deutlich erkennbar, enthält die Charta auch das Funktionsprinzip der Kooperation, das darauf ausgerichtet ist, der Entstehung von Gewalt und Krieg vorzubeugen. Es sollte sich im Laufe der langen Geschichte der Vereinten Nationen zeigen, dass dieses zweite Funktionsprinzip wichtiger wurde als das erste. *Ernst-Otto Czempiel*

An der Leine der nationalen Interessen: Organe und Aufgaben der Vereinten Nationen

In der Charta wurde die »Hauptverantwortung für die Aufrechterhaltung des Weltfriedens und der internationalen Sicherheit« dem Sicherheitsrat überantwortet. Seine Beschlüsse binden alle Mitglieder der UNO. Im Streitfall soll der Sicherheitsrat zunächst friedliche Maßnahmen einsetzen (Kapitel VI); wenn die versagen, stehen ihm die im Kapitel VII benannten Zwangsmaßnahmen zur Verfügung. Seine Kompetenzen sind in beiden Fällen beachtlich. Er kann jeden Streitfall an sich ziehen und Maßnahmen zu seiner Beilegung empfehlen.

Kapitel VII der Charta gibt ihm das Recht, eine »Bedrohung des Friedens« festzustellen und zunächst gewaltfreie, dann aber auch gewalthaltige Maßnahmen zu ergreifen. Er kann durch »Luft-, See- oder Landstreitkräfte die Operationen durchführen, die zur Aufrechterhaltung oder Wiederherstellung des Weltfriedens und der internationalen Sicherheit nötig sind«. Zu diesem Zweck verpflichteten sich alle Mitglieder der UNO, dem Sicherheitsrat Streitkräfte zur Verfügung zu stellen und Kontingente dafür in Bereitschaft zu halten. Den Einsatz der militärischen Gewalt sollte ein Generalstabsausschuss leiten, der aus den Generalstabschefs der ständigen Sicherheitsratsmitglieder besteht.

Der Wortlaut der Charta gibt also dem Sicherheitsrat das Recht, als Weltregierung zu fungieren, als globale Zentralinstanz mit Sanktionskompetenz. Diese Bestimmungen reflektierten offensichtlich mehr den Wunsch nach Frieden als die Einsicht in die Realität der Weltpolitik. Denn wie reimte sich die Kompetenz des Sicherheitsrates auf die souveräne Gleichheit aller Mitglieder, die in Artikel 2 festgeschrieben wurde? Wie konnte man von ihnen in Artikel 43 sozusagen pauschal abverlangen,

100562

Friedenssicherung (peacekeeping) gibt es seit 1956. Soldaten unter UNO-Kommando sorgen dafür, dass Waffenstillstände oder Friedensschlüsse auch eingehalten werden. Erstmals wurden die – später so genannten – Blauhelme im Suezkonflikt 1956 eingesetzt. Das Bild zeigt UNO-Friedenstruppen im Einsatz in der von israelischen Truppen geräumten Pufferzone im Südlibanon.

das wichtigste Attribut der Souveränität, die Verfügung über die Streitkräfte, in die Hand des Sischerheitsrats zu legen, wenn auch nur teilweise? Kein Mitgliedsstaat tat dies, schon gar nicht ein ständiges Mitglied des Sicherheitsrats; die in Artikel 43 vorgesehenen Sonderabkommen wurden nie geschlossen.

Es war zwar logisch richtig, das in Artikel 2 enthaltene Verbot der Anwendung von Gewalt seitens der Mitgliedsstaaten zu ergänzen durch die Überstellung der Gewaltkompetenz an den Sicherheitsrat. Dieser gedankliche Fortschritt ist außerordentlich wichtig. Aber die zur Ausführung gewählte Methode unterstellte eine Interessenidentität der ständigen Sicherheitsratsmitglieder, die gar nicht zu erwarten gewesen war. Allein im ersten Arbeitsjahr der Organisation, 1946, legte die Sowjetunion zehn Vetos im Sicherheitsrat ein. Die Differenzen zeigten sich auch bei der Aufnahme neuer Mitglieder in die UNO. Sie mussten, wie in Artikel 4 festgelegt, »friedliebend« sein. Bis 1956 wurde die Arbeit der Weltorganisation dadurch blockiert, dass die Gegner im Ost-West-Konflikt das Kriterium der Friedensliebe benutzten, um den Mitgliedern des jeweils anderen Blocks den Eintritt in die Organisation zu verwehren.

Der UNO-Sicherheitsrat – im Bild der Sitzungssaal – hat die Aufgabe, friedensgefährdende Situationen festzustellen und einer friedlichen Bearbeitung zuzuführen. Im Falle eines Friedensbruchs kann er auch militärische Gewalt einsetzen oder deren Anwendung autorisieren. Dem Rat gehören fünf ständige Mitglieder sowie zehn nichtständige Mitglieder in zweijährigem Wechsel an.

100264

Der Sitz der Vereinten Nationen wurde nicht als Mittelpunkt einer neuen Stadt, wie es dem planenden Architekten Le Corbusier eigentlich vorschwebte, sondern als Gebäudekomplex 1947–53 in New York am East River zwischen der 42. und 48. Straße errichtet; der Architekt war Wallace K. Harrison.

Die Generalversammlung wurde in der Charta eher stiefmütterlich behandelt. Ihr sind nur 13 Artikel gewidmet gegenüber 28 für den Sicherheitsrat. Sie war von den Großmächten eher als demokratisches Feigenblatt gedacht, zu dem sie sich überreden lassen mussten, das sie aber so klein wie möglich halten wollten.

Zwar hat die Generalversammlung das Budgetrecht – aber was besagt das schon, wenn der Haushalt im Durchschnitt kleiner ist als der der Feuerwehr von New York? Sie wählt die nichtständigen Mitglieder des Sicherheitsrats, die des Wirtschafts- und Sozialrats, des Treuhandschaftsrats. Sie beschließt die Aufnahme neuer Mitglieder in die Organisation und gegebenenfalls deren Suspendierung. Dem »friedlichen Wandel« war in den ersten fünf Jahren nur eine Frage gewidmet, und die wurde abschlägig beschieden. Das town meeting, zu dem der amerikanische Senator Vandenberg die Generalversammlung weiterentwickeln wollte, fand also nicht statt. Wie die Mitglieder des Sicherheitsrats lagen auch die der

100264

Jedes Jahr im Herbst tagt das Plenum der Generalversammlung im UNO-Gebäude in New York.

Generalversammlung an der langen, aber strammen Leine ihrer Regierungen zu Hause. Die jährlich im Herbst stattfindenden Plenarsitzungen der Generalversammlung produzierten denn auch vornehmlich papierene Erklärungen. Etwas mehr Aufmerksamkeit wurde den später einsetzenden Sondersitzungen zuteil, auf denen sich die Generalversammlung zu aktuellen Einzelproblemen der Weltpolitik - von der Abrüstung bis zur Weltwirtschaftsordnung - äußerte.

Im Unterschied zum Völkerbund widmeten die Vereinten Nationen von Anfang an den wirtschaftlichen und sozialen Ursachen von Kriegen große Aufmerksamkeit und schufen dafür ein eigenes Organ, den Wirtschafts- und Sozialrat (Kapitel X). Er ist das Organ der Vereinten Nationen, das sich um die »Freiheit von Not« zu bemühen hat. Er soll die soziale und wirtschaftliche Lage in den Ländern der Welt untersuchen und Verbesserungsvorschläge an die Generalversammlung - interessanterweise nicht direkt an den Sicherheitsrat -

richten. Er ist die Anlaufstelle für die vielen Sonderorganisationen.

Wie wichtig diese Neuerung war, wie sehr sie den Bedürfnissen der Welt an wirtschaftlicher und sozialer Entwicklung entgegenkam, zeigt die rasche Ausweitung der Tätigkeit des Wirtschafts- und Sozialrats. Er entfaltete bald ein riesiges Netzwerk von Kommissionen und Agenturen, darunter insbesondere die Wirtschaftskommissionen für Europa, für Asien und den Fernen Osten und für Lateinamerika. Der Wirtschafts- und Sozialrat wurde von den aufkommenden politischen Streitigkeiten sehr viel weniger betroffen als Sicherheitsrat und Generalversammlung.

Freilich war der Wirtschafts- und Sozialrat 1945 nicht für jenen großen Teil der Erde zuständig, der in europäischem Kolonialbesitz war oder dem Treuhandsystem der Vereinten Nationen unterstellt wurde. Von einer radikalen Entkolonialisierung, von der Präsident Roosevelt einst geschwärmt hatte, war schon lange keine Rede mehr gewesen. Die UNO-Charta registrierte in ihrer »Erklärung über Gebiete ohne Selbstregierung« (Kapitel XI) den Kolonialismus als Faktum, versprach den Kolonien lediglich für die Zukunft Emanzipation. Die vom Völkerbund vergebenen Mandate über die Kolonien der damaligen Feindstaaten wurden dem internationalen Treuhandschaftssystem (Kapitel XII) und dem dazugehörigen Treuhandschaftsrat (Kapitel XIII) überstellt, das war ganz einfach.

Was aber sollte mit den pazifischen Besitzungen Japans geschehen, an denen die USA inzwischen ein direktes strategisches Interesse hatten, was mit den amerikanischen Basen im Pazifik, die auf die unterschiedlichsten Rechtstitel zurückzuführen waren? Seine Lösung fand das Problem im Artikel 82, der es ermöglichte, solche Gebiete ganz oder teilweise zur »strategischen Zone« zu erklären und mithilfe von Sonderabkommen dem Sicherheitsrat direkt zu unterstellen. Die dem Rat eingeräumten Rechte wurden aber so klein gehalten, dass die amerikanische Verfügungsgewalt über diese Inseln und Mandate sich kaum von »kolonialem Besitz« unterschied. Das Kolonialproblem wurde 1945 also kurzerhand vertagt.

Natürlich braucht die Weltorganisation eine Ministerialbürokratie, die den verschiedenen Gremien zuarbei-

ZITAT

Mit dem Wirtschafts- und Sozialrat wollen die Vereinten Nationen fördern:

a. höhere Lebensstandards, Vollbeschäftigung und Bedingungen des wirtschaftlichen und sozialen Fortschritts;
b. die Lösung internationaler wirtschaftlicher, sozialer, gesundheitlicher und verwandter Probleme; und die internationale kulturelle und edukative Zusammenarbeit; und
c. weltweite Anerkennung und Beachtung der Menschenrechte und der fundamentalen Freiheiten für alle ohne Unterschied der Rasse, des Geschlechts, der Sprache oder der Religion.

Der norwegische Politiker Trygve Lie war 1946–52 der erste Generalsekretär der Vereinten Nationen.

tet. Sie wurde in Kapitel XV als »Sekretariat« ins Leben gerufen. Dergleichen hatte es schon beim Völkerbund gegeben, ebenso wie den Posten des Generalsekretärs. Nur dieser erhielt jetzt erheblich mehr Kompetenzen als sein Vorgänger. Er war nicht nur der Chef des Sekretariats und bei allen Sitzungen aller Gremien anwesend, er bekam mit Artikel 99 das Recht, die »Aufmerksamkeit des Sicherheitsrates auf alle Angelegenheiten (zu) lenken«, die den Frieden stören könnten. Darin steckt eine eminent politische Kompetenz. Eine politische Lage definieren, also autoritativ feststellen zu können, ob ein Konflikt vorliegt oder nicht, verleiht reale politische Macht. Freilich nur dann, wenn der Generalsekretär Persönlichkeit genug ist, diese Funktion gegenüber den im Sicherheitsrat vertretenen Großmächten auch durchzusetzen.

Es gehört zu den großen und alten Hoffnungen der Menschheit, internationale Konflikte eines Tages durch Richterspruch lösen zu können. Die Haager Friedenskonferenz von 1907 hatte einen Schiedshof eingesetzt, der Völkerbund einen Ständigen Internationalen Gerichtshof, der bis 1940 tätig war. Die Satzung der Vereinten Nationen ging noch einen Schritt weiter und errichtete den Internationalen Gerichtshof als sechstes Hauptorgan der Organisation (Kapitel XIV). Er hat ein eigenes Statut, das Bestandteil der UNO-Charta ist.

Friedenskonferenz 1969 im Internationalen Gerichtshof in Den Haag

Freilich konnten auch dieses Mal die Staaten nicht verpflichtet werden, ihre sämtlichen Streitigkeiten dem Gerichtshof zu unterbreiten. Aufgrund der Fakultativklausel kann er sich nur mit solchen befassen, die ihm die Konfliktparteien freiwillig unterbreiten. Diese Möglichkeit wird wenig genutzt. Obwohl die Kohärenz des internationalen Systems bis 1945 erheblich zugenommen hatte und sich danach weiter steigerte, ist noch nicht jener »Raum« entstanden, in dem einheitliche Rechtsnormen angewendet und durchgesetzt werden können. Selbst im Rahmen dieser Einschränkung könnte vom Angebot der Rechtsprechung sehr viel mehr Gebrauch gemacht werden, als es tatsächlich der Fall ist.

Ernst-Otto Czempiel

Besiegt und aufgeteilt: Die Besatzungsherrschaft in Deutschland

Bestrafung und Sühne der am Krieg Schuldigen war eines der ersten Kriegsziele der Alliierten. Die Deutschen, so die einhellige Auffassung während des Krieges, hatten zum zweiten Mal innerhalb weniger Jahre einen Krieg zur Erweiterung ihres Machtbereichs begonnen und Europa in Schutt und Asche gelegt. Winston Churchill sprach später von einem zweiten Dreißigjährigen Krieg. Die Deutschen waren nach alliierter Auffassung eine ständige Bedrohung für ihre Nachbarn. Notwendig war deshalb, ihnen die Möglichkeit zu nehmen, Kriege zu führen.

Von der Atlantikcharta bis zur Konferenz von Jalta

Während des Zweiten Weltkriegs kursierten die verschiedendsten Pläne zur Behandlung der Deutschen, teils offiziell, teils aus privater Feder. Zu den offiziellen Verlautbarungen von alliierter Seite gehörten die Absprachen zwischen Franklin D. Roosevelt und Churchill vom 12. August 1941, aus denen die so genannte Atlantikcharta hervorging, wie auch die Ergebnisse der Konferenzen von Casablanca, Moskau und Teheran 1943 sowie vor allem der Konferenz von Jalta 1945.

Die Atlantikcharta hatte neben dem Ziel der »endgültigen Vernichtung der Nazityrannei« vier Hauptziele

Besatzungszonen ab Juli 1945 in Deutschland und Österreich nach dem Zweiten Weltkrieg

formuliert, die auf die Vierzehn Punkte des amerikanischen Präsidenten Woodrow Wilson im Ersten Weltkrieg verwiesen. Danach sollte es keine territorialen Veränderungen nach dem Krieg geben, die nicht mit dem Willen der befreiten Völker in Einklang standen. Gefordert waren ferner ein Selbstbestimmungsrecht der Nationen, freier Zugang zum Handel und zu den Rohstoffen sowie engste Zusammenarbeit auf wirtschaftlichem Gebiet.

Im Januar 1943 hatte die Anti-Hitler-Koalition dann in Casablanca als zentrales Ziel die bedingungslose

Kapitulation (unconditional surrender) in einer Pressekonferenz verkündet. Neun Monate später, vom 19. bis zum 30. Oktober, trafen sich die Außenminister zu einer Konsultation in Moskau, und hier wurden zum ersten Mal unter dem Eindruck der deutschen Gräuel in der Sowjetunion, Frankreich und Italien Kriegsverbrecherprozesse gegen die Täter angekündigt. Sobald irgendeiner in Deutschland gebildeten Regierung ein Waffenstillstand gewährt werde, so die Deklaration der Konferenz, sollten jene deutschen Offiziere, Soldaten und Mitglieder der Nazipartei, die für die Grausamkeiten, Massaker und Exekutionen verantwortlich gewesen waren, in jenen Ländern abgeurteilt werden, in denen sie ihre Taten ausgeführt hatten. Diejenigen Täter, deren Verbrechen keine örtliche Beschränkung gehabt hatten, sollten durch ein gemeinsames alliiertes Gericht abgeurteilt werden.

Die Konferenz von Teheran vom 28. November bis zum 1. Dezember 1943 hatte diesen Erklärungen wenig Neues hinzuzufügen, allerdings sprach man hier wiederum über Gebietsabtrennungen, die Deutschland als Sühne zu leisten habe. In Jalta im Februar 1945 – die Alliierten standen in Oberschlesien und am Rhein – wurden noch einmal die bisherigen Positionen bekräftigt.

ZITAT

Die amerikanische Besatzungsdirektive JCS 1067 vom 26. 4. 1945 definiert die Ziele der Militärregierung in Deutschland:
Deutschland wird nicht besetzt zum Zwecke seiner Befreiung, sondern als ein besiegter Feindstaat...
Das Hauptziel der Alliierten ist es, Deutschland daran zu hindern, je wieder eine Bedrohung des Weltfriedens zu werden...

INFOBOX

Nationalkomitee »Freies Deutschland«
Das Nationalkomitee »Freies Deutschland« (NKFD) wurde während des Zweiten Weltkriegs am 12./13. 7. 1943 in Krasnogorsk gegründet. Die von der sowjetischen Regierung gestützte Organisation deutscher Kriegsgefangener (v. a. Überlebende der Schlacht von Stalingrad) und kommunistischer Emigranten (Wilhelm Pieck, Walter Ulbricht, Erich Weinert, Johannes R. Becher, Theodor Plievier), verschmolz im September 1943 mit dem »Bund Deutscher Offiziere« (BDO); Publikationsorgan war das Wochenblatt »Freies Deutschland«. Präsident wurde Weinert, Vizepräsident General Walther von Seydlitz.
Durch Flugblätter, Rundfunksendungen (Sender »Freies Deutschland«) und Lautsprecher rief das NKFD die in Russland kämpfenden Angehörigen der deutschen Wehrmacht zum Sturz Adolf Hitlers und zur Beseitigung des nationalsozialistischen Regimes auf. Nach 1945 erhielten zahlreiche Angehörige des NKFD, das im November 1945 aufgelöst wurde, Schlüsselstellungen in der Sowjetischen Besatzungszone bzw. der DDR.

Besetzt, nicht befreit – Ein besiegter Feindstaat

Den Alliierten ging es nicht um eine Befreiung der Deutschen, so viel war auf den Konferenzen klar geworden. In der berühmten Direktive JCS 1067 der Vereinigten Stabschefs der USA, die die grundlegenden Ziele der Besatzungspolitik 1944 festlegte und von Harry S. Truman im April 1945 gebilligt wurde, hieß es klar und deutlich: Deutschland wird nicht besetzt zum Zwecke seiner Befreiung, sondern als besiegter Feindstaat.

Die Mehrheit der Deutschen ging während des Krieges davon aus, dass nach einer Niederlage ein »Über-Versailles« drohen würde. Es gibt eine Vielzahl von Belegen vor allem in den von Gestapo und Sicherheitsdienst angefertigten Stimmungsberichten, dass neben der Furcht vor Repressionen des NS-Staats nichts den Durchhaltewillen so sehr stärkte wie die Überzeugung, dass es nach einem verlorenen Krieg für Deutschland keine Zukunft mehr geben werde. Halboffizielle oder rein private Deutschlandpläne von der Qualität des nach dem amerikanischen Finanzminister benannten Morgenthauplans – dieser stellte die Reagrarisierung in den Mittelpunkt – wurden von der NS-Propaganda gezielt verbreitet und ließen für die Niederlage das Schlimmste befürchten. Joseph Goebbels jedenfalls notierte bereits im Januar 1940 in seinem Tagebuch, die Herren würden die Bekanntgabe solcher Pläne noch einmal bitter bereuen. Auch Churchill hat mehrfach auf die negativen Auswirkungen solcher Veröffentlichung hingewiesen, und in der Tat war die »Wir-sitzen-alle-in-einem-Boot-Mentalität« bis zum Kriegsende in Deutschland deutlich spürbar.

ZITAT

Die Bestimmungen des Potsdamer Abkommens vom 2. 8. 1945 betrafen auch die Reparationen:

(1) Die Reparationsansprüche der UdSSR sollen durch Entnahmen aus der von der UdSSR besetzten Zone in Deutschland und durch angemessene deutsche Auslandsguthaben befriedigt werden.

(3) Die Reparationsansprüche der Vereinigten Staaten, des Vereinigten Königreiches und der anderen zu Reparationsforderungen berechtigten Länder werden aus den westlichen Zonen und den entsprechenden deutschen Auslandsguthaben befriedigt werden.

Der Alliierte Kontrollrat und die Besatzungszonen

Deutschland war durch die alliierte militärische Überlegenheit geschlagen worden, Regierung und Entnazifizierung beziehungsweise Umerziehung oblagen deswegen selbstverständlich den vier Militärregierungen. Sie agierten bis 1948, als das Verfahren in deutsche Hände überging, nach eigenen Vorstellungen.

Der im Potsdamer Abkommen vom 2. August 1945 entsprechend der Berliner Viermächteerklärung vom 5. Juni als gemeinsames Organ der Besatzungsmächte und oberste Regierungsgewalt eingerichtete Alliierte

100562

Auf dem Reichstagsgebäude in Berlin wird am 3. 5. 1945 die sowjetische Fahne gehisst.

Kontrollrat bestand aus den militärischen Oberbefehlshabern der vier Besatzungszonen, zunächst Dwight D. Eisenhower (USA), Bernard Montgomery (Großbritannien), Georgij Konstantinowitsch Schukow und Marie Pierre Koenig (Frankreich).

Die Besatzungszonen waren ohne großes Federlesen quer über die deutschen Ländergrenzen und in Österreich eingerichtet worden, in der Regel dort, wo die Armeen am Ende des Kriegs stehen geblieben waren. Eine Ausnahme machte in Deutschland die amerikanische Zone, von der das ursprünglich amerikanisch besetzte Thüringen im Juli 1945 an die Sowjets abgetreten wurde. Preußen, das allein drei Fünftel des Deutschen Reiches ausgemacht hatte und ohnehin als »Kopf« des deutschen Militarismus aufgelöst werden sollte, war quer über alle Zonen vertreten, ein Teil war jenseits der Oder-Neiße-Linie unter polnischer Verwaltung; das Land wurde im Februar 1947 durch den Alliierten Kontrollrat für aufgelöst erklärt. Die alte Reichshauptstadt Berlin wurde in vier Sektoren aufgeteilt und bildete eine besondere Einheit unter Viermächteverwaltung.

Ein erstes Schulbuch von 1945 in der Sowjetischen Besatzungszone

100545

Die USA proklamierten in ihrem Besatzungsbereich am 19. September 1945 die Einrichtung von drei Ländern, (Nord-)Württemberg-Baden, Bayern und Hessen; 1947 kam noch Bremen hinzu. Die britische Besatzungszone umfasste die Länder Niedersachsen und Nordrhein-Westfalen, dazu kamen Schleswig-Holstein und Hamburg. Zur französischen Zone gehörten das Saarland (am 31. Juli 1945 ausgegliedert und einer eigenen Behörde unterstellt), Rheinland-Pfalz, (Süd-)Baden und (Süd-)Württemberg-Hohenzollern; aus den beiden Letzteren und Württemberg-Baden wurde 1952 das Bundesland Baden-Württemberg gebildet.

In der Sowjetischen Besatzungszone (SBZ) war man am schnellsten zu einer politischen Neuordnung gekommen. Bereits 1945 waren fünf neue Länder gegründet worden, die aber erst 1947 Länderstatus erhielten: Mecklenburg, Sachsen, Thüringen, Sachsen-Anhalt und Brandenburg. 1952 wurden diese in einer Verwaltungsreform in 14 Bezirke aufgeteilt. Die Zentralverwaltungen wurden hier durch den berühmten Befehl Nr. 17 der Sowjetischen Militäradministration (SMAD) am 27. Juli 1945 eingerichtet.

Die Rolle der unbelasteten Deutschen und Emigranten
Eine der entscheidenden Maßnahmen auf dem Weg zur politischen Umgestaltung war zudem die Einsetzung von unbelasteten Deutschen, die zwar Macht erhielten, aber massiv von den politischen Vorgaben der Besatzungsmächte abhängig waren. In Bayern demonstrierten die Amerikaner dies eindrücklich am ersten Ministerpräsidenten Fritz Schäffer, der am 28. September 1945 ohne große Umstände durch seinen Justizminister Wilhelm Hoegner ersetzt wurde, weil er angeblich zu nachsichtig gegenüber Nationalsozialisten in seiner Verwaltung war. Ähnlich erging es in der britischen Zone Konrad Adenauer, der im Mai 1945 von den Amerikanern zum Oberbürgermeister von Köln ernannt und im Oktober von den Briten wieder entfernt worden war.

Kinder winken einem der »Rosinenbomber« genannten Luftbrückenflugzeuge zu.

100012

ZITAT

Wolfgang Borcherts Heimkehrerdrama »Draußen vor der Tür« (1947) handelt *von einem Mann, der nach Deutschland kommt… Einer von denen, die nach Hause kommen und die dann doch nicht nach Hause kommen, weil für sie kein Zuhause mehr da ist. Und ihr Zuhause ist dann draußen vor der Tür. Ihr Deutschland ist draußen, nachts im Regen, auf der Straße…*

In allen Besatzungszonen spielten Emigranten, die sich bereits während des Krieges mit Plänen für die Zeit »nach Hitler« beschäftigt hatten, eine wichtige Rolle. Teilweise wurden sie in der Verwaltung, vor allem aber im Entnazifizierungsapparat tätig. Robert Kempner, ab 1946 amerikanischer Ankläger in den 1945 anlaufenden Nürnberger Prozessen, war ein ehemaliger preußischer Ministerialbeamter, Otto John, Beteiligter am Verschwörerkreis des 20. Juli 1944 und von 1950 bis 1954 erster Chef des westdeutschen Verfassungsschutzes, war 1945 im Dienst der britischen Armee an den Verhören von Militärs mit beteiligt. Der Schriftsteller Alfred Döblin wurde Mitarbeiter der Kulturabteilung in der französischen Militärregierung.

In der Sowjetischen Besatzungszone spielten die kommunistischen Emigranten der KPD eine besondere Rolle, die in drei Gruppen mit der Roten Armee zusammen nach Deutschland zurückgekehrt waren: die »Gruppe Ulbricht« (Berlin), sowie die Gruppen um Anton Ackermann (Sachsen) und Gustav Sobottka (Mecklenburg-Pommern). Sie waren bereits während des Krieges darauf vorbereitet worden, beim Aufbau der Verwaltung und vor allem bei der Entnazifizierung mitzuwirken. Früh zeichnete sich die Dominanz der KPD-Funktionäre ab, die massiv Vertreter bürgerlicher Parteien und besonders die Sozialdemokraten verdrängten. Ein Beispiel dafür war Hermann Brill, profilierter Sozialdemokrat des linken Flügels, Widerstandskämpfer und ehemaliger Häftling des Konzentrationslagers Buchenwald, der zunächst in Thüringen noch von den Ameri-

Hundertmarkschein in der amerikanischen Besatzungszone

100886

100563

Arbeiter beim Abtransport um 1950 demontierter Maschinen aus der unterirdischen Flugzeugmotorenfabrik der Daimler-Benz-AG in der Regie der sowjetischen Besatzungsmacht. Auch nach Erlangung der Souveränität der Deutschen Demokratischen Republik wurden die Reparationsleistungen fortgesetzt.

kanern als Länderchef eingesetzt worden war. Er wurde im Juli 1945, als die amerikanischen Truppen abzogen, abgesetzt.

Sühneleistung – Demontagen und andere Reparationen

Die Potsdamer Konferenz oder, richtiger, die Berliner Konferenz, die nur aus Raummangel schließlich vor die Tore der Hauptstadt in den idyllisch gelegenen, im eng-

INFOBOX

Potsdamer Konferenz

Spätestens bei der Potsdamer Konferenz (17. 7.–2. 8. 1945) wurde deutlich, dass die Anti-Hitler-Koalition nur ein Zweckbündnis gewesen war; denn nach dem Sieg über das nationalsozialistische Deutschland traten die ideologischen Gegensätze zwischen den westlichen Alliierten und der Sowjetunion offen zutage. Schon zu Beginn der Konferenz kam es zum Konflikt, weil Stalin absprachewidrig in den nun unter seinem Einfluss stehenden osteuropäischen Ländern keine freien Wahlen zugelassen, sondern kommunistische Satellitenregime installiert hatte. Zudem hatte er in der von ihm so genannten Westverschiebung Polens eigenmächtig Polen für an die UdSSR abzutretendes Gebiet mit ostdeutschem Territorium entschädigt. Dies führte letztlich zur De-facto-Anerkennung der Oder-Neiße-Linie durch die USA und Großbritannien. Auch fanden sich die Westmächte mit der »Aussiedlung« genannten Vertreibung von Millionen Deutschen aus den deutschen Ostgebieten und anderen Teilen Osteuropas ab.

INFOBOX

Bizone – Trizone

Am 2. 12. 1946 beschlossen Briten und Amerikaner eine Verschmelzung ihrer Besatzungszonen zur Bizone. Die »Gemeinsame Anordnung« der amerikanischen und britischen Militärregierung vom 10. 6. 1947 schuf in Frankfurt am Main eine »Verwaltung des Vereinigten Wirtschaftsgebiets« mit einem Wirtschaftsrat und einem Exekutivausschuss. Mit der »Gemeinsamen Anordnung« vom 5. 2. 1948 setzten die beiden Militärregierungen als legislative Organe den Zweiten Wirtschaftsrat und als eine Art zweiter Kammer den Länderrat ein. Im April 1948 entstand durch den Beitritt der französischen Besatzungszone die Trizone. Damit war ein wesentlicher Schritt zur Gründung der Bundesrepublik getan. Als sich der Bundestag im September 1949 konstituierte, erlosch die Tätigkeit des Wirtschaftsrats.

lischen Landhausstil erbauten Cecilienhof der Hohenzollern verlegt worden war, hatte im Sommer 1945 den alliierten Willen zur Entwaffnung und Entmilitarisierung Deutschlands noch einmal ausdrücklich bestätigt. Zwar waren der Morgenthauplan und die Vorstellungen der eine rigorose antideutsche Politik verfolgenden britischen »Vansittartisten« längst begraben. Was aber das offizielle alliierte Programm für das Reichsgebiet vorsah, hielten viele Beobachter für kaum weniger dramatisch: Außer dem Verbot der militärischen Produktion sollten im Rahmen der Wiedergutmachung auch erhebliche Produktionskapazitäten entnommen werden und die deutsche Wirtschaft insgesamt dezentralisiert werden. Spektakulär war zweifellos die Entflechtung des größten Chemieunternehmens, der I. G. Farben, das in seine einzelnen Firmen zerlegt wurde.

ZITAT

Zum 40. Jahrestag der Kapitulation Deutschlands sagte Bundespräsident Richard von Weizsäcker am 8. 5. 1985 vor dem Deutschen Bundestag:
Ehren wir die Freiheit. Arbeiten wir für den Frieden. Halten wir uns an das Recht. Dienen wir unseren inneren Maßstäben der Gerechtigkeit. Schauen wir am heutigen 8. Mai, so gut wir können, der Wahrheit ins Auge.

Für die Demontagen legte man im Alliierten Kontrollrat in mühsamer Kleinarbeit Höchstgrenzen fest. Als Orientierung galt die Erhaltung eines mittleren Lebensstandards. Insgesamt 18 Staaten hatten Reparationsansprüche. Vieles verlief dabei chaotisch, ökonomisch unsinnig und wurde gerade von den Beschäftigten der Industrieunternehmen, die sich zum Teil auch als Opfer des Dritten Reiches fühlten, mit unterdrückter Wut und Resignation, teilweise auch mit schlichtem Unverständnis wahrgenommen. Auch Widerstand gegen Demontagen gab es, beispielsweise im Ruhrgebiet, wo sich Arbeiter gegen den Abbau ihrer Betriebe wehrten. Faktisch entnahm jeder Besatzer seiner Zone, was er für richtig hielt. Allein die Sowjetunion entzog ihrem Besatzungsgebiet wahrscheinlich mehr als 66 Milliarden Dollar Reparationsleistungen, das Sechsfache dessen, was Stalin noch in Jalta im Februar 1945 gefordert hatte. Bis 1947 verringerte sich der Bestand an Industrien in der Sowjetischen Besatzungszone, verglichen mit dem Bestand auf dem Gebiet Mitteldeutschlands im Jahr 1936, um fast vierzig Prozent.

Auch die Westmächte pochten auf Reparationsleistungen. Sie führten aber deutlich weniger Demontagen aus, in der amerikanischen Zone wurden sie zudem

100563

Sprengung eines Schornsteins auf dem Gelände der Essener Kruppwerke am 11. 1. 1950. In den westlichen Besatzungszonen wurden die Demontagen seit 1946 gedrosselt und im April 1951 ganz eingestellt.

durch Lucius D. Clay bereits im Mai 1946 gestoppt. Im April 1951 wurden die auch in den anderen Westzonen stark verminderten Demontagen dann ganz eingestellt. Der Verlust von Anlagen entsprach nach allgemeinen Schätzungen im Westen etwa dem Bestand, der seit 1939 dort hinzugekommen war.

Als Sühneleistung betrachtete die Sowjetunion auch die Zwangsarbeit von Millionen deutscher Kriegsgefangener, von denen die letzten Überlebenden erst zehn Jahre nach Kriegsende zurückkehrten. Eine wichtige Reparationsleistung war zudem die Rekrutierung deutscher Wissenschaftler, die in der Sowjetunion dann maßgeblich am Bau der sowjetischen Atombombe beteiligt waren. Ebenso wie die Sowjetunion schöpften die Vereinigten Staaten vor allem auch personelle Ressourcen ab, die zweifellos Reparationen im weitesten Sinne waren. Bereits seit 1944 waren im Reich headhunters unterwegs, die auf der Jagd nach technischen, militärischen und wissenschaftlichen Experten systematisch und höchst effizient die eroberten Gebiete durchkämmten. Wernher von Braun, einer der wesentlichen Experten für den Bau von Raketen, wurde bereits früh in die USA gebracht, um hier zu arbeiten. Braun war ein typisches Beispiel für den sich selbst als völlig unpolitisch definierenden technischen Spezialisten, dessen wissenschaftliche Ambitionen eben auch die Zusammenarbeit mit einem verbrecherischen Regime zuließen. *Bernd Stöver*

Kriegsverbrecher vor Gericht: Der Nürnberger Prozess

Der erklärte Wille der Alliierten, die Schuldigen zu bestrafen, Deutschland umzuerziehen und zu demokratisieren, um so einem neuen Krieg vorzubeugen, war schon 1945/46 durch den immer deutlicher erkennbaren Konflikt zwischen den Westmächten und der Sowjetunion geschwächt. Dies galt jedoch nicht für den Nürnberger Prozess gegen die Hauptkriegsverbrecher; ihn durchzuführen, war man trotz aller Probleme entschlossen.

Im November 1945 trat ein Internationaler Militärgerichtshof zu seiner ersten Verhandlung zusammen. In

100880

Der Nürnberger Hauptprozess des Internationalen Militärtribunals fand vom 20. 11. 1945 bis 1. 10. 1946 statt; Aufnahme aus dem Gerichtssaal mit der Richterbank am 12. 1. 1946, an der Wand eine Schautafel zu den Strukturen von Gestapo und Sicherheitsdienst.

der deutschen Öffentlichkeit wurde er allerdings kaum wahrgenommen, dazu waren die Deutschen wenige Monate nach dem Zusammenbruch viel zu sehr mit den Dingen des täglichen Lebens beschäftigt. Die juristische Grundlage hatten die Alliierten in einem gemeinsamen »Abkommen über die Bestrafung der Hauptkriegsverbrecher der europäischen Achse« am 8. August 1945 geschaffen, das von 23 Staaten in London unterzeichnet worden war.

Schon seit Februar 1944 war die bei den Vereinten Nationen angesiedelte War Crimes Commission tätig, die sich mit nichts anderem beschäftigte als der Vorbereitung des in der Weltgeschichte einmaligen Versuchs, die Schuldigen an einem Krieg zur Rechenschaft zu ziehen. Wenn sich faktisch auch die dahinter stehenden Vorstellungen unterschieden, einig war man sich, dass der deutsche Angriffskrieg und die deutschen Verbrechen nicht ohne Sühne bleiben dürften. Vier Straftatbestände wurden dem kommenden Verfahren zugrunde gelegt, die allesamt noch niemals vorher vor Gericht verhandelt worden waren: 1) Verschwörung gegen den Frieden, 2) Verbrechen gegen den Frieden, 3) Kriegsverbrechen und 4) Verbrechen gegen die Menschlichkeit. Abgeurteilt wurde im Namen der Vereinten Nationen.

Die Angeklagten

Angeklagt waren die Mitglieder der Führungselite des Dritten Reiches, die sich nicht wie viele andere durch Selbstmord oder Flucht der Anklage entzogen hatten: Reichsmarschall Hermann Göring; der Stellvertreter des »Führers« Rudolf Heß; Außenminister Joachim von Ribbentrop; der Chef des Oberkommandos der Wehrmacht, Wilhelm Keitel; der Chef des SS-Reichssicherheitshauptamtes, Ernst Kaltenbrunner; der Reichsminister für die besetzten Ostgebiete, Alfred Rosenberg; der Generalgouverneur für Polen, Hans Frank; der He-

Auf der Anklagebank im Verfahren des Internationalen Militärtribunals gegen die Hauptkriegsverbrecher saßen u. a. (vordere Reihe von links) Hermann Göring, Rudolf Heß, Joachim von Ribbentrop und Wilhelm Keitel.

100001

rausgeber des »Stürmer«, Julius Streicher; Wirtschaftsminister Walther Funk; der Nachfolger Hitlers, Großadmiral Karl Dönitz; der Chef der Kriegsmarine, Erich Raeder; Reichsjugendführer Baldur von Schirach; der Generalbevollmächtigte für den Arbeitseinsatz, Fritz Sauckel; Innenminister Wilhelm Frick; Rüstungsminister Albert Speer; der Chef des Wehrmachtsführungsstabes, Alfred Jodl; der Reichskommissar für die Niederlande, Arthur Seyß-Inquart; der Reichsprotektor für Böhmen und Mähren, Constantin von Neurath; der berüchtigte Rundfunkkommentator Hans Fritzsche; Reichsbankpräsident Hjalmar Schacht und schließlich Franz von Papen, den man als Verantwortlichen für die »Machtergreifung« vor Gericht stellte.

Für die Anklage vorgesehen waren zudem noch der Chef der Deutschen Arbeitsfront, Robert Ley, der in der Nürnberger Haft Selbstmord beging, der berüchtigte Leiter der Parteikanzlei und Sekretär Hitlers, Martin Bormann, der sich nach damaligem Wissen auf der Flucht befand, sich in Wirklichkeit aber während des Versuchs, aus dem brennenden Berlin zu entkommen, das Leben genommen hatte, und schließlich der verhandlungsunfähige Gustav Krupp von Bohlen und Halbach, für den der seit 1943 als alleiniger Inhaber tätige Alfried Krupp von Bohlen und Halbach stellvertretend auf die Anklagebank gesetzt wurde.

Angeklagt waren außerdem sechs Organisationen: die Gestapo, das Korps der Politischen Leiter der NSDAP, die SS, die SA, die Reichsregierung, der Generalstab und das Oberkommando der Wehrmacht. Die drei ersteren wurden für verbrecherisch erklärt, zwölf der Angeklagten zum Tode verurteilt und am 16. Oktober 1946 hingerichtet. Göring war es wahrscheinlich mithilfe eines amerikanischen Bewachers gelungen, sich vor der Hinrichtung mit einer Giftampulle zu töten. Sieben Angeklagte wurden zu langen Haftstrafen verurteilt, und es gab drei Freisprüche – von vielen damals auch als deutlicher Hinweis auf die Gerechtigkeit des Prozesses gewertet. Die Asche der Gehenkten wurde an einem geheimen Ort verstreut, um »zu verhindern, dass irgendwann einmal ein Schrein an dieser Stelle errichtet werden könnte.« Es war der Conwentzbach, ein kleiner Nebenfluss der Isar in München-Solln.

ZITAT

Aus »Lehmanns Erzählungen oder So schön war mein Markt« von Siegfried Lenz:

Der Schwarze Markt war mein Metier. Ich war für ihn geschaffen wie Churchill für den Posten eines Kriegspremiers geschaffen war. Meine Fähigkeiten wurden immer vollkommener... Schon begann man sich in einigen Hamburger Kreisen ehrenvolle Namen für mich auszudenken, als der Tag hereinbrach, der meine gesamte Muskulatur lähmte: der 20. Juni 1948, der schmähliche Sonntag der Währungsreform.

Plakat zum Ausgang des Nürnberger Prozesses (1946)

ZITAT

Ein dem Nürnberger Prozess zugrunde gelegter Straftatbestand waren »Verbrechen gegen die Menschlichkeit«: *Nämlich Mord, Ausrottung, Versklavung, Deportation sowie andere unmenschliche Handlungen, die vor dem Krieg oder während des Krieges gegen die Zivilbevölkerung begangen wurden, oder Verfolgungen aus politischen, rassischen oder religiösen Gründen bei der Durchführung von oder in Verbindung mit Verbrechen, die innerhalb der Zuständigkeit des Gerichtshofes liegen ...*

Weitere Kriegsverbrecherprozesse
Gleichzeitig liefen in Deutschland und im ehemals von Deutschen besetzten Europa diverse andere Prozesse. Die Amerikaner verhandelten 1945 zum Beispiel im ehemaligen Konzentrationslager Dachau gegen das dortige Lagerpersonal, die Briten in Lüneburg gegen die Bewacher von Bergen-Belsen, im französischen Straßburg stand Gauleiter Robert Wagner vor Gericht. Auch den Sowjets wurden Personen zur Aburteilung übergeben, im Jahr 1950 wurden über 10 000 an die DDR ausgeliefert. In Polen wurde 1947 der Kommandant von Auschwitz, Rudolf Höß, abgeurteilt. 1948 begannen die so genannten Nachfolgeprozesse unter amerikanischer Regie gegen Juristen, Ärzte, Euthanasiepersonal und Militärs.

Parallel zum Nürnberger Hauptkriegsverbrecherprozess lief aber auch die eigentliche Massenentnazifizierung in Deutschland an, die ebenfalls immer deutlicher in den Sog des beginnenden Kalten Krieges geriet. Trotz einer im Januar 1946 noch durch den Alliierten Kontrollrat gemeinsam verabschiedeten Direktive (Nr. 24) machte faktisch jeder Besatzer in seiner Zone, was er nach seinen Vorstellungen über die Ursachen des Nationalsozialismus, aber auch aufgrund pragmatischer Überlegungen im zerstörten Deutschland für richtig hielt.

Bernd Stöver

Fragebogen und Persilscheine: Entnazifizierung und Umerziehung

Die Amerikaner gingen in ihrem Besatzungsbereich zunächst rigoros vor. Hatte man ursprünglich nur im Auge gehabt, Schlüsselpositionen zu säubern, schrieb die endgültige Fassung der Besatzungsdirektive JCS 1067 vom April 1945 die Entfernung aller »aktiven« Nationalsozialisten vor. Bis Anfang August hatte man bereits 80 000 Personen »automatisch« inhaftiert (automatical arrest). Weitere 70 000 waren aus ihren Positionen entlassen worden. Am 7. Juli erging die berühmt-berüchtigte Militärverordnung, dass jeder Inhaber einer »Schlüsselposition« einen Fragebogen mit 131 Einzelfragen zu beantworten habe. Über diese Befragung ist später viel Hohn und Spott ausgegossen worden.

Schuldige, Mitläufer, Verfolgte – Das Verfahren der Amerikaner

Was psychologisch erklärbar war, aber dennoch zur Überraschung der Alliierten auftrat, war eine deutliche Solidarisierung vieler »Mitläufer« mit NS-Aktivisten, nicht zuletzt auch ein Zeichen dafür, dass man die Alliierten mehr als Besatzer denn als Befreier sah. Im Grunde genommen war »der Fragebogen« aber ein durchaus ehrenwerter, sorgfältig geplanter und ausgeführter Versuch, das Phänomen Nationalsozialismus personell zu erfassen und gleichzeitig die wirklich Schuldigen von den Mitläufern und Verfolgten zu trennen. Alle Deutschen über 18 Jahre hatten den Bogen auszufüllen. Alle, die der NSDAP vor dem 1. Mai 1937, also dem Tag des In-Kraft-Tretens des Reichsbeamtengesetzes beigetreten waren, die Amtsträger der Partei und al-

100563

Seit dem Frühjahr 1946 kamen die von der amerikanischen Militärregierung entwickelten Entnazifizierungsbögen zum Einsatz. Vielfach wurden die riesigen Mengen ausgefüllter Bögen vor den Polizeirevieren der Besatzungsmächte eingesammelt.

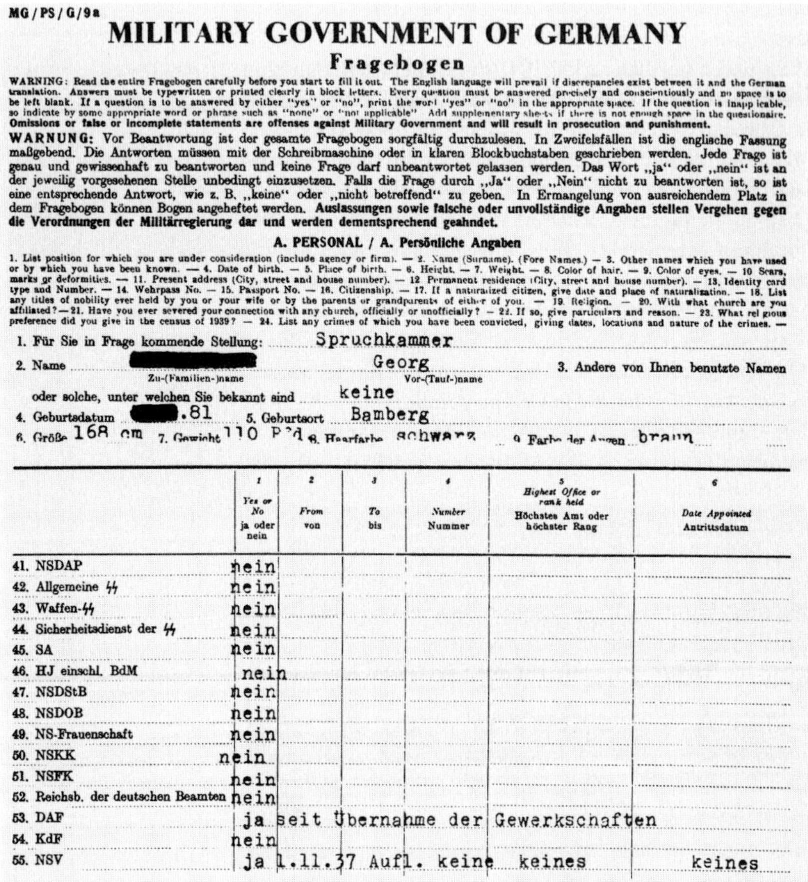

MG/PS/G/9a

MILITARY GOVERNMENT OF GERMANY

Fragebogen

WARNING: Read the entire Fragebogen carefully before you start to fill it out. The English language will prevail if discrepancies exist between it and the German translation. Answers must be typewritten or printed clearly in block letters. Every question must be answered precisely and conscientiously and no space is to be left blank. If a question is to be answered by either "yes" or "no", print the word "yes" or "no" in the appropriate space. If the question is inapplicable, so indicate by some appropriate word or phrase such as "none" or "not applicable". Add supplementary sheets if there is not enough space in the questionaire. **Omissions or false or incomplete statements are offenses against Military Government and will result in prosecution and punishment.**

WARNUNG: Vor Beantwortung ist der gesamte Fragebogen sorgfältig durchzulesen. In Zweifelsfällen ist die englische Fassung maßgebend. Die Antworten müssen mit der Schreibmaschine oder in klaren Blockbuchstaben geschrieben werden. Jede Frage ist genau und gewissenhaft zu beantworten und keine Frage darf unbeantwortet gelassen werden. Das Wort „ja" oder „nein" ist an der jeweilig vorgesehenen Stelle unbedingt einzusetzen. Falls die Frage durch „Ja" oder „Nein" nicht zu beantworten ist, so ist eine entsprechende Antwort, wie z. B. „keine" oder „nicht betreffend" zu geben. In Ermangelung von ausreichendem Platz in dem Fragebogen können Bogen angeheftet werden. **Auslassungen sowie falsche oder unvollständige Angaben stellen Vergehen gegen die Verordnungen der Militärregierung dar und werden dementsprechend geahndet.**

A. PERSONAL / A. Persönliche Angaben

1. List position for which you are under consideration (include agency or firm). — 2. Name (Surname). (Fore Names.) — 3. Other names which you have used or by which you have been known. — 4. Date of birth. — 5. Place of birth. — 6. Height. — 7. Weight. — 8. Color of hair. — 9. Color of eyes. — 10 Scars, marks or deformities. — 11. Present address (City, street and house number). — 12 Permanent residence (City, street and house number). — 13. Identity card type and Number. — 14. Wehrpass No. — 15. Passport No. — 16. Citizenship. — 17. If a naturalized citizen, give date and place of naturalization. — 18. List any titles of nobility ever held by you or your wife or by the parents or grandparents of either of you. — 19. Religion. — 20. With what church are you affiliated? — 21. Have you ever severed your connection with any church, officially or unofficially? — 22. If so, give particulars and reason. — 23. What religious preference did you give in the census of 1939? — 24. List any crimes of which you have been convicted, giving dates, locations and nature of the crimes. —

1. Für Sie in Frage kommende Stellung: Spruchkammer

2. Name [redacted] Georg 3. Andere von Ihnen benutzte Namen
Zu-(Familien-)name Vor-(Tauf-)name
oder solche, unter welchen Sie bekannt sind keine

4. Geburtsdatum [redacted].81 5. Geburtsort Bamberg

6. Größe 168 cm 7. Gewicht 110 Pfd 8. Haarfarbe schwarz 9. Farbe der Augen braun

	1 Yes or No ja oder nein	2 From von	3 To bis	4 Number Nummer	5 Highest Office or rank held Höchstes Amt oder höchster Rang	6 Date Appointed Antrittsdatum
41. NSDAP	nein					
42. Allgemeine SS	nein					
43. Waffen-SS	nein					
44. Sicherheitsdienst der SS	nein					
45. SA	nein					
46. HJ einschl. BdM	nein					
47. NSDStB	nein					
48. NSDOB	nein					
49. NS-Frauenschaft	nein					
50. NSKK	nein					
51. NSFK	nein					
52. Reichsb. der deutschen Beamten	nein					
53. DAF	ja	seit	Übernahme	der	Gewerkschaften	
54. KdF	nein					
55. NSV	ja	1.11.37	Aufl.	keine	keines	keines

Ausschnitt aus einem Fragebogen der amerikanischen Militärregierung

ler NS-Organisationen, Offiziere und Unteroffiziere der Waffen-SS, SA, NS-Kraftfahrer- und Fliegerkorps waren zu entlassen, ebenso alle Mitglieder der SS und die vor dem 1. Mai 1933 eingetretenen »alten Kämpfer« der SA. Beamte in leitenden Positionen einschließlich ihrer Referenten fielen ebenso unter diese Regelung wie Industriemanager.

Die Zahlen machen deutlich, wie rigoros die Amerikaner vorgingen. Dies geschah nicht zuletzt unter dem Druck der öffentlichen Meinung in den USA selbst, in der viel von der »verpassten Chance« am Ende des Ersten Weltkriegs die Rede war: In Hessen beispielsweise waren

Mitte 1946 rund 57 Prozent der Beamten entlassen worden. Aber von allen damals im öffentlichen Dienst Beschäftigten waren schließlich wieder insgesamt rund 55 Prozent aus der Zeit vor 1945 übernommen worden.

Diese relativ hohe Zahl der Übernommenen macht gleichzeitig ein anderes Phänomen sichtbar. Auch nach der totalen militärischen Niederlage des Deutschen Reiches waren die Besatzungsmächte auf eine funktionierende deutsche Verwaltung angewiesen, ein Faktum, das die vorgesehene Entnazifizierung zumindest zum Teil konterkarierte.

Die Spruchkammern

Die zunehmende Kritik auch aus den eigenen Reihen an der Praxis der Entnazifizierung führte knapp ein Jahr nach der Kapitulation zum Entschluss der Amerikaner, die Säuberung den Deutschen zu überlassen, selbst aber die Oberaufsicht zu behalten. Rechtliche Grundlage dafür war das so genannte Befreiungsgesetz vom 5. März 1946, das mit leichten Varianten 1947 auch in der britischen und französischen Zone eingeführt wurde. Mit dem Gesetz entstanden die so genannten Spruchkammern, deren Grundlage die Auswertung der Fragebögen war. Sie unterschieden nach (I) Hauptschuldigen, (II) Belasteten, worunter man NS-Aktivisten, Militaristen

ZITAT

Aus der Verordnung der Provinz Sachsen über die Bodenreform vom 3. 9. 1945 (Artikel 1):

Durch die Bodenreform soll der jahrhundertealte Traum der landlosen und landarmen Bauern von der Übergabe des Großgrundbesitzes in ihre Hände erfüllt werden. Somit ist die Bodenreform die wichtigste Voraussetzung der demokratischen Umgestaltung des wirtschaftlichen Aufstieges unseres Landes.

INFOBOX

Entnazifizierung

Die amerikanische Besatzungsdirektive JCS 1067 vom 26. 4. 1945 über die Entnazifizierung (Teil I, 6c):

»Alle Mitglieder der Nazipartei, die nicht nur nominell in der Partei tätig waren, alle, die den Nazismus oder Militarismus aktiv unterstützt haben, und alle anderen Personen, die den alliierten Zielen feindlich gegenüberstehen, sollen entfernt und ausgeschlossen werden aus öffentlichen Ämtern und aus wichtigen Stellungen in halbamtlichen und privaten Unternehmungen wie (1) Organisationen des Bürgerstandes, des Wirtschaftslebens und der Arbeiterschaft, (2) Körperschaften und andere Organisationen, an denen die deutsche Regierung oder Unterabteilungen ein überwiegend finanzielles Interesse haben, (3) Industrie, Handel, Landwirtschaft und Finanz, (4) Erziehung und (5) Presse, Verlagsanstalten und andere der Verbreitung von Nachrichten und Propaganda dienenden Stellen.«

100563

Die zunächst in der amerikanischen Besatzungszone eingerichteten Spruchkammern zur Entnazifizierung waren mit deutschen Verteidigern und Richtern besetzt; Foto von der ersten Sitzung der Stuttgarter Spruchkammer am 12. 6. 1946.

und Nutznießer rechnete, (III) Minderbelasteten, (IV) Mitläufern und (V) Entlasteten.

20 000 Mitarbeiter, die in der Regel aus juristischen Laien bestanden, benötigte das Spruchkammerverfahren, wobei in krassem Gegensatz zum rechtsstaatlichen Verfahren der Belastete den Beweis seiner Unschuld zu erbringen hatte. Die Kammer setzte dann die Sühneleistung des Einzelnen fest, die etwa Arbeitslager, Geldstrafe oder den Verlust von Versorgungsansprüchen bedeuten konnte. Entlastet war eigentlich nur derjenige, der eine nur formelle Mitgliedschaft in NS-Organisationen oder die Beteiligung am Widerstand nachweisen konnte. Gegen den Spruch war eine Berufung möglich.

Die Praxis zeigte, dass sich das gesamte Spruchkammerverfahren vor dem Hintergrund des ohnehin vorhandenen mehrheitlichen Unwillens der Deutschen, sich wirklich mit dem Nationalsozialismus auseinander zu setzen, und des beginnenden Kalten Krieges zu einer wahren »Mitläuferfabrik« (Lutz Niethammer) entwickelte, die fast nur noch »Persilscheine« ausstellte, wie die Entlastungsbescheide im Volksmund hießen. Hinzu kam 1946 eine Jugendamnestie, 1947 eine Weihnachtsamnestie, die bis 1949 zur Beendigung von 2,8 Millionen Verfahren führte. Im Januar 1948 äußerte die Regierung in Washington ausdrücklich den Wunsch, die Entnazifizierung schnell zu beenden. Nur noch mit erheblichem Druck des amerikanischen Hochkommissars General Lucius D. Clay gelang es jetzt, eine Fristverlängerung für besonders schwere Fälle durchzusetzen.

Pragmatik und Milde – Britische und französische Vorgehensweisen

Die britische und die französische Position entsprach grundsätzlich der amerikanischen, wenn auch die Briten noch pragmatischer als ihre amerikanischen Kollegen verfuhren. Seit die deutschen Stellen die Entnazifizierung übernommen hatten, waren in der britischen Zone etwa zwei Millionen Fälle untersucht worden, davon waren fast siebzig Prozent als Entlastete und Mitläufer eingestuft worden. Auch hier wurde eine Amnestie erlassen, die am 1. Juni 1948 in Kraft trat. In der französischen Zone hatte die erste Entlassungswelle geradezu ein Chaos für die Verwaltung mit sich gebracht. Früher als in anderen Zonen, nämlich im Oktober 1945, war man hier deswegen dazu übergegangen, den deutschen Stellen die Entnazifizierung zu überlassen. Auch ansonsten ließ es der französische Weg an politischem Elan fehlen, Nationalsozialisten zu entfernen. Es gab auch Fälle, in denen einflussreiche Belastete auf ihrem Posten belassen wur-

ZITAT

Am 6.9. 1946 kündigte der amerikanische Außenminister James F. Byrnes in Stuttgart einen Kurswechsel in der amerikanischen Besatzungspolitik an:
Es war jedoch niemals die Absicht der amerikanischen Regierung, dem deutschen Volk das Recht zu versagen, seine eigenen inneren Angelegenheiten wahrzunehmen, sobald es in der Lage sein würde, dies auf demokratische Art und unter aufrichtiger Achtung der Menschenrechte und grundsätzlichen Freiheiten zu tun.

100880

In Sachsen wurde 1946 zum Volksentscheid aufgerufen: »Betriebe der Kriegs- und Naziverbrecher in die Hand es Volkes. Für die Sicherung des Friedens ...« (Propagandafoto). Ehemaligen Funktionären des Nationalsozialismus wurde in der DDR der Weg zu wichtigen Ämtern verschlossen.

50

In der Sowjetischen Besatzungszone wurde am 3. bzw. 11. 7. 1945 die Verordnung der Länder- und Provinzialverwaltungen erlassen, in der die Bodenreform geregelt wurde. Das Bild zeigt die Vergabe von Vieh an Vertriebene.

den, wenn sie politische Pläne der Franzosen unterstützten. Im Mai 1947 folgte auch hier eine Jugendamnestie, im Juli 1948 eine Amnestie für alle einfachen NSDAP-Mitglieder.

Die Gesamtbilanz der Entnazifizierung war entsprechend dürftig. Selbst Deutsche beklagten die kaum mehr zu verantwortende Milde der französischen Stellen. Als man 1950 eine Abschlussbilanz erstellte, waren von knapp 670 000 Überprüften ganze zwei als Hauptschuldige und 284 als Belastete eingestuft worden.

Die »antifaschistisch-demokratische Umwälzung« in der Sowjetischen Besatzungszone

Konsequenter als in den Westzonen ging man in der sowjetischen Zone die Entnazifizierung an. Sie wurde als Chance zur radikalen Umgestaltung in eine sozialistische Gesellschaft begriffen, deren deutlichster Ausdruck dann die Bodenreform war. Das Schlagwort von der »antifaschistisch-demokratischen Umwälzung« meinte darüber hinaus nicht nur die Bestrafung der Schuldigen an Diktatur und Krieg, sondern vor allem den radikalen Elitenaustausch, der den kommunistischen Führungsanspruch in einem neuen Staat gewährleisten sollte.

Aktive Nationalsozialisten, »alte Kämpfer« und Führungspersonal in Verwaltungen, Schulen und Universitäten wurden als Erste entlassen. Teilweise fiel die Entlassungspraxis aber auch höchst unterschiedlich aus. Während Thüringen so genannte nominelle Parteimitglieder im öffentlichen Dienst beließ, wurden diese beispielsweise in Brandenburg entlassen. Rigoros ging man vor allem in der Justiz vor. In Sachsen wurden von Tausend Richtern und Staatsanwälten 800 entlassen. Ausnahmen gab es aber für unentbehrliches Personal, zu denen zum Beispiel Ärzte gehörten. Die Grundlinie war jedoch, dass vor allem KPD-Mitglieder bevorzugt in die freien Stellen einrückten. Sie dominierten schließlich auch die Entnazifizierungsausschüsse.

Schon 1946 waren aber auch erste Anzeichen für die Abschwächung des harten Kurses absehbar. Der KPD-Vorsitzende Wilhelm Pieck votierte im Februar offen für die Bewährung nomineller NSDAP-Mitglieder. Dieser Kurs, der auf eine wirtschaftliche und soziale Konsolidierung der Zone zielte, wurde im berühmten SMAD-Befehl 201 vom August 1947 auch offiziell ausdrücklich

Blick vom Eingangstor auf das Mahnmal im ehemaligen Konzentrationslager Sachsenhausen

100562

INFOBOX

Roman einer Karriere

Klaus Manns Exilroman »Mephisto«, erstmals 1936 in Amsterdam erschienen, beschreibt am Beispiel des fiktiven Schauspielers und Regisseurs Hendrik Höfgen die Verstrickung von Künstlern und Intellektuellen mit dem nationalsozialistischen Regime. Er zeichnet das Psychogramm eines von der Macht geblendeten, vom Aufstieg besessenen Opportunisten, deckt am Beispiel des Stars im totalitären System Zusammenhänge von Kunst und Politik, Moral und Macht auf.

1964 sollte »Mephisto« in der Bundesrepublik Deutschland erscheinen. Doch die Erben von Gustaf Gründgens interpretierten ihn als Schlüsselroman, befürchteten, das Ansehen Gründgens', den sie in der Figur Höfgens gespiegelt sahen, könne dadurch beschädigt werden. Sie erhoben Klage gegen das Erscheinen; 1965–68 wurde der Rechtsstreit in mehreren Instanzen bis zum Bundesverfassungsgericht verhandelt. Die Veröffentlichung wurde verboten, bis die Erinnerung an den verstorbenen Gründgens verblasst sei. Erst 1981 erschien der »Roman einer Karriere« in einem westdeutschen Verlag.

betont. Auffangbecken für die ehemaligen Nationalsozialisten wurde die Nationaldemokratische Partei Deutschlands (NDPD), die eigens zu diesem Zweck im Mai 1948 gegründet wurde. Kurz zuvor war offiziell die Entnazifizierung am 26. Februar 1948 abgeschlossen worden.

Versuch einer Bilanz

Als Schlussbilanz ist anzunehmen, obwohl die Zahlen nach wie vor nicht wirklich überprüft wurden, dass im sowjetischen Einflussbereich etwa 200 000 NSDAP-Mitglieder entlassen wurden. Wichtiger als dies war allerdings der bereits angesprochene umfassende Strukturwandel. An die Stelle traditioneller Besitz- und Bildungseliten traten Funktionäre, die großenteils aus unterprivilegierten Schichten stammten; der Besitz der »Junker«, die man besonders als Förderer und Träger des Nationalsozialismus verfolgt und enteignet hatte, war unter Landlosen verteilt worden. Dies war der wesentliche Unterschied zu den Westzonen, in denen nach der Entnazifizierung die alten Eliten vielfach in ihre alten Positionen zurückkehrten.

Allerdings sind hier längst noch nicht alle Einzelheiten erforscht, ebenso wenig wie in einem besonders dunklen Kapitel, dem der sowjetischen Internierungslager in der

Sowjetischen Besatzungszone, in denen bis 1950 wahrscheinlich etwa eine Viertelmillion Personen unter katastrophalen Bedingungen lebte. Dies waren keinesfalls nur NS-Funktionäre oder Kriegsverbrecher, sondern auch unliebsame NS-Gegner und schließlich auch Personen, die sich etwa gegen die Zwangsvereinigung von KPD und SPD gewandt hatten. Rund 25 000 Personen wurden zudem ohne Urteil in sowjetische Lager deportiert.

Den rechten Weg weisen...
Seit den ersten Überlegungen während des Krieges über die Zeit »nach Hitler« war neben der Bestrafung der Schuldigen die Umerziehung der Deutschen in Richtung Demokratie im Gespräch gewesen. Hierin waren sich eigentlich alle Alliierten einig gewesen, wenn auch die Vorstellungen darüber zwischen den Westmächten und

99997

Klaus Manns »Mephisto« spielte auf seinen ehemaligen Schwager Gustaf Gründgens (das Foto zeigt ihn in der Rolle des Mephisto) und dessen zweifelhafte Haltung im Nationalsozialismus an. Der Streit um den Roman währte noch weit über die unmittelbare Nachkriegszeit.

Amerikanische Militärpolizei überwacht in Trier das Auswechseln von Straßenschildern.

100563

der Sowjetunion weit auseinander gingen. Häufig wurde zur Begründung die These präsentiert, die Deutschen seien seit Jahrhunderten einen Sonderweg in Europa gegangen, der konsequent zum autoritären Staat geführt und gleichzeitig jede demokratische Tradition im Keim erstickt habe. Richtig war daran zweifellos, dass die obrigkeitlichen Traditionen tief im deutschen Bewusstsein verankert waren.

Eine der ersten alliierten Maßnahmen parallel zur Entnazifizierung war die Genehmigung zur Bildung von Parteien gewesen. Hier machten die Sowjets den Anfang. Knapp einen Monat nach der Kapitulation wurden in ihrer Besatzungszone bereits die ersten Parteien gegründet, im August 1945 wurden auch in der amerikanischen, im September in der britischen und schließlich im Dezember 1945 in der französischen Zone Parteien zugelassen. Fast gleichzeitig kam es zur Gründung von Gewerkschaften.

Neuerungen in Wirtschaft, Bildung, Kultur und Justiz
Zweifellos herrschte in allen Zonen politische Aufbruchstimmung; zum Teil geschah Unerhörtes: Nicht nur den Arbeiterparteien, auch dem konservativ-christlichen Lager, das sich vor allem in der Christlich Demokratischen Union Deutschlands (CDU) sammelte, schien nach dem offensichtlichen Scheitern der alten Ordnung die Sozialisierung der Wirtschaft als einzig gangbarer Weg. Das Ahlener Programm der CDU 1947 forderte unter anderem die Verstaatlichung von Industrien und die Neuordnung der Eigentumsverhältnisse.

Fast noch entscheidender war den Alliierten die Demokratisierung des Kulturlebens erschienen. Bildungswesen, Presse, Rundfunk sollten umfassend reformiert werden. Auch hier begannen die Sowjets als Erste mit einem radikalen Schritt, der Einführung der Einheitsschule. Gleichzeitig begann man neue Lehrer auszubilden, die 1945 dreimonatige, 1946 achtmonatige und 1949 zwölfmonatige Kurzlehrgänge durchliefen. Erst danach ging man in der sowjetischen Zone wieder zu einem Hochschulstudium für Lehrer über. Ähnlich radikal war hier nur noch der Neuaufbau der Justiz auf den Weg ge-

ZITAT

Der amerikanische Geheimdienst berichtet über die Einstellungen der deutschen Bevölkerung in der amerikanischen Zone zum Nationalsozialismus (12. 8. 1945):
Es herrscht die Tendenz vor, einzelne Personen, insbesondere Hitler, für alle Gräueltaten des Regimes verantwortlich zu machen.... Dagegen haben 53 Prozent der Befragten erklärt, Hitler habe von den Gräueltaten in den Konzentrationslagern »nichts gewusst«.

INFOBOX

Trümmerfrauen
Die alliierten Besatzungsbehörden verpflichteten 1945 und 1946 alle Frauen zwischen 16 und 50 Jahren sowie alle Männer zwischen 14 und 65 Jahren zur Mithilfe bei den Aufräumarbeiten in den zerstörten deutschen Städten.
Zwei Drittel der Betroffenen waren Frauen; ihr Lohn für Schippen, Sortieren und Steineklopfen betug etwa 60 Pfennige pro Stunde (ein Bauarbeiter bekam damals 70 Pfennige).
Dazu kam die »Arbeitskarte«, eine Lebensmittelkarte, mit der man doppelt so viel Brot und fünfmal so viel Fett und Fleisch kaufen konnte wie mit der Hausfrauenkarte.
Nach der Arbeit galt es, Schlange zu stehen, um für die Marken einzukaufen oder etwas zu organisieren, in den Trümmern nach Brennholz zu suchen oder aufs Land zu fahren, um Steckrüben, Kartoffeln oder gar Fett, Eier und Fleisch einzutauschen.
Zwischen 1987 und 1990 wurde einem Teil der »Trümmerfrauen« eine späte Anerkennung zuteil: Vor 1921 geborene Frauen erhalten monatlich für jedes Kind steuerfrei Kindererziehungsleistungen, die auf andere Sozialleistungen nicht angerechnet werden.

s. ZEIT Aspekte Christlich-Demokratische Union S. 595

bracht worden, als man begann, juristische Laien in Kurzlehrgängen zu »Volksrichtern« auszubilden.

Gleichfalls drastisch, aber im Ergebnis nicht annähernd so folgenreich wie die Sowjets, gingen die Franzosen vor, die in ihrer Zone das elitäre französische Schulmodell einführten. Die Amerikaner drängten vor allem auf die dem amerikanischen Modell nachgebildete Gesamtschule, die ihnen für die Demokratisierung am geeignetsten erschien.

Ähnlich hart wie um die Bildungspolitik wurde in allen Zonen um die anderen Zweige der Kulturpolitik gerungen. Früh war die Filmindustrie im Rahmen der Umerziehung eingesetzt worden. Allerdings hatten hier die Dokumentarfilme über Kriegsverbrechen und deutsche Gräuel in den Konzentrationslagern kaum messbaren Erfolg; teilweise wurde das genaue Gegenteil des Erwünschten erreicht. Größeren Erfolg beim Publikum hatte der Import von ausländischen Spielfilmen, in der amerikanischen Zone stießen Hollywoodstreifen auf größtes Interesse. Besondere Aufmerksamkeit kam darüber hinaus in allen vier Zonen der Presse- und Rundfunkpolitik zu.

ZITAT

Das Gesetz zur Demokratisierung der deutschen Schule für die Provinz Sachsen vom 22. 5. 1946 über Ziel, Aufgaben und Form der deutschen Schule:

(§ 1) ... Als Mittlerin der Kultur hat sie die Aufgabe, die Jugend frei von nazistischen und militaristischen Auffassungen im Geiste eines friedlichen und freundschaftlichen Zusammenlebens der Völker und einer echten Demokratie zu wahrer Humanität zu erziehen ...

Die Abkehr von der vorherigen Besatzungspolitik

Den wohl größten psychologischen Erfolg der »Umerziehung« konnten die Westalliierten aber wohl dadurch verbuchen, dass sie im Zuge des sich entwickelnden Kalten Krieges und in der Gewissheit, auf »ihre Deutschen« in der Auseinandersetzung gegen den Kommunismus angewiesen zu sein, ab Ende 1946 einen klaren Schwenk ihrer bisherigen Besatzungspolitik vollzogen. Der amerikanische Außenminister James F. Byrnes kündigte im September 1946 in einer Rede in Stuttgart nicht nur die endgültige Abkehr von destruktiven Teilungsplänen an, sondern stellte auch in Aussicht, dass es wieder ein politisch und wirtschaftlich selbstständiges Deutschland geben werde, das einen »ehrenvollen Platz« unter den Nationen einnehmen könne.

Die wirtschaftlichen Hilfsmaßnahmen, die der Marshallplan 1947 einläutete, waren dann schließlich, vor allem angesichts der sowjetischen Drohgebärden in der Berlinkrise 1948, der Beginn einer engen Anbindung an die Westmächte, die sich ebenso auf kulturellem Gebiet niederschlug. Die »Amerikanisierung« der westdeut-

399

In seinem 1955 entstandenen Gemälde »Unter Trümmern« verarbeitete der Maler Willi Sitte, einer der bekanntesten Vertreter des sozialistischen Realismus, das Trauma des Zweiten Weltkrieges (Weimar, Stiftung Weimarer Klassik und Kunstsammlungen).

schen Kultur war nicht nur ein Ergebnis des Kulturhungers nach der Zeit des kulturellen Provinzialismus im Dritten Reich, sondern auch ein Anknüpfen an ein in Deutschland weit verbreitetes Interesse an Amerika, wie es insbesondere schon während der Weimarer Republik zu verzeichnen gewesen war.

Die Frage des staatlichen Neubeginns in Deutschland
Die Besatzungsmächte waren angetreten, Deutschland zu entnazifizieren und zu demokratisieren. Die Entnazifizierung wurde in den Besatzungszonen zu einem »gescheiterten Experiment«, allerdings mit unterschiedlichem Ausmaß innerhalb der verschiedenen Zonen, wenn man sie an den im Krieg vertretenen Forderungen der Alliierten misst. Der wichtigste Grund dafür war der Bruch der Kriegskoalition, der sich bereits vor 1945 deutlich abzeichnete und mit der Niederlage Deutsch-

lands Realität wurde. Sowohl im Westen als auch im Osten war man viel zu sehr auf die Deutschen angewiesen, als dass man die umfassende Bestrafung aller Schuldigen unbeeindruckt von dem sich entwickelnden Kalten Krieg hätte weiterführen können.

Dass die zunächst angepeilte umfassende Entnazifizierung vor dem Hintergrund des Kalten Krieges nicht mehr opportun war, wurde vor allem während der Nürnberger Nachfolgeprozesse in Westdeutschland gegen deutsche Generäle deutlich. Der Prozess gegen Generalfeldmarschall Erich von Manstein 1949 in Hamburg wurde nicht nur gegen den Willen der meisten Deutschen, sondern auch gegen den ausdrücklichen Einspruch prominenter alliierter Politiker geführt.

Die von Zeitgenossen immer wieder beklagte »Renazifizierung« der Bundesrepublik fand allerdings im behaupteten Maß nicht statt. Eine Reihe von Nationalsozialisten rückte zweifellos in wichtige politische Positionen der Bundesrepublik ein – am bekanntesten sind die Fälle des Staatssekretärs Hans Globke und des Bundesvertriebenenministers Theodor Oberländer –, aber diese

Wie Deutschland war auch Österreich 1945 in vier Besatzungszonen aufgeteilt worden. Mit der Unterzeichnung des Österreichischen Staatsvertrages am 15. 5. 1955 in Wien durch die Außenminister der USA, der Sowjetunion, Großbritanniens und Frankreichs endete die Besatzungszeit.

100562

betätigten sich nicht in neofaschistischen Organisationen. Allerdings, verglichen mit den Vorstellungen, die beispielsweise der antifaschistische Widerstand im Auge gehabt hatte, war die Entwicklung der Bundesrepublik in den 1950er-Jahren dann tatsächlich »restaurativ«. Viel spricht jedoch für die These, dass ebendiese »Restauration« auch die schnelle politische und ökonomische Stabilisierung des jungen Staates gefördert hat.

Die Sowjetzone war alles in allem in der Entnazifizierungspraxis wesentlich konsequenter gewesen als die Westzonen. Auf der Strecke blieb dabei allerdings eine echte Demokratisierung. An ihre Stelle setzte sich nach und nach die Diktatur der im April 1946 in Ost-Berlin durch Zusammenschluss von KPD und SED gegründeten Sozialistischen Einheitspartei Deutschlands (SED). Die real betriebene Besatzungspolitik, die vor dem Hintergrund des spätestens 1947, in manchen Gebieten auch schon vorher einsetzenden Kalten Krieges eindeutige innenpolitische Prioritäten setzte, war auch die Voraussetzung für die deutsche Teilung. Weder die Sowjetische Besatzungszone und nachfolgend die DDR noch die Trizone und die aus ihr entstandene Bundesrepublik waren zunächst so selbstständig, dass sie jenseits der Vorgaben der jeweiligen Besatzungsmacht eine eigenständige Politik betreiben konnten. *Bernd Stöver*

ZITAT

Ein Student der ersten Stunde berichtet über die Studienbedingungen in Kiel im November 1945:
Der Studienplan jagte uns kreuz und quer durch die Stadt... So hörte ich Minnesang bei Professor Mohr in der Anatomie; im Treppenhaus seines Instituts stand grimmig der Anatom Professor Bargmann und passte auf, dass ihm die nach Plätzen gierenden Germanisten nicht die kostbaren Leichen durcheinander brachten.

Jahrhundert der Kriege, Jahrhundert der Flüchtlinge: Vertreibungen in Europa nach 1945

Flucht und Vertreibungen - in der Literatur häufig als Zwangsmigrationen bezeichnet - waren im 20. Jahrhundert nicht nur ein gesamteuropäisches, sondern auch ein globales Phänomen. Das 20. Jahrhundert war nicht nur ein Jahrhundert der Kriege, sondern vor allem auch ein Jahrhundert der Flüchtlinge. Schon das von Fridtjof Nansen 1921 gegründete Flüchtlingshilfswerk des Völkerbundes hatte bis 1938 Millionen Flüchtlinge vor allem aus der entstehenden Sowjetunion und aus dem nationalsozialistischen Deutschland betreut, aber auch vertriebene Armenier, Türken und Griechen.

Aus Deutschland kamen vor allem die aus politischen und »rassischen« Gründen in die Emigration Gezwungenen – bis 1938 bereits etwa 350 000 Menschen. Aus der UdSSR flohen von 1926 bis 1939 rund drei Millionen Menschen vor Stalins Herrschaft. Teile dieser Migrationen bildeten seit den Dreißigerjahren bis weit in die Nachkriegszeit des Zweiten Weltkrieges eine antikommunistische Emigration.

Flucht und Vertreibung nach dem Zweiten Weltkrieg
Die größten Zwangsmigrationen in Europa brachte der von Deutschland ausgelöste Zweite Weltkrieg. Nach seinem Ende betreute allein die neu geschaffene Flüchtlingsverwaltung der Vereinten Nationen (UNRRA) etwa 13 Millionen Kriegsgefangene und Verschleppte. Von diesen wurden bis zum 30. Juni 1947 rund sechs Millionen Menschen vor allem in die Sowjetunion repatriiert – zum Teil allerdings gegen ihren Willen. Zwangsweise führte man unter anderem Angehörige von Freiwilligenverbänden – zum Beispiel aus der »Wlassow-Armee« oder den »Ostlegionen« – zurück, die zuvor auf deutscher Seite gekämpft hatten.

Millionen von verschleppten Heimatlosen, so genannte Displaced Persons (DP), waren zum Teil noch über Jahre gezwungen, in Deutschland auszuharren. Unter ihnen befanden sich nicht zuletzt jüdische Überlebende aus den Konzentrationslagern, die auf ihre Auswanderung nach Palästina warteten, aber von den britischen Mandatsbehörden keine Einwanderungsgenehmigung erhielten. Durch jüdische Verbände wie die Jewish Agency organisierte, aber ungenehmigte Einreisen nach Palästina endeten für diese Menschen in den ersten Nachkriegsjahren häufig erneut in Internierungslagern, etwa auf Zypern. 1947 wurden Displaced Persons vom Flüchtlingsschiff »Exodus« sogar nach Deutschland zurückbeordert.

Die größten Bevölkerungsbewegungen fanden allerdings in der Endphase des Krieges und nach der Kapitulation Deutschlands durch die Flucht und die Vertreibung von Deutschen aus den Ostgebieten des Deutschen Reiches statt. Eine erste Flüchtlingswelle vor der näher kommenden Roten Armee wurde durch die »wild« genannten Vertreibungen von Deutschen aus der Sowjetunion, Polen, der Tschechoslowakei, Ungarn, Rumänien und Jugoslawien abgelöst. Eine dritte, nun als »geordnet« bezeichnete Welle von Zwangsmigrationen Deutscher begann nach der Potsdamer Konferenz (17. 7.–2. 8. 1945), auf der die bereits während der Kriegskonferenzen von Teheran (28. 11.–1. 12. 1943) und Jalta (4.–11. 2. 1945) beschlossenen »Umsiedlungen« von den Siegermächten endgültig bestätigt wurden.

Geordnet waren diese »Austreibungen« in keiner Weise. Gesicherte Zahlen liegen aufgrund der chaotischen Zustände während der Schlussphase des Zweiten Weltkrieges und den ersten Monaten der Nachkriegszeit zwar nicht vor. Man geht aber von rund 2,5 Millionen Ostpommern, 4,6 Millionen Schlesiern, 3,5 Millionen Sudeten- und Karpatendeutschen, zwei Millionen Deutschen aus der Sowjetunion, 2,5 Millionen Ostpreußen, 1,4 Millionen Volksdeutschen aus Vorkriegspolen, 790 000 Rumäniendeutschen, 650 000 Ostbrandenburgern, 623 000 Ungarndeutschen, 540 000 Jugoslawien-

100563

Rund 50 Mio. Menschen mussten infolge des Zweiten Weltkrieges die Flucht aus ihrer Heimat antreten. Zumeist war die Bevölkerung der ehemaligen Ostgebiete des Deutschen Reiches betroffen.

deutschen, 380 000 Danzigern und 250 000 Deutschen aus den baltischen Staaten und dem Memelland aus – insgesamt rund zwanzig Millionen Menschen.

1950 errechnete das Statistische Bundesamt in Wiesbaden, dass 11,9 Millionen Deutsche als Vertriebene zu bezeichnen seien. Davon lebten allein 7,6 Millionen in Westdeutschland, 500 000 in Österreich und 200 000 in anderen Staaten – hier insbesondere auch in den USA. Rund 3,7 Millionen Vertriebene sollen zu diesem Zeitpunkt in der DDR gelebt haben. Es wird geschätzt, dass etwa 2,5 Millionen Deutsche durch Flucht und Vertreibung ihr Leben verloren.

1950 wurde das UNHCR als Nachfolgeorganisation der IRO (»International Refugee Organisation«), deren Mandat im selben Jahr auslief, gegründet. Im Jahr 1951 nahm das UNHCR unter Vorsitz seines ersten Hochkommissars Jan van Heuven-Goedhart (ganz links im Bild) seine Tätigkeit als Unterorgan der UNO-Generalversammlung auf.

Mit der Vertreibung der Deutschen gingen erhebliche weitere »Bevölkerungstransfers« in dem nun sowjetisch kontrollierten Europa »hinter dem Eisernen Vorhang« einher. Bewohner aus dem östlichen Teil Polens, das schon 1939 durch den Hitler-Stalin-Pakt an die Sowjetunion gefallen war, und nun nach Kriegsende endgültig bei der UdSSR verblieb, wurden in das westwärts verschobene Polen umgesiedelt. In Polen lebende Weißrussen, Ukrainer und Litauer mussten parallel dazu in die Sowjetunion aussiedeln. Alles in allem betraf dies rund 2,2 Millionen Menschen.

6572

In den von der deutschen Bevölkerung geräumten Ostgebieten des Deutschen Reiches, die jetzt unter polnischer Verwaltung standen, wie es offiziell hieß, wurden etwa drei Millionen Polen angesiedelt. Sie wiederum stammten unter anderem aus dem ehemaligen Ostpolen. Im nun sowjetischen ehemaligen Ostpolen siedelte man wiederum auch Menschen an, die aus den weiter östlich gelegenen Teilen der UdSSR kamen. Innerhalb Polens entschied sich die polnische Regierung dafür, zusätzlich etwa 1,5 Millionen Ukrainer in den Nordwesten umzusiedeln. Ganze Provinzen, wie Ostpreußen, oder Großstädte, wie Breslau, Königsberg, Wilna oder Lemberg, waren schließlich in ihrer Bevölkerung fast komplett ausgetauscht.

In den anderen Teilen Europas wurde entsprechend verfahren. In den von Deutschen geräumten Gebieten der Tschechoslowakei siedelten sich rund 1,9 Millionen Tschechen, Slowaken, Ukrainer, Sinti und Roma als Neubürger an. Auch sie waren zum Teil selbst Vertriebene. Tschechen und Slowaken stammten beispielsweise aus der nun an die UdSSR abgetretenen Karpato-Ukraine. Aus der Südslowakei wurden rund 160 000 ungarische Staatsbürger gegen 60 000 Slowaken aus Ungarn »getauscht«.

Flüchtlinge und Vertriebene aus Griechenland wurden nach Beginn des griechischen Bürgerkriegs 1946 außer in Jugoslawien auch in Polen und der Tschechoslowakei angesiedelt. Abkommen zum Austausch von Bevölkerungsgruppen wurden darüber hinaus zwischen Ungarn und Jugoslawien, zwischen Jugoslawien und Italien und zwischen Griechenland und Bulgarien geschlossen. Auch diese Vertreibungen betrafen wiederum Zehntausende. Allein 130 000 Italiener mussten Jugoslawien verlassen, rund 120 000 Bulgaren siedelten aus Griechenland (Mazedonien/Thrakien) aus.

Zu den erzwungenen Migrationen während des Kalten Krieges kann man schließlich in Teilen auch die Wanderungen zwischen den 1949 entstandenen beiden deutschen Staaten zählen, obwohl hier die Motivlage höchst unterschiedlich war. Als durch die Zwangsmaßnahmen der Sowjetunion und der SED vertrieben fühlten sich unter anderem viele Bauern, die gegen ihren Willen von Enteignung und Kollektivierung betroffen waren, ebenso

ZITAT

Aus der Charta der deutschen Heimatvertriebenen (5. 8. 1950):

Wir haben unsere Heimat verloren, Heimatlose sind Fremdlinge auf dieser Erde. Gott hat die Menschen in ihre Heimat gestellt. Den Menschen mit Zwang von seiner Heimat trennen, bedeutet, ihn im Geist zu töten. Wir haben dieses Schicksal erlitten und erlebt. Daher fühlen wir uns berufen zu verlangen, dass das Recht auf die Heimat als eines der von Gott geschenkten Grundrechte der Menschheit anerkannt und verwirklicht wird.

100746

Sudetendeutsche verlassen im Juli 1946 mit Sack und Pack ein Lager in Liberec (Reichenberg) in Nordböhmen in Richtung Deutschland. Die Vertreibung der Sudetendeutschen nach dem Zweiten Weltkrieg geht auf Verfügungen des tschechoslowakischen Staatsoberhaupts Edvard Beneš (1884–1948) zurück. Die etwa 150 von 1940–45 erlassenen Dekrete gehören zu den umstrittensten europäischen Rechtsakten.

viele, die den »Evakuierungsmaßnahmen« für den Bau der innerdeutschen Grenze seit 1952 weichen mussten. Die Zahl der Flüchtlinge aus der Sowjetischen Besatzungszone betrug bereits vor der Gründung der DDR rund 730 000 Personen. Zwischen 1949 und dem Bau der Mauer am 13. August 1961 verließen noch einmal rund 2,7 Millionen und von September 1961 bis zum Fall der Mauer 1989 weitere 960 000 Menschen die DDR. In der entgegengesetzten Richtung war die Zahl der Übersiedler, die von der Bundesrepublik in die DDR übersiedelten – was nur zum Teil mit einer Flucht gleichzusetzen war – ungleich geringer, etwa 600 000 Personen.

Die politische Dimension der Vertreibungen

Der kurz nach dem Zweiten Weltkrieg beginnende Kalte Krieg schuf Konstellationen, in denen politische Aufrechnungen von Vertreibungen gewünscht waren. Die DDR etwa sah offiziell die Vertreibungen von Deutschen aus den Ostteilen des Deutschen Reiches und Osteuropa immer als eine Art gerechter Strafe für das von Deutschen verantwortete Unrecht des Dritten Reiches an. Interessensvertretungen von Vertriebenen, die von der SED verharmlosend »Umsiedler« genannt wurden, waren daher in der DDR verboten. Organisationsversuche verfolgte das Ministerium für Staatssicherheit kontinuierlich. In der Bundesrepublik waren die Vertriebenenverbände hingegen politisch sehr aktiv. Hoffnungen auf Rückkehr in die »verlorenen deutschen Ostgebiete« wurden bis in die Achtzigerjahre auch von offizieller Seite immer wieder gefördert.

Statistisch war etwa jeder zehnte Mensch in Europa während der Kriegs- und Nachkriegszeit von Flucht und Vertreibung betroffen. Singulär war dieses Schicksal im globalen Vergleich allerdings nicht. Vor allem Asien und Afrika waren nach 1945 ebenfalls Schauplatz von Flucht und Vertreibung. Mit der Unabhängigkeit Indiens von der britischen Kolonialherrschaft und der Gründung eines islamischen Staates Pakistan verloren 1947 Tausende die Heimat und siedelten auf der einen oder anderen Seite. Im Nahen Osten geht man von geschätzten ein bis zwei Millionen vertriebenen Palästinensern seit 1948 aus. Der Ausgang des Bürgerkriegs in China ließ an seinem Ende 1949 rund drei Millionen Chinesen auf die Insel Taiwan und in die britische Kronkolonie Hongkong fliehen.

100562

Flüchtlinge aus der Sowjetischen Besatzungszone

Der Koreakrieg 1950 bis 1953 war nicht zuletzt eine Flüchtlingskatastrophe, die rund drei Millionen Menschen aus ihrer Heimat vertrieb. Die Liste ließe sich fast beliebig fortsetzen. In Europa verursachte insbesondere der im letzten Jahr des Kalten Krieges 1991 beginnende Krieg in Jugoslawien Vertreibungen in Millionenhöhe. Allein durch den Krieg in Bosnien-Herzegowina wurden etwa 2,5 Millionen Menschen zur Flucht gezwungen.

Bernd Stöver

Zu neuen Ufern: Italien auf dem Weg zur Republik

Der politische Neuaufbau in den Ländern des europäischen Kontinents, die während des Zweiten Weltkriegs von den Deutschen besetzt worden waren, stand vor zwei grundlegenden Problemen: Zum einen musste ein Weg gefunden werden, sich mit jenen Landsleuten auseinander zu setzen, die mit den deutschen Besatzern zusammengearbeitet hatten. Zum anderen galt es, die Schäden der Besatzung zu überwinden und geordnete politische Verhältnisse wiederherzustellen.

Mit der Befreiung ging eine stärkere Politisierung der Bevölkerung einher. Die Minderheiten, die sich im Widerstandskampf gegen die Deutschen engagiert hatten, drängten an die Macht. Häufig wollten sie tief greifende demokratische und soziale Reformen zugleich durchführen, um einem abermaligen nationalen Zusammenbruch in Zukunft vorzubeugen. In ihren Auseinandersetzungen mit den traditionellen Kräften waren sie unterschiedlich erfolgreich. Tendenziell ist aber ein Linksruck im politischen Kräftefeld des alten Kontinents festzustellen. Durch das Ausscheiden der Kommunisten aus der Regierungsverantwortung 1947 wurde er teilweise wieder korrigiert. Während die von der Roten Armee befreiten Länder in den Einflussbereich der Sowjetunion gerieten, engagierten sich die Länder, die ausschließlich von westlichen Truppen befreit worden waren, im Kalten Krieg an der Seite der britischen und amerikanischen Alliierten.

In Italien begann der politische Neuaufbau schon im Juli 1943, als die Armeeführung, die offenkundige Niederlage vor Augen, mit Unterstützung König Viktor

Emanuels III. gegen Mussolini putschte. Die Übergangsregierung unter Marschall Pietro Badoglio ließ die Bildung politischer Parteien, freier Gewerkschaften und einer freien Presse zu und schloss am 3. September einen Waffenstillstand mit Großbritannien und den USA, deren Truppen Anfang Juli in Sizilien gelandet waren und jetzt auf Rom zu marschierten. Dem befreiten Italien wurde der Status einer an der Seite der Alliierten Krieg führenden Macht eingeräumt und die Regierung mit Verwaltungsaufgaben in den befreiten Gebieten beauftragt.

Allerdings reichte der Einfluss der neuen Regierung nur so weit, wie die britischen und amerikanischen Truppen vorankamen. Nach dem Waffenstillstand besetzten deutsche Truppen Ober- und Mittelitalien bis zu einer Verteidigungslinie zwischen Tyrrhenischem Meer und Adria. Das besetzte Gebiet unterstand nun einer Militärverwaltung; italienische Soldaten wurden deportiert und, wenn sie sich geweigert hatten, ihre Waffen abzugeben, erschossen. Die Regierung Badoglio setzte sich nach Süden ab, zunächst nach Bari, dann nach Salerno. Im besetzten Gebiet etablierten die Deutschen ein Kollaborationsregime, die Repubblica Sociale Italiana, mit Sitz in Salò am Westufer des Gardasees. An ihrer Spitze stand erneut Mussolini, der von deutschen Fallschirmtruppen in einer spektakulären Aktion befreit worden war. Er verfügte jetzt nur noch über eine beschränkte Autonomie; Terror und »Rassenkampf« verschärften sich. Die Regierung Mussolini musste Arbeitskräfte nach Deutschland schicken, die Juden des besetzten Gebiets wurden unter aktiver Beteiligung der Polizei deportiert.

Der politisch weitgehend machtlose Viktor Emanuel III. von Italien unterstützte den Sturz Mussolinis. 1944, endgültig 1946, dankte er ab und ging ins Exil.

Gegen das faschistische Regime und die deutschen Besatzer wurde eine paramilitärische Widerstandsbewegung, die Resistenza, ins Leben gerufen. Im Laufe des Jahres 1944 wuchs sie auf über 200 000 aktive Kämpfer an. Etwa die Hälfte davon wurde von den Kommunisten organisiert, zwanzig Prozent von der radikaldemokratischen Aktionspartei, die übrigen dreißig Prozent von katholischen, sozialistischen und autonomen Gruppen. Parallel dazu bildeten sich nationale Befreiungskomitees, die neue Bürgermeister, Präfekten und Polizeipräsidenten ernannten und in den von den Partisanen befreiten Gebieten auch durchsetzten.

160

Der vom italienischen König Viktor Emanuel III. eingesetzte Regierungschef Marschall Pietro Badoglio schloss mit den USA und Großbritannien einen Waffenstillstand, der am 3. 9. 1943 in Syrakus auf Sizilien unterzeichnet wurde.

Die Resistenza und die Alliierten

Die alliierte Militärregierung sah die Aktivitäten der Resistenza mit gemischten Gefühlen. Insbesondere die Briten fürchteten, sie könnten sich zu einem nationalen Aufstand unter Führung der Kommunisten entwickeln, der in die Etablierung eines kommunistischen Regimes hätte münden können. Die alliierte Militärregierung setzte daher in den von ihren Streitkräften befreiten Gebieten zumeist Repräsentanten der traditionellen Mächte und Vertrauenspersonen der katholischen Kirche als Verwaltungsleiter ein.

Die Furcht vor einer kommunistischen Machtergreifung war freilich unbegründet. Stalin war sich bewusst, dass Italien zum vorrangigen Interessengebiet der britischen Verbündeten gehörte. Folglich hatte er sich damit zufrieden gegeben, dass die Sowjetunion nur eine beratende Stimme in der Alliierten Kontrollkommission erhielt. Nach der Rückkehr des kommunistischen Parteisekretärs Palmiro Togliatti aus dem Moskauer Exil im März 1944 wurden die kommunistischen Partisanen angewiesen, mit den Alliierten und der Regierung Badoglio zusammenzuarbeiten. Die Kommunisten traten daraufhin in die Regierung ein, ebenso die weiteren antifaschistischen Parteien mit Ausnahme der Aktionspartei. Revolutionäre Kräfte, die auf einen Sturz Viktor Emanuels und Badoglios drängten, hatten das Nachsehen.

Nach der Befreiung Roms am 4. Juni 1944 zog sich der König unter amerikanischem Druck aus der Politik zurück. Badoglio reichte daraufhin seinen Rücktritt ein, der gemäßigte Präsident des Nationalen Befreiungskomitees, Ivanoe Bonomi, übernahm das Amt des Ministerpräsidenten; die politischen und militärischen Organe der Resistenza wurden als bevollmächtigte Organe der Regierung in den von Deutschen besetzten Gebieten anerkannt.

Die Befreiung Norditaliens gelang den Partisanen weitgehend aus eigener Kraft. Entsprechend sorgten sie für eine personelle Erneuerung der Verwaltung, ließen Kollaborateure von improvisierten Sondergerichten verurteilen und nahmen demokratische Reformen in Angriff. Als Partisanen den Duce entdeckten, der mit seiner Geliebten in die Schweiz zu fliehen versuchte, exekutierten sie ihn ohne jedes Verfahren. Der Leichnam wurde auf einem zentralen Platz in Mailand aufgehängt zur Schau gestellt.

Abkommen mit dem alliierten Oberkommando und der Regierung Bonomi im Dezember 1944 beschränkten die Autorität der Befreiungskomitees allerdings auf die Zeit bis zur Ankunft der alliierten Truppen, und am 1. Juni 1945 etablierte die alliierte Militärregierung ihre

INFOBOX

Partito d'Azione

Der Partito d'Azione, die Aktionspartei, 1942 aus der antifaschistischen Widerstandsgruppe Giustizia e libertà (Gerechtigkeit und Freiheit) hervorgegangen, vereinigte bedeutende Teile der linksliberalen, demokratischen und sozialdemokratischen Intelligenz, besonders Ferruccio Parri, Ugo La Malfa und Riccardo Lombardi. Er forderte in der im Untergrund erscheinenden Parteizeitung »L'Italia Libera« die Errichtung der Republik, die Trennung von Staat und Kirche, eine umfassende Demokratisierung der Gesellschaft und die Überwindung des Nationalstaatsprinzips im Rahmen einer Einigung Europas. Mit den Streitkräften des Nationalen Befreiungskomitees stellte sie eigene militärische Verbände.

Oberhoheit auch in Norditalien. Zum Ausgleich rückte die Regierung noch einmal nach links: Unter dem Vorsitz von Ferruccio Parri, dem bisherigen Leiter der Partisanenverbände der Aktionspartei, wurde eine Allparteienregierung gebildet, die die Säuberung und Demokratisierung des Landes energisch vorantrieb.

Den Christdemokraten und Liberalen war das Tempo, das Parri anschlug, jedoch zu forsch. Um die Koalition zu retten, willigten die Kommunisten im Dezember 1945 ein, eine neue Regierung unter dem Christdemokraten Alcide De Gasperi zu bilden, in der die Position der Linken deutlich schwächer war.

Die Republik Italien

Der neue Regierungschef De Gasperi stellte die politische Säuberung ein und ließ die von den Befreiungskomitees eingesetzten Präfekten durch Berufsbeamte aus der Zeit des Faschismus ersetzen. Gleichzeitig ging er zu einer liberalen Wirtschafts- und Finanzpolitik über, die für die Anhänger der Sozialisten und Kommunisten nur schwer erträglich war.

Selbst in der Frage der Staatsform steuerten die bürgerlichen Kräfte der Regierung De Gasperi einen restaurativen Kurs. Mit der Entscheidung, das Volk direkt über die künftige Staatsform abstimmen zu lassen, eröffneten sie der bereits totgeglaubten Monarchie noch einmal eine Chance. Mit 54 Prozent ging die Volksabstimmung am 2. Juni 1946 auch sehr knapp aus – allerdings zugunsten der Einführung der Republik.

Im Auftrag der Stadt Venedig schuf der litauisch-amerikanische Künstler Arbit Blatas 1980 ein aus 7 Reliefs bestehendes Mahnmal, das an die Deportation der Juden aus dem besetzten Italien erinnert. Im Bild die Tafel »Der letzte Zug« in Venedig; weitere Abgüsse der Bronzetafeln befinden sich in Paris und vor dem UNO-Gebäude in New York.

50558

Der italienische Schriftsteller Giovanni Guareschi – hier eine eigenhändige Karikatur von 1954 – beschrieb in seinen satirischen Romanen und Erzählungen um den streitbaren Priester Don Camillo und den kommunistischen Bürgermeister Peppone treffend die politische Situation in Italien nach dem Zweiten Weltkrieg.

Die gleichzeitigen Wahlen zur verfassunggebenden Versammlung ließen die Christdemokraten mit über 35 Prozent der Stimmen zur mit Abstand stärksten Partei werden. Sozialisten und Kommunisten folgten auf den nächsten Plätzen, konnten zusammen aber kaum mehr Mandate erringen als die Christdemokraten. Die Liberalen, in der Zeit vor dem Faschismus die angestammte Regierungspartei, wurden mit 6,8 Prozent zu einer Minderheitspartei. Noch dramatischer war der Niedergang der Aktionspartei: Obwohl sie in der Resistenza eine prominente Rolle gespielt hatte, entschieden sich nur 1,5 Prozent der Wähler für sie. De Gasperi aber sah sich in seinem Kurs der gemäßigten Neuordnung bestätigt.

Nachdem der Friedensvertrag vom 10. Februar 1947 die parlamentarischen Hürden passiert hatte, steuerte De Gasperi unter dem Druck des rechten wie des linken

Flügels seiner Partei auf einen Bruch mit den Kommunisten zu. Ende Mai 1947 schieden die Kommunisten und, aus Solidarität mit ihnen, die Mehrheit der Sozialisten aus der Regierung aus. Der beginnende Kalte Krieg trug wesentlich zur Polarisierung bei. In den Wahlen vom 18. April 1948 erlangte die Democrazia Cristiana mit über 48 Prozent der Stimmen die absolute Mehrheit der Mandate. Sie begründete damit ihre Dauerherrschaft in der Nachkriegszeit, die von einer Daueropposition der Kommunisten und Mehrheitssozialisten begleitet wurde. *Wilfried Loth*

Von der Résistance zur Vierten Republik: Frankreich in der Nachkriegszeit

Ähnlich verlief der Übergang vom Krieg zur Nachkriegsordnung in Frankreich. Hier begann die Befreiung zwar erst mit der Landung der alliierten Truppen in der Normandie am 6. Juni 1944. Zuvor war aber schon durch die Kooperation zwischen dem Komitee des »Freien Frankreich« General Charles de Gaulles in London und den zum Teil bewaffneten Widerstandsgruppen im besetzten Frankreich eine Gegenmacht zu dem Regime Marschall Philippe Pétains entstanden, der das Land unter der Oberhoheit der deutschen Besatzungsmacht verwaltete. Im Juni 1943 war in Algier das Französische Komitee der Nationalen Befreiung (CFLN) gebildet worden, seit Oktober 1943 wurde es von einer provisorischen beratenden Versammlung von Vertretern der Résistance und ehemaligen Parlamentsabgeordneten unterstützt.

Als die Alliierten mit der Befreiung des Landes begannen, kämpften französische Truppen mit einer halben Million Soldaten, meist in den Überseegebieten rekrutiert, an ihrer Seite mit. Gleichzeitig griffen bewaffnete Partisanengruppen (Maquis) die deutschen Besatzer überall im Lande an. Aber erst Anfang August 1944 ging die Befreiung des Landes zügig voran. Am 25. August wurde Paris durch eine französische Panzerdivision befreit. Vom Vogesenkamm an ostwärts und in einigen Hafenbefestigungen der Atlantik- und Kanalküste konnten sich die Deutschen noch bis Februar 1945 halten.

Die provisorische Regierung der französischen Republik
Während die Résistants, zusammen weniger als 200 000 aktive Kämpfer, in den von ihnen befreiten Gebieten Befreiungskomitees einsetzten, die Verwaltung übernahmen und mit Zivilgarden die öffentliche Ordnung kontrollierten, präsentierte sich de Gaulle in den von den Armeen befreiten Städten des Nordens und wechselte dann die Verwaltungen aus. Da die Bevölkerung diesen Machtwechsel offensichtlich akzeptierte, gaben die amerikanischen Befreier ihre ursprüngliche Absicht auf, auch Frankreich durch eine alliierte Militärregierung verwalten zu lassen. Am 25. August 1944 übertrug das alliierte Oberkommando die Verantwortung für die Zivilverwaltung offiziell auf das CFLN, das sich jetzt als provisorische Regierung bezeichnete. Im Gegenzug wurden die Streitkräfte der Résistance dem alliierten Oberbefehl unterstellt. Am 23. September erkannten die Alliierten die erweiterte provisorische Regierung unter Ministerpräsident de Gaulle diplomatisch an.

Als die lokalen und regionalen Befreiungskomitees sich weigerten, ihre Waffen abzuliefern, erwiesen sich auch in Frankreich die Kommunisten, die in der Résistance stark vertreten waren, als zuverlässige Stützen einer nationalen Kompromisspolitik. Nachdem Parteisekretär Maurice Thorez Ende November aus dem Moskauer Exil zurückgekehrt war, wurde die Résistance im weiteren Verlauf des Winters 1944/45 vollständig entwaffnet. Die Parteien rückten wieder ins Zentrum des Machtgefüges.

50

Bei einer Maidemonstration in Paris 1945 wurde auf Transparenten die baldige Verurteilung und Hinrichtung Philippe Pétains gefordert. Der Prozess fand im Juli/August 1945 statt und endete am 14. 8. mit einem Todesurteil. Drei Tage später wurde der ehemalige Staatschef zu lebenslanger Haft begnadigt.

Die Verfassunggebende Versammlung

Allerdings verschob sich nun der Schwerpunkt des politischen Spektrums deutlich nach links. In den Wahlen zur Verfassunggebenden Versammlung am 21. Oktober 1945 stiegen die Kommunisten (PCF) mit 26,2 Prozent zur stärksten Partei auf. Kurz hinter ihnen, mit jeweils über 23 Prozent, rangierten die Sozialisten (SFIO) und die Volksrepublikaner (MRP), eine neue Partei mit linkskatholisch-christdemokratischem Programm. Eine Nachfolgepartei von Résistancegruppen, die sozialdemokratisch-republikanische Union (UDSR), verbündete sich mit den traditionellen Radikalen, kam aber gleichwohl über einen Achtungserfolg nicht hinaus. Da die Sozialisten als knapp drittstärkste Partei weder zu Juniorpartnern der Kommunisten noch zu ausschließlichen Verbündeten der Volksrepublikaner werden wollten, verständigten sich die drei Hauptsieger notgedrungen auf die Bildung einer breiten Regierungskoalition, die über eine Dreiviertelmehrheit im Parlament verfügte. Ministerpräsident blieb zunächst de Gaulle. Als ihm die Parteien ihre Unterstützung bei der Stärkung der Exekutive in der neuen Verfassung versagten, trat er jedoch am 20. Januar 1946 zurück. Die Regierung übernahm nun der Sozialist Félix Gouin.

Foto vom Prozess gegen Philippe Pétain (Mitte) vor dem Obersten Gerichtshof im Juli/August 1945

100880

100880

In einer Rede vom Balkon des Straßburger Rathauses forderte Charles de Gaulle im April 1947 eine engere Zusammenarbeit Frankreichs mit Großbritannien und den USA und eine größere Abgrenzung zur Sowjetunion.

Im Zuge der Befreiungskämpfe oder kurz danach wurden etwa 10000 Kollaborateure hingerichtet, oft nach fragwürdigen Verfahren vor improvisierten Résistance- und Kriegsgerichten. Viele französische Faschisten kamen auch an der Seite der Deutschen kämpfend ums Leben. Nachdem die Bevollmächtigten der provisorischen Regierung die Organisation der Verfahren übernommen hatten, fielen die Urteile alsbald milder aus. Ähnlich nachsichtig war die Säuberungspraxis im öffentlichen Dienst und in der Wirtschaft. De Gaulle pflegte bewusst die Illusion, die überwiegende Mehrheit des Volkes hätte sich im Widerstand engagiert. Lediglich prominente Politiker der Kollaboration wurden demonstrativ abgeurteilt. Pierre Laval, der letzte Ministerpräsident des Kollaborationsregimes, wurde hingerichtet; der greise Staatschef Pétain selbst wurde nach dem Todesurteil zu lebenslanger Haft begnadigt.

Die Vierte Republik

Im Übrigen führte die provisorische Regierung eine Reihe wirtschaftlicher und sozialer Reformen durch. Etliche Banken, Versorgungsunternehmen, Schifffahrts-

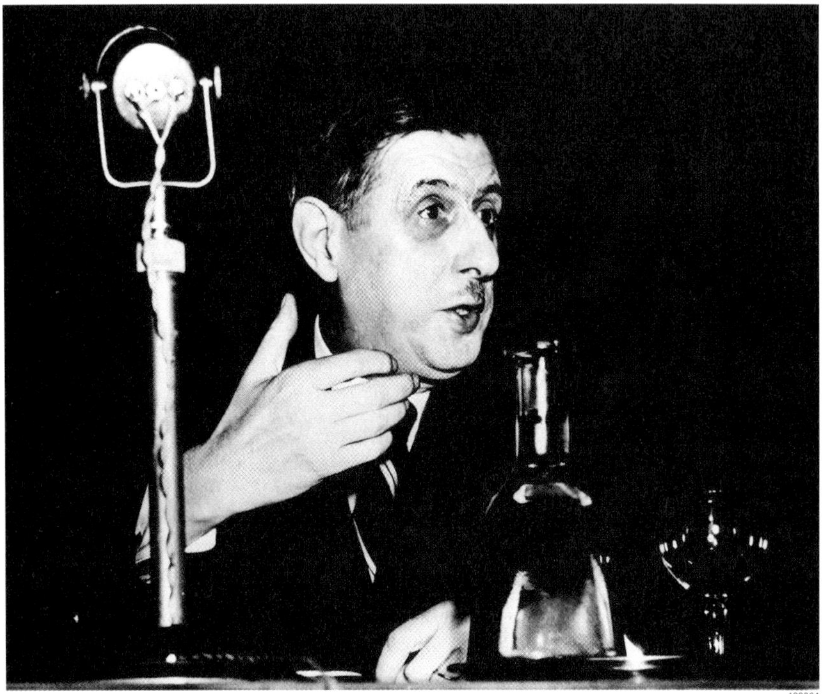

100264

Charles de Gaulle bei einer Pressekonferenz in Paris am 12. 11. 1947

und Fluggesellschaften wurden verstaatlicht; Sozialleistungen wurden ausgebaut, vor allem durch die Schaffung eines einheitlichen Sozialversicherungssystems.

Der Konsens der Dreiparteienkoalition reichte allerdings nicht aus, um eine stabile Verfassungsordnung zu schaffen. Unter dem Druck de Gaulles rückten die Volksrepublikaner nach rechts, während die Kommunisten ihren Anhang gleichzeitig weiter vergrößerten. Ein erster Verfassungsentwurf, der eine starke Stellung des Parlaments vorsah, scheiterte am 5. Mai 1946 am Widerstand der Volksrepublikaner und einer Mehrheit der Wähler. Die Verfassung der Vierten Republik, die am 27. Oktober 1946 in Kraft trat, stellte einen Kompromiss dar, der keine Seite zufrieden stellte. Der Ministerpräsident konnte danach auch durch negative Mehrheiten im Parlament gestürzt werden. Häufige Regierungswechsel waren bald die Regel.

Die Kommunisten schieden Anfang Mai 1947 aus der Regierung aus, drei Wochen vor ihren italienischen Genossen. Ursache für den Bruch war aber nicht der Druck traditioneller Kräfte, sondern der Sparkurs der Regierung, der infolge der Ausplünderung der Wirtschaft durch die deutsche Besatzung unausweichlich war. Die Unzufriedenheit der Arbeiter mit diesem Kurs wuchs so stark an, dass sich die kommunistische Parteiführung schließlich nicht mehr anders zu helfen wusste, als gegen die Sparmaßnahmen der von ihr mitgetragenen Regierung zu stimmen. Der sozialistische Ministerpräsident Paul Ramadier erklärte daraufhin die Regierungsfunktionen der kommunistischen Minister für erledigt. Hingegen entschieden sich die Sozialisten nach heftigen innerparteilichen Auseinandersetzungen dafür, in der Regierungsverantwortung zu bleiben.

Die Beziehungen innerhalb der verbliebenen Koalition aus Sozialisten, Volksrepublikanern und einigen kleineren Parteien blieben freilich gespannt. Die Sozialisten mussten befürchten, Anhänger an die Kommunisten zu verlieren, während die Volksrepublikaner weiter unter dem Druck de Gaulles standen. Dessen Sammlungsbewegung, im April 1947 gegründet, erzielte bei den Kommunalwahlen im Oktober 1947 einen spektakulären Erfolg. Als Ramadier infolge der Koalitionsspannungen im November 1947 zurücktrat, mussten die Sozialisten das Amt des Regierungschefs an die Volksrepublikaner abgeben. Neuer Ministerpräsident wurde Robert Schuman.

Endgültig wurde der Bruch mit den Kommunisten auch in Frankreich erst aufgrund der Radikalisierung des kommunistischen Kurses infolge des Kalten Kriegs. Nach den Streikbewegungen des Winters 1947/48 entschied sich eine Mehrheit der Franzosen im Frühjahr 1948 für die Mitarbeit im westlichen Bündnis. Dies schloss notgedrungen die Zustimmung zur Bildung eines westdeutschen Staats ein. Gleichzeitig begann die französische Regierung, für die Schaffung europäischer Institutionen zu werben, die Sicherheit vor einer neuen deutschen Bedrohung gewähren sollten.

Wilfried Loth

Die nationale Einheit auf dem Prüfstand: Der Neubeginn in Belgien, Luxemburg und den Niederlanden

Belgien wurde unmittelbar im Anschluss an das nördliche Frankreich im September 1944 durch alliierte Truppen befreit, war aber im Dezember 1944 und Januar 1945 im Zug der deutschen Ardennenoffensive noch einmal Kriegsgebiet. Die Exilregierung aus Katholiken, Sozialisten und Liberalen unter dem Vorsitz von Hubert Pierlot kehrte aus London zurück und übernahm die Kontrolle des Landes.

Ein Vertreter der Résistance und zwei Kommunisten traten in die Regierung ein, sodann wurden die Résistancemilizen unter Mithilfe der britischen Befreier entwaffnet. Das rief in Teilen der Bevölkerung Unmut

Propagandaplakat von 1943 für die Waffen-SS im besetzten Belgien

50

hervor und verschärfte die Spannungen zwischen Flamen und Wallonen. Die Wallonen, die die Mehrzahl der Widerstandskämpfer gestellt hatten, verdächtigten die Flamen vielfach, während des Kriegs mehr auf der Seite der Deutschen gestanden zu haben; und in der Tat hatte es im flämischen Volksteil mehr Kollaborateure gegeben als im wallonischen.

Die Auseinandersetzung wurde noch dadurch verstärkt, dass König Leopold III. nach der Kapitulation vor der deutschen Wehrmacht 1940 Hitler aufgesucht hatte und den deutschfeindlichen Teilen der Bevölkerung seitdem als Kollaborateur galt. Sozialisten und Liberale, die schwerpunktmäßig im wallonischen Teil der Bevölkerung verankert waren, forderten daher seinen Rücktritt, während die meisten Flamen und mit ihnen die

100562

Der belgische Politiker Paul-Henri Spaak war 1938/39, 1946 und 1947–49 Ministerpräsident. Er hatte entscheidenden Anteil am Thronverzicht König Leopolds III.

100562

Gegen die Rückkehr König Leopolds III. nach Belgien – während des Zweiten Weltkriegs in Österreich gefangen gehalten – gab es erbitterten Widerstand, der schließlich 1951 zu seiner Abdankung führte.

INFOBOX

Säuberung des öffentlichen Lebens

In einigen Ländern des westlichen Europa kam es in der Übergangszeit von der deutschen Besetzung des Landes bis zur Wiedererrichtung eines rechtsstaatlich orientierten Gerichtswesens zu zahlreichen Willkürakten gegen Kollaborateure oder solche Personen, die dafür gehalten wurden. Es gelang den Behörden jedoch ziemlich rasch, eine legale Säuberung des öffentlichen Lebens einzuleiten.

In Belgien musste jeder Belgier bei der Bewerbung um ein öffentliches Amt oder eine Beschäftigung im Wirtschaftsleben eine Bescheinigung seiner Unbescholtenheit vorweisen, war jedoch dabei oft vom Gutdünken dessen angewiesen, der ihm diese Bescheinigung ausstellte. Im Zeichen gesteigerter Leidenschaften verhängten Militärgerichte Urteile von großer Härte, oft Todesurteile trotz entlastender Hinweise der Verteidiger. Die Rivalität zwischen Flamen und Wallonen sowie der Streit um das Verhalten König Leopold III. 1940 gegenüber den Deutschen trugen zur Verschärfung der politischen Säuberung bei.

Katholische Volkspartei an ihm festhalten wollten. Der König, zuvor ein Garant des Ausgleichs zwischen den Volksteilen, wurde damit selbst zu einer Gefahr für die Einheit der Nation.

Im Februar 1945 trat Pierlot angesichts des verbreiteten Unmuts zurück, der Sozialist Achille van Acker bildete eine stärker nach links ausgerichtete Regierung der nationalen Einheit. Als der König im April 1945 seine Rückkehr aus deutscher Kriegsgefangenschaft ankündigte, schieden die Katholiken aus der Regierung aus. Die ersten Parlamentswahlen am 17. Februar 1946 vertieften die Spaltung noch mehr: Sozialisten, Kommunisten und Liberale behielten zwar zusammen die Mehrheit und stellten auch weiterhin die Regierung; die Katholiken, die sich unterdessen zur Christlichen Volkspartei zusammengefunden hatten, bildeten jedoch mit 92 Mandaten die weitaus stärkste Fraktion. 300 000 Belgiern, die unter Kollaborationsverdacht standen, war zudem das Wahlrecht verweigert worden.

Anfang 1947 fanden sich die Christlichen Demokraten bereit, ihre Forderung nach Rückkehr des Königs zurückzustellen, und als die kommunistischen Minister im März 1947 in einer Auseinandersetzung um die Kohlesubvention zurücktraten, boten sie sich als Koalitionspartner an. Die Sozialisten konnten daraufhin Kommunisten und Liberale in die Opposition verweisen. Die große Koalition unter Paul-Henri Spaak brachte soziale Reformen auf den Weg und führte das Land in das westliche Bündnis. Die Königsfrage wurde erst 1951 gelöst – durch einen Verzicht Leopolds zugunsten seines Sohnes Baudouin.

Luxemburg
Das kleine Luxemburg erlebte ähnliche Spannungen zwischen den Résistants und der Exilregierung, die nach der Befreiung des Landes durch amerikanische Truppen Anfang September 1944 zurückkehrte. Das Kabinett unter Führung des konservativen Pierre Dupong nahm aber weder Vertreter des Widerstands noch Kommunisten in seine Reihen auf; es kündigte lediglich Ende Mai 1945 Neuwahlen für den 21. Oktober 1945 an. Aus diesen ging die Christlich-Soziale Volkspartei, wie die Konservativen ihre nun stärker reformistisch ausgerichtete Partei seit Ende 1944 nannten, als stärkste Kraft hervor; die Sozialisten verloren zugunsten der Kommunisten; die Liberalen schlossen sich der Widerstandsunion an und konnten damit ihre Position behaupten. Dupong bildete jetzt eine Allparteienregierung.

Im Februar 1947 entschlossen sich die Christlich-Soziale und die Demokratische Partei – Letztere war durch den Zusammenschluss von Résistants und Liberalen entstanden – zur Bildung einer Mitte-rechts-Koalition. Sozialisten und Kommunisten wurden in die Opposition verwiesen. Letztere verblieben dort für die Dauer des Kalten Kriegs. Den Sozialisten hingegen gelang im Juli 1951 die Rückkehr in die Regierungsverantwortung; sie lösten die Demokratische Partei als Juniorpartner der Christlich-Sozialen ab.

Die nationale Identität war durch den gewaltsamen Germanisierungsversuch der deutschen Besatzer wesentlich gestärkt worden, doch fiel es der kleinen Nation noch schwerer als anderen, über die Kollaboration und die Opfer deutscher Gewaltpolitik offen zu sprechen. Gegen 9 500 Luxemburger (bei einer Bevölkerung von knapp 300 000) wurde wegen des Verdachts auf Kollaboration ermittelt, knapp 2 300 wurden verurteilt, acht hingerichtet.

Charlotte, Großherzogin von Luxemburg, ging 1940 nach London ins Exil, nachdem deutsche Truppen im Zweiten Weltkrieg ihr Land besetzt hatten.

100562

Niederlande

In den Niederlanden erfolgte die Befreiung von der deutschen Besatzung erst im Mai 1945. Wie in Luxemburg kehrte die Vorkriegsregierung zurück, die 1940 mit Königin Wilhelmina ins Exil nach London gegangen war. Die Gruppierungen des Widerstands, die zum Teil weit reichende soziale und politische Reformen durchführen wollten, wurden über eine große Beratungskommission in das System der konstitutionellen Monarchie eingebunden. Der bewaffnete Widerstand wurde dem alliierten Kommando unterstellt, Vertreter des Widerstands traten in die Regierung ein. Am 27. Juni 1945 übernahm Willem Schermerhorn das Amt des Ministerpräsidenten, ein Verfechter der Bildung einer progressiven Volkspartei. Das Schwergewicht der Regierung lag aber weiterhin bei den Vertretern der herkömmlichen Parteien und der Beamtenschaft.

Nachdem es in der letzten Phase des Kriegs zu gewalttätigen Auseinandersetzungen zwischen Kollaborateuren und Widerstandskämpfern gekommen war, war das Bedürfnis nach Abrechnung mit den »Landesverrätern« groß. Eine Lynchaktion großen Ausmaßes konnte zwar vermieden werden, doch wurden über 100 000 kompromittierte Niederländer in Lagern interniert, in denen sie unter häufig elenden Umständen auf ihren Prozess warten mussten. Nach heftigen Auseinandersetzungen über die Notwendigkeit einer gerichtlichen Aufarbeitung begann im September 1945 ein Programm der Resozialisierung. Führende Mitglieder der Nationalsozialistischen Bewegung wurden hingerichtet, 15 000 »leichtere Fälle« von sonstigen Tribunalen abgeurteilt. Bei der Säuberung der Verwaltung wurde ein Mittelweg beschritten, der vielen Anhängern des Widerstands nicht weit genug ging.

Schermerhorns Versuch, eine große Volkspartei jenseits der traditionellen ideologischen Grenzen zu etablieren, hatte nur begrenzten Erfolg. Seine Partei der Arbeit kam in den ersten Parlamentswahlen nach dem Krieg im Mai 1946 nicht über das Stimmenpotenzial der Sozialdemokraten hinaus. Das alte Parteiensystem blieb daher weitgehend intakt. Doch gelang es, eine Zusammenarbeit zwischen Arbeitspartei und Katholischer Volkspartei, der ehemaligen Römisch-Katholischen Staatspartei, zu installieren, die den Wiederaufbau trug und der Entwicklung des modernen Sozialstaats den Weg bereitete. Ministerpräsident wurde mit Louis Beel ein führender Vertreter des linken Flügels der Volkspartei.

Weil die Regierung Beel nicht über die nötige Zweidrittelmehrheit verfügte, um ihre Vorstellungen von einem »niederländischen Commonwealth« mit Indonesien in der Verfassung zu verankern, wurden im April 1948 Neuwahlen angesetzt. Sie brachten der Partei der Arbeit jedoch weiter Stimmeneinbußen, sodass in der Folge ein Kabinett auf breiterer Grundlage gebildet werden musste. Neuer Ministerpräsident wurde Willem Drees von der Arbeitspartei, als Außenminister kam Dirk Stikker von den Liberalen ins Amt. Das stärker liberal akzentuierte Kabinett spielte eine maßgebliche Rolle bei der Schaffung der atlantischen Allianz. *Wilfried Loth*

Neuaufbau im Norden: Dänemark und Norwegen in der Nachkriegszeit

In Dänemark kam es Anfang Mai 1945 zu einem Kompromiss zwischen den »alten« Politikern, die 1940 die Besetzung des Landes durch deutsche Truppen notgedrungen akzeptiert hatten, und den Vertretern der Widerstandsorganisationen, die 1943/44 zu einer starken Kraft geworden waren. Die Vertreter des Widerstands traten gleichberechtigt in eine Übergangsregierung ein, an der das ganze Spektrum der politischen Kräfte einschließlich der Kommunisten beteiligt war. Ministerpräsident wurde erneut der Sozialdemokrat Vilhelm Buhl, das Außenministerium übernahm mit John Christmas Møller ein Repräsentant des Widerstands. Nach der Kapitulation der deutschen Truppen am 4. Mai 1945 stellte die Übergangsregierung die rechtsstaatliche Ordnung wieder her und bemühte sich erfolgreich um die Anerkennung Dänemarks als alliierte Macht.

Die Regierungen Kristensen und Hedtoft
Mit den Wahlen vom 30. Oktober 1945 verlor die Widerstandsbewegung jedoch an Einfluss. Ideologische und politische Differenzen innerhalb des Widerstands trugen dazu bei, dass sich die Wähler jetzt wieder stärker an den traditionellen Parteien orientierten. Die Sozialdemokraten verloren Stimmen an die Kommunisten. Die Regierung wurde daraufhin allein von den beiden liberalen Parteien gebildet, die zusammen über einen Parlamentssitz mehr verfügten als die Sozialdemokraten. Ministerpräsident wurde Knud Kristensen von der liberalen Venstre-Partei.

Als Kristensen zwei Jahre später seine Sympathien für eine Angliederung Südschleswigs mit seiner dänischen Minderheit erkennen ließ, entzogen ihm die Radikalen ihr Vertrauen. Neuwahlen im November 1947 brachten den Kommunisten erhebliche Verluste, die Sozialdemokraten holten wieder auf und konnten infolgedessen wieder an die Spitze der Regierung zurückkehren. Ministerpräsident Hans Hedtoft gelang es jedoch nicht, eine Koalition mit einer der beiden liberalen Parteien zustande zu bringen, und er regierte fortan mit einem sozialdemokratischen Minderheitskabinett.

Knut Hamsun, norwegischer Literaturnobelpreisträger von 1920, hatte die Besetzung Norwegens durch Deutschland begrüßt. 1948 wurde er wegen Landesverrats verurteilt.

100977

In den ersten Wochen nach der Kapitulation der Deutschen wurden 40000 Dänen wegen des Verdachts auf Kollaboration und der Beteiligung an Kriegsverbrechen verhaftet. Knapp zwei Drittel der Internierten wurden nach ersten Verhören wieder freigelassen, die anderen mussten sich in regulären Verfahren verantworten. Dabei wurden häufig wenig Belastete streng bestraft. An 46 Dänen wurden Todesurteile vollstreckt, 3000 erhielten Haftstrafen zwischen vier Jahren und lebenslänglich. Wirtschaftliche Zusammenarbeit mit der Besatzungsmacht wurde nur wenig geahndet, und die Politiker, die während der deutschen Besatzung Verantwortung getragen hatten, wurden generell vom Vorwurf des Landesverrats freigesprochen.

Da die wirtschaftliche Ausbeutung durch die Deutschen lange nicht das Ausmaß erreicht hatte, das sie in Frankreich oder Norwegen angenommen hatte, konnten die Kriegsfolgen relativ zügig bewältigt werden. Die Industrieproduktion erreichte schon 1946 wieder die Vorkriegshöhe. Industrialisierung und Aufbau eines Sozialstaats wurden gleichmäßig gefördert und kamen seit dem Eintreffen der Hilfen aus dem Marshallplan 1948 auch deutlich voran. Dabei bremsten die bürgerlichen Parteien im Parlament allerdings den Reformeifer der sozialdemokratischen Minderheitsregierung. Außenpolitisch bestand bei den Dänen zunächst großes Interesse an einem Bündnis der skandinavischen Staaten. Nachdem sich Norwegen jedoch Anfang 1949 für eine Bindung an den Westen entschieden und Schweden ein bloßes Zweierbündnis mit Dänemark abgelehnt hatte, optierte auch die Regierung Hedtoft für eine Beteiligung an der Gründung des nordatlantischen Bündnisses. Sie wurde dabei von den bürgerlichen Oppositionsparteien unterstützt.

Norwegen

In Norwegen gelang der Übergang von der deutschen Besatzung zur Nachkriegszeit wie in Dänemark ohne bewaffneten Kampf. Während Reichskommissar Josef Terboven und der prodeutsche Flügel der Nationalen Sammlung den Endkampf wollten, sah das Oberkommando der deutschen Wehrmacht das besetzte Land in den letzten Kriegswochen nur noch als mögliches Verhandlungsobjekt zur Vermeidung einer bedingungslosen Gesamtkapitulation an, die die Kapitulation gegenüber der Sowjetarmee einschloss. Das Kollaborationsregime unter Vidkun Quisling löste sich Ende April/Anfang Mai 1945 praktisch auf. Nach der bedingungslosen Kapitulation der Wehrmacht am 8./9. Mai 1945 besetzten britische und exilnorwegische Truppen das Land; die deutschen Soldaten mussten sich in Internierungslager begeben.

160

Bei seiner Rückkehr aus dem Exil am 7. 6. 1945 wird König Håkon VII. (rechts) von der Osloer Bevölkerung begeistert gefeiert; neben dem König die Kronprinzessin Martha.

Am 7. Juni 1945 kehrte König Håkon VII. aus dem britischen Exil zurück. Zwei Wochen später wurde eine Übergangsregierung gebildet, in der alle bedeutenden Parteien vertreten waren, auch die Kommunisten. Ministerpräsident wurde Einar Gerhardsen, der Vorsitzende der Arbeiterpartei. In den Wahlen vom 8. Oktober 1945 errang die Arbeiterpartei die absolute Mehrheit der Mandate. Gerhardsen konnte jetzt eine Regierung ohne Koalitionspartner bilden. Bei der zweiten Nachkriegswahl im Oktober 1949 wurde sie eindrucksvoll bestätigt.

In den ersten Wochen nach der Befreiung wurden etwa 92 000 Norweger verhaftet, die der Kollaboration verdächtigt wurden. Verfahren wurden dann aber nur gegen 49 000 Personen eröffnet; sie blieben umstritten und führten zu manchen Ungerechtigkeiten. Quisling und 24 weitere besonders kompromittierte Kollaborateure wurden hingerichtet, 72 Handlanger der Besatzungsmacht zu lebenslanger Haft verurteilt. Knut Hamsun, der mit dem Prestige des Literatur-Nobelpreisträgers für die Quisling-Partei geworben hatte, kam mit einer hohen Geldstrafe davon. 1948 setzte ein Prozess schrittweiser Strafmilderung ein, die kategorische Ablehnung der Kollaborateure hielt jedoch weiter an.

Im Übrigen konzentrierte die Regierung Gerhardsen ihre Bemühungen auf den Aufbau des Wohlfahrtsstaats. Sie konnte dabei auf Planungen aus der Zeit vor dem Krieg zurückgreifen. Politiker, die im britischen Exil gewesen waren, brachten aber auch Vorstellungen der dortigen Labour Party in die Diskussion ein. Eine forcierte Industrialisierung des bislang noch weitgehend agrarisch geprägten Landes schuf gleichzeitig die Voraussetzungen für die Finanzierung der wirtschaftlichen Sicherheit. Außenpolitisch entsprach dem eine politisch-militärische Hinwendung zu Großbritannien, die 1948/49 in das gemeinsame Engagement im Rahmen der atlantischen Allianz mündete. Eine stärkere Zusammenarbeit der nordischen Länder, wie sie die schwedischen und dänischen Nachbarn wünschten, wurde zwar auch diskutiert, kam aber demgegenüber nicht zum Zuge. *Wilfried Loth*

ZITAT

Knut Hamsun, wegen Kollaboration mit der deutschen Besatzungsmacht 1947 angeklagt, in seiner Rechtfertigungsrede vor dem zuständigen Untersuchungsgericht:

... Es war uns vorgespiegelt worden, dass Norwegen einen hohen, einen hervorragenden Platz in der großgermanischen Weltgemeinschaft erhalten sollte ... Ich glaubte daran, und deshalb schrieb ich so, wie ich schrieb ...

Eine Utopie nimmt Konturen an: Die Idee des vereinten Europa

Die deutschen Mitteleuropaplanungen des frühen 20. Jahrhunderts und des Ersten Weltkriegs versuchten nationales Hegemonialstreben mit dem Deckmantel europäischer Ideale zu kaschieren. In völliger Verkehrung des ursprünglichen Ziels europäischer Utopien - der Idee der europäischen Einheit - wurde ein neues Modell entwickelt, das den Kontinent aufteilte in einen westlichen Teil, geprägt von den Idealen der Französischen Revolution, einen mittleren Teil, geprägt von den vermeintlichen Vorzügen der deutschen Kultur, sowie einen zivilisatorisch und kulturell unterlegenen östlichen Teil. Letzterer, die Staatenwelt Ostmittel-, Ost- und Südosteuropas, besaß in diesen Überlegungen üblicherweise den Stellenwert eines untergeordneten wirtschaftlichen Ergänzungsraumes, der dem Zentrum die eigenen Ressourcen liefern und ihm die Fertigprodukte abnehmen sollte.

Hegemonialstreben und europäische Ideale

Solche und ähnliche Pläne gab es viele in deutschen Regierungs- und Wirtschaftskreisen zu Beginn des Ersten Weltkriegs. Erst nach diesem Krieg, der später einmal zu

INFOBOX

Wegbereiter der europäischen Einigung

Richard Nikolaus Graf Coudenhove-Kalergi (1894–1972) entstammte der gleichnamigen Linie des österreichischen Adelsgeschlechts Coudenhove. Er lebte bis 1938 in Wien, danach bis 1940 in Bern und bis 1946 in New York, wo er auch als Professor für Geschichte wirkte. Anschließend kehrte er in die Schweiz zurück.

Er trat 1922 mit seinem ersten »Paneuropa«-Manifest hervor, in dem er zu einem »Zusammenschluss Kontinental-Europas von Portugal bis Polen zu einem Staatenbunde« aufrief. Neben Beiträgen in der 1924 gegründeten Zeitschrift »Paneuropa« verfasste Coudenhove-Kalergi zahlreiche Schriften und Bücher, die sich mit Europa auseinander setzen, so »Kampf um Europa« (1925–28), »Kommen die Vereinigten Staaten von Europa?« (1938), »Eine Idee erobert Europa« (1958) und »Weltmacht Europa« (1971). 1950 erhielt er als Erster den »Internationalen Karlspreis zu Aachen«.

Der deutsche Politker Gustav Stresemann galt zusammen mit dem Franzosen Aristide Briand nach dem Ersten Weltkrieg als Hoffnungsträger für eine neue politische Ordnung in Europa.

den beiden »Urkatastrophen« des 20. Jahrhunderts gezählt werden sollte, stellte sich die Frage nach der Schaffung dauerhafter Rahmenbedingungen für den Frieden in Europa mit bislang nicht gekannter Dringlichkeit. Zudem hatte sich im Verlauf des Kriegs gezeigt, dass die USA allen europäischen Mächten gegenüber überlegen waren, und die Russische Revolution schließlich lieferte nach 1918 weitere Gründe dafür, dass in den Zwanzigerjahren eine Vielzahl europäischer Neuordnungskonzepte entwickelt wurden.

Wohl am publikumswirksamsten bekannte sich zur gleichen Zeit der junge Österreicher Richard Nikolaus Graf Coudenhove-Kalergi zum Gedanken einer europäischen Föderation. Mit seiner 1923 gegründeten »Paneuropa-Union« schuf er eine Organisation, der bald Tausende von Parlamentariern und anderen einflussreichen Persönlichkeiten angehörten. Sie unterstützten das

100001

Themen der Jaltakonferenz im Februar 1945 – im Bild Winston Churchill, Franklin D. Roosevelt und Josef Stalin – waren u. a. die militärische Besetzung Deutschlands und seine Einteilung in vier Besatzungszonen sowie die Bildung von demokratischen Regierungen für Polen und Jugoslawien.

1924 im »Paneuropäischen Manifest« festgeschriebene Ziel, sämtliche demokratische Staaten Kontinentaleuropas zu einem politischen und wirtschaftlichen Zweckverband zusammenzuschließen, der als gleichberechtigte Weltmacht neben Amerika, dem britischen Weltreich, Russland und Ostasien keine fremde Einmischung hinzunehmen brauchte. Doch die Pläne wuchsen nicht über die Unverbindlichkeit des Programms hinaus.

Auch der französische Ministerpräsident Aristide Briand scheiterte mit seinem im September 1929 vor dem Völkerbund in Genf vorgestellten Plan für eine engere Verbindung der europäischen Staaten, war doch die Furcht der französischen Regierung vor einem erneuten Erstarken Deutschlands zu offensichtlich, als dass der Plan für Berlin akzeptabel gewesen wäre.

Anfang der Dreißigerjahre unterstützte die französische Regierung gezielt Pläne zur Schaffung einer mitteleuropäischen Staatengemeinschaft, die als Gegengewicht zum erstarkenden Deutschen Reich wirken sollte.

Die Reichsregierung setzte hingegen alles daran, den eigenen Einfluss in Ostmittel- und Südosteuropa mit ökonomischen Mitteln zu fördern. Dabei konnte sie sich auf eine Vielzahl von Initiativen berufen, die seit Anfang der Zwanzigerjahre besonders in rechtsintellektuellen, antidemokratischen Kreisen entstanden waren und einen Neuordnungsauftrag des Deutschen Reichs für Mitteleuropa formuliert hatten.

Die von den nationalsozialistischen Machthabern angestrebte neue Ordnung Europas lehnte jegliche föderative Strukturen ab und rief nach einem zentralistischen »Großgermanischen Reich«, das nötigenfalls mit Gewalt zu schaffen sei. Der Zweite Weltkrieg war also keinesfalls ein europäischer Bürgerkrieg zwischen Nationalismus und Bolschewismus, wie die NS-Propaganda immer behauptete. Hitler und seinen Paladinen ging es letztlich nur um die Umsetzung des nationalsozialistischen Lebensraumkonzepts.

Vorstellungen des europäischen Widerstands

Wenn die NS-Europapropaganda trotzdem im Sinne der uns heute vertrauten Europaidee wirksam werden sollte, so könnte dies also geradezu als eine List der Geschichte aufgefasst werden. Denn nicht zuletzt deshalb, weil das Regime mit großem Nachdruck seinen europäischen Neuordnungsauftrag verkündete, sahen sich deutsche und europäische Widerstandskreise dazu herausgefordert, eigene Konzepte für die Zeit nach der nationalsozialistischen Herrschaft zu entwickeln. So bezog sich zum Beispiel das »Programm der deutschen Opposition für Deutschland und Europa«, das Hans Schönfeld, der deutsche Direktor der Forschungsabteilung des Weltkirchenrats, im Mai 1942 in Stockholm vorstellte, ausdrücklich auf die nationalsozialistische Propaganda.

Schließlich hieß es in Punkt drei des Programms, dass nach der Beseitigung der NS-Diktatur »eine europäische Föderation von freien Staaten und Nationen« mit einer gemeinsamen Regierung und einer für die Sicherheit Europas zuständigen europäischen Armee geschaffen werden solle. Einer solchen Föderation musste auch ein vom Nationalsozialismus befreites Deutschland angehören. Ähnliches war von Léon Blum, dem ehemaligen sozialistischen Ministerpräsidenten Frankreichs, bereits im

ZITAT

In seinem Werk »Europa erwacht!« (1934) erläutert Richard Nikolaus Graf Coudenhove-Kalergi den europäischen Patriotismus:

Unsere Liebe gilt unserem gemeinsamen Mutterland Europa, der Mutter aller unserer Vaterländer und engeren Nationen, der Mutter aller Europäer und Europäerinnen.
Wie die Liebe zur Mutter die Liebe zum Vater nicht mindert, sondern ergänzt: So soll unsere Liebe zu Mutter Europa die Liebe zu den nationalen Vaterländern nicht verdrängen, sondern krönen.

Oktober 1939 gefordert worden, als er die Schaffung eines föderativen und abgerüsteten Europas einschließlich Deutschlands zu den »Kriegszielen« der europäischen Sozialisten erklärte.

Wie Blum hatten sich kurz nach Entfesselung des Kriegs zahlreiche Schriftsteller, Gelehrte und Politiker aus vielen europäischen Staaten für die Verwirklichung der europäischen Ideale der Zwischenkriegszeit als vorrangige Aufgabe der Nachkriegszeit ausgesprochen. Sie lieferten all jenen Widerstandsorganisationen gute Argumente, die im weiteren Verlauf des Kriegs ein europaweites Netzwerk bildeten, das sich für die europäischen Ideale als Garanten einer friedlichen Zukunft des Kontinents einsetzte.

Der gesamteuropäische Widerstandskongress in Paris

Eine zentrale Rolle in diesem Netzwerk spielte die schweizerische Europaunion, die den entsprechenden Plänen nicht nur Öffentlichkeitswirksamkeit verschaffte, sondern den europäischen Widerstand damit auch ermunterte, die eigenen Planungen weiter voranzutreiben und Modelle zu entwerfen, auf die die Politik nach dem Sturz Hitlers zurückgreifen konnte. So trafen sich Vertreter verschiedener europäischer Widerstandsorganisationen im Frühjahr 1944 in Paris, um sich über die Grundzüge einer künftigen Europapolitik zu verständigen. Im Abschlusskommuniqué dieses einzigen gesamteuropäischen Widerstandskongresses hieß es unter anderem, dass als Grundlage einer künftigen Friedensordnung vom Dogma der absoluten Staatssouveränität und der daraus resultierenden zwischenstaatlichen Anarchie Abschied genommen werden müsse.

Für die Delegierten stand außer Frage, dass nur ein befriedetes und geeintes Europa als Garant des Weltfriedens dienen konnte. Dabei sprachen sie sich für eine bundesstaatliche Lösung aus, da diese allein strittige Grenzfragen lösen und die Teilnahme des deutschen Volkes am europäischen Leben gestatten konnte, ohne dass es wieder zu einer Gefahr für andere europäische Völker werden würde. Dazu gehörte aber auch, dass Deutschlands politische und wirtschaftliche Struktur – notfalls unter Zwang – so zu ändern war, dass es sich in die europäische Föderation eingliedern ließ.

Während der Pariser Außenministerkonferenzen 1946 und 1949 konnten die Außenminister der Beneluxstaaten, der Bundesrepublik Deutschland, Frankreichs und Italiens keine Einigung über die Deutschlandfrage erzielen. Das Bild zeigt eine Sitzung von 1946 im Palais du Luxembourg.

100880

An der Pariser Konferenz nahmen Delegierte aus Dänemark, Frankreich, Italien, Norwegen, den Niederlanden, Polen, der Tschechoslowakei und Jugoslawien sowie Mitglieder deutscher Widerstandsgruppen teil. Auch wenn das Abschlusskommuniqué keinen Hinweis auf die Staaten enthielt, aus denen die europäische Föderation gebildet werden sollte, deutet die Zusammensetzung den gesamteuropäischen Ansatz an. Vor dem Hintergrund der nationalsozialistischen Aggression entstanden in den Kreisen des europäischen Widerstandes und Exils aber auch bescheidenere, räumlich begrenzte Föderationsmodelle.

Regionale Föderationspläne im Osten und Westen
Das polnisch-tschechoslowakische Konföderationsabkommen aus dem Januar 1942 wurde von den Exilregierungen beider Länder mit dem Ziel geschlossen, nach Kriegsende einen gemeinsamen Bundesstaat zu gründen, der zugleich den Rahmen für die Schlichtung der vorkriegszeitlichen Grenzstreitigkeiten bieten sollte. Fast zeitgleich einigten sich Vertreter der griechischen und der jugoslawischen Exilregierungen auf ein ähnliches Abkommen. Die angestrebte Balkanföderation hätte in der Tat eine historische Konfliktregion befrieden und darüber hinaus als Kern einer Donau- oder Balkanföderation dienen können, wie sie bereits vom tschechoslowakischen Ministerpräsidenten Edvard Beneš Anfang der Dreißigerjahre vorweggenommen worden war.

Regionale Föderationsplanungen fanden in den Kriegsjahren freilich nicht nur in Bezug auf die Staaten-

160

Ein Zusammenschluss von Belgien, den Niederlanden, Luxemburg und Frankreich wurde von Paul-Henri Spaak (dritter von links) als Außenminister der belgischen Exilregierung konzipiert. Am 17. 3. 1948 schlossen diese Länder und Großbritannien den Brüsseler Pakt (Sitzungsfoto vom 9. 3. 1948).

Am 24. 8. 1954 trafen in London der britische Premierminister Winston Churchill und der französische Ministerpräsident Pierre Mendès-France zur Beratung der Ergebnisse der Konferenz von Brüssel über die Gründung einer Europäischen Verteidigungsgemeinschaft zusammen.

welt Ostmittel- und Südosteuropas statt. Unter westlichen Politikern erwies sich der Außenminister der belgischen Exilregierung, Paul-Henri Spaak, als besonders rege. Sein Konzept sah einen Zusammenschluss Belgiens, der Niederlande, Luxemburgs und Frankreichs vor. Dabei konnte er sich auf die Unterstützung der französischen Exilregierung berufen, in der Jean Monnet als Ansprechpartner diente. Über ihn wurde eine Verbindung mit französischen Widerstandskreisen hergestellt. Diese belgisch-französische Gruppe befasste sich intensiv mit Grundfragen einer westeuropäischen politisch und wirtschaftlich ausgerichteten Union.

Dass Großbritannien in solchen Überlegungen eine feste Größe darstellte, überrascht angesichts der Bedeutung Londons für die europäische Exilpolitik der Kriegsjahre nicht - wenngleich Charles de Gaulle schon vor Kriegsende an der britischen Bereitschaft zur Integration in eine westeuropäische Union zweifelte. Für ihn sollte sich der Kern der Föderation auf Frankreich und die Beneluxstaaten konzentrieren. Das schloss eine spätere Süderweiterung ebenso wenig aus wie die Einbeziehung des rheinisch-westfälischen Industriereviers oder eine Assoziation mit Großbritannien.

Möglicherweise wurzelte die Skepsis de Gaulles in der Erkenntnis, dass Großbritannien aufgrund seiner imperialen Interessen und angesichts der großen Bedeutung, die London den Beziehungen zu den USA beimaß, ein entschlossenes europäisches Engagement schwer fallen würde. Dabei gab es die europäische Bewegung in Großbritannien in Gestalt der Federal Union, die, nach dem Abschluss des Münchener Abkommens gegründet, binnen kurzem mehr als 10 000 Mitglieder vornehmlich aus dem universitären und politischen Bereich gewonnen hatte und sich mit Nachdruck für eine föderative Neuorganisation Europas einsetzte.

100562

Der Historiker George F. Kennan, ein Kenner der Sowjetunion, konzipierte die amerikanische Politik des »Containment« zur Eindämmung der expansiven Tendenzen der Sowjetunion nach dem Zweiten Weltkrieg.

Auch hatte de Gaulle als Beauftragter des französischen Kriegsministeriums im Juni 1940 persönlich an einer Initiative für einen anglofranzösischen Bund mitgewirkt. Dieser hätte nach Kriegsende zweifellos als Kern einer britisch-französischen Union dienen können. Die Unterzeichnung des deutsch-französischen Waffenstillstandsabkommens durch die französische Regierung markierte allerdings rasch das Ende dieser Initiative. Auf ihrer Suche nach Verbündeten im Kampf gegen das nationalsozialistische Deutschland blieb der britischen Regierung nun nichts anderes mehr übrig, als jenseits des Atlantiks um Unterstützung nachzusuchen.

Das Verhältnis zwischen den USA und Europa

Das Erscheinen der USA auf dem europäischen Kriegsschauplatz unterstrich den machtpolitischen Bedeutungsverlust der europäischen Nationalstaaten: Ohne nordamerikanische Hilfe war an eine Bezwingung der nationalsozialistischen Herrschaft nicht zu denken. Mochte Winston Churchill anfangs vielleicht noch gehofft haben, mit nordamerikanischer Unterstützung den eigenen Weltmachtstatus bewahren zu können, so musste er spätestens im Oktober 1943 erkennen, dass seine politischen

INFOBOX

Der Karlspreis

Der »Internationale Karlspreis zu Aachen« ist eine 1949 in der Stadt Aachen gestiftete Ehrung. Mit ihr wird in Erinnerung an das von Karl dem Großen geschaffene christlich-abendländische Europa für Verdienste um die Förderung der europäischen Einigung eine Medaille mit dem Bild Karls des Großen verliehen; die Auszeichnung ist mit 5 000€ dotiert.
Zu den Preisträgern zählen:
1950: Richard Nikolaus Graf Coudenhove-Kalergi;
1952: Alcide de Gasperi; 1953: Jean Monnet;
1954: Konrad Adenauer; 1955: Winston Churchill;
1957: Paul-Henri Spaak; 1958: Robert Schuman;
1959: George C. Marshall; 1961: Walter Hallstein;
1966: Jens Otto Krag; 1969: Kommission der Europäischen Gemeinschaften; 1978: Konstantinos Karamanlis;
1981: Simone Veil; 1986: das luxemburgische Volk;
1987: Henry A. Kissinger; 1988: François Mitterrand und Helmut Kohl für das französische und das deutsche Volk;
1989: (Frère) Roger Schutz; 1990: Gyula Horn;
1991: Vaclav Havel; 1994: Gro Harlem Brundtland;
1995: Franz Vranitzky; 1997: Roman Herzog; 1998: Bronisław Geremek; 1999: Tony Blair; 2000: Bill Clinton;
2001: György Konrád; 2002: der Euro; 2003: Valéry Giscard d'Estaing; 2004: Pat Cox, Papst Johannes Paul II. (außerordentlicher Karlspreis 2004); 2005: Carlo Azeglio Ciampi.

Konzepte, die auf eine europäische Neuordnung im Sinne eines föderativen Systems zielten, nicht mehr gegen den Willen Washingtons durchzusetzen waren.

Seinerzeit hatte er sich öffentlich für die Gründung eines europäischen Staatenbundes unter britischer Führung und unter Ausschluss der Sowjetunion eingesetzt. Für den amerikanischen Präsidenten bedeutete das aber lediglich den Versuch der Restauration einer in unterschiedliche Machtblöcke unterteilten Welt, die bereits in ihrem Keim die Saat künftiger Weltkriege in sich tragen würde. Als Alternative dazu wollte Franklin D. Roosevelt allein sein Konzept der one world policy, der »Politik der einen Welt«, gelten lassen. Nur eine globale politische Neuordnung, wie sie bereits in der Atlantikcharta vom August 1941 in groben Umrissen skizziert worden war, schien ihm einen Ausweg aus der zwischenstaatlichen Anarchie der Nationalstaaten aufzuzeigen. Dabei spielte eine wie auch immer gestaltete europäische Föderation

ZITAT

Richard Nikolaus Graf von Coudenhove-Kalergi forderte schon 1924 in seinem »Paneuropäischen Manifest« die Vereinigten Staaten von Europa:
Was Komensky und Nietzsche erträumt – Kant erdacht – Bonaparte und Mazzini gewollt haben – soll die Paneuropäische Bewegung verwirklichen: die Vereinigten Staaten von Europa!

100562

Blick in den Raum im französischen Außenministerium Quai D'Orsay in Paris während der Unterzeichnung des Vertrags über die europäische wirtschaftliche Zusammenarbeit (OEEC = Organization for European Economic Cooperation) am 16. 4. 1948. Die Organisation wurde zur Durchführung und Unterstützung des Marshallplanes geschaffen.

eine nur nachgeordnete Rolle, während der Mitwirkung der Sowjetunion eine zentrale Bedeutung zukam.

Das Funktionieren der one world policy hing freilich von einem Wertekonsens der vier Hauptmächte ab. Wie kritische Stimmen, etwa Churchill oder auch der amerikanische Diplomat George F. Kennan, schon früh prognostiziert hatten, stellte jedoch das sowjetische Freiheits- und Demokratieverständnis ebenso wie die Moskauer Auffassung vom Selbstbestimmungsrecht der Völker ein grundsätzliches Hindernis für eine gemeinsam mit den Westmächten betriebene globale Sicherheitspolitik dar. Allerdings vergingen nach Kriegsende einige kostbare Monate, bis sich diese Erkenntnis vor allem in amerikanischen Regierungskreisen durchsetzte und zu einer Abkehr von der Roosevelt'schen Politik führte. In der Zwischenzeit hatte die expansive Dynamik der sowjetisch-kommunistischen Politik bereits in vielen Staaten Ostmittel- und Südosteuropas jene politischen Leerräume gefüllt, die mangels rasch und konsequent eingeleiteter Neuordnungsmaßnahmen im Sinne europäischföderaler Modelle nach dem Zusammenbruch des nationalsozialistischen Herrschaftsbereichs entstanden waren.

Teilung Europas und der Welt – Der Eiserne Vorhang
Das allzu lange Festhalten an einer universellen Friedensordnung hatte also erheblichen Anteil an der Entstehung des bipolaren Weltsystems, das unter anderem Europa durch einen »Eisernen Vorhang« zweiteilte und damit jedes gesamteuropäisch angelegte Neuordnungskonzept von vornherein ausschloss. Winston Churchill hatte das Bild vom »Eisernen Vorhang« im März 1946 während einer Rede in Fulton (USA) geprägt. Das bedeutete eine klare Absage an all jene Gruppen oder Organisationen, die weiterhin die Gründung eines gesamteuropäischen Bundesstaates anstrebten – so wie es im Herbst 1946 im Hertensteiner Programm der europäischen Föderalisten verkündet wurde oder wie es sich die wenig später gegründete Union Européenne des Fédéralistes (UEF) zum Ziel setzte. Der Brite zweifelte dagegen nicht mehr an der Gefahr, die von den expansiven Zielen der Sowjetunion für die Freiheit auch jener europäischen Staaten ausging, die noch nicht dem sowjetischen Machtbereich angehörten. *Jürgen Elvert*

Zusammenschluss der freien Länder: Der Europarat

Die Gefahr, die von der Sowjetunion ausging, reflektierend, forderte Churchill im September 1946 in Zürich die Gründung der Vereinigten Staaten von Europa als einer europäischen Staatenfamilie, in deren Mittelpunkt die deutsch-französische Partnerschaft stehen sollte. Nur die Überwindung des jahrzehntealten Gegensatzes der beiden großen Kontinentalmächte konnte, so glaubte Churchill, ein Wiederaufleben Europas ermöglichen. Als einen ersten Schritt in die richtige Richtung forderte er die Gründung eines Europarats, wobei er keinen Zweifel daran ließ, dass sich nur die freien Länder des Kontinents in diesem Gremium konstituieren sollten. Daraus würde sich, wie er hoffte, der Kern einer künftigen westeuropäischen Union entwickeln. Diesen Vereinigten Staaten von (West-)Europa war in Churchills Konzept die Rolle einer »dritten Kraft« zugedacht, die sich als gleichberechtigte Macht neben den Vereinigten Staaten von Amerika und der Sowjetunion auf der internationalen politischen Bühne platzieren sollte.

Dabei ging es weder Churchill noch anderen konservativen europäischen Politikern wie etwa Charles de Gaulle um die Umsetzung eines ideologisch geprägten Europabildes, sondern einzig um pragmatische Maßnahmen zur Selbstbehauptung Europas, zur Sicherung und Mehrung seines Wohlstands und zur Stärkung der Vereinten Nationen als global wirkender friedenssichernder Instanz.

Eine europäische »dritte Kraft«

Änliche Konzepte, die von einer europäischen »dritten Kraft« ausgingen, wurden schon seit längerem im linken politischen Spektrum Westeuropas diskutiert. So hatte sich die britische Labour Party in ihrem frühsommerlichen Wahlkampf des Jahres 1945 entschieden für die Schaffung der »Vereinigten Sozialistischen Staaten von Europa« eingesetzt. Diese sollten als Brücke zwischen

Winston Churchill bei seiner Rede am 19. 9. 1946 in der Aula der Züricher Universität

100562

INFOBOX

Hertensteiner Programm

Das Hertensteiner Programm wurde am vorletzten Tag einer Konferenz, die vom 17. bis 22. 9. 1946 in Hertenstein am Vierwaldstätter See stattfand, von verschiedenen europäisch-föderalistischen Gruppen verabschiedet. Nach diesem Grundsatzprogramm sollte sich die europäische Integration unter Aufgabe der staatlichen Souveränitätsrechte vollziehen. Mit dem föderalen Prinzip wollten sich die Konferenzteilnehmer nicht nur aus dem sich zuspitzenden Ost-West-Konflikt heraushalten, sondern ihn überwinden. Die Konferenz beschloss auch die Gründung einer übernationalen Dachorganisation der Föderalistenverbände.

den USA und der Sowjetunion dienen, da sie, wie es hieß, aufgrund ihrer freiheitlich-demokratischen Ordnung einerseits das Vertrauen Washingtons besäßen, andererseits, aufgrund ihrer sozialistischen Regierung, das Vertrauen Moskaus gewinnen könnten.

Etwa zeitgleich war von Léon Blum ein enges britisch-französisches Bündnis als Kern einer freiheitlichen westlichen Familie gefordert worden, die gemeinsam den europäischen Wiederaufbau vorantreiben und Stalin von einseitigen Gewaltmaßnahmen abbringen sollte. Für den Politikwissenschaftler Richard Löwenthal lag noch im Frühjahr 1947 in einem solchen Modell die einzigartige Chance, mittels der Verbindung des sozialistisch regierten britischen Weltreichs und der westeuropäischen Staaten eine Sicherheitszone zwischen den beiden neuen Weltmächten zu schaffen, die nach außen als Vermittler zwischen den unterschiedlichen Interessen dienen, nach innen jedoch den Umbau Europas nach sozialistischem Muster vorantreiben sollte. Mit diesen Worten hatte er den Abschluss des britisch-französischen Dünkirchenvertrags am 4. März 1947 kommentiert, der sowohl in der französischen Nationalversammlung als auch im Londoner Unterhaus lebhaft als Verwirklichung eines Kernelements des Dritte-Kraft-Modells begrüßt worden war.

Allerdings zeigten sich im Laufe der bilateralen Verhandlungen grundsätzliche Differenzen über den künftigen Weg der westeuropäischen Annäherung. So hatte die französische Seite lange Zeit auf eine Auflösung des deutschen Staatsverbandes gedrängt und damit primär eine Abtrennung des Rhein-Ruhr-Gebiets gemeint.

ZITAT

Der britische Außenminister Ernest Bevin spricht am 20. 1. 1948 in einer Unterhausrede über eine künftige westeuropäische Union:

Sie (die Union) muss auf völliger Gleichberechtigung beruhen und alle die Elemente der Freiheit enthalten, zu denen wir stehen. Sie kann nicht in einer starren These oder Direktive niedergelegt werden. Sie ist mehr eine Bruderschaft als ein starres System.

ZITAT

In einer Rede, gehalten am 19. 9. 1946 in Zürich, sagt Winston Churchill:
Ich spreche jetzt etwas aus, dass Sie in Erstaunen setzen wird. Der erste Schritt bei der Neugründung der europäischen Familie muss eine Partnerschaft zwischen Frankreich und Deutschland sein. Nur auf diese Weise kann Frankreich die moralische Führung Europas wiedererlangen. Es gibt kein Wiederaufleben Europas ohne ein geistig großes Frankreich und ein geistig großes Deutschland.

Großbritannien hingegen befürchtete in diesem Fall ein ökonomisches Chaos, das nicht nur die Besatzungskosten über Gebühr in die Höhe treiben würde, sondern auch noch eine mögliche neue Wurzel deutschen revanchistischen Denkens bilden könnte. So verzögerten die britisch-französischen Meinungsverschiedenheiten über das künftige Geschick Deutschlands den Abschluss des Abkommens erheblich, führten aber zugleich auch zu einer engeren britisch-amerikanischen Abstimmung in besatzungspolitischen Fragen.

Auswirkungen der Trumandoktrin

Angesichts der zunehmenden Konfrontation zwischen den Westmächten und der Sowjetunion wollte die britische Regierung nun die Rolle der USA als Garant stabiler politischer und ökonomischer Verhältnisse in Westdeutschland und Westeuropa weiter festigen. Das grundsätzliche Interesse an einer solchen Rolle hatte Präsident Harry S. Truman ohnehin in seiner Rede vor beiden Häusern des amerikanischen Kongresses formuliert, als er am 12. März 1947 die Bereitschaft der USA verkündete, weltweit totalitäre Unterdrückung zu bekämpfen. Die Trumandoktrin unterstrich die Bereitschaft der amerikanischen Regierung, den Wiederaufbau Westeuropas

INFOBOX

Das »Wunder von Bern«

Als im Oktober 1954 die große Politik mit den Pariser Verträgen die Wiedereingliederung der Bundesrepublik Deutschland in die Gemeinschaft der Staaten schriftlich fixierte, war dies zweifelsohne ein Meilenstein in der deutschen Geschichte. Doch fragt man die Deutschen heute nach dem wichtigsten Ereignis des Jahres 1954, so wird kaum jemand die Pariser Verträge nennen – die meisten werden sich spontan an die erfolgreiche Fußball-WM des Jahres erinnern. Bei diesem als »Wunder von Bern« in die Fußballgeschichte eingegangenen Ereignis bezwang die deutsche Fußballnationalmannschaft am 4. 7. 1954 die hoch favorisierten Ungarn im Weltmeisterschaftsfinale, das im Berner Wankdorf-Stadion ausgetragen wurde, mit 3:2 Toren. Die psychologische Bedeutung dieses Sieges für die nach der Kriegsniederlage in ihrem Selbstwertgefühl stark verunsicherte bundesrepublikanische Gesellschaft kann kaum überschätzt werden – und spiegelt sich nicht zuletzt in der Tatsache, dass sich die »Helden von Bern« bis heute größter Popularität erfreuen.

100562

Blick in den Plenarsaal des Europarates in Straßburg

mittels großzügiger Wirtschaftshilfe zu fördern und es damit zugleich fest in ein transatlantisches Sicherheitssystem zu integrieren.

Dazu bedurfte es zunächst der Überwindung nationaler Schranken zwischen den verschiedenen Volkswirtschaften der westeuropäischen Staaten. Die grundsätzliche Bereitschaft dazu war vorhanden und wurde auch vorausgesetzt, denn die sich verhärtenden Fronten zwischen Ost und West ließen aus Sicht der westeuropäischen Staaten jeden nationalen Alleingang als gefährlich erscheinen. Eine gemeinsame westeuropäische Organisation verlangte jedoch auch nach einer Beteiligung der westlichen Besatzungszonen Deutschlands sowie der unverzüglichen Erschließung ihrer Wirtschaftskraft und ihres Industriepotenzials. Damit wurde zwar der Weg in die deutsche Zweistaatlichkeit weiter ausgebaut, doch darf in diesem Zusammenhang nicht übersehen werden, dass die Reduzierung des deutschen Staatsgebiets auf die Westzonen und damit die klare Trennung von allen preußischen Wurzeln die Zustimmung mancher Nachbarn zur Integration Westdeutschlands in die ökonomischen, politischen und militärischen Strukturen der westlichen Welt erleichterte.

INFOBOX

Der Brüsseler Pakt

Am 17. 3. 1948 schließen Franzosen, Briten und die Beneluxstaaten in der belgischen Hauptstadt den Brüsseler Pakt. Dieses erste multilaterale Sicherheitsabkommen nach dem Zweiten Weltkrieg ist anfänglich gegen ein wieder erstarkendes Deutschland gerichtet: »(Die Vertragsteilnehmer) bestätigen alle Schritte zu übernehmen, die sich für den Fall der Erneuerung einer deutschen Aggressionspolitik als notwendig erweisen ...« (Auszug aus der Präambel).
Im Zuge der Eingliederung der Bundesrepublik Deutschland in das westliche Verteidigungssystem erfuhr der Brüsseler Pakt eine entscheidende Umwandlung: Auf der Grundlage der Londoner Akte (1954) wurden die Bundesrepublik Deutschland und Italien aufgenommen, nachdem die gegen Deutschland gerichteten Bestimmungen getilgt worden waren. 1955 wurde der Brüsseler Pakt in die Westeuropäische Union umgewandelt.

Der Wirtschaftsverband OEEC und der Europarat

Die Gründung der Organisation für europäische wirtschaftliche Zusammenarbeit (OEEC) am 16. April 1948 schuf den organisatorischen Rahmen für einen multinationalen westeuropäischen Wirtschaftsverband. Was allerdings immer noch fehlte, war eine politische Instanz zur Steuerung des dazu notwendigen weiteren Integrationsprozesses. Auf dieses Defizit machte die französische Regierung schon im Sommer 1948 aufmerksam, als

Am 4. 3. 1947 schlossen in Dünkirchen Frankreich und Großbritannien einen Bündnisvertrag, den die Außenminister Georges Bidault (links) und Ernest Bevin am 11. 3. offiziell unterzeichneten.

160

Harry S. Truman betonte vor dem Kongress am 12. 3. 1947 »die Verpflichtung der USA, alle freien Völker zu unterstützen, die sich der Unterwerfung durch bewaffnete Minderheiten oder durch Druck von außen widersetzen«, und versprach Griechenland und der Türkei Militär- und Wirtschaftshilfe (Gemälde von Greta Kempton, 1948; Washington, D. C., National Portrait Gallery).

100563

sie die Einrichtung einer »Europäischen Parlamentarischen Versammlung« forderte, die eine westeuropäische Wirtschafts- und Währungsunion vorbereiten sollte. Auch wenn die Initiative zunächst von den Brüsseler-Pakt-Staaten als Adressaten des Vorschlags einhellig begrüßt wurde, zeigten die anschließenden Konsultationen erhebliche Differenzen über die Kompetenzen dieser Europäischen Versammlung. Während die britische Regierung nachdrücklich für den Primat nationaler Politik eintrat, forderte Paris bereits die Verabschiedung einer Europäischen Verfassung.

Als Kompromiss wurde im Dezember 1948 das Konzept eines einstimmig beschließenden Europarats entwickelt, der in zwei vierzehntägigen Sitzungsperioden pro Jahr Vorschläge für die Regierungen der Mitgliedstaaten erarbeiten sollte, um »eine engere Verbindung zwischen seinen Mitgliedern zum Schutze und zur Förderung der

160

Gedenk- und Werbemünze für den Europagedanken im Sinne eines föderativen Europas, 1952 (Hamburger Münzanstalt); 1952 war das Gründungsjahr der Europäischen Verteidigungsgemeinschaft.

Ideale und Grundsätze, die ihr gemeinsames Erbe bilden, herzustellen und ihren wirtschaftlichen und sozialen Fortschritt zu fördern« (Artikel 1 der Satzung des Europarats). Am 5. Mai 1949 wurde das Statut des Europarats von den zehn Gründungsmitgliedern angenommen. Westeuropa besaß nun ein Gremium, in dem nationenübergreifend rechtliche, wirtschaftliche und kulturelle Fragen diskutiert werden konnten. In der Regel wurden die Ergebnisse dieser Diskussionen in Form von Konventionen vorgelegt. Darunter sollten sich später einige durchaus bedeutende Dokumente wie zum Beispiel die »Konvention zum Schutze der Menschenrechte und Grundfreiheiten« befinden, die im September 1953 in Kraft trat.

Dennoch zeigte die Entstehung dieser ersten politischen Organisation Westeuropas deutlich, dass trotz der Dynamik, die die Europaidee nach dem Ende des Zweiten Weltkrieges gewonnen hatte, nationalstaatliche Interessenpolitik immer noch den europäischen Integrati-

INFOBOX

Menschenrechte und Grundfreiheiten

In der »Europäischen Konvention zum Schutze der Menschenrechte und Grundfreiheiten« heißt es im 1. Abschnitt (Auszug):

Artikel 2: (1) Das Recht jedes Menschen auf das Leben wird gesetzlich geschützt.

Artikel 3: Niemand darf der Folter oder unmenschlicher oder erniedrigender Strafe oder Behandlung unterworfen werden.

Artikel 4: (1) Niemand darf in Sklaverei oder Leibeigenschaft gehalten werden. (2) Niemand darf gezwungen werden, Zwangs- oder Pflichtarbeit zu verrichten.

Artikel 5: (1) Jedermann hat ein Recht auf Freiheit und Sicherheit ...

Artikel 8: (1) Jedermann hat Anspruch auf Achtung seines Privat- und Familienlebens, seiner Wohnung und seines Briefverkehrs ...

Artikel 9: (1) Jedermann hat Anspruch auf Gedanken-, Gewissens- und Religionsfreiheit ...

Artikel 10: (1) Jedermann hat Anspruch auf freie Meinungsäußerung ...

Artikel 11: (1) Alle Menschen haben das Recht, sich friedlich zu versammeln und sich frei mit anderen zusammenzuschließen, einschließlich des Rechts, zum Schutze ihrer Interessen Gewerkschaften zu bilden und diesen beizutreten.

onsprozess überlagerte. Erst angesichts des weiter zunehmenden äußeren Bedrohungspotenzials kam es in der Frühphase des Kalten Kriegs zu jenen entscheidenden Weichenstellungen, die über den Schumanplan zur Europäischen Wirtschaftsgemeinschaft als Keimzelle einer echten Europäischen Union führten. *Jürgen Elvert*

Die Kolonialherren kehren zurück: Südostasien nach dem Zweiten Weltkrieg

Im Unterschied zum Ersten Weltkrieg, der trotz des Aufschwungs einheimischer Nationalismen die Machtpositionen der Kolonialmächte keinesfalls erschüttert hatte, sondern zu einem neuen imperialen Mythos der Zwischenkriegszeit überleitete, markiert der Zweite Weltkrieg eine Zäsur: Er beschleunigte den Prozess der Entkolonialisierung.

Der japanische Imperialismus in Südostasien spielte eine entscheidende Rolle bei der Schwächung der europäischen Kolonialmacht. Nach dem japanischen Angriff auf Pearl Harbor am 7. Dezember 1941 vollzog sich in Etappen der Aufbau der japanisch dominierten »Großostasiatischen Wohlstandssphäre«. Innerhalb von drei Monaten eroberten die Japaner neben den amerikanischen Philippinen die britischen Besitzungen Malaya, Singapur und Birma sowie Holländisch-Indien (Indonesien), wobei die Kapitulation Singapurs am 15. Februar 1942 den Höhepunkt dieser Expansion darstellte.

Vietnam, Kambodscha und Laos, Malaya und Indonesien

In Vietnam verzichteten die Japaner nach der Eroberung darauf, ein kostspieliges Okkupationssystem zu installieren. Die dem Vichy-Regime in Frankreich unterstehende Kolonialverwaltung Indochinas suchte ihrerseits auf dem Wege der Kollaboration die Kolonialherrschaft möglichst unversehrt über die Kriegswirren hinwegzuretten. Obwohl Tokio offiziell den kolonialpolitischen Status quo respektierte, unterstützten dennoch verschiedene japanische Organisationen vor Ort die vietnamesischen Nationalisten. Der Aufbau der indochinesischen gaullistischen Résistance, Japans Verlust der Philippinen

393

1741–53 wurde die Christkirche im holländischen Stil in Melaka auf der Malayischen Halbinsel (Malaysia) errichtet.

und die Furcht vor einer amerikanischen Invasion bewogen die politisch-militärische Führung in Tokio und Vietnam, das französische Kolonialsystem am 9. März 1945 durch eine militärische Aktion zu entmachten.

Japan inspirierte zwar die Unabhängigkeitserklärungen von Vietnam, Kambodscha und Laos im März/April 1945, wollte jedoch lediglich eine »satellitenhafte«, eingeschränkte Unabhängigkeit (satellite independence) gewähren. Insgesamt suchte Japan in Südostasien die einheimische Bevölkerung samt den nationalen Eliten zur Kollaboration zu gewinnen.

In Malaya setzten die Japaner – wie die Briten – zunächst auf die feudale Schicht. Tatsächlich praktizierten sie jedoch ein brutales, keineswegs auf Unabhängigkeit angelegtes System. In Malaya existierten keine einheimischen politischen Organisationen, sodass sich die wesentlich von Chinesen getragene Kommunistische Partei seit März 1942 zur Speerspitze des antijapanischen Widerstands entwickelte.

In Indonesien hatten die Niederlande den kooperationsbereiten nationalen Führern klargemacht, dass die in der Atlantikcharta im August 1941 allen Völkern zugesagte Freiheit, ihre Regierungsform selbst zu wählen, nur für die von den Nationalsozialisten unterdrückten Völkern galt. Die Japaner unterstützten 1943 zunächst die nationale Bewegung von Sukarno und Mohammed Hatta, eine neue Sammlungsbewegung aus Traditionalisten und »Westlern«, ab März 1944 dann die javanische Aristokratie. Während der japanischen Okkupation entwickelte sich der indonesische Nationalismus zu einer Massenbewegung, die in die Unabhängigkeitserklärung vom 17. August 1945 - zwei Tage nach der japanischen Kapitulation - mündete.

Das Problem der internationalen Treuhandschaft

Als äußere Faktoren wirkten insbesondere die USA und die Konferenz von San Francisco (1945) auf die Entkolonialisierung ein. Im Verlauf der alliierten Kriegskonferenzen wurde das von Franklin D. Roosevelt und seiner Administration anvisierte Konzept der internationalen Treuhandschaft immer stärker verwässert. Die Verhandlungen über die Erstellung der UNO-Charta galten der Frage, ob das Treuhandschaftsprinzip für alle abhängigen Gebiete und mit dem ausdrücklichen Ziel der Unabhängigkeit gelten solle oder nicht. Der Widerstand der Kolonialmächte bewirkte, dass schließlich nur ehemalige Völkerbundmandate, von der Herrschaft der Achsenmächte befreite und von ihren Kolonialherren freiwillig unterstellte Länder unter Treuhandschaft fallen sollten. Für die übrigen »Gebiete ohne Selbstverwaltung« wurde nicht die Unabhängigkeit, sondern Selbstverwaltung als Ziel formuliert, eine Formel, die dem britischen Empire und der geplanten Union Française Spielraum verschaffte.

Die Briten in Südostasien

In britisch-amerikanischen Verhandlungen von 1942 bis 1945 verteidigte Winston Churchills Kriegskoalition das imperiale System mit Nachdruck. London lehnte die

100609

Die Raffles-Statue in Singapur erinnert an den britischen Kolonialbeamten Sir Thomas Stamford Raffles, der hier am 29. 1. 1819 an Land gegangen sein soll, um im Auftrag der britischen Ostindischen Kompanie eine Faktorei zu gründen.

Pläne der USA für eine Internationalisierung britischen Kolonialbesitzes kategorisch ab, wobei britische Beamte hinter Treuhandschaftsplänen für Südostasien die Absicht einer ökonomischen Durchdringung des Gebiets zugunsten amerikanischer Konzerne witterten. Trotz aller innenpolitischen Schwierigkeiten sowie äußeren Turbulenzen und Herausforderungen durch das internationale System war die aus den Juliwahlen 1945 hervorgegangene Labourregierung unter Clement Attlee entschlossen, die britische Kontrolle in Südostasien wieder herzustellen.

Über den Fortbestand des Empire gab es kaum Meinungsverschiedenheiten, obwohl angesichts kostspieliger sozialer Reformen im Mutterland die Mittel zur Kontrolle des Weltreiches fehlten. Unter Louis Mountbatten, dem Oberbefehlshaber der alliierten Streitkräfte in Südostasien, lieferten die Briten einen zentralen Beitrag zur Rekolonialisierung Indochinas südlich des 16. Breitengrades, Malayas und Indonesiens; dabei stießen sie auf zwei Gegner: die Japaner und die nationalen Bewegungen.

ZITAT

In der Unabhängigkeitserklärung Vietnams vom 2. 9. 1945 sagt Ho Chi Minh:
Im Herbst 1940… verrieten die französischen Kolonialherren unser Land, gaben es in die Hände der Eroberer und kapitulierten vor Japan…
Am 9. März 1945 entwaffneten die Japaner die französischen Truppen. Und wieder sind die französischen Kolonialherren geflohen oder sie haben vor den Japanern kapituliert. So vermochten sie nicht nur nicht, uns zu »schützen«, sondern sie verkauften im Gegenteil unser Land im Laufe von fünf Jahren zweimal an die Japaner.

Mit der Befreiung Singapurs im September 1945 konnte die mit der Kapitulation 1942 verbundene Demütigung des britischen Nationalstolzes gesühnt werden. Aus den der indischen Kolonialregierung unterstehenden Straits Settlements, in denen Singapur, Malakka und Penang zusammengefasst waren, wurde die Kolonie herausgelöst und erhielt am 1. April 1946 eine zivile Verwaltung.

Im Unterschied zu Indien, Birma und Ceylon, wo durch die Gewährung der Unabhängigkeit eine spezifische Verbindung mit Großbritannien bewahrt werden konnte, beanspruchte London Malaya und Singapur als strategisches Bollwerk zum Schutz der Ostflanke britischer Asieninteressen. Als wichtiger Zinn- und Kautschukproduzent – der Anteil an der weltweiten Zinnproduktion betrug 1939 etwa 33 Prozent – lieferte Malaya durch seine Exporte in den Dollarraum einen bedeutenden Beitrag zur Entlastung der britischen Zahlungsbilanzprobleme.

Mit der im Frühjahr 1946 projektierten Malaiischen Union planten die Briten, die Vorkriegskonstellation der Straits Settlements sowie der Föderierten und Unföde-

100264

Achmed Sukarno wurde 1945 erster Staatspräsident der Republik Indonesien. 1949 setzte er die Anerkennung der Souveränität durch die ehemalige niederländische Kolonialmacht durch.

rierten Malaiischen Staaten aufzugeben und einen Kolonialstaat mit zentraler Verwaltung zu bilden; die traditionalen Fürsten sollten entmachtet und die drei Bevölkerungsgruppen - Malaien, Chinesen (je etwa vierzig Prozent) und Inder (etwa zwanzig Prozent) - gleichberechtigt werden.

Die von den Fürsten initiierte nationale Bewegung leitete auf dem Wege eines Verhandlungskompromisses am 1. Juli 1948 in die Federation of Malaya, den Malaiischen Bund, über. Die Malaien erhielten innere Selbstverwaltung unter einem britischen Hochkommissar, das Bürgerrecht wurde jedoch nur an eine kleine Minderheit von Chinesen und Indern verliehen. Die Briten hatten keinesfalls Unabhängigkeit in Aussicht gestellt. Sie wurden im Juni 1948 in kostspielige und langwierige Auseinandersetzungen zur Verhinderung eines kommunistischen Regimes hineingezogen.

Die Niederlande und Indonesien

Die Niederlande begegneten dem indonesischen Nationalismus mit Unverständnis und Ignoranz. Weder erkannten sie die Atlantikcharta im eigenen Herrschafts-

100264

Der an den Arc de Triomphe erinnernde Torbau »Patuxai« in Vientiane wurde nach 1960 für die Gefallenen des Bürgerkriegs und gleichzeitig als Siegesmonument errichtet. Nach der Unabhängigkeit von Laos 1954 war ein Machtkampf zwischen prowestlichen und prokommunistischen Kräften ausgebrochen.

bereich an noch akzeptierten sie die Führer der nach dem militärischen Zusammenbruch Japans gebildeten Republik als Verhandlungspartner – und dies zu einem Zeitpunkt, da Kolonialfragen in der UNO eine internationale Bühne fanden. Die von Sukarno präsidierte Republik kontrollierte zunächst nur Java und Sumatra, ernannte aber dennoch Gouverneure für alle Provinzen. Ein Nationalkomitee mit 135 Mitgliedern ersetzte das Parlament. Die Briten vermittelten Verhandlungen zwischen den Niederlanden und Indonesien über eine eventuelle Rückkehr der Kolonialmacht. Sie sorgten für »Recht« und »Ordnung« und zogen ihre Kräfte zwischen Juli und November 1946 zurück.

Die im März 1946 zurückgekehrten niederländischen Truppen wurden im November in erste Kämpfe verwickelt, konnten jedoch weder das Innere Javas noch Sumatra unter ihre Kontrolle bringen. In Verbindung mit der UNO drängten die abziehenden Briten auf eine Einigung: In einem Abkommen vom 15. November 1946 war die Errichtung der »Vereinigten Staaten von Indonesien« in Union mit den Niederlanden vorgesehen. Einerseits begrenzten die Holländer die von ihnen anerkannte Republik auf Java und Sumatra, andererseits hofften sie, sich mit den Föderationsplänen auch weiterhin Einfluss auf den übrigen Inseln sichern zu können. Gewaltsame Konflikte entluden sich in der ersten niederländischen Polizeiaktion von Juli bis August 1947, nachdem bei den Wahlen 1946 im Mutterland die Angst vor ökonomischen Schwierigkeiten eine Rolle gespielt hatte und die katholische Rechte beträchtliche Zugewinne verzeichnen konnte. Die Niederländer besetzten die Mehrzahl der Städte Javas und einen großen Teil Sumatras, lösten mit dieser Aktion jedoch eine internationale antikoloniale Kampagne aus, die Rückhalt in der amerikanischen Presse, bei Kommunisten und progressiven Organisationen fand.

Nachdem Indien und Pakistan den Weltsicherheitsrat angerufen hatten, drängte ein UNO-Vermittlungsausschuss auf die Vereinbarung vom 17. Januar 1948; die Niederländer konnten sich weitgehend durchsetzen, doch war die Existenz der neuen Republik gerettet. In einer Phase faktischen Waffenstillstandes von Januar bis Dezember 1948 kontrollierten die Niederländer die

Zinngrube (Tagebau) bei Ipoh im Kintatal, Malaysia

101191

wichtigen Reisanbaugebiete in Westjava sowie die Plantagen und Ölvorkommen Sumatras. Das Scheitern ihrer Föderationspläne am Widerstand der Republik beantworteten sie nach einem Wahlsieg der Rechten mit einer zweiten Polizeiaktion im Dezember 1948. Indien, Ceylon und Pakistan appellierten daraufhin an die UNO.

Unter dem Druck der öffentlichen Meinung ging die amerikanische Regierung von einer proniederländischen zu einer proindonesischen Haltung über. Während die Arabische Liga die Einheit der Muslime zur Unterstützung Indonesiens beschwor, organisierte Jawaharlal Nehru mit der gleichen Zielsetzung im Januar 1949 eine afroasiatische Konferenz in Neu-Delhi. Die Indonesienfrage trug damit zur Formierung einer afroasiatischen Gruppe innerhalb der UNO und zur Dritte-Welt-Bewegung bei. Da die Sowjetunion Sukarno offiziell unterstützte, sah man im Westen die Gefahr einer antiwestlichen Koalition.

Ein Indonesienausschuss der UNO und die Drohung der USA, die Marshallplanhilfe zu kündigen, zwangen die Niederlande, am 27. Dezember 1949 in die Unabhängigkeit der »Vereinigten Staaten von Indonesien« einzuwilligen. Sukarno wurde umgehend zum Präsidenten

Agrarlandschaft bei Lembang, nördlich von Bandung auf Java, in etwa 1 200 m Höhe; die ostindischen Kolonien lieferten vor der Unabhängigkeit Indonesiens wertvolle Rohstoffe in die Niederlande.

101191

100880

Ho Chi Minh, Gründer der Vietminh, war 1946, als diese Porträtaufnahme entstand, seit einigen Monaten Präsident und Ministerpräsident der von ihm gegründeten »Demokratischen Republik Vietnam« und – ab 1946 – auch Führer der kommunistischen Arbeiterpartei Lao Dong.

gewählt. Obwohl die Perspektive einer niederländisch-indonesischen Union entwickelt und das föderale Element angesprochen wurde, verwandelte sich der Bundesstaat schon am 17. August 1950 in eine unitarische Republik.

Im Ergebnis offenbarten die niederländischen Pläne einer Union mit Indonesien den gleichen mangelnden Realitätssinn wie die französische Politik der Union Française. Im Unterschied zum britischen Pragmatismus, der in einem bilateralen Prozess Indiens Weg in die Unabhängigkeit ermöglichte, gleichzeitig jedoch britische Interessen in Asien offen hielt und das Commonwealth verteidigte, zwang die Internationalisierung der Indonesienfrage den niederländischen Dogmatismus zum Rückzug aus Asien. *Dieter Brötel*

Schauplatz Indochina: Das Scheitern der französischen Kolonialpolitik

Die Augustrevolution und die unmittelbar folgende Gründung der Demokratischen Republik Vietnam (DRV) am 2. September 1945 durch Ho Chi Minh basierten auf Empfehlungen des siebten Kominternkongresses und der Verständigung zwischen der Kommunistischen Partei Chinas und der Kuo-min-tang zum gemeinsamen Kampf gegen Japan: In der Folgezeit praktizierten sowohl die Demokratische Front Indochinas (1936–39) als auch die von Ho Chi Minh gegründete Vietminh-Bewegung eine Politik der Einheitsfront unter Führung der Kommunistischen Partei Indochinas, die in den 1930er-Jahren unangefochten an die Spitze des vietnamesischen Nationalismus getreten war.

Der Vietminh und die vietnamesische Revolution

Der 1941 in Pac Bo in der nordvietnamesischen Provinz Cao Bang gegründete kommunistisch dominierte Vietminh, eine heterogene Koalition von Nationalisten aus unterschiedlichen sozialen Schichten, strebte zunächst eine bürgerlich-demokratische Revolution an, das heißt, die in der Vorläuferbewegung von 1930 bis 1938 favorisierte Agrarrevolution wurde zugunsten des nationalen Befreiungskampfes zurückgestellt; ein integrativer Nationalismus erhielt Vorrang vor einer sozialökonomischen Revolution. Französische Kolonialisten und japanische Faschisten wurden gleichermaßen als Feinde deklariert, der Krieg als »strategisch günstige Gelegenheit« für eine politisch-militärische Befreiung begriffen. Japans Kapitulation, das durch die verzögerte Ankunft der Alliierten entstandene Machtvakuum und die ideologische Zersplitterung der bürgerlichen Nationalisten ermöglichten die Erfolge des Vietminh auf der Basis einer überlegenen ideologischen und organisatorischen Stärke.

Im Ergebnis lässt sich die vietnamesische Revolution als Mischung von zwei Modellen kennzeichnen. Im Süden orientierte sich das »Südliche Komitee« an der russischen Oktoberrevolution: Die stadtzentrierten Aktionen wurden von gut organisierten Zellen und Kadern der Partei getragen. Im Norden Vietnams folgte der mit der

100880

Ho Chi Minh (Bildmitte), der Führer des Widerstandes gegen die französische Kolonialherrschaft in Vietnam, bei seinem Besuch in Paris im Juli 1946 zu den Verhandlungen um die Unabhängigkeit Vietnams

Gründung einer revolutionären Volksarmee auf dem Lande beginnende Volkskrieg dem Vorbild der chinesischen Revolution. Unter dem Einfluss von Ho Chi Minh übernahmen die kommunistischen Führer zwar Maos Strategie, dennoch spielten Parteiführung und Befreiungsarmee im August 1945 nur eine bescheidene Rolle; es dominierten spontan operierende, mittlere und untere Kader der Partei in Hanoi. Im lokalen Bereich bildeten sich Tausende von revolutionären Komitees. Woodrow Wilsons 14-Punkte-Programm, die Atlantikcharta und das Philippinenmodell mit dem Zeitplan für eine Selbstverwaltung (self-rule) markierten zentrale Orientierungspunkte für den begrenzten außenpolitischen Handlungsspielraum der Demokratischen Republik Vietnam.

Der internationale Hintergrund

Die durch imperiale Interessen diktierte britische Nachkriegsplanung forderte, den französischen Kolonialbesitz wieder herzustellen, um im Nachkriegseuropa ein handlungsfähiges, starkes Frankreich zu ermöglichen.

100770

Die Bucht von Halong in der nordvietnamesischen Landschaft Tongking. 1887 wurde Tongking mit anderen Gebieten von den Franzosen zur Indochinesischen Union zusammengeschlossen.

Während Franklin D. Roosevelt unmittelbar vor seinem Tod auf der Basis der Kompromissformel von San Francisco zustimmte, dass nach Rückkehr der Franzosen nach Indochina die Gebiete »freiwillig unter Treuhandschaft« zu stellen seien, sofern das Fernziel die »Unabhängigkeit« sei, begnügte sich die De-facto-Billigung der Truman-Administration mit der Verpflichtung zur »Selbstregierung« (self-government). Durchgängig zeigt sich bei der amerikanischen Entkolonialisierungsplanung das Prinzip des open-door verankert, mit dem Länder durch ausländische Wirtschaftsaktivität erschlossen werden sollten.

Obwohl Frankreich im Verlauf und als Folge des Zweiten Weltkriegs vom Status einer Großmacht auf den einer Mittelmacht herabsank, die zudem von den USA abhängig war, schuf dennoch ein nationaler Konsens 1945 mit der souveränen Kontrolle über das Kolonialreich Empire die erhoffte Renaissance als Großmacht. Der Kolonialmythos hatte die Kriegswirren überlebt. Das gesamte politische Spektrum einschließlich der Kommunistischen Partei mit Ausnahme von trotzkistischen Gruppen stimmte in der Ablehnung separatistischer Optionen überein, sodass das Mutterland auf die Unabhängigkeitserklärung und die Gründung der Demokratischen Republik Vietnam mit Unverständnis reagierte.

Auf die Herausforderungen des internationalen Systems und die Befreiungsbewegungen antwortete das Comité Français de Libération Nationale de Gaulles mit einer defensiven Kolonialdoktrin. Im Gegensatz zum »liberalen Geist« in der Vorbereitungsphase der Konferenz von Brazzaville (1944), zu deren Leitideen unter anderem die Möglichkeit der Autonomie zählte, obsiegte im Ergebnis die jakobinisch-unitarische Politik der Assimilation; jede Entwicklung in Richtung self-government wurde ausgeschlossen. Im Kontext des Monnet-Plans, der eine Modernisierung der Kolonialwirtschaft anvisierte, sollte in Indochina ein Industrialisierungsvorhaben den Souveränitätsanspruch Frankreichs flankierend unterstützen.

Integration der Indochinesischen Föderation in die Französische Union

Die französische Provisorische Regierung unter Charles de Gaulle ignorierte die zentralen Forderungen der Augustrevolution nach nationaler Einheit und Unabhängigkeit Vietnams. Sie modifizierte behutsam den Kolonialstatus, indem die fünf »Staaten« Laos, Kambodscha,

Denkmal von Ho Chi Minh im ehemaligen Saigon, dahinter das im französischen Kolonialstil erbaute Rathaus

100264

Cochinchina (Südvietnam), Annam (Zentralvietnam) und Tongking (Nordvietnam) zu einer Indochinesischen Föderation unter Leitung des Hochkommissars Thierry d'Argenlieu mit weitgehender politischer und Verwaltungsautonomie im Innern zusammengefasst und in die Union Française integriert werden sollten. Nach de Gaulles Rückzug aus der Regierungsverantwortung im Januar 1946 erkannte Paris in einer vorsichtigen Kurskorrektur die Republik Vietnam als »freien Staat« an, ohne allerdings Unabhängigkeit und territoriale Einheit zuzugestehen. Frankreich erkaufte sich Chinas Zustimmung zur Rückkehr seiner Truppen nach Tongking, indem es auf seine im Verlauf der imperialistischen Durchdringung Chinas erworbenen Besitzstände verzichtete und dem Land gleichzeitig wirtschaftliche Privilegien anbot.

Die Republik Cochinchina und das Bao-Dai-Regime

100562

Vo Nguyen Giap war später im Vietnamkrieg Oberkommandierender der nordvietnamesischen Streitkräfte und hatte maßgeblichen Anteil an der Entwicklung der Strategie des modernern Guerillakampfs.

De facto teilte die französische Politik Vietnam in drei Territorien, wobei der Cochinchina-Separatismus als Garant der französischen Präsenz von allen politischen Kräften Frankreichs, vor Ort wie zu Hause, getragen wurde. In Cochinchina versuchte d'Argenlieu eine kollaborationswillige Notabelndemokratie zu errichten, um von dieser Basis aus den Norden ganz in Besitz nehmen zu können. Am 1. Juni 1946 proklamierte er in Saigon eine autonome Republik Cochinchina.

Da d'Argenlieus Bestrebungen scheiterten und die Regierung Ho Chi Minhs in Hanoi immer wieder die Einheit des Landes forderte, reifte in einer »strategischen Gruppe« in Saigon der Plan, durch einen Staatsstreich entweder die radikalen Kräfte um den Guerillaführer Vo Nguyen Giap zu neutralisieren oder gegebenenfalls die gesamte Regierung Ho Chi Minhs zu entmachten. Der Beginn der Kampfhandlungen des Indochinakriegs im November/Dezember 1946 schuf vollendete Tatsachen mit dem Ziel, eventuelle Konzessionen in Richtung Unabhängigkeit durch innenpolitische Veränderungen – Léon Blum führte ein sozialistisches Minderheitskabinett – zu torpedieren.

Nach Ausbruch des Kalten Kriegs installierte Paris 1949/50 unter dem maßgeblichen Einfluss des kolonialkonservativen Mouvement Républicain Populaire ein

100563

Der Führer der Vietminh, General Vo Nguyen Giap (dritter von links), während einer Lagebesprechung mit seinem Generalstab (Foto von 1953)

Regime unter dem 1945 von den Vietminh als Kaiser abgesetzten Bao Dai; unter Einschluss Cochinchinas verblieb diese vietnamesische Zentralregierung in der Französischen Union, auch wenn dem assoziierten Staat »Unabhängigkeit« zugesprochen wurde. Gestützt auf eine kleine Notabelnschicht sollte dieses Palastregime die Fortdauer der politisch-ökonomischen Kontrolle Frankreichs im Gehäuse eines »informellen Empire« sichern.

Die militärischen Rückschläge durch den Vietminh lösten jedoch in Indochina 1950/51 einen von der Indochinabank geleiteten Kapitalabfluss ein, der sich primär nach Schwarzafrika orientierte. Noch bis zum Frühjahr 1947 hatten französische Kolonialgesellschaften gehofft, im Zuge einer »kolonialen Rückeroberung« die wirtschaftlichen Zentren Vietnams wieder kontrollieren zu können; außerdem waren neue Gesellschaften gegründet worden.

Im Mutterland plädierten »Modernisten«, die in der Finanzoligarchie, der Finanzverwaltung und Politik Schlüsselpositionen besetzten und zu denen auch Pierre

100562

Französische Fallschirmjägereinheiten unternehmen am 17. 7. 1953 einen groß angelegten Überraschungsangriff auf die zentralen Versorgungslager der Vietminh in Langson.

Mendès-France zählte, für eine Lockerung der politischen Bindungen zugunsten der Verfestigung von monetären und finanziellen Klammern. Diese Gruppe begriff Macht nicht in Kriterien von Empire und Prestige, sondern in einer nüchternen ökonomischen Bilanz. Unter Rückgriff auf liberale Vorstellungen der 1930er-Jahre sollte die französische Wirtschaft auf die internationale Konkurrenz ausgerichtet werden. Mit ihren archaischen Strukturen verteidigte die Baumwollindustrie den kolonialen und einheimisch-indochinesischen Markt.

Amerikanische Interessen unter dem Einfluss des Kalten Kriegs

Für die Formulierung der amerikanischen Politik war der kommunistische Charakter der nationalen Befreiungsbewegung entscheidend. Im Zusammenhang mit der Politik der Eindämmung (containment) gebot der wirtschaftliche Wiederaufbau Europas aus Sicht der USA die politisch-ökonomische Stabilisierung der Region Südostasien als zentraler Rohstofflieferant. Die amerikanische Politik zielte nach 1947 in Südostasien darauf ab, politisch stabile, gemäßigte, prowestlich orientierte Regime zu installieren oder zu unterstützen. Revolutionäre Bewegungen, die 1948 in Indonesien und Birma sowie 1948/49 in Malaya und auf den Philippinen hervorgetreten waren, wurden als eine von Moskau und Peking gesteuerte Bedrohung Südostasiens bewertet.

Die zunehmende Verwicklung der USA in Indochina von der Truman- bis zur Kennedy-Administration verfolgte als oberstes strategisches Ziel die Verhinderung einer kommunistischen Machtübernahme, zumal nach dem Sieg der Kommunisten in China und dem Ausbruch des Koreakriegs die Region von einem vermeintlich einheitlichen sowjetisch-chinesischen Block bedroht schien.

Nachdem die Vietminh-Verbände den französischen Kolonialstreitkräften im Frühjahr 1954 bei Dien Bien Phu eine schwere Niederlage beigebracht hatten, erklärte sich Paris auf der Genfer Indochinakonferenz, die vom 26. April bis zum 21. Juli 1954 tagte, zum Rückzug bereit.

Die französische (links) und die Vietminh-Delegation (rechts) am Verhandlungstisch in Trung Gia während der am 4. 7. 1954 begonnenen Waffenstillstandsverhandlungen

100562

In Genf wurde, auch mit chinesischer Hilfe, eine Teilung Vietnams herbeigeführt. Die Eisenhower-Dulles-Administration installierte in der südlichen Zone mit der Herrschaft des Ministerpräsidenten Ngo Dinh Diem, die sich auf die Minderheit der Katholiken sowie auf Polizei, Großgrundbesitzer und städtische Kaufleute stützte, ein Kollaborationsregime. *Dieter Brötel*

Blutiger Bruderzwist: Der indische Subkontinent vor der Spaltung

Die Forderungen nach einer Teilung Britisch-Indiens und der Errichtung eines eigenen Staats für die indischen Muslime waren bereits 1930 artikuliert worden. Der Dichter Muhammad Iqbal hielt damals als Präsident der Muslimliga eine Rede, in der er die Gründung eines autonomen Muslimstaats im Nordwesten Indiens vorschlug. Iqbals Ahnen stammten aus Kaschmir, er selbst war im Pandschab aufgewachsen, und diese Herkunft prägte auch seine Sicht der Interessen der indischen Muslime. Um die Muslime in den anderen Teilen Indiens kümmerte er sich nicht.

Auch Rahmat Ali, der ebenfalls aus dem Pandschab stammte und 1933 in Cambridge eine ähnliche Forderung publizierte, war an den Muslimen anderer Provinzen Britisch-Indiens zunächst nicht interessiert. Er schuf das Akronym »Pakistan«, zusammengesetzt aus den Anfangsbuchstaben der Provinzen Pandschab (Punjab), Afghanistan (nur das Pathanengebiet der damaligen North West Frontier Province), Kaschmir und Sind und dem Ende des Namens von Belutschistan. Erst als er darauf aufmerksam gemacht wurde, dass er die Bengalen ganz vergessen habe, erfand er zusätzlich den Namen »Bangistan«.

Mohammed Ali Jinnah, der spätere Staatsgründer Pakistans, war in den 1930er-Jahren noch gegen diese Pläne und Wortspiele, die er für unverantwortlich hielt. Er, der selbst aus Gujarat stammte und seine Anwaltspraxis in Bombay hatte, vertrat die Muslimdiaspora und kümmerte sich wenig um die Muslim-Mehrheitsprovinzen Pandschab und Bengalen, die von regionalen Parteien regiert wurden. Im Pandschab gab es damals noch die von

Hindu- und Muslimgrundbesitzern gemeinsam getragene Unionist Party, die der Muslimliga dort keine Möglichkeit zur politischen Aktivität bot. Außerdem konnte Jinnah sich ausrechnen, dass die Muslimdiaspora, die rund ein Drittel der muslimischen Minderheit Britisch-Indiens ausmachte, von den Plänen Iqbals und Rahmat Alis keine Vorteile, wohl aber beträchtliche Nachteile haben würde.

Doch in den Jahren 1931 bis 1934 sah es so aus, als ob Jinnah überhaupt aus dem politischen Leben Indiens ausscheiden und die Führung der indischen Muslime anderen Politikern überlassen wollte. Er kehrte nach den Konferenzen am Runden Tisch nicht nach Indien zurück, sondern eröffnete in London eine Anwaltspraxis und bewarb sich sogar bei der Konservativen Partei um eine Kandidatur für das britische Parlament. Damit hatte er keinen Erfolg, und Churchill empfahl ihm, wieder in das politische Leben Indiens einzusteigen, wo gemäß der Verfassungsreform von 1935 (Government of India Act) Provinziallandtage gewählt werden mussten.

Jinnah glaubte, bei diesen Wahlen leichtes Spiel zu haben, wenn er das Wahlprogramm des Indischen Nationalkongresses (INC) kopierte und darauf vertraute, dass die Muslime in ihren separaten Wählerschaften für die Muslimliga stimmen würden. Wäre diese Rechnung aufgegangen, hätte er einen idealen Koalitionspartner für den INC abgegeben. Zu seinem Pech stimmten viele Muslime aber für muslimische Kongresskandidaten und der INC hatte in den Hindu-Mehrheitsprovinzen auf diese Weise so gute Wahlergebnisse, dass er keinen Koalitionspartner brauchte.

Von seiner Muslimdiaspora enttäuscht, wandte Jinnah sich nun den Mehrheitsprovinzen zu. Da diese von ihren eigenen Politikern beherrscht wurden, konnte er nur dann eine Führungsrolle spielen, wenn er sich Rahmat Alis Pläne zu Eigen machte. In der Sitzung der Muslimliga in Lahore im Frühjahr 1940 ließ er daher die »Pakistan-Resolution« verabschieden. Der Name Pakistan kam in der Resolution zwar nicht vor, aber die Errichtung autonomer Muslimstaaten im Westen und Osten Indiens wurde deutlich gefordert. Zur Unterstützung dieser Forderung verkündete Jinnah seine »Zweinationentheorie«, der zufolge Hindus und Muslime zwei Na-

160

Mohammed Ali Jinnah machte sich 1940 die Forderung der Muslimliga nach autonomen Muslimstaaten zu Eigen und formulierte die so genannte Pakistan-Resolution. Er wurde von Churchill als Gegengewicht gegen Gandhi und Nehru gefördert.

INFOBOX

Verlasst Indien!

Am 8. 8. 1942 erhob der Arbeitsausschuss des Indischen Nationalkongresses (INC) Gandhis an die Briten gerichtete Forderung »Quit India« (Verlasst Indien) zur offiziellen Parteirichtlinie. Nach der Verhaftung Gandhis, Nehrus und aller anderen Ausschussmitglieder am 9. 8. kam es zu Massenaufständen (»Augustrevolution«), die von den Briten niedergeschlagen wurden. Die Quit-India-Resolution lautete: »Die Beendigung der britischen Herrschaft in diesem Land ist eine lebenswichtige und unmittelbar zu treffende Entscheidung, von der die Zukunft des Krieges und der Erfolg von Freiheit und Demokratie abhängen ... Das Komitee beschließt daher, zur Erlangung von Indiens unveräußerlichem Recht auf Freiheit und Unabhängigkeit, den Beginn eines Massenkampfes mit gewaltlosen Mitteln in weitestmöglichem Ausmaß zu genehmigen ... Ein solcher Kampf muss unvermeidlicherweise unter der Leitung Gandhis stehen ...«

tionen seien – und zwar nach jeder Definition des Begriffs Nation, wie er betonte, um sich nicht mit weiteren Einzelheiten beschäftigen zu müssen.

Im Zweiten Weltkrieg änderten sich die politischen Bedingungen für Indien grundlegend. Der INC gab die Provinzialregierungen zu Kriegsbeginn wieder auf und versagte den Briten die Unterstützung im Krieg. Diese weigerten sich nämlich, ihre Kriegsziele zu definieren und stellten schließlich sogar ausdrücklich fest, dass die Atlantikcharta, die allen Völkern die Freiheit versprach, für Indien nicht gelten sollte. Zugleich wurde aber durch den Krieg eine wichtige Vorbedingung für die Entlassung Indiens in die Unabhängigkeit geschaffen: Indien wurde vom Schuldner zum Gläubiger Großbritanniens. Das Argument, dass die Kolonialherrschaft erhalten bleiben müsse, um Indien als Schuldner im Griff zu behalten, galt nun nicht mehr. Indiens Industrieproduktion wurde für den Kriegsbedarf abgeschöpft, der Gegenwert Indien bei der Bank von England gutgeschrieben. Hätte Indien dieses Guthaben sofort nach Kriegsende beansprucht, wäre Großbritannien bankrott gewesen; deshalb musste Indien noch kurz vor Gewährung der Unabhängigkeit ein Moratorium unterzeichnen. Unter diesen Umständen waren beide Seiten an einer einvernehmlichen Machtübertragung interessiert.

Während die Kongressführer die Zeit nach 1942 im Gefängnis verbrachten, weil ihnen die »Quit-India«-Resolution, in der Großbritannien zum sofortigen Verlassen Indiens aufgefordert wurde, und die »Augustrevolution« zur Last gelegt wurden, war Jinnah von den Briten geradezu hofiert worden. Sie wollten die Teilung Indiens nicht, aber indem sie Jinnahs Position stärkten, trugen sie dazu bei, dass dessen Forderungen immer kompromissloser vorgetragen wurden. Churchill unterstützte Jinnah nach wie vor, weil er in ihm und seiner Muslimliga ein Gegengewicht zum Nationalkongress sah. Churchills Wahlniederlage im Sommer 1945 war daher ein schwerer Schlag für Jinnah.

Doch die neue Regierung der Labour Party, die ihren Sieg nicht erwartet hatte, zeigte sich in Bezug auf Indien

Heilige Kühe auf einer belebten Straße in Amritsar im indischen Bundesstaat Punjab, wo vor allem Sikhs leben. Der größere Teil des Punjab, des Fünfstromlandes, fiel bei der Teilung Indiens an Pakistan.

100562

völlig ratlos. Sie hätte die Chance gehabt, in einer deutlichen Regierungserklärung einen Stufenplan für die Entlassung Indiens in die Unabhängigkeit vorzulegen, tat aber nichts dergleichen. Statt dessen wurden zunächst einmal Neuwahlen zu den Provinziallandtagen abgehalten. Nun sind Wahlen, bei denen der Wähler völlig im Unklaren darüber bleibt, was eigentlich zur Entscheidung ansteht, ein sehr gefährliches Unternehmen. In Ermangelung einer Regierungserklärung konnte Jinnah im Wahlkampf allerlei Behauptungen aufstellen, die den Muslimen den Eindruck vermittelten, Pakistan werde überall dort sein, wo Muslime lebten.

Vizekönig Lord Wavell, der diese Wahlen organisieren musste und außerdem das Problem zu lösen hatte, wie er die rund zwei Millionen Mann starke britisch-indische Armee, die an allen Fronten für die Briten gekämpft hatte, ohne Unterstützung durch eine nationale Regierung demobilisieren sollte, wandte sich verzweifelt an den Indienminister in London um Hilfe. Wenn man schon keine Regierungserklärung abgeben wolle, so solle man doch wenigstens den alten parlamentarischen Trick anwenden und einen Abgeordneten im Parlament spezi-

Jawaharlal Nehru und Mahatma Gandhi während der Eröffnungssitzung des indischen Kongresskomitees in Bombay (Mumbai) am 6. 7. 1946

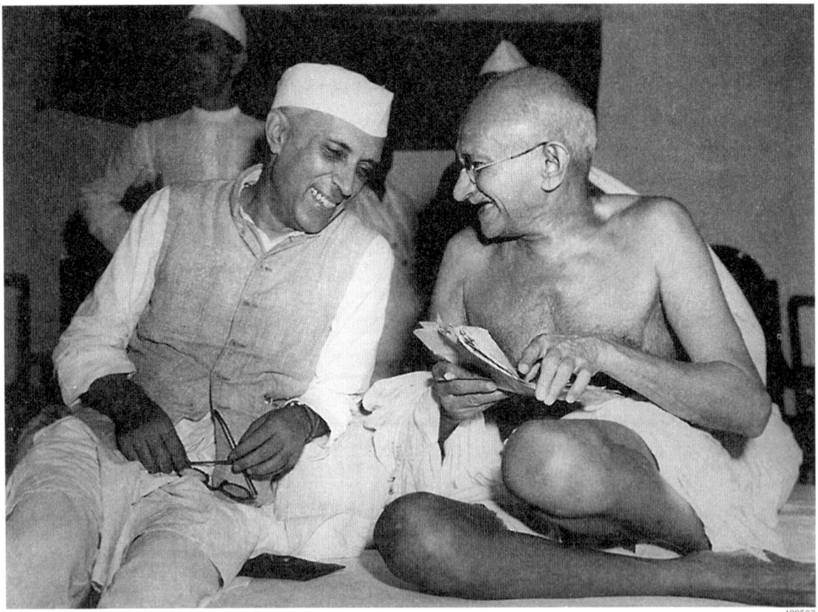

100563

100563

Der neue Vizekönig Lord Louis Mountbatten im Gespräch mit Mahatma Gandhi am Tag seiner Ankunft in Neu-Delhi (31. 3. 1947)

fische Fragen stellen lassen, die dann der Indienminister verbindlich beantworten könne. Dieser aber antwortete, er wolle das lieber nicht tun, weil dann im Parlament auch noch viele andere Fragen gestellt würden, die er nicht beantworten könne. Die Hilflosigkeit der Labourregierung zeigte sich hier sehr deutlich.

Der Wahlsieg der Muslimliga 1946

Das Wahlresultat fiel eindeutig zugunsten Jinnahs aus. Was er 1937 erhofft hatte, um sich dann dem INC als Koalitionspartner anzubieten, trat nun ein: Die Muslime in ihren separaten Wählerschaften gaben mit großer Mehrheit den Kandidaten der Muslimliga ihre Stimmen. Doch diesmal war Jinnah nicht an einer Koalition mit dem INC interessiert, sondern deutete seinen Wahlerfolg als ein Votum für Pakistan. Er hütete sich aber weiterhin, die Grenzen Pakistans zu definieren oder gar eine Volksabstimmung zu verlangen. Er setzte darauf, dass ihm Pakistan im Rahmen eines Verwaltungsakts der scheidenden Briten zugestanden würde. Ferner wusste er, dass der INC und die britische Regierung an einer einvernehmlichen Machtübergabe interessiert waren, und machte in den Verhandlungen geschickt von seinem Vetorecht Gebrauch.

Nachdem der verzweifelte Vizekönig einen Rückzugsplan der britischen Truppen aus Indien nach London gesandt hatte, wachte dort die Regierung endlich auf, gab aber immer noch keine Regierungserklärung ab, sondern

Die Teilung Indiens 1947 setzte riesige Flüchtlingsströme in Bewegung. Während der Umsiedlung und bei Grenzstreitigkeiten kamen über eine Million Menschen ums Leben.

entsandte im März 1946 drei Kabinettsminister nach Indien, die mit dem INC und der Muslimliga über Verfassungskonstruktionen verhandeln sollten, wobei sie eine Teilung auf Provinzebene und den Erhalt der Einheit auf der Bundesebene anstrebten. Das ganze Unternehmen war nutzlos, denn ohne Regierungserklärung verfügten die Minister über keine Sanktionen, mit denen sie ihre Vorschläge hätten durchsetzen können.

Die Minister kamen und gingen, und der Vizekönig hatte immer noch keine nationale Regierung, mit der er die dringend anstehenden Aufgaben bewältigen konnte. Schließlich ernannte er im August 1946 Jawaharlal Nehru zum Interims-Premierminister und beauftragte ihn mit der Bildung einer Regierung. Jinnah protestierte und kündigte einen »Tag der direkten Aktion« für den

16. August an. Jinnah war nie auf irgendwelche Barrikaden gegangen, und so verstrich dieser Tag fast überall in Indien ohne Aktionen.

Nur in Kalkutta nutzte der bengalische Ministerpräsident Shahid Suhrawardy, ein Muslim, diesen Tag, um einen Massenmord anzustiften. Er ließ den Tag zum Feiertag erklären, holte Muslime von außerhalb der Stadt nach Kalkutta und hetzte sie auf die vielen Hindu-Arbeiter aus Bihar, die in den Slums lebten und prompt in ihre Heimat flüchteten. Suhrawardy hoffte auf diese Weise das demographische Gleichgewicht Kalkuttas zugunsten der Muslime zu verschieben, damit die Stadt Pakistan zugeschlagen und damit vermutlich Hauptstadt des neuen Staates werden würde. Das gelang nicht, aber viele Menschen kamen ums Leben und sowohl in Bengalen als auch in Bihar wurde Zwietracht zwischen Hindus und Muslimen gesät.

Da der »Tag der direkten Aktion« Nehrus Regierung nicht zu Fall gebracht hatte, konnte Jinnah nicht umhin, nun doch noch mit der Muslimliga der Regierung beizutreten. Er selbst wollte nicht die zweite Geige in Nehrus Regierung spielen und entsandte nur einige seiner Mitarbeiter in das Kabinett. Dort musste zumindest ein »klassisches« Ministerium freigemacht werden, und so erhielt Liakat Ali Khan, später Premierminister Pakistans, das Finanzministerium. Die Kongressminister mussten bald feststellen, dass sie keinen Pfennig ohne die Erlaubnis des Finanzministers ausgeben konnten. Jinnah konnte also seine bewährte Vetopolitik nun mit diesem Mittel fortsetzen. Schließlich beantragte Nehru die Entlassung der Minister der Muslimliga. Nun war Lord Wavell, den die Regierung in London stets im Stich gelassen hatte, am Ende und musste abgelöst werden.

Dietmar Rothermund

Deckname »Plan Balkan«: Die Teilung Indiens

Premierminister Clement Attlee, Nachfolger Churchills, ernannte nun Lord Louis Mountbatten zum Vizekönig und stattete ihn mit Vollmachten aus, die kein Vizekönig vor ihm gehabt hatte. Mountbatten forderte Attlee auch eine verbindliche Regierungserklärung ab, ohne die er nicht bereit war, nach Indien zu gehen. Als Cousin des Königs und gerade ruhmreich aus dem Krieg zurückgekehrter Oberkommandierender der alliierten Streitkräfte im Pazifik konnte Mountbatten fordern, was er wollte. Er hätte es eigentlich vorgezogen, seine Karriere in der Kriegsmarine fortzusetzen, denn es war sein Lebensziel, Erster Seelord zu werden.

Sein Vater, Prinz Ludwig Alexander von Battenberg, hatte diesen Posten zu Beginn des Ersten Weltkriegs innegehabt, musste ihn aber wegen seiner deutschen Herkunft aufgeben; für seinen Sohn war es eine Frage der Familienehre gewesen, nun seinerseits diesen Posten zu erreichen. Die Entsendung als (letzter) Vizekönig nach Indien war jedoch keine Stufe auf der Karriereleiter, sondern eher ein Abstieg. Kritiker haben denn auch behauptet, Mountbatten habe die Teilung übers Knie gebrochen, um schnell zur Marine zurückkehren zu können. Doch damit taten sie ihm wohl Unrecht. Freilich hat er selbst einmal gesagt, dass er ein langsameres Tempo gewählt hätte, wenn er gewusst hätte, dass Jinnah im September 1948 sterben würde. Mountbatten hasste Jinnah und sah in ihm seinen ärgsten Widersacher, während ihn mit Nehru bald eine herzliche Freundschaft verband. Aber als er im März 1947 sein Amt in Indien antrat, hatte Mountbatten offenbar das Gefühl, dass nur die Flucht nach vorn den Briten eine geordnete Machtübergabe er-

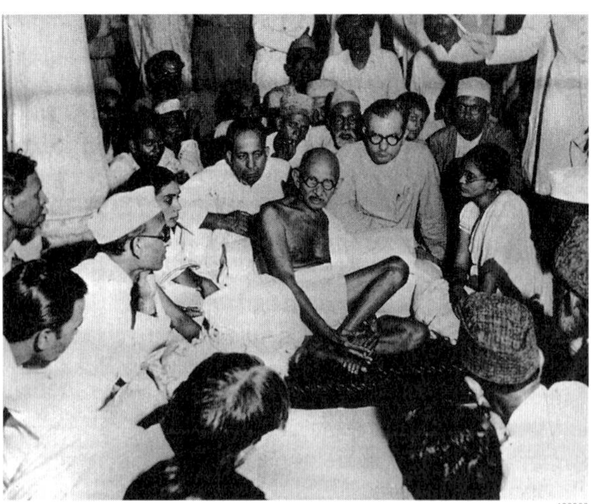

Nachdem es Mahatma Gandhi unmittelbar nach der Teilung von Britisch-Indien am 15. 8. 1947 gelungen war, in Kalkutta Gewalttätigkeiten von Hindus gegen Muslime zu verhindern, sammelte er auch in Delhi Muslime um sich, um Hindus und Sikhs von Gewaltanwendungen abzuhalten.

100562

100264

Fast 97 Prozent der Bevölkerung Pakistans sind Muslime. Das Bild zeigt Muslime beim Freitagsgebet in Lahore.

möglichen konnte und dabei eine rasche Teilung Indiens unvermeidlich war.

Ursprünglich sah die Regierungserklärung eine Entlassung Indiens in die Unabhängigkeit zum August 1948 vor, doch auf Mountbattens Vorschlag wurde der Termin um ein Jahr vorverlegt. Er konnte dann ein unerbittliches Tempo vorlegen, das es seinen Verhandlungspartnern gar nicht mehr erlaubte, Atem zu holen und irgendwelchen Protest zu artikulieren. Er gewann dabei sogar die Unterstützung Gandhis, der die Teilung eine »Vivisektion« Indiens nannte und sich ihr widersetzte. Mountbatten sagte zu Gandhi, er habe alles getan, um seine Forderung nach einer baldigen Unabhängigkeit zu erfüllen, leider sei dies aber nur um den Preis der Teilung möglich.

Überfüllter Zug mit Muslimen in Bangladesh. Bei der Teilung Indiens kam der östliche Teil Bengalens an Pakistan und bildete bis zur Unabhängigkeit 1971 dessen östliche Staatshälfte.

100562

ZITAT

Am 15. 8. 1947, dem Tag der Unabhängigkeitserklärung Indiens, hielt sich Gandhi in Kalkutta auf, um drohende Gewaltausbrüche im Keim zu ersticken. Dies gelang ihm, während es gleichzeitig im Pandschab zu blutigen Ausschreitungen kam. Lord Mountbatten schrieb voller Respekt an Gandhi: *Im Pandschab haben wir 55 000 Soldaten und große Unruhen. In Bengalen haben wir nur einen Mann und keine Unruhen. Als Offizier und Verwaltungsmann erlaube ich mir, unserer Ein-Mann-Grenztruppe meine Hochachtung auszusprechen.*

Der Teilungsplan hatte intern den Codenamen »Plan Balkan« und war von den Fachleuten der britischen Regierung konsequent weiterentwickelt worden, was Mountbatten gar nicht bemerkte, weil er von Verfassungsfragen nichts verstand. Er war deshalb überrrascht, dass Nehru sehr heftig reagierte, als er ihm diesen Plan zeigte – obwohl er das gar nicht hätte tun sollen. Die Herren in London hatten es für eine elegante Lösung gehalten, nicht Britisch-Indien insgesamt oder irgendwelchen neu zu gründenden Teilstaaten die Unabhängigkeit zu gewähren, sondern den bestehenden Provinzen Britisch-Indiens, die dann ihrerseits sehen mochten, zu welchen Bundesstaaten sie sich nach ihrem Ermessen zusammenschließen wollten. Das hätte unter Umständen eine totale Balkanisierung bedeutet. Nehru überzeugte Mountbatten davon, dass es so nicht ging. Damit mussten aber die scheidenden Briten nun doch die Verantwortung für die Vivisektion übernehmen und einen entsprechenden Plan vorlegen.

Jinnah hatte gehofft, die gesamten Provinzen Bengalen und Pandschab für Pakistan beanspruchen zu können. Sie enthielten aber viele Distrikte, und zwar in Westbengalen und im östlichen Pandschab, in denen die Hindus in der Mehrheit waren. Mountbatten konnte Jinnah dessen »Zweinationentheorie« vorhalten und auf einer Teilung nach Distrikten bestehen. Jinnah nannte dies selbst ein »mottenzerfressenes Pakistan«, erklärte sich aber schließlich bereit, die Teilung von einem von ihm zu benennenden britischen Richter in diesem Sinne vornehmen zu lassen. Mountbatten hielt das Ergebnis des richterlichen Schiedsspruchs bis zum Unabhängigkeitstag unter Verschluss. Er hoffte wohl, dass die Vivisektion unter Narkose schmerzlos verlaufen und der Patient sich nach dem Erwachen an seinen neuen Zustand gewöhnen würde. Doch darin täuschte sich Mountbatten. Der blutige Bruderzwist, der der Teilung folgte, wurde durch diese Taktik umso heftiger.

Die Folgen der Teilung
Mahatma Gandhi hatte das drohende Unheil geahnt. Er war den Feierlichkeiten in Delhi ferngeblieben und nach Kalkutta geeilt, wo ihn Shahid Suhrawardy willkommen hieß. Dieser war schon nicht mehr Ministerpräsident Bengalens und fürchtete wohl, dass die Hindus in dem bei Indien verbliebenen Kalkutta bittere Rache für das Blutbad nehmen würden, das er ein Jahr zuvor dort angezettelt hatte. Gandhi zwang Suhrawardy dazu, gemeinsam mit ihm durch die Straßen zu ziehen und in einem Quartier inmitten der Elendsviertel gemeinsam mit ihm zu wohnen. Dort wurden sie auch bald von radikalen Hindus belagert. Suhrawardy gestand öffentlich seine Schuld an dem Blutbad ein und bat um Vergebung. Gandhi gelang es, die Gewalt im Keim zu ersticken, und Kalkutta blieb wider Erwarten ruhig. Dafür kam es im Pandschab, wo Gandhi nicht gleichzeitig sein konnte, zu blutigen Ausschreitungen.

100880

Am 31. 1. 1948 wurde Mahatma Gandhi an der Yamuna in Delhi unter großer Anteilnahme eingeäschert. Gandhi hatte kurz vor seiner Ermordung seinen Hungerstreik beenden könen, weil Minister Vallabhbhai Patel im Streit um die gerechte Teilung der britisch-indischen Staatskasse endlich nachgegeben hatte.

Gandhi eilte dann nach Westen, doch kam er nur bis Delhi, das inzwischen von Flüchtlingsströmen aus dem Pandschab überschwemmt war und im Chaos zu versinken drohte. Es bestand die Gefahr, dass die aus dem Pandschab geflohenen Hindus und Sikhs an den Muslimen in Delhi Rache nehmen würden. Gandhi besuchte die Muslime und beschwor sie, nicht ihrerseits die Flucht zu ergreifen und in Delhi zu bleiben, wo man sie schützen werde. Die Unklarheit, die bis zum Tag der Unabhängigkeit über die Art und Weise der Teilung herrschte, hatte Angst und Unsicherheit erzeugt, die dann bei vielen Betroffenen in Hass umschlug. Besonders die Sikhs des Pandschabs waren außer sich vor Zorn. Die neue Grenze führte mitten durch ihre Siedlungsgebiete. Sie hatten einen Großteil der Soldaten gestellt, die für die Briten in beiden Weltkriegen gekämpft hatten, und fühlten sich nun von den Briten verraten. Flüchtlingszüge, die in beide Richtungen fuhren, wurden von der jeweils anderen Seite angegriffen. Hunderttausende fanden den Tod.

Der Kampf um Kaschmir und Gandhis Tod

Der Bruderzwist erreichte bald eine weitere Dimension, als die Kämpfe um Kaschmir ausbrachen. Die Bevölkerung Kaschmirs bestand mehrheitlich aus Muslimen, der

Der Jurist und Politiker Mohammed Ali Jinnah (Mitte hinten) während der verfassunggebenden Versammlung von Pakistan am 15. 8. 1947 in Karachi

100562

100563

Der Präsident der konstituierenden Verfassungsversammlung Rajendra Prasad anlässlich der Verkündung des »Independence of India Act« bei der Mitternachtssitzung am 14./15. 8. 1947

Maharadscha war ein Hindu. Die Fürstenstaaten gehörten staatsrechtlich nicht zu Britisch-Indien, sondern wurden je für sich in die Unabhängigkeit entlassen – jedoch mit Mountbattens dringendem Rat, sich umgehend einem der Nachfolgestaaten anzuschließen. Bei der Teilung war der Bezirk Gurdaspur im Pandschab, der die einzige Landverbindung zwischen Indien und Kaschmir darstellte, Indien zugesprochen worden, sonst hätte Kaschmir nur mit Pakistan eine gemeinsame Grenze gehabt. Der Maharadscha zögerte seine Entscheidung hinaus, bis Freischärler von Pakistan aus nach Kaschmir einmarschierten, um ihm die Bedenkzeit abzukürzen. Darauf bat er Indien um Militärhilfe.

Auf Mountbattens Rat gewährte Nehru ihm diese erst, nachdem der Maharadscha sich zum Anschluss an Indien entschlossen hatte. Mit einer Luftbrücke wurden indische Truppen nach Kaschmir gebracht und standen dort bald auch regulären Einheiten der pakistanischen Armee gegenüber. Der unerklärte Krieg dauerte geraume Zeit an. Nehru hatte die UNO angerufen, damit

100562

Obwohl Indien unter Indira Gandhi eine Politik der Blockfreiheit verfolgte, hatte der Eintritt Pakistans in das amerikanische Paktsystem zur Folge, dass Indien sich der Unterstützung der Sowjetunion versicherte. Das Bild zeigt Indira Gandhi, die von Leonid Breschnew bei einem Staatsbesuch im Juni 1976 auf dem Moskauer Flughafen begrüßt wird.

diese die Aggression verurteilen und den Aggressor zum Rückzug auffordern sollte. Das tat die UNO nicht, vielmehr beschäftigte sie sich sofort mit einer politischen Lösung. Dabei versteifte man sich auf das von Nehru zur Zeit des Anschlusses gegebene Versprechen einer späteren Volksabstimmung.

Da die Teilung nicht aufgrund von Volksabstimmungen stattgefunden hatte, wäre dies die erste Abstimmung darüber gewesen, ob indische Muslime lieber in Pakistan leben oder in Indien verbleiben wollten. Es ging dabei letztlich um ein »Ja« oder »Nein« zur Zweinationentheorie. Indien hatte sich zwar mit der Teilung abgefunden, durfte aber die Zweinationentheorie auf keinen Fall akzeptieren, weil 1947 noch rund vierzig Millionen Muslime in Indien verblieben waren. Bei strikter Anwendung der Theorie hätte man sie ausweisen müssen und dies hätte zu einem sofortigen Zusammenbruch Pakistans geführt.

Inmitten dieser Auseinandersetzungen bestand Mahatma Gandhi auf der gerechten Teilung der britisch-indischen Staatskasse. Der mächtige Innenminister Indiens, Vallabhbhai Patel, weigerte sich, den Anteil, der Pakistan zustand, auszuzahlen. Gandhi begann aus diesem Anlass sein letztes großes Fasten, Patel gab schließlich nach. Aber ein radikaler junger Hindu, der diesen Einsatz Gandhis als Hochverrat ansah, erschoss ihn am 30. Januar 1948. Das Geld wurde ausgezahlt. Inzwischen gingen die Kämpfe weiter und wurden erst 1949 durch einen von der UNO vermittelten Waffenstillstand beendet. Die Waffenstillstandslinie ist seitdem die De-facto-Grenze zwischen Indien und Pakistan.

s. ZEIT Aspekte Mahatma Gandhi S. 556

Pakistan unternahm schließlich den Versuch, Kaschmir mit Gewalt zu erobern. Solange Nehru noch lebte, wagte man es nicht, Indien anzugreifen. Doch vor seinem vermeintlich schwachen Nachfolger Lal Bahadur Schastri fürchtete man sich nicht. Präsident Mohammed Ayub Khan versuchte im September 1965 mit der »Operation Grand Slam« durch einen Panzerangriff auf die einzige Straßenverbindung Kaschmir von Indien abzuschneiden. Schastri ließ im Gegenzug die indischen Truppen auf Lahore zumarschieren. China, seit 1963 mit Pakistan verbündet, eröffnete keine zweite Front im Osten und enttäuschte so den Partner. Beim Waffenstillstand hielten indische Truppen mehrere Abschnitte pakistanischen Territoriums besetzt. Die Sowjetunion schaltete sich als Vermittler ein. Ayub Khan musste eine Gewaltverzichtserklärung unterschreiben, um den Abzug der indischen Truppen zu bewirken. Dieser »Gesichtsverlust« zog die Autonomieforderungen Ostpakistans nach sich, die Pakistan nicht gewaltsam unterdrücken konnte. Zur Abspaltung Bangladeshs kam es im Dezember 1971 ebenfalls nach einem blutigen Bruderzwist, diesmal standen Muslime gegen Muslime. Die »Zweinationentheorie« wurde so 1971 endgültig ad absurdum geführt. Doch die Wunden der Teilung waren damit immer noch nicht geheilt.

ZITAT

Nach der Ermordung Gandhis am 30. 1. 1948 in Delhi drückte Nehru in einer Rundfunkansprache Trauer und Verlassenheit aus:

Das Licht unseres Lebens ist erloschen; es ist überall dunkel geworden.

Die Innen- und Außenpolitik Indiens und Pakistans

Die Innen- und Außenpolitik beider Staaten ist durch die Teilung und ihre Folgen mit Hypotheken belastet, die sich nicht abtragen lassen. Pakistan wurde zu Indiens »Gegenstaat«, es orientierte sich in jeder Hinsicht im negativen Sinne an Indien. Manches beruhte dabei auf bewussten Entscheidungen, anderes aber auf zwangsläufi-

Der indische Premierminister Rajiv Gandhi, der Sohn von Indira Gandhi und Enkel von Jawaharlal Nehru, wurde 1991 bei einem Attentat getötet.

gen Weichenstellungen. Eine solche Weichenstellung war es, dass sich Jinnah für den Posten des Generalgouverneurs von Pakistan bereithielt, während Nehru Premierminister Indiens wurde. Jinnah musste, um seinen neuen Staat in den Griff zu bekommen, das vizekönigliche Erbe antreten. Er entschied sich damit aber für eine Art Präsidialsystem und gab dem Parlamentarismus in Pakistan keine Chance, während Nehru als Premierminister den indischen Parlamentarismus auf eine gute Grundlage stellte. Freilich gab es in Indien die Kongresspartei als Vermächtnis des Freiheitskampfes, während die Muslimliga in Pakistan bald verfiel. Sie hatte sich nie am Freiheitskampf beteiligt, und Jinnah hatte sie zu einer Organisation von Befehlsempfängern degradiert. Er stützte sich auf die Bürokratie und das Militär, die nach seinem Tod zu den tragenden Säulen des pakistanischen Staates wurden.

Außenpolitisch suchte Pakistan Sicherheit im amerikanischen Paktsystem, dem es sich 1954 anschloss. Am Ziel dieses Paktsystems, wie es die Amerikaner sahen, war Pakistan eigentlich nicht interessiert. Es sah darin nur eine Absicherung gegen Indien. Dieses wiederum hatte sich unter Nehru von vornherein der Bündnisfreiheit verschrieben und hielt auch an ihr fest, wurde aber durch das Engagement Pakistans dazu gezwungen, sich der Sowjetunion zuzuwenden und letztlich auch rüstungspolitisch von ihr abhängig zu werden. Schließlich wurde die Festlegung ihrer Positionen durch den Kalten Krieg für beide Staaten zu einem Orientierungsrahmen, an den sie sich so sehr gewöhnt hatten, dass sie nach dem

Indische Soldaten patrouillieren auf dem Dalsee bei Srinagar im indischen Bundesstaat Kaschmir an der Grenze zu Pakistan.

100562

Familien auf der pakistanischen Seite Kaschmirs winken am 25. 1. 2004 in Chalehana am Fluss Neelum, der Pakistan und Indien trennt, ihren Familienangehörigen im indischen Teil Kaschmirs zu.

Ende des Kalten Krieges nicht recht wussten, wie sie nun ihre Stellung in der Welt und zueinander neu bestimmen sollten. Es kam hinzu, dass die Innenpolitik beider Staaten um diese Zeit in eine Phase der Labilität geriet. In Pakistan gelang es nicht, die Rückkehr zur Demokratie auf Dauer zu stabilisieren, und in Indien führten seit 1989 alle Wahlen auf Bundesebene stets zur Bildung von Minderheitsregierungen, die es dem Staat nicht erlaubten, ein starkes außenpolitisches Profil zu zeigen.

Dietmar Rothermund

Revolution als militärischer Sieg: Der chinesische Bürgerkrieg

Der Widerstand der Chinesen gegen die japanischen Invasoren hatte es während der acht Kriegsjahre von 1937 bis 1945 nicht vermocht, die kaiserlich-japanische Armee in die Knie zu zwingen. Die mehr als zwei Millionen japanischen Soldaten, die sich im Sommer 1945 in China

100264

Douglas MacArthur, amerikanischer General und Oberbefehlshaber der alliierten Streitkräfte gegen Japan, unterzeichnet am 2. 9. 1945 die japanische Kapitulation an Bord des amerikanischen Kriegsschiffs »Missouri« in der Tokiobucht. Damit fand auch der Chinesisch-Japanische Krieg ein Ende.

und der Mandschurei befanden, waren »im Felde unbesiegt«. Keine der beiden auf chinesischer Seite den Krieg führenden Parteien, weder die »Nationalpartei« Kuomin-tang (KMT), die die chinesische Nationalregierung stellte, noch die Kommunistische Partei Chinas (KPCh) konnte sich als Triumphator fühlen. Die militärische Macht der KMT war noch in der zweiten Hälfte des Jahres 1944 durch eine große Sammlung japanischer Kräfte, die »Ichigo-Offensive«, erheblich geschwächt worden. Mao Zedongs Guerillakämpfer wiederum hatten den Aggressoren in Nordchina hart zugesetzt, sie aber nicht bezwungen. Es waren die Atombomben von Hiroshima und Nagasaki, die, überraschend für fast alle Beteiligten, zu Japans bedingungsloser Kapitulation führten. Sie beendeten nicht nur den Pazifischen Krieg, sondern auch den Krieg in China.

Nachdem Japan, der ärgste Widersacher der chinesischen Nation, ausgeschaltet war, schien Chiang Kaishek, der Führer der KMT, in den letzten Monaten des

Jahres 1945 als stärkste politische Persönlichkeit und von sämtlichen Großmächten hofierter führender Staatsmann Chinas das Land friedlich wieder vereinigen zu können. Er beanspruchte, das politische Oberhaupt von mehr als drei Vierteln einer Gesamtbevölkerung von 450 Millionen Menschen zu sein. Freilich war der Bürgerkrieg zwischen Chiang Kai-sheks KMT und der KPCh, der 1927 begonnen hatte, während des Kriegs nur vorübergehend auf Eis gelegt, der Konflikt zwischen den Kontrahenten durch die Überlebenskrise der Nation bloß gedämpft worden. Auch gab es geographisch wenig Berührung zwischen ihnen. Schon lange vor der japanischen Kapitulation hatten sie jedoch Truppen und Hilfsmittel für die, wie man allseits erwartete, nach Kriegsende mit Sicherheit wieder aufflammende Auseinandersetzung aufgespart.

Beide politischen Lager operierten von militärisch gesicherten Hauptquartieren aus. Die KMT war bei Kriegsende in der südwestlichen Provinz Sichuan verschanzt und kontrollierte auch große Gebiete Zentral- und Südchinas. Sie vor allem entwaffnete vom Septem-

Nachdem die Sowjetunion Japan im August 1945 den Krieg erklärt hatte, besetzte die Rote Armee die Mandschurei. Am 22. 8. 1945 hissten Soldaten der Marine die sowjetische Kriegsflagge auf einem Hügel über dem strategisch wichtigen Flottenstützpunkt Port Arthur (heute Teil der Stadt Dalian).

50

ber 1945 an die japanischen Truppen und rückte in die von diesen beherrschten Gebiete ein. Die KPCh hingegen ging aus dem Krieg mit mehreren Basisgebieten in Nordchina hervor, von denen einige hinter der ehemaligen japanischen Front lagen. Sie war zunächst die zahlenmäßig bei weitem schwächere, dabei aber kampferprobtere und zielstrebigere Kraft.

Die internationale Situation im Fernen Osten

Mit dem Zusammenbruch Japans, das China seit 1894 immer wieder bedrängt hatte, änderte sich unvermittelt auch die internationale Situation im Fernen Osten. Nur noch die Vereinigten Staaten und an zweiter Stelle die Sowjetunion konnten in der Region als externe Großmächte auftreten. Großbritanniens Position in Ostasien hatte durch den Krieg schweren Schaden genommen. Ihm gelang es nur, die wirtschaftlich wertvolle Kronkolonie Hongkong wieder in Besitz zu nehmen, nicht aber seinen großen Vorkriegseinfluss in der Republik China neu zu beleben. Frankreich fiel als nennenswerter Faktor ganz aus und konzentrierte seine geringen Machtmittel in Fernost auf die Verhinderung einer antikolonialen Revolution in Vietnam. So trat 1945 an die Stelle des Vorkriegs-»Konzerts« der imperialistischen Mächte eine einfache bipolare Struktur, in der sich das Muster der globalen Kräfteverhältnisse wiederholte.

Chiang Kai-shek, Franklin D. Roosevelt und Winston Churchill (von links) auf der Konferenz von Kairo am 22. bis 25. 11. 1943. Chiang Kai-shek fand die besondere Unterstützung der USA, die Harry S. Truman nach Japans Kapitulation auch weiterhin gewährte.

50

Chiang Kai-shek, der Führer der Kuo-min-tang, wurde 1948 chinesischer Staatspräsident. Nach dem Sieg der Kommunisten floh er 1949 nach Taiwan.

Sowohl die USA als auch die UdSSR erwarteten, auf die Entwicklung in China in ihrem jeweiligen Sinne Einfluss nehmen zu können. In Washington und Moskau fürchtete man nichts so sehr wie ein chaotisches Machtvakuum auf dem ostasiatischen Festland. Ordnungsstifter nahezu jeder Art waren daher grundsätzlich willkommen. Keine der Weltmächte setzte einstweilen ausschließlich auf die Karte des eigenen Schützlings. Die USA setzten ihr Kriegsbündnis mit Chiang Kai-shek fort und unterstützten ihn auch nach der Kapitulation Japans mit Marineinfanteristen, Militärberatern, Waffen und Anleihen. Die Hilfe erreichte jedoch keineswegs das Ausmaß, das sich der »Generalissimus« erhofft hatte. In der liberalen Öffentlichkeit der Vereinigten Staaten galt Chiang Kai-shek als ein reaktionärer Diktator, der die Demokratisierung Chinas verhinderte.

INFOBOX

Die »antifeudale« Revolution

Der Übergang vom Genossenschaftsideal zur blutigen »antifeudalen« Revolution, den die Kommunistische Partei Chinas 1946 einleitete, erklärt sich nicht nur aus einem ideologischen Kurswechsel. Die Führung der KPCh sah in den größeren Grundbesitzern und Dorfhonoratioren, nicht ganz zu Unrecht, mögliche Verbündete der Kuo-min-tang im Bürgerkrieg. Sie sollten vorsorglich ausgeschaltet werden. Auch diente der Umsturz auf dem Lande der Truppenrekrutierung: Die Söhne von Bauernfamilien, die durch die Landumverteilung begünstigt worden waren, eilten zu den Fahnen der Volksbefreiungsarmee oder stellten sich als zivile Helfer zur Verfügung, um die neuen Errungenschaften gegen einen Sieg der Konterrevolution zu verteidigen.

Stalin wiederum hatte nur begrenzte Sympathien für die eigenwillige chinesische Schwesterpartei, die wiederholt gegen seine ideologische Autorität als Oberhaupt des Weltkommunismus aufbegehrt hatte. Nach Kriegsende verweigerte er den chinesischen Kommunisten umfassende Hilfe. Er scheute sich, die USA in China zu provozieren, traute der KPCh einen Sieg in einem chinesischen Bürgerkrieg vorerst nicht zu und nutzte die Gelegenheit, sich bereits am 14. August 1945 von der Nationalregierung der KMT, also der einzigen völkerrechtlich anerkannten Vertreterin Chinas, sowjetische Privilegien auf chinesischem Territorium vertraglich bestätigen zu lassen. In den Augen Mao Zedongs und der anderen KPCh-Führer bedeutete Stalins Zusammenarbeit mit dem alten »Kommunistenschlächter« Chiang Kai-shek Verrat an der Solidarität innerhalb der kommunistischen Weltbewegung.

ZITAT

Schon 1938 hatte Mao Zedong Gedanken zum Thema »Probleme des Krieges und der Strategie« geäußert:
Jeder Kommunist muss diese Wahrheit begreifen: »Die politische Macht kommt aus den Gewehrläufen.«

Der Beginn des Bürgerkriegs

Beide Weltmächte ließen in der unmittelbaren Nachkriegszeit keinen Zweifel daran, dass sie einen offenen Bürgerkrieg in China nicht wünschten. Weniger aus eigenem Antrieb als aus dem Bedürfnis, Friedfertigkeit und Kompromisswillen symbolisch unter Beweis zu stellen, führten bereits zwischen August und Oktober 1945 die alten Todfeinde Chiang Kai-shek und Mao Zedong in der KMT-Hauptstadt Chongqing lange und zähe Gespräche, um China, wie es offiziell hieß, »Frieden und Demokratie« zu bringen. Weitere Versuche während der folgenden Monate, durch eine Art von rundem Tisch, an dem neben KMT und KPCh auch Vertreter der liberalen Intellektuellen und der neu gegründeten chinesischen Friedensbewegung saßen, zu einer Annäherung und zum Aufbau demokratischer Institutionen zu gelangen, schlugen fehl.

Ende 1947 berief die KMT im Alleingang eine demokratisch nicht legitimierte Nationalversammlung ein. Der Druck auf Kritiker der KMT-Herrschaft wuchs; der Dichter und Regimekritiker Wen Yiduo wurde sogar auf offener Straße erschossen. Im Reich der KPCh waren die Intellektuellen bereits durch die »Berichtigungsbewegung« von 1942 auf einen offiziellen Parteikurs eingeschworen worden. Auf dem VII. Nationalkongress der KPCh, der von April bis Juni 1945 tagte, war das »Mao-Zedong-Denken« zur ideologischen Richtschnur erho-

Mao Zedong während des chinesischen Bürgerkriegs vor einem Flugzeug

Trotz des chinesisch-sowjetischen Vertrages vom 14. 8. 1945 duldeten die Sowjets schon bald die Infiltration der Roten Armee in die ländlichen Gebiete der Mandschurei. Das Foto aus Yunnan (1945) zeigt Mao Zedong mit Lin Biao, dem Befehlshaber der kommunistischen Truppen in der Mandschurei.

100880

ben und an die Seite von Marxismus und Leninismus gestellt worden.

Für die zahlenmäßig schwächere KPCh war es 1945 entscheidend, ihren Machtbereich über ihre entlegenen und wirtschaftlich rückständigen Kriegsstützpunkte hinaus zu erweitern und eine der ressourcenreichen Kernregionen Chinas unter ihre Kontrolle zu bringen. In Süd- und Mittelchina hatte die KPCh nach ihrer großen Niederlage gegen Chiang Kai-shek 1934, die sie auf den Langen Marsch gezwungen hatte, nie wieder Fuß fassen können.

Die Wahl fiel 1945 auf den Nordosten, also die seit 1931 von Japan besetzte Mandschurei, das Schattenreich des bei Kriegsende verhafteten Marionettenkaisers Puyi. Hier war die kommunistische Bewegung bis Kriegsende ohne Chancen geblieben. Die Japaner hatten Ansätze einer revolutionären Guerilla schon in den 1930er-Jahren mit unerhörter Brutalität unterdrückt. Die in der Mandschurei stationierten sowjetischen Truppen waren an eine Klausel des chinesisch-sowjetischen Vertrags vom 14. August 1945 gebunden, die der KMT das alleinige Recht einräumte, die zuvor japanisch kontrollierten Gebiete in Besitz zu nehmen. Als aber die USA erkennen ließen, dass sie die Sowjetunion nicht an der Okkupation Japans beteiligen würden, begannen die sowjetischen Kommandeure in der Mandschurei, der chinesischen Roten Armee unter der Hand ihre Ausbreitung in ländlichen Gebieten der Mandschurei zu gestatten. Die

Städte blieben, mit Ausnahme der nördlichen Metropole Harbin, unter der Gewalt der KMT.

Vergebliche amerikanische Vermittlungsversuche
Je mehr sich der Konflikt zwischen KMT und KPCh verschärfte, desto schwerer lösbar wurde das Dilemma der amerikanischen Politik. Einerseits schien es im Interesse der Stabilität in China und der Eindämmung des sowjetischen Einflusses geboten, das Regime Chiang Kai-sheks zu unterstützen. Andererseits warnten vor allem hohe Militärs davor, sich in einen potenziell uferlosen Bürgerkrieg hineinziehen zu lassen. Am 15. Dezember 1945 traf Präsident Harry S. Truman die epochale Entscheidung, Chiang Kai-shek zwar nahezu unbegrenzt mit Geld und Waffen zu helfen, aber nicht mit eigenen Streitkräften in Chinas innere Angelegenheiten einzugreifen.

Gleichzeitig entsandte der Präsident den prominenten General George C. Marshall als Sonderbotschafter mit dem Auftrag nach China, dort eine stabile Koalitionsregierung herbeizuführen. Marshall erreichte zwar, dass im Januar 1946 ein Waffenstillstand geschlossen wurde, konnte aber keine der Konfliktparteien zu substanziellen Zugeständnissen bewegen. Chiang Kai-shek beharrte auf der Unterstellung der Roten Armee unter sein Oberkommando und war zu einer »Demokratisierung« seines diktatorischen Herrschaftssystems nicht bereit, wie sie die KPCh als Vorbedingung für eine Verhandlungslösung forderte.

Mao Zedong seinerseits dachte nicht daran, die Positionsgewinne der späten Kriegsjahre aufzugeben. Marshalls Bemühungen scheiterten im Sommer 1946 nicht nur am Misstrauen der verfeindeten Parteien gegeneinander, sondern auch daran, dass er als Vermittler im Grunde nicht unparteiisch war. Marshall missfiel vieles am Regime der KMT, aber er vertrat eine Regierung, die in der Entstehungsphase des Kalten Krieges den »Verlust Chinas« an den Kommunismus nicht riskieren wollte. Wichtig war, dass in der kriegsmüden chinesischen Öffentlichkeit die KMT im Vergleich zur KPCh als die aggressivere Kraft galt. Chiang Kai-shek erschien als der Haupturheber der neuerlichen Kriegswirren.
Gleichzeitig mit dem Fehlschlag des amerikanischen Vermittlungsversuchs zogen sich die sowjetischen Truppen

ZITAT

Mao deutete den Klassenkampf auf dem Land als »Triebkraft« der chinesischen Geschichte (»Die chinesische Revolution und die Kommunistische Partei Chinas«, 1939):
Die grausame wirtschaftliche Ausbeutung und politische Unterdrückung der Bauernschaft durch die Grundherrenklasse zwangen die Bauern immer wieder zu Aufständen … In der chinesischen Feudalgesellschaft … waren nur diese Bauernaufstände und -kriege die wahren Triebkräfte der historischen Entwicklung.

vereinbarungsgemäß aus der Mandschurei zurück, in die sie nach ihrem Eintritt in den Krieg gegen Japan am 8. August 1945 einmarschiert waren. Der chinesische Bürgerkrieg, der Mitte 1946 offen ausbrach, wurde fortan ohne direkte auswärtige Einmischung ausgetragen.

Die Revolution auf dem Lande

Beim Ausbruch der Feindseligkeiten im Juli 1946 standen den 4,3 Millionen Mann unter Chiang Kai-shek etwa 1,2 Millionen weitaus schlechter bewaffnete Kämpfer der chinesischen Roten Armee gegenüber, die sich nun in »Volksbefreiungsarmee« (VBA) umbenannte. Die VBA hatte während des antijapanischen Widerstandskrieges in Theorie und Praxis den »Volkskrieg« entwickelt: den Einsatz kleiner Guerillaverbände, die von der Sympathie der örtlichen Bevölkerung getragen wurden. Eine der größten Leistungen der VBA bestand darin, dass sie sich 1946 und in den Jahren danach von der Partisanentaktik auf einen klassischen Schlachtenkrieg umstellte.

Der chinesische Bürgerkrieg wurde nach allen Regeln strategischer Kunst auf dem Schlachtfeld entschieden, auch wenn eine Bauernguerilla durch Angriffe auf die Nachschublinien des Feindes zur Schlagkraft der regulären Truppen beitrug. Die nötigen Waffen erhielt die VBA aus ehemaligen japanischen Beständen, die die Sowjetarmee in der Mandschurei an sie weitergegeben hatte, sowie direkt vom besiegten Gegner. Daher wurde auf beiden Seiten mit amerikanischen Waffen gekämpft. Mao Zedongs Soldaten zogen Anfang 1949 auf US-Armeelastwagen im Triumph in Peking ein.

Die KPCh genoss bei Kriegsende bei weiten Teilen der chinesischen Bevölkerung hohes Ansehen. Sie hatte, wie es schien, die Japaner energischer bekämpft, als dies die KMT getan hatte. Im Gegensatz zur KMT war sie von Korruption frei. Man nahm es ihren Führern ab, dass sie uneigennützig für das Wohl der Nation und für soziale Gerechtigkeit eintraten. Vor allem war die KPCh eine Partei mit bäuerlicher Anhängerschaft, und diese Klientel war erfahrungsgemäß schwer zu mobilisieren.

Seit den späten 1920er-Jahren hatte die KPCh mit einer Reihe agrarpolitischer Strategien experimentiert. Sie unterschieden sich durch ihren Radikalismus, genauer: den Stellenwert, der dem politisch ausgelösten »Klassen-

100562

Der Führer der Kommunistischen Partei Chinas, Mao Zedong, am 1. 1. 1947 zu Pferd auf seinem Weg nach Shaanbei während des Bürgerkriegs gegen die Kuo-min-tang

kampf« beigemessen wurde. Zur Zeit des erstmals praktizierten Rätesystems in der Provinz Jiangxi (1931–34) war man scharf gegen »ausbeuterische« Elemente auf dem Dorf vorgegangen. Nach Kriegsbeginn 1937 hatte man dann in den »befreiten Gebieten«, in denen die KPCh die tatsächliche Regierungsgewalt innehatte, einen vorsichtigen, den Genossenschaftsgedanken betonenden Kurs bevorzugt. Damals hatte die KPCh breite Unterstützung auf dem Lande gesucht. Durch unterschiedliche Besteuerung und maßvolle Förderung kleinbäuerlichen Wirtschaftens wollte man die sozialen Unterschiede auf dem Dorf behutsam ausgleichen.

Wechsel der Agrarpolitik: »Klassenkampf«

Nun, 1946, leitete die Partei in ihrer neuen Machtbasis, der Mandschurei, sowie in ihrem nordchinesischen Kontroll- und Einflussbereich einen radikalen Umsturz der Eigentumsverhältnisse auf dem Lande ein. Sie kehrte damit zur Agrarpolitik der Jiangxi-Periode zurück, die sogar noch verschärft wurde. Damit begann die revolutionärste Etappe in der chinesischen Geschichte des 20. Jahrhunderts. Alle »Grundherren«, definiert als nicht selbst arbeitende und daher »parasitäre« Landverpächter, und die meisten »reichen Bauern« wurden entschädigungslos enteignet. Sie wurden ihrer rechtlichen und gesellschaftlichen Privilegien beraubt, viele auch umgebracht. Insgesamt wurden 43 Prozent der bebauten Fläche an sechzig Prozent der Landbevölkerung umverteilt; ein in der chinesischen Geschichte beispielloser obrigkeitlicher Eingriff in die ländlichen Eigentumsverhältnisse. Nutznießer dieser Maßnahmen war die ärmere Hälfte der Bevölkerung: die landlose Unterschicht und die vielen Familien mit winzigem Grundbesitz. Doch auch die nun entstehenden Minifarmen waren oft so klein, dass sie sich nicht rationell bearbeiten ließen. China war zu einem »Ozean des molekularen Parzellenbauerntums« geworden.

Man kann die Bedeutung der 1946 beginnenden Landrevolution nicht überschätzen. Mit ihr endete sozialgeschichtlich das agrarische Imperium des alten China. Für die ländliche Oberschicht, die Gentry, war die Revolution eine Katastrophe. Zum ersten Mal in ihrer historischen Erfahrung konnte sie sich des Schutzes durch den Staat nicht länger sicher sein. Sowohl das kaiserliche

Bei dem von einem Volkstribunal in einem Dorf in Guangdong in Südchina zum Tode Verurteilten handelt es sich um einen Bauern mit einem Viertel Hektar Land. Das Foto eines Parteifotografen gelangte in die Hände des amerikanischen Konsulats in Hongkong und wurde im Januar 1953 veröffentlicht.

160

System als auch nach 1911 die Republik hatten auf einem Bündnis zwischen Staatsapparat und ländlicher Oberschicht beruht. Ihr wurde nun als Folge des neu entfesselten »Klassenkampfes«, der selbst entlegene Dörfer erfasste, wirtschaftlich und politisch das Rückgrat gebrochen. Die Gentry des traditionalen China wurde zuerst im Norden und bis 1952 dann schrittweise in ganz China »als Klasse«, wie es in marxistisch-leninistischer Sprache hieß, vernichtet.

Das Muster des »Klassenkampfs« war überall dasselbe; es war das Vorbild vieler späterer Massenkampagnen und sollte sich vor allem während der »Kulturrevolution« (1966–69) auch im städtischen Bereich wiederholen. Propagandatrupps, geführt von oft ortsfremden Parteikadern, kamen ins Dorf und riefen zu Massenversammlungen auf. Die örtlichen »Reichen« und »Bösewichter« wurden identifiziert und den leidenschaftlichen Anklagen der Dorfarmut ausgesetzt, die ihnen ihr Sündenregister vorhielt. »Geständnisse« wurden nicht selten durch Folter erzwungen. Die Versammlung endete oft mit der Hinrichtung mindestens eines »Grundherrn« und der sofortigen Umverteilung seines Landes und desjenigen anderer »Klassenfeinde«. Der psychologische Effekt solcher »Kampfversammlungen« war außerordentlich. Bauern überwanden Respekt und Furcht vor den dörflichen Herren und fanden mithilfe der Parteiaktivisten erstmals eine Sprache, um ihre Leiden auszudrücken. *Jürgen Osterhammel*

Mao Zedong behält die Oberhand: Der Sieg der Kommunistischen Partei Chinas

Mit militärstrategischem Geschick verstand es die KPCh, in den Jahren nach Kriegsende ihre Position in China zu stärken. Ihre Gegner machten es ihr leicht. Die KMT verspielte den politischen Kredit, den sie bei Kriegsende noch besessen hatte. Spätestens 1948 hatte sie die Mehrheit der chinesischen Bevölkerung gegen sich aufgebracht – auch wenn dies nicht unbedingt bedeutete, dass dieselbe Mehrheit ein kommunistisches Regime herbeisehnte. Den Bauern hatte die KMT mangels realistischer agrarpolitischer Vorstellungen schon vor

Bis in die fernsten Winkel der Volksrepublik bringen Boten die Nachricht vom Sieg der Volksarmee und von Mao Zedong, der als Retter des Vaterlandes gefeiert wird (Farbholzschnitt, um 1949).

100880

dem Krieg wenig zu bieten gehabt. Während der Kriegsjahre hatten Chiang Kai-sheks Armeen vielfach wie Besatzer auf Kosten der Dorfbewohner gehaust, während die Rote Armee darauf achtete, die Zivilbevölkerung möglichst wenig zu belasten.

Überraschender und folgenreicher war das Versagen der KMT in den Städten. Von Anfang an war sie eine städtische Partei gewesen. Diese Orientierung ging auf ihren Gründer Sun Yatsen zurück. Die japanische Invasion hatte die KMT und ihre Einparteienregierung von den urbanen Zentren an der Küste getrennt. Seit Ende 1938 war Chongqing weit im kontinentalen Südwesten Chinas ihre Hauptstadt gewesen. Als sie 1945/46 erneut das Regiment in den großen Städten übernahm, verprellte sie die Arbeiter durch ein hartes antigewerkschaftliches Vorgehen. Nach wie vor blieb die städtische Arbeiterschaft, die von den Japanern mit großer Brutalität behandelt worden war, ohne jegliche Sozialversorgung und ohne rechtlichen Schutz. Da die Arbeiterkontrolle der KMT aber schwach und rein polizeilich war und sich nicht auf eigene Arbeiterorganisationen stützen konnte, gelang es ihr nicht, Streiks zu verhindern. War es 1936 in ganz China zu 278 industriellen Konflikten gekommen, so stieg deren Zahl nun auf über 2500 allein in Schanghai.

ZITAT

Mao Zedong zum Verhältnis von Revolution und militärischem Sieg (»Probleme des Krieges und der Strategie«, 6. 11. 1938):

Die zentrale Aufgabe und die höchste Form der Revolution ist die bewaffnete Machtergreifung, ist die Lösung des Problems durch den Krieg. Dieses revolutionäre Prinzip des Marxismus-Leninismus hat allgemeine Gültigkeit, es gilt überall, in China wie im Ausland.

Unternehmer und Intellektuelle gehen auf Distanz

Die Unternehmer in Städten wie Schanghai oder Tientsin, die erwartet hatten, ihre von den Japanern enteigneten Fabriken wieder in Besitz nehmen zu können, mussten erleben, wie sich raffgierige Partei- und Staatsfunktionäre das beschlagnahmte Feindeseigentum aneigneten. Nur selten nahmen Fabriken unter diesen »bürokratischen Kapitalisten«, wie sie die kommunistische Propaganda treffend nannte, eine normale Produktion auf. Die wenigen Privatunternehmer, die an die Vorkriegszeit anknüpfen konnten, sahen sich vielfältigen bürokratischen Schikanen ausgesetzt. Die KPCh fand vielfach Glauben, wenn sie ankündigte, bei einer Machtübernahme die »nationale Bourgeoisie« zu schonen und nur gegen die KMT-nahe »bürokratische Bourgeoisie« mit Härte vorzugehen.

Auch die Intellektuellen wurden von der KMT in die Opposition getrieben. Pressezensur, die scharfe Kontrolle der Universitäten und die Verfolgung und Misshandlung von Demonstranten, die für inneren Frieden eintraten und nun des Kommunismus bezichtigt wurden, ließen die geistige Elite des Landes auf Distanz zu Chiang Kai-sheks Regime gehen. Manche von ihnen schlossen sich politischen Gruppierungen an, die einen liberal-demokratischen dritten Weg zwischen rechter und linker Diktatur suchten. Besonders schlimme Auswirkungen hatte der rasende Verfall der chinesischen Wäh-

Der Platz des Himmlischen Friedens in Peking wird im Westen von der Großen Halle des Volkes (links) flankiert, im Norden trennt ihn das Tor des Himmlischen Friedens von der ehemaligen Kaiserstadt. Am 1. 10. 1949 rief Mao Zedong hier die Volksrepublik China aus.

100746

INFOBOX

Taiwan

In Taiwan, das ein halbes Jahrhundert japanischer Kolonialherrschaft hinter sich hatte, machte die einheimische Bevölkerung besonders unerfreuliche Erfahrungen mit den Kuo-min-tang-Vertretern, die nach der Befreiung auf die Insel strömten – zunehmend, um sich vor den vorrückenden Kommunisten in Sicherheit zu bringen. Der Widerstand gegenüber den rücksichtslos vorgehenden Invasoren vom Festland entlud sich im Februar 1947 in einem Aufstand, der mit größter Härte unterdrückt wurde. Tausende taiwanesischer Intellektueller und politischer Persönlichkeiten wurden hingerichtet. Als die Nationalregierung mit ihrem ganzen aufgeblasenen Apparat wenig später auf die Insel floh, konnte sie sich dort bequem als herrschende Kaste einrichten.

rung. Bereits Anfang der 1940er-Jahre hatte in den Kuo-min-tang-Gebieten ein inflationärer Prozess begonnen, der sich 1946 immens beschleunigte.

Betroffen davon waren vor allem die Bezieher fester Einkommen, gerade auch Lehrer, Professoren und andere Staatsbedienstete, deren rasche Verarmung sozialen Sprengstoff in den Städten schuf. Währenddessen heimsten manche Größen des Regimes beträchtliche Inflationsgewinne ein. Der KMT-Regierung fehlten die Fähigkeit und wohl auch der Wille, die Preisexplosion zu meistern, deren politische Zerstörungskraft sie nicht erkannte. Überhaupt missverstand die Führung von Staat und Partei die Stimmung in der Bevölkerung und nahm, wie Chiang Kai-shek selbst im Rückblick einräumen musste, den allgemeinen Vertrauensverlust nicht wahr.

Die Legitimitätsreserven der KMT waren um 1947 weitgehend aufgezehrt.

Der militärische Endkampf

Die Zerrüttung des Kuo-min-tang-Systems machte auch vor dem Militär nicht halt. Chiang Kai-sheks imposante Armee erwies sich bald als ein Koloss auf tönernen Füßen. Seit Anfang 1948 liefen immer mehr Soldaten und Truppenteile der Nationalarmee zur VBA über. Die KPCh nahm die Deserteure gern auf und ließ manche KMT-Generäle einstweilen auf ihren Posten. Mitte 1948 hatten die Bürgerkriegsgegner nach den beiden entscheidenden Kriterien – der Zahl gut bewaffneter Verbände

Das im traditionellen Baustil errichtete Nationalauditorium Taiwans liegt am Chiang-Kai-shek-Platz in Taipeh. Nach der Niederlage waren die Nationalchinesen auf die früher Formosa genannte Insel geflüchtet, die von der Volksrepublik China als abtrünnige Provinz angesehen wird.

100264

und der Verfügung über Artillerie – einen Gleichstand erreicht.

Zu dieser Zeit hatten die von Zhu De, Lin Biao und anderen Kommandeuren brillant befehligten Streitkräfte der KPCh das Kriegsgeschehen bereits zu ihren Gunsten wenden können. Viele Großstädte waren eingekreist; Hunderttausende von Elitesoldaten Chiang Kai-sheks saßen in der Falle und konnten manchmal nur durch Luftbrücken versorgt werden. In der Vernichtungsschlacht von Xuzhou am wichtigsten Eisenbahnknotenpunkt des südlichen Nordchina, die vom 6. November 1948 bis zum 10. Januar 1949 dauerte, erhielt die KMT militärisch den Todesstoß. In diesem grausigen Gemetzel, in dem jede der beiden Seiten fast 600 000 Mann einsetzte, gelang es den Kommunisten, zwei Millionen Bauern zur logistischen Unterstützung der Truppen zu mobilisieren.

Verantwortlich für die militärische Organisation der Bauern war damals Deng Xiaoping, ein kampferprobter 45-jähriger Guerillaführer. Dem Geschick von KPCh und VBA stand drastisch die militärische Unfähigkeit der KMT gegenüber. Chiang Kai-shek hatte sich in den 1920er-Jahren als erfolgreicher Stratege einen Namen gemacht. Nun war seine Strategie der starren Verteidi-

Der typische Farbholzschnitt von Li Tschi (um 1950) hält eine Szene aus dem Landleben fest: Erstaunen und Freude mischen sich in den Gesichtern der Bauern, die von der Zentralregierung einen Traktor zugeteilt bekommen haben.

50

gung städtischer Positionen dem flexiblen Vorgehen der Volksbefreiungsarmee hoffnungslos unterlegen.

Nach der Schlacht von Xuzhou fielen die großen Städte Chinas der Reihe nach ohne ernsteren Widerstand an die VBA: Peking, die alte Kaiserstadt, am 31. Januar 1949, kurz zuvor schon Tientsin, dann im Mai Wuhan und Schanghai. Am 1. Oktober 1949 rief Mao Zedong auf dem Tor des Himmlischen Friedens in Peking die Volksrepublik China aus. Zwei Wochen später wurde Kanton erobert, Ende Dezember als letzte bedeutende Stadt Chengdu in Sichuan. Am 9. Dezember hatte sich der Generalissimus, der bereits im Januar als Präsident der Chinesischen Republik zurückgetreten war, aus seiner alten Kriegshochburg Sichuan auf dem Luftweg nach Taiwan abgesetzt. Eine halbe Million seiner geschlagenen Soldaten folgten ihm.

Der Sieg der Kommunistischen Partei Chinas

Die KPCh sah sich durch den überraschend schnellen Zusammenbruch der Kuo-min-tang-Positionen vor ganz neue Aufgaben gestellt. Seit 1927 hatte sie nahezu keine Erfahrung mit der Verwaltung von Städten machen können. In der Gewährleistung von öffentlicher Ordnung sah sie ihre vordringlichste Aufgabe, einstweilen noch nicht in der revolutionären Korrektur der Verhältnisse.

Der Sieg der KPCh im Bürgerkrieg war vorwiegend hausgemacht. Der Hilfe durch die kommunistische Weltmacht UdSSR verdankten die chinesischen Genossen wenig. Entscheidend für ihren Erfolg waren die Unterstützung durch beträchtliche Teile der chinesischen Bevölkerung, besonders auf dem Lande, die Disziplin und Führungskompetenz unter den Militärführern und zivilen Kadern der Partei sowie die Unfähigkeit und Korruption des Kuo-min-tang-Regimes. Viele Chinesen, die den Sieg der Kommunisten begrüßten, waren keine enthusiastischen Anhänger des Bolschewismus in seiner maoistischen Ausprägung. Schlimmer als unter der Nachkriegs-KMT, so dachten viele, würde es kaum kommen können. Die Stimmung in China am Ende des Jahres 1949 war beherrscht von einem Aufatmen nach zwölf Jahren nahezu ununterbrochenen Kriegs und Bürgerkriegs. Hoffnungsvoll oder besorgt wartete man auf die ersten Maßnahmen des neuen Regimes. *Jürgen Osterhammel*

Geteilte Welt im Kalten Krieg

Sozialistische contra liberale Ordnung: Die Entstehung des Ost-West-Konflikts

Im Kern ging es im Ost-West-Konflikt um einen einfachen Gegensatz: Die Erwartung der Durchsetzung einer »sozialistischen« Ordnung nach dem Vorbild der Sowjetunion stand gegen die Behauptung und Förderung einer liberalen Ordnung, die auf Privateigentum und dem Schutz individueller Freiheitsrechte beruhte. Mit dem gemeinsamen Sieg der Sowjetunion und der Westmächte im Zweiten Weltkrieg stand dieser Gegensatz im Zentrum der Weltpolitik.

Mit dem Gegensatz von Kommunismus und liberaler Ordnung verwoben, wenn auch nicht identisch, waren ältere Gegensätze zwischen kapitalistischer Produktionsweise und sozialistischen Alternativentwürfen, zwischen dem Pluralismus »westlicher« Zivilisation und dem Zentralismus »asiatischer« Prägung, zwischen parlamentarischem Rechtsstaat und tendenziell totalitärem Mobilisierungsstaat. Gesellschaftlich spielte in vielen Schattierungen ein Konflikt zwischen tradierter Ordnung und den Emanzipationshoffnungen der Unterprivilegierten in den Konflikt hinein. Und mit den machtpolitischen Verschiebungen des Zweiten Weltkriegs kam dann noch ein globaler Mächtekonflikt hinzu: das sowjetische Imperium stand gegen den Westen unter amerikanischer Führung, ein tendenziell weltweiter Wettlauf um Einflusssphären, Ressourcen und Durchsetzung der eigenen Ordnungsvorstellungen setzte ein.

Seit 1947 bildete sich ein globaler Antagonismus zwischen den um die beiden Weltmächte USA und UdSSR gruppierten Blöcken heraus (Bewachung der amerikanisch-sowjetischen Sektorengrenze in Berlin durch amerikanische Posten).

Dabei war die östliche Seite von vornherein die schwächere: Sie war nicht nur in der Entwicklung der Wirtschaftskraft unterlegen und bei der atomaren Rüstung im Rückstand, sondern auch für die Mehrzahl der Menschen in Ost und West weitaus weniger attraktiv. Anders als es die kommunistischen Führer erwarteten und viele Gegner befürchteten, kam das sowjetische Gesellschaftsmodell in den westlichen Industrieländern nicht voran, und im östlichen Machtbereich konnte es nur unter Zwang aufrechterhalten werden.

YOU ARE LEAVING
THE AMERICAN SECTOR
ВЫ ВЫЕЗЖАЕТЕ ИЗ
АМЕРИКАНСКОЙ ЗОНЫ
VOUS SORTEZ
DU SECTEUR AMÉRICAIN

100562

Der Grenzübergang Checkpoint Charlie im geteilten Berlin (hier der originalgetreue Nachbau aus dem Jahr 2000) wurde zum Symbol des Ost-West-Konflikts.

Die Zuspitzung des Ost-West-Konflikts zum Kalten Krieg war darum zwar wahrscheinlich, aber alles andere als unvermeidlich. Stalin wusste grundsätzlich um die Schwächen seines Imperiums, er fühlte sich sogar stärker bedroht, als er es tatsächlich war. Das ließ ihn, wie seit der Öffnung der östlichen Archive noch deutlicher zu sehen ist als zuvor, bei Kriegsende für eine Kooperation mit den Westmächten votieren: Sie sollte andauern, bis die Revolution in den fortgeschrittenen Industrieländern ihren eigenen Weg gefunden haben würde.

Das ließ Spielräume für eine einvernehmliche Regelung der deutschen Frage, wie sie Stalin explizit anstrebte. Es eröffnete die Möglichkeit für die Absprache von Einflusssphären und Rüstungssteuerung, für einen Wettbewerb der Gesellschaftsmodelle ohne globale Machtkonkurrenz. Die Westmächte konnten sich auf Arrangements mit der Sowjetunion einlassen, ohne vitale eigene Interessen zu gefährden. Sie durften sich von einer Kooperation sogar eine Friedensdividende und die allmähliche Durchsetzung ihrer Ideen erhoffen.

Dass die Spielräume weitgehend ungenutzt blieben, war zunächst eine Folge sehr spezifischer Unfähigkeiten: Die kommunistischen Führer wussten sich nicht so zu verhalten, dass ihre Kooperationsangebote auch glaubwürdig erschienen, und den westlichen Gesellschaften fiel es schwer, die Weitsicht aufzubringen, die für eine Kooperation notwendig war. Daraus resultierte in einem zweiten Schritt eine wechselseitige Fehlwahrnehmung: Beide Seiten nahmen einander in zunehmendem Maße als aggressiv wahr, obwohl sie es nicht von sich aus waren. Je mehr sich diese Fehlwahrnehmung verbreitete, desto stärker wirkte in einem dritten Schritt das Sicherheitsdilemma, das sich in jeder Konkurrenzsituation antagonistischer Mächte einstellt: Beide Seiten trafen Vorkehrungen gegen den befürchteten Übergriff der Gegenseite; diese wurden von der anderen Seite als Beweis für die aggressiven Absichten des Gegners gedeutet und hatten weitere Vorkehrungen zur Folge – ein doppelter Teufelskreis, aus dem nicht leicht zu entkommen war.

Als dann die Bundesrepublik 1955 Mitglied der NATO wurde und die östliche Seite mit der Errichtung des Warschauer Pakts reagierte, hatte sich das Sicherheitsdilemma als dominierendes Strukturprinzip der Nachkriegsordnung durchgesetzt. Man kann darum die Jahre 1946/47 bis 1955 als die Phase der Etablierung der Nachkriegsordnung bezeichnen.

ZITAT

Andrej Schdanow, Mitglied des Zentralkomitees der KPdSU, sagte auf der Gründungskonferenz des Kominform 1947:
Die führende Hauptkraft des imperialistischen Lagers sind die USA … Das Hauptziel des imperialistischen Lagers ist die Festigung des Imperialismus, die Vorbereitung eines neuen imperialistischen Krieges, der Kampf gegen den Sozialismus und die Demokratie.

INFOBOX

Kalter Krieg
Vor dem Hintergrund des beginnenden Ost-West-Konflikts nach dem Zweiten Weltkrieg gebrauchte Bernard Mannes Baruch, seit 1946 Vertreter der USA in der Abrüstungskommission der UNO, als Erster den Ausdruck »Kalter Krieg« (»cold war«) als schlagwortartige Bezeichnung für die nicht militärischen Auseinandersetzungen v. a. zwischen den Machtblöcken seit 1946/47: Durch Militärbündnisse, Wettrüsten, diplomatisch-politischen Druck (einschließlich der Androhung von Krieg), wirtschaftliche Kampfmaßnahmen (Embargo), militärisch-politisches Engagement in regionalen Konflikten (»Stellvertreterkriege«), durch politische Unterwanderung, Förderung von Staatsstreichen und Putschen im »gegnerischen Lager« und diskriminierende Propaganda suchen die einander gegenüberstehenden Mächtegruppen, die eigene internationale Stellung zum Nachteil des gegnerischen Lagers zu festigen und auszubauen.

ZITAT

Aus der Rede des amerikanischen Präsidenten John F. Kennedy bei seinem Amtsantritt am 20. 1. 1961:

Und schließlich möchten wir an all jene Nationen, die sich selbst zu unserem Gegner erklären wollen … ein dringendes Ersuchen richten: dass beide Seiten erneut mit der Suche nach dem Frieden beginnen mögen … Wir werden sie nicht durch Schwäche in Versuchung führen. Denn nur, wenn die Stärke unserer Waffen über jeden Zweifel erhaben ist, können wir ganz sicher ausschließen, dass sie jemals angewandt werden.

Kernwaffen und Entspannung

Zusätzlich akzentuiert wurde das Sicherheitsdilemma durch die wachsende Bedeutung der atomaren Rüstung: Weil der potenzielle Gegner damit über eine todbringende Waffe verfügte, musste alles getan werden, um ihn von ihrem Einsatz abzubringen. Dazu konnte das »Gleichgewicht des Schreckens« wechselseitiger Vernichtungsdrohung dienen, das sich im Laufe der Sechzigerjahre nach und nach einstellte. Gleichzeitig trieb die Unmöglichkeit, ein solches Gleichgewicht exakt zu bemessen, immer wieder zu weiterer Rüstungsperfektion und zu Versuchen, sich einen einseitigen Sicherheitsvorteil zu verschaffen.

Die Durchsetzung der eigenen Ordnungsvorstellungen im gegnerischen Lager war sowohl für den Osten als auch für den Westen ein nachgeordnetes Ziel. Mit der Verfestigung der Blockstruktur in der Mitte der Fünfzigerjahre verlor es verständlicherweise noch weiter an Dringlichkeit. Dafür sprachen nicht nur eine nüchterne Orientierung an den Möglichkeiten und die kühle Abwägung der jeweiligen staatlichen Interessen. Beide Seiten mussten auch daran interessiert sein, im gegnerischen Lager Partner zu finden, die ihnen halfen, die befürchtete Eskalation der Gegensätze zu verhindern. Darüber hinaus legten die drückenden Rüstungslasten und die wachsende Gefahr einer versehentlichen atoma-

INFOBOX

»Mister Njet«

Stalin, Chruschtschow oder Breschnew – alle griffen sie auf Andrej Gromykos Dienste als Diplomat und Außenminister zurück. Gromyko gewann so auch in der Innenpolitik stärkeres politisches Gewicht, das er nicht zuletzt seiner politischen Unnachgiebigkeit verdankte. Denn schon seit seiner Zeit als ständiger sowjetischer Vertreter beim Sicherheitsrat der UNO hatte er sich einen zweifelhaften Ruf erworben: Angesichts seines dort schon fast zur Gewohnheit gewordenen Gebrauchs des Vetorechts trug er sich als »Mister Njet« (»Herr Nein«) in die Geschichtsbücher ein. Doch sichtlich unberührt von diesem Spottnamen blieb er seiner Maxime treu. Unbeugsam beharrte er auf seiner ablehnenden Haltung gegenüber Entspannung, Abrüstung oder einer deutschen Wiedervereinigung und wurde so zu einer Symbolfigur des Kalten Krieges.

100562

ren Vernichtung eine einvernehmliche Regelung des Konflikts nahe.

Ein Abbau des Ost-West-Konflikts war dennoch schwer zu erreichen. Man musste sich von den überzogenen Ängsten lösen, die zu festen ideologischen Gewissheiten geworden waren. Man musste sich gegen jene breite Koalition von Kräften durchsetzen, die von der Konfrontation profitierten und damit - bewusst oder unbewusst - zu »sekundären Verursachern« des Kalten Kriegs geworden waren. Und man musste eine gewisse Risikobereitschaft beim Zugehen auf den Gegner entwickeln.

Weil diese Bedingungen nicht so schnell zusammenkamen, wechselten sich Bemühungen um eine Eindämmung des Ost-West-Konflikts und neue Eskalationsschübe immer wieder ab. Stets gab es Momente der Entspannung und des Kalten Kriegs zugleich, häufig sogar bei denselben Akteuren. Nur selten drängte die eine Erscheinungsform des Ost-West-Konflikts die andere ganz in den Hintergrund. So lagen etwa bei der Berlinblockade 1948/49 schärfste Spannungen und vertrauli-

Am 1. 11. 1952 zündeten die USA die erste Wasserstoffbombe (»Mike«) auf dem Eniwetok-Atoll im Pazifik. Das »Gleichgewicht des Schreckens« entwickelte in den folgenden Jahren seine eigene Dynamik (Blick auf Inseln des Atolls mit Vorrichtungen für die Zündung der Bombe).

100562

Nach der Blockbildung in der Nachkriegszeit folgte eine lange, unstete Phase der Annäherung, bis am 26. 5. 1972 Präsident Richard M. Nixon und Parteichef Leonid Iljitsch Breschnew in Moskau das erste Abkommen zu den Strategic Arms Limitation Talks (SALT I) unterzeichneten.

che Verhandlungen nahe beieinander, und die Konfrontation in der Kubakrise 1962 endete mit einer Annäherung zwischen amerikanischer und sowjetischer Führung. Es ist daher nicht möglich, Zeiten des Kalten Kriegs und Zeiten der Entspannung scharf voneinander zu trennen.

Generell lässt sich sagen, dass auf die Zeit der Blockbildung Mitte der Fünfzigerjahre eine lange Periode der Annäherung folgte, die von vielen Rückschlägen unterbrochen wurde und ihren Höhepunkt zu Beginn der Siebzigerjahre erreichte, als die sozialliberale Koalition in Bonn die Ostverträge schloss und der amerikanische Präsident Nixon das erste Abkommen zur Begrenzung der strategischen Rüstung unterzeichnete. Von der Mitte der Siebzigerjahre an begann sich das Ost-West-Verhältnis wieder zu verschlechtern, bis Anfang der Achtzigerjahre von einem »zweiten Kalten Krieg« die Rede war.

Der Begriff ist jedoch schlecht gewählt. Anders als in der ersten Hochphase des Kalten Kriegs 1947/48 war es jetzt nur eine Seite, die das Gespräch verweigerte: die amerikanische. Die sowjetische Führung hielt über die Krisen der späten Siebzigerjahre hinaus an ihrem Entspannungskurs fest, und die westlichen Europäer bemühten sich nach Kräften, den Ost-West-Dialog wieder in Gang zu bringen. Als Präsident Reagan 1984/85 auf diese Bemühungen einging, kam sogleich wieder ein intensiver Entspannungsdialog in Gang. Die westlichen Bemühungen um ein Durchlässigmachen der Blockgrenzen förderten die Verbreitung westlicher Prinzipien im sowjetischen Machtbereich. Parallel dazu erleichterte die fortdauernde Kooperationsbereitschaft westlicher Politiker den kommunistischen Machthabern den Abschied von den alten Einkreisungsängsten.

Dabei war offenkundig, dass der Westen von einer Überwindung der wechselseitigen Abschottung nur gewinnen konnte. Durch den Ausbau der partizipatorischen und wohlfahrtsstaatlichen Komponenten seines Gesellschaftsmodells, die nicht zuletzt unter dem Eindruck der kommunistischen Herausforderung erfolgte, entwickelte er ein solches Maß an Attraktivität, dass ein Erfolg des sowjetischen Projekts auf lange Sicht undenkbar wurde. Wann oder ob überhaupt die sowjetischen Führer daraus die nötigen Konsequenzen ziehen würden, war dagegen eine offene Frage. *Wilfried Loth*

Widerstreit der Ideologien: Die weltpolitischen Vorstellungen der Siegermächte

Mit dem Engagement der USA im Zweiten Weltkrieg verband die amerikanische Gesellschaft die Vorstellung, das Zusammenleben der Menschen und Nationen solle künftig überall auf der Welt so gestaltet werden, wie man es im eigenen Land geordnet hatte. Das würde, davon war man überzeugt, nicht nur allen Nationen zum Vorteil gereichen, es würde auch den Frieden sicherer machen und einem nochmaligen Krieg vorbeugen.

Präsident Franklin D. Roosevelt nannte in einer Botschaft an den Kongress am 6. Januar 1941 als Kriegsziele die Verwirklichung von »vier Freiheiten«, die den traditionellen amerikanischen Werten entsprachen: die Freiheit der Rede und der Meinungsäußerung, die Freiheit der Religion, die Freiheit von Furcht und die Freiheit von Not. Freiheit von Furcht und Freiheit von Not sollten sowohl für den Einzelnen gelten als auch für die Nationen.

Dazu wurde eine »Verständigung über Wirtschaftsfragen« gefordert, »die jeder Nation ein Leben in Gesundheit und Frieden für seine Bewohner garantiert«.

Ähnlich wurden die Kriegsziele auch in der Atlantikcharta formuliert, die Roosevelt und der britische Premierminister Winston Churchill am 14. August 1941 unterzeichneten. Sie proklamierte das Recht aller Nationen auf Selbstbestimmung und das Recht auf gleichen Zugang zum Handel und zu den Rohstoffen der Welt. Weiter forderte sie die »vollste Zusammenarbeit« aller Nationen im Wirtschaftsleben und erklärte, dass ihre Unterzeichner auf jede Vergrößerung ihres Territoriums verzichteten.

Am 14. 8. 1941 unterzeichneten Roosevelt (links sitzend) und Churchill an Bord des britischen Schlachtschiffs »Prince of Wales« vor Neufundland die gemeinsame Verlautbarung der USA und Großbritanniens über eine künftige Friedensordnung.

Die Prinzipien von Selbstbestimmung und Freiheit sollten grundsätzlich unbeschränkt gelten, und die USA sollten sich überall auf der Welt für ihre Verwirklichung und Einhaltung einsetzen. Daraus folgte, dass es keine Einflusssphären mehr geben sollte, die amerikanischem Zugang verschlossen blieben. Ebenso wenig sollte die

50

Welt in Zukunft wieder in voneinander getrennte Machtblöcke aufgeteilt werden und es sollte auch keine Geheimdiplomatie mehr geben, die vor der Welt - und insbesondere der amerikanischen Öffentlichkeit - verborgen blieb.

Viele hofften auf die Schaffung einer neuen Weltfriedensorganisation, einer Weltorganisation, die anders als der Völkerbund nach dem Ersten Weltkrieg wirklich global angelegt sein sollte. Sie sollte mit wirklichen Vollmachten ausgestattet werden und mit der gleichberechtigten Mitwirkung aller Nationen das Selbstbestimmungsrecht aller Nationen garantieren.

Es gab allerdings auch Politiker, die wussten, dass eine solch mächtige Weltfriedensorganisation nicht durchzusetzen war, selbst von den USA nicht, die im Laufe des Kriegs zur mächtigsten Nation der Welt aufstiegen. Zu ihnen gehörte Präsident Roosevelt selbst. Ihm war bewusst, dass der Friede von der Verständigung der mächtigen Nationen abhing. Auf die Siegermächte kam damit eine besondere Verantwortung zu. Roosevelt war gewillt, diese Verantwortung wahrzunehmen, und er arbeitete darum auf eine Fortsetzung der Zusammenarbeit zwischen den Alliierten nach dem Sieg über die Achsenmächte hin.

ZITAT

Artikel 6 der am 14. 8. 1941 zwischen Roosevelt und Churchill vereinbarten »Atlantikcharta«:
Nach der endgültigen Vernichtung der nationalsozialistischen Tyrannei hoffen sie (die Unterzeichner), dass ein Friede geschlossen werde, in dessen Rahmen allen Nationen die Möglichkeit gegeben wird, innerhalb ihrer Grenzen in Sicherheit zu leben, und der die Gewähr dafür bieten wird, dass alle Menschen in allen Ländern ihr Leben frei von Furcht und Not führen können.

Die vier Weltpolizisten

Zu Beginn der 1940er-Jahre sah Roosevelt die künftige Friedensordnung auf eine Absprache der vier Großmächte, der Vereinigten Staaten, Großbritanniens, Russlands und Chinas gegründet, die dafür verantwortlich seien, den Frieden zu bewahren. Der Rest der Welt werde abrüsten. Er fügte hinzu, dass zwei der Weltpolizisten, nämlich die USA und Großbritannien, künftig über Atomwaffen verfügen würden. Das würde es ihnen ermöglichen, die Kooperation der übrigen Großmächte zur Not auch zu erzwingen.

Im weiteren Verlauf des Kriegs stand die Zusammenarbeit zwischen den USA und der Sowjetunion im Vordergrund. Der wirtschaftliche und machtpolitische Niedergang Großbritanniens und Europas ließ die Macht der USA noch weiter wachsen, sodass auch ein amerikanisches Atomwaffenmonopol zu erwarten war. Gleichzeitig stieg die Sowjetunion mit dem Vormarsch der

Roten Armee nach Westen zur stärksten Militärmacht des europäischen Kontinents auf. Dem musste man Rechnung tragen. Roosevelt plädierte daher dafür, der Sowjetunion eine Einflusssphäre im östlichen Europa zuzugestehen und sie mit Anleihen beim Wiederaufbau des kriegszerstörten Landes zu unterstützen. Das sollte helfen, Stalin und dem Moskauer Politbüro das ewige Misstrauen gegenüber den westlichen »Imperialisten« zu nehmen und damit die Grundlagen für eine dauerhafte Zusammenarbeit zu schaffen.

Im Übrigen setzte die amerikanische Politik auf eine möglichst weitgehende Beseitigung von Zöllen, Handelsbarrieren und wirtschaftlichen Diskriminierungen. Die hohen Zollmauern, die nach dem Ersten Weltkrieg errichtet worden waren, waren aus amerikanischer Sicht eine wesentliche Ursache für den allgemeinen wirtschaftlichen Niedergang und damit für den Aufstieg des Nationalsozialismus. Wohlstand und Friede setzten ungehinderten Handel voraus. Darüber hinaus sprachen auch nationale Interessen für eine Öffnung der Märkte: Die amerikanische Volkswirtschaft war auf die Erschließung neuer auswärtiger Handels- und Absatzmärkte angewiesen. Ohne sie drohte auch in den USA eine neue Depression. Diese konnte sogar sehr schnell eintreten, wenn nach dem Krieg nicht Ersatzmärkte für die kriegsbedingt gestiegene Produktion gefunden wurden.

Der Weg zum Sozialismus

Die Hoffnungen Roosevelts auf eine Kooperation mit der Sowjetunion waren nicht so illusionär, wie sie im Nachhinein erscheinen mögen. Gewiss blieben Stalin und die gesamte Machtelite der Sowjetunion in den Denkmustern der leninistischen Ideologie befangen. Danach waren die entwickelten kapitalistischen Staaten allesamt zum Untergang verurteilt, der Sieg des Sozialismus, der in der russischen Oktoberrevolution seinen ersten Durchbruch erzielt hatte, unaufhaltsam. Mit den imperialistischen Mächten und ihren Führern konnte es keine Zusammenarbeit auf Dauer geben, nur zeitlich begrenzte taktische Allianzen waren vorstellbar.

Allerdings war Stalin Realist genug, um zwischen »reaktionären« und weniger reaktionären, »aggressiven« und weniger aggressiven Gruppierungen und Repräsen-

50

Die Sowjetunion hatte ihren Sieg mit ungeheuren Menschenopfern und Zerstörungen bezahlen müssen (Aufnahme der Ruinen von Stalingrad vom Oktober 1942). Nach Kriegsende waren die USA zunächst noch bereit, den sowjetischen Wiederaufbau zu unterstützen.

tanten des Kapitals zu unterscheiden. Zugleich verfügte er über ein waches Gespür für die tatsächlichen Machtverhältnisse: Die Sowjetunion musste ihren Sieg mit ungeheuren Menschenopfern und Zerstörungen bezahlen, die Industrialisierung des Landes war um Jahre zurückgeworfen, die Gesellschaftsordnung war erschüttert, die Autorität der Partei vielfach infrage gestellt. Demgegenüber waren die USA zur stärksten Macht der Welt aufgestiegen. Ihre Volkswirtschaft hatte sich glänzend entwickelt, ihre Schiffe beherrschten die Meere, ihre Truppen standen in Europa und in Asien, und seit dem Juli 1945 verfügten sie auch als vorerst einzige Macht über die Atombombe.

Natürlich trieb Stalin gleich den Bau einer eigenen Atombombe voran. Er war auch sonst darauf bedacht, beim Wiederaufbau der Sowjetunion die militärische Wachsamkeit nicht zu vernachlässigen und das Land erneut ideologisch zu festigen. Gleichzeitig galt es aber auch, sich mit den westlichen Siegermächten zu arrangieren, um Erreichtes zu sichern und einer neuen Bedrohung des Sowjetstaats durch »aggressive Imperialisten« vorzubeugen. Stalin glaubte, im Pragmatismus der britischen Führung und in der progressiven Grundhaltung

Die vier Siegermächte des Zweiten Weltkriegs hießen USA, Frankreich, Großbritannien und Sowjetunion. Ohne Frankreich, dafür mit China, sollten sie nach Roosevelts Vorstellungen die vier »Weltpolizisten« darstellen (Krylow Kuprijanow, »Unterzeichnung der deutschen Kapitulation«, 1945/46; Tscheljabinsk, Staatliche Kunstgalerie).

der Regierung Roosevelt über Grundlagen für ein solches Arrangement zu verfügen. Auf sie gestützt, sollte die Kriegsallianz in ein Friedensbündnis überführt werden.

Die Kommission für Fragen der Friedensverträge und der Nachkriegsordnung, die Stalin im September 1943 eingesetzt hatte, legte im November 1944 ein Memorandum vor, das eine Abgrenzung von Einflusssphären in Europa empfahl. Zur »maximalen Interessensphäre der Sowjetunion« wurden darin Finnland, Schweden, Polen, Ungarn, die Tschechoslowakei, Rumänien, die Balkanländer und die Türkei gezählt. Die Niederlande, Belgien, Frankreich, Spanien, Portugal und Griechenland galten als »sicherlich zur britischen Sphäre« gehörig. Unter der Abgrenzung dieser Interessensphären wurde verstanden, »dass Britannien keine besonders engen Beziehungen mit den Ländern in unserer Zone aufnehmen darf« und dort auch keine militärischen Stützpunkte unterhalten konnte. Umgekehrt sollte das Gleiche für die Sowjetunion in Bezug auf die Länder in der britischen Zone gelten. In einer dritten, neutralen Zone, die Norwegen, Dänemark, Deutschland, Österreich und Italien umfasste, sollten »beide Seiten auf der gleichen Grundlage und mit regelmäßigen wechselseitigen Konsultationen zusammenarbeiten«.

Die Benennung einer sowjetischen Sicherheitssphäre bedeutete nicht notwendigerweise, dass dort sogleich der Sowjetkommunismus eingeführt werden sollte. Den nationalen kommunistischen Führungen, die das im Schatten der Roten Armee anstrebten, wurde gesagt, dass die »Sowjetisierung« noch nicht auf der Tagesordnung stehe. Allerdings sollte sichergestellt werden, dass die Länder in der sowjetischen Sphäre in Zukunft keine Politik gegen die Sowjetunion mehr betrieben.

Ideologisch gab Stalin die Parole aus, alle »fortschrittlichen« und »patriotischen« Kräfte sollten zusammen mit den Kommunisten am Aufbau einer »Demokratie neuen Typs« und an der »Freundschaft und Verständigung der Völker« mitwirken. Für die Kommunisten hieß das, nach Möglichkeit in den nationalen Regierungen

INFOBOX

Der Eiserne Vorhang

Da es Stalin im Februar 1945 gelungen war, Franklin D. Roosevelt und Winston Churchill davon zu überzeugen, dass die UdSSR keine radikale Umgestaltung der politischen und sozioökonomischen Verhältnisse Osteuropas anstrebe, akzeptierten die Westalliierten die Erweiterung des sowjetischen Einflussbereichs.

Die »Sowjetisierung« – ein Bruch der Zusagen Stalins – geschah unter dem Deckmantel der »Demokratisierung« der vor dem Krieg meist autoritär oder diktatorisch geführten osteuropäischen Staaten. Diese »Demokratisierung« wurde gemäß den sowjetischen Vorstellungen vom Begriff »Demokratie« durchgeführt; sowohl in den ehemaligen Feindstaaten (Rumänien, Ungarn, Bulgarien) als auch bei den ehemaligen Verbündeten (Jugoslawien, Tschechoslowakei, Polen) entstanden kommunistisch dominierte »Volksfronten«, die Stalins Autorität, die Führungsrolle der KPdSU und die Vorgabe der in der UdSSR entwickelten Trias aus Einparteiensystem, Planwirtschaft und kommunistischer Ideologie bedingungslos anerkannten und sukzessive realisierten.

Der ab 1946 niedergehende »Eiserne Vorhang« – mit dieser Metapher bezeichnete Churchill die Sowjetisierung und gleichzeitige Abschottung des Ostblocks – verschärfte den heraufziehenden Ost-West-Konflikt und sicherte für Jahrzehnte das kommunistische Machtmonopol in Osteuropa.

mitzuarbeiten und sich am Aufbau der Demokratie zu beteiligen. Wann und wie diese neuen Demokratien dann in eine sozialistische Ordnung übergehen würden, war grundsätzlich offen. Stalin sprach 1945/46 davon, dass es mehrere Wege zum Sozialismus geben könne. In Russland habe man den kürzesten Weg zur Herrschaft der Arbeiterklasse genommen, im Westen mit seinen demokratischen Traditionen könne man dagegen auch »auf demokratischem Weg zur Arbeitermacht« gelangen, ohne die Zwischenstufe einer Diktatur. »Heute ist der Sozialismus sogar unter der englischen Monarchie möglich. Eine Revolution ist nicht mehr überall nötig.«

ZITAT

Aus Stalins Ansprache vom 9. 5. 1945 anlässlich des Sieges über Deutschland:
Der große Tag des Sieges ist gekommen. Von der Roten Armee und den Truppen unserer Verbündeten auf die Knie gezwungen, hat sich das faschistische Deutschland für besiegt erklärt und bedingungslos kapituliert... Von nun an wird das große Banner der Völkerfreiheit und des Völkerfriedens über Europa wehen.

Der Streit um die Erklärung von Jalta

Allerdings zeigte sich sehr bald, dass die Beseitigung der gesellschaftlichen Wurzeln des Faschismus und die Sicherung einer sowjetfreundlichen Orientierung der Völker im westlichen Vorfeld der Sowjetunion nicht so leicht zu bewerkstelligen war, wie man in Moskau wohl erhofft hatte. Das ließ die Kommunisten überall dort, wo ihnen die Rote Armee die Macht dazu gab, zu hergebrachten leninistischen Methoden greifen, die mit den Prinzipien der Demokratie und des Rechtsstaats nicht vereinbar waren: Agitation der Volksmassen, Manipulation hinter den Kulissen, Androhung von Gewalt und letztlich auch polizeiliche und militärische Unterdrückung ohne rechtsstaatliche Kontrolle. In der Praxis nahm die »antifaschistisch-demokratische Umwälzung« im Machtbe-

Demokratie und die Beseitigung von Handelsbarrieren waren vorrangige Ziele der USA in Deutschland (Wahlwerbung zur Bundestagswahl 1949).

100562

reich der Roten Armee doch Züge an, die an die leninistische Revolution erinnerten.

Das wiederum war für die Fortführung des kooperativen Ansatzes in der amerikanischen Außenpolitik über das Ende des Kriegs hinaus fatal. Roosevelt hatte die amerikanische Öffentlichkeit, die traditionell wenig von den europäischen Angelegenheiten wissen wollte, nur dadurch für den Kriegseinsatz gewinnen können, dass er die Hoffnungen auf eine Durchsetzung der Demokratie und einer neuen Völkergemeinschaft bewusst förderte. Er wagte es daher nicht, seinen Landsleuten hinsichtlich der Notwendigkeit von Kompromissen mit der sowjetischen Diktatur reinen Wein einzuschenken. Jedoch ging er davon aus, dass sich die Prinzipien der Atlantikcharta und die sowjetischen Sicherheitsinteressen in Osteuropa, die er grundsätzlich anerkannte, irgendwie vereinbaren lassen würden.

Als sich die Großen Drei – Roosevelt, Stalin und Churchill – vom 4. bis 11. Februar 1945 in Jalta auf der Krim trafen, um über die Nachkriegsordnung zu beraten, drängte der amerikanische Präsident den sowjetischen Diktator, eine »Erklärung über das befreite Europa« zu unterschreiben, die die Grundsätze der Atlan-

1945/46 hielt Stalin es noch für möglich, auf demokratischem Weg zum Sozialismus zu kommen. Jedoch kam es bald zu Repressionen und zur Aushebelung rechtsstaatlicher Prinzipien zugunsten der Durchsetzung einer sowjetfreundlichen Orientierung der Völker.

100264

Churchill, Roosevelt und Stalin während der Konferenz von Jalta im Februar 1945. In einer Erklärung verpflichteten sich die Verbündeten zur Schaffung einer demokratischen Weltordnung.

tikcharta noch einmal bekräftigte. Stalin tat ihm den Gefallen, einen Text zu akzeptieren, der Roosevelt innenpolitisch hilfreich sein konnte.

So wurde in Jalta eine Erklärung verabschiedet, mit der sich die verbündeten Regierungen verpflichteten, ihre Politik »gleichzuschalten, um den Völkern der früheren Vasallenstaaten der Achse bei der auf demokratischem Weg herbeizuführenden Lösung ihrer drängenden politischen und wirtschaftlichen Probleme beizustehen«. Insbesondere sagten sie ihre Hilfe zu »bei der Schaffung vorläufiger Regierungsgewalten, die eine umfassende Vertretung aller demokratischen Elemente der Bevölkerung darstellen und die zur baldestmöglichen Errichtung von dem Volkswillen entsprechenden Regierungen auf dem Wege freier Wahlen verpflichtet sind«. Außerdem kündigten sie an, »eine auf Recht und Gesetz gegründete Weltordnung zu schaffen«.

Die amerikanische Öffentlichkeit nahm diese Erklärung begeistert auf. Umso größer war dann die Enttäuschung, als sie feststellen musste, dass im östlichen Europa keine Demokratien westlicher Prägung entstanden. Folglich galt Stalin schnell als wortbrüchig, seinen

Kooperationsbeteuerungen wurde nicht mehr geglaubt, und am Streit über die Interpretation der Erklärung von Jalta entzündete sich der Kalte Krieg.

Für Stalin war die Erklärung über das befreite Europa nicht mehr als ein Stück Papier mit allgemeinen Prinzipien, die für die konkrete Politik wenig Bedeutung hatten. Er hatte dem amerikanischen Präsidenten einen Gefallen getan, ihm geholfen, seine Stellung zu Hause zu festigen. Sich deswegen daran hindern zu lassen, alles zu tun, was zur Sicherung seiner Einflusssphäre im östlichen Europa notwendig war, kam ihm nicht in den Sinn. Er war sich auch sicher, dass Roosevelt nicht mehr als ein verbales Zugeständnis verlangt hatte. Dass die amerikanische Politik mit einem Mal die Einlösung der Prinzipien von Demokratie und Selbstbestimmung im westlichen Sinne verlangte, erschien ihm als Bruch mit der bisherigen kooperativen Politik der USA. So forderte er die Aufrechterhaltung der Allianz der Siegermächte, ohne wahrzunehmen, wie er selbst dazu beitrug, dass ihr die Grundlagen entzogen wurden. *Wilfried Loth*

Im Banne der Roten Armee: Die Blockbildung in Mittel- und Osteuropa

Eine erste Phase der Nachkriegsentwicklung Europas, schon im Kriege beginnend und bis 1947/48 dauernd, war dadurch gekennzeichnet, dass diese Region mehr und mehr zum Objekt gegensätzlicher Befürchtungen und Pläne der Westmächte und der Sowjetunion wurde, ohne dass die Ost-West-Spaltung Europas bereits unabänderliche Wirklichkeit war. Stalin fürchtete seit 1943/44 die Ausweitung des britischen und amerikanischen Kapitalismus auf das geschwächte Europa und damit eine neue Bedrohung des eigenen Imperiums; in der britischen und amerikanischen Führung setzte sich 1946 die Überzeugung durch, der Sowjetkommunismus sei expansiver Natur und werde die wirtschaftliche Notlage Europas zu nutzen versuchen, um die gesamte europäische Region in seine Einflusssphäre zu bringen.

Hinsichtlich der osteuropäischen Länder zielte die sowjetische Politik darauf, die 1918 vom Deutschen Reich und 1921 von Polen erzwungenen Gebietsabtre-

ZITAT

In seiner Tito-Biographie zitiert Vladimir Dedijer, ein Mitstreiter Titos, einen Briefentwurf des Politikers vom 12. 4. 1948 an die sowjetische Führung:

Das sowjetische Volk und vor allem seine Führer müssen überzeugt sein, dass das neue Jugoslawien unter seiner gegenwärtigen Führung unaufhaltsam dem fortschrittlichen Sozialismus zustrebt. ... Wir sind der Meinung, dass kleinere Volksdemokratien wie Jugoslawien und ähnliche, die einen neuen Pfad zum Sozialismus beschreiten, in jedem Falle, aus inneren wie äußeren Gründen, im augenblicklichen Stadium völlig unabhängig und souverän bleiben müssen; jedoch untereinander und ihrerseits wiederum alle mit der Sowjetunion durch verschiedene Verträge gebunden. ... Die Rolle der Sowjetunion sollte darin bestehen, den neuen Demokratien durch ihre Autorität volle und umfassende Unterstützung zu gewähren, und dabei in der Propaganda besonderen Gebrauch von den Erfolgen zu machen, die in diesen Demokratien bei der Realisierung des Sozialismus erzielt wurden.

tungen Russlands rückgängig zu machen – soweit das nicht schon 1939/40 unter anderem durch den Hitler-Stalin-Pakt erfolgt war – und gleichzeitig einen antisowjetischen Kurs zu verhindern. Wie die sowjetfreundliche Orientierung Osteuropas erreicht werden sollte, stand aber zunächst keineswegs fest.

Polen

So schien Stalin eine Machtübernahme durch polnische Kommunisten lange Zeit nicht das geeignete Mittel zu sein, eine antisowjetische Orientierung Polens zu verhindern. Vielmehr suchte er bis zum Sommer 1944 nach abtretungswilligen und kooperationsbereiten Kräften in den Kreisen der polnischen Exilregierung in London. Erst als endgültig feststand, dass solche nicht zu finden waren, gab er dem Drängen der im Lubliner Komitee zusammengeschlossenen polnischen Kommunisten auf Vorbereitung eines kommunistisch dominierten Regimes nach.

Unter amerikanischem Druck mussten dann Ende Juni 1945 der Bauernpartci als potenziell stärkster Kraft des Landes vier Kabinettssitze in der von den kommunistischen Kräften etablierten Regierung eingeräumt werden, ebenso ein weiterer Sitz den Sozialisten. Als sich die Mehrheit der Bauernpartei jedoch weigerte, in den von Kommunisten und Sozialisten dominierten Demokratischen Block einzutreten, verschoben die Kommunisten die Wahlen zur verfassunggebenden Versammlung bis zum Januar 1947 und manipulierten diese so weit, dass der Demokratische Block 394 von 444 Parlamentssitzen erhielt. Die Kommunisten konnten nun ihren Führungsanspruch ungehindert durchsetzen.

Tschechoslowakei und Ungarn

In der tschechoslowakischen Exilregierung in London fand Stalin jene Kooperationsbereitschaft, die er bei der polnischen vergeblich suchte. Staatspräsident Edvard Beneš und eine Mehrheit demokratischer Kräfte des Landes zogen aus der Erfahrung des Münchener Abkommens von 1938 und der Verschiebung der Machtverhältnisse auf dem Kontinent den Schluss, die Tschechoslowakei müsse die Sowjetunion als Schutzmacht gewinnen, um ihre Unabhängigkeit zu sichern. Bereitwillig gab Beneš den Plan einer tschechoslowakisch-polnischen Föderation auf sowjetischen Einspruch hin auf, trug dem sowjetischen Wunsch nach Abtretung der Karpato-Ukraine an die Sowjetunion Rechnung und vertrat in der internationalen Politik die sowjetischen Positionen.

Folglich ging die politische Macht nach der Befreiung durch sowjetische und amerikanische Truppen an eine Nationale Front aus Kommunisten, Sozialdemokraten, nationalen Sozialisten, katholischer Volkspartei und slowakischer Demokratischer Partei über. Obwohl die Kommunisten eine starke Stellung einnahmen, wurde die Politik der sozialen Umgestaltung – einschließlich der Vertreibung der Sudetendeutschen – jedoch von einem breiten Konsens aller Koalitionspartner getragen.

In Ungarn ließ Stalin unter dem Schutz der sowjetischen Truppen Ende 1944 eine Volksfrontregierung aus Kommunisten, Sozialdemokraten, Bauernpartei, Partei der Kleinen Landwirte und Bürgerlich-Demokratischer

Die soziale Umgestaltung wurde in der Tschechoslowakei nach dem Krieg zunächst von einer breiten Mehrheit der Kabinettsmitglieder getragen. Im Februar 1948 erzwangen die Kommunisten aber die Machtübernahme – im Bild eine über die Karlsbrücke in Prag marschierende Kolonne der Arbeitermiliz.

100880

Partei bilden und in vorsichtigen Schritten soziale Reformen in die Wege leiten.

Eine Massenbasis für eine sowjetfreundliche Politik fand sich jedoch nicht; vielmehr erlitten die Kommunisten in den Wahlen vom November 1945 mit 17 Prozent der Stimmen (gegen 57 Prozent für die Partei der Kleinen Landwirte und 17,4 Prozent für die Sozialisten) eine deutliche Niederlage. Der Generalsekretär der Partei der Kleinen Landwirte, Ferenc Nagy, wurde von den Sowjets als Ministerpräsident akzeptiert, geriet aber unter zunehmenden Druck seiner kommunistischen Kabinettskollegen. Im Januar 1947 wurden einige führende Mitglieder der Partei der Kleinen Landwirte der Verwicklung in einen Putschversuch beschuldigt und verhaftet, Ende Mai 1947 deren wichtigste Minister aus dem Kabinett ausgeschlossen. Danach war der Weg zum kommunistischen Machtmonopol frei.

ZITAT

Antikommunistisches Flugblatt zur Wahl vom 18. 4. 1948 in Italien:
Gott sieht dich vor der Wahlurne, Stalin nicht!

Rumänien und Bulgarien

In Rumänien suchte sich die Sowjetführung zunächst mit der Verschwörergruppe oppositioneller Generäle und Politiker zu arrangieren, die im August 1944 das mit Hitler verbündete Regime von Marschall Ion Antonescu gestürzt hatte. Unter dem Eindruck allgemeiner Unruhe unter der ländlichen Bevölkerung erzwangen die sowjetischen Besatzer dann von König Michael am 6. März 1945 die Berufung eines kommunistisch kontrollierten Kabinetts.

Die Opposition gegen das neue Regime blieb beträchtlich und nahm sogar weiter zu, konnte sich aber

Unter dem Motto »Frauen! Kämpft für die Stärkung unserer Republik« demonstrierten am 8. 3. 1950 zahlreiche Menschen in Rumänien; sie trugen u. a. das Porträt von Ana Pauker mit sich, einer Kommunistin, die für die starke Anbindung an Moskau stand.

nicht mehr durchsetzen: Im August 1945 versuchte König Michael vergeblich, die neue Regierung zu stürzen. Im Januar 1946 wurden auf amerikanischen Druck hin zwei Vertreter der Oppositionsparteien in das Kabinett aufgenommen, ohne dass sie dort tatsächlichen Einfluss erlangen konnten. Als die Wähler der Kommunistischen Partei im November 1946 eine vernichtende Niederlage bereiteten, wurden die Wahlergebnisse gefälscht. Im Laufe des Jahres 1947 wurden die oppositionellen Führungskräfte verhaftet, ihre Anhänger durch eine Währungsreform ihrer materiellen Grundlage beraubt, die selbstständigen Elemente innerhalb des Demokratischen Blocks ausgeschaltet und schließlich die Abdankung des Königs am 30. Dezember 1947 erzwungen.

In Bulgarien organisierte eine Vaterländische Front aus Bauernpartei, Kommunisten, Sozialisten und Offizieren der überparteilichen politischen Vereinigung des Zweno-Kreises im September 1944 beim Herannahen der sowjetischen Truppen einen Putsch gegen das bisherige autoritäre, mit Hitler verbündete Regime. Innerhalb der Regierungskoalition gewann die Kommunistische Partei, hier mit rasch wachsendem Massenanhang ausgestattet und durch die Präsenz der sowjetischen Besatzer abgesichert, alsbald die führende Position.

Durch das Vorgehen britischer Truppen gegen die prokommunistische Partisanenbewegung im benachbarten Griechenland ermutigt, wagte der stellvertretende Ministerpräsident Nikola Petkow im Juli 1945 die Kraftprobe mit den Kommunisten, indem er mit einem Teil seiner Bauernpartei die Vaterländische Front verließ. Zu den Wahlen vom November 1945 wurde jedoch nur eine Einheitsliste zugelassen und diese mit rund 88 Prozent bei einer Wahlbeteiligung von 85 Prozent bestätigt. Verhandlungen über die Wiederaufnahme zweier Oppositionspolitiker in die Regierung – wie sie die Sowjetregierung den USA schließlich zugestanden hatte – scheiterten an der Weigerung der Kommunisten, der Opposition realen Einfluss zuzubilligen. Nach dem Abschluss des Friedensvertrags am 10. Februar 1947 und der Auflösung der Interalliierten Kontrollkommission, deren Präsenz der Opposition noch einen gewissen Schutz gewährt hatte,

100563

In Jugoslawien suchte Tito (hier als Kommandeur der Nationalen Freiheitsfront während des Zweiten Weltkriegs) einen eigenen Weg zum Sozialismus auf marxistisch-leninistischer Grundlage.

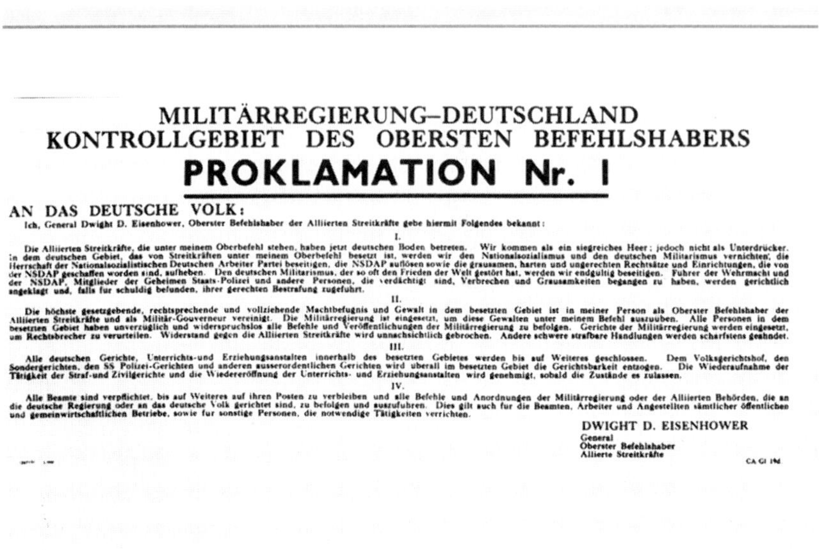

MILITÄRREGIERUNG–DEUTSCHLAND
KONTROLLGEBIET DES OBERSTEN BEFEHLSHABERS

PROKLAMATION Nr. I

AN DAS DEUTSCHE VOLK:

Ich, General Dwight D. Eisenhower, Oberster Befehlshaber der Alliierten Streitkräfte gebe hiermit Folgendes bekannt:

I.

Die Alliierten Streitkräfte, die unter meinem Oberbefehl stehen, haben jetzt deutschen Boden betreten. Wir kommen als ein siegreiches Heer; jedoch nicht als Unterdrücker. In dem deutschen Gebiet, das von Streitkräften unter meinem Oberbefehl besetzt ist, werden wir den Nationalsozialismus und den deutschen Militarismus vernichten, die Herrschaft der Nationalsozialistischen Deutschen Arbeiter Partei beseitigen, die NSDAP auflösen sowie die grausamen, harten und ungerechten Rechtsätze und Einrichtungen, die von der NSDAP geschaffen worden sind, aufheben. Den deutschen Militarismus, der so oft den Frieden der Welt gestört hat, werden wir endgultig beseitigen. Führer der Wehrmacht und der NSDAP, Mitglieder der Geheimen Staats-Polizei und andere Personen, die verdächtigt sind, Verbrechen und Grausamkeiten begangen zu haben, werden gerichtlich angeklagt und, falls fur schuldig befunden, ihrer gerechten Bestrafung zugefuhrt.

II.

Die höchste gesetzgebende, rechtsprechende und vollziehende Machtbefugnis und Gewalt in dem besetzten Gebiet ist in meiner Person als Oberster Befehlshaber der Alliierten Streitkräfte und als Militär-Gouverneur vereinigt. Die Militärregierung ist eingesetzt, um diese Gewalten unter meinem Befehl auszuuben. Alle Personen in dem besetzten Gebiet haben unverzüglich und widerspruchslos alle Befehle und Veröffentlichungen der Militärregierung zu befolgen. Gerichte der Militärregierung werden eingesetzt, um Rechtsbrecher zu verurteilen. Widerstand gegen die Alliierten Streitkräfte wird unnachsichtlich gebrochen. Andere schwere strafbare Handlungen werden scharfstens geahndet.

III.

Alle deutschen Gerichte, Unterrichts-und Erziehungsanstalten innerhalb des besetzten Gebietes werden bis auf Weiteres geschlossen. Dem Volksgerichtshof, den Sondergerichten, den SS Polizei-Gerichten und anderen ausserordentlichen Gerichten wird uberall im besetzten Gebiet die Gerichtsbarkeit entzogen. Die Wiederaufnahme der Tätigkeit der Straf-und Zivilgerichte und die Wiedereröffnung der Unterrichts- und Erziehungsanstalten wird genehmigt, sobald die Zustände es zulassen.

IV.

Alle Beamte sind verpflichtet, bis auf Weiteres auf ihren Posten zu verbleiben und alle Befehle und Anordnungen der Militärregierung oder der Alliierten Behörden, die an die deutsche Regierung oder an das deutsche Volk gerichtet sind, zu befolgen und auszufuhren. Dies gilt auch fur die Beamten, Arbeiter und Angestellten sämtlicher öffentlichen und gemeinwirtschaftlichen Betriebe, sowie fur sonstige Personen, die notwendige Tätigkeiten verrichten.

DWIGHT D. EISENHOWER
General
Oberster Befehlshaber
Allierte Streitkräfte

CA GI 194

Bereits im Mai 1945 wurde die Proklamation Nr. 1 der westalliierten Streitkräfte unter dem Oberbefehl von Dwight D. Eisenhower über die Einrichtung einer Militärregierung in den von ihnen besetzten Gebieten Deutschlands veröffentlicht.

wurde Petkow verhaftet und zum Tode verurteilt, seine ohnehin schon geschwächte Bauernpartei wurde zerschlagen.

Jugoslawien und Finnland

In Jugoslawien setzte sich die kommunistische Partisanenbewegung unter Josip Tito im Kampf gegen die Achsenmächte weitgehend aus eigener Kraft gegen rivalisierende Widerstandsgruppen durch. Während Stalin darauf drängte, mit den bürgerlichen Kräften und dem exilierten König zusammenzuarbeiten, räumte Tito den nicht kommunistischen Kräften nur eine untergeordnete Rolle in der Volksfront ein. Er trieb die Enteignung von Großgrundbesitz und Industrie nach sowjetischem Vorbild voran und ließ die aktiven Anhänger der vordem rivalisierenden Formationen – insbesondere der serbischen nationalistischen Kampfbewegung der Četnici und der kroatischen separatistischen Ustascha – strafrechtlich verfolgen. Sein Regime kam so kommunistischen Ordnungsvorstellungen noch am nächsten, geriet aber alsbald in Spannungen mit Stalin, dem der revolutionäre Elan der jugoslawischen Genossen vielfach zu unbedacht erschien.

Unter umgekehrtem Vorzeichen blieb auch in Finnland der sowjetische Einfluss begrenzt: Die finnische Armee brachte den sowjetischen Vormarsch zweimal, im

Finnisch-Sowjetischen Winterkrieg 1939/40 und bei der sowjetischen Karelienoffensive im Sommer 1944, zum Stillstand; die nach dem Krieg gebildete Regierung unter Juho Kusti Paasikivi nahm durch ihre betont sowjetfreundliche Außenpolitik der Sowjetunion jeden Anlass zu einem erneuten Interventionsversuch.

Kommunisten in Westeuropa – Die fünfte Kolonne Moskaus?

In den Ländern, die im Einflussbereich der amerikanischen und britischen Truppen lagen, besonders in Frank-

160

Ein britischer Offizier hilft beim Anbringen eines Markierungsschildes an der britisch-sowjetischen Sektorengrenze in Berlin.

reich und in Italien, mobilisierten die Kommunisten unterdessen auf Stalins Anweisung alle verfügbaren Reserven für den Wiederaufbau, der in Zusammenarbeit mit den traditionellen Eliten erfolgen sollte. In Frankreich boykottierten die Kommunisten die Forderungen ihres sozialistischen Koalitionspartners nach Verstaatlichung aller Großindustrien, Wirtschaftsplanung und Partizipation; in Italien versagten sie sich den radikalen Umgestaltungsplänen der Sozialisten und der linksliberalen Aktionspartei zugunsten einer Zusammenarbeit mit den Liberalen und vor allem mit der christdemokratischen Partei.

Die allierte Militärbehörde gab nach dem Zweiten Weltkrieg Banknoten als Besatzungsgeld heraus – in Form sowohl amerikanischer als auch sowjetischer Drucke (Abbildung).

Die amerikanische Führung nahm diese Stabilisierungspolitik freilich nicht zur Kenntnis. Vielmehr setzte sie ihre Wirtschaftshilfe gezielt gegen den kommunistischen Einfluss ein und drängte die Sozialisten und Christdemokraten zum Ausschluss der Kommunisten

100886

aus der Regierungsverantwortung. In Frankreich entstand den Christdemokraten mit der Sammlungsbewegung, die General Charles de Gaulle nach seinem Rücktritt als Ministerpräsident 1946 ins Leben gerufen hatte, eine rechte Konkurrenz; in Italien arbeiteten traditionelle Honoratioren und der Vatikan auf einen Bruch der Christdemokraten mit den Kommunisten hin. Im Frühjahr 1947 waren der Unmut der kommunistischen Basis einerseits und der Druck der Kommunistengegner andererseits so weit angewachsen, dass die Regierungskoalitionen mit den Kommunisten zerbrachen, zunächst in Belgien am 11. März, dann in Frankreich am 5. Mai und schließlich in Italien am 13. Mai.

Keine Einigung über Deutschland

Noch stärker wirkte sich die beginnende Ost-West-Konfrontation auf Deutschland aus, das die Siegermächte zunächst gemeinsam verwalten wollten. Auf den Konferenzen von Jalta im Februar 1945 und Potsdam im Juli/August 1945 verständigten sich die Großen Drei darauf, ostdeutsche Gebiete Polen und der Sowjetunion zuzuweisen; infolge britischen Einspruchs gegen die Abtrennung ganz Schlesiens bis zur Oder-Neiße-Linie erfolgte die Übertragung der Regierungsgewalt an Polen beziehungsweise die Sowjetunion jedoch nur vorbehaltlich einer endgültigen Regelung in einem Friedensvertrag. Das übrige Reichsgebiet – natürlich ohne die seit 1938 annektierten Territorien – wurde in vier Besatzungszonen aufgeteilt, die Hauptstadt Berlin einer gesonderten Viermächte-Verantwortung unterstellt. Doch die Verantwortung für die Verwaltung Deutschlands hatten die vier Besatzungsmächte in einem Alliierten Kontrollrat gemeinsam zu tragen, und das Land sollte unter dem Besatzungsregime als wirtschaftliche Einheit behandelt werden.

Die sowjetische Forderung nach Festlegung der von Deutschland zu leistenden Reparationen auf zwanzig Milliarden Dollar wurde von Präsident Franklin D. Roosevelt zunächst entgegenkommend behandelt. Unter seinem Nachfolger Harry S. Truman, Präsident seit Roosevelts Tod am 12. April 1945, setzte sich dann aber das Prinzip der Selbstbedienung der Besatzungsmächte in ihrer jeweiligen Zone durch; nur zehn Prozent der »unnö-

ZITAT

In einer Rede im amerikanischen Fulton benutzte Winston Churchill am 5. 3. 1946 erstmals das Schlagwort vom »Eisernen Vorhang«:
Von Stettin an der Ostsee bis hinunter nach Triest an der Adria ist ein »Eiserner Vorhang« über den Kontinent gezogen. Hinter jener Linie liegen alle Hauptstädte der alten Staaten Zentral- und Osteuropas: Warschau, Berlin, Prag, Wien, Budapest, Belgrad, Bukarest und Sofia. Alle jene berühmten Städte … sind in dieser und jener Form nicht nur dem sowjetrussischen Einfluss ausgesetzt, sondern auch in ständig zunehmenden Maße der Moskauer Kontrolle unterworfen.

tigen« Industriegüter der Westzonen sollten ohne Gegenleistung Polen und der Sowjetunion zur Verfügung gestellt werden. Hinsichtlich der Entnazifizierung und Demokratisierung Deutschlands wurden eine Reihe von Grundsatzbeschlüssen gefasst.

Frankreich, das auf der Konferenz von Potsdam nicht vertreten gewesen war, blockierte jedoch die Errichtung einer gemeinsamen Verwaltung für alle vier Besatzungszonen. Infolgedessen nahm die Entnazifizierung der deutschen Gesellschaft in Ost und West einen unterschiedlichen Verlauf – in den Westzonen nicht so gründlich, aber gemäß den Grundsätzen des Rechtsstaats, in der Ostzone oft brutal und willkürlich. Als dort die Sozialdemokraten zur stärksten Partei zu werden drohten, wurde von den sowjetischen Besatzern ihr Zusammenschluss mit den Kommunisten erzwungen. Die neue Sozialistische Einheitspartei (SED), am 21. April 1946 im sowjetischen Sektor Berlins proklamiert, blieb freilich auf die sowjetische Zone beschränkt.

Gespaltenes Europa
Die rigorose Erzwingung der Vereinigung der beiden Arbeiterparteien förderte das Misstrauen der Westmächte hinsichtlich der sowjetischen Absichten in Deutschland. Der Verdacht, Stalin habe es auf eine Einbeziehung ganz Deutschlands in den sowjetischen Machtbereich abgesehen, bremste ihre Bereitschaft, sich um gemeinsame Regelungen für alle vier Besatzungszonen zu bemühen. Pläne für eine gesamtdeutsche Regelung, so das amerikanische Angebot eines Viermächte-Garantiepakts zur Entmilitarisierung Deutschlands oder der britische Vorschlag zum schrittweisen Aufbau einer provisorischen Regierung, wurden zwar noch bis zur Moskauer Außenministerkonferenz im März/April 1947 ernsthaft diskutiert, scheiterten aber regelmäßig am sowjetisch-amerikanischen Gegensatz in der Reparationsfrage.

Im Frühjahr 1946 wandte sich die britische Regierung dem Ziel einer staatlichen Organisation der drei westlichen Besatzungszonen ohne sowjetische Beteiligung zu. Ein knappes Jahr später machte sich auch die amerikanische Regierung dieses Ziel zu Eigen. Die britische und die amerikanische Besatzungszone wurden am 2. Dezember 1946 in einem förmlichen Abkommen zur Bizone zu-

sammengeschlossen. Die sowjetische Regierung hielt demgegenüber an der gesamtdeutschen Zielsetzung fest, führte aber zugleich den Prozess der Überwindung des Nationalsozialismus in der eigenen Besatzungszone in einer Weise fort, die demokratische Grundsätze missachtete.

Im März 1946 prägte der britische Oppositionsführer Winston Churchill den Begriff des »Eisernen Vorhangs«, der sich über den europäischen Kontinent gesenkt habe.

Die Pläne, eine dritte Kraft der Europäer zwischen den USA und der Sowjetunion zu etablieren, kamen unter diesen Umständen kaum voran. Initiativen für eine westeuropäische Assoziation unter britisch-französischer Führung führten infolge britischen Zögerns und französischer Konzentration auf eine Abtrennung des Rheinlands vom deutschen Staatsgebiet nur zum Dünkirchenvertrag vom 4. März 1947, der über den gegenseitigen Beistand gegen eine neue deutsche Aggression hinaus noch keine substanziellen Kooperationsbestimmungen enthielt.

Andererseits hatten aber auch Bemühungen, Westeuropa mit den USA zu einem Block gegen sowjetische Expansion zusammenzuschweißen, wenig Erfolg. Winston Churchill sprach im März 1946 öffentlich vom »Eisernen Vorhang« zwischen Ost und West sowie der Notwendigkeit atlantischer Solidarität. Im September 1946 rief er Franzosen und Deutsche auf, sich auf »eine Art Vereinigter Staaten von Europa« im Westen zu verständigen. Beide Male stieß er aber in Europa auf mehr Ablehnung als Zustimmung. *Wilfried Loth*

Der Eiserne Vorhang schließt sich: Die Teilung Europas

Die Wende zur dauerhaften Zweiteilung des europäischen Kontinents begann, als die amerikanische Regierung im Frühjahr 1947 versuchte, ihre Stabilisierungspolitik für Westeuropa einschließlich des westlichen Deutschlands zu intensivieren. Dieser Versuch war aus amerikanischer Sicht notwendig, da sich die ursprünglich an Länder außerhalb des sowjetischen Einflussbereichs gewährten Hilfen als zu gering erwiesen, und die europäischen Länder zum Protektionismus zurückzukehren drohten. Er war aber auch außerordentlich schwierig: Der amerikanische Kongress zeigte sich wenig geneigt, neue Kredite für Europa zu bewilligen, und die französische Regierung weigerte sich, dem raschen Wiederaufbau der westdeutschen Industrie, wie er für die dauerhafte Gesundung der europäischen Wirtschaft unerlässlich war, zuzustimmen.

Den Widerstand des Kongresses überwand die Regierung Truman, indem sie die sowjetische Bedrohung bewusst überdimensioniert darstellte: In der Trumandoktrin, am 12. März 1947 dem Kongress anlässlich einer Bitte um Hilfsgelder für Griechenland und die Türkei präsentiert, erschien der Konflikt zwischen der Sowjetunion und den USA nun als globaler Kampf zwischen einem Regime von Terror und Unterdrückung und einem Regime der Freiheit; die USA wurden aufgefordert, diese Freiheit überall zu verteidigen.

Den französischen Widerstand suchten George F. Kennan, Chef des Politischen Planungsstabs im Außenministerium, und der amerikanische Außenminister George C. Marshall zu überwinden, indem sie die geplanten Hilfen für die europäischen Länder zu einem multilateralen Wiederaufbauprogramm (European Recovery Program, ERP) zusammenfassten, das zugleich den Weg zur Integration der beteiligten Länder eröffnete und damit Frankreich eine neue Form der Kontrolle des deutschen Wiederaufstiegs anbot.

Um dieses Programm, seit seiner Vorstellung durch den Außenminister am 5. Juni 1947 als Marshallplan bekannt, in den westeuropäischen Ländern mit ihren starken kommunistischen und sozialistischen Kräften durchzusetzen, offerierte man es auch den osteuropäischen Ländern einschließlich der Sowjetunion. Damit ergab sich, auch wenn dies nicht das Hauptanliegen der Initiatoren des Plans war, noch einmal eine Chance, die begonnene Spaltung Europas rückgängig zu machen.

Folgen des Marshallplans

Die Ankündigung des Marshallplans löste denn auch in Ost- und Westeuropa beträchtliche Hoffnungen aus. Stalin schwankte eine Zeit lang zwischen der Furcht vor der Westblockbildung im Falle einer Absage an den Plan und der Furcht vor einer Auflockerung oder gar Auflösung seines osteuropäischen Herrschaftsbereichs im Falle einer Beteiligung. Als sich die Außenminister Großbritanniens und Frankreichs, Ernest Bevin und

100562

Der amerikanische Präsident Harry S. Truman hielt am 12. 3. 1947 vor dem amerikanischen Kongress eine Rede, in der er »die Verpflichtung der USA, alle freien Völker zu unterstützen, die sich der Unterwerfung durch bewaffnete Minderheiten oder durch Druck von außen widersetzen« betonte.

Bei der Maikundgebung in Prag 1949 präsentieren Mitglieder einer kommunistischen Sportlerriege neben dem Porträt von Stalin auch das des neuen Staatspräsidenten Klement Gottwald (links).

100880

Georges Bidault, gegenüber den sowjetischen Vorstellungen von der Verwirklichung des Wiederaufbauprogramms wenig entgegenkommend zeigten, entschied er sich schließlich am 30. Juni 1947 für die Ablehnung.

Die osteuropäischen Regierungen, die ausnahmslos ihr Interesse an einer Beteiligung am Marshallplan bekundet hatten und mit Ausnahme Jugoslawiens selbst nach der sowjetischen Absage noch zur Teilnahme entschlossen waren, wurden von der Sowjetführung gezwungen, ihre Zusagen zurückzunehmen; Finnland entschied sich, um einer sowjetischen Intervention zuvorzukommen, selbst zur Nichtteilnahme.

Im Laufe des Sommers 1947 setzte sich in der sowjetischen Führung die Überzeugung durch, dass ihre Stabilisierungsstrategie für das westliche Europa gescheitert sei und die Dynamik des amerikanischen Kapitalismus sogar auf die sowjetische Sicherheitszone in Osteuropa überzugreifen drohe. Eine Eindämmung der amerikanischen Vormachtstellung in Westeuropa schien nun nur noch möglich, wenn man die westlichen kommunistischen Parteien zur Mobilisierung des Widerstands gegen den Marshallplan aufforderte, während der Bestand der osteuropäischen Sicherheitsregion nur durch eine stärkere Ausrichtung der dortigen Regime auf das sowjetische Vorbild und durch eine Verschärfung der Kontrolle durch Moskau gesichert schien.

Ende September wurden die Führer der wichtigsten kommunistischen Parteien auf einer Konferenz im schlesischen Schreiberhau (polnisch Szklarska Poręba) mit dem Kurswechsel der sowjetischen Politik vertraut gemacht und zur Zusammenarbeit in einem Kommunistischen Informationsbüro (Kominform) verpflichtet. Der sowjetische Delegationsleiter Andrej Aleksandrowitsch Schdanow definierte den Ost-West-Konflikt spiegelbildlich zur Trumandoktrin als globale, auf Sieg oder Untergang angelegte Auseinandersetzung zwischen dem »imperialistischen und antidemokratischen Lager« unter Führung der USA einerseits und den »antiimperialistischen und antifaschistischen Kräften« unter sowjetischer Führung andererseits.

Vertiefung der Gegensätze zwischen Ost und West
In den osteuropäischen Ländern wirkten jetzt der Moskauer Druck und eine allgemeine Krise des Wiederaufbaus mit der Konsequenz zusammen, dass die bis dahin noch verbliebenen Freiräume autonomer politischer Kräfte beseitigt wurden. In der Tschechoslowakei endete eine dramatische Kraftprobe zwischen der Kommunistischen Partei und ihren demokratischen Koalitionspartnern am 25. Februar 1948 mit der Etablierung einer

INFOBOX

Machtübernahme der Kommunisten
Innerhalb der Regierung der Nationalen Front unter Ministerpräsident Klement Gottwald löste die Personalpolitik des kommunistischen Innenministers v. a. bei der Ernennung höherer Polizeibeamter eine Regierungskrise in der Tschechoslowakei aus. In der Erwartung, dass Staatspräsident Edvard Beneš Neuwahlen ausschreiben werde, reichten die Minister der Tschechischen Sozialisten, der Slowakischen Demokraten und der Tschechoslowakischen Volkspartei ihren Rücktritt ein. Unter dem Druck von kommunistisch inspirierten Streiks und der Androhung eines Aufstandes entließ Beneš am 20. 2. 1948 die zurückgetretenen Minister aus ihren Ämtern und stimmte ihrer Ersetzung durch Vertreter der tschechoslowakischen KP zu. Diese Entwicklung, die die Kommunisten endgültig zur allein herrschenden Kraft in der Tschechoslowakei machte, erregte weltweites Aufsehen und verstärkte die Furcht vor weiteren kommunistischen Umstürzen. Im Zusammenhang mit diesen Ereignissen steht auch der in seinen Umständen ungeklärte Tod des Außenministers Jan Masaryk am 10. 3. 1948 (nach einem Sturz aus einem Fenster des Czernín-Palastes).

moskautreuen Regierung unter Klement Gottwald und der vollständigen Entmachtung der Nichtkommunisten.

Wie hier wurden auch in den übrigen osteuropäischen Ländern noch verbliebene organisierte Oppositionsgruppen ausgeschaltet, die sozialdemokratischen Parteien nach ausgiebigen »Säuberungen« mit den Kommunisten verschmolzen und aus den KP-Führungen nach und nach die Kräfte entfernt, die im Verdacht standen, sich Stalin gegenüber nicht jederzeit absolut loyal zu verhalten. Die Umformung der Gesellschaft wurde strikt am Vorbild der Sowjetunion ausgerichtet, an die Stelle pragmatischer Bündnisse mit partiell reformbereiten Gruppen trat der polizeistaatliche Terror einer Minderheit. Aus der vielfältigen indirekten Herrschaft der Sowjetunion über Osteuropa wurde ein geschlossener Sowjetblock.

In Westeuropa ließen die kommunistischen Parteiführungen dem seit Kriegsende angestauten sozialen Unmut ihrer Klientel freien Lauf; in Frankreich und Italien kam es daraufhin im Winter 1947/48 zu massiven Streiks, die bisweilen den Charakter eines allgemeinen Aufruhrs annahmen. Die Durchsetzung der amerikanischen Ziele in Westeuropa wurde durch sie indes nicht verhindert, sondern eher gefördert: Die große Mehrheit der Westeuropäer gewann angesichts des Streikspektakels und der mit ihm verbundenen ideologischen Offensive der Kommunisten die Überzeugung, dass die kommunistischen Par-

160

Am 30. 7. 1948 überreichten die Militärgouverneure General Lucius D. Clay und Brian H. Robertson in Frankfurt am Main den Text des ERP-Abkommens an die Leiter der Bizonenverwaltung – im Bild Franz Blücher, Hermann Pünder, Erich Koehler und Carl Krautwig.

160

Ende Februar 1948 demonstrierten die Bauern in Prag für die von den Kommunisten geplante Bodenreform – am 25. 2. 1948 hatte sich die kommunistische Einheitsregierung in der Tschechoslowakei etabliert.

teien in Westeuropa auf den Sturz der bestehenden Ordnung hinarbeiteten und die sowjetische Führung den ganzen Kontinent unter ihre Kontrolle zu bringen versuchte.

Eine Rückkehr der Kommunisten in die Regierungsverantwortung schien nun nicht mehr möglich. Sie sahen sich in das Getto ihrer »Gegenkultur« verwiesen, die politischen Gewichte verschoben sich deutlich nach rechts, und der Wiederaufbau im Zeichen des Marshallplans vollzog sich auf der Basis eines breiten antikommunistischen Konsenses. *Wilfried Loth*

Schirmherr Amerika: Die Blockbildung in Westeuropa

Von der Jahreswende 1947/48 an wurde so der Kalte Krieg zur innenpolitischen Realität in den Staaten des westlichen Europas. In Frankreich mussten die Sozialisten nach dem Ausscheiden der Kommunisten aus der Regierung notgedrungen die Rolle der linken Flügelgruppe in einer Koalition mit Christdemokraten und

Konservativen übernehmen, die sich von den Reformansätzen der aus der Résistance hervorgegangenen ersten Nachkriegsregierungen immer weiter fortbewegte. In Italien siegten die Christdemokraten – mit massiver amerikanischer Unterstützung – im April 1948 deutlich über das Bündnis von Kommunisten und Linkssozialisten; die Gettoisierung der Kommunisten ermöglichte den Christdemokraten fortan eine unangefochtene Dauerherrschaft. In Großbritannien geriet die regierende Labour Party unter zunehmenden Druck der Konservativen; 1951 verlor sie die Mehrheit, die sie 1945 errungen hatte.

Im westlichen Deutschland sahen sich die Sozialdemokraten des Rückhalts durch die zahlenmäßig starke Gefolgschaft der SPD in der Sowjetischen Besatzungszone beraubt, christliche Sozialisten innerhalb der CDU verloren ihre Schlüsselstellung. Generell halfen der neue antikommunistische Konsens und eine wachsende Furcht vor sowjetischer Bedrohung den traditionellen bürgerlichen Eliten, die durch die Zusammenarbeit mit den Nationalsozialisten oder durch ihre Passivität bei der nationalsozialistischen Machtübernahme diskreditiert waren, sich zu rehabilitieren und in ihre Machtpositionen zurückzukehren.

Wiederaufbau der europäischen Wirtschaft

Entscheidend verstärkt wurde dieser Trend zur Restauration traditioneller Ordnungsverhältnisse durch das amerikanische Drängen auf rasche Rekonstruktion und Integration der europäischen Volkswirtschaften. Obwohl sie im Prinzip sozialdemokratischen Reformvorstellungen keineswegs feindselig gesonnen war, glaubte sich die amerikanische Regierung angesichts der Notsituation im westlichen Europa keine Experimente mehr leisten zu können. Sie organisierte daher den Wiederaufbau im Zeichen des Marshallplans nach dem eigenen liberalen Erfolgsmodell.

Die Sozialisierung der Ruhrindustrie, Kernstück der Reformforderungen von deutschen Christdemokraten bis zu französischen Sozialisten, wurde im Herbst 1947 unter massivem amerikanischem Druck auf die Zeit nach der Etablierung einer gewählten westdeutschen Regierung verschoben und damit de facto hintertrieben. In der Vorbereitung der westdeutschen Währungsreform

Die Haltung zum Europarat war in der Bundesrepublik umstritten: Nachdem Bundeskanzler Adenauer (CDU, oben 1. von links) gesagt hatte »Wer für den Europarat ist, ist für den Westen, wer gegen den Europarat ist, ist für den Osten«, antwortete Kurt Schumacher (SPD, am Rednerpult): »... mit dieser Formulierung zerschneiden Sie das Tischtuch endgültig«.

100562

Der Alliierte Kontrollrat aus den militärischen Oberbefehlshabern der vier Siegermächte übte seit Juli 1945 die Regierung in Deutschland aus. Am 11. 2. 1948 fand in Berlin eine Kontrollratssitzung (Bild) zu Fragen der Währungsreform statt.

100562

arbeitete die amerikanische Besatzungsbehörde eng mit liberalen Kräften zusammen; durch die Begünstigung der Sachwertbesitzer und das Ausbleiben eines gleichzeitigen Lastenausgleichs wurde der Weg zu einer marktwirtschaftlichen Wirtschaftsordnung vorgezeichnet, die die bestehenden Besitzverhältnisse im Grunde unangetastet ließ.

Dass es den Westeuropäern nicht gelang, ihre Autonomie bei der Verwirklichung des Marshallplans in einem größeren Maße zu behaupten, hatten sie sich freilich zu einem guten Teil selbst zuzuschreiben: Zwar unternahm die französische Regierung wiederholt den Versuch, die Einigung der durch den Marshallplan unterstützten Länder im Interesse der europäischen Selbstbestimmung und – soweit noch möglich – einer Vermittlung im Ost-West-Konflikt voranzubringen, doch zögerte die britische Labour-Regierung, sich auf eine definitive Bindung an den Kontinent einzulassen. Ohne britische Beteiligung wollte die Mehrheit der Europäer, vor allem die europäische Linke und die Beneluxstaaten, nicht mit der Einigung Europas beginnen; folglich blieb die Einigungspolitik trotz eines beträchtlichen Aufschwungs der europäischen Einigungsbewegung zwischen 1947 und 1949 in den ersten Anfängen stecken.

Die offizielle Gründung des Europarats im August 1949 in Straßburg, in den Augen der Kontinentaleuropäer ein erster Schritt zur Schaffung eines föderierten Europas, bedeutete tatsächlich eine weitere Verzögerung konkreter Einigungspolitik: Die Briten widersetzten sich allen Be-

ZITAT

Kommentar der katholischen Zeitschrift »Civiltà Cattolica« zum Sieg der Christlichen Demokraten bei den Wahlen vom 18. 4. 1948:

Am 18. April hat das italienische Volk mit seinem eigenen Körper einen Schutzwall um den Felsen des Vatikan errichtet und sich in eindeutiger Weise für Christus und den Stellvertreter Gottes erklärt, um den heiligen Charakter Roms, seine tausendjährige Funktion als unvergängliches Zentrum der christlichen Zivilisation zu bewahren.

mühungen, dem Rat Gemeinschaftsaufgaben zuzuweisen, und verurteilten ihn damit zur Bedeutungslosigkeit.

Während die europäische Einigung stagnierte und die Idee der dritten Kraft damit de facto scheiterte, kam die westliche Blockbildung rasch voran. Von der Aussicht auf ein mögliches Vordringen der Sowjetunion nach Westeuropa höchst beunruhigt, drängte Bevin seinen amerikanischen Kollegen Marshall schon im Dezember 1947 zur Schaffung eines »westlichen demokratischen Systems, das die Amerikaner, uns selbst, Frankreich, Italien, und so weiter und natürlich die Dominions umfasst« und das insbesondere den Europäern einen militärischen Schutz durch die USA garantieren sollte. Als Vorleistung offerierte er den Amerikanern einen kollektiven Verteidigungspakt Großbritanniens, Frankreichs, Belgiens, der Niederlande und Luxemburgs: den Brüsseler Pakt vom 17. März 1948.

Nach dem gewaltsamen Ende der tschechoslowakischen Demokratie im Februar 1948, das die Furcht vor einer militärischen Aggression der Sowjetunion für viele Westeuropäer existenziell werden ließ, fand diese Politik eine breite Mehrheit im westlichen Europa; auch in den USA, deren Regierung dem Gedanken an einen Militärpakt zunächst zurückhaltend gegenübergestanden hatte, setzte sich nun die Bereitschaft durch, den Brüsseler Pakt mit eigenem Engagement zu unterstützen. Am 11. Juni 1948 stimmte der amerikanische Senat einer Erklärung zu, die den Abschluss eines Verteidigungsbündnisses in Friedenszeiten ermöglichte.

100563

Die »Berliner Blockade« war die Reaktion Stalins auf die Durchführung der westdeutschen Währungsreform – im Bild ein von der Berliner Bevölkerung so genannter Rosinenbomber zur Versorgung der Bevölkerung im Anflug auf den Flughafen Tempelhof.

Beschleunigt wurde der Prozess der westlichen Blockbildung durch die geradezu verzweifelten Versuche der Sowjetunion, die Konstituierung eines westdeutschen Staats im letzten Moment doch noch zu verhindern. Nachdem sich die Vertreter der USA und der Brüsseler-Pakt-Staaten Anfang Juni 1948 in London auf die Form der staatlichen Neuorganisation Westdeutschlands geeinigt hatten, nahm Stalin die Durchführung der westdeutschen Währungsreform in den Westsektoren von Berlin zum Anlass, die Landverbindungen zwischen Berlin und den Westzonen vom 24. Juni an zu blockieren: Nur so schien es ihm möglich, die Verwirklichung der Londoner Beschlüsse zu stoppen und das Gespräch über eine gesamtdeutsche Lösung wieder in Gang zu bringen.

Zwei deutsche Staaten

In der Tat erwog das amerikanische Außenministerium nun für einen Moment ernsthaft den Plan eines allseitigen Truppenrückzugs aus den vier Besatzungszonen – in der Hoffnung, auf diese Weise dem drohenden Debakel der amerikanischen Deutschlandpolitik entkommen zu können.

Als sich dann aber ab Ende August zeigte, dass die Versorgung der Westberliner Bevölkerung über eine Luftbrücke sichergestellt werden konnte, und zudem die französische Regierung vor einer gesamtdeutschen Lösung noch mehr zurückschreckte als vor der immer noch ungeliebten Weststaatsgründung, entschieden sich Marshall und Truman nicht nur zum Durchhalten: Sie zögerten den Abbruch der Berliner Blockade sogar bewusst hinaus. Weil sie die Aggressivität und zynische Brutalität

Schlussabstimmung im Parlamentarischen Rat über das Grundgesetz der Bundesrepublik am 8. 5. 1949. In der ersten Reihe (von links) Max Reimann (KPD), Walter Menzel (SPD), Carlo Schmid (SPD), Theodor Heuss (DVP), Franz Blücher (FDP), Jakob Kaiser (CDU) und Thomas Dehler (FDP).

100563

Nach Gründung der Bundesrepublik Deutschland im Mai 1949 gründete sich im Oktober die DDR und schloss damit die Bildung zweier gegensätzlicher Machtblöcke ab. Wilhelm Pieck (links) wurde Staatspräsident und Otto Grotewohl Ministerpräsident der DDR.

100563

der Sowjetmacht so eindrucksvoll unter Beweis stellte, war sie ein hervorragendes Mittel, noch verbliebene Widerstände gegen die Westblockbildung zu überwinden: sowohl das Zögern der Westdeutschen, sich auf eine Staatsgründung einzulassen, die den Graben zu den Deutschen in der sowjetischen Zone augenscheinlich vertiefte, als auch die Bedenken der Franzosen gegen die Wiederherstellung eines starken deutschen Nachbarn und den Widerstand des amerikanischen Kongresses gegen ein kostspieliges und auf Dauer verpflichtendes militärisches Engagement der USA in Europa.

Am 4. April 1949 unterzeichneten die Vertreter der USA, Kanadas, Großbritanniens, Frankreichs, der Beneluxstaaten, Italiens, Norwegens, Dänemarks, Islands und Portugals in Washington den Nordatlantikvertrag (NATO); am 8. Mai verabschiedete der Parlamentarische Rat westdeutscher Länderabgeordneter das Grundgesetz für die Bundesrepublik Deutschland.

Der Sowjetführung blieb, nachdem die Berliner Blockade eine gegenteilige Wirkung gezeitigt hatte und auch vage Hoffnungen, das deutsche Nationalgefühl gegen die westdeutsche Staatsgründung mobilisieren zu können, unerfüllt geblieben waren, nichts anderes mehr übrig, als die Gründung der Bundesrepublik hinzunehmen. Sie trieb nun auch die Staatsgründung in der Sowjetischen Besatzungszone voran, die durch die Sonderentwicklung

100846

In Westdeutschland erlebte die ungegenständliche Kunst in der Nachkriegszeit einen Siegeszug. Die abstrakten Bilder waren immun gegen inhaltliche Bevormundung und schnelle Einvernahme, es waren Bilder gegen den »Geist von Auschwitz« (Willi Baumeister, »Weißer Kammzug«, 1948; Stuttgart, Sammlung Landesbank Baden-Württemberg).

des Gesellschaftssystems in der Sowjetzone zwar schon vorbereitet, aber bislang immer noch zugunsten einer gesamtdeutschen Lösung in der Schwebe gehalten worden war. Im Mai 1949 wurde die Blockade stillschweigend wieder aufgehoben.

Stalin versuchte noch einmal, westdeutsche Unterstützung für einen Deutschen Volkskongress zu gewinnen, der den Entwurf einer Verfassung für eine Deutsche Demokratische Republik verabschiedete. Als sie ausblieb, gab er Anfang September dem Drängen der SED-Führer nach, diese Verfassung wenigstens für das Gebiet der Sowjetischen Besatzungszone in Kraft zu setzen. Dies geschah mit der Gründung der DDR am 7. Oktober 1949.

Damit hatten sich bis Ende 1949 zwei gegensätzliche Machtblöcke formiert, die von den beiden neuen Weltmächten dominiert wurden und Europa in eine östliche und eine westliche Hälfte teilten. Das europäische Machtvakuum, das der Untergang des Dritten Reichs hinterlassen hatte, war beseitigt, die Einflusssphären der Weltmächte waren klar abgegrenzt, die Verwirklichung ihrer grundlegenden Interessen gesichert. Offen blieb, ob und wie lange die Konfrontation fortdauern würde, unter der sich diese Teilung vollzogen hatte, welches Ausmaß das amerikanische und das sowjetische Engagement in Europa annehmen würde und wie dauerhaft die Teilung folglich sein würde. *Wilfried Loth*

Von den CARE-Paketen zur direkten Wirtschaftshilfe: Der Marshallplan

Die Deutschlandpolitik der USA nach der Potsdamer Konferenz im Sommer 1945 litt unter konzeptionellen Widersprüchen, und sie wurde zusätzlich belastet von wachsenden Meinungsverschiedenheiten innerhalb der Siegerkoalition, insbesondere mit Frankreich und der Sowjetunion. Die Direktive JCS 1067, die General Dwight D. Eisenhowers Verhalten als Militärgouverneur bis zum endgültigen Friedensschluss leiten sollte, enthielt noch zahlreiche Elemente des von Finanzminister Henry Morgenthau jr. entworfenen Plans, der hauptsächlich auf die Zerstörung der deutschen Schwerindustrie – und damit die Grundlage der militärischen Macht des Reichs – abzielte.

Präsident Franklin D. Roosevelt hatte sich zwar schon Ende 1944 vom Deindustrialisierungskonzept seines Finanzministers distanziert, aber die Vorstellung, eine erneute deutsche Aggression sei am besten durch die ökonomische Schwächung des Reichs zu verhindern, hielt sich in Washington wie auch in der amerikanischen Militärregierung in Deutschland, OMGUS (Office of Military Government for Germany, United States), recht hartnäckig. So war der alliierte Industrieplan von 1946 weiterhin darauf ausgerichtet, das militärische Potenzial der deutschen Wirtschaft durch Demontagen und Produktionsbeschränkungen dauerhaft zu verringern. Auch die Reparationsregelung sollte, anders als nach dem Ersten Weltkrieg, weniger der materiellen Wiedergutmachung als der Umstrukturierung der deutschen Wirtschaft dienen. Diese »harte Linie« fand zunächst viel Verständnis in der amerikanischen Öffentlichkeit, die von den Enthüllungen über deutsche Kriegsverbrechen schockiert war.

Im Außenministerium überwogen aber von Anfang an Zweifel am Sinn und an der Realisierbarkeit eines solchen Kurses. Die meisten Experten gingen davon aus, dass der ökonomische Wiederaufbau Europas ein wirtschaftlich prosperierendes Deutschland voraussetzte. Die »Lage vor Ort« schien solche Auffassungen zu bestätigen. Unter dem Eindruck der schweren Zerstörungen, die der alliierte Bombenkrieg angerichtet hatte, kam es auf lokaler Ebene schon recht früh zur Zusammenarbeit zwischen amerikanischen Besatzungstruppen und deutschen Behörden, die im Laufe der Zeit immer vertrauensvoller wurde.

ZITAT

Aus der Rede des amerikanischen Außenministers James F. Byrnes vom 6. 9. 1946:

Die Zeit ist gekommen, wo die Zonengrenzen nur als Kennzeichnung der Gebiete angesehen werden sollten, die aus Sicherheitsgründen von den Streitkräften der Besatzungsmächte besetzt gehalten werden, und nicht als eine Kennzeichnung für in sich abgeschlossene wirtschaftliche und politische Einheiten.

Die amerikanischen Kirchen sahen es als Christenpflicht an, eine helfende Hand auszustrecken und das materielle Elend in Deutschland zu lindern. Millionen von Spendenpaketen gelangten ab 1946 über die private Organisation CARE (Cooperative for American Remittances to Europe) an bedürftige Familien und Gemeinden. Die Deutschen lehnten sich instinktiv an den mächtigen und reichen Sieger aus Übersee an, von dem sie mehr Verständnis als von ihren europäischen Nachbarn erhofften.

General Lucius D. Clay, der als Vertreter und später als Nachfolger Eisenhowers die Besatzungspolitik ausführte, stand im Ruf eines Hardliners, handelte aber pragmatisch und unvoreingenommen. Er setzte sich entschieden für die Demilitarisierung der deutschen Wirtschaft ein, lehnte jedoch eine »ökonomische Bestrafung« des deutschen Volks ab. Im Alliierten Kontrollrat befürwortete er die Umsetzung der Potsdamer Beschlüsse und eine enge Zusammenarbeit mit den Sowjets.

Er wurde zunehmend ungeduldig, als er erkannte, dass die Franzosen die Errichtung einheitlicher deutscher Wirtschaftsverwaltungen blockierten und die Sowjets ihre Besatzungszone rücksichtslos ausplünderten. Die von den sowjetischen Behörden praktizierte Entnahme von Reparationen aus der laufenden Produktion widersprach überdies den Plänen zur Umstrukturierung der deutschen Wirtschaft. Aus der Sicht Clays drohte die Gefahr, dass jede Besatzungsmacht ihren eigenen Weg ging und die USA auf Jahre hinaus gezwungen sein würden, die Bevölkerung in ihrer Zone aus Steuermitteln zu alimentieren. Deshalb forderte er ab Frühjahr 1946 in Washington energisch Maßnahmen zur Wiederbelebung der deutschen Wirtschaft, die es den Menschen ermöglichen sollte, wieder auf eigenen Füßen zu stehen.

Innerhalb der Regierung Truman setzte um diese Zeit eine generelle Überprüfung der bisherigen Deutschland- und Europapolitik ein. Hierzu trugen Clays Berichte ebenso bei wie das berühmte »lange Telegramm«, das der junge Diplomat George F. Kennan am 22. Februar 1946 aus Moskau nach Washington schickte: Aufgrund einer scharfsichtigen Analyse des Stalin'schen Herrschaftssystems gelangte Kennan zu dem Schluss, dass die Ausbreitung des Kommunismus über ganz Europa nur verhindert werden könne, wenn die USA dazu bereit seien, den

50

Obwohl die amerikanische Öffentlichkeit schockiert von den deutschen Verbrechen war, profitierte auch Deutschland von privater Hilfe. Zwischen 1946 und 1960 erreichten fast 10 Mio. Pakete aus den USA mit Lebensmitteln, Kleidung oder Werkzeugen Deutschland und andere europäische Staaten.

sowjetischen Expansionsdrang durch wirtschaftliche und diplomatische Gegenmaßnahmen dauerhaft »einzudämmen« (Politik des containment).

Nach längeren internen Beratungen unterstrich der amerikanische Außenminister James F. Byrnes dann am 6. September 1946 in einer viel beachteten Ansprache in Stuttgart die Forderung nach wirtschaftlicher Einheit Deutschlands und bot dem deutschen Volk Unterstützung bei dem Versuch an, »seinen Weg zurückzufinden zu einem ehrenvollen Platz unter den freien und friedliebenden Nationen der Welt«. Die Vereinigung der amerikanischen und der britischen Zone zur Bizone zum 1. Januar 1947 erlaubte endlich eine konstruktive Beschäftigung mit den anstehenden wirtschaftlichen und politischen Problemen.

Der Stimmungswandel in den USA bestätigte sich bei den Zwischenwahlen vom November 1946, als die oppositionellen Republikaner in beiden Häusern des Kongresses die Mehrheit errangen. Ihre Führer, wie Senator Arthur H. Vandenberg und John F. Dulles, akzeptierten die Verantwortung der USA als Weltmacht und waren bereit, wichtige außenpolitische Entscheidungen gemeinsam mit Präsident Harry S. Truman zu tragen. Das betraf zunächst das Engagement der USA auf dem Balkan, wo die Briten der Lage nicht mehr Herr wurden.

Der Präsident begründete das Verlangen nach 400 Millionen Dollar Hilfsgeldern für die antikommunisti-

Demilitarisierung der Wirtschaft bei gleichzeitiger Stabilisierung wurde zur Devise der amerikanischen Besatzungspolitik (Blick in eine Halle der 1948 demontierten Hamburger Werft Blohm und Voss, die sich während des Zweiten Weltkrieges auf den U-Bootbau konzentriert hatte).

160

INFOBOX

Morgenthauplan

1944 entwarf Henry Morgenthau jr., 1934–45 Finanzminister der USA, eine Denkschrift, die unter dem Namen Morgenthauplan bekannt wurde. Unter dem Eindruck der Verbrechen des nationalsozialistischen Deutschlands forderte die Denkschrift im Sinne der öffentlichen Meinung in den USA und des Präsidenten Franklin D. Roosevelt neben der Entmilitarisierung Deutschlands sowie dessen Verkleinerung und Aufteilung die Internationalisierung des Ruhrgebiets und der deutschen Wasserstraßen, die Demontage von Industrieanlagen und die Schließung von Kohlengruben. Deutschland wäre damit zu einem Agrarstaat zurückentwickelt worden.

Dass es zur Umsetzung des Morgenthauplans nicht kam, ist auf die bei Kriegsende bereits deutlich erkennbaren Spannungen zwischen der Sowjetunion und den Westalliierten zurückzuführen – der Kalte Krieg stand vor der Tür. Trotzdem ließ sich der amerikanische Militärgouverneur General Dwight D. Eisenhower bis zum endgültigen Friedensschluss noch von zahlreichen Elementen des Morgenthauplans leiten. Präsident Roosevelt hatte sich zwar schon Ende 1944 vom Deindustrialisierungskonzept seines Finanzministers distanziert, aber die Vorstellung, eine erneute deutsche Aggression sei am besten durch eine ökonomische Schwächung Deutschlands zu verhindern, hielt sich in Washington wie auch in der amerikanischen Militärregierung in Deutschland recht hartnäckig.

schen Kräfte in Griechenland und der Türkei am 12. März 1947 in einer Rede vor dem Kongress mit der so genannten Trumandoktrin, die besagte, »dass es die Politik der Vereinigten Staaten sein muss, die freien Völker zu unterstützen, die sich der Unterwerfung durch bewaffnete Minderheiten oder durch Druck von außen widersetzen«. Obwohl Truman die Sowjetunion nicht namentlich nannte, war jedermann klar, dass er sie in erster Linie für diesen »Druck« verantwortlich machte.

Das europäische Hilfsprogramm der USA

Mit dem Engagement für Griechenland und die Türkei trat die amerikanische Außenpolitik in eine neue, aktivistische Phase ein. Hatte man bis dahin die sowjetischen Zwangsmaßnahmen in Osteuropa als Ausdruck ihres Sicherheitsbedürfnisses interpretiert, so glaubte man nun, die langfristigen Absichten Moskaus zu erkennen: Of-

Der amerikanische Außenminister James F. Byrnes bei seiner Rede in Stuttgart am 6. 9. 1946, in der er für die baldige Errichtung eines nichtkommunistischen deutschen Weststaats warb.

100563

fenbar zögerte die Sowjetunion eine Friedensregelung mit Deutschland hinaus, um das wachsende wirtschaftliche Chaos in Europa für politische Zwecke zu nutzen. Als Byrnes Nachfolger, der General und ehemalige Stabschef George C. Marshall, Ende April 1947 von der erfolglosen Moskauer Außenministerkonferenz zurückkehrte, erklärte er im Rundfunk mit Blick auf Europa: »Die Kräfte der Auflösung machen sich bemerkbar. Der Patient stirbt, während die Ärzte beraten.«

Nicht minder alarmierend fielen die Berichte aus, die der ehemalige Präsident Herbert C. Hoover und der für Wirtschaftsfragen zuständige Unterstaatssekretär im Außenministerium, William L. Clayton, dem Weißen Haus über ihre Reisen durch Europa erstatteten. Während der in karitativen Organisationen tätige Hoover die dramatische Notlage in Deutschland schilderte, malte Clayton den Kollaps des gesamten Kontinents an die Wand: »Ohne sofortige und substanzielle Unterstützung aus den USA wird Europa von wirtschaftlicher und sozialer Desintegration überwältigt werden.« Ein solcher Zusammenbruch werde allein der Sowjetunion und den von ihr gesteuerten kommunistischen Parteien zugute kommen. Wenn die amerikanische Regierung nicht umgehend handle, müsse sie über 11 Milliarden Dollar abschreiben, die sie seit Kriegsende als Nothilfe direkt oder über die UNO nach Europa vergeben habe.

Am 5. Juni 1947 kündigte Marshall in einer Rede an der Universität Harvard ein umfassendes Hilfsprogramm für Europa an, dem allerdings zu diesem Zeitpunkt noch kein ausgearbeiteter Plan zugrunde lag. Meinungsverschiedenheiten innerhalb der Regierung überbrückte Marshall mit dem Vorschlag, die USA sollten die Schirmherrschaft des Programms übernehmen, während die europäischen Staaten selbst für die Verwendung der Hilfen und die Koordinierung ihrer Volkswirtschaften sorgen müssten. Die Tür für die Sowjetunion ließ er mit dem Hinweis offen, dass sich die amerikanische Politik nicht gegen irgendein Land oder eine Ideologie

160

Auf dem Rückweg von der erfolglosen Außenministerkonferenz in Moskau (25. 4. 1947) informierte George C. Marshall bei einer Zwischenlandung in Berlin den amerikanischen Militärgouverneur Lucius D. Clay über die Verhandlungen.

richte, sondern »gegen Hunger, Armut, Verzweiflung und Chaos«.

Im Kreml löste Marshalls Initiative eine heftige Debatte darüber aus, ob die Sowjetunion amerikanische Hilfe annehmen oder ob man lieber auf den Zusammenbruch der kapitalistischen Wirtschaft setzen sollte. Nachdem sich die moderate Fraktion durchgesetzt hatte, reiste Ende Juni 1947 eine sowjetische Delegation unter Leitung von Außenminister Wjatscheslaw Michajlowitsch Molotow zu Verhandlungen nach Paris. Dort wurde aber rasch deutlich, dass die Vorstellungen der Briten und Franzosen auf der einen und der Sowjets auf der anderen Seite zu weit auseinander lagen, um ein gemeinsames Handeln zu ermöglichen. Molotow lehnte jedes Mitentscheidungsrecht der USA über die Verwendung der Hilfsmittel ab und weigerte sich auch, die eigenen Wirtschaftsdaten offen zu legen. Die Westeuropäer wiederum nahmen Molotows spektakuläre Abreise am 2. Juli 1947 erleichtert auf, weil sie befürchteten, dass die Sowjetunion nur teilnehmen wollte, um das Programm von innen heraus zu sabotieren.

ZITAT

In einer Rede an der Harvard-Universität unterstrich der amerikanische Außenminister George C. Marshall am 5. 6. 1947 die Notwendigkeit für ein europäisches Hilfsprogramm der USA, den später nach ihm benannten Marshallplan:
Unsere Politik richtet sich nicht gegen irgendein Land oder eine Ideologie, sondern gegen Hunger, Armut, Verzweiflung und Chaos. Ihr Ziel soll die Wiederbelebung einer funktionierenden Weltwirtschaft sein, um die Rückkehr politischer und sozialer Bedingungen zu erlauben, unter denen freie Institutionen existieren können.

In Washington hoffte man noch einige Zeit, dass sich Polen und die Tschechoslowakei, die großes Interesse gezeigt hatten, am Marshallplan beteiligen würden. Das Veto Stalins wagte jedoch keine Regierung im sowjetischen Machtbereich zu missachten. Flankiert wurde es von einer heftigen antiamerikanischen Propagandakampagne und von geheimen Anweisungen an die kommunistischen Parteien in Westeuropa, den Marshallplan zu bekämpfen.

Struktur und Wirkung des Marshallplans

Die Amerikaner und die Westeuropäer ließen sich von dem einmal eingeschlagenen Weg aber nicht mehr abbringen. Auf Einladung Großbritanniens und Frankreichs nahmen im Juli 1947 in Paris 14 weitere Staaten den Vorschlag Marshalls an und bildeten das Komitee für europäische wirtschaftliche Zusammenarbeit als Ansprechpartner für die USA. Derweil begann in der amerikanischen Öffentlichkeit und im Kongress eine intensive Debatte über den Marshallplan.

Um genaue Zahlen zu erhalten und die Kritiker auszumanövrieren, berief Truman mehrere Expertenkommissionen ein, in denen neben Regierungs- und Kongressvertretern auch Repräsentanten der amerikanischen Wirtschaft und der Gewerkschaften saßen. Die Lösung, die sie dem Präsidenten unterbreiteten, basierte auf dem Prinzip der Hilfe zur Selbsthilfe: Vorausgesetzt die Westeuropäer zögen an einem Strang, dann könnten sie mithilfe der USA durch ein konzentriertes, auf vier Jahre begrenztes Programm die Wende zum Aufschwung schaffen. Zunächst gelte es, die »Dollarlücke« zu schließen, das heißt, den europäischen Ländern einschließlich der Westzonen Deutschlands die Einfuhr lebenswichtiger Nahrungsmittel, Rohstoffe und Investitionsgüter aus den USA und Lateinamerika zu ermöglichen. Um die dauerhafte Gesundung und Selbsterhaltung der europäischen Wirtschaften zu erreichen, müsse Washington die Teilnehmerstaaten aber verpflichten, eng zu kooperieren und die europäische Einigung anzustreben.

Auf dieser Grundlage verabschiedete der Kongress im April 1948 ein entsprechendes Gesetz, dessen Kern das Europäische Wiederaufbauprogramm (ERP) bildete. In der Öffentlichkeit wurde das ERP – gegen den Willen Marshalls – bald nur noch Marshallplan genannt. Als amerikanisches Pendant zur Organisation für europäische wirtschaftliche Zusammenarbeit (OEEC), die aus dem Komitee hervorgegangen war, sah das Gesetz die Economic Cooperation Administration (ECA) vor. Zu ihrem Chef ernannte Truman den Unternehmer Paul G. Hoffman, der zu den eifrigsten Befürwortern eines vereinten Europas gehörte. Die ECA wurde von dem Sondergesandten Averell Harriman in Paris vertreten und unterhielt darüber hinaus Missionen in sämtlichen Teilnehmerländern. ECA und OEEC verwalteten und verteilten gemeinsam die Haushaltsmittel, die der Kongress, beginnend mit dem Haushalt 1948/49, jährlich bewilligte.

Um den Einfuhrbedarf der europäischen Staaten zu decken, stellten die USA bis 1952 amerikanische Rohstoffe und Waren im Wert von rund 13 Milliarden Dollar kostenlos oder zinslos zur Verfügung. Der Hauptmechanismus des ERP bestand darin, dass die europäischen Importeure diese Güter nicht in Dollar, sondern in der jeweiligen Landeswährung bezahlten und das

ZITAT

Auf der Gründungsversammlung des Kominform am 1. 10. 1947 skizzierte Andrej Schdanow, Sekretär des Zentralkomitees der KPdSU, die sowjetische Sicht des Marshallplans:
Wie aus den Beratungen hervorgeht, besteht der Marshallplan darin, die Hilfeleistung in erster Linie nicht den verarmten Siegerländern, den Verbündeten Amerikas im Kampf gegen Deutschland, zu gewähren, sondern den deutschen Kapitalisten, um sich der für Europa und Deutschland wichtigsten Kohle- und Eisenerzgebiete zu bemächtigen.

50

Geld auf nationale ERP-Fonds überwiesen. Da Zinsen und Abtrag zurückflossen, wurden die Fonds zu einer Dauereinrichtung: In Deutschland verwaltet die Kreditanstalt für Wiederaufbau diese Gelder, mit denen sie seit 1990 vornehmlich Projekte in den neuen Bundesländern finanziert.

Der Marshallplan, ein Anstoß zur europäischen Integration?

Über das Schließen der »Dollarlücke« hinaus enthielt der Marshallplan ein langfristiges wirtschaftliches und politisches Reformprogramm. In ökonomischer Hinsicht ging es den Planern darum, durch den Abbau der innereuropäischen Handelsschranken und die Erleichterung des Zahlungsverkehrs die Voraussetzungen für einen einheitlichen Binnenmarkt zu schaffen. Nur ein von solchen nationalen Hemmnissen befreites Europa schien in der Lage zu sein, in anderen Teilen der Welt die Devisen zu erwirtschaften, mit denen es nach Auslaufen des Programms die erforderlichen Einfuhren aus dem »Dollarraum« bezahlen konnte. Die USA unterstützten diese Entwicklung, indem sie ihre Zölle absenkten und auf die generelle Liberalisierung des Welthandels hinwirkten.

INFOBOX

Das Europäische Wiederaufbauprogramm

Nachdem die Staaten des sich bildenden Ostblocks eine Beteiligung am Marshallplan abgelehnt hatten, beschränkte sich das Europäische Wiederaufbauprogramm (European Recovery Program; ERP), in der öffentlichen Debatte meist Marshallplan genannt, auf die westlichen Staaten Europas, die bis Mitte 1952 Lebensmittel, Düngemittel, Rohstoffe, Treibstoffe, Maschinen und Medikamente im Wert von insgesamt rund 13 Milliarden US-Dollar erhielten An die westlichen Besatzungszonen Deutschlands, später an die Bundesrepublik Deutschland einschließlich Westberlins, gingen Güter im Wert von 1,6 Milliarden Dollar. Hinzu kamen im Rahmen des GARIOA-Programms (Abkürzung für Government and Relief in Occupied Areas), des Programms des amerikanischen Verteidigungsministeriums für die besetzten Gebiete, lebenswichtige Güter im Wert von rund 1,7 Milliarden Dollar.
Von der gesamten ihr gewährten amerikanischen Nachkriegswirtschaftshilfe in Höhe von fast 3,3 Milliarden Dollar zahlte die Bundesrepublik Deutschland vertragsgemäß bis 1978 1,1 Milliarden zurück.

Der so genannte Marshallplan wurde am 3. 4. 1948 verabschiedet. Er wurde als Aufbauwerk angesehen, das später durch private amerikanische Investitionen fortgesetzt würde.

ZITAT

Aus dem Statut der Organisation für europäische wirtschaftliche Zusammenarbeit:
1. Die Vertragsparteien kommen überein, eine enge Zusammenarbeit in ihren gegenseitigen Wirtschaftsbeziehungen durchzuführen ...
2. Die Vertragsparteien verpflichten sich ..., die fortschreitende Modernisierung von Betriebsmitteln und Methoden ... in einer Weise zu fördern, die zur Erfüllung des gemeinsamen Aufbauprogramms am besten beiträgt ...
3. Die Vertragsparteien arbeiten, so oft und so weit dies notwendig ist, im Rahmen der Organisation allgemeine Programme für die Produktion wie auch für den Austausch von Gütern und Leistungen aus ...
4. Die Vertragsparteien entwickeln in gegenseitiger Zusammenarbeit einen möglichst umfangreichen Austausch von Gütern und Leistungen ... Die Vertragsparteien kommen überein, ihre bereits bestehenden wirtschaftlichen Bindungen durch Mittel zu verstärken, die ihrer Ansicht nach die Ziele dieser Konvention fördern.

Der Marshallplan lag insofern im Eigeninteresse der USA, als er dazu beitrug, die Aufnahmefähigkeit des europäischen Markts für amerikanische Rohstoffe und Industrieprodukte zu erhöhen. Andererseits bestand die Absicht nicht darin, Westeuropa ökonomisch von den USA abhängig zu machen. Vielmehr wurde die amerikanische Hilfe als lebensrettende »Bluttransfusion« konzipiert, die eine permanente Subventionierung verhindern sollte. Nach der erfolgreichen Operation würde, so sah man richtig voraus, privates amerikanisches Kapital das Aufbauwerk zum beiderseitigen Nutzen fortsetzen.

Der wirtschaftlichen Modernisierung Europas dienten ferner Austausch- und Kulturprogramme, die europäische Unternehmer, Gewerkschafter, Politiker, Wissenschaftler und Journalisten mit amerikanischen Methoden und Techniken der Massenproduktion und der Werbung vertraut machten. Damit verstärkte der Marshallplan den Trend zur Amerikanisierung, der bereits in den 1920er-Jahren bemerkbar gewesen war und sich nun auf breiter Front in Wirtschaft, Gesellschaft und Kultur durchsetzte.

Auch aus politischen und strategischen Gründen drängten die USA die westeuropäischen Staaten zu einem möglichst engen Zusammenschluss. Dabei waren sich die meisten Amerikaner darüber im Klaren, dass die politische Einigung des Kontinents nur allmählich und schrittweise zu bewerkstelligen sein würde. Man wollte aber damit beginnen, das in der Alten Welt bis zum Exzess getriebene Prinzip der nationalen Souveränität abzubauen, um eine geschlossene Front gegen das weitere Vordringen des Kommunismus errichten zu können.

Vorrangig war 1948/49 die Frage der Integration des entstehenden westdeutschen Staats in dieses neue Europa zu lösen. Wenn die »wirtschaftliche Entwaffnung« im Sinne des Morgenthauplans keine Lösung versprach, dann blieb als einziger Weg zu einem dauerhaften Frieden die feste Einbindung des Weststaats in westeuropäisch-atlantische Strukturen und die Wiederbelebung seiner wirtschaftlichen Kraft im Dienste der europäischen Nachbarn.

Die Hauptverantwortung für eine solche produktive Bändigung und Kanalisierung der deutschen Energien wollten die Amerikaner zunächst den Briten aufbürden, die auch finanziell den größten Nutzen - vor Franzosen und Italienern - aus dem Marshallplan zogen. Erst als sich die Labour-Regierung unter Berufung auf das Empire und die besonderen Beziehungen zu den USA strikt weigerte, die ihr zugedachte Führungsrolle in einem solidarischen Westeuropa zu spielen, setzte man in Washington auf die Franzosen, die mit dem Schumanplan 1950 und der Montanunion 1951/52 die traditionelle Rivalität zwischen Deutschland und Frankreich im Bereich der Schwerindustrie beseitigten und so die Weichen für ein kontinentales »Kerneuropa« stellten. Die am amerikanischen Modell orientierten Vereinigten Staaten von Europa blieben aber vorerst, wie das Scheitern der Europäischen Verteidigungsgemeinschaft 1954 bewies, eine politische Utopie.

Die historische Bilanz des Marshallplans

Der Marshallplan gilt heute als gelungene Verbindung von planerischen und marktwirtschaftlichen Elementen und - trotz einiger Fehlkalkulationen - als beispielhaftes Programm der multilateralen Krisenüberwindung. Erleichtert wurde dieser Erfolg dadurch, dass Europa über eine gesunde ökonomische Basis verfügte und nur maßvolle Impulse von außen benötigte, um auf den Wachs-

Der Marshallplan sah die kosten- oder zinslose Lieferung von Gütern und Rohstoffen an die westeuropäischen ERP-Länder vor.

tumspfad zurückzukehren. Auch wenn die exakten Wirkungen der von 1948 bis 1952 aufgewendeten 13 Milliarden Dollar in den einzelnen Ländern schwer zu bestimmen sind, so kann doch kein Zweifel daran bestehen, dass der Marshallplan als Hilfe zur Selbsthilfe materiell und psychologisch die Grundlagen für den Wiederaufstieg Europas nach dem Zweiten Weltkrieg geschaffen hat.

Die Hilfe wurde sicher nicht selbstlos gewährt, aber die Westeuropäer akzeptierten den amerikanischen Führungsanspruch, weil sie die Gelder dringend benötigten und weil sie allein zu schwach waren, um einen dritten Weg zwischen den USA und der Sowjetunion zu be-

50

In der Sowjetischen Besatzungszone durfte keine Hilfe aus den USA angenommen werden. Große Plakate betonten die Leistung aus eigener Kraft und stellten sie der »Versklavung« durch den Marshallplan gegenüber.

160

Noch heute verwaltet in Deutschland die Kreditanstalt für Wiederaufbau die Gelder, die aus der Bezahlung amerikanischer Güter stammen und in den nationalen ERP-Fonds eingingen (Gebäude der Deutschen Kreditanstalt für Wiederaufbau in Frankfurt am Main).

schreiten. Das trifft in besonderer Weise für das besiegte Deutschland zu, das nicht nur von den 1,4 Milliarden ERP-Mitteln und von weiteren amerikanischen Hilfsleistungen im Wert von zusätzlichen 1,6 Milliarden Dollar profitierte, sondern das über den Marshallplan den Weg zurück in die Gemeinschaft der demokratischen Staaten und in die Weltwirtschaft fand.

Der Vorwurf der revisionistischen Geschichtsschreibung, die USA hätten mit dem Wiederaufbauprogramm die Teilung Deutschlands und Europas zementiert, war nie überzeugend und geht nach den Ereignissen von 1989/90 vollends ins Leere. Die verhängnisvolle Abschottung Ostdeutschlands und Osteuropas vom Weltmarkt war in letzter Instanz nicht von den USA, sondern von der Sowjetunion veranlasst. Demgegenüber brachte der Marshallplan den Wirtschaftskreislauf in Westeuropa wieder in Gang und trug maßgeblich dazu bei, die transatlantischen Beziehungen als Kern des Weltwirtschaftssystems zu rekonstruieren.

Jürgen Heideking †

Von Roosevelt zu Eisenhower: Die innere Entwicklung der USA in den Vierziger- und Fünfzigerjahren

Die Regierungszeit Franklin D. Roosevelts war in vieler Hinsicht beispiellos: Als einziger Präsident der USA wurde »FDR« von den Wählern dreimal im Amt bestätigt (1936, 1940, 1944), und wie keiner seiner Vorgänger sah er sich in rascher Folge einer schweren inneren Krise, der Großen Depression, und einer weltweiten militärischen Bedrohung gegenüber. Weil er beide Herausforderungen erfolgreich meisterte, nahmen ihn seine Landsleute symbolisch in den Pantheon der großen Führungspersönlichkeiten neben George Washington und Abraham Lincoln auf. In der verfassungsmäßigen Beschränkung der Präsidentschaft auf zwei Amtszeiten, die 1951 durch den 22. Verfassungszusatz erfolgte, kam allerdings auch der Wunsch zum Ausdruck, dass Roosevelts Machtfülle eine Ausnahme bleiben möge und die USA an ihrer Tradition der »Herrschaft auf Zeit« festhalten sollten.

ZITAT

Über den fanatischen Kommunistenjäger Joseph McCarthy spottete ein Reporter:

Joe hätte keinen Kommunisten auf dem Roten Platz gefunden – er konnte Karl Marx nicht von Groucho unterscheiden –, aber er war Senator der Vereinigten Staaten.

Tatsächlich hatten sich Staat und Gesellschaft unter dem Druck von Wirtschaftskrise und Zweitem Weltkrieg erheblich verändert und waren durch Zentralisierung, Bürokratisierung und Militarisierung den europäischen Systemen ähnlicher geworden. Roosevelts New Deal, der die Anfänge eines amerikanischen Sozialstaats schuf, und die Kriegsmobilisierung, die eine spezifische Form des korporativen Miteinanders von Regierung, Unternehmern und Gewerkschaften hervorbrachte, stellten die Weichen für die Entwicklung einer modernen Demokratie in den USA. In der Spannung zwischen den traditionellen Werten und Prinzipien der Verfassungsväter und den Zwängen des global verantwortlichen Industrie- und Machtstaats suchen die Amerikaner seither den inneren und äußeren Kurs ihres Landes zu bestimmen. Dabei dominierte bis Ende der Sechzigerjahre eine liberale Strömung, die der sozialen Gerechtigkeit zum Durchbruch verhelfen wollte.

s. ZEIT Aspekte Franklin D. Roosevelt S. 562

Die »Heimatfront« im Zweiten Weltkrieg

Nach dem innenpolitischen Streit der späten Dreißigerjahre wirkte der Krieg wieder solidarisierend, weckte den Patriotismus und schweißte die Nation zusammen.

Anders als 1917 bedurfte es keiner harten repressiven Maßnahmen gegen Kriegsgegner im Innern, da der Schock von Pearl Harbor jede Opposition verstummen ließ. Eine Ausnahme bildete die Internierung der an der Westküste lebenden Amerikaner japanischer Abstammung in Lagern im Landesinneren, die ebenso unangemessen wie verfassungswidrig war. Es sollte allerdings fast fünfzig Jahre dauern, bis sich die amerikanische Regierung für dieses rassisch motivierte Unrecht entschuldigte und den noch lebenden Betroffenen materielle Entschädigung gewährte. Übergriffe gegen Deutsch- oder Italoamerikaner blieben dagegen fast ganz aus, obwohl sie, wie auch die Emigranten, die vor dem Nationalsozialismus oder Faschismus geflohen waren, als potenzielle Saboteure oder Spione vom Geheimdienst überwacht wurden.

Das »Franklin Delano Roosevelt Memorial« in Washington (eröffnet 1997) zeigt den beliebten Präsidenten mit seinem Hund Fald. Roosevelts Politik stellte die Weichen für die moderne Demokratie in den USA.

Der Schock von Pearl Harbor war nicht nur Grund für den amerikanischen Kriegseintritt, sondern er hatte auch innenpolitisch weit reichende Konsequenzen (brennende US-Schlachtschiffe nach dem japanischen Angriff auf Pearl Harbor am 7. 12. 1941).

Wie Präsident Roosevelt Ende 1940 versprochen hatte, wurden die USA im Krieg zum »Arsenal der Demokratie«. Die gewaltigen Ressourcen des Landes konnten schnell mobilisiert werden, weil aufgrund der Wirtschaftskrise noch viele Kapazitäten brachlagen. Bis 1945 dienten über 16 Millionen Amerikaner in den Streitkräften, und die frei werdenden oder in der Rüstungsindustrie neu geschaffenen Arbeitsplätze wurden von ehemaligen Arbeitslosen und von Afroamerikanern aus dem Süden, zunehmend aber auch von Frauen eingenommen. 1942 vollzog die Volkswirtschaft den Übergang zu einem sich selbst tragenden Aufschwung mit Vollbeschäftigung und steigenden Löhnen.

Die Gesamtkosten des Kriegs von 370 Milliarden Dollar wurden überwiegend durch den Verkauf von Kriegsanleihen aufgebracht, wobei die Staatsverschuldung durch das starke Wachstum des Bruttosozialprodukts jedoch relativ gering blieb. Die Kritik am Bigbusiness, die in der Endphase des New Deal wieder lauter geworden war, machte nun einem liberalen Korporatismus Platz, bei dem sich die Regierung auf eine indirekte Lenkung der Wirtschaft beschränkte. Durch die enge Kooperation von Regierung und Rüstungsunternehmen begann eine Symbiose, die Präsident Eisenhower später mit kritischem Unterton als militärisch-industriellen Komplex charakterisierte.

Die Entwicklung Kaliforniens zum Hightechstandort geht auf den Zweiten Weltkrieg zurück, der dem Westen der USA einen Innovationsschub verlieh. Auch die Hauptstadt Washington wachte aus ihrem Dornröschenschlaf auf: Sie musste nicht nur das Wachstum der Zivil- und Militärbürokratie verkraften, sondern zog auch viele Produktionsbetriebe, Firmenhauptquartiere und Lobbyisten jeglicher Couleur an.

Von den großen Siegermächten gingen die USA als einziges Land wirtschaftlich gestärkt aus dem Krieg hervor. Das System, das auf der Währungs- und Finanzkonferenz in Bretton Woods 1944 aus der Taufe gehoben wurde, etablierte den Dollar als internationale Leitwährung und ließ die Verwirklichung des amerikanischen Ziels des freien Welthandels näher rücken. Für kurze Zeit schien es, als könnten die USA, gestützt auf das kollektive Sicherheitssystem der Vereinten Nationen, wieder zum business as usual übergehen.

Aufgrund der inneren Dynamik, die der Weltkrieg in Gang gesetzt hatte, und wegen des wenig später beginnenden Kalten Kriegs gelang es aber nicht, den militärischen Apparat wieder abzubauen und die Konzentration der politischen Macht in der Exekutive zurückzunehmen. Unter »FDRs« Nachfolger Harry S. Truman trat das amerikanische Regierungssystem erst wirklich

ZITAT

Aus Hannah Arendts Schrift »Elemente und Ursprünge totaler Herrschaft« (1951):
Wie der Gesetzesstaat positives Recht benötigt, um das unveränderliche ius naturale oder die ewigen Gebote Gottes oder die aus unvordenklichen Zeiten stammenden und darum geheiligten Gebräuche und Traditionen zu verwirklichen, so braucht totalitäre Herrschaft den Terror, um die Prozesse von Geschichte oder Natur loszulassen und ihre Bewegungsgesetze in der menschlichen Gesellschaft durchzusetzen.

INFOBOX

Gewerkschaften und Kriminalität

Das Ansehen der Gewerkschaften verschlechterte sich in den 1950er-Jahren durch ihre offensichtliche Verwicklung in die organisierte Kriminalität. Die gerichtlich verfolgten Straftaten reichten von der Bestechung durch Arbeitgeber über die Niederschlagung von Streiks und Erpressung bis zum Betrug durch Gründung fingierter Gewerkschaftslokale. In der Transportarbeitergewerkschaft unter James R. Hoffa, der mit seinen Kontakten zur organisierten Kriminalität sogar einzelne Branchen organisierte, war es üblich, dass Spitzenfunktionäre mit den Geldern der Mitglieder Hotels, Spielhöllen, und Bordelle betrieben und die Gewinne in die eigene Tasche fließen ließen. Seit 1959 werden die internen Beziehungen der Gewerkschaften gesetzlich kontrolliert.

in die Phase der »imperialen Präsidentschaft« ein. Gleichzeitig hatte das Kriegserlebnis aber zu einer demokratischen Öffnung der Gesellschaft beigetragen, was sich vor allem im steigenden Selbstvertrauen der Frauen und der Afroamerikaner manifestierte.

New Deal neben McCarthyismus – Truman

Präsident Truman setzte die konsensorientierte Innenpolitik der Kriegszeit im Wesentlichen fort und meisterte – nicht zuletzt mithilfe des Marshallplans – den Übergang von der Kriegs- zur Friedenswirtschaft. Zeitweise musste er gegen eine republikanische Mehrheit im Kongress regieren, die sich seinen als Fair Deal deklarierten kostspieligen Wirtschafts- und Sozialprogrammen widersetzte. Die Substanz der Reformen des New

INFOBOX

Exodus

Unter den gut 200 000 Deutschen, die sich in den USA vor dem Nationalsozialismus in Sicherheit bringen konnten, befanden sich viele prominente Intellektuelle, Wissenschaftler und Künstler, deren Namen in aller Welt mit dem Begiff der »deutschen Kultur« identifiziert wurden. Zu dieser geistigen Elite gehörten die Schriftsteller Thomas Mann und Carl Zuckmayer, der Dramatiker Bertolt Brecht, der Physik-Nobelpreisträger Albert Einstein, die Sozialwissenschaftler Franz Neumann, Max Horkheimer, Theodor W. Adorno und Herbert Marcuse, der Psychologe Max Wertheimer, die Psychoanalytiker Erich Fromm und Erik H. Erikson sowie die Philosophen Hannah Arendt und Leo Strauss.

Durch Walter Gropius und Mies van der Rohe gelangte der Architekturstil des Bauhauses in die USA. Theater und Film erhielten von Erwin Piscator, Ernst Lubitsch und Billy Wilder neue Impulse, und die amerikanische Musikszene wurde durch Komponisten und Dirigenten wie Arnold Schönberg, Kurt Weill, Bruno Walter und Otto Klemperer bereichert.

Der ehemalige Reichskanzler Heinrich Brüning, der seit 1939 Verwaltungswissenschaften an der Harvard University lehrte, war der bekannteste unter den emigrierten Politikern, die allen ideologischen Richtungen von der konservativen Rechten bis zu den Kommunisten angehörten.

Die meisten Flüchtlinge empfanden die USA als Antithese zum europäischen Totalitarismus, und viele von ihnen waren bei Kriegsende bereits so gut in die Gesellschaft des Gastlandes integriert, dass eine Rückkehr in die alte Heimat für sie nicht mehr infrage kam.

100563

Der Kalte Krieg erzeugte eine Atmosphäre des Misstrauens, die von dem republikanischen Senator Joseph R. McCarthy zu einem Feldzug gegen politische und kulturelle Abweichler genutzt wurde – ein als Kommunist »entlarvter« Arbeiter wird aus einer Fabrik verwiesen (1954).

Deal blieb erhalten, wenngleich die Stellung der Gewerkschaften beschnitten wurde; Verbesserungen im Renten- und Bildungswesen sowie bei den Mindestlöhnen bauten den sozialen Schutz noch aus.

Das Gefühl der Bedrohung durch die kommunistische Sowjetunion, das während der Berlinblockade und des Koreakriegs einen ersten Höhepunkt erreichte, förderte ebenso den Zusammenhalt und die Konformität der amerikanischen Gesellschaft wie der stürmische Wirtschaftsaufschwung, der sich bis in die Sechzigerjahre fortsetzte. Die 1929 jäh unterbrochene Entwicklung zur Konsum- und Wohlstandsgesellschaft beschleunigte sich nun wieder, und die amerikanischen Geschäftsleute, Touristen und Medien trugen die Botschaft von den Vorzügen des amerikanischen Lebensstils in alle Welt.

Andererseits wirkte der Kalte Krieg aber in bedrückender Weise auch nach innen, denn die Furcht vor

Die neuen Medien kamen der Entwicklung einer konsumorientierten Massenkultur entgegen (Szene mit Esther Williams u.a. aus dem Film »Die goldene Nixe«, USA 1952).

kommunistischer Unterwanderung und Spionage schuf eine Atmosphäre des Misstrauens und erzeugte ein System der Gesinnungsschnüffelei und Meinungskontrolle, unter dem besonders Künstler und Intellektuelle zu leiden hatten. Bis 1954 hielt der demagogische Kreuzzug, den der junge republikanische Senator aus Wisconsin, Joseph R. McCarthy, gegen tatsächliche und vermeintliche Staatsfeinde entfachte, die ganze Nation in Atem. In diesem McCarthyismus manifestierte sich der Drang der Mittelklassegesellschaft, ihre eigenen Normen allgemein verbindlich zu machen und politisch-kulturelle Abweichungen vom akzeptierten Meinungsspektrum so gering wie möglich zu halten.

Dieses Streben nach einer breiten, harmoniebetonten Übereinstimmung in den zentralen Fragen des politischen und sozialen Lebens kann man als die Kehrseite des liberalen Konsenses bezeichnen. Es gründete in dem gemeinsamen Erlebnis von Depression und Krieg, letztlich vielleicht sogar in weiter in die Vergangenheit zurückreichenden kollektiven Erfahrungen des amerikanischen Volkes.

Ein Kriegsheld ist Präsident – Eisenhower

Die Regierungszeit des populären Dwight D. »Ike« Eisenhower stand ganz im Zeichen von wirtschaftlichem Fortschritt, steigendem Lebensstandard und verbesserten Bildungschancen für die weiße Mittelschicht, speziell für die aus dem Krieg zurückgekehrten Soldaten. Die Landflucht und die Wanderungsbewegung vom Süden in die Industriezentren des Nordens und Westens hielten unvermindert an, was zu einem uferlosen Wachstum der Vorstädte und zur Entstehung von metropolitan areas mit vielen Millionen Einwohnern führte. Insgesamt nahm die Bevölkerung der USA zwischen 1945 und 1960 um rund 40 Millionen auf rund 180 Millionen zu, wozu in erster Linie der Babyboom bis Anfang der Sechzigerjahre beitrug. Gleichzeitig verdreifachte sich der Prozentsatz der jungen Amerikaner, die eine Hochschule besuchten, von 15 auf 45 Prozent.

INFOBOX

Der Kampf für Bürgerrechte

In den USA entstand Anfang des 20. Jh. eine Bürgerrechtsbewegung, die sich zunächst um die Beseitigung der Rassentrennung in den Südstaaten, später um die politische, soziale und wirtschaftliche Gleichstellung der Schwarzen auch in den Nordstaaten der USA bemühte. Diesen Bemühungen kam entgegen, dass auch die amerikanische Regierung nach Ende des Zweiten Weltkriegs versuchte, die Integration der Schwarzen durchzusetzen.

Widerstand gegen die Gleichstellung regte sich v. a. unter den Weißen der Südstaaten, die unter Ausnutzung aller legalen Mittel, aber auch häufig unter Anwendung von Gewalt und systematischem Terror versuchten, den Status quo zu bewahren. Seit 1957 wurden mehrere schwarze Aktivisten der Bürgerrechtsbewegung ermordet. Im selben Jahr, 1957, wurde das erste Bürgerrechtsgesetz seit der Jahrhundertwende verabschiedet, dem 1960, 1964, 1965 und 1968 weitere Gesetze zur Gleichstellung der Schwarzen folgten.

Bei der äußerst knappen Wahl John F. Kennedys zum Präsidenten 1960 waren die Stimmen der Schwarzen entscheidend. Sowohl er als auch sein Bruder Robert Kennedy setzten sich stark für die Bürgerrechtsbewegung ein.

Die Auseinandersetzungen wurden durch die Ermordung John F. Kennedys (1963) sowie der schwarzen Bürgerrechtler Malcolm X (1965) und Martin Luther King (1968) verschärft. Seit Beginn der 1970er-Jahre verlor die Bewegung an Einheitlichkeit und Vitalität.

ZITAT

Präsident Eisenhower in einer Pressekonferenz am 14. 11. 1956 zum modernen Republikanismus:

Moderner Republikanismus … ist eine Richtung der politischen Philosophie, die die Verantwortung der (amerikanischen) Bundesregierung klar erkannt hat, führend darauf hinzuwirken, dass die Produktivität unseres großen Wirtschaftssystems so verteilt wird, dass niemand unverschuldet Unglück oder Entbehrungen leidet.

Wesentlich früher als in Europa gehörten Eigenheim, Auto, Waschmaschine, Fernseher, Telefon und Geschirrspüler zum Standard der Durchschnittsfamilie. Die Werbung entdeckte die Jugendlichen als Konsumenten, und es bildete sich eine Jugendkultur heraus, deren Idole Schauspieler und Sänger wie James Dean, Elvis Presley und Marilyn Monroe wurden und die bald auch Westeuropa erreichte. Der Begriff der Massenkultur verlor seinen negativen Beiklang, als Künstler wie Jasper Johns, Andy Warhol und Roy Lichtenstein Motive des Alltagslebens aufgriffen und wie Ikonen zur Schau stellten.

Normen- und Wertewandel

Wie schon in den Zwanzigerjahren warnten Wissenschaftler und Intellektuelle vor sinnentleertem Materialismus, kultureller Nivellierung und Entfremdung in einer anonymen Massengesellschaft. Für die meisten Amerikaner wog der Zugewinn an persönlicher Autonomie und Entscheidungsfreiheit jedoch die Nachteile des reinen Konsumierens bei weitem auf.

Das Musical »West Side Story« überträgt Shakespeares Drama »Romeo und Julia« in das von ethnischen Konflikten geprägte New York der 1950er-Jahre (Filmszene, 1961). Die Benachteiligung von Frauen und ethnischen Gruppen bedrohte die amerikanischen Ideale Freiheit und Demokratie.

232

Die Idole der amerikanischen Jugendkultur wurden auch zum Exportschlager (Filmplakat zu »Love me tender« mit Elvis Presley).

In Eisenhowers zweiter Amtszeit ab 1957 breitete sich allerdings das Gefühl der gesellschaftlichen Stagnation und Ideenlosigkeit immer mehr aus. Patriotismus und traditionelle Religiosität überdeckten die wachsenden Probleme und erschwerten eine kritische Standortbestimmung. Hinter der geruhsamen Fassade der Wohlstandsgesellschaft begann es zu rumoren, weil ein beträchtlicher Teil der Bevölkerung von den Segnungen der Konsumkultur ausgeschlossen blieb, weil Frauen weiterhin als Menschen zweiter Klasse behandelt wurden und weil die fortdauernde Rassendiskriminierung und Gettoisierung einen fast unerträglichen Kontrast zu den amerikanischen Idealen von Freiheit und Demokratie bildeten.

Allem Harmoniestreben und Konformitätsdruck zum Trotz hatte sich im Zuge der gesellschaftlichen Modernisierung seit dem Krieg ein tief greifender Normen- und Wertewandel vollzogen, der am sichtbarsten die Rassenbeziehungen und die Stellung der Frau veränderte. Ein erstes deutliches Zeichen setzte der Oberste Gerichtshof 1954 mit dem Urteil im Fall Brown gegen die Schulbehörde von Topeka, das die Rassentrennung im Bildungswesen als unvereinbar mit der amerikanischen Verfassung aufhob. Die konservativen weißen Südstaatler leisteten zwar noch jahrelang hartnäckigen Widerstand, aber die rechtlich-moralische Grundlage für die Gleichstellung der Rassen war damit bereits geschaffen. Hierauf konnte die Bürgerrechtsbewegung aufbauen, die 1955 ihren ersten Sieg mit dem von Martin Luther King geleiteten Busboykott in Montgomery, Alabama, errang. Ähnlich verhielt es sich mit dem Kampf um die Gleichberechtigung der Frau, der noch nicht spektakulär geführt wurde, der sich aber in Form einer immer stärkeren Präsenz von Frauen im Erwerbsleben bereits deutlich abzeichnete.

Mitreißende Zukunftsvisionen, nach denen gerade die jüngeren Amerikaner verlangten, waren von Eisenhower jedoch nicht mehr zu erwarten. Er hatte die Führungsposition der USA in der Welt verteidigt und gefestigt; die notwendige innere Erneuerung des Landes blieb seinen Nachfolgern vorbehalten.

Jürgen Heideking †

Demonstration der Stärke: Die Außenpolitik der USA in den Fünfzigerjahren

Wenige Jahre nach Kriegsende war in den USA die Hoffnung auf eine stabile »neue Weltordnung« der Erkenntnis gewichen, dass die Sicherheit und die demokratischen Werte des Landes stärker bedroht waren als jemals zuvor. Man sah sich mit einem Gegner konfrontiert, der über Atombomben verfügte, und dessen Ideologie weltweit viele Menschen in ihren Bann zog. Fast unmerklich war die Allianz der Sieger zerbrochen und in einen Ost-West-Konflikt übergegangen, der – wie Korea bewies – jederzeit in einen neuen »heißen« Krieg ausarten konnte.

Anders als nach 1918 gab es nun kein »Zurück zur Normalität« mehr, denn die amerikanische Wirtschaft war so sehr mit dem Rest der Welt verflochten, dass jede Ausweitung des kommunistischen Machtbereichs die Interessen der Nation unmittelbar berühren musste.

Roosevelts Konzept der vier Weltpolizisten, die im Rahmen der UNO für Ordnung sorgen sollten, hatte sich als illusorisch erwiesen, und die Hauptverantwortung für das Überleben der Demokratien in einer funktionsfähigen Weltwirtschaft lag deshalb bei den USA. Die Regierung Truman und der Kongress zogen die Konsequenzen aus dieser Situation, indem sie sich zu einer Politik des wirtschaftlichen Wiederaufbaus und der politischen Eindämmung (containment) der kommunistischen Ausbreitung in Europa und Asien durchrangen.

Die Bundesrepublik wurde zum wichtigen Partner der amerikanischen Eindämmungspolitik – der amerikanische Außenminister Dulles, sein britischer Kollege Macmillan, Bundeskanzler Adenauer und der französische Außenminister Pinay diskutieren am 17. 6. 1955 in New York die anstehende Moskau-Reise Adenauers.

Containment und NSC-68

Das Konzept des containment stammte von dem Diplomaten George F. Kennan, der es in seinem »langen Telegramm« aus Moskau vom Februar 1946 formuliert

100562

100562

Die »Remilitarisierung« der Bundesrepublik stieß auf z. T. erbitterten Widerstand in der Bevölkerung. Die »Internationale der Kriegsdienstgegner« demonstrierte im März 1956 in München gegen Wiederaufrüstung und Wehrdienst.

und unter dem Pseudonym »X« im Sommer 1947 in der Zeitschrift »Foreign Affairs« noch einmal ausführlich begründet hatte. Kennan beschrieb die Sowjetunion als einen von totalitärer Ideologie und paranoiden Unsicherheitsgefühlen zu grenzenloser Expansion vorangetriebenen Staat. Um diesen Expansionsdrang »einzudämmen«, sei es nötig, den Sowjets überall dort, wo sie die Interessen des Westens verletzten, mit Entschlossenheit zu begegnen. Kennan behauptete, dass politischer Druck und die Demonstration von Stärke den Erfolg des containment gewährleisten und militärische Maßnahmen überflüssig machen würden. Das waren die geistigen Beweggründe hinter der Trumandoktrin, dem Marshallplan und dem Aufbau eines globalen Bündnissystems – allesamt kühne und innovative Entscheidungen, durch die sich Truman den Ruf eines großen Gestalters der Nachkriegswelt erwarb.

Eine zusätzliche Dimension erhielt das containment im Jahr 1950 durch das Memorandum NSC-68 und die

Intervention in Korea, die – entgegen Kennans ursprünglicher Absicht – die Rolle des Militärs und der Rüstung in den Vordergrund stellten. Die Autoren von NSC-68 beriefen sich auf die grundlegenden Prinzipien der amerikanischen Unabhängigkeitserklärung, die unvereinbar seien mit kommunistischer Herrschaft und Unterdrückung. Ein Präventivkrieg gegen die Sowjetunion komme aus moralischen Gründen zwar nicht infrage, aber die USA könnten das sowjetische System so sehr unter Druck setzen, dass es sich von innen heraus wandle. Zu diesem Zweck müssten sie von der passiven zur aktiven Eindämmung übergehen, die eine deutliche militärische Überlegenheit voraussetze. Gleichzeitig gelte es, die Bündnisse zu stärken und das Abdriften potenzieller Partner – zum Beispiel Westdeutschlands – in die Neutralität zu verhindern.

Die Vision der »einen Welt«, die aus amerikanischer Sicht die besten Bedingungen für die Entfaltung von politischer Freiheit und wirtschaftlichem Wohlstand bot, sollte nun, nachdem sich die Vereinten Nationen als ungeeignet erwiesen hatten, durch eine »Weltführerschaft« der USA verwirklicht werden. Pragmatische Kosten-Nutzen-Erwägungen gingen dabei eine untrennbare Verbindung mit dem idealistischen Glauben an höhere Werte – Demokratie, Freiheit, Menschenrechte – und einen weltgeschichtlichen Auftrag der USA ein. Dem puritanischen Erbe entstammte auch die Stilisierung der Auseinandersetzung mit dem Kommunismus zu einem apokalyptischen Kampf zwischen »Gut« und »Böse«.

Andererseits deuteten die Verfasser mit ihrer Empfehlung, Verhandlungsspielräume auszuloten, auch schon die Pendelschwünge zwischen Konfrontation und Entspannung an, die den außenpolitischen Kurs gegenüber der Sowjetunion in den folgenden Jahrzehnten kennzeichnen sollten. Der Hauptzweck von NSC-68 bestand aber darin, die amerikanische Führung von der Notwendigkeit einer drastischen Aufrüstung zu überzeugen.

ZITAT

Helmut Schmidt über die Verteidigung Westeuropas:

Das militärstrategische Konzept, das damals durch die NATO entwickelt wurde, gab sich ... praktisch damit zufrieden, nur eine kleine konventionelle Streitmacht auf dem europäischen Kontinent zu besitzen. Man bezeichnete sie später als den ... »Schild«, der Westeuropa ein paar Tage gegen einen eventuellen sowjetischen Angriff abzudecken hätte, damit inzwischen das »Schwert« des Westens seine Vergeltungswirkung erzielen sollte. Als Schwert bezeichnete man die nukleare strategische Fernwaffe der Amerikaner, das heißt die Fernbomberstreitmacht.

»Roll back« und »massive retaliation«

Im Wahlkampf von 1952, zu dem Truman nicht mehr antrat, profilierten sich die siegreichen Republikaner mit der Forderung, Amerika noch stärker zu machen und den kommunistischen Einfluss in der Welt nicht nur aufzuhalten, sondern zurückzudrängen (roll back). Im Wesentlichen wahrten der neue Präsident Eisenhower und sein Außenminister John F. Dulles dabei die außenpolitische Kontinuität und setzten den Ausbau des amerikanischen Bündnissystems fort.

Höchste Priorität hatte dabei die Festigung der NATO unter Einschluss der Bundesrepublik, der nach dem Scheitern des EVG-Projekts 1955 erfolgte. Die Entscheidung für die Wiederbewaffnung wurde trotz sowjetischer Warnungen und Angebote sowie gegen erhebliche Widerstände in der deutschen Bevölkerung durchgesetzt. Für Washington war Bonn ein unerlässlicher Partner bei der Umsetzung der Eindämmungspolitik in Europa. Durch die Mitgliedschaft in der NATO wurde die Bundesrepublik aber selbst an die Leine des Westens genommen. Dulles unterstützte auch nachdrücklich die Bemühungen von Bundeskanzler Adenauer um die europäische Einigung, die 1957/58 mit dem Abschluss der Römischen Verträge einen wesentlichen Schritt vorankam.

Stärker als Truman setzten Eisenhower und Dulles auf die nukleare Überlegenheit der USA, weil sie darin einen Weg sahen, die hohen Kosten der konventionellen Rüstung zu reduzieren. Die Sowjetunion ließ sich jedoch von der angedrohten massiven Vergeltung (massive retaliation) mit Nuklearwaffen keineswegs einschüchtern, sondern steigerte ihrerseits die Rüstungsanstrengungen.

Als es der Sowjetunion am 5. Oktober 1957 gelang, erstmals einen Satelliten auf eine Erdumlaufbahn zu bringen, setzte der so genannte Sputnikschock dem Glauben an den technologischen Vorsprung der USA ein Ende, und bald war nicht nur von einem nuklearen Patt, sondern sogar von einer »Raketenlücke« zum Nachteil der USA die Rede. Die Luftaufklärung mit Spionageflugzeugen vom Typ U 2 widerlegte zwar solche Unkenrufe, aber diese Erkenntnis musste geheim gehalten werden. Trotz der öffentlichen Beunruhigung hielt die Regierung Eisenhower die jährlichen Rüstungsausgaben unter 50 Milliarden Dollar und beantwortete die neue sowjetische Herausforderung lediglich mit der Gründung der NASA-Raumfahrtbehörde und einem nationalen Programm zur Wissenschaftsförderung.

Als die Sowjetunion den ersten künstlichen Satelliten startete, kam im Westen ein schockartiges Gefühl der Bedrohung auf: Der »Sputnik« machte klar, dass die USA mit Raketen von der Sowjetunion aus erreichbar waren und zerstörte die Vorstellung von der technischen Überlegenheit des Westens.

100562

Unter diesen Umständen war an eine Verwirklichung der von Dulles propagierten Doktrin des roll back kaum zu denken. Der amerikanische Geheimdienst CIA (Central Intelligence Agency), der von Allan W. Dulles, dem Bruder des Außenministers, geleitet wurde, bemühte sich zwar mit subversiven Aktionen und Radiosendungen um eine Destabilisierung der sowjetischen Herrschaft, doch wegen der scharfen staatlichen Überwachung in den Ländern des Ostblocks blieb der Effekt gering.

Als sich durch die Volksaufstände in der DDR 1953 und Ungarn 1956 Gelegenheiten zum Eingreifen boten, übte die amerikanische Regierung Zurückhaltung und beschränkte sich darauf, die Ereignisse propagandistisch auszunutzen. Im Fall Ungarns engten auch die gleichzeitige Suezkrise, die der gemeinsame Angriff Großbritanniens, Frankreichs und Israels gegen Ägypten hervorrief, und die bevorstehenden Präsidentschaftswahlen Eisenhowers Handlungsspielraum zusätzlich ein. Während Amerikaner und Russen in der UNO gemeinsam Front gegen die europäischen Kolonialmächte machten, konnten sowjetische Truppen in Ungarn unbehelligt die kommunistische Ordnung wiederherstellen. Auf die Europäer wirkte das desillusionierend, aber es half Eisenhower, als Friedenspräsident sicher im Amt bestätigt zu werden.

In den Fünfzigerjahren strahlte der Ost-West-Konflikt auf andere Regionen der Erde aus, die man bald unter dem Begriff der Dritten Welt zusammenfassen sollte. Nach den leidvollen Erfahrungen des Koreakriegs zogen es die USA vor, militärische Interventionen zu

160

Das amerikanische Aufklärungsflugzeug vom Typ Lockheed U 2 war bei einer Einsatzhöhe von über 20 000 m für die Luftabwehr unerreichbar. Seit Juli 1956 fanden Spionageflüge über der Sowjetunion statt und offenbarten die Stellung erster Interkontinentalraketen.

160

Im Dezember 1960 gab die amerikanische Regierung erstmals ein Foto einer ca. 3 m langen Atombombe vom Typ »Little Boy« frei. Eine Bombe gleicher Bauart war am 6. 8. 1945 über der japanischen Stadt Hiroshima abgeworfen worden.

vermeiden und ihre Ziele möglichst auf diplomatischem Wege und notfalls durch subversive Operationen zu erreichen.

Das Erdölmotiv spielte eine entscheidende Rolle, als der CIA 1953 zum Sturz des iranischen Ministerpräsidenten Mohammed Mossadegh beitrug, der die westlichen Ölgesellschaften verstaatlicht hatte. Zum Hauptgegner der USA in diesem Raum avancierte nach 1956 der ägyptische Staatspräsident Gamal Abd el-Nasser, dessen Zusammenarbeit mit der Sowjetunion die Strategie der Eindämmung im Gebiet von Nordafrika bis zum Persischen Golf zu unterlaufen drohte.

Gegen diese Gefahr richtete sich die Eisenhowerdoktrin vom Januar 1957, die die Unabhängigkeit und Integrität aller Staaten des Nahen und Mittleren Ostens als »lebenswichtig für die nationalen Interessen und den Weltfrieden« erklärte. Nach dem Staatsstreich nationalistisch-republikanischer Kräfte im Irak 1958 bot die Doktrin eine Handhabe für die kurzfristige Landung amerikanischer Marinesoldaten im Libanon, die das größte militärische Abenteuer unter Eisenhowers Präsidentschaft blieb. Von diesem Zeitpunkt an floss der Löwenanteil der amerikanischen Auslandshilfe in diese Region, die für die Ölversorgung des Westens lebenswichtig, deren politische Atmosphäre aber durch den Konflikt zwischen den arabischen Staaten und Israel explosiv aufgeladen war.

s. ZEIT Aspekte Mohammed Mossadegh S. 571

Freund-Feind-Schema
Andere Unruheherde bildeten Indochina, wo nach der französischen Niederlage in Dien Bien Phu am 7. Mai 1954 eine Pufferzone am 17. Breitengrad zwischen der kommunistischen Demokratischen Republik Vietnam im Norden und der von den USA gestützten Republik Vietnam im Süden gebildet wurde, und Lateinamerika, wo die CIA die Machtübernahme »linker« Regierungen zu verhindern suchte.

Eisenhower und die beiden Dulles-Brüder betrachteten Fidel Castros kubanische Revolution von 1959 als Symptom einer allgemeinen Tendenz in den Ländern der Dritten Welt, sich dem Führungsanspruch der USA und der Logik der Weltwirtschaft zu entziehen. In diesem Licht sahen sie auch die Bewegung der blockfreien Staaten, die sich unter Führung Indiens, Indonesiens und Jugoslawiens formierte. Ihren »Neutralismus« empfanden sie als Begünstigung der Sowjetunion, und ihren staatswirtschaftlichen Experimenten begegneten sie mit großem Misstrauen.

Als Politiker handelte der Kriegsheld Eisenhower, der die Regierung unauffällig, aber straff lenkte, durchaus verantwortungsbewusst und keineswegs als Haudegen. Intern warnte er sogar vor den schädlichen Folgen, die das Entstehen eines militärisch-industriellen Komplexes für die amerikanische Demokratie haben könne. Versuche, mit der sowjetischen Führung ins Gespräch zu kommen, blieben aber erfolglos. Gegen Ende des Jahrzehnts hatte sich in der amerikanischen Führung und im Volk ein Denken verfestigt, das die gesamte Welt in ein Freund-Feind-Schema einteilte. *Jürgen Heideking †*

Von den Schauprozessen zum »Tauwetter«: Die Sowjetunion am Ende der Diktatur Stalins

Im September 1949 wurde der Kommunist László Rajk in einem der berüchtigten Schauprozesse zum Tod verurteilt. Die Hinrichtung fand am 15. Oktober statt. Das Foto zeigt ihn am 16. 9. 1949, dem Tag der Prozesseröffnung, vor dem Volksgericht.

Mit dem Übergang zum Kalten Krieg wurde das sowjetische Gesellschaftsmodell und seine Interpretation durch Stalin zur allein verbindlichen Richtschnur für alle Volksdemokratien erklärt. Die kommunistischen Führungen wurden strengen »Säuberungen« unterworfen.

Nach sowjetischem Muster erhielt der Aufbau der Schwerindustrie überall Vorrang, zentralistische Pla-

50

100880

Kurz nach Stalins Tod wurde diese Fotomontage publiziert, die als Ehrenwache der aufgebahrten Leiche im Moskauer Gewerkschaftshaus Molotow, Woroschilow, Berija, Malenkow, Bulganin, Chruschtschow, Kaganowitsch und Mikojan versammelt (von links nach rechts).

nungsmethoden wurden eingeführt und gegen erhebliche Widerstände wurde auch die Kollektivierung der Landwirtschaft vorangetrieben. Die Wirtschaftsproduktion wurde auf den Wiederaufbau der Sowjetunion hin ausgerichtet, und die Ökonomien der Ostblockstaaten wurden miteinander vernetzt. Dazu wurde zu Beginn des Jahres 1949 eine gemeinsame Planungsorganisation ins Leben gerufen: der Rat für gegenseitige Wirtschaftshilfe, kurz RGW genannt oder nach der angelsächsischen Form Comecon.

Einer widersetzte sich den Zentralisierungsbestrebungen: Josip Tito, der seine Herrschaft in Jugoslawien nicht der Roten Armee zu verdanken hatte, sondern dem Sieg seiner eigenen Partisanenverbände. Als Tito im Winter 1947/48 Vorbereitungen zur Bildung einer Föderation der südosteuropäischen Staaten traf, wollte Stalin ihn stürzen. Tito verhaftete jedoch kurzerhand mögliche Anführer einer Verschwörung, und er hielt sich auch an der Macht, als Jugoslawien daraufhin im Juni 1948 aus dem Kominform ausgeschlossen wurde. Stalin brach die diplomatischen Beziehungen zu Jugoslawien ab, verhängte eine Wirtschaftsblockade und rief die Bevölkerung unablässig auf, »die faschistische Tito-Clique« zu stürzen – alles vergebens: Tito gewann durch den Widerstand vielmehr an Prestige und war dadurch in der Lage, einen »eigenen Weg zum Sozialismus« zu gehen, in dem die Arbeiterselbstverwaltung eine große Rolle spielte.

In den übrigen kommunistischen Ländern aber verstärkte die Erfahrung mit Tito noch die Säuberungswelle. Schon 1948/49 verlor in Polen Parteisekretär Władysław Gomułka zusammen mit seinen engsten Vertrauten seine Ämter und wurde in Haft genommen, in Bulgarien wurde Parteisekretär Traitscho Kostow hingerichtet, in Ungarn wurde nach einem spektakulären

Schauprozess der ehemalige Innen- und Außenminister László Rajk ebenfalls exekutiert; desgleichen sicherte in Albanien Enver Hoxha durch Schauprozesse gegen die projugoslawische Fraktion seiner Partei die Macht. In der Tschechoslowakei verloren auf Betreiben Klement Gottwalds zunächst 1951 ZK-Mitglied Gustáv Husák und Laco Novomeský ihre Macht, Außenminister Vladimír Clementis und der Parteigeneralsekretär Rudolf Slánský wurden verhaftet und nach einem Schauprozess wegen »titoistischen und zionistischen Umtrieben« 1952 hingerichtet; fast 150 angebliche Slánský-Anhänger erhielten hohe Zuchthausstrafen. In Rumänien schließlich gab es zwei Säuberungswellen: In der ersten 1951/52 wurde die »Moskowiter«-Gruppe ehemaliger Emigranten um Ana Pauker ausgeschaltet, 1954 im Verlauf der zweiten der ehemalige Justizminister Lucrețiu Pătrășcanu hingerichtet.

In der Sowjetunion wurde im März 1949 die Parteiorganisation des Leningrader Gebiets von Anhängern des Parteisekretärs Andrej Aleksandrowitsch Schdanow gesäubert, der im Jahr zuvor unerwartet gestorben war. Der Stalinkult wurde weiter verstärkt; ein Parteitag, der erstmals seit 13 Jahren im Oktober 1952 wieder einberufen wurde, stellte den »Generalissimus« stärker denn je in den Mittelpunkt aller Entscheidungen. Drei Mo-

ZITAT

Aus einem Exposé Titos zum eigenen Weg Jugoslawiens zum Sozialismus:
Aber heute bauen wir allein den Sozialismus in unserem Lande auf. Wir verwenden keine Schablonen mehr, sondern lassen uns von der marxistischen Wissenschaft leiten und gehen unseren Weg, wobei wir die spezifischen Gegebenheiten unseres Landes berücksichtigen.

INFOBOX

Schauprozesse

Schauprozesse, Gerichtsverfahren mit politischem Demonstrationseffekt in diktatorischen Staaten, dienen dazu, propagandistische Wirkungen in der breiten Öffentlichkeit zu erzielen, politisch missliebige Personen zu beseitigen und zugleich die Bevölkerung einzuschüchtern. Ihr Ablauf ist vielfach zwischen Gericht und Anklagebehörde verabredet. Die Öffentlichkeit im Gerichtssaal wird durch ein ausgesuchtes, regimetreues Publikum nur scheinbar hergestellt. Charakteristisch für Schauprozesse sind weitgehende, oft erpresste Schuldbekenntnisse und hohe Strafen.

Im Rahmen der Großen Tschistka (Säuberung) in der Sowjetunion, die zwischen 1936 und 1938 ihren Höhepunkt erreichte, ließ Stalin seine Rivalen aus der Zeit der innerparteilichen Machtkämpfe, u.a. Grigorij Sinowjew, Lew Kamenew, Nikolaj Bucharin und Aleksej Rykow, in Schauprozessen zum Tode verurteilen.

nate nach dem Parteitag wurde die Verhaftung einer Gruppe von neun Ärzten bekannt gegeben, die den Führungsspitzen von Staat und Armee angeblich nach dem Leben getrachtet hatten. Gleichzeitig wurde eine Kampagne zur Steigerung der Wachsamkeit gegen »Nachlässigkeit«, »Leichtgläubigkeit« und »antimarxistischen Opportunismus« inszeniert. Säuberungen und Stalinverehrung sollten die Spannungen überwinden, die infolge der wachsenden Unfähigkeit des Diktators aufgetreten waren, alles zu entscheiden, was er in seinem grenzenlosen Misstrauen allein entscheiden wollte.

Die Phase der Entstalinisierung

Der Tod des göttlich verehrten Sowjetdiktators am 5. März 1953 erfüllte viele seiner Anhänger mit echter Trauer. Bald folgte aber auch ein Gefühl der Erleichterung. An die Spitze des Sowjetimperiums trat jetzt eine Führungstroika: Georgij Maksimilianowitsch Malenkow, den Stalin als Nachfolger in der Parteiführung präsentiert hatte, als Ministerpräsident, Geheimdienstchef Lawrentij Pawlowitsch Berija als Innen- und Staatssicherheitsminister und der Moskauer Gebietssekretär und vormalige ukrainische Parteichef Nikita Sergejewitsch Chruschtschow als Sekretär des Zentralkomitees der Partei. Die neue Führung amnestierte politische

INFOBOX

Der »neue Kurs«

Georgij Malenkow war als enger Vertrauter Stalins und Chef der Abteilung »Leitende Parteiorgane« an den Stalin'schen Säuberungen beteiligt. 1953, nach Stalins Tod, schlug er als sowjetischer Ministerpräsident einen neuen innenpolitischen Kurs ein, der v. a. auf eine Steigerung der Konsumgüterproduktion zulasten der Schwerindustrie, auf Steuererleichterung für Bauern und auf einen Schuldenerlass für Kolchosen gerichtet war.

Die Politik des »neuen Kurses«, bereits 1955 mit der Ablösung Malenkows als politisch verfehlt verworfen, führte in der DDR nach dem Aufstand vom 17. Juni 1953 zu einem ähnlich gelagerten neuen Kurs, der die innere Stabilität der des Staates sichern sollte.

Malenkow wurde 1957 im Zuge von Auseinandersetzungen innerhalb der KPdSU zum »Parteifeind« erklärt und aller Ämter enthoben, ein Schicksal, das sein Nachfolger Nikolaj Bulganin 1958 teilte.

100563

Am Mittag des 17. 6. 1953 rückten sowjetische Panzer in Berlin ein; sie wurden von den Aufständischen mit Steinen beworfen, wie hier am Potsdamer Platz. Zwar beendete das Militär den Aufstand, die Regierung musste jedoch Zugeständnisse machen.

Opfer Stalins und senkte die Verbraucherpreise. Im Sommer folgten eine Umorientierung der Investitionen in die Konsumgüterindustrie und eine Lockerung des ideologischen Korsetts. Künste und Wissenschaft konnten sich wieder freier entfalten. 1954 veröffentlichte Ilja Grigorjewitsch Ehrenburg eine Novelle mit dem Titel »Tauwetter«; sie gab der Epoche ihren Namen.

Noch bevor sich die Liberalisierungstendenzen voll entfaltet hatten, wurde Berija Opfer einer Verschwörung. Im Juni 1953 enthoben ihn seine Genossen im Führungskollektiv seines Amtes, weil sie fürchteten, er könne sich zum Alleinherrscher aufschwingen. Ende Dezember wurde er hingerichtet, und der Geheimdienst verlor seine frühere Sonderstellung. Chruschtschow, der die Verschwörung organisiert hatte, gewann dadurch an Einfluss, und mit der Zeit konnte er seine Machtstellung weiter ausbauen. Im Februar 1955 musste Malenkow das Amt des Ministerpräsidenten an den bisherigen Verteidigungsminister Nikolaj Aleksandrowitsch Bulganin abtreten. Als dessen Nachfolger sicherte Marschall Georgij Konstantinowitsch Schukow, der populäre Sieger des Zweiten Weltkriegs, den Streitkräften innere Autonomie und einen fortgesetzt hohen Anteil am Volkseinkommen.

Eine Lockerung des stalinistischen Zwangs fand auch in den Volksdemokratien statt. In der DDR führte der »forcierte Aufbau des Sozialismus«, den Walter Ulbricht seit dem Sommer 1952 betrieb, am 16./17. Juni 1953 zu

ZITAT

Aus der »Geheimrede« Nikita Chruschtschows am 25. 2. 1956 auf dem XX. Parteitag der KPdSU:

Nach dem Tode Stalins leitete das ZK der Partei eine Aufklärungspolitik ein, um mit zwingender Konsequenz nachzuweisen, dass es unzulässig und dem Geist des Marxismus-Leninismus zuwider ist, eine Person herauszuheben und sie zu einem Übermenschen zu machen, der gottähnliche, übernatürliche Eigenschaften besitzt, zu einem Menschen, der angeblich alles weiß, alles sieht, für alle denkt, alles kann und in seinem ganzen Verhalten unfehlbar ist.

einem Volksaufstand. Er wurde mithilfe sowjetischer Panzer sogleich niedergeschlagen, doch musste Ulbricht bei der Kollektivierung und ideologischen Vereinheitlichung zurückstecken. In Ungarn musste Parteichef Mátyás Rákosi auf Geheiß Moskaus im Juli 1953 den Wirtschaftsreformer Imre Nagy wieder als Ministerpräsidenten einsetzen. Wirtschaftsreformen, Stopp der Zwangskollektivierung und eine stärkere Trennung von Partei und Staat gab es auch in der Tschechoslowakei und in Polen. In Rumänien, Bulgarien und Albanien hingegen änderte sich nicht viel.

Am 14. Mai 1955 unterzeichneten die Regierungschefs der RGW-Staaten in Warschau einen Vertrag über Freundschaft, Zusammenarbeit und gegenseitigen Beistand, den Warschauer Pakt. Er sicherte die sowjetische Hegemonie ab, nahm ihr aber gleichzeitig den Willkürcharakter der Stalinzeit.

Auf dem XX. Parteitag der KPdSU im Februar 1956 machte Chruschtschow die bislang stillschweigende Ab-

Ilja Ehrenburgs Novelle »Tauwetter« gab der Epoche der Entstalinisierung den Namen. Am Beispiel einer Provinzstadt beschrieb der Autor das »Seelenklima« im Umbruchsjahr 1953 (Porträt von Andrej Gontscharow, 1954; Moskau, Staatliches Literaturmuseum).

INFOBOX

Reaktion auf den XX. Parteitag

Der italienische KP-Chef Palmiro Togliatti erklärte in einem Interview im Sommer 1956, dass der sowjetische Kommunismus nach wie vor das erste große historische Modell einer konsequenten revolutionären Aktion sei, um der Arbeiterklasse die Führung der Gesellschaft zu sichern und den Aufbau einer sozialistischen Gesellschaft zu verwirklichen. Er sprach jedoch davon, dass es in der Sowjetunion zu »Entartungserscheinungen« gekommen sei und kritisierte den Begriff »Personenkult« als ungeeignet zu ihrer Erklärung: »Früher war alles Gute den übermenschlichen positiven Eigenschaften eines Mannes zu verdanken; jetzt wird alles Schlechte seinen ebenso außergewöhnlichen, ja unglaublichen Fehlern zugeschrieben ... Auf diese Weise geht man an den wahren Problemen vorbei ...«. Schließlich erklärte Togliatti, dass das sowjetische Modell nicht mehr obligatorisch sein könne, und verkündete damit unter dem Begriff Polyzentrismus (mehrere Zentren des Kommunismus) 1956 den »italienischen Weg zum Kommunismus«.

kehr von stalinistischen Prinzipien auch offenkundig. In einer Rede zum Schluss des Kongresses listete er die Verbrechen des Diktators auf, geißelte den Personenkult und verurteilte den Stalinismus insgesamt als eine Entartung des Marxismus-Leninismus. Danach wurden zahlreiche Opfer der Säuberungen rehabilitiert und Terrorurteile aufgehoben. Das sollte der moralischen Erneuerung der Partei und des Regimes dienen, die Wiederannäherung an Jugoslawien erleichtern und dem Kommunismus insgesamt neue Anziehungskraft verleihen.

Tatsächlich führte die Abrechnung mit den Verbrechen Stalins dem Regime neue Energien zu. Ein Jahr nach Chruschtschows Besuch in Belgrad, der allgemein als »Gang nach Canossa« aufgefasst wurde, reiste Tito im Juni 1956 im Triumphzug durch die Sowjetunion und bestärkte Chruschtschow in der Auffassung, »dass der Reichtum der Formen der Entwicklung des Sozialismus zu seiner Stärkung beiträgt«.

Politische Führer der Dritten Welt, die im Kampf gegen die Kolonialherrschaft standen, fingen an, sich stärker für den Kommunismus zu interessieren; und Moskau fand jetzt leichter Wege, mit ihnen zusammenzuarbeiten. Im westlichen Europa hingegen war die Aufdeckung der Verbrechen Stalins vielfach der Anlass zum

ZITAT

Ilja Ehrenburg, nach dessen Roman »Tauwetter« eine Periode der Lockerung in der sowjetischen Literatur benannt wurde, schreibt in seinen Erinnerungen:

Seit Stalins Tod war erst ein Monat vergangen, aber irgendetwas auf der Welt hatte sich verändert. ... Wahrscheinlich hatte ich diesen April im Sinn, als ich im Herbst beschloss, einen kleinen Roman zu schreiben, und als Erstes den Titel aufs Papier malte.

Georgij Konstantinowitsch Schukow war in der Sowjetunion überaus beliebt und in der Armee hochverehrt. Chruschtschow fühlte sich von ihm zunehmend in seiner Macht bedroht und enthob ihn während einer Jugoslawien-Reise im Oktober 1957 seiner Ämter.

50558

Bruch mit der kommunistischen Idee überhaupt, und in Polen und Ungarn rief sie Entwicklungen hervor, die die sowjetische Hegemonie und damit den Ostblock insgesamt infrage stellten.

In Polen machte in Anbetracht der wachsenden Demokratiebewegung Parteichef Edward Ochab im Oktober 1956 den Weg zu einer Wiedereinsetzung Gomułkas frei; und als die Stalinisten in der Parteiführung dagegen die sowjetische Führung zu Hilfe riefen, ließ sich Chruschtschow von Gomułka überzeugen, dass es ihm schon gelingen werde, das Land im sozialistischen Lager zu halten.

In Ungarn hingegen entschied er sich zur Intervention. Am 23. Oktober war Imre Nagy im Zuge eines spontanen Aufruhrs zum Ministerpräsidenten ernannt worden. Als er unter dem Eindruck eines eskalierenden Generalstreiks am 30./31. Oktober 1956 ankündigte, Ungarn werde zwar sozialistisch bleiben, doch eine Mehrparteiendemokratie einführen und aus dem Warschauer Pakt austreten, wurde in Moskau die Durchsetzung einer Gegenregierung durch sowjetische Truppen beschlossen. Am 4. November begannen sie, Budapest anzugreifen; bis zum 10. November hatten sie den erbitterten Widerstand fast überall im Land gebrochen.

Die Freiheitsbewegungen in Polen und in Ungarn brachten Chruschtschow in Schwierigkeiten. Orthodoxe Parteikräfte um Wjatscheslaw Michajlowitsch Molotow beschuldigten ihn, mit der Entstalinisierung das gesamte Regime zu gefährden. Gleichzeitig brachten die wirtschaftlichen Hilfen und Erleichterungen, die zur Beruhigung der Lage in den Volksdemokratien nötig waren, die Vertreter der Wirtschaftsbürokratie gegen ihn auf. Die Mehrheit der Mitglieder des Parteipräsidiums stimmte Ende Juni 1957 für seine Abwahl als Erster Sekretär.

ZITAT

Als Reaktion auf den XX. Parteitag der KPdSU schrieb Bertolt Brecht im Juli 1956, einen Monat vor seinem Tod, vier Gedichte. Stalin erscheint als »Der verdiente Mörder des Volkes« und Brecht stellt die Frage:
Die Anbeter sehen sich um: Was war falsch? Der Gott? Oder das Beten?

Chruschtschow half sich, indem er sich erstens von Titos Unabhängigkeitsparolen distanzierte und zweitens die mittleren Funktionäre für sich mobilisierte, die besser als viele Funktionäre der Zentrale verstanden hatten, was tatsächlich der Stabilisierung des Regimes diente. Mit Unterstützung der Armee rief er kurzfristig eine Plenarsondersitzung des Zentralkomitees ein, die Molotow und die anderen Vertreter der »Antiparteigruppe« abwählte. Im Oktober erlangte er mit der Absetzung Schukows auch noch die Kontrolle über die Armee, und im März 1958 übernahm er von Bulganin das Amt des Ministerpräsidenten. *Wilfried Loth*

Kommunismus in Sichtweite?: Die Ära Chruschtschow

Begünstigt wurde Chruschtschows Aufstieg durch eine insgesamt positive Wirtschaftsentwicklung in der zweiten Hälfte der Fünfzigerjahre. Die Bruttoproduktion der Gesamtindustrie der Sowjetunion verdoppelte sich, das Pro-Kopf-Einkommen stieg jährlich um durchschnittlich 5,6 Prozent (nach westlichen Berechnungen immerhin um vier Prozent). Im Oktober 1957 gelang es sowjetischen Raumfahrttechnikern als Ersten, mit dem Sputnik einen Satelliten auf die Erdumlaufbahn zu schicken, und im April 1961 katapultierten sie, ebenfalls vor den Amerikanern, den ersten Astronauten ins All – Jurij Aleksejewitsch Gagarin, der den Erdball in seiner »Wostok«-Raumkapsel umkreiste. Das rief den Eindruck hervor, auch in der technologischen Entwicklung an der Spitze des Fortschritts zu stehen. Auf dem XXII. Parteitag der KPdSU im Oktober 1961 ließ sich Chruschtschow zu der optimistischen Prophezeiung verleiten, in zwanzig Jahren werde die Sowjetunion die USA wirtschaftlich überholt und das Stadium des Kommunismus erreicht haben.

In Ungarn half der ökonomische Boom sehr bei der Stabilisierung des Regimes. Parteichef János Kádár wusste ihn zu fördern, indem er ein wenig orthodoxes Wirtschaftsmanagement betrieb und die ideologische Indoktrination so weit wie möglich zurücknahm. Die Arbeiterräte, die sich im Zuge der Demokratiebewegung

Nikita Chruschtschow vertrat das Prinzip der »friedlichen Koexistenz« der Systeme und glaubte, den Kapitalismus auch wirtschaftlich übertrumpfen zu können (hier bei einer Pressekonferenz zum Gipfeltreffen der vier Siegermächte am 16./17. 5. 1960 in Paris).

100880

INFOBOX

»Donnersohle«

Am 12. 10. 1960 berieten die Vereinten Nationen bei ihrer Vollversammlung über einen Antrag der UdSSR gegen den Kolonialismus. Allgemeiner Radau brach aus, als ein Vertreter der Philippinen es wagte, in diesem Zusammenhang die Unterdrückung der osteuropäischen Völker zu erwähnen. Nikita Chruschtschow antwortete darauf mit einer heftigen Rede, während der er zur Verblüffung aller einen Schuh auszog, mit diesem auf das Sprecherpult eindrosch und dazu wetterte: »Warum darf dieser Nichtsnutz, dieser Speichellecker, dieser Fatzke, dieser Imperialistenknecht und Dummkopf - warum darf dieser Lakai der amerikanischen Imperialisten hier Fragen behandeln, die nicht zur Sache gehören?«
Nach genauer Analyse der Fotografien des Auftritts entdeckte man noch eine kleine Sensation, die v. a. die deutsche Lederwarenindustrie erfreute: Chruschtschow trug Schuhe aus Pirmasens.

1956 gebildet hatten, blieben erhalten, und der Intelligenz wurden in Grenzen künstlerische und geistige Freiheiten zugestanden. Mit der Zeit konnte Kádár es sogar wagen, sein Land zum Westen hin zu öffnen: Den Ungarn wurden vermehrt Westreisen genehmigt, die das Regime nicht gefährdeten, sondern im Gegenteil, weil sie als Ventil wirkten, weiter stabilisierten. »Gulaschkommunismus« wurde zum Schlagwort für eine erträgliche Form kommunistischer Herrschaftspraxis in Europa.

In Polen gelang die Stabilisierung aufgrund eines Kompromisses mit den Bauern und der katholischen Kirche. Die landwirtschaftlichen Betriebe wurden zu 85 Prozent reprivatisiert, die Kirche durfte ihre Ämter wieder ohne staatliche Einflussnahme besetzen und in den Schulen wie bei den Streitkräften wieder religiösen Unterricht und Seelsorge betreiben. Die zivilen Kräfte fanden sich daraufhin mit der Einschränkung ihrer Freiheiten ab, und die Arbeiter nahmen die neuerliche Zentralisierung der Wirtschaftslenkung hin, solange es wirtschaftlich einigermaßen voranging.

In der DDR bedurfte es dagegen des Baus der Berliner Mauer am 13. August 1961, um das Regime wirtschaftlich und politisch zu stabilisieren. Eine permanente Fluchtbewegung von Deutschland-Ost nach Deutschland-West hatte in den Jahren zuvor alle Bemü-

Der sowjetische Kosmonaut Juri Gagarin – hier in seinem Raumanzug kurz vor dem Start – umkreiste am 12. 4. 1961 in der Raumkapsel Wostok als erster Mensch die Erde.

100562

hungen zunichte gemacht, den »ersten deutschen Arbeiter- und Bauernstaat« wirtschaftlich zu konsolidieren und die konkurrierende Bundesrepublik im Wohlstandsniveau zu überholen. Ein Ultimatum vom November 1958, mit dem Chruschtschow die Neutralisierung des Schlupflochs Westberlin oder zumindest eine völkerrechtliche Anerkennung der DDR erreichen wollte, hatte nicht die erhoffte Wirkung. Daraufhin konnte Walter Ulbricht unter Hinweis auf den drohenden wirtschaftlichen Kollaps mit dem Mauerbau wenigstens die vollständige Abriegelung Westberlins erreichen. Damit war das Schlupfloch gestopft, und die Bevölkerung der DDR musste sich auf ein Arrangement mit dem SED-Regime einrichten.

Die pragmatische Konsolidierung führte die industriell entwickelteren Länder des Ostblocks näher zusammen. Dagegen traten scharfe Spannungen zu den rückständigeren Ländern auf, die sich im Zuge des weiteren industriellen Fortschritts mit der Rolle von Agrarproduzenten und Rohstofflieferanten begnügen sollten.

Der rumänische Parteichef Gheorghe Gheorghiu-Dej brachte sein Land daraufhin auf einen unabhängigen Kurs: Unter strikter Wahrung des polizeistaatlichen Machtmonopols trieb er die Industrialisierung mithilfe westlicher Kredite voran und boykottierte 1962/63 einen Versuch Chruschtschows, Investitionsentscheidungen künftig durch den RGW treffen zu lassen. Albanien unter der Führung von Enver Hoxha verließ 1961 sogar den RGW und stellte die Mitarbeit im Warschauer Pakt praktisch ein. Im ideologischen Konflikt zwischen Moskau und Peking, der in vielen kommunistischen Parteien zur Spaltung in prochinesische und prosowjetische Flügel führte, stellte sich Hoxha offen auf die Seite der chinesischen Gegner einer »friedlichen Koexistenz«. Bulgarien »flirtete« hingegen unter Todor Schiwkow nur kurze Zeit mit der chinesischen Führung. Als ein ehrgeiziges Entwicklungsprogramm aus Mangel an eigenen Rohstoffen in ein Desaster umzuschlagen drohte, half Chruschtschow mit großzügigen Krediten aus, die das Land wieder an die sowjetische Führung banden.

Allgemein nahm mit dem Wachstum der nationalen Volkswirtschaften auch die politische Eigenständigkeit der Volksdemokratien zu. Dabei erschien die Wahrung

ZITAT

Nikita Chruschtschow zum Bau der Berliner Mauer:

Genosse Ulbricht selbst sagte mir, die Wirtschaft der DDR habe sogleich ... einen merklichen Aufschwung genommen. ... Überdies wirkte sich die Errichtung der Grenzkontrolle in Berlin sehr positiv auf das Bewusstsein der Bevölkerung aus. Diese Maßnahme gab den Menschen Kraft und erinnerte sie daran, dass die Aufgabe, den Sozialismus aufzubauen, eine Forderung von höchster und dauernder Bedeutung war.

100563

Ein Bautrupp, bewacht von Grenzsoldaten, beim Errichten der Berliner Mauer im August 1961 – nur durch Unterbinden der Fluchtbewegung von Ost nach West glaubte die Regierung Ulbricht, den wirtschaftlichen Kollaps verhindern zu können.

der sozialistischen Ordnung zunehmend als ein gemeinsames Interesse der Parteiführungen und Apparate, für das es in wechselseitiger Solidarität einzustehen galt. Entsprechend übernahmen die Volksdemokratien ab 1960 im Warschauer Pakt größere Verantwortung. Ihre Armeen wurden modernisiert und zunehmend integriert. Die Armeen Polens, der Tschechoslowakei und der DDR, denen besondere strategische Bedeutung zukam, wurden in ihrer Ausrüstung der Sowjetarmee angepasst. Gemeinsame Manöver und regelmäßige Sitzungen des Beratenden Politischen Ausschusses ließen die Verbände zusammenwachsen.

Die industriell weniger entwickelten Staaten gingen aus Unzufriedenheit mit ihrer untergeordneten Rolle im Warschauer Pakt z. T. auf Distanz. Albanien unter Enver Hoxha stellte sich gar auf die Seite Chinas.

Zu Beginn der Sechzigerjahre gingen die Zuwachsraten der sowjetischen Volkswirtschaft deutlich zurück, die systembedingten Mängel planwirtschaftlicher Organisation machten sich stärker bemerkbar. Um sie zu beheben, wurden die Kompetenzen der regionalen Volkswirtschaftsräte beschnitten, die erst 1958 anstelle der zentralen Branchenministerien eingerichtet worden waren. 1962 wurden zahlreiche Staatskomitees geschaffen, die allerdings nur Empfehlungen abgeben konnten. Die Parteiorganisationen wurden bis auf die lokale Ebene hinunter in einen industriellen und einen landwirtschaftlichen Sektor aufgeteilt. Hinzu kamen kurzfristig angesetzte Kampagnen, so zur Verdreifachung der Chemieproduktion in einem Zeitraum von sieben Jahren oder zur Erweiterung der landwirtschaftlichen Anbauflächen. Sie alle hatten freilich einen eher gegenteiligen Effekt: Zur mangelnden Effizienz kamen jetzt auch noch Planungsunsicherheit und vielfache Frustration hinzu.

s. ZEIT Aspekte Nikita Chruschtschow S. 580

Die Unfähigkeit, die Krisenerscheinungen in Industrie und Landwirtschaft in den Griff zu bekommen, und der Groll, den seine einsamen und impulsiven Entscheidungen allerorten hinterließen, wurden Chruschtschow schließlich zum Verhängnis. Im Frühjahr 1964 begannen Leonid Iljitsch Breschnew, für die Rüstungsindustrie zuständiger ZK-Sekretär, und der Wirtschaftsfachmann Aleksej Nikolajewitsch Kossygin, Chruschtschows Stellvertreter als Ministerpräsident, in aller Heimlichkeit für eine neue Verschwörung gegen den Partei- und Regierungschef zu werben. Beide fürchteten, bei dem nächsten Plenum des Zentralkomitees im November 1964 durch jüngere Kräfte abgelöst zu werden. Da sich unterdessen auch bei den mittleren Funktionären vielfache Unzufriedenheit angesammelt hatte, waren sie erfolgreich. Am 12. Oktober 1964 wurde Chruschtschow zu einer Präsidiumssitzung geladen, auf der ihm erklärt wurde, nicht länger tragbar zu sein. Zwei Tage später bestätigte das Zentralkomitee die Wahl Breschnews zum Ersten Sekretär und die Berufung Kossygins zum Ministerpräsidenten. *Wilfried Loth*

Brennpunkt Berlin: Die Teilung Deutschlands

Als Ernst Reuter, der gewählte Oberbürgermeister Berlins, am 9. September 1948 auf einer riesigen Kundgebung vor dem Reichstagsgebäude in seiner berühmten Rede die Aufforderung formulierte: »Ihr Völker der

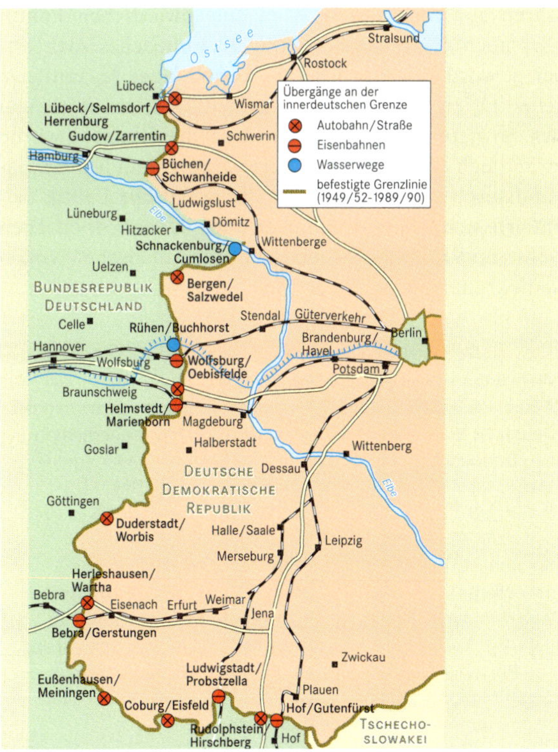

Die 1949 gegründeten beiden deutschen Staaten galten zunächst als Provisorien.

Welt, schaut auf diese Stadt und erkennt, dass ihr diese Stadt und dieses Volk nicht preisgeben dürft und nicht preisgeben könnt!«, war Berlin zum Brennpunkt der internationalen Politik geworden.

Die Berlinkrise ging nicht nur die Berliner und die Deutschen, sondern ganz Europa und die Welt an. Die Hoffnungen auf eine stabile Friedensordnung, die sich 1945 mit dem Ende des Dritten Reichs verbunden hatten, wurden von neuer Kriegsfurcht verdrängt. Der Marshallplan war für Stalin der Anlass gewesen, den sowjetischen Einflussbereich rücksichtslos zu konsolidieren, die osteuropäischen Länder dem politischen und ökonomischen Diktat der östlichen Supermacht zu unterwerfen und den sowjetisch dominierten Block rigoros nach Westen abzuschotten.

ZITAT

Auf der 13. Tagung des Parteivorstandes der SED vom 15. 9. 1948 sagte Walter Ulbricht über die führende Rolle der Sowjetunion:
Man kann sagen, dass der gegenwärtige Kampf um den Übergang von der Volksdemokratie zum Sozialismus in den volksdemokratischen Ländern und der Kampf um den Frieden und gegen den Imperialismus in den anderen Ländern nur in enger Freundschaft und gestützt auf die Sowjetunion zum Ziele führt.

Für Deutschland bedeutete der offene Konflikt zwischen den ehemaligen Kriegsalliierten die Zementierung der Teilung, die sich bereits in den frühen Besatzungsjahren abgezeichnet hatte, in der sowjetischen Politik aber noch keineswegs definitiv als politisches Ziel festgelegt worden war. Dieser Vorbehalt einer gesamtdeutschen Orientierung – sei es als neutraler, sei es als von der Sowjetunion abhängiger deutscher Staat – wurde zwar noch bis in die Fünfzigerjahre zumindest propagandistisch aufrechterhalten, die praktische Politik orientierte sich jedoch von nun an auch in der Sowjetischen Besatzungszone am Modell der osteuropäischen Volksdemokratien.

INFOBOX

Währungsreform – Einführung der DM

Als am 21. 6. 1948 in den drei westlichen Besatzungszonen die Deutsche Mark (DM) die Reichsmark (RM) ablöste, erhielt in den Umtauschstellen jede natürliche Person ein »Kopfgeld« von 40 DM, im August 1948 dann nochmals 20 DM. 1 US-Dollar (US-$) war zunächst 3,33 DM wert, ab dem 19. 9. 1949 galt dann ein Tauschverhältnis von 1 US-$ = 4,20 DM.
Bis zum 31. 12. 2001 blieb die Deutsche Mark alleiniges gesetzliches Zahlungsmittel in der Bundesrepublik Deutschland. Mit der Ausgabe von Euro-Münzen und -Scheinen ab dem 1. 1. 2002 verschwand das DM-Bargeld zwar schnell aus den Portemonnaies. Doch viele Bürger trauerten der Deutschen Mark insgeheim nach, stand sie doch für Neubeginn, Wiederaufbau und Wirtschaftswunder.

INFOBOX

Die Luftbrücke

Als die UdSSR am 24. 6. 1948 die Sperrung aller Zugangswege von und zu den Westsektoren Berlins – und damit der Transitwege in die westlichen Besatzungszonen Deutschlands – verfügte, war Berlin ein von rund 2,5 Mio. Menschen bewohntes Trümmerfeld, das auf die Versorgung von außen angewiesen war. Aber der Versuch der Sowjetunion, über diese Blockade ganz Berlin unter ihre Kontrolle zu bringen, scheiterte am Widerstandswillen der Westmächte und der Bevölkerung von Berlin (West).

Seit dem 25. 6. 1948 wurde Berlin auf dem Luftweg versorgt. Mit 277 728 Flügen brachten amerikanische und britische Flugzeuge bis zum 6. 10. 1949 Lebensmittel, Industriegüter und Kohle (Gesamtmasse: 2 110 235,5 t) in die Westsektoren der Stadt. Tag und Nacht landete alle 90 Sekunden ein Flugzeug in Berlin.

Berliner Blockade und Luftbrücke

Die erste Berlinkrise bildete nach dem Februarumsturz in Prag 1948 den nächsten Höhepunkt der Konfrontation, die bis an den Rand des Kriegs führte. Sie war eingebunden in den Konflikt um Deutschland und in die globale Konstellation des offenen Kalten Kriegs. Ablauf und Hintergründe dieser und späterer Krisen um Berlin sind daher immer in einem größeren politischen Zusammenhang zu sehen.

In der Nacht vom 23. zum 24. Juni 1948 gingen in den drei Westsektoren Berlins – im wörtlichen und im übertragenen Sinne – die Lichter aus. Die Elektrizitätsversorgung aus dem Ostsektor und der sowjetischen Zone wurde eingestellt. Einen Tag später war der Zug- und Straßenverkehr aus den Westzonen nach Berlin blockiert, wenige Tage darauf auch der Schiffsverkehr. Bis auf die drei schriftlich vereinbarten Luftkorridore waren damit Berlins Verbindungen nach Westen vollständig unterbrochen.

Der vollständigen Blockade der Zufahrtswege im Sommer 1948 waren schon Monate zuvor Schikanen verschiedener Art vorausgegangen. Die stereotype Begründung von sowjetischer Seite lautete stets mehr oder minder ähnlich: »technische Störungen«. Das wahre Ziel dieser Störungen war jedoch doppelter Natur: Einerseits sollte den Westmächten und der deutschen Be-

ZITAT

Aus der Rede Ernst Reuters vor der Berliner Stadtverordnetenversammlung am Tage der Aufhebung der Berliner Blockade:

Wir gedenken in dieser Stunde der Piloten, die für die Bevölkerung Berlins ihr Leben gelassen haben. Sie waren nicht mehr als Feinde zu uns gekommen, sondern als Freunde. Das gemeinsame Erleben dieser Monate hat uns mit ihren Völkern und ihre Völker mit uns enger verbunden. Die jungen Piloten, die sich für uns geopfert haben, sollen in dieser Stadt niemals vergessen werden.

Der Berliner Oberbürgermeister Ernst Reuter bei seiner berühmten Rede vor dem Reichstagsgebäude am 9. 9. 1948: »Ihr Völker der Welt, schaut auf diese Stadt und erkennt, dass ihr diese Stadt und dieses Volk nicht preisgeben dürft und nicht preisgeben könnt!«

50

völkerung die Verwundbarkeit der alten Reichshauptstadt vor Augen geführt werden, andererseits wollte Stalin durch diesen Druck auf die Westmächte die sich bereits abzeichnende Gründung eines eigenen westdeutschen Staates verhindern.

s. ZEIT Aspekte Luftbrücke S. 587

Beispiele für die ständig unangenehmer werdende Politik der Nadelstiche gab es in der ersten Hälfte des Jahres 1948 genug. Ein besonders gravierender Zwischenfall, der zeigte, wie gefährlich sie im Bereich des Flugverkehrs werden konnte, ereignete sich am 5. April: Ein sowjetischer Jäger stieß mit einer britischen Transportmaschine zusammen, die zur Landung auf dem britischen Flugplatz Gatow bei Berlin ansetzte. 14 Briten und der sowjetische Pilot kamen ums Leben. Nach anfänglicher Bereitschaft zur Entschuldigung benutzte die Sowjetunion diesen Zwischenfall schließlich dazu, von den Westmächten die Einschränkung und die vorherige Genehmigung von Flügen nach Berlin zu fordern.

Der unmittelbare Anlass für die in verschiedenen Störaktionen sich bereits abzeichnende Blockade war jedoch erst die Währungsreform in den Westzonen. Mit Wirkung zum 21. Juni 1948 führten die Westalliierten in den drei Westzonen die Deutsche Mark als neue Währung ein. Die Notwendigkeit einer großen Geldreform war angesichts der Inflation und des florierenden Schwarzmarkts unumstritten. Über Reichweite und Form der Realisierung konnten sich die Alliierten im Kontrollrat jedoch nicht einigen. So setzten zuerst die Westmächte eine separate Reform in ihren Zonen durch.

Damit war ohne Zweifel der Nerv der staatlichen Einheit Deutschlands getroffen. Stalin war an dieser Einheit nach wie vor aus verschiedenen Gründen interessiert, auch wenn die sowjetische Politik wenig dazu getan hatte, um die im Potsdamer Abkommen anvisierte ökonomische und politische Einheit voranzubringen. Als die sowjetische Besatzungsmacht am 23. Juni auch in ihrer Zone und in Ostberlin eine Währungsreform durchführte, worauf die Westalliierten mit der Einführung der Deutschen Mark auch in den Westsektoren Berlins reagierten, waren Deutschland und Berlin auch währungspolitisch gespalten.

ZITAT

Der Vizepräsident der USA Lyndon B. Johnson in einer Rede am 19. 8. 1961 in West-Berlin:

Der Präsident und die Vereinigten Staaten von Amerika möchten Sie wissen lassen, dass die Zusage, Freiheit und Zugang West-Berlins zu verteidigen, fest und bindend ist.
Ich bin auf das besondere Ersuchen und im Namen von Präsident Kennedy... hierher gekommen, um Ihnen zu zeigen, dass wir entschlossen sind, nicht nur Ihre Freiheit, sondern die Ideale der Freiheit der Menschheit überhaupt zu verteidigen.

INFOBOX

Rosinenbomber

Während der Berliner Luftbrücke, der »Operation Vittles«, 1948–49, war Leutnant Gail Halvorsen aus Salt Lake City Pilot der amerikanischen Luftwaffe. Kurz vor der Landung auf dem Flughafen Tempelhof warf er für die Kinder, die von Trümmerbergen aus die Flugzeuge beobachteten, an kleinen Fallschirmen befestigte Süßigkeiten ab. Dies war der Beginn der »Operation Little Vittles«, die den an der Luftbrücke beteiligten Flugzeugen den Namen »Rosinenbomber« einbrachte. Als diese süßen Abwürfe bekannt wurden, begann eine Welle der Unterstützung. Schon bald konnte Halvorsen täglich 850 Pfund Süßigkeiten – Schokolade, Kaugummi und wohl auch Rosinen – verteilen. Bis zum Ende der Luftbrücke hatten insgesamt etwa 25 Flugzeugbesatzungen 23 Tonnen Süßigkeiten über Berlin abgeworfen – sie wollten den Kindern im zerbombten Berlin, die so viel durchgemacht hatten, eine Freude bereiten.

ZITAT

Carlo Schmid, Völkerrechtler und für die SPD Mitglied des Parlamentarischen Rates:

So ehrwürdig auch die Tradition des Namens »Deutsches Reich« ist – die Erinnerung an die Untaten, die während zwölf Jahren in diesem Namen begangen worden sind, ist noch zu frisch … als dass der Parlamentarische Rat der Notwendigkeit hätte enthoben bleiben können, einen neuen Namen zu finden. Dieser neue Name ist Bundesrepublik Deutschland.

Nachdem der Vorschlag General Clays, die sowjetische Blockade durch einen bewaffneten Konvoi zu brechen, in Washington als zu riskant abgelehnt worden war, wurde die zunächst eher als Experiment gedachte provisorische Luftbrücke mit allen verfügbaren technischen Mitteln ausgebaut. Von überall her zogen Amerikaner und Briten Flugzeuge zusammen und setzten sie für den Transport von Versorgungsgütern nach Berlin ein. Eine präzise technische Organisation sorgte dafür, dass dieses logistisch komplizierte Unternehmen ein Erfolg wurde. Die Westberliner Bevölkerung bewies ihren Durchhaltewillen, obwohl die Folgen der Blockade für den Alltag einschneidend waren. Die Stromversorgung konnte nur notdürftig aufrechterhalten werden, die Kohlezuteilungen fielen so niedrig aus, dass nur der milde Winter eine größere Katastrophe verhinderte, und die Industrieproduktion sank in Westberlin rapide ab.

Der Journalist Erich Kuby schrieb später über einen seiner Fußmärsche – nach 18 Uhr fuhr keine Bahn mehr – durch die Stadt: »Es war ein Weg von Stunden, er führte mich durch helle und dunkle ›Plangruppen‹. Die einen hatten gerade Strom-Zeit, die anderen Sperr-Zeit. Die Leute stellten ihre Radiogeräte auf Betrieb, um zu merken, wann der Strom kam, dann standen sie auf, mitten in der Nacht, um die Trockenmilch für die Kinder zu kochen und für sich selbst vielleicht ein halbes Pfund jener Erbsen, die so vornehm auf den Sitzen einer Passagiermaschine nach Berlin geflogen worden waren.«

Die politische Teilung Berlins wurde vollendet, als die SED am 30. November 1948 in einer demokratisch nicht legitimierten, von SED-Mitgliedern beherrschten Versammlung den amtierenden Magistrat – mit Ernst Reuter an der Spitze – für abgesetzt erklärte und Friedrich Ebert, den Sohn des ersten Reichspräsidenten, zum Oberbürgermeister wählte. Aus den Wahlen in den Westsektoren am 5. Dezember 1948 ging die SPD mit 64,5 Prozent als stärkste Partei hervor, und die neue Stadtverordnetenversammlung bestätigte im Januar 1949 Ernst Reuter als Oberbürgermeister in Westberlin.

Die doppelte deutsche Staatsgründung

Zeitgleich zur Berlinkrise und zur politischen Teilung Berlins liefen die Vorbereitungen zur Gründung zweier

Nachdem die D-Mark auch in den Westsektoren Berlins eingeführt war, strömten die Ostberliner in die Umtauschstellen, um ihre »Ostmark« in »Westmark« umzutauschen. Das Bild zeigt die Menschenmenge vor der Umtauschstelle im »Haus Vaterland« am Potsdamer Platz.

100880

deutscher Staaten. Die Berlinkrise hatte die Westalliierten, die Westdeutschen und die Westberliner politisch und sozialpsychologisch zu Verbündeten gemacht. Wenn es das erklärte Ziel der Sowjetunion war, die Gründung eines westdeutschen Staats zu verhindern, so erwies sich die Blockade als ein schwerer Fehler: Sie beschleunigte das, was sie verhindern sollte. Die Sowjets verloren auch noch die letzten Sympathien in der westdeutschen Bevölkerung.

Die Vorbehalte der Ministerpräsidenten der westdeutschen Länder, die Verfassungsberatungen für das Grundgesetz voranzutreiben, wurden abgebaut. Am 1. September 1948 trat der Parlamentarische Rat in Bonn zusammen, um über die provisorische Verfassung

Während der Berliner Blockade gab es oft nur stundenweise Gas und Strom. Diese Berliner Hausfrau bereitet die Mahlzeit aus amerikanischem Kartoffelmehl auf einem Spirituskocher zu.

50

Das Luftbrückendenkmal in der Nähe des Berliner Flughafens Tempelhof erinnert an die Opfer der Luftbrücke. Die drei oberen Zapfen stellen die drei Luftkorridore von und nach Westberlin dar. Gegenstücke stehen beim Militärflughafen Wietzenbruch bei Celle und beim Frankfurter Flughafen.

5694

für einen Weststaat zu beraten. Aber auch die SED-Führung drängte nun darauf, eigene Verfassungsberatungen zu initiieren. Mit den manipulierten Wahlen zum dritten Deutschen Volkskongress im Mai 1949 wurden formal die politischen Voraussetzungen für die Gründung der Deutschen Demokratischen Republik (DDR) geschaffen.

Der Erfolg der Luftbrücke und die Unnachgiebigkeit der Westalliierten ließen Stalin schließlich die Nutzlosigkeit der Blockade einsehen. Am 4. Mai 1949 vereinbarten der amerikanische Unterhändler Philip C. Jessup und sein sowjetischer Kollege Jakow Aleksandrowitsch Malik das Ende dieser Gewaltaktion.

Die Gründung zweier deutscher Staaten im Jahr 1949 hat die Masse der Bevölkerung in den Westzonen wenig interessiert, weil die Probleme des Nachkriegsalltags stärker auf den Nägeln brannten als die »große Politik«, die ohnehin scheinbar von den Alliierten gemacht wurde. Über das Interesse der ostdeutschen Bevölkerung an der Gründung des zweiten deutschen Staats in Berlin wissen wir wenig. Der Jubel war, wo es ihn gab, politisch inszeniert. Stalin schickte ein Grußtelegramm, in dem er die Bildung der DDR als »Wendepunkt in der Geschichte Europas« feierte. Die Bevölkerung jedoch war nicht gefragt worden, und die Provisorische Volkskammer besaß keine demokratische Legitimation. Von der nun manifesten Teilung Deutschlands waren jedoch die Ostdeutschen aufgrund der politischen und ökonomischen Lage der DDR unmittelbarer und einschneidender betroffen als die Westdeutschen.

Die Bundesrepublik verstand sich zwar ebenso wie die DDR als Provisorium, zugleich aber als Kernstaat für ein künftiges wieder vereinigtes Deutschland. In diesem Sinne formulierte die Präambel des Grundgesetzes, das deutsche Volk in den westdeutschen Ländern habe »für eine Übergangszeit eine neue Ordnung« geschaffen und dabei »auch für jene Deutschen gehandelt, denen mitzuwirken versagt war«. Die westdeutsche Verfassung war zwar bewusst nicht in einer Volksabstimmung, sondern nur durch die Länderparlamente – mit Ausnahme Bayerns, das seine Eigenständigkeitswünsche nicht genügend berücksichtigt sah – verabschiedet worden, um auf diese Weise den Charakter der Vorläufigkeit zu unterstreichen. Die demokratische Legitimation stand jedoch außer Zweifel. *Christoph Kleßmann*

»Bonn ist nicht Weimar«: Die Bundesrepublik Deutschland in der Ära Adenauer und Erhard

Im Vergleich zur Instabilität der Weimarer Republik charakterisiert die Bundesrepublik eine ruhige politische Entwicklung, verbunden mit einem frappierenden ökonomischen Wiederaufstieg. Zwar gab es im ersten Deutschen Bundestag noch zwölf Parteien, und ihr parlamentarischer und außerparlamentischer Umgang miteinander zeugte nicht immer von einer entwickelten politischen Kultur. Gleichwohl zeichnete sich schon in den ersten beiden Legislaturperioden eine deutliche Konzentration auf die großen politischen Richtungen und die sie tragenden Parteien ab: die Christlich-Demokratische Union (CDU) mit ihrer bayerischen Schwesterpartei, der Christlich Sozialen Union (CSU), die Sozialdemokratische Partei Deutschlands (SPD) und die Freie Demokratische Partei (FDP). Radikale Parteien, deren

Programm mit dem Grundgesetz nicht vereinbar war, wurden vom Bundesverfassungsgericht verboten (1952 die Sozialistische Reichspartei, 1956 die Kommunistische Partei Deutschlands). Eine nennenswerte Rolle im politischen Leben hatten sie auch vor dem Verbot nicht spielen können.

Der Neubeginn des politischen Lebens

Durch die tief greifenden sozialen Veränderungen der Kriegs- und ersten Nachkriegsjahre sowie durch die Eingriffe der Alliierten wurden schon in der Besatzungsphase wichtige Grundlagen für die späteren Volksparteien gelegt. Sie waren nicht mehr so eng wie noch in Weimar an bestimmte soziale Schichten und Interessengruppen gebunden und damit in ihren politischen Gestaltungsmöglichkeiten flexibler und pragmatischer.

Die SPD blieb zunächst stark von Weimarer Traditionen geprägt: Ihr Programm war antikapitalistisch, demokratisch, sozialistisch; ihre soziale Basis lag primär in der Arbeiterschaft und in Teilen des neuen Mittelstandes; ihre Funktionäre boten noch weithin das Bild einer Traditionskompanie. Im Laufe der Fünfzigerjahre setzte sich jedoch immer mehr die Einsicht durch, dass eine Opposition gegen die von Konrad Adenauer vollzogene Westintegration auf Dauer keine Chancen habe und dass auch programmatisch einiger »Traditionsballast« abgeworfen werden müsse. Dieser langwierige Prozess

100562

In der Aula der Pädagogischen Akademie in Bonn wurde am 23. 5. 1949 das Grundgesetz verkündet und unterzeichnet, das der Parlamentarische Rat in neunmonatiger Arbeit geschaffen hatte. Dieser Tag gilt als Gründungsdatum der Bundesrepublik Deutschland.

Auf dem Godesberger Parteitag im November 1959 beschloss die SPD ein Parteiprogramm, das bis 1989 Gültigkeit behalten sollte. Es befürwortete eine liberale Demokratie, u. a. wurde die vorher vertretene Idee der Planwirtschaft durch ein Bekenntnis zur Marktwirtschaft abgelöst.

fand im Godesberger Programm von 1959 seinen Höhepunkt. Die SPD nahm Abschied von ihrer antikapitalistisch-sozialistischen Tradition und bemühte sich, für alle Wählerschichten akzeptabel zu sein. Das Programm hielt zwar am »demokratischen Sozialismus« als Ziel der Politik fest, ließ der Praxis aber breitesten Spielraum.

Zur unumstrittenen Führungsfigur der SPD stieg bereits 1946 Kurt Schumacher auf. Er bestimmte die innere Entwicklung der Partei bis zu seinem Tode 1952. Er war ein dezidierter und kompromissloser Gegner der Kommunisten und jeder Kooperation mit der KPD wie der SED. Sein bedingungsloser Einsatz für die Wiedervereinigung und die daraus resultierende ebenso rigorose Ablehnung der Westintegration haben hier ihre Wurzeln. Unter seinem persönlich eher blassen Nachfolger Erich Ollenhauer setzte die Partei Schumachers Kurs zunächst in modifizierter Form fort, handelte sich damit aber bei den Bundestagswahlen von 1953 und 1957 trotz leichter Stimmengewinne im Vergleich zur Union schwere Wahlniederlagen ein.

Der absolut bestimmende und prägende Politiker der Gründerjahre der Bundesrepublik war Konrad Adenauer, der für dreieinhalb Legislaturperioden (1949–63) als Kanzler die Bundesregierungen führte, zumal er seit dem Tod Schumachers keinen ebenbürtigen Gegenspieler mehr hatte. Dass Adenauer so dominant in der Geschichte der Bundesrepublik geworden ist, hat viele Gründe. Seine trotz des hohen Alters phänomenale physische Konstitution, die Hartnäckigkeit, mit der er die Grundlinien seiner Außenpolitik verfolgte, Raffinesse und taktisches Geschick gegenüber Freunden und Gegnern im politischen Geschäft, die patriarchalische Würde der Vaterfigur, die ihm viel Vertrauen bei den Wählern einbrachte, die trotz aller Schlichtheit seiner Reden farbige politische Persönlichkeit – dies alles machte sein besonderes Profil aus. Seine Partei, die wichtigste Neugründung der Nachkriegszeit, setzte ganz und gar auf den Kanzler. Die spöttische Bezeichnung der CDU als »Kanzlerwahlverein« charakterisierte den Zustand der Union in der Ära Adenauer durchaus zutreffend.

Dass Adenauer so erfolgreich war, hatte auch mit der Mentalität der deutschen Bevölkerung zu tun. Politik war für viele eine Sache, mit der sie nichts mehr tun haben wollten. Die Erfahrungen mit »Drittem Reich« und Entnazifizierung spielten dabei eine wesentliche Rolle.

ZITAT

Am patriotischen Überschwang der ersten Zeile des Deutschlandlieds – »Deutschland, Deutschland über alles« – wurde nicht erst nach dem Zweiten Weltkrieg Kritik geübt. Schon Kurt Tucholsky schrieb:
Nein, Deutschland steht nicht über allem – niemals. Aber mit allen soll es sein, unser Land.

INFOBOX

Deutschlandlied

Das »Lied der Deutschen« wurde 1841 von August Heinrich Hoffmann von Fallersleben auf Helgoland gedichtet: »Deutschland, Deutschland über alles ...«. Verbunden mit der Melodie des 2. Satzes von Joseph Haydns »Kaiserquartett« op. 76 Nr. 3 G-Dur (1797), der späteren Kaiserhymne »Gott erhalte Franz den Kaiser«, wurde das Lied rasch bekannt und 1922 zur deutschen Nationalhymne erklärt. Seit 1952 wird in der Bundesrepublik Deutschland die dritte Strophe als offizielle Hymne gesungen:

Einigkeit und Recht und Freiheit
Für das deutsche Vaterland!
Danach lasst uns alle streben
Brüderlich mit Herz und Hand!
Einigkeit und Recht und Freiheit
Sind des Glückes Unterpfand –
Blüh im Glanze dieses Glückes,
Blühe, deutsches Vaterland.

INFOBOX

Schumachers »Magnettheorie«

Das Streben nach der Wiedervereinigung Deutschlands blieb der Primat der Außenpolitik Kurt Schumachers. Sie sei zu erreichen durch einen »Magnetismus«, eine These, die er bereits 1947 entwickelt hatte: »Die Prosperität der Westzonen kann den Westen zum ökonomischen Magneten machen. Es ist realpolitisch kein anderer Weg der Wiedervereinigung möglich als die ökonomische Magnetisierung des Westens, die ihre Anziehungskraft auf den Osten so stark ausüben muss, dass auf die Dauer die bloße Innehabung des Machtapparates dagegen kein sicheres Mittel ist. Es ist gewiss ein schmaler und vermutlich langer weg.«
Schumachers Theorie wurde durch die historischen Ereignisse nur zum Teil bestätigt: Zwar konnte der Westen früh und über Jahrzehnte eine beachtliche Anziehungskraft entfalten. Sie war jedoch so lange nicht in der Lage, die Wiedervereinigung herbeizuführen, wie sie durch die sowjetische Machtpolitik begrenzt wurde.

Der Antikommunismus und die tief sitzende Furcht vor der Sowjetunion konnten in einem geteilten Land besonders nachdrückliche Wirkung entfalten – und in Wahlkämpfen wurde diese Angst kräftig geschürt.

Auf dem Weg zum »Wirtschaftswunder«

Der wichtigste Faktor für die Etablierung einer funktionierenden parlamentarischen Demokratie war jedoch neben der äußere Sicherheit verbürgenden Westintegra-

INFOBOX

Deutsches Müttergenesungswerk

Die erste First Lady der Bundesrepublik Deutschland, Elly Heuss-Knapp, setzte sich nachdrücklich für die Verbesserung der sozialen Lage der Mütter ein. 1950 gründete sie das Müttergenesungswerk. In diesem Jahr konnten viele erschöpfte Mütter aus ärmeren Bevölkerungsschichten zum ersten Mal in ihrem Leben Urlaub machen.
Elly Heuss-Knapp berichtet: »Bisher tun alle etwas für die Kinder. Schon, dass die Schaufenster voll sind, ist für Mütter, die kein Geld haben, viel schwerer zu ertragen, als die Zeiten, in denen alle aus alten Vorhängen neue Kinderkleider nähten. Wir haben das Deutsche Müttergenesungswerk gegründet, evangelisch, katholisch, sozialistisch (Arbeiterwohlfahrt), Rotes Kreuz – alle, die Mütterheime haben –, vereinigt bei mir in Godesberg.«

100563

Gezeichnet von den im Ersten Weltkrieg erlittenen Verwundungen und von jahrelanger KZ-Haft reorganisierte Kurt Schumacher – hier auf einer Wahlkampfveranstaltung 1947 in Frankfurt am Main – nach 1945 die SPD in Westdeutschland und wurde zum bedeutendsten politischen Gegner Adenauers.

tion eine außerordentlich erfolgreiche Wirtschaftspolitik. Die mit der Währungsreform begonnene Politik der »sozialen Marktwirtschaft« identifizierten immer größere Teile der Bevölkerung mit individuellem Aufstieg, sozialer Sicherheit und ökonomischem Wohlstand. Die geniale Wahlparole der Union von 1957 – »Keine Experimente« – entsprach daher in einer durch Krieg und Nachkriegszeit tief verunsicherten Gesellschaft im Wiederaufstieg einer breiten Stimmungslage.

Das Schlagwort vom »Wirtschaftswunder« spiegelte die Mentalität einer Bevölkerung, die – scheinbar – einen »Aufstieg aus dem Nichts« erlebte. Zwar hatten auch andere Länder ihr Wirtschaftswunder unabhängig vom jeweiligen Wirtschaftssystem. Aber die westdeutsche Wirtschaftsentwicklung übertraf selbst die kühnsten Erwartungen: Ein rasanter Anstieg des Bruttosozialprodukts, des Außenhandels, der Einkommen und der Versorgung mit Konsumgütern verbesserte kontinuierlich den Lebensstandard der westdeutschen Bevölkerung.

Die Gründe für diesen als Wunder empfundenen ökonomischen Aufstieg waren: niedrige Löhne, die deutsche Produkte auf dem Weltmarkt billig machten, steuerliche

INFOBOX

Vertreter eines »liberalen Sozialismus«

Franz Oppenheimer (1864–1943), ursprünglich Arzt, wandte sich unter dem Eindruck der sozialen Problematik der modernen Großstadt der Soziologie zu. 1919–29 hatte er den ersten soziologischen Lehrstuhl in Frankfurt am Main inne. Oppenheimer betrachtete die Soziologie als eine geschichtsphilosophisch orientierte Universalwissenschaft, die die soziale Entwicklung der Menschheit in ihrer Gänze in den Blick nimmt. Er entwickelte eine umfassende soziologische Theorie des »dritten Weges« zwischen Kapitalismus und Sozialismus und gilt als einer der wichtigsten Vertreter eines »liberalen Sozialismus«.

Nach der Machtübernahme der Nationalsozialisten emigrierte Oppenheimer in die USA. Seine Parole von der »Gesellschaft der Freien und Gleichen« gehörte seit 1945 zum ideologisch-politischen Repertoire Ludwig Erhards. »Franz Oppenheimer«, bekannte er noch 1964, als Oppenheimers 100. Geburtstag an der Freien Universität Berlin gefeiert wurde, »hat mich wissenschaftlich denken gelehrt ... und das danke ich ihm noch heute«.

Anreize für Unternehmer, ein hohes Angebot an gut ausgebildeten Arbeitskräften (insbesondere Vertriebene aus früheren Ostgebieten und bis 1961 ständig neu hinzukommende Flüchtlinge aus der Deutschen Demokratischen Republik), eine günstige Entwicklung der Weltwirtschaft und Abbau nationaler Zollschranken, schließlich auch eine hohe Arbeitsmotivation und der entschlossene Wille, nach dem Desaster des Nationalsozialismus alle Energien in den individuellen Wiederaufstieg zu stecken.

Gleichwohl sollte das populäre Schlagwort vom »Wirtschaftswunder« nicht verdecken, dass es für viele erst spät kam und dass hinter der glänzenden Fassade noch viel Armut und Ungleichheit existierte. Das traf insbesondere auf Vertriebene, Flüchtlinge und Rentner zu. Auch die Arbeitslosigkeit, die 1950 mit etwa zwei Millionen Menschen (12,2 Prozent der Beschäftigten) ihren höchsten Stand erreichte, konnte nur langsam abgebaut werden, sodass der Zustand der Vollbeschäftigung erst Ende der Fünfzigerjahre erreicht wurde. Die Einkommens- und Vermögensverteilung wies extreme Unterschiede auf. Da die Wirtschaft jedoch ständig wuchs und auch »Otto Normalverbraucher« seinen Teil vom

Der bestimmende Politiker der Gründerjahre der Bundesrepublik war Konrad Adenauer. Für die demoralisierte und verunsicherte Bevölkerung wurde er zur Vertrauens- und Vaterfigur (Wahlplakat von 1957).

Keine Experimente!
Konrad Adenauer
CSU

Dr. Konrad Adenauer (CDU) wurde am 20. 9. 1949 durch Bundestagspräsident Dr. Erich Köhler als erster Kanzler der Bundesrepublik Deutschland vereidigt. Dieses Amt sollte er für die dreieinhalb kommenden Legislaturperioden innehaben.

50

größer werdenden Kuchen bekam, nahm die Bevölkerung solche sozialen Ungerechtigkeiten ohne massive Proteste hin.

Weichenstellungen in der Sozialpolitik

Die prosperierende ökonomische Entwicklung erlaubte der Bundesrepublik auch eine Sozialpolitik, die sich bald über die Beseitigung der Kriegsfolgelasten hinaus weiterentwickeln und ein Stück vorausschauender Gesellschaftspolitik in Angriff nehmen konnte. Diese effiziente Sozialpolitik ist für die Verankerung eines demokratischen Systems in der Bundesrepublik von kaum zu überschätzender Bedeutung gewesen. Zunächst wurden alle Aktivitäten darauf ausgerichtet, den Prozess der wirtschaftlichen Wiedererholung und des Wachstums zu forcieren, um die notwendigen Mittel für sozialpolitische Maßnahmen zur Verfügung zu haben.

Zu den »sichtbarsten« und zweifellos besonders wirksamen sozialpolitischen Aktivitäten gehörte der im ersten Wohnungsbaugesetz von 1950 mit Priorität versehene soziale Wohnungsbau. Im Zuge des ersten Wohnungsbaugesetzes wurden im Jahresdurchschnitt über 300 000 Wohnungen errichtet – im flächenmäßig erheblich größeren Staat der Weimarer Republik waren es in den besten Jahren 1928/29 jeweils nur 200 000 gewesen. Wohnungsbau und Wohnungsnot blieben zwar in der Geschichte der Bundesrepublik ein Dauerthema. Nach den riesigen Kriegszerstörungen war jedoch unabhängig

ZITAT

Aus der Antrittsrede von Theodor Heuss als Bundespräsident der Bundesrepublik Deutschland am 12. 9. 1949:

Aber es ist meine Sorge, dass manche Leute in Deutschland mit dieser Gnade Missbrauch treiben und zu rasch vergessen wollen. Wir müssen das im Spürgefühl behalten, was uns dorthin geführt hat, wo wir heute sind.

INFOBOX

Godesberger Programm

Nach dem Tod Kurt Schumachers vollzog sich in der SPD ein tief greifender Wandel, der begleitet war von heftigen Diskussionen um die inhaltliche Ausrichtung der Partei. Schließlich wurde unter maßgeblicher Beteiligung Herbert Wehners auf einem außerordentlichen Parteitag in Bad Godesberg im November 1959 ein neues Parteiprogramm beraten und verabschiedet.

Dem Godesberger Programm zufolge wollte sich die Partei jetzt auch bürgerlichen Schichten öffnen: »Die Sozialdemokratische Partei ist von einer Partei der Arbeiter zu einer Partei des Volkes geworden. Sie will die Kräfte, die durch die industrielle Revolution und durch die Technisierung aller Lebensbereiche entbunden wurden, in den Dienst von Freiheit und Gerechtigkeit für alle stellen.« »Genosse Trend« bestätigte diesen Kurs: Bei den folgenden Bundestagswahlen gewann die SPD deutlich an Stimmen, 1969 zog Willy Brandt ins Kanzleramt ein.

von allen administrativen und architektonischen Mängeln der soziale Wohnungsbau ein Kernstück des schnellen Wiederaufbaus und der sozialstaatlichen Ausgestaltung einer demokratischen Gesellschaft.

Zu den spektakulärsten und in ihrer politischen und sozialen Bedeutung schwer zu überschätzenden Maß-

INFOBOX

Die »Stalinnote«

Am 10. 3. 1952 machte die UdSSR einen Vorschlag bezüglich eines Friedensvertrags mit Deutschland. Die »Stalinnote« richtete sich mit der Aufforderung an die westlichen Siegermächte des Zweiten Weltkriegs, gemeinsam mit der UdSSR über die Bedingungen eines Friedens mit Deutschland zu beraten; eine gesamtdeutsche Regierung sollte an den Verhandlungen teilnehmen.

Die »Stalinnote« enthielt u. a. folgende Gesichtspunkte: 1) Wiederherstellung eines einheitlichen, souveränen deutschen Staates als demokratisches und friedliebendes Gemeinwesen; 2) Abzug aller Streitkräfte der Besatzungsmächte ein Jahr nach In-Kraft-Treten des Friedensvertrags; 3) Gewährung der Grundrechte; 4) Verpflichtung Deutschlands, keinerlei Koalition oder Bündnis beizutreten, das sich gegen irgendeinen Staat richtet; 5) Grenzziehung innerhalb der Bestimmungen des Potsdamer Abkommens; 6) keine wirtschaftlichen oder handelspolitischen Beschränkungen; 7) Zulassung eigener deutscher Streitkräfte.

ZITAT

Ludwig Erhard im August 1948 zur Einführung der Marktwirtschaft:
Mit der wirtschaftspolitischen Wendung von der Zwangswirtschaft hin zur Marktwirtschaft haben wir mehr getan, als nur im engeren Sinne wirtschaftliche Maßnahmen getroffen. Wir haben vielmehr unser gesellschaftlich-wirtschaftliches und soziales Leben auf eine neue Grundlage und vor einen neuen Anfang gestellt.

nahmen der Regierung Adenauer in der zweiten Legislaturperiode gehörte die Einführung der »dynamischen Rente« 1957. Millionen von Rentnern lebten auch in der Zeit des beginnenden Wirtschaftswunders noch an der Armutsgrenze. Das 1955 entwickelte neue Konzept einer »dynamischen Rente« wollte eine Anpassung der Renten an die Lohnentwicklung vornehmen. Die bisherige Beitragsrente, für die das angesammelte Kapital die Basis bildete, wurde ersetzt durch die Arbeitswertrente, deren Basis der »Generationenvertrag« war. Die Einzahlungen der Arbeitenden wurden sofort - nach Rücklagenbildung - in die Rentenverteilung einbezogen: Jede Generation ist somit von der Solidarität der nachfolgenden abhängig. Auf diese Weise war eine erhebliche Verbesserung der Rentenzahlungen möglich: Im Zuge dieser strukturellen Neuordnung der Rentenversicherung wurden die Renten um 65 Prozent angehoben.

»Westbindung« und formale staatliche Souveränität

Adenauers oberste Priorität galt jedoch der Außenpolitik. Vom Petersberger Abkommen (1949) über den Deutschlandvertrag (1952) und die Pariser Verträge (1954), über die unter dem Eindruck des Koreakriegs und des beginnenden Ost-West-Konflikts gegen starke innenpolitische Widerstände durchgesetzte »Wiederbe-

INFOBOX

Der Deutschen »liebstes Kind«

Für die Zeit der Wirtschaftswunderjahre im Nachkriegsdeutschland wurde er nachgeradezu zum Symbol: der »Käfer« aus dem Hause Volkswagen. Seine jährlich geradezu explodierenden Verkaufszahlen illustrieren, welch unerwarteter Anstieg des Bruttosozialprodukts der Bundesrepublik in der Wachstumsperiode zwischen 1948, dem Jahr der Währungsreform, und 1966 beschert war. Lief im Mai 1949 der 50 000. VW-Käfer seit Kriegsende vom Band, so waren es 1955 bereits eine Million: Der »Käfer« wurde zum meistverkauften Auto der Erde. Ständige Produktverbesserungen und damit auch steigende Preise - 1954 wurde z. B. die Leistung des Käfer-Motors von 25 auf 30 PS erhöht - begleiteten die stetigen Einkommenssteigerungen dieser Epoche der Vollbeschäftigung und des Arbeitskräftemangels. Und nicht zuletzt brachte der »Käfer« den Deutschen den Wochenendausflug und sogar Italien näher, damals das Traumziel aller Urlauber.

100562

Der »Käfer« aus dem Volkswagenwerk wurde zu einem Symbol des so genannten Wirtschaftswunders. Jedoch profitierten nicht alle Bevölkerungsschichten gleichermaßen vom wirtschaftlichen Aufschwung.

waffnung« durch die Streitkräfte der Bundeswehr (1955), über die Initiativen zur europäischen Integration, die letztlich zur Gründung der Europäischen Gemeinschaften durch die Römischen Verträge (1957) führten, bis hin zur Politik der Aussöhnung mit Frankreich, gekrönt durch den Deutsch-Französischen Vertrag (1963), zielten alle Bemühungen Adenauers darauf, die Bundesrepublik in die europäisch-atlantische Gemeinschaft zu integrieren und dem jungen Staat auf diese Weise Sicherheit, Gleichberechtigung und Souveränität zu verschaffen. Dieser Weg zur Einbeziehung der Bundesrepublik in das westliche Bündnissystem erscheint aus der Rückschau geradlinig, tatsächlich aber gab es beträchtliche Rückschläge und Hindernisse.

So machte die Sowjetunion, bevor die Bundesrepublik im Mai 1952 den EVG- und den Deutschlandvertrag unterzeichnete, noch einen Versuch, die Westintegration zu verhindern. In einer spektakulären diplomatischen Aktion bot Stalin am 10. März 1952 in einer Note den Westmächten an, die Wiederherstellung der nationalen Einheit durch freie Wahlen auf der Basis politischer und militärischer Neutralität zu verhandeln.

Um die »Stalinnote« ist von den Zeitgenossen ebenso wie von den Historikern heftig gestritten worden. Selbst wenn letzte Klarheit nicht erreichbar ist, sprechen die heute zugänglichen Moskauer Akten dafür, dass es sich um eine überlegte sowjetische Propagandaaktion handelte, mit der vor allem die westdeutsche Öffentlichkeit gegen Adenauers Politik mobilisiert werden sollte. Überdies zeigen die britischen und amerikanischen Akten eindeutig, dass die Westmächte zu diesem Zeitpunkt bereits kein Interesse mehr an einer solchen Diskussion hatten, weil ein neutralisiertes Deutschland als schwer kalkulierbares gefährliches Risiko erschien.

Die Vorbehalte, die Frankreich gegen übernationale Organisationen gerade im militärischen Bereich hegte, führten 1954 zum Scheitern der Europäischen Verteidigungsgemeinschaft (EVG). Die Grundentscheidung für eine enge Westbindung der Bundesrepublik wurde durch diese französische Blockade jedoch nicht infrage gestellt. Unter den Bedingungen des Kalten Kriegs gab es mittlerweile ein so großes Maß gemeinsamer westlicher

Bundeskanzler Konrad Adenauer (rechts) am 28. 5. 1957 in Washington im Gespräch mit Präsident Dwight D. Eisenhower (links), im Hintergrund der amerikanische Außenminister John Foster Dulles (links) und sein deutscher Amtskollege Heinrich von Brentano (rechts).

100562

100880

Bundeskanzler Konrad Adenauer gab am 21. 9. 1949 auf dem Sitz der Alliierten Hohen Kommission auf dem Petersberg bei Bonn die Zusammensetzung seiner Regierung bekannt. Er stellte sich auf die Ecke des Teppichs, auf dem auch die drei Alliierten Hohen Kommissare standen, um auf gleicher Höhe zu sein.

Interessen, dass es in kurzer Zeit gelang, eine Ersatzlösung zu schaffen, die für die künftige Außen- und Sicherheitspolitik Westdeutschlands die Grundlage bildete. 1955 trat die Bundesrepublik den Pariser Verträgen bei, wurde damit Mitglied der NATO und erlangte nun auch formal die staatliche Souveränität.

Das seit 1945 zwischen Frankreich und Deutschland umstrittene Saargebiet sollte einen besonderen politischen Status erhalten. Er war geregelt im Saarstatut, das einer Volksabstimmung unterworfen werden sollte. Diese brachte jedoch eine große Mehrheit gegen das Statut und für die Angliederung an die Bundesrepublik, die dann am 1. Januar 1957 vollzogen wurde.

Die sowjetische Reaktion auf die Pariser Verträge war die Gründung des Warschauer Pakts, des Vertrags über Freundschaft, Zusammenarbeit und gegenseitigen Beistand vom 14. Mai 1955, dem die DDR im Januar

ZITAT

Ein viel zitierter Ausspruch Konrad Adenauers lautet:

Man braucht nicht immer denselben Standpunkt zu vertreten, denn niemand kann einen daran hindern, klüger zu werden.

INFOBOX

»Bedingt abwehrbereit« – die »Spiegelaffäre«

Ausgelöst wurde die Affäre durch eine Aktion der Polizei und Staatsanwaltschaft gegen das Nachrichtenmagazin »Der Spiegel«: die Festnahme des Herausgebers Rudolf Augstein und mehrerer Redakteure, u. a. des stellvertretenden Chefredakteurs Conrad Ahlers, in Verbindung mit der Besetzung und Durchsuchung der Verlagsräume am 27. 10. 1962. Der Vorwurf lautete: publizistischer Landesverrat und Beamtenbestechung.

Das Blatt hatte in seiner Ausgabe vom 10. 10. 1962 unter dem Titel »Bedingt abwehrbereit« einen Beitrag von Ahlers über die Herbstübung der NATO (»Fallex 62«) veröffentlicht, was eine rechtspolitische Diskussion über die gegenseitige Abwägung der Verfassungsgrundsätze der Staatssicherheit und der Meinungsfreiheit auslöste. Im Zuge dieser Krise mussten der damalige Bundesverteidigungsminister Franz Josef Strauß und zwei Staatssekretäre zurücktreten. Am 13. 5. 1965 lehnte der 3. Strafsenat des Bundesgerichtshofs die Eröffnung des Hauptverfahrens gegen Ahlers und Augstein ab. Die Verfassungsbeschwerde des Spiegel-Verlags wurde durch Beschluss des Bundesverfassungsgerichts vom 5. 8. 1966 zurückgewiesen; allein die Hauptanträge der Beschwerde, den Durchsuchungsbefehl und die Beschlagnahmebeschlüsse betreffend, wurden als zulässig erkannt.

1956 beitrat. Damit war die äußere Blockbildung in Europa und auch die staatliche Teilung Deutschlands zum Abschluss gekommen.

Beide deutsche Regierungen hielten zwar daran fest, dass diese Spaltung nicht dauerhaft sein dürfe, und erklärten die Wiedervereinigung zu einem vorrangigen Ziel ihrer Politik. Jede Seite formulierte jedoch Bedingungen, die vom Gegenüber niemals akzeptiert werden konnten. Bonn forderte freie Wahlen, die das Ende der SED-Diktatur bedeutet hätten; Ostberlin propagierte eine »demokratische Umgestaltung« Westdeutschlands im Sinne des kommunistischen Demokratieverständnisses und den Austritt aus der NATO.

Ludwig Erhard war seit 1949 Bundesminister für Wirtschaft und von 1963 bis 1966 Bundeskanzler. Als überzeugter Vertreter der Marktwirtschaft stand Erhard im Gegensatz zu dem Sozialpolitiker Adenauer (CDU-Wahlplakat für die Wahlen zum 3. Deutschen Bundestag am 15. 9. 1957).

»Restauration« oder »Modernisierung«?

Die Demokratiegründung im Westen fand unter Bedingungen statt, die gesellschaftspolitischen Alternativen, schnell den Boden entzog und vielen Tendenzen Vorschub leistete, die von den Kritikern als »Restauration«

100563

beklagt wurden. Die wirtschaftliche Prosperität beschleunigte aber einen tief greifenden Modernisierungsprozess und machte ihn gleichzeitig akzeptabel. So zeichnete sich bereits in den Fünfzigerjahren eine Schrumpfung der Landwirtschaft ab, für deren Tempo und Ausmaß es keine Parallelen in der deutschen Geschichte gab. Die Bundesrepublik glich sich damit hochentwickelten Industriestaaten wie Großbritannien und den USA an. Der Prozess vollzog sich jedoch ohne nennenswerte politische und soziale Konflikte.

Erst in den Sechzigerjahren wurde der Öffentlichkeit stärker bewusst, dass die Bundesrepublik von einer »nivellierten Mittelstandsgesellschaft« weit entfernt war. Nun wurde die gesellschaftspolitische Kritik an der Kluft zwischen »individuellem Reichtum und öffentlicher Armut« zum Gegenstand einer neuen politischen Legitimationsdiskussion der Bonner Republik. Auch das Demokratieverständnis wandelte sich. Die Gesellschaft wurde kritischer und aufmüpfiger. Die »Spiegelaffäre« von 1962 war ein Symptom dafür: Gegen die Verhaftung des Herausgebers Rudolf Augstein und die Durchsuchung der Redaktionsräume des Nachrichtenmagazins »Der Spiegel« regte sich massiver öffentlicher Protest.

Ludwig Erhard, Vater des »Wirtschaftswunders« und populäres Zugpferd der Union, löste 1963 nach heftigen internen Querelen den fast neunzigjährigen Adenauer als Kanzler ab. Zwei Jahre später konnte er in der Bundestagswahl von 1965 noch einmal einen fulminanten Wahlsieg erringen. Er hoffte, die soziale Marktwirtschaft in eine »zweite Phase« führen zu können und die Macht der Verbände und Interessengruppen durch Appelle zum Maßhalten und für eine »formierte Gesellschaft« zu bändigen. Die schärfer werdende Strukturkrise des Ruhrbergbaus und die nachlassende Konjunktur waren jedoch ohne staatliche Intervention nicht mehr zu steuern. Die schwere Wahlniederlage in Nordrhein-Westfalen im Juli 1966 ließ Erhards Stern sinken, die erste gesamtwirtschaftliche Rezession Ende dieses Jahres kostete ihn sein Amt. *Christoph Kleßmann*

Aufbau des Sozialismus nach sowjetischem Muster: Die Deutsche Demokratische Republik in der Ära Ulbricht

Als Gegenbild zur »restaurativen Bundesrepublik« verstand sich die Deutsche Demokratische Republik. Den Sozialismus aufzubauen, gehörte anfangs noch nicht zu den kurzfristig anvisierten Zielen der Sozialistischen Einheitspartei Deutschlands (SED) und der Sowjetunion. Mit der Herausbildung der Fronten des Kalten Krieges seit 1947 änderten sich jedoch Zielsetzungen und Methoden des politisch-gesellschaftlichen Umbaus in der Sowjetischen Besatzungszone. Prägende Figur dabei war Walter Ulbricht, der als Generalsekretär (ab 1950) beziehungsweise als Erster Sekretär (ab 1953) der SED sowie – nach dem Tod des Staatspräsidenten Wilhelm Pieck (1960) – als Vorsitzender des von ihm ge-

Das Staatsgebiet der DDR wurde in Bezirke gegliedert.

100562

Walter Ulbricht war ein überzeugter Gefolgsmann der Sowjetunion und bis 1971 eine Schlüsselfigur der Deutschen Demokratischen Republik.

schaffenen Staats- und des Nationalen Verteidigungsrats bestimmenden Einfluss auf den Kurs der SED sowie auf die innere Entwicklung der DDR und ihre Außenpolitik nahm.

Der sozialistische Staat entsteht

Zum Zeitpunkt der Gründung war die innere und äußere Transformation der DDR in einen sozialistischen Staat nach dem Modell der Volksdemokratien Osteuropas bereits in vollem Gange, auch wenn die offizielle Parteipropaganda lediglich von einer »antifaschistisch-demokratischen Ordnung« sprach. Die erste Verfassung der DDR von 1949 trug zwar äußerlich noch den Charakter einer bürgerlich-demokratischen Verfassung. Die fehlende Gewaltenteilung und der Artikel über »Boykotthetze«, der einer Opposition praktisch den Boden entzog, machten jedoch in Verbindung mit dem Machtmonopol der SED den Verfassungstext zur Makulatur. Es gab kein unabhängiges Gericht, das politische Aktionen und Gesetze überprüfen konnte.

Mit der Ersten Parteikonferenz der SED vom Januar 1949 war der Prozess der Umstrukturierung der SED von einer demokratischen Massenpartei zu einer leninistischen Kaderpartei sowjetischen Typs äußerlich abgeschlossen. Die bürgerlichen Parteien (CDU, Liberalde-

INFOBOX

»Auferstanden aus Ruinen«

Den Text der Nationalhymne der DDR verfasste 1949 Johannes R. Becher, vertont hat ihn Hanns Eisler. Am 5. 11. bestimmte das Zentralkommitee der KPD das Lied zur Nationalhymne. Seit den 1970er-Jahren wurde die Hymne allerdings nur noch instrumental vorgetragen, denn zu »Deutschland, einig Vaterland« wollte man sich nicht mehr bekennen. Die erste Strophe lautet:

Auferstanden aus Ruinen
und der Zukunft zugewandt,
lasst uns Dir zum Guten dienen,
Deutschland, einig Vaterland.
Alte Not gilt es zu zwingen,
und wir zwingen sie vereint,
denn es muss uns doch gelingen,
dass die Sonne schön wie nie
über Deutschland scheint,
über Deutschland scheint.

100562

Die Proklamation der Deutschen Demokratischen Republik durch den Deutschen Volksrat fand am 7. 10. 1949 statt (am Rednerpult Wilhelm Pieck, Mitbegründer der SED und erster und einziger Staatspräsident der DDR).

mokraten, Nationaldemokraten, Bauernpartei) büßten ihre politische Eigenständigkeit vollständig ein und wurden zu Hilfstruppen der führenden »Partei der Arbeiterklasse«. Auch die Massenorganisationen (insbesondere FDGB, FDJ, Demokratischer Frauenbund) wurden zu Mobilisierungs- und Integrationsinstrumenten der SED. Der Grundsatz des »demokratischen Zentralismus« und eine straffe Parteidisziplin hatten dafür zu sorgen, dass sich alle Parteimitglieder der SED in Parlamenten, Regierungen, Verwaltungen und Massenorganisationen strikt nach den Direktiven der Parteiführung richteten.

Die Transformation der SED und ihre feste Etablierung im Verwaltungs- und Wirtschaftsapparat bildeten eine wichtige Voraussetzung für die Durchsetzung der zentralen Planwirtschaft. Der 1950 verabschiedete erste Fünfjahrplan, nach sowjetischem Vorbild konzipiert, gab den Rahmen für die weitere wirtschaftliche und gesellschaftliche Entwicklung der DDR. Nach der Parole »Von der Sowjetunion lernen, heißt siegen lernen«, legte man das Hauptgewicht auf den Ausbau der Schwerindustrie. Die Gründung des »Eisenhüttenkombinats Ost« (1950) und im Zusammenhang damit der »ersten sozialistischen Stadt Deutschlands« (ab 1953 Stalin-

Die SED war die herrschende innenpolitische Macht der DDR. Koordiniert von Moskau war sie eine Zwangsgemeinschaft von SPD und KPD (Plakat zur Vereinigung von KPD und SPD zur SED am 21./22. 4. 1946).

50

stadt, ab 1961 Eisenhüttenstadt) waren sichtbarer Ausdruck dieser Zielsetzung. Mit der Forcierung der Schwerindustrie sollten zudem die ökonomischen Folgen der deutschen Teilung aufgefangen werden: 1949 war die DDR-Industrie von ihrer schwerindustriellen Basis im Ruhrgebiet abgeschnitten worden.

Zwar wurden die wichtigsten Ziele des ersten Fünfjahrplanes formell erreicht, auf den einzelnen Teilsektoren gab es jedoch erhebliche Unterschiede. Es kam immer wieder zu Materialengpässen und Produktionsstockungen. Mangelhafte Betriebsorganisation und der Druck zur Planerfüllung führten zur massenhaften Herstellung von »Ladenhütern« und qualitativ schlechten Produkten. Vor allem aber wurde wegen der politischen

Schwerpunktsetzung zugunsten der Schwerindustrie die Konsumgüterproduktion erheblich vernachlässigt. So beherrschten Versorgungslücken und Mangelsituationen entgegen den vollmundigen Propagandaparolen den Alltag.

Was sich bereits in der Frühphase der DDR als eine besonders schwierige Aufgabe herausstellte, blieb ein Dauerproblem in der Wirtschaftsorganisation der DDR. Der Kampf um höhere Produktivität, um »technisch begründete Arbeitsnormen« (TAN) und eine verbesserte Arbeitsorganisation ließen sich angesichts der politischen Verhältnisse und der Versorgungssituation häufig nur gegen massive Widerstände der betroffenen Arbeiter durchsetzen. Dass sich die erste große Krise der DDR 1953 an der Normenfrage entzündete, machte die besondere politische Brisanz dieses Problems deutlich.

In der Sozialpolitik war die DDR zunächst ebenso wie die Bundesrepublik mit dem Zwang zur Beseitigung

INFOBOX

»Aktivisten der sozialistischen Arbeit«

In der Nacht vom 30. zum 31. 8. 1935 förderte der sowjetische Bergarbeiter Aleksej Grigorjewitsch Stachanow – nach besonderer Vorbereitung seiner Arbeitsstelle – während einer Schicht 102 Tonnen Kohle, womit er die tägliche Arbeitsnorm um rund das 14-Fache übertraf. Nach ihm ist die Stachanow-Bewegung benannt, eine von den Gewerkschaften und der KPdSU begründete Bewegung im Rahmen des sozialistischen Wettbewerbs. Nach Stachanows Beispiel sollten Arbeiter und Kollektivbauern zu höchsten Arbeitsleistungen angeregt werden. Die Bewegung wurde fester Bestandteil im Arbeitsleben der Sowjetunion, später auch in anderen kommunistischen Staaten.

In der Sowjetischen Besatzungszone stellte der Bergmann Adolf Hennecke – ebenfalls nach entsprechenden Arbeitsvorbereitungen – am 13. 10. 1948 einen Förderrekord auf und übertraf das vorgegebene Tagessoll um 387 Prozent. Er wurde offiziell zum Nachfolger Stachanows in der sowjetischen Besatzungszone erklärt und zum Namengeber und Mitorganisator der Aktivistenbewegung in der DDR.

Mithilfe dieser durch außerordentlichen propagandistischen Aufwand unterstützten Bewegung sollten eine höhere Arbeitsproduktivität, Senkung der Kosten und Verbesserung der Erzeugnisse erreicht werden. Verdienten Aktivisten wurde der Ehrentitel »Aktivist der sozialistischen Arbeit« verliehen.

der drängendsten Kriegsfolgeprobleme konfrontiert. Generell zielte die Sozialpolitik aber vor allem auf schnelle Eingliederung aller Arbeitsfähigen in den Arbeitsprozess und auf Steigerung der Produktivität. Schon der Befehl der Sowjetischen Militäradministration 234 vom Herbst 1947 hatte die Weichen in diese Richtung gestellt. Sein Ziel war eine schnelle Erhöhung der Produktivität und Verbesserung der Arbeitsdisziplin. Dies sollte durch eine Kombination von »Zuckerbrot und Peitsche« erreicht werden: Sozialpolitische Anreize, zum Beispiel verbesserte ärztliche Versorgung, Verpflegung im Betrieb oder großzügige Urlaubsregelung, wurden von Strafandrohung für »Bummelanten und Desorganisatoren der Arbeit« begleitet. Die Organisation von Aktivisten- und Wettbewerbskampagnen gehörte ebenfalls in diesen Zusammenhang.

Ein erhebliches Problem stellten anfangs die Flüchtlinge und Vertriebenen aus den früheren deutschen Ostgebieten dar. Die SBZ hatte neben der amerikanischen Zone den größten Teil der Ausgewiesenen aufnehmen müssen. Die Politik der SED orientierte sich jedoch anders als die westdeutsche konsequent am Prinzip der Integration und schloss alle Diskussionen über die Oder-

1955/58 schuf der Maler des sozialistischen Realismus Bernhard Kretzschmar sein Gemälde »Eisenhüttenstadt«, auf dem sich hinter einem menschlich-idyllischen Vordergrund ein Panorama des neu entstehenden Industriezentrums entfaltete.

50

Neiße-Grenze und auch jeden Versuch zur Traditionspflege in Landmannschaften rigoros aus. Die soziale Integration der Vertriebenen, die in der DDR nur »Umsiedler« heißen durften, wurde von oben her forciert. Sonderliche Rücksicht auf die besonderen Interessen, Wünsche und Mentalitäten dieser Gruppe nahm die DDR-Führung dabei nicht.

Der »Aufbau des Sozialismus« fand unter politischen Bedingungen statt, die von einer extremen Agenten- und Spionagehysterie gekennzeichnet war. Da der Sozialismus Ulbricht'scher Prägung nur gegen die Bevölkerung durchsetzbar war, mussten alle Formen von Opposition rigoros ausgeschaltet werden. Der offene und verdeckte Terror fiel daher in den Fünfzigerjahren besonders drastisch aus. Die SED folgte der Doktrin von der »Verschärfung des Klassenkampfes« in der Phase des sozialistischen Aufbaus, die Stalin zur ideologischen Rechtfertigung seiner Repressalien entwickelt hatte. Nicht nur politische Gegner - unter ihnen viele

Die Eingliederung aller Arbeitsfähigen in den Arbeitsprozess war die Strategie der DDR-Sozialpolitik zur Beseitigung der Kriegsfolgen.

160

INFOBOX

Freie Deutsche Jugend

Die FDJ war die einzige Massenorganisation für Jugendliche in der Deutschen Demokratischen Republik. Sie wurde 1946 als kommunistische Jugendorganisation in der SBZ gegründet und ab 1947 von der SED als Nachwuchsorganisation instrumentalisiert. 1988 hatte sie etwa 2 Mio. Mitglieder. In der Bundesrepublik Deutschland wurde die FDJ 1951 als verfassungswidrig verboten. Ihre Symbole waren die blaue Fahne mit dem Emblem der FDJ und das blaue FDJ-Hemd mit Emblemaufnäher am linken Ärmel.

Dem Ziel, die Jugend im Sinne der DDR-Staatsdoktrin zu erziehen, dienten u. a. die vormilitärische Ausbildung der Jugendlichen, ein organisiertes jugendliches Verbandsleben mit »FDJ-Nachmittagen«, Kultur-und Sportveranstaltungen u. a. sowie die Durchführung von Massenfesten und -demonstrationen.

In allen Schulen, Universitäten, Betrieben und Einrichtungen bestanden »Grundeinheiten« der FDJ mit nahezu Pflichtmitgliedschaft für Jugendliche ab 14 Jahren. Oberstes Organ war das »Parlament«, das alle fünf Jahre – nach dem Parteitag der SED – zusammentrat; es wählte den »Zentralrat der FDJ«, dessen »Büro« das eigentliche Führungsorgan war. An der Spitze stand der »Erste Sekretär des Zentralrats« – u. a. Erich Honecker 1946–55 und Egon Krenz 1974–83.

Als Vorstufe zur FDJ fungierte die von ihr geleitete Pionierorganisation »Ernst Thälmann« (Abkürzung JP).

ehemalige Sozialdemokraten –, sondern auch unpolitische kirchliche Gruppierungen wie die »Junge Gemeinde« wurden verfolgt. Zwar gab es in der DDR keine Schauprozesse, die mit denen in der Tschechoslowakei, Ungarn und Rumänien oder gar in der Sowjetunion der Dreißigerjahre vergleichbar gewesen wären, politische Prozesse waren jedoch an der Tagesordnung. Direkte politische Eingriffe und Willkür im Strafmaß prägten die Verfahren.

Berüchtigt wurden im Zusammenhang mit der Beendigung der Entnazifizierung die Waldheimer Prozesse. Nach Auflösung der Internierungslager durch die Sowjetunion übergaben die sowjetischen Dienststellen die Internierten deutschen Gerichten. Serienweise gefällte schematische Urteile ohne Verteidigung und geregelte Verfahren, darunter mehrere Todesurteile, charakterisierten die Prozesse. Traurige Berühmtheit erlangte

100880

Die FDJ, die 1946 gegründete Jugendorganisation, prägte das kulturelle Leben der DDR-Jugend maßgeblich. Das Foto zeigt die Eröffnungsvorstellung des »Liedersommers« 1986.

auch das »Gelbe Elend«, das aus dem Sonderlager Nr. 4 hervorgegangene Zuchthaus Bautzen I. Der Name Bautzen wurde damals – und blieb dies im Grunde während der ganzen DDR-Geschichte – ein Synonym für Stalinismus und politischen Terror. Man schätzt, dass die Zahl der politischen Häftlinge Anfang der Fünfzigerjahre circa 20 000 betrug.

Politischer Terror, eine miserable Versorgungslage aufgrund des forcierten sozialistischen Umbaus und eine rasant ansteigende Fluchtbewegung in die Bundesrepublik stürzten die DDR in eine tiefe Krise, die sich im Aufstand vom 17. Juni 1953 entlud und Ulbricht fast die Macht gekostet hätte.

Steine gegen Panzer – Der Juniaufstand 1953

Als Stalin im März 1953 starb, herrschte zunächst Unklarheit über die weitere politische Linie. Stalins Nachfolger hielten eine politische und ökonomische Kursänderung für unumgänglich. Sie erzwangen im Mai 1953 gegen eine zunächst halsstarrige SED-Führung den »Neuen Kurs«. Er zielte auf eine gemäßigtere Politik gegenüber Bauern und Mittelstand, eine bessere Konsumgüterversorgung, die Einstellung des Kirchenkampfs und einen anderen Umgangsstil zwischen der politischen Führung und der Bevölkerung.

Als die SED am 9. Juni 1953 offiziell den »Neuen Kurs« verkündete, hatte es bereits zahlreiche kleinere Unruhen vor allem unter der Arbeiterschaft gegeben. Um die Produktivität zu erhöhen, war für die Belegschaften eine Erhöhung der Arbeitsnormen um zehn Prozent festgelegt worden, von der man auch nach der Proklamation des »Neuen Kurses« nicht abgehen wollte. Dies war die Lunte am Pulverfass.

Die ersten Demonstranten waren die Bauarbeiter der Ostberliner Stalinallee, des Vorzeigeobjekts künftiger

100563

Propagandaplakat zur Unterstützung der Parole: »Von den Sowjetmenschen lernen heißt siegen lernen«. Das verwendete sowjetische Originalplakat zeigt den Stalinpreisträger Aleksandr Tschutkich.

100264

Die Erhöhung der Arbeitsnormen brachte den Unmut der Bevölkerung am 17. 6. 1953 zum Überkochen – ein wütender Demonstrant attackiert einen sowjetischen Panzer mit einer Latte.

sozialistischer Wohnkultur. Sie zogen vor das Haus der Ministerien und verlangten Verhandlungen mit der Regierung. Obwohl diese die Normenerhöhung zurücknahm, war die Stimmung bereits so aufgeheizt, dass dieses Signal kaum noch Wirkung hatte. Die Nachricht von der Demonstration in Berlin verbreitete sich schnell, und am folgenden Tag, dem 17. Juni, entwickelten sich in etwa 700 Orten der DDR Belegschaftsproteste, Demonstrationen, Streiks und auch Gewalttätigkeiten. Die Schwerpunkte der Unruhen lagen in den traditionellen Hochburgen der Arbeiterbewegung, insbesondere in Halle-Bitterfeld und Leipzig. Als am Mittag sowjetische Panzer in Ostberlin einrückten und überall der Ausnahmezustand verhängt wurde, ging zwar die offene Aufstandsbewegung schnell zu Ende, die Unruhen und Konflikte in den Betrieben dauerten jedoch noch wochenlang an.

Die Forderungen der Aufständischen waren uneinheitlich. Dennoch wurden überall neben sozialpolitischen und wirtschaftlichen auch politische Forderungen erhoben, die auf freie Wahlen, Rücktritt der Regierung

100880

Die politischen Forderungen der Aufständischen des 17. 6. 1953 waren nicht einheitlich. Unter anderem ging es auch um die Durchsetzung von freien Wahlen.

und die Einheit Deutschlands zielten. In einem Spottvers wurden die Forderungen nach Ablösung der politischen Dreierspitze mit Parteichef Walter Ulbricht, Staatspräsident Wilhelm Pieck und Ministerpräsident Otto Grotewohl gebündelt: »Spitzbart, Bauch und Brille sind nicht des Volkes Wille«. Nach der Niederschlagung des Aufstands begann eine harte Verfolgung der »Rädelsführer«. 1 240 Teilnehmer wurden bis zum Herbst 1953 verurteilt, später kamen weitere Ermittlungsverfahren hinzu.

Die SED versuchte, den für sie schockierenden Aufstand als »faschistischen Putsch« zu denunzieren und damit vom Scheitern ihrer Politik abzulenken. Zwar hielt sie in den folgenden Jahren an der Generallinie des sozialistischen Aufbaus fest, ging dabei jedoch vorsichtiger vor und drosselte das Tempo. Für die Bevölkerung dagegen war die gewaltsame Niederschlagung des Aufstands eine ebenso prägende Erfahrung wie für die Führungsriege, die bis zum Ende der DDR die Angst vor einer Wiederholung einer solchen Krisensituation nicht mehr loswurde.

Der Bau der Berliner Mauer

Nach der überraschenden Entstalinisierung in Moskau auf dem 20. Parteitag der KPdSU 1956 geriet Ulbrichts Position ähnlich wie 1953 erneut ins Wanken. Es gelang ihm jedoch, seine Machtstellung wieder zu festigen. Die

1960 überstürzt vollzogene Kollektivierung der Landwirtschaft und die Verfolgung völlig überzogener ökonomischer Ziele (»Einholen und Überholen Westdeutschlands«) ließen die Flüchtlingszahlen erneut dramatisch ansteigen: Allein in den ersten sechs Monaten des Jahres 1961 waren es etwa 155 000 Männer, Frauen und Kinder. Nach langem Zögern der Sowjetunion und der übrigen Staaten des Warschauer Pakts konnte Ulbricht im Sommer 1961 schließlich Zustimmung im östlichen Block für den Plan durchsetzen, mit dem er schon seit geraumer Zeit geliebäugelt hatte: die vollständige Abriegelung der Grenze.

100880

Mit diesem Plakat konfrontierte Westberlin die Bevölkerung Ostberlins nach dem Mauerbau. Die Aussage von Walter Ulbricht vom 15. 6. 1961 konnte seit dem 13. 8. als Falschaussage belegt werden (Foto vom 4. 10. 1961).

ZITAT

Willy Brandt, zum Zeitpunkt des Baus der Berliner Mauer Regierender Bürgermeister von Berlin, notierte als Augenzeuge:

Mit vielen meiner Mitbürger war ich enttäuscht, dass der »Westen« sich als nicht willens oder fähig erwies, es jedenfalls nicht vermocht hatte, gestützt auf den vielzitierten Viermächtestatus Initiativen abzuleiten, die Deutschland und Europa das Monstrum jener »Mauer der Schande« erspart hätten.

INFOBOX

Der »Antifaschistische Schutzwall«

Am 13. 8. 1961 lief bei Nacht und Nebel die »Aktion X« an: Armee, Kampftruppen und Volkspolizei der DDR begannen, zwischen Berlin (Ost) und Berlin (West) eine Mauer zu errichten, die Berlin (West) hermetisch abriegelte und den ständig steigenden Strom von Flüchtlingen aus der DDR stoppen sollte. Der »Antifaschistische Schutzwall« – so die offizielle Bezeichnung in der DDR – bestand zunächst aus Stacheldrahtabriegelungen und Gräben, später dann aus einer etwa 4 m hohen Betonplattenwand und bis zu 5 m tiefen Gräben, Stacheldrahthindernissen, Minen, 300 Beobachtungstürmen, Laufanlagen für Wachhunde, Kfz-Gräben und Panzersperren. Er hatte zuletzt eine Länge von 42,1 km in Berlin und 111,9 km in der Umgebung der Stadt.

Versuche, die Grenzsperre zu überwinden, endeten oft tödlich, da die Grenzorgane der DDR und die Volkspolizei von dem ihnen gegebenen Schießbefehl Gebrauch machten; mindestens 123 Menschen verloren zwischen 1961 und 1989 beim Fluchtversuch über die Mauer ihr Leben. Aber über 5 000 »Sperrbrechern« gelang die Flucht.

Im Zusammenhang mit den politischen Umwälzungen in der DDR im Herbst 1989 öffnete deren Regierung am späten Abend des 9. 11. 1989 die Berliner Mauer; am 1. 7. 1990 wurden die Grenzkontrollen eingestellt. Noch im November/ Dezember 1989 begann der Abbau der Mauer.

In der Nacht vom 12. zum 13. August 1961 marschierten in Ostberlin entlang der gesamten innerstädtischen Demarkationslinie Volkspolizei, Nationale Volksarmee und Betriebskampfgruppen auf und sperrten die Grenze zunächst durch Stacheldraht ab, der bald darauf durch Mauern ersetzt wurde. Auch die äußere Stadtgrenze Westberlins und die gesamte innerdeutsche Grenzlinie wurden in der Folgezeit durch Kontrollstreifen, Hundelaufanlagen und Selbstschussapparate perfektioniert. Die Tatsache, dass in Berlin am 13. August zunächst nur ein Stacheldrahtzaun gezogen wurde, lässt darauf schließen, dass sich die Initiatoren des Risikos durchaus bewusst waren.

Die Reaktion des Westens auf die Verletzung des Viermächtestatus von Berlin ließ sich nicht genau kalkulieren. Diese Reaktion fiel jedoch überraschend zurückhaltend aus. Es dauerte zwei Tage, bis sich die westlichen Stadtkommandanten auf heftige Vorhaltungen des Berliner Regierenden Bürgermeisters Willy Brandt zu einem moderat formulierten Protest bewegen

Bewacht von einem Volkspolizisten, schließen Bauarbeiter im Mai 1962 die durch einen Sprengstoffanschlag beschädigte Mauer an der Bernauer Straße.

100562

ZITAT

Egon Bahr äußert sich 1963 zur Berliner Mauer:
Wir haben gesagt, dass die Mauer ein Zeichen der Schwäche ist. Man könnte auch sagen, sie war ein Zeichen der Angst und des Selbsterhaltungstriebs des kommunistischen Regimes.

ließen. Um die Erregung der Bevölkerung zu besänftigen und wenigstens eine symbolische Geste der Verteidigungsbereitschaft zu zeigen, besuchte am 17. August 1961 General Lucius D. Clay, der legendäre Vater der Luftbrücke von 1948, zusammen mit dem amerikanischen Vizepräsidenten Lyndon B. Johnson Berlin; beide sicherten den Westberlinern die amerikanische Unterstützung zu. Intern machte der amerikanische Präsident jedoch – in einem erst 1985 veröffentlichten Schreiben an Brandt – deutlich, dass die USA in dieser Situation keine wirksamen Handlungsmöglichkeiten hatten.

Die Mauer blieb, und Deutschland war auf diese Weise offenbar definitiv gespalten. Mit dem Mauerbau hatte Ulbricht gewissermaßen die Notbremse gezogen, um das wirtschaftliche Ausbluten der DDR durch Massenflucht zu verhindern und so sein sozialistisches Experiment auf deutschem Boden fortführen und vollenden zu können. Insofern wurde der 13. August 1961 in der Tat zum »heimlichen Gründungstag« der DDR (Dietrich Staritz). Aus der Rückschau wird zudem erkennbar, dass 1961 auch die Bonner Politik der konsequenten Isolierung der DDR durch die Hallsteindoktrin und die Einschüchterung der Sowjetunion durch eine »Politik der Stärke« gescheitert waren, sodass der Schock des Mauerbaus schließlich auch zum Ausgangspunkt einer neuen deutschlandpolitischen Strategie wurde.

s. ZEIT Aspekte Berliner Mauer S. 603

Im Schatten der Mauer bemühte sich Ulbricht dann energisch um eine Modernisierung von Staat und Gesellschaft. Kurzzeitig verbesserten sich die Wirtschaftslage und die Lebensbedingungen der Bevölkerung deutlich, sodass im Zusammenhang der Reformen in den Sechzigerjahren viele Beobachter vom »roten Wirtschaftswunder« sprachen. Die Wirtschaftsreform blieb jedoch auf halbem Weg stecken und stieß zudem in der SED-Spitze auf Widerstand. Als sich Ende des Jahrzehnts erneut eine krisenhafte Versorgungslage abzeichnete und Ulbricht zudem in der Deutschlandpolitik einen eigenwilligen Kurs verfolgte, sorgte eine innerparteiliche Revolte in der SED unter Führung Erich Honeckers schließlich dafür, dass Ulbricht, der die Geschichte der DDR wie kein anderer Politiker geprägt hatte, von Moskau fallen gelassen wurde und 1971 abtreten musste.

Christoph Kleßmann

ZITAT

Johannes Rau zur Berliner Mauer:
Die mörderische Grenze mitten durch Berlin und mitten durch Deutschland war das Kainsmal eines Regimes, das Machterhalt und Ideologie über Menschenrecht und Menschenwürde gestellt hat.

Gemeinsam in Wirtschaft und Verteidigung: Die Anfänge der europäischen Integration

Das westliche Europa gewann durch die Teilung des Kontinents noch an Motiven für einen engeren Zusammenschluss. Der wirtschaftliche Fortschritt Europas war nicht zuletzt vom Abbau innereuropäischer Handelshemmnisse abhängig, der politische Einfluss der Europäer war umso stärker, je häufiger sie mit einer Stimme sprachen, und auch für die Einbindung der Deutschen brauchte man Europa mehr denn je. Deutschland war geteilt, die Bundesrepublik ein zentrales Mitglied des westlichen Bündnisses. Wenn die Bundesrepublik Deutschland zur Verteidigung des Westens beitragen sollte, musste man sie als gleichberechtigtes Mitglied behandeln; einseitige Kontrollen durch die Siegermächte waren dann nicht mehr möglich. Also brauchte man gemeinsame Regelungen, denen sich alle Europäer unterordneten und die die Westdeutschen davon abhielten, sich um der nationalen Einheit willen auf Kosten des Westens mit der Sowjetunion zu verständigen.

Nach 1949 erhielt die Idee der europäischen Einigung neuen Auftrieb. Während das Projekt einer militärischen Integration jedoch scheiterte, ließen sich auf ökonomischem Gebiet rasch Fortschritte erzielen.

100562

Der französische Außenminister Robert Schuman ergriff 1950 die Initiative zur Schaffung einer europäischen Gemeinschaft für Kohle und Stahl.

Montanunion und Europäische Verteidigungsgemeinschaft

Nachdem die französische Regierung lange gezögert hatte, ob sie mit der Einigung Europas auch ohne Beteiligung Großbritanniens beginnen sollte, ergriff Außenminister Robert Schuman im Frühjahr 1950 die Initiative. Beraten von Jean Monnet, dem Chef des französischen Planungskommissariats, schlug er am 9. Mai 1950 die Schaffung einer europäischen Gemeinschaft für Kohle und Stahl vor. Nach diesem so genannten Schumanplan sollten gemeinsame Regelungen für die Schwerindustrie der beteiligten Länder getroffen werden. Die Montanunion sollte anstelle der bisherigen Kontrollen der Ruhrindustrie treten, die nicht mehr lange aufrechtzuerhalten waren, und zugleich die Modernisierung dieser grundlegenden Industriezweige fördern. Schuman und Monnet waren davon überzeugt, dass sie als Grundlage für eine politische Einigung des Kontinents dienen könnte.

In Bundeskanzler Konrad Adenauer fanden sie einen Partner, der das ebenso sah. Gegen Widerstände in der westdeutschen Schwerindustrie setzte er die Beteiligung der Bundesrepublik an der Montanunion durch. Darüber hinaus erklärten auch Italien, Belgien, die Niederlande und Luxemburg ihre Bereitschaft, diesem Zusammenschluss beizutreten. Die britische Regierung lehnte eine Teilnahme ab, nachdem die Franzosen eine Verpflichtung zur überstaatlichen, für alle verbindlichen

INFOBOX

Europäische Wirtschaftsgemeinschaft

Nach Maßgabe der Römischen Verträge war es die Aufgabe der Europäischen Wirtschaftsgemeinschaft (EWG), einen gemeinsamen Markt einzurichten, die Wirtschaftspolitik der Mitgliedstaaten schrittweise anzunähern, die Wirtschaft der Teilnehmerstaaten stetig und in ausgeglichener Weise auszuweiten, die wirtschaftliche Stabilität zu erhöhen, den Lebensstandard der Bevölkerung zu heben und engere Beziehungen zwischen den Mitgliedstaaten zu fördern. Die Verträge gestanden Frankreich Ausnahmeregelungen für den Fall zu, dass das Zahlungsbilanzdefizit nicht ausgeglichen sein würde, und akzeptierten die Einbeziehung der Überseegebiete, die mit einer finanziellen Unterstützung für die Kolonien Frankreichs und Belgiens verbunden war.

100562

1951 wurde die Montanunion gegründet, die den Anfang der europäischen Integration bildete und einen gemeinsamen Markt der Mitgliedsstaaten für Kohle und Stahl herstellen sollte. Die Abbildung zeigt die mittlerweile stillgelegte Zeche Zollverein in Essen.

Organisation verlangt hatten. So kam mit der Europäischen Gemeinschaft für Kohle und Stahl (EGKS), die am 10. August 1952 in Luxemburg ihre Arbeit aufnahm, nur ein »Europa der Sechs« zustande.

Unterdessen hatte der französische Ministerpräsident René Pleven am 24. Oktober 1950 vorgeschlagen, eine Europaarmee mit einem europäischen Verteidigungsminister an der Spitze zu bilden. Bei den europäischen Partnern und auch bei den NATO-Verbündeten stieß dieser Plevenplan zunächst auf wenig Begeisterung. Die Deutschen wollten sich auf das Angebot nicht einlassen, weil sie als einziges Teilnehmerland von der gleichzeitigen Mitgliedschaft in der NATO ausgeschlossen bleiben sollten und auch abzusehen war, dass es in einer derart integrierten Armee kaum deutsche Befehlshaber geben würde. Die militärischen Fachleute hielten den Vorschlag für wenig praktikabel; viele wollten auch keine europäische Verteidigungsebene, die die Präsenz der Schutzmacht USA zu beeinträchtigen drohte.

Erst als den Verbündeten klar wurde, dass ohne Europaarmee die von ihnen gewünschte Wiederbewaffnung der Bundesrepublik in Frankreich innenpolitisch

Konrad Adenauer und sein Staatssekretär Walter Hallstein während der Pariser Konferenz im Oktober 1954, die mit der Unterzeichnung der Pariser Verträge endete und für die Bundesrepublik die Erlangung der Souveränität bedeutete.

100880

ZITAT

Der amerikanische Außenminister Dean G. Acheson über ein Gespräch mit seinem französischen Amtskollegen Robert Schuman:
Die gesamte Kohle- und Stahlproduktion Frankreichs und der Bundesrepublik Deutschland soll einer gemeinsamen hohen Behörde unterstellt werden, und dies System soll in einer Organisation münden, die auch für andere Länder offen ist. So wie er redete, überzeugte er uns mit dem Feuer seiner Rede und der Größe seiner Idee – Europa soll wieder erstehen.

nicht durchsetzbar sein würde, kam eine Einigung über das Projekt zustande; dabei mussten die Franzosen den Deutschen allerdings stärkere Mitwirkungsrechte zugestehen. Am 27. Mai 1952 wurde der Vertrag über die Europäische Verteidigungsgemeinschaft (EVG) in Paris unterzeichnet. Er sah die Einbeziehung aller Truppen vor, die für die Verteidigung Europas bestimmt waren; an ihrer Spitze sollten ein gemeinsames Kommissariat von neun Mitgliedern und ein Ministerrat stehen. Die Deutschen blieben zwar weiterhin außerhalb der NATO, konnten aber gemeinsame Sitzungen des NATO-Rats mit dem EVG-Ministerrat verlangen.

Das war freilich den meisten Franzosen zu viel. Manche beklagten auch, dass die EVG kaum unabhängig vom amerikanischen NATO-Oberbefehlshaber agieren konnte, und viele suchten immer noch nach einer Möglichkeit, die Bewaffnung der Bundesrepublik ganz zu verhindern. So fand der Vertrag im französischen Parlament keine Mehrheit. Der italienische Ministerpräsident Alcide De Gasperi versuchte ihn zu retten, indem er die Schaffung einer Europäischen Politischen Gemeinschaft (EPG) ins Gespräch brachte, die der Verteidigungsgemeinschaft vorgeschaltet werden sollte. Dazu war jedoch die niederländische Regierung nur unter der Bedingung bereit, dass es gleichzeitig eine Wirtschaftsgemeinschaft geben würde. Die Wirtschaftsgemeinschaft wiederum war für Frankreich nicht akzeptabel, folglich blieben die Verhandlungen über die EPG stecken. Wenig später bot sich im Frühjahr 1954 den Franzosen die Möglichkeit, eine eigene Atomwaffe zu bauen – ein Grund mehr, die EVG fallen zu lassen, und gleichzeitig ein Ersatz für die EVG, soweit sie dem Schutz vor Deutschland dienen sollte. Am 30. August 1954 lehnte die französische Nationalversammlung den EVG-Vertrag ab.

Die Verträge von Paris und Rom

Für die europäische Einigungsbewegung war diese Obstruktion ein harter Schlag. Das westliche Bündnis profitierte jedoch eher von der Ablehnung Frankreichs, weil alle Beteiligten in Anbetracht der Gefahr des Scheiterns jetzt Konzessionen machten, die sie zuvor immer verweigert hatten. Frankreich akzeptierte die Mitgliedschaft der Bundesrepublik in der NATO, Adenauer gestand ein europäisches Statut für das Saarland zu, das in einer Wirtschaftsunion mit Frankreich verbunden war, Großbritannien und die USA gaben Garantien, ihre Truppen nicht vom europäischen Kontinent abzuziehen.

In den Pariser Verträgen vom 23. Oktober 1954 wurde dieses Ergebnis festgeschrieben, gleichzeitig die Westeuropäische Union (WEU) als kollektiver Beistandspakt der Sechs gemeinsam mit Großbritannien aus der Taufe gehoben. Mit dem In-Kraft-Treten der Verträge am 5. Mai 1955 erlangte die Bundesrepublik ihre Souveränität, vier Tage später nahm sie zum ersten Mal an einer Sitzung der NATO teil.

ZITAT

Aus den »Erinnerungen« Konrad Adenauers:
Der deutsch-französischen Aussöhnung und Verständigung galt schon seit den Zwanzigerjahren mein Bestreben.... Ich war mir klar darüber, dass viele Schatten der Vergangenheit diese gemeinsame Arbeit beeinträchtigten. Aber demgegenüber breitete sich in beiden Völkern in zunehmendem Maße die Erkenntnis aus, dass die Interessen unserer Länder, die kulturellen, die humanen Ideale, die Erreichung dieses Zieles verlangten.

Die Einigung der Sechs fand in den Römischen Verträgen vom 25. März 1957 ihre Fortsetzung. Sie beruhten auf einem weiteren Kompromiss: Frankreich akzeptierte jetzt, anders als 1953/54, die Schaffung einer Europäischen Wirtschaftsgemeinschaft (EWG). Allerdings war eine Übergangszeit von zwölf bis 15 Jahren bis zu ihrer vollständigen Verwirklichung vorgesehen. Dafür billigten die europäischen Partner die gleichzeitige Bildung einer Europäischen Atomgemeinschaft (EURATOM), die die Einkäufe von spaltbarem Material kontrollieren und die Atomforschung fördern sollte.

Großbritannien beteiligte sich weder an der EWG noch an der EURATOM. Nachdem Verhandlungen über die Bildung einer »großen« Freihandelszone aller Länder des westlichen Europas gescheitert waren, sammelte

Fait à Rome, le vingt-cinq mars mil neuf cent cinquante-sept.

Geschehen zu Rom am fünfundzwanzigsten März neunzehnhundertsiebenundfünfzig.

Fatto a Roma, il venticinque marzo millenovecentocinquantasette.

Gedaan te Rome, de vijfentwintigste maart negentienhonderd zevenenvijftig.

100563

Am 25. 3. 1957 unterzeichneten die Bevollmächtigten Belgiens, der Bundesrepublik Deutschland, Frankreichs, Italiens, Luxemburgs und der Niederlande die Römischen Verträge.

100264

Die Römischen Verträge umfassten den »Vertrag zur Gründung der Europäischen Gemeinschaft« und den »Vertrag zur Gründung der Europäischen Atomgemeinschaft«. Sie waren Ausdruck der Erkenntnis, dass die europäische Integration auf wirtschaftlichem Gebiet leichter voranzutreiben wäre als auf militärischem.

es die Länder, die nicht Mitglied der EWG geworden waren, in einer »kleinen« Freihandelszone – der Europäischen Freihandelsassoziation (EFTA), die am 3. Mai 1960 in Kraft trat. Ihr gehörten neben Großbritannien Dänemark, Schweden, Norwegen, Österreich, die Schweiz und Portugal an. Die EFTA sollte eine wirtschaftliche Diskriminierung der Mitgliedsländer durch die EWG verhindern und eine zukünftige Zusammenarbeit mit den EWG-Ländern vorbereiten.

De Gaulles Idee einer politischen Union

Die Verwirklichung der Wirtschaftsgemeinschaft der Sechs kam rascher voran, als ursprünglich zu erwarten gewesen war. Charles de Gaulle, der nach dem Zusammenbruch der Vierten Republik im Mai 1958 wieder die Regierungsgewalt in Paris übernommen hatte, trieb die wirtschaftliche Modernisierung seines Landes energisch voran. Er drängte dazu auf eine zügige Verwirklichung der Zollunion und auf die Schaffung einer gemeinsamen Marktordnung für Agrarprodukte. Unterstützt wurde er dabei von Walter Hallstein, dem ersten Präsidenten der EWG-Kommission in Brüssel, und von Adenauer, der

ZITAT

Aus einem Aufsatz Ernst Weisenfelds über die Außenpolitik Frankreichs:
Unbestritten wird dagegen als ein bleibendes Verdienst de Gaulles gewertet, dass er den Spielraum der französischen Diplomatie um wichtige neue Felder erweiterte. Er setzte sich nach der Kuba- und Berlin-Krise entschlossen an die Spitze der internationalen Bewegung, die als »Entspannungspolitik« von der Mitte der Sechzigerjahre an das Ost-West-Verhältnis veränderte.

Der deutsch-französische Freundschaftsvertrag vom 22. 1. 1963 verpflichtete beide Regierungen zu Konsultationen in Fragen der Außen-, Sicherheits-, Jugend- und Kulturpolitik (Vertragsseite mit den Unterschriften von u. a. Charles de Gaulle, Konrad Adenauer und Georges Pompidou).

die Westbindung der Bundesrepublik unwiderruflich machen wollte.

De Gaulle warb auch für eine politische Union der Sechs. Sie sollte in erster Linie dazu dienen, Europa doch noch eine eigene militärische Kompetenz in der Verteidigung zu verschaffen und die außenpolitische Abhängigkeit von den USA zu überwinden. Seit sowjetische Langstreckenbomber mit Atomwaffen amerikanisches Territorium erreichen konnten, hielt er die amerikanische Garantie, im Verteidigungsfall Atomwaffen gegen die Sowjetunion einzusetzen, nicht mehr für glaubwürdig. Folglich sollte Europa zur Atommacht werden. De Gaulle war bereit, die französische Atomwaffe für europäische Zwecke einzusetzen; langfristig konnte er sich auch vorstellen, dass die übrigen Europäer ebenfalls über Atomwaffen verfügen würden, vielleicht sogar über ein gemeinsames Kommando. Nachdem im Februar 1960 die erste französische Atombombe mit Erfolg gezündet worden war, schlug er den EWG-Partnern am 5. September 1960 vor, einen ständigen Rat der europäischen Regierungschefs zu bilden, der über eine gemeinsame Außen- und Verteidigungspolitik entscheiden sollte.

De Gaulles Vorhaben stieß bei Adenauer auf starkes Interesse. Der deutsche Bundeskanzler suchte ebenfalls nach einer Rückversicherung für den Fall, dass die amerikanische Garantie hinfällig werden würde. Zudem wollte er auch einer Verständigung Frankreichs mit der Sowjetunion, die auf Kosten der Bundesrepublik gehen würde, zuvorkommen. Dagegen konnten die Regierungen Belgiens und der Niederlande dem Projekt nur wenig abgewinnen: Sie fürchteten anstelle des amerikanischen Schutzes eine deutsch-französische Hegemonie und wollten, um diese zu verhindern, Großbritannien in den gemeinsamen Markt einbinden. Außerdem tendierte de Gaulle dazu, die bestehenden europäischen Institutionen dem geplanten Ministerrat unterzuordnen, der vorläufig nur einstimmig entscheiden sollte.

Die Verhandlungen über das Projekt der politischen Union gestalteten sich entsprechend schwierig. Eine Kommission unter Vorsitz des französischen Diplomaten und Mitarbeiters de Gaulles, Christian Fouchet, erarbeitete bis Ende 1961 einen Kompromissvorschlag,

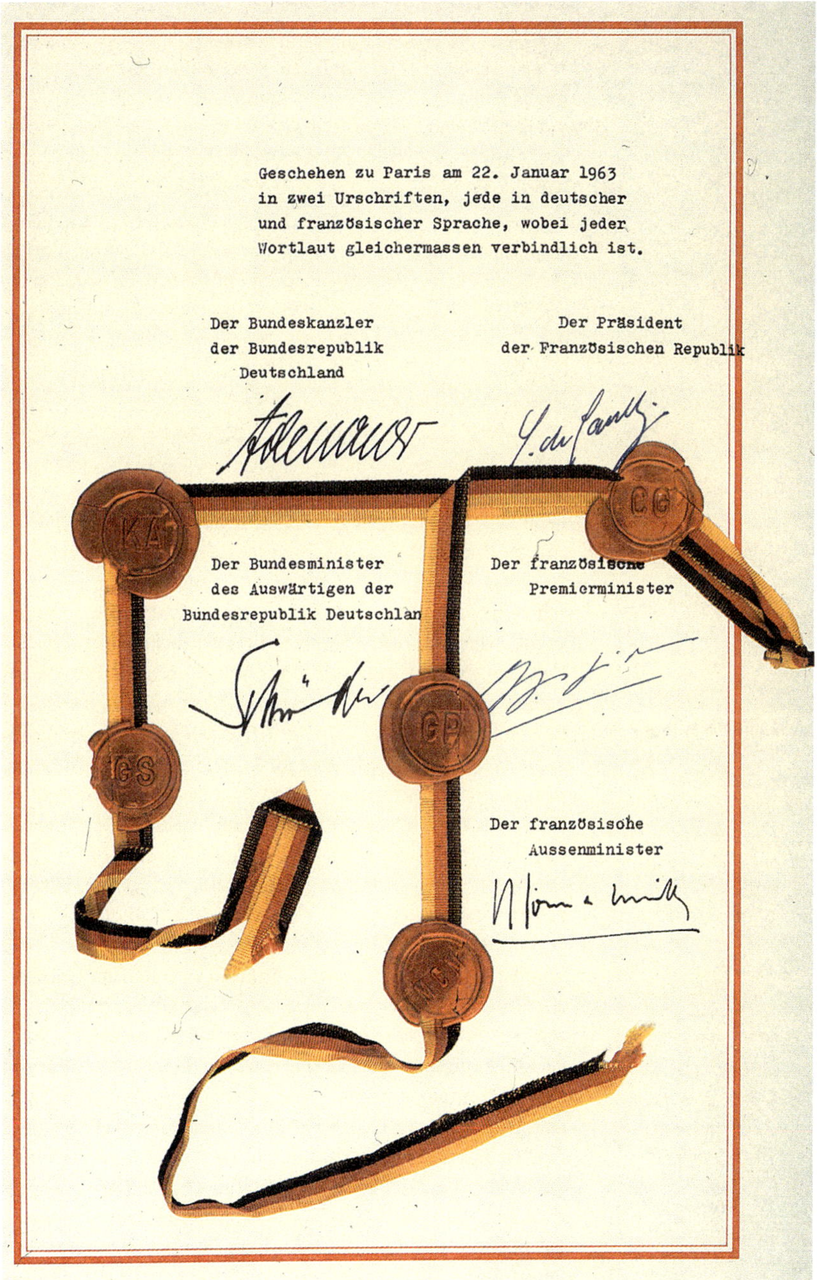
Geschehen zu Paris am 22. Januar 1963
in zwei Urschriften, jede in deutscher
und französischer Sprache, wobei jeder
Wortlaut gleichermassen verbindlich ist.
Der Bundeskanzler
der Bundesrepublik
Deutschland
Der Präsident
der Französischen Republik
Der Bundesminister
des Auswärtigen der
Bundesrepublik Deutschlan
Der französische
Premierminister
Der französische
Aussenminister

100563

INFOBOX

Europäische Verteidigungsgemeinschaft
Als nach dem Ausbruch des Koreakrieges am 25. 6. 1950 die Frage eines deutschen Verteidigungsbeitrages im Rahmen des westlichen Bündnissystems auftauchte, schlug der französische Verteidigungsminister René Pleven die Bildung einer europäischen Armee unter Einschluss eines deutschen Verteidigungskontingentes vor (Plevenplan).
Am 27. 5. 1952 unterzeichneten Belgien, die Bundesrepublik Deutschland, Frankreich, Italien, Luxemburg und die Niederlande den Vertrag über die Europäische Verteidigungsgemeinschaft (EVG). Der Vertrag sah die Verschmelzung der nationalen Streitkräfte der sechs Staaten vor: Die militärischen Grundeinheiten sollten bis zur Divisionsstärke national geschlossen bleiben, die höheren Einheiten hingegen, das Kommando und die Versorgungsorganisation sollten übernational zusammengesetzt sein. In Frankreich kontrovers diskutiert, wurde der Vertrag am 30. 8. 1954 von der Mehrheit der Abgeordneten der französischen Nationalversammlung, die v. a. einen Verzicht auf französische Souveränitätsrechte ablehnte, verworfen.

der Chancen hatte, angenommen zu werden. Als de Gaulle dann darauf bestand, dass Garantien für den Erhalt der Strukturen der Montanunion und der Wirtschaftsgemeinschaft gestrichen werden müssten, der belgische Außenminister Paul-Henri Spaak und sein niederländischer Kollege Joseph Luns den Vertrag über die politische Union aber erst nach dem Beitritt Großbritanniens zur EWG unterzeichnen wollten, scheiterten die Verhandlungen. Am 17. April 1962 ging eine Konferenz der sechs Außenminister ohne Ergebnis auseinander.

Danach versuchte de Gaulle, das Projekt über eine Zweier-Union zwischen Frankreich und der Bundesrepublik zustande zu bringen. Adenauer zögerte zunächst, willigte dann aber bei einem Besuch in Paris am 21./22. Januar 1963 überraschend in die Unterzeichnung eines Deutsch-Französischen Vertrags über Freundschaft und Zusammenarbeit ein. Dieser verpflichtete die beiden Partner, in der Außen- und Verteidigungspolitik zusammenzuarbeiten. Dazu sollten mindestens zweimal pro Jahr Gipfeltreffen stattfinden, die Außenminister sollten sich alle drei Monate treffen, nachgeordnete Beamte noch häufiger. Außerdem wurde ein Deutsch-Fran-

ZITAT

Aus der Präambel des NATO-Vertrags vom 4. 4. 1949
Die Parteien dieses Vertrags bekräftigen erneut ihren Glauben an die Ziele und Grundsätze der Satzung der Vereinten Nationen und ihren Wunsch, mit allen Völkern und Regierungen in Frieden zu leben.
Sie sind entschlossen, die Freiheit, das gemeinsame Erbe und die Zivilisation ihrer Völker, die auf den Grundsätzen der Demokratie, der Freiheit der Person und der Herrschaft des Rechts beruhen, zu gewährleisten.

zösisches Jugendwerk ins Leben gerufen, das die Verständigung zwischen den beiden Völkern auf eine dauerhafte Grundlage stellen sollte.

Das ging allerdings den meisten deutschen Politikern zu weit. Bei der Ratifizierung im Bundestag erzwangen sie, dass der Vertrag um eine Präambel ergänzt wurde, die seiner Verwirklichung de facto einen Riegel vorschob: Die Abgeordneten bekundeten darin ihren Willen, an den engen Bindungen an die USA festzuhalten und sich um eine baldige Aufnahme Großbritanniens in die Gemeinschaft zu bemühen. De Gaulle empfand das zu Recht als Ohrfeige und gab die Hoffnung auf eine baldige Verwirklichung der politischen Union auf. Als Ludwig Erhard im Oktober 1963 Adenauer als Bundeskanzler ablöste, kamen die Bestrebungen zur Schaffung einer gemeinsamen Außen- und Verteidigungspolitik ganz zum Erliegen.

ZITAT

Ein griechischer Gastarbeiter über seine Situation in Deutschland:

Zu Hause war ich den ganzen Tag wie alle anderen. Wir teilten unsere Freude und trugen das Leid miteinander. Hier wird nicht geteilt. Eine Mauer steht zwischen den Einheimischen und uns. Wir leben dahinter. Sie reden uns mit dem Vornamen und »du« an.

Frankreichs Politik der Unabhängigkeit

Fortan betrieb de Gaulle seine Politik der Unabhängigkeit von den USA allein als nationale Politik. Nachdem er die Verhandlungen mit Großbritannien schon im Januar 1963 einseitig für zwecklos erklärt hatte, widersetzte er sich jeder Stärkung der Gemeinschaftsorgane. Als Hallstein das französische Interesse an einer gemeinsamen Marktordnung für Getreide dazu nutzen wollte, die Rechte des Europäischen Parlaments und der Brüsseler Kommission zu stärken, holte der französische Präsident zu einem Gegenschlag aus, der die europäischen Gemeinschaften dauerhaft beschädigte: Am 30. Juni 1965 verließ sein Außenminister Maurice Couve de Murville die Verhandlungen über die Finanzierung des Agrarmarkts, fünf Tage später wies de Gaulle seine Beamten und Minister an, ab sofort nicht mehr an den Sitzungen des Ministerrats teilzunehmen.

Die Blockierung der EWG endete mit einem Kompromiss, der ihre Handlungsfähigkeit beeinträchtigte. Auf einer Ministerratssitzung am 28./29. Januar 1966 in Luxemburg mussten die Partner zur Kenntnis nehmen, dass Frankreich nicht bereit war, Mehrheitsentscheidungen im Ministerrat zu akzeptieren. So wurden im Ministerrat Abstimmungen meist vermieden, die Verhandlungen zogen sich in die Länge, und viele Vorhaben blieben

100562

Walter Hallstein war von 1958 bis 1967 Kommissionspräsident der EWG, bis er durch Charles de Gaulle zum Rücktritt gedrängt wurde.

mangels Übereinstimmung auf der Strecke. 1967 wurden zwar die drei europäischen Gemeinschaften (EGKS, EWG und EURATOM) unter der Bezeichnung Europäische Gemeinschaften (EG) zusammengelegt, 1968 wurde die Zollunion vorzeitig vollendet. An einen Ausbau der Brüsseler Kommission zu einer europäischen Regierung, die vom Parlament kontrolliert wurde, war jedoch nicht mehr zu denken.

Am 7. März 1966 kündigte de Gaulle darüber hinaus den Austritt Frankreichs aus der militärischen Organisation der NATO für Europa an. Frankreich blieb zwar Mitglied des Atlantischen Bündnisses, zog seine Truppen aber aus dem Kommandobereich der NATO zurück und forderte die Verbündeten auf, Stützpunkte auf französischem Territorium zu räumen. Diese kamen der Aufforderung nach, das Hauptquartier der NATO wurde von Paris nach Brüssel verlegt. Auf diese Weise sicherte sich Frankreich seine unabhängige Atomstreitmacht. Gleichzeitig brüskierte es aber seine europäischen Verbündeten. Gemeinsame Positionen der Europäer gegenüber der amerikanischen Vormacht kamen nun erst recht nicht mehr zustande, der Einfluss des westlichen Europas auf den Gang der Weltpolitik blieb entsprechend gering. *Wilfried Loth*

Es lebe die Vierte Republik! – Frankreich

Ende August 1944 nahm die Provisorische Regierung der Französischen Republik ihre Tätigkeit auf. Paris war befreit, jetzt sah die Regierung ihre Aufgabe darin, die Kollaborateure zu verurteilen und zu bestrafen. Außerdem musste die Teilnahme als gleichberechtigter Partner an allen Entscheidungen der Alliierten über die Zukunft Deutschlands durchgesetzt werden. Für Frankreich bedeutete der ständige Sitz im UNO-Sicherheitsrat mit dem Vetorecht eien großen Prestigegewinn. Auch die Kontrolle über die französischen Kolonien wollte man wieder übernehmen.

Aus den ersten Wahlen zur Nationalversammlung am 21. Oktober 1945 gingen Kommunisten, Sozialisten und Mouvement Républicain Populaire (MRP) ungefähr gleich stark hervor: Ihre Stimmenanteile lagen alle zwischen 23 Prozent und 25 Prozent. Ein Volksentscheid verwarf zugleich die Wiedereinführung der Verfassung von 1875. Charles de Gaulle, charismatischer Führer der französischen Truppen im Krieg, war zwar von der Konstituante zum Ministerpräsidenten und provisorischen Staatspräsidenten gewählt worden, doch gab er seine Ämter schon im Januar 1946 wieder auf, weil er seine Vorstellungen über den Staatsaufbau nicht durchsetzen konnte. De Gaulle strebte nach einer starken Exekutive, die Konstituante dagegen nach einem starken Parlament.

Ein erster Verfassungsentwurf war schon am 5. Mai 1945 abgelehnt worden. Eine neu gewählte verfassunggebende Nationalversammlung erlangte am 13. Oktober 1946 eine knappe Mehrheit für ihren Entwurf. Damit war die Vierte Republik offiziell gegründet. Die neue Verfassung erlaubte es dem Parlament, die Regierung als einen »Exekutivausschuss« anzusehen, der nach Erfüllung bestimmter Aufgaben wieder aufgelöst werden konnte. Dies erklärt unter anderem, warum trotz der häufig wechselnden Regierungen eine vergleichsweise hohe personelle Kontinuität gewahrt wurde.

Mit der Schaffung der Französischen Union suchte die Verfassung zugleich ein neues staatsrechtliches Verhältnis zu den Kolonien. Der Präsident der Französischen Republik war zugleich Präsident der Französi-

50

Begrüßung zwischen General Charles de Gaulle und seinem amerikanischen Kollegen General George C. Marshall (1945) schen Union, eine Konstruktion, die die Kolonien an Frankreich binden sollte, aber in den nach Unabhängigkeit strebenden Kolonien auf Widerstand stieß. Die Vierte Republik hatte nur zwei Präsidenten: 1947–54 Vincent Auriol und 1954–59 René Coty. Letzterer trat vergeblich für stabilere politische Verhältnisse in Frankreich ein. In der Staatskrise des Jahres 1958 empfahl er schließlich die Wahl de Gaulles zum neuen Staatspräsidenten.

Sozialisten, Kommunisten und MRP trugen im Wesentlichen bis 1947 die Regierungen. Ihre wichtigsten Maßnahmen waren die Verstaatlichung von Kredit- und Versicherungsgesellschaften, der Energiequellen, der Handelsmarine, die Einrichtung von Betriebsräten und die Ausarbeitung eines Modernisierungsplans. Die Anhänger de Gaulles fanden 1947 im Rassemblement du Peuple Français (RPF) ihre politische Plattform. Am 5. Mai 1947 wurden – auch als Folge des beginnenden Kalten Kriegs – die Kommunisten von der Regierungsbeteiligung ausgeschlossen. Sie standen von diesem Zeitpunkt an in grundsätzlicher Opposition zur Vierten Republik – ebenso wie vorher schon der RPR.

Die Insel Réunion im Indischen Ozean, 780 km östlich von Madagaskar gelegen, gehörte zu den französischen Kolonien und wurde 1946 als französisches Überseedépartement integraler Bestandteil der Vierten Republik.

100888

100563

Nicht zuletzt sein Engagement in der Résistance machte Charles de Gaulle in der Vierten Republik äußerst populär. Angesichts der sich abzeichnenden französischen Niederlage hatte er im Juni 1940 aus London über den Rundfunk zum Widerstand aufgerufen und war an die Spitze der Widerstandsbewegung getreten.

Ministerpräsident Paul Ramadier bildete ein Kabinett aus Sozialisten, MRP, Radikalsozialisten und gemäßigten linken Gruppen. Bis 1951 gelang es der Regierung, eine relativ stabile Regierungstätigkeit gegen die Opposition der Kommunisten und Gaullisten zu erreichen. Die amerikanische Marshallplanhilfe und die nachlassenden sozialen Gegensätze halfen ihr dabei. Auch die Wirtschaft erhielt neue Impulse, was zu einem deutlichen Aufschwung führte.

Das Streben nach Sicherheit

In der Außenpolitik musste Frankreich sein Sicherheitsbedürfnis befriedigen. Es nahm daher Teil an den Besetzungen Deutschlands und Österreichs und suchte vor allem Deutschland nachhaltig wirtschaftlich zu schwächen. Die endgültige Abtrennung des Saargebiets mit seinen Kohlegruben und dessen staatsrechtlichen Anschluss an Frankreich konnte die Regierung jedoch nicht erreichen, sondern sie musste sich mit einer Zollunion zufrieden geben. Defensivbündnisse wie der Vertrag von

100563

Während die Politik um Frankreichs Status innerhalb Europas und seinen Machterhalt gegenüber den Kolonien rang, entwickelte die französische Jugend in den 1950er-Jahren ein neues, heiteres Lebensgefühl, das die Schrecken des Krieges langsam in den Hintergrund drängte.

Dünkirchen und die Westeuropäische Union ergänzten dies. Der NATO schloss sich Frankreich 1949 angesichts der zunehmenden Spannungen im Ost-West-Verhältnis an. Im Hinblick auf die ostasiatischen Kolonien trat Frankreich auch der SEATO bei.

Seit Beginn des Kalten Kriegs bemühten sich die Regierungen führend um die europäische Einigung: Die Beitritte zum Europarat 1949, zur Montanunion 1952, zur Europäischen Wirtschaftsgemeinschaft und zur Europäischen Atomgemeinschaft 1957 zeigten Frankreich als Motor der europäischen Einigungsbewegung. Gleichzeitig war dies auch ein Weg, um mit Deutschland zum Ausgleich und zur Versöhnung zu kommen. Die von Ministerpräsident René Pleven vorgeschlagene Europäische Verteidigungsgemeinschaft scheiterte jedoch am Widerstand der Nationalversammlung.

In der internationalen Politik spielte das Land dagegen nur eine zweitrangige Rolle; zu groß war das koloniale Problem und - zum Teil daraus resultierend - die innenpolitische Labilität. Die auseinander strebenden Tendenzen in der Innen- und Außenpolitik bewirkten schon bei den Wahlen von 1951, noch stärker aber bei den Wahlen von 1956, den Schwund der parlamentarischen Grundlage der staatstragenden Parteien. Sie zersplitterten, und die Regierungen wechselten immer rascher. Zwischen 1951 und 1958 amtierten zwölf Kabinette mit verschiedener parteipolitischer Zusammensetzung. Die Hauptkrise der Vierten Republik beruhte jedoch auf dem unzureichenden französischen Konzept zur Entkolonisation.

Die Vierte Republik geht unter

Die Konferenz von Brazzaville 1944 und die Bestimmungen der Französischen Union erwiesen sich als ungeeignet, die Emanzipationsbestrebungen in den Kolonien dauerhaft zu kanalisieren. Ein Aufstand in Madagaskar wurde 1947 blutig unterdrückt, in Indochina dagegen entwickelte sich ein immer härter werdender Kampf, der 1954 in Dien Bien Phu zur endgültigen Niederlage der französischen Kolonialtruppen führte und letztlich in den Vietnamkrieg überging, der erst 1975 beendet werden konnte.

1956 erhielten Tunesien und Marokko ihre Unabhängigkeit, Algerien dagegen sollte französische Kolonie bleiben. Hier hatte schon 1954 die Front de la Libération National (FLN) zum Befreiungskampf aufgerufen. Daraus entwickelte sich einer der härtesten Kolonialkriege nach dem Zweiten Weltkrieg, der Frankreich auch innenpolitisch an den Abgrund führte und das Land zu spalten drohte. Der algerische Guerillakrieg und die panarabische Unterstützung der FLN veranlassten Premierminister Guy Mollet zum Eingreifen im Suezkrieg 1956.

Die verheerenden Wirtschaftsdaten und die Inflation sowie die drohende Spaltung der Nation durch den Algerienkrieg führten schließlich zu einem Militärputsch am 13. Mai 1958. In dieser Staatskrise wurde von den

Verfassungsinstitutionen am 1. Juni General de Gaulle zum Ministerpräsidenten berufen und mit weit reichenden Vollmachten ausgestattet. Er übernahm die letzte Regierung der Vierten Republik und drängte auf eine neue Verfassung mit einem starken Staatspräsidenten. Am 28. September wurde schließlich in einem Referendum die neue Verfassung angenommen. Sie trat am 4. Oktober in Kraft, und de Gaulle selbst wurde im Dezember mit großer Mehrheit zum neuen Staatspräsidenten gewählt. Damit war die Fünfte Republik aus der Taufe gehoben. *Klaus M. Lange*

»Algerien ist mein Vaterland«: Der Algerienkrieg

Algerien war nach der Verfassung der Vierten Republik integraler Bestandteil des französischen Staates. Nach dem Zweiten Weltkrieg erreichte die Zahl der europäischen Siedler, es waren vor allem Franzosen, eine Million. Sie hatten sich den fruchtbaren Boden angeeignet und die algerischen Bauern und Viehzüchter in weniger fruchtbare Gebiete zurückgedrängt. Um die Algerier, 1954 waren es fast neun Millionen, in ihrer Identität zu treffen, unterdrückten die Franzosen den Islam und das Arabische. Neunzig Prozent der einheimischen Bevölkerung waren Analphabeten. Viele Algerier wanderten, da sie zu Hause ihre Existenzmöglichkeiten verloren, nach Frankreich aus; bis 1954 waren es 300 000.

In den sich nach dem Ersten Weltkrieg formierenden Befreiungsbewegungen waren Auseinandersetzungen um die Programmatik entbrannt. Sollten sich die Algerier, wie Reformisten vorschlugen, für Gleichberechtigung innerhalb eines französischen Staatswesens einsetzen? Oder sollten sie einen unabhängigen Staat erkämpfen? Patrioten artikulierten ihr wachsendes Selbstbewusstsein in der Losung: »Der Islam ist meine Religion, das Arabische meine Sprache und Algerien mein Vaterland«. Beflügelt von der französischen Niederlage in Indochina, nahmen sie, geführt von der Nationalen Befreiungsfront (Front de Libération Nationale, FLN), in der Nacht vom 31. Oktober zum 1. November 1954 den bewaffneten Kampf auf, der sich zu einem Befreiungskrieg ausweitete.

ZITAT

Simone de Beauvoir über Terror im Algerienkrieg; sie zitiert aus einem Prozessprotokoll:

Eines Abends sah ich Männer leichenblass an meinen Tisch kommen, die soeben vier Menschen lebend begraben hatten, vier Fellaghas im Alter zwischen zwanzig und fünfundsechzig Jahren. Der Älteste starb als Letzter. Er hatte solche Angst, erzählte man mir…, dass sein Körperschweiß in die Luft verdampfte. Sie starben nacheinander, sobald der Bulldozer sie mit Erde überschüttete.

100562

Französische Soldaten und Muslime vor einer Barrikade am 29. 1. 1960 in Algier. Ende 1954 war in dem unter französischer Verwaltung stehenden Algerien unter Führung der FLN ein Befreiungskrieg ausgebrochen, der am 18. 3. 1962 mit der Unterzeichnung eines Waffenstillstandsabkommens endete und zur Unabhängigkeit des nordafrikanischen Landes führte.

Anders als die ägyptische Revolution verlangte er große Opfer. Der Nationalen Befreiungsarmee (Armée de Libération Nationale, ALN), die aus Partisaneneinheiten hervorging und deren Kern 1956 ungefähr 30 000 Mann zählte, gehörten hauptsächlich arme Bauern und Landarbeiter an. Erst im Verlauf der Kämpfe bildete sich begrenzt eine zentral geleitete politisch-militärische Organisation der ALN heraus. Auf französischer Seite kämpften im Sommer 1956 360 000 gut ausgerüstete Soldaten. Hinzu kamen etwa 200 000 Mann Polizei, Milizen der Siedler und algerische Söldner. Obwohl mit einer solchen Übermacht konfrontiert, kontrollierte die ALN Anfang 1956 ein Drittel des ländlichen algerischen Raumes.

Nachdem im März 1956 Marokko und Tunesien, bis dahin gleichfalls von Frankreich abhängig, die staatliche Souveränität erlangt hatten, verbesserte sich die Situation der algerischen Befreiungsbewegung. Über Marokko und Tunesien erhielt die ALN nunmehr verstärkt Nachschub an Waffen und Munition; zudem richtete sie in beiden Staaten Ausbildungslager ein. Beide Seiten kämpften gnadenlos. Die Algerier mussten Niederlagen, etwa in der »Schlacht von Algier« (1956/57), und sehr hohe Verluste hinnehmen. Mit Terror suchten die Kriegsgegner einander zu demoralisieren.

In Frankreich rief der Algerienkrieg eine Krise hervor. Nach vier Jahren waren 10 000 Franzosen gefallen. Täglich verschlang er drei Milliarden »alte Francs« beziehungsweise dreißig Millionen »neue Francs«. Immer mehr Bürger forderten »Frieden in Algerien«. Von der Kompromissbereitschaft der Regierung herausgefordert, ergriffen nationalistische Kräfte unter Führung der Generäle Jacques Massu und Raoul Salan mit der Parole »Algérie Française« am 13. Mai 1958 in Algerien die Macht.

ZITAT

Frantz Fanon, Arzt, Politiker und Schriftsteller, über die Gewalt als Motor der Entkolonialisierung:
Auf der individuellen Ebene wirkt die Gewalt entgiftend. Sie befreit den Kolonisierten von seinem Minderwertigkeitskomplex, von seinen kontemplativen und verzweifelten Haltungen. Sie macht ihn furchtlos, rehabilitiert ihn in seinen eigenen Augen. ...

In dieser Krise trat General Charles de Gaulle, populär durch sein Engagement als politischer Kopf der Résistance im Zweiten Weltkrieg, an die Spitze Frankreichs. Er verschärfte zunächst den Krieg in Algerien; die Zahl der dort kämpfenden französischen Soldaten wuchs auf 800 000 an. Fast zwei Millionen Algerier wurden aus ihren Dörfern vertrieben und in »Umgruppierungslager« eingewiesen. Doch der algerische Widerstand blieb ungebrochen. De Gaulle hatte sich zudem mit den Verfechtern des »Französischen Algerien« auseinander zu setzen, die mit der OAS eine eigene Organisation schufen; fast hätte der Präsident selbst zu den 12 000 Menschen gehört, die ihr Opfer wurden.

International nahm die Sorge, der Algerienkrieg könne ausufern, zu. 1960 bekräftigte die Generalversammlung der UNO das »Recht des algerischen Volkes auf Selbstbestimmung und Unabhängigkeit«. Die französische Regierung und die 1958 im Exil konstituierte »Provisorische Regierung der Algerischen Republik« nahmen schließlich Verhandlungen auf und unterzeichneten am 18. März 1962 das Abkommen von Évian-les-Bains, in dessen Rahmen Frankreich am 3. Juli 1962 die staaliche Souveränität Algeriens anerkannte.

Martin Robbe

ZEIT Aspekte

Mussolinis Krieg

Eine veritable Hölle

Giftgas und Pogrome: Die Terrorherrschaft Italiens über Äthiopien war ein Vorläufer des Vernichtungskriegs

Von Aram Mattioli

Über den Vernichtungskrieg der Wehrmacht im Osten ist seit Mitte der Neunzigerjahre viel diskutiert worden – nicht nur in Deutschland. Dabei hat man oft übersehen, dass dieser Krieg schon eine Art »Vorläufer« hatte. Es war der Feldzug des faschistischen Italiens gegen Äthiopien und die sich daran anschließende Schreckensherrschaft, die erst in den letzten Herbsttagen des Jahres 1941 zu Ende ging.

Begonnen hatte der Leidensweg des Landes mit dem Überfall durch italienische Truppen am 3. Oktober 1935. Das ungleiche Ringen zwischen Italien und dem Kaiserreich Abessinien (wie die alte Bezeichnung von Äthiopien lautet) wuchs sich zum größten kolonialen Eroberungskrieg aus, der je auf dem afrikanischen Kontinent ausgefochten wurde. Während des sieben Monate dauernden Konflikts und der fünfjährigen Besatzungszeit verübten die Italiener Verbrechen, die denen deutscher Soldaten im Osten an Grausamkeit wenig nachstanden.

Es war Benito Mussolini selbst, der die Eroberung des Landes vorangetrieben hatte. Unangefochten in seiner Herrschaft, begnügte sich Roms Diktator seit dem 10. Jahrestag der faschistischen Machtergreifung 1932 nicht mehr damit, Italien nach seinem Willen umzuformen. Der Duce wollte als Reichsgründer in die Geschichte eingehen. Er träumte davon, das Imperium Romanum in moderner Gestalt wiederaufleben zu lassen. Am leichtesten in die Tat umzusetzen waren seine imperialen Träume am Horn von Afrika. Die internationale Passivität nach der japanischen Besetzung der Mandschurei 1931 hatte ihn ermuntert, seine Pläne zu verwirklichen und mit der Annexion Abessiniens ein zusammenhängendes Kolonialreich in Ostafrika zu schaffen, das Rom eine beherrschende Stellung am Roten Meer und damit an der Passage zum Suezkanal gesichert hätte.

Von Liberia einmal abgesehen, war das christliche Feudalreich Äthiopien, an dessen Spitze als Negus Negesti, als König der Könige, seit 1930 der Reformer Haile Selassie stand, das einzige Land Afrikas, das nicht unter europäische Herrschaft geraten war. Seit einem halben Jahrhundert befanden sich allerdings die beiden Nachbarterritorien Eritrea und Somaliland in italienischer Hand. Durch die Eroberung von Äthiopien wollte Mussolini jene Ansammlung von Wüsten und Steppen, über die Rom am Horn von Afrika bereits gebot, zu einer großen Siedlungskolonie vereinigen. Landhungrige Kolonisten sollten dort Zeugnis von der »Größe und Überlegenheit der römischen Zivilisation« ablegen.

100562

Bis zum italienischen Überfall regierte Haile Selassie (Foto um 1930) das einzige Land Afrikas, das nicht unter europäische Herrschaft geraten war.

Bereits 1925 hatte Mussolini Kolonialminister Pietro Lanza di Scalea die Weisung erteilt, die militärische Schlagkraft in den ostafrikanischen Besitzungen zu erhöhen. 1932 entsandte er den Weltkriegshelden Emilio De Bono nach Eritrea auf Erkundungstour. Die endgültige Entscheidung für den Angriff fällte der Diktator allerdings erst im Dezember 1934. Als Vorwand diente ihm der Grenzzwischenfall von Wal-Wal, bei dem 30 im Dienst der italienischen Kolonialtruppen stehende Askaris durch eine äthiopische Einheit getötet worden waren. In einer geheimen Anweisung an den Generalstab verfügte der Duce, das Ziel könne jetzt »nur in der Zerstörung der abessinischen Armee und in der totalen Eroberung von Äthiopien bestehen«.

Bald schon begannen die Vorbereitungen. Zehntausende von italienischen Arbeitern bauten die Häfen von Massaua und Mogadischu aus, verbesserten die Straßen in Richtung der äthiopischen Grenze und legten neue Flugplätze an. Monatelang wurden – unter den Augen der Welt – die in Eritrea und Somalia stationierten Truppen gewaltig verstärkt und schweres Kriegsgerät dorthin verschifft.

Zum ersten Oberbefehlshaber des italienischen Expeditionskorps ernannte Mussolini General Emilio De Bono, einen engen Weggefährten, der bereits am »Marsch auf Rom« teilgenommen hatte. Die als Blitzkrieg geplante Eroberung des 1,1 Millionen Quadratkilometer umfas-

Am 9. Mai 1936 proklamierte Italien die Annektion Äthiopiens; König Viktor Emanuel von Italien nahm den Titel Kaiser von Äthiopien an (Foto: Abessinier grüßen das Foto des Duce Benito Mussolini mit dem faschistischen Gruß).

100562

senden Riesenreiches sollte nicht länger als acht Monate dauern und durch den massiven Einsatz auch von Flugzeugen vor dem Beginn der Regenzeit beendet sein. Ziel der militärischen Operationen war die rasche Einnahme der kaiserlichen Residenzstadt Addis Abeba. »Wir pfeifen auf alle Neger der Gegenwart, Vergangenheit und Zukunft und deren eventuelle Verteidiger«, rief Mussolini seinen Soldaten am 6. Juli 1935 in Eboli zu. »Es wird nicht mehr lange dauern, und die fünf Erdteile werden das Haupt vor dem faschistischen Willen beugen müssen.«

Die Westmächte reagierten auf Italiens Kriegsvorbereitungen nachgiebig. Nicht der geplante Anschlag auf das unabhängige Äthiopien beunruhigte Großbritannien und Frankreich, die ja selbst über ausgedehnte Kolonialreiche herrschten, als vielmehr die möglichen Gefahren für den Weltfrieden. Ängstlich auf das hochrüstende Deutschland blickend, ließen sie Mussolini am Horn von Afrika weitgehend freie Hand; lediglich das Empire zog im Mittelmeer einen Flottenverband zusammen.

Italiens Diktator hatte diese Reaktion vorausgesehen und nutzte sie gnadenlos aus. Ohne Kriegserklärung drangen am 3. Oktober 1935 starke motorisierte Verbände von Eritrea im Norden und Somaliland im Süden aus in Äthiopien ein. Die als Zangenangriff angelegte Militäroperation nahm sich gewaltig aus. Auf dem Höhepunkt der Kämpfe setzte Italien nicht weniger als

330 000 Soldaten aus dem Mutterland und 87 000 Askaris ein. Weitere 100 000 Militärarbeiter unterstützten das Heer, sie bauten Pisten und Brücken für den Nachschub.

Eine solche Streitmacht hatte Afrika noch nicht gesehen. Und doch kamen die Italiener nicht so rasch ans Ziel, wie sie geplant hatten. In wenigen Tagen erreichten ihre Einheiten zwar den Provinzort Adua, wo einst, 1896, die Truppen des äthiopischen Kaisers Menelik II. ein italienisches Expeditionskorps vernichtend geschlagen hatten. Schnell eingenommen wurde wenig später auch die heilige Stadt Aksum mit ihren Palast- und Grabanlagen. Doch kurz darauf geriet der Vormarsch bei Makalle ins Stocken. Der Widerstand der äthiopischen Krieger in den gebirgigen und zerklüfteten Regionen erwies sich als hartnäckiger als vorausgesehen. Unerwartet gingen sie gar, mit dem Mut der Verzweiflung, zu Gegenangriffen über. Nach nur 45 Tagen enthob der Duce De Bono seines Kommandos.

Der neue Mann auf dem Posten, Pietro Badoglio, ein in Weltkrieg und Rebellenkampf erprobter Berufsoffizier, gruppierte seine Truppen um und erteilte den Befehl zu einer massierten Offensive. Nun sollte es kein Pardon mehr geben – und auch keine Rücksicht mehr auf internationale Konventionen: Italiens Militär entfesselte einen Krieg ohnegleichen.

Der erste Giftgas-Krieg aus der Luft

Marschall Badoglio und General Rodolfo Graziani, der Kommandeur der Südarmee, erhielten von höchster Stelle freie Hand zum systematischen Einsatz von Giftgas. Allein an der Nordfront warf die italienische Luftwaffe von Weihnachten 1935 bis zum 29. März 1936 mindestens 972 schwere Yperit-Bomben ab, die Tausenden von Menschen einen qualvollen Tod brachten. Dazu feuerte auch die Artillerie mit Senfgasgranaten. Nach der Entscheidungsschlacht von Mai Ceu ließen Mussolinis Bomberpiloten am Ashangi-See große Mengen von Yperit über den geschlagenen Resten der kaiserlichen Garde niederregnen – und machten die Überlebenden mit Maschinengewehrfeuer nieder.

Doch den Bombardements mit dem tödlich wirkenden Hautgift waren nicht bloß äthiopische Soldaten ausgesetzt, die in der Mehrzahl barfuß kämpften. Um Angst und Schrecken zu verbreiten, ließen die italienischen Generäle auch Flüsse, Seen, Wasserstellen, Pässe und Triften, Äcker und Felder und selbst Viehherden besprühen. Wanderhirten und Bauern gingen qualvoll zugrunde, als sie mit ein paar Tropfen in Berührung kamen oder kontaminiertes Wasser tranken. Viele von ihnen erstickten. Das Yperit verursachte Blasen und Geschwüre am ganzen Körper und ließ die Opfer erblinden. Selbst Menschen, die nur leichte Vergiftungen erlitten hatten, starben oft, da es in den abgelegenen Gebieten des Hochlandes keine medizinische Hilfe gab. In einem Bericht an die Genfer Zentrale beschrieb der Rotkreuzdelegierte Marcel Junod, der am 18. März Augenzeuge einer Giftgasattacke wurde, deren Auswirkungen als »veritable Hölle«.

Badoglio und Graziani griffen auf Erfahrungen zurück, die sie wenige Jahre zuvor bei der Niederschlagung eines Aufstandes in der Kolonie Libyen gemacht hatten. Dort war von der italienischen Luftwaffe schon 1928 und 1930 mit Erfolg Yperit gegen Rebellen und Zivilbevölkerung eingesetzt worden – terroristische Aktionen, durch die sich Italien den zweifelhaften Ruhm erwarb, erstmals den Giftgaskrieg aus der Luft geführt zu haben. Schon nach damaliger Norm stellte dies eine schwere Völkerrechtsverletzung dar: Das von Italien mitunterzeichnete Genfer Protokoll vom 17. Juni 1925 untersagte jede Anwendung von Giftgas. Doch dies kümmerte Mussolini und seine Generäle ebenso wenig wie die Tatsache, dass ihr Angriffskrieg in schwerster Weise gegen die Akte des Völkerbunds und den Briand-Kellogg-Pakt verstieß. In der neu eröffneten Ära des internationalen Faustrechts war auch der zwischen Äthiopien und Italien geschlossene Freundschaftsvertrag vom 2. August 1928 das Papier nicht mehr wert, auf dem er geschrieben stand.

Italiens entfesselte Kriegsmaschine schreckte vor nichts zurück. So brannte eine von Achille Starace, dem Generalsekretär des Partito Nazionale Fascista, befehligte Einheit ganze Dörfer nieder und erschoss Tausende Menschen. Über die absolute Lufthoheit verfügend, äscherten Kampfbomber wehrlose Dörfer, aber auch Städte wie Gondar, Harar und Dessie ein. Das gleiche Schicksal erlitt am 30. Dezember 1935 ein von schwedischen Helfern betriebenes Rotkreuzcamp in Malka-Dida. Am frühen Morgen verstreuten italienische Maschinen Flugblätter über dem Lager, auf denen zu lesen stand, dass die Äthiopier einen Piloten geköpft hätten und nun Repressalien ergriffen würden. Kurz darauf prasselten Brandbomben herab; 28 Patienten und Rotkreuzhelfer kamen in den Flammen um, zwei Ambulanzen, alle Zelte und chirurgischen Instrumente, das gesamte Sanitätsmaterial und die Nahrungsvorräte wurden vernichtet.

Bereits am 6. Dezember hatten italienische Bomber das Adventisten-Hospital von Dessie dem Boden gleichgemacht und bei ihrem Angriff rund 50 Menschen getötet. In trübster futuristischer Manier pries der Kampfpilot Vittorio Mussolini, ein Sohn des Diktators, die Bombardements als bewegendes Schauspiel – tragisch zwar,

50558

Der in Weltkrieg und Rebellenkampf erprobte Berufsoffizier Pietro Badoglio blies zu einer Offensive ohnegleichen, die durch den systematischen Einsatz von Giftgas Tausende qualvoll sterben ließ.

aber von großer Schönheit. Im Übrigen sei der Abessinier ohnehin nur »ein Tier«.

Auch Literaturnobelpreisträger Pirandello spendet für den Krieg in Äthiopien

50558

Die Begeisterung für Italiens Abessinienfeldzug machte auch vor Intellektuellen wie dem Schriftsteller Luigi Pirandello nicht halt.

So bombten sich die Italiener den Weg nach Addis Abeba frei. Am 5. Mai 1936 zog Marschall Pietro Badoglio an der Spitze eines langen Militärkonvois in der Hauptstadt ein, die Kaiser Haile Selassie drei Tage zuvor verlassen hatte, um nach England ins Exil zu gehen. Die Siegesnachricht versetzte das Mutterland in einen kollektiven Freudentaumel. Kein Krieg, den das Königreich seit seiner Einigung geführt hatte, war so populär. Die große Mehrheit der Bevölkerung stand geschlossen hinter der Politik des Duce, ohne allerdings über den Gaskrieg und die begangenen Kriegsverbrechen voll im Bilde zu sein. Viele junge Männer, darunter mehrere Prinzen aus dem Hause Savoyen, Graf Galeazzo Ciano und der jüngst verstorbene Starjournalist Indro Montanelli, hatten sich freiwillig zu den Waffen gemeldet. An der giornata della fede spendeten Zehntausende Italienerinnen ihre Eheringe und prominente Schriftsteller wie Luigi Pirandello und Gabriele D'Annunzio goldene Orden für das Vaterland.

Auch die Geistlichkeit war gern dabei und segnete Soldaten und Waffen. Kardinal Ildefonso Schuster, der Erzbischof von Mailand, pries den Krieg, der dem katholischen Glauben und der römischen Zivilisation für einen blutigen Preis die Tore Abessiniens öffne. Nuntius Angelo Roncalli, der spätere, viel geliebte Papst Johannes XXIII., schrieb seinen Verwandten aus Athen: »Wie dem Duce alles gelungen ist, ein Punkt nach dem andern, eine Schlacht nach der andern, ohne Rückschlag oder Unterbrechung, verleitet einen beinahe zu glauben, eine himmlische Kraft habe Italien geleitet und geschützt. Vielleicht war es der Lohn dafür, dass er mit der Kirche [in den Lateranverträgen, 1929] Frieden geschlossen hat.«

Nach der Eroberung Äthiopiens stand Benito Mussolini im Zenit seiner Macht. Als er am 9. Mai 1936 auf dem Balkon des Palazzo Venezia die Annexion Abessiniens und die Gründung des »Impero« verkündete und dazu die Vision beschwor, das Imperium Romanum sei nun, nach 1 500 Jahren, neu erstanden, brandeten ihm

Begeisterungsstürme entgegen. Nach dem Ende seiner Rede rief ihn die jubelnde Menge 42-mal auf den Balkon zurück, um ihm für »seinen« Sieg zu danken und zu huldigen. König Viktor Emanuel III., der sich von nun an auch Kaiser von Äthiopien nannte, zeichnete den Duce mit dem höchsten Militärorden aus. Als Chef der königlichen Regierung habe dieser den Krieg »für die Ehre, das Leben und die Größe des faschistischen Vaterlands« gewollt, vorbereitet und erfolgreich durchgeführt. Anerkennung zollte selbst Winston Churchill: Der Italiener habe einen Wagemut gezeigt, der in der Geschichte der Menschheit ohnegleichen sei. Und in Berlin notierte Joseph Goebbels in sein Tagebuch: »Mussolini hat sich durchgesetzt. Was wollen nun England und der sagenhafte Völkerbund noch tun! Man sieht: man muss Macht haben, um sich durchzusetzen. Alles andere ist Unsinn.«

Mit dem Einzug der italienischen Truppen in Addis Abeba ging nur der offizielle Krieg zu Ende. In den wenigen Jahren ihrer Herrschaft gelang es den Italienern nie, das gesamte Territorium Äthiopiens unter ihre Kontrolle zu bringen. Das dünn besiedelte Hochplateau eignete sich ideal für Guerillaoperationen. Überall fügten Partisanen der Besatzungsmacht empfindliche Nadelstiche zu; auch sie kannten jetzt kein Mitleid mehr mit ihren Gegnern.

Auf den anhaltenden Widerstand reagierte die Kolonialmacht unter dem neu ernannten Vizekönig Rodolfo Graziani mit beispielloser Brutalität. Benito Mussolini erteilte ihm am 5. Juni 1936 den Befehl, alle in Gefangenschaft geratenen »Rebellen« umgehend erschießen zu lassen. (In vorauseilendem Gehorsam hatte Graziani dieselbe Maßnahme bereits einen Monat zuvor als Oberkommandierender der Südarmee angeordnet.) Zudem autorisierte ihn der Duce drei Tage später, eine »systematische Politik des Terrors und der Ausrottung gegen die Rebellen und die sie unterstützenden Komplizen aus der Bevölkerung« einzuleiten.

Graziani, der dem faschistischen Idealbild des Heerführers wie kein Zweiter entsprach, führte bis zu seiner Ablösung im Dezember 1937 eine Schreckensherrschaft über das geschundene Land. Selbst nach dem Fall von Addis Abeba setzte die italienische Luftwaffe noch Giftgas gegen Widerstandskämpfer ein. Tausende wurden ins Todeslager Danane verschleppt – oder gleich erschossen. Selbst geistliche Würdenträger wie den Bischof Petros von Wello, des Kaisers Beichtvater, richteten die Italiener hin.

Nach einem fehlgeschlagenen Attentat auf Graziani am 19. Februar 1937 ordnete Guido Cortese, der Chef der Faschisten von Addis Abeba, eine Vergeltungsaktion an. Drei Tage lang zogen Banden von Milizionären sengend und mordend durch die Straßen der Hauptstadt. Es war eine Ausgangssperre verhängt, so erhielten die Todesschwadronen leichtes Spiel. Unter dem Vorwand, Waffen sicherzustellen, gingen die Schwarzhemden auf Menschenjagd, zündeten zahlreiche tukuls an, in denen die Bewohner verbrannten, und schlugen wahllos Einheimische mit Knüppeln und Eisenstangen zu Tode. Außerhalb der Stadt erschossen reguläre Einheiten der Armee die fliehenden Menschen.

Am Morgen des 21. Februar beendete der nur leicht verletzte Vizekönig das Pogrom. Die Bilanz war grausig: Innerhalb von drei Tagen hatten 3000 bis 6000 Menschen ihr Leben verloren; ganze Viertel waren verwüstet. Nicht genug damit, erschossen in den nächsten vier Monaten allein Einheiten der Carabinieri 2509 Einheimische. Aber auch die Armee mordete weiter: In den Monaten nach dem Attentat liquidierte sie Tausende von »Rebellen«, darunter auch mindestens 1200 Mönche

100562

Die »Schwarzhemden« hatten die faschistische Machtübernahme in Rom erzwungen. Als Todesschwadronen zogen sie mordend durch Äthiopien und verhalfen Mussolini zur Gründung des »Impero« (Benito Mussolini 1922 inmitten von in schwarze Hemden gekleideten Gefolgsleuten).

Teile der alten Kaiserstadt Gondar (hier ein Blick auf die Schlossanlagen von Gondar aus dem 17. Jh.) wurden durch Kampfbomber der italienischen Luftwaffe eingeäschert.

3319

und Diakone der berühmten Klosterstadt Debre Libanos, die beschuldigt wurden, die Attentäter bei sich beherbergt zu haben.

Das italienische Schreckensregime fand erst im Zweiten Weltkrieg ein Ende. Unterstützt durch britische Kolonialeinheiten, zog Haile Selassie im Mai 1941 triumphal in Addis Abeba ein. Und am 27. November kapitulierten in der alten Kaiserstadt Gondar die letzten, von General Guglielmo Nasi befehligten Besatzungstruppen.

Auf dem Schwarzen Kontinent hatte das faschistische Italien sein wahres Gesicht gezeigt; hier führte es totale Kriege und ging in seinem rassistischen Wahn auch zum Völkermord über. Nach neuesten Schätzungen des Historikers Angelo Del Boca fielen dem italienischen Kolonialismus insgesamt zwischen 1882 und 1945 mindestens eine halbe Million Afrikaner zum Opfer – der größte Teil davon in der Zeit des Faschismus.

Keinem Italiener wurde deswegen je der Prozess gemacht. Obwohl die äthiopische Regierung nach 1945 große diplomatische Anstrengungen unternahm, die Täter vor ein Kriegsverbrechertribunal zu bringen, waren die USA und Großbritannien an einem afrikanischen Nürnberg nicht interessiert. Und während man in Deutschland die Verbrechen der Wehrmacht öffentlich debattiert, während in Frankreich und Belgien die eigene blutige Kolonialgeschichte weiter aufgearbeitet wird, ist die Schreckensherrschaft Roms in Äthiopien für die Italiener nie ein Thema gewesen. *13. Dezember 2001*

Rudolf Höß

»Er sah eigentlich nett aus«

Wie der KZ-Kommandant Rudolf Höß im ersten Nachkriegsjahr auf einem Bauernhof verhaftet wurde. Eine Spurensuche

Von Lydia Stephan

Das Erste, wonach die Bäuerin griff, als englische Militärpolizisten am 11. März 1946 kurz vor Mitternacht an die Tür klopften, war der Klumpen Butter, den sie – an den Abgabevorschriften der damaligen Zeit vorbei – für den Eigenbedarf einbehalten hatte. Aber die Butter, wird sie erzählen, hätte sie gar nicht verstecken müssen; die Männer suchten den Landarbeiter, der im Sommer so fleißig bei der Ernte geholfen hatte und jetzt in der Knechtekammer schlief. Die erstaunte Frau erfährt: Der heißt gar nicht Franz Lang, wie auf dem Zuweisungspapier des Arbeitsamtes steht, sondern Rudolf Höß. Der hat das Konzentrationslager Auschwitz eingerichtet. Dreieinhalb Jahre war er dort Kommandant.

Zu diesem Zeitpunkt hätte der Mann schon den ehemaligen Kriegsgegnern leblos vor die Füße gefallen sein können, wie sein Chef Heinrich Himmler, der im Augenblick der Verhaftung seine Zyankalikapsel zerbiss. Aber die Ampulle war dem SS-Obersturmbannführer zerbrochen – zwei Tage bevor er auf dem Bauernhof in Schleswig-Holstein entdeckt wurde.

Wer die Spuren dieser Tage aufnehmen will, muss sich durchkämpfen. In den Frankfurter Archiven gibt es nicht einmal eine Notiz zur Verhaftung. Auch nicht im Münchner Institut für Zeitgeschichte, das die Aufzeichnungen Höß' aus dem Gefängnis in Krakau, wo er seinen Prozess erwartete, herausgab. Keine Auskunft im Public-Record-Office, zuständig für die Vorgänge in der britischen Besatzungszone. Bundesarchiv, schleswig-holsteinisches Landesarchiv – überall Bedauern. Die Kieler Bibliothek mit ihrer gut erhaltenen Zeitungssammlung ist die letzte Hoffnung.

Kieler Kurier, 20. März 1946: Auf der ersten Seite wird in einem dick umrandeten Beitrag über die Rationen der 87. Zuteilungsperiode informiert. Von nun an soll es 700 Gramm Fleisch statt 600 geben, und die Zuckermenge wird von 375 Gramm auf ein Pfund erhöht. Weiter unten lese ich vom Beginn des Neuengamme-Prozesses. 21. März 1946: Kieler Nachrichtenblatt. Wieder ein kräftig umrandeter Kasten auf der ersten Seite: »Die Brotration für Selbstversorger«. Daneben ein Zweispalter mit der Überschrift: »Kommandant von Auschwitz legt ein

Acht Monate versteckte sich Rudolf Höß als Landarbeiter auf einem Bauernhof. Dann stellte sich heraus: »Das ist der Kommandant von Auschwitz« (Rudolf Höß, im Juni 1946 auf dem Nürnberger Flughafen bei seiner Auslieferung an Polen).

100562

Geständnis ab. Der frühere Kommandant des Konzentrationslagers Auschwitz, Rudolf Höß, der erst vor wenigen Tagen verhaftet werden konnte, hat ein umfassendes Geständnis abgelegt. Er gab zu, auf Befehl Himmlers die Weisungen für die Vergasung von zwei Millionen Menschen gegeben zu haben. In der Zeit des deutschen Zusammenbruchs war Höß verschwunden. Er konnte erst jetzt in Gottrupel bei Flensburg festgenommen werden.«

Ich berichte meiner Wirtin, Jahrgang 1921, von meinem Fund in der Bibliothek. Sie kann sich an diese Nachricht nicht erinnern. »Mein Gott, ich war damals so jung!« Aber sie weiß noch, dass kurz vor Kriegsende auf der Straße zwischen Kiel und Eckernförde eine Reihe schwarzer Limousinen an ihr vorbeizog, als sie mit dem Fahrrad unterwegs war. Nach den Standarten zu urteilen, müssten das »hohe Tiere« gewesen sein. Und sie weiß von heimlichen Operationen auf dem Küchentisch ihrer Wohngemeinschaft: Ein Arzt hat hier ehemaligen SS-Männern die Runen aus den Armen entfernt. Rudolf Höß hat diese Tage in seinen Erinnerungen so beschrieben:

»Wir kamen zur letzten Meldung nach Flensburg, wohin sich der Reichsführer SS mit der Reichsregierung zurückgezogen hatte. Von Kämpfen war nicht mehr die Rede. Rette sich, wer kann, war die Parole ... Das war der Abschied von dem Mann, zu dem ich so hoch hinaufsah, zu dem ich solch festes Vertrauen hatte, dessen Befehle, dessen Äußerungen mir Evangelien waren.«

Unter falschem Namen reist der SS-Mann zur Marine-Nachrichten-Schule auf die Insel Sylt. »Da ich im Marineleben mich einigermaßen auskannte, fiel ich nicht auf. ... Als Berufslandwirt wurde ich vorzeitig entlassen, passierte anstandslos alle englischen Kontrollen und wurde durch das Arbeitsamt auf einen Bauernhof bei Flensburg als Arbeitskraft vermittelt. Die Arbeit gefiel mir, ich war ganz selbstständig, da der Bauer noch in Gefangenschaft war.«

Die Aufzeichnungen Höß', 237 Seiten, doppelseitig beschrieben, sind die ausführlichste Autobiographie, die ein SS-Mann hinterlassen hat. In ihnen dokumentiert der 46-Jährige nicht nur die Geschehnisse der Nazizeit, er spürt seinem Leben nach. Der Kindheit im streng katholischen Elternhaus. Dem Ersten Weltkrieg, den Höß als Freiwilliger mitmacht. Er ist siebzehn. Er darf sich nicht anmerken lassen, dass er zittert, als er zum ersten Mal töten muss. Das wird so etwas wie ein »roter Faden« in der Biographie: hart erscheinen! Die Nachkriegsjahre: Höß tritt in ein Freikorps ein, verschafft sich Anerkennung durch die brutalste Ausführung aller Befehle. Einer lautet auf Fememord. Nach der Entlassung aus dem Zuchthaus trifft der Heimatlose einen Mann, der in einer Landkommune, dem Bund der Artamanen, wirkt: Heinrich Himmler. Der verschafft ihm die Lebensstellung bei der SS und eine neue Heilslehre.

Höß wird 1934 in das Konzentrationslager Dachau kommandiert. Er soll dort den »Vollzug« lernen, ist aber mit der Prügelstrafe nicht einverstanden. Er möchte aussteigen. Das schafft er nicht. Zwölf Jahre später wird ihm dieser Entscheidungskonflikt als »Wegscheide« bewusst: »Und hier beginnt eigentlich meine Schuld. Damals hätte ich zum Reichsführer SS gehen und ihm erklären müssen, dass ich für den Dienst in einem KZ nicht geeignet wäre ... ich brachte den Mut dazu nicht auf.«

Ich fahre nach Gottrupel. Kalt weht der Wind über die Felder. Ein ideales Terrain für jemanden, der sich verstecken will; auch dem berüchtigten Gauleiter Ostpreußens, Erich Koch, war es gelungen, hier als Landarbeiter unterzutauchen. Vier Jahre lebte er auf einem Bauernhof, bevor er verhaftet wurde.

Das Gehöft, das ich suche, liegt am Ende des Dorfes. Gänse watscheln am Misthaufen vorbei. An der Tür erwartet mich Frau H., die Bäuerin, die mit Rudolf Höß acht Monate unter einem Dach gelebt hat. Ein glattes, fast faltenloses Gesicht, die weißen Haare zu einem Knoten zurückgekämmt. Wie nähert man sich einem Thema, das jedem einen Stachel ins Fleisch treibt, der es berührt? Vielleicht auf dem Umweg einer allgemeinen Zustandsbeschreibung? Deutschland im Sommer 45: Der Krieg ist zu Ende, die Soldaten haben ihre Uniformen ausgezogen oder die Rangabzeichen abgerissen, viele wissen nicht, wohin. Die Versorgungsschwierigkeiten ...

»Ja, das waren harte Zeiten!«, seufzt Frau H. und gießt Kaffee ein. »Das ganze Haus voller Flüchtlinge, die Kinder noch klein, der Mann in Gefangenschaft.« – »Und da bekam sie vom Arbeitsamt einen Verwalter zugestellt«, lässt sich der Bauer vernehmen. »Acht Monate war der hier. Bis eines Nachts die Engländer kamen, und da stellt sich's heraus: Das ist der Kommandant von Auschwitz!«

Was war das für ein Mann? »Er sah eigentlich nett aus«, sagt Frau H., »Haare schlicht zurückgekämmt, höflich, bescheiden – und er war fleißig! Immer hat er gearbeitet! Und abends saß er über Büchern. Entweder in der Laube oder in der Küche, denn schlafen tat er ja in der Knechtekammer, und da ist keine Heizung.« Was las er denn so? »Das kann ich nicht sagen, er holte sich die Bücher hier von der Schule.« Hat sie nie mit ihm über die politische Lage gesprochen? »Nein, nie. Einmal hab' ich ihn gefragt, ob er auch in der SA gewesen war, da gab er eine ausweichende Antwort, und da hab' ich nicht wieder gefragt.«

Rudolf Höß, alias Franz Lang, nahm auch an den Gemeinderatssitzungen teil. Da wurde er als jemand geschätzt, der mit der Feder umzugehen verstand. »Mein Onkel war Bürgermeister hier«, sagt Herr H., »und gleich hatten sie ihn geschnappt als Schriftführer. Er hat das immer so formuliert, dass es hinhaute.«

»Die Tür wurde nun schnell zugeschraubt und das Gas sofort durch die Decke der Gaskammer geworfen. Durch das Beobachtungsglas konnte man sehen, dass die dem Wurfschacht am nächsten Stehenden sofort tot

160

Rudolf Höß wurde 1940 Kommandant des Konzentrationslagers Auschwitz. Im Dezember 1943 abgelöst, kehrte er im Mai 1944 auf Wunsch Heinrich Himmlers wieder in das Vernichtungslager zurück, um die »Aktion Höß« zur Ermordung ungarischer Juden durchzuführen (das Bild zeigt einen Überlebenden in Auschwitz).

umfielen. Man kann sagen, dass ungefähr ein Drittel sofort tot war. Die anderen fingen an zu taumeln, zu schreien und nach Luft zu ringen. Das Schreien ging bald in Röcheln über, und in wenigen Minuten lagen alle.«

Peter H. nimmt ein Taschenbuch vom Bücherbord: »Kommandant von Auschwitz. Autobiographische Aufzeichnungen des Rudolf Höß.« Ein Bekannter hat es dem Ehepaar geschenkt. Ja, sie haben es beide gelesen. Wie kann man das zusammenbringen: den bescheiden wirkenden Landwirtschaftsgehilfen und diese Texte? »Kann man nicht«, sagt der Bauer, »der hat da unter Kommando gestanden. Mich hätte das treffen können! Wird man dahin kommandiert, was wollen Sie machen?« Wie war ihnen denn zumute, als sie all das erfuhren von diesem Mann? Frau H.: »Da hat man nachher gar nicht mehr drüber nachgedacht!« Man denkt doch: Und mit diesem Mann hast du acht Monate an einem Tisch gesessen! Frau H.: »So ganz viel haben wir uns nicht dabei gedacht.« Und die Leute im Dorf? »Die mochten ihn alle.«

Von der Verhaftung des Auschwitz-Kommandanten hat der Bauer in englischer Gefangenschaft gelesen: »Auf einem Hof in der Nähe von Flensburg ...« Und Sie wussten nicht, dass es Ihrer war? »Ne, ik wet gar nich, wat los ist! Die sabbelten immer von ›Auschwitz‹. Und ich haute auf die Pauke, so ›ne Schweinerei! Und die guckten sich an, die konnten ja merken, dass ich nichts wusste.« Frau H.: »Ja, und wussten wir, was Auschwitz war?«

Die Kreise Steinburg und Dithmarschen waren nach einer Studie des Soziologen Rudolf Heberle zum Thema »Landbevölkerung und Nationalsozialismus« die ältesten ländlichen Zentren der NS-Bewegung in Schleswig-Holstein. Schon 1928 hatte Adolf Hitler in Heide auf einer Wahlkundgebung gesprochen. Als nach zehn Monaten NS-Regierung viele Arbeitslose wieder verdienten und die in Existenznot geratenen Bauern durch ein raffiniertes Umschuldungsverfahren auf ihren Höfen bleiben konnten, sagten sich die meisten: Die politische Richtung ist uns egal, Hauptsache, es geht aufwärts. So hatte auch Peter H. gedacht: »Ich wurde Sturmführer bei der SA. In den Schulungen hieß es: Arische Menschen und unsere Rasse müssen wir rein halten. Das sage ich auch heute noch. Grundsätzlich ist das ja richtig, wir sind eben die nordischen Menschen, hier gehören keine Neger, und was weiß ich ... isses nich so?«

Die Bäuerin begleitet mich die Treppe hinunter. Ganz in der Nähe, in Ladelund, gab es damals ein KZ, eines der dreizehn Lager in Schleswig-Holstein. Hier wurden kurz vor Kriegsende noch rund 300 Menschen umgebracht. Frau H. schüttelt den Kopf: »Das haben wir nicht gewusst.«

»Nichts gewusst.« Wie jene Bauersleute aus Dithmarschen, die einige Jahre nach dem Krieg als Zeugen vor Gericht standen. Die 18-jährige Tochter war wegen Kindstötung angeklagt. Sie hatte im Hause ihrer Eltern ein Kind zur Welt gebracht. Allein. Als das Baby zu schreien anfing, hatte die junge Mutter ihm ein Kissen aufs Gesicht gedrückt. Irgendwo stand ein leerer Marmeladeneimer, da passte das Neugeborene hinein. Es war noch dunkel, als das Mädchen ihre Last im Teich hinterm Haus versenkte. Nein, von der Schwangerschaft der Tochter hätten sie nichts bemerkt, beteuerten die Eltern. Die Nachbarn haben den Stein ins Rollen gebracht, als der Bauch der jungen Mutter verschwunden und kein Kinderwagen auszumachen war.

Behäbig liegen die lang gestreckten Fachwerkhäuser an der Straße zwischen Flensburg und Süderlügum. Ein Bild des Friedens und der Beschaulichkeit. Wer mag sich vorstellen, dass im nahen Ladelund ein KZ gestanden hat, mit Wachtürmen und Stacheldraht, mit Holzbaracken und in der Mitte, auf dem Appellplatz, ein doppelter Galgen.

Hier gab es einen, der die Toten begrub, Totenscheine anforderte, Namen und Heimatadressen der Umgekommenen notierte: der Pastor der Gemeinde. Er organisierte den Abtransport der Leichen, die abends, in Säcke eingenäht, von den Bauern zum Friedhof gefahren wurden. Jeder wusste davon. Landwirt Martin J. zum Beispiel, der eines Tages die Häftlinge vorbeimarschieren sah: »Und da fiel ein Schuss. Und da mussten zwei aus dem Glied und den Erschossenen tragen. Der hatte sich gebückt nach einer Rübe.«

Ich sitze mit dem Nachfolger jenes Ladelunder Pastors zusammen. »Hängt nicht«, frage ich den Mann am Schreibtisch, »der Umgang mit unserer gemeinsamen Geschichte auch von der Fähigkeit ab, persönliche Schuld einzugestehen?« Harald Richter war im Herbst 1944 siebzehn Jahre alt. Er erzählt, wie er mit anderen Hitler-Jungen zur Bewachung arbeitender KZ-Häftlinge an einer Eisenbahnlinie eingesetzt war. Wie einer der Gefangenen sich bückte und einen gefrorenen Kohlstrunk abzubrechen versuchte, wie er, der »Bewacher«, ihm den Gewehrkolben in den Rücken stieß. »Wozu bin ich fähig gewesen!«

Rudolf Höß wurde in Krakau zum Tode verurteilt und am 11. April 1947 auf dem Gelände des Konzentrationslagers Auschwitz gehängt. In seinen Erinnerungen verteidigt er seine Weltanschauung: »Ich bin nach wie vor Nationalsozialist im Sinne einer Lebensauffassung. Eine Idee, der man bald 25 Jahre angehangen hat, mit der man verwachsen war, lässt man nicht einfach dahinfahren, weil die Verkörperung der Idee, der nationalsozialistische Staat und seine Führung falsch, ja verbrecherisch gehandelt haben.«

Die französische Schriftstellerin Marguerite Duras schrieb, nachdem ihr Mann, Robert Antelme, nach Dachau deportiert worden war und der gemeinsame Freund, François Mitterrand, nach Kriegsende in eben diesem Lager auf einem Leichenhaufen den Freund, zum Skelett abgemagert, aber noch lebend, entdeckt und ihn nach Paris zurückgebracht hatte: »Die einzige Antwort, die sich auf diese Verbrechen geben lässt, ist die, daraus ein Verbrechen aller zu machen. Es zu teilen.«

8. März 1996

Holocaust-Forschung

An Auschwitz war kein Interesse

Der Holocaust-Forscher Raul Hilberg wählte sein Thema aus Protest – um ein Tabu zu brechen

Von Ulrich Schiller

Die Erklärung war überraschend: »Aus Protest«, sagte Raul Hilberg, habe er von der Vernichtung der Juden zu schreiben begonnen. »Out of rebellion!« Trocken, fast tonlos kam das heraus, ein Nachsatz nur, aber ein wichtiger. Raul Hilberg war auf den entscheidenden Punkt in seinem Leben hingesteuert: »So wie die Flüchtlinge von 1939 keine Zuhörer (in Amerika) hatten, so hatten auch die Überlebenden keine Zuhörer. Niemand war an Auschwitz interessiert. Da ernannte ich mich selbst, ich erwählte mich selbst zu der Person, die darüber schreiben würde.« Und dann, nach kurzer Pause, das Motiv: »Out of rebellion.«

Ein Hauch von Feierlichkeit war plötzlich da, verflog aber rasch wieder. Durch die Terrassentür fiel schimpfendes Gekrächze der Krähen von den hohen Bäumen um das Haus ein, fernes Grollen vom Lake Champlain her kündete ein Gewitter an. Der Professor hatte Salat gemacht. Hatte grünen Salat säuberlich geschnitten, Zwiebeln und Radieschen dazugetan, ein hartes Ei verteilt, etwas Putenbrust zerlegt und Sauce über das Ganze geschüttet, die Reste in den Kühlschrank zurückgebracht und Brot aufgetischt. Der Emeritus in der Küche. Seine Frau, die im Universitätsbetrieb arbeitet, waltet hier wohl nur gelegentlich. Es ist seine zweite. Die erste, eine Theologin, war nach kurzer Ehe mit dem aufgeklärten Juden in die Reihen protestantischer Aktivisten zurückgekehrt.

Dass Hilberg den größten Teil seines beruflichen Lebens in Burlington an der Universität von Vermont verbrachte, hatte sich mehr so ergeben, als dass es Absicht gewesen wäre. Als landschaftlicher Magnet –

Berge, Wasser, Neuengland von seiner besten Seite – hatte Burlington keine Rolle gespielt. Der untersetzte und offenbar mit guter Gesundheit gesegnete Mann ist weder ein Freund des Wanderns (»Es scheint mir doch grotesk, zwanzig, dreißig Meilen mit dem Auto zu fahren, nur um in eine halb einsame Gegend zu kommen. Ich fahre gar nicht Auto.«) noch des Skifahrens (»viel zu teuer«). Wichtiger als der Standort war die Nähe zum Flugplatz mit Verbindungen nach Frankfurt oder Wien – Europa jedenfalls. Vorlesungen, Vorträge, Konferenzen

100562

Raul Hilbergs Famlie entkam durch die Zivilcourage eines österreichischen Polizisten der Vernichtung. Über das Schicksal der europäischen Juden las Hilberg zunächst in der Zeitung, später erfuhr er als Vernehmungsoffizier der Army mehr.

halten den Holocaust-Forscher mobil, lassen ihn aber auch seine »kulturellen Bedürfnisse befriedigen«, wie er schmunzelnd jetzt in Amtsdeutsch formuliert. Auf Reisen holt er in Konzertsälen und Museen nach, was ihm Burlington vorenthält.

Als er in Burlington ankam, 1956, war »Die Vernichtung der europäischen Juden«, seine dreibändige Gesamtgeschichte des Holocaust, schon zu Dreiviertel fertig. Das Werk war 1961 in den USA erschienen, in der Bundesrepublik erst 1982. Das Buch »Täter, Opfer, Zuschauer«, mit dem er vor allem in Deutschland bekannt wurde, ist 1992 aus dem großen Standardwerk von 1961 hervorgegangen: systematisiert, gerafft, gekürzt, packend geschrieben. Dass er seine Sicht auf die historischen Zusammenhänge vom einen zum anderen Buch geändert habe, bestreitet Hilberg. Auch er war ja, als er 1956 nach Burlington kam, mit der gedanklichen Bewältigung des Holocaust-Themas im Wesentlichen »fertig«. Die für ihn entscheidenden Erfahrungen, Begegnungen und Denkanstöße ereigneten sich in den ersten dreißig Jahren seines Lebens.

In Wien geboren, Jahrgang 1926. Der Vater ernährt die Familie mit kleinen Kreditvermittlungen. 1938 wird er verhaftet. Auf dem Revier sieht er zufällig die Listen, hinter seinem Namen »D oder B«. Er weiß Bescheid: Dachau oder Buchenwald. »Meine Herren«, sagt er, »das können Sie nicht mit mir machen«; verweist auf Auszeichnung und Verwundung im Ersten Weltkrieg. Der Sohn, Raul Hilberg, erzählt die Episode mehr als ein halbes Jahrhundert später in unverfälschtem Wiener Tonfall. »Du lügst, du Jud«, habe der Gestapomann geschrien, doch ein österreichischer Polizist war der rettende Zufall. Er hatte im selben Regiment gedient, und er hatte den Mut, den Juden zu bestätigen. Die Hilbergs durften und mussten ausreisen, vom Westbahnhof über Kehl und Straßburg nach Havanna, von dort später in die USA. Raul betrat das Klassenzimmer einer High-School in New York, als für Amerika der Krieg begann.

Vom Schicksal der europäischen Juden erfuhr Hilberg Fragmentarisches, noch ehe er 1944 als Infanterist an die Front nach Frankreich geschickt wurde: aus Berichten, die »im Innern der New York Times vergraben waren«, aus Quellen der damals noch auflagenstarken jiddischen Presse, aus Briefen und Gerüchten. Genaueres und sehr viel mehr in Fakten und Zahlen kam hinzu, als Hilberg nach der Einnahme von München Vernehmungsoffizier der US-Army wurde. Doch die Idee einer Darstellung, wie das europäische Judentum vernichtet wurde, ergab sich für ihn aus zwei anderen Begegnungen.

Im College in Brooklyn, 1948, hielt der Emigrant Hans Rosenberg, ein Fachmann preußischer Geschichte, Vorlesungen zur Entstehung des Nationalstaates. Als Rosenberg einmal sagte, die Grausamkeiten Napoleons in Spanien seien in der Welt ohne Beispiel geblieben, hob Hilberg die Hand: Was er denn zu sechs Millionen toter Juden zu sagen habe? Rosenberg habe sich einer Stellungnahme entzogen und geantwortet, dies seien sehr komplizierte Fragen. Ein höchst alarmierter Raul Hilberg fand alsbald heraus, dass das Thema der Judenvernichtung tabu war, bei Amerikanern nicht anders als bei Juden in New York. Von Vergangenem wollte niemand etwas wissen. Das war der Augenblick, als Hilberg »aus Protest« die Geschichte der Vernichtung der europäischen Juden zu schreiben beschloss.

Rosenberg in seinen Vorlesungen hatte ihm, ohne es zu ahnen, ein Stichwort dafür gegeben: die Bürokratie. Sie musste, glaubte Hilberg, mit der Perfektion der deutschen Mordmaschine zu tun gehabt haben. Diesen Ansatz hatte bisher noch niemand verfolgt. Zufällig geriet Hilberg in die Vorlesungen des emigrierten Sozialdemokraten Franz Neumann, stieß auf dessen Buch »Behemoth«, auf die erste Untersuchung der Strukturen des Nationalsozialismus, und wusste augenblicklich, da waren seine Kategorien. Obwohl Neumann dringend abgeraten hatte, über die Judenvernichtung zu arbeiten – seine Worte: »Das ist Ihr (akademisches) Begräbnis«, erinnert sich Hilberg –, schrieb er seine »Master thesis« über »die Rolle der Beamtenschaft bei der Vernichtung der Juden«.

Als die amerikanische Regierung zu Beginn des Koreakrieges die ganzen deutschen Kriegsakten durchkämmen ließ, um daraus zu lernen, wie man mit den Russen umgehen müsse, war Hilbergs Stunde gekommen. Franz Neumann verschaffte ihm einen Job im

»War Documentation Project«, und Hilberg forschte mit doppelter Optik. Ob es um Transportkapazitäten ging, um Fahrpläne der Reichsbahn oder um Stimmungsberichte aus der Truppe – er wurde fündig. Er las, dass Soldaten beim Vormarsch während einer Pause zufällig Zeugen einer Massenerschießung wurden und etliche »Spaß daran fanden«, sich zu beteiligen. Er las in einem Bericht aus Galizien: »Die jüdische Bevölkerung ist bedrückt. Das ist erklärlich, denn es sind ja schon viele erschossen worden.« Er fand, wohin er auch griff, immer neue Belege für seine von Jahr zu Jahr stärker werdende Überzeugung, dass »Endlösung« und »Barbarossa«, die Vernichtung der Juden und der Überfall auf die Sowjetunion, miteinander verbunden waren wie die zwei Seiten einer Medaille. Hilberg: »Für beide Kampagnen musste man alle Brücken hinter sich abbrennen, und ich habe das Gefühl, dass das Abbrennen der Brücken im Sinne einer Erfahrung um ihrer selbst willen vonstatten ging.«

Die Öffnung der Archive in den Ländern der ehemaligen Sowjetunion hat Hilberg neue Schübe von Dokumenten ins Haus gebracht, er muss sie bereits unter den Hemden im Kleiderschrank stapeln. Er ist in einer Phase, in der es ihn drängt, endlich die Antworten auf die eher metaphysischen Fragen an die Geschichte zu finden. Warum mussten die Juden getötet werden? Welchen Nutzen hatten die Nazis? »Es ist die Frage, die selbst die Täter nicht beantworten konnten«, sagt Hilberg. »Sie verfolgt mich seit Langem. Wie ein Nebel ist das ...« Oder die andere Frage: Was trieb denn die Deutschen, mit Hitler bis in den Untergang zu gehen?

In Salzburg war es, kurz nach der deutschen Vereinigung – Hilberg unterlief ein Lapsus linguae: Er sprach von »Anschluss« –, dass der Professor aus Amerika von einem Reporter gefragt wurde, ob die Vereinigung eine Gefahr für den Rest Europas darstelle. Österreich müsse sich gewiss nicht fürchten, habe er geantwortet, »im Zweiten Weltkrieg hat es doch so erfolgreich mitgewirkt«. Er lacht dröhnend in seine Erzählung. Hat er manchmal Angst um Deutschland? Raul Hilberg sinnt; dann die Antwort: »Deutschland«, sagt er, »das ist wie ein kurierter Alkoholiker. Wehe, wenn er wieder an die Flasche kommt.« *1. Oktober 1993*

Atombombe

Nacht über Nippon

6. August 1945, 8.16 Uhr: Hiroshima verglüht im atomaren Feuer. Drei Tage später trifft Nagasaki dasselbe Schicksal. Und zum ersten Mal in Japans neuerer Geschichte greift der Tenno selber ein

Von Theo Sommer

Die Atombombe Little Boy wurde in den letzten Julitagen auf der Marianen-Insel Tinian montiert. Am 31. Juli 1945 war sie einsatzbereit. Den nächsten Tag schon hätten die B-29 losfliegen können, doch hielt sie ein Taifun, der über Japan hinwegzog, davon ab. Noch während sie auf besseres Wetter warteten, brachten drei B-29 aus New Mexico die ersten Einzelteile für die nächste Bombe, Fat Man.

Der 30-jährige Oberst Paul W. Tibbets, Sohn eines Süßwarengroßhändlers aus Florida, galt als bester Bomberpilot der Air Force. Als Kommandeur der 509. Group sollte er die Maschine, in deren Bombenschacht Little Boy hing, nach Hiroshima fliegen. Zu Ehren seiner Mutter taufte er die bis dahin namenlose B-29 Nr. 82 auf den Namen Enola Gay. Sieben fliegende Superfestungen sollten ihn begleiten.

Bei der Einweisung am 4. August erfuhren die Besatzungen von Tibbets, dass die Waffe, die sie auf den Feind abwerfen sollten, jüngst in den Staaten getestet worden war. Sie sei etwas ganz Neues in der Kriegsgeschichte, die zerstörungsträchtigste Waffe, die jemals eingesetzt worden sei; vermutlich werde sie alles auf einer Fläche von fünf Kilometer Durchmesser total vernichten. Mit dem, was sie vorhätten, würden sie den Krieg um mindestens sechs Monate verkürzen.

Am 5. August versprachen die Meteorologen besseres Wetter; General Curtis E. LeMay ordnete den Angriff für den 6. August an. Nachmittags wurde Little Boy verladen. Die Bombe war 3,05 Meter lang, maß 74 Zentimeter im Durchmesser und wog 4400 Kilogramm.

Nach der Explosion der Atombombe »Little Boy« über der japanischen Stadt Hiroshima am 6. August 1945 stieg eine pilzförmige Rauchwolke über der Stadt auf. Die Detonation und der anschließende Feuersturm töteten 140 000 Menschen.

100562

Um 02.47 Uhr am 6. August warf der Kopilot die Motoren an. Die Enola Gay hob ab. Auf Kurs Nordnordwest flog sie, um Treibstoff zu sparen, in niedriger Höhe von 5 000 Fuß ihrem Ziel entgegen. Tibbets schaltete den Bordfunk ein: »Jungs, hier ist das letzte Stück des Puzzles. Wir haben eine Atombombe an Bord.«

Um 7.30 Uhr begann die Enola Gay ihren fünfundvierzigminütigen Steigflug auf zehntausend Meter. Das vorausgeflogene Wetterflugzeug meldete günstige Sichtverhältnisse. »Auf nach Hiroshima«, verkündete Tibbets seinen Männern.

Japanische Jäger ließen sich nicht blicken, auch gab es kein Flakfeuer. Der Bombenschütze nahm die Aioi-Brücke in der Stadtmitte ins Visier, den Richtpunkt des Angriffs. Kurz vor 8.15 Uhr gab der Funker per Radiosignal den Begleitflugzeugen eine letzte Warnung: »In fifteen seconds she goes.« Als der Signalton aufhörte, öffnete sich der Bombenschacht. Im Sturzflug drehte Tibbets ab.

Grelles Licht blendete die Mannschaft. Schockwellen erschütterten das Flugzeug wie Flak-Einschläge. Später schilderte Tibbets den welthistorischen Augenblick: »Wir drehten uns um und sahen nach Hiroshima. Die Stadt war verborgen in dieser schrecklichen Wolke, die sich kochend auftürmte zum Pilz, schrecklich und unglaublich groß.«

Little Boy explodierte um 8.16 Uhr Ortszeit mit einer Sprengkraft von 12 500 Tonnen TNT, 85 Meter über dem Hof des Shima-Hospitals, keine 200 Meter entfernt von der angezielten Aioi-Brücke ...

Um 7.09 Uhr hatte es in Hiroshima Fliegeralarm gegeben, wegen des Wetterflugzeugs, um 7.31 Uhr gaben die Sirenen wieder Entwarnung. Es war ein warmer Morgen. Die Straßenbahnen am Fukuja-Kaufhaus, zwei Blocks entfernt von der Aioi-Brücke, waren überfüllt. Tausende von Soldaten absolvierten am nahe gelegenen Schloss mit nackter Brust ihre Morgengymnastik. Achttausend Schülerinnen, am Vortag abkommandiert, um beim Anlegen von Feuerschneisen zu helfen, vorsorglich für den Fall von Brandbombenangriffen, waren im Stadtzentrum bei der Arbeit. Als kurz vor 8.15 Uhr drei weitere B-29 am Morgenhimmel auftauchten, ging kaum jemand in Deckung. Dann wurden alle von dem Atomblitz geblendet. Und mit dem Blitz kam das Höllenfeuer.

Innerhalb von drei Kilometern versengte die Hitze – 2 944 Grad Celsius – alles Leben. Tausende von Menschen im Umkreis von 900 Metern vom Hypozentrum schrumpften zu kleinen schwarzen Bündeln zusammen, die an Straßen, Gehwegen und Brücken klebten. Auf den Stufen einer Bank blieb von einem Menschen nur sein Umriss, eingebrannt in den Granit. Die Vögel gingen mitten im Flug in Flammen auf. Shuichi Kato, ein junger Arzt, der einen

Monat nach der Katastrophe in die Stadt kam, war entsetzt: »Kein Grün, kein Gras, keine Blätter, nicht einmal Insekten belebten die Wüste. Hier und da begegneten mir Männer mit entstellenden Gesichtsnarben. Manche Frauen hatten den Kopf mit Tüchern verhüllt, weil ihr Haar ausgefallen war. Richtungslos streiften die Menschen wie Geister durch die zerstörte Landschaft.«

Bis heute gibt es keine Klarheit, wie viele Menschen umkamen – sofort oder, atomar verstrahlt, nach längerem Siechtum. Die japanische Statistik nennt die Zahl von 70 000 Toten bis zum 1. September. Bis Ende 1945 starben weitere 70 000. 140 000 Tote – das waren 54 Prozent der Einwohnerschaft. Nach fünf Jahren verzeichnete das Sterberegister insgesamt 200 000 Opfer von Little Boy.

Präsident Truman, auf der Heimreise von Potsdam, befand sich am 6. August mitten auf dem Atlantik an Bord der »Augusta«. Die Bombardierung Hiroshimas wurde ihm beim Mittagessen gemeldet. »This is the greatest thing in history«, sagte er zu einer Gruppe von Matrosen, die mit ihm an seinem Tisch speisten. Wenige Stunden nach dem Bombenabwurf ließ der Präsident die Japaner abermals zur Kapitulation aufrufen, sonst werde es weiteres »Verderben aus der Luft regnen«.

In Tokio war die Friedenspartei schon seit längerer Zeit erstarkt. Außenminister Shigenori Togo kabelte an den Botschafter Sato in Moskau: »Es ist Seiner Majestät ein Herzensbedürfnis, den Krieg schleunigst beendet zu sehen. Solange indessen Amerika und England auf bedingungsloser Kapitulation bestehen, hat unser Land keine andere Alternative, als durchzuhalten, um das Überleben und die Ehre der Heimat zu retten.«

Tatsächlich war die Lage verzweifelt. Die US-Luftwaffe flog nach Belieben kreuz und quer über Japan. Die japanischen Streitkräfte konnten ihr wenig entgegensetzen, es mangelte an Piloten wie an Treibstoff. Auch hatten amerikanische U-Boote die Handelsflotte dezimiert, besonders die Tankerflotte. Erdöl, kriegswichtige Rohstoffe, aber auch dringend benötigte Lebensmittel gelangten nicht mehr ins Land. Es fehlte an allem, selbst an Salz. Die tägliche Ration für die Menschen musste auf 1 500 Kalorien heruntergesetzt werden. Der Zugverkehr und der Fährverkehr zwischen den Inseln brachen zusammen.

In dem schreckenserfüllten Chaos, das die Bombardierung Hiroshimas hinterlassen hatte, brauchte es einige Zeit, bis in Tokio Klarheit darüber herrschte, ob wirklich eine Atombombe eingesetzt worden war. Die Amerikaner waren verblüfft, ja schockiert, dass die Japaner nicht sofort die Waffen streckten. Der Text eines Flugblatts, eilends verfasst, wurde am 8. August über Rundfunk nach Japan übermittelt; sechs Millionen gedruckte Exemplare warf die Air Force anschließend über 47 japanischen Großstädten ab. Das japanische Volk wurde aufgefordert, in Eingaben an den Kaiser die Beendigung des Krieges zu fordern. Andernfalls »werden wir entschlossen diese Bombe wie auch unsere anderen überlegenen Waffen einsetzen«. In der Tat wurde um diese Zeit auf Tinian die Bombe Fat Man montiert.

Eigentlich sollte die zweite Atombombe am 11. August fallen, aber die Wettervorhersage war schlecht. Aus diesem Grunde zog man den Termin vor, auf den 9. August. Am 8. August, abends um zehn, wurde Fat Man auf die B-29 namens Bock's Car verladen. Ihr Pilot war der 25-jährige Major Charles W. Sweeney, der bereits den Angriff auf Hiroshima begleitet hatte; neben ihm sein Waffenoffizier Ashworth.

Tokio rührte sich immer noch nicht. Um 03.47 Uhr in der Frühe des 9. August hob Sweeneys Maschine ab. Ihr Ziel war Kokura mit seinem riesigen Marinearsenal, an der Nordküste von Kyushu gelegen. Als Ausweichziel war dem Kommandanten Nagasaki aufgegeben, ebenfalls auf Kyushu. Es galt als »Japans San Francisco«. Die Niederländer hatten hier einen Handelsposten unterhalten, Deshima, jahrhundertelang Japans einzige Brücke zur westlichen Welt. Hier stand Grover Mansion, eine Sehenswürdigkeit der Stadt, spielte doch in dieser Kulisse Madame Butterfly; hier gab es die zweitgrößte christliche Gemeinde des Reiches. Zugleich war Nagasaki der Standort des Mitsubishi-Werkes, das die in Pearl Harbor eingesetzten Torpedos produziert hatte.

Als Bock's Car Kokura überflog, lag das Ziel in dichtem Dunst und Rauch verborgen. Nach drei Anflügen drehte Sweeney in Richtung Nagasaki ab. Auch Nagasaki lag unter einer Wolkendecke. Sweeney und sein Waffenoffizier standen vor der Wahl: Radaranflug oder

Abwurf der mehrere Hundert Millionen Dollar teuren Bombe ins Meer. Sie entschieden sich für den Radaranflug. Im letzten Moment tat sich 20 Sekunden lang eine Wolkenlücke auf. Ein Sportstadion wurde sichtbar, einige Kilometer flussaufwärts vom eigentlichen Ziel nahe der Bucht. Ashworth öffnete den Bombenschacht.

Fat Man explodierte um 11.02 Uhr Ortszeit in einer Höhe von 540 Metern über den Hügeln der Stadt. Seine Sprengkraft wurde später auf 22 Kilotonnen TNT geschätzt. Die Berge dämpften die Wirkung. Es gab zunächst weniger Opfer und geringeren Sachschaden als in Hiroshima. 25000 Menschen starben gleich (nach anderen Angaben 36000); 70000 bis Ende 1945, und binnen der nächsten fünf Jahre stieg die Zahl auf insgesamt 140000. Dies war dieselbe Todesrate wie in Hiroshima: 54 Prozent. Ein Drittel der Stadt wurde zerstört.

Am Tag vor Nagasaki greift Stalin die Japaner an

Die Nachrichten aus Nagasaki waren nicht die einzigen, die Tokio an diesem Tage erschütterten. Am 8. August, spätnachmittags Moskauer Zeit, hatte der sowjetische Außenkommissar den japanischen Botschafter zu sich gerufen und ihm die Kriegserklärung der Sowjets übergeben. Die Russen, die mit 1,5 Millionen Mann an der Grenze aufmarschiert waren, fielen in die japanisch besetzte Mandschurei ein, überschritten auf Sachalin die Grenze und drangen auf den Kurilen-Inseln vor.

Zwei Minuten bevor Fat Man aus dem Bombenschacht glitt, um 11 Uhr am Vormittag des 9. August, versammelte sich in Tokio der Oberste Kriegsrat. Außenminister Togo drängte darauf, unverzüglich Frieden zu schließen. Die Militärs jedoch sträubten sich weiterhin, auf die Forderung nach bedingungsloser Kapitulation einzugehen.

Die Meldung über die Zerstörung Nagasakis gab dann der Diskussion eine dramatische Wendung. Man musste befürchten, dass eine weitere Bombe Tokio treffen würde. Am Nachmittag kam das Kabinett zusammen. Togo trat dafür ein, nur die einzige Bedingung zu stellen: dass das Kaisertum erhalten bleibe. Der Kriegsminister pochte auf vier Bedingungen des Militärs: Der Tenno müsse als nationale Institution erhalten bleiben;

Japan dürfe nicht besetzt werden; die Truppen in Übersee sollten in eigener Verantwortung abgerüstet und heimgeführt werden; Kriegsverbrecher müssten von japanischen Gerichten abgeurteilt werden. Die Diskussion wogte bis spät in den Abend hin und her. Danach begab sich der Ministerpräsident mit dem Außenminister in den Palast. Sie berichteten dem Kaiser über die festgefahrenen Beratungen und ersuchten ihn, unverzüglich eine Kaiserliche Konferenz einzuberufen.

Kurz vor Mitternacht fanden sich neben dem Ministerpräsidenten und Außenminister auch die Heeres- und Marineminister, die beiden Oberkommandierenden und der Präsident des Kronrats bei Hirohito ein. Im Park des Palastes schien der Mond auf die Pinien, die den Brandbomben entgangen waren.

393

Heute markiert in Nagasaki ein Friedensmahnmal das Zentrum der Atombombenexplosion vom 9. August 1945.

Wieder wogte die Diskussion lange hin und her. Da erhob sich der greise Admiral Suzuki, der Premier. Es war zwei Uhr in der Frühe, am 10. August. »Meine Herren«, sagte er, »wir diskutieren seit Stunden und gelangen zu keinem Ergebnis, während die Entscheidung, die wir treffen müssen, keine weitere Minute Aufschub duldet. Ich schlage vor, Ihre Kaiserliche Majestät um die Entscheidung zu ersuchen, welcher Vorschlag angenommen werden soll – der vom Außenminister vertretene oder der andere, der die vier Bedingungen enthält.«

Suzuki verlieh dem Augenblick zusätzliche Dramatik, indem er sich vor dem Tenno zu Boden warf. Der schmächtige Kaiser befahl ihm, sich wieder zu erheben. Er, der bis dahin als Gott verehrt wurde, aber in Wahrheit nie etwas zu sagen gehabt hatte, die stumme Verkörperung des Reichs der Sonnengöttin Amaterasu, wurde in dieser Stunde zum Schiedsrichter zwischen seinen widerstreitenden Granden und damit zum wirklichen Führer der Nation. Das erste Mal sprach der nach altem Herkommen ohnmächtige Monarch ein Machtwort. Mit leiser Stimme erklärte er, die Potsdamer Erklärung sei anzunehmen. In der Nacht noch fasste das Kabinett den entsprechenden Beschluss. Ein Zusatz besagte, Tokio interpretiere die Erklärung so, dass sie keine Bestimmung enthalte, welche die Rechte des Kaisers als souveräner Herrscher beeinträchtige.

Truman beriet sich gleich nach Eintreffen der japanischen Antwort mit dem Kabinett. Kriegsminister Stimson plädierte für Annahme, Außenminister James Francis Byrnes warnte von jedem Entgegenkommen. Am Ende einigte man sich auf eine mehrdeutige Formulierung: »Vom Zeitpunkt der Kapitulation an wird die Autorität des Kaisers und der japanischen Regierung dem Oberbefehlshaber der alliierten Mächte unterstellt.«

Im Radio ertönt die hohe, tonlose »Stimme des Kranichs«

Von neuem begann in Tokio das Tauziehen. Doch der Kaiser zeigte Entschlossenheit. »Mein Beschluss ist unabänderlich«, erklärte er am 14. August. »Ich fürchte, dass das Gemeinwesen zerstört, die Nation vernichtet wird. Daher ist es mein Wunsch, das Unerträgliche zu ertragen, den Staat als Staat zu retten und meinen Untertanen weiteres Leiden zu ersparen.« Er werde sich selber an das Volk wenden und es bitten, sich um der Zukunft willen der Gegenwart zu beugen.

Seit Tagen schwirrten Gerüchte über einen bevorstehenden Staatsstreich der Militärs durch Tokio. Nun begehrten die jüngeren Offiziere auf. Am Abend des 14. August putschten sie. Eine Einheit der Kaiserlichen Palastdivision erschoss deren Kommandeur, General Takeshi Mori, besetzte Radio Tokio und suchte nach der Schallplatte, auf der des Kaisers Rede an sein Volk bereits aufgezeichnet worden war. Dem Standortkommandeur von Tokio gelang es, die Putschisten wieder zu disziplinieren. Die Anführer der Revolte stürzten sich danach in ihre Schwerter.

50558

Kaiser Hirohito gab am 16. August mittags den Befehl zur Einstellung der Kampfhandlungen. Am Tag zuvor hatte er die Notwendigkeit zur Beendigung des Krieges in einer Rundfunkansprache verkündet.

Am Nachmittag des 15. August versammelte sich das japanische Volk auf den Straßen und Plätzen des zerstörten Landes. Um 16 Uhr ertönte aus den Lautsprechern die Stimme des Kaisers. Nie zuvor hatten die hundert Millionen Untertanen des Tenno dessen hohe, tonlose Stimme vernommen, die »Stimme des Kranichs«. Hirohito sprach in gekünsteltem, archaischem, den einfachen Leuten kaum verständlichem Hof-Japanisch. Aber sie begriffen den Sinn seiner Rede: »Die militärische Lage kann sich nicht mehr zu Japans Gunsten wenden. [...] Der Feind hat jüngst eine unmenschliche Waffe eingesetzt und unserem unschuldigen Volk schlimme Wunden zugefügt. Die Verwüstung hat unberechenbare Dimensionen erreicht. Den Krieg unter diesen Umständen fortzusetzen würde nicht nur zur völligen Vernichtung unserer Nation führen, sondern zur Zerstörung der menschlichen Zivilisation ...«

Japan weinte. Viele Menschen warfen sich während der kaiserlichen Ansprache flach auf die Erde und berührten mit der Stirn den Boden. In manchen Kasernen rann das Blut der Selbstmörder über die Treppen. Einige Fanatiker brachten sich auf der Nigu-bashi-Brücke vor dem Haupteingang des Palastes um. Kamikaze-Flieger stiegen mit ihren Flugzeugen auf und stürzten sich in die Bucht von Tokio. Einige Maschinen überflogen den Palast und warfen Flugblätter ab, die alle Verräter verdammten und den Kampf bis zum Äußersten verkündeten. Am Ende jedoch erstickte Resignation den Aufruhr, die Empörung und Erregung.

An Bord des amerikanischen Schlachtschiffs »Missouri« unterzeichnete der japanische General Yoshijiro Umezu die Kapitulationsurkunde am 2. September 1945 (links der amerikanische Oberbefehlshaber General Douglas MacArthur).

Der kaiserliche Befehl zur Einstellung der Feindseligkeiten erging am Mittag des 16. August. Bald darauf landeten die ersten Einheiten der amerikanischen Besatzungsarmee auf den japanischen Hauptinseln. Es wurde ihnen nirgendwo Widerstand geleistet. In Yokohama schlug die 8. Armee ihr Hauptquartier auf. Dort traf kurz danach auch General Douglas MacArthur ein, der Feldherr des Pazifikkrieges und künftige US-Prokonsul im Kaiserreich Japan.

Am 2. September, einem frisch-frühherbstlichen Tag, begab sich MacArthur an Bord der Missouri. Das Flaggschiff der Pazifischen Flotte lag in der Bucht von Tokio; wenige Monate zuvor erst hatte es einen Kamikaze-Angriff überstanden. Über der Missouri flatterte dieselbe Flagge, die am Tage von Pearl Harbor über dem Kapitol in Washington geweht hatte.

Kurz vor 10 Uhr morgens humpelte Japans neuer Außenminister, Mamoru Shigemitsu, der fünfzehn Jahre zuvor in Schanghai ein Bein verloren hatte, an seinem Stock das Fallreep der Missouri empor. Er trug Frack und Zylinder. Die Mitglieder der japanischen Delegation schluckten ihre Tränen hinunter. Dann erschien MacArthur. Shigemitsu und General Yoshijiro Umezu unterschrieben die Dokumente. General MacArthur und Admiral Chester W. Nimitz unterzeichneten für die Vereinigten Staaten, danach traten die Vertreter der Alliierten an den Tisch. Die Flaggen flatterten in der Sonne. Der Fujiyama trat aus dem Dunst hervor. *28. Juli 2005*

Bretton Woods

Mythos aus den Bergen

In Bretton Woods wurde der Keim für die Weltbank und den Internationalen Währungsfonds gelegt

Von Nikolaus Piper

Jahrhundertelang glaubten die Indianer, auf dem heiligen Agiocochook wohne der Große Geist, und wer sich seiner Behausung nähere, müsse für diesen Frevel mit dem Leben bezahlen. Dann kamen die Weißen, zerstörten den Mythos, erklommen den baumlosen Gipfel, benannten ihn nach ihrem ersten Präsidenten und bauten sogar eine Zahnradbahn hinauf.

Heute verläuft zu Füßen des 1 916 Meter hohen Mount Washington die US-Bundesstraße 302, und dort, wo sie den Ammonoosuc-Fluss kreuzt, gibt es eine Tankstelle, einen verlassenen Bahnhof, ein Motel, einen Golfplatz und ein Grandhotel – alles zusammen heißt Bretton Woods. Hierher, in das Mount Washington Hotel, berief Präsident Franklin D. Roosevelt für den 1. Juli 1944 die Währungs- und Finanzkonferenz der Vereinten Nationen ein. Sie dauerte drei Wochen und begründete einen neuen Mythos – das »System«, den »Geist« von Bretton Woods.

Warum die Konferenz ausgerechnet in diesen entlegenen Flecken des Bundesstaats New Hampshire kam, weiß heute keiner mehr so genau. Möglicherweise war es eine Verbeugung vor dem berühmtesten Teilnehmer der Konferenz, dem britischen Ökonomen John Maynard Keynes, dessen Gesundheit damals schon angeschlagen war und der Wert auf Ruhe und gutes Klima legte. Eine wichtige Rolle dürfte der amerikanische Geheimdienst FBI gespielt haben – das Hotel in dem einsamen Hochtal lässt sich leicht durch Polizisten abriegeln. Vielleicht hat aber auch George McAvoy recht, ein pensionierter Hotelmanager aus dem Nachbarort Littleton, der vermutet, die seinerzeitige Leitung des Hotels habe ganz einfach »verdammt gute Beziehungen nach Washington gehabt«. Für Grandhotels waren die Zeiten miserabel, die Gäste blieben aus, alles war rationiert und Personal nicht zu bekommen. »Die Konferenz hat das Hotel gerettet«, sagt McAvoy.

Zu behaupten, die Konferenz habe auch die Welt gerettet, wäre vielleicht etwas übertrieben. Die meisten Ökonomen sind sich aber darin einig, dass die Nachkriegsgeschichte ohne Bretton Woods ganz anders, und zwar viel schlechter, verlaufen wäre. Der Mythos von Bretton Woods wirkt bis heute nach – auf höchst verwirrende Weise. Der Weg dorthin begann in einem der dunkelsten Augenblicke der Geschichte des 20. Jahrhunderts. Im Sommer 1941, die Nazis waren nach dem Sieg der Wehrmacht über Frankreich auf dem Höhepunkt ihrer Macht, beauftragte das britische Finanzministerium John Maynard Keynes mit einer Studie über die Weltwirtschaftsordnung nach einem damals noch in weiter Ferne liegenden Sieg der Alliierten. Der Professor, der fünf Jahre zuvor mit seiner »Allgemeinen Theorie« die Nationalökonomie revolutioniert hatte, suchte nach einem Instrument, mit dem Regierungen Zahlungsbilanzkrisen bewältigen konnten, ohne ruinöse Abwertungswettläufe wie in den Dreißigerjahren auszulösen. Sein Lösungsvorschlag hieß »Internationale Clearing-Union«, eine Art Weltzentralbank, die Wechselkurse festlegen, Kredite an Länder mit Leistungsbilanzdefiziten vergeben und von Überschussländern Darlehen aufnehmen sollte. Sogar eine eigene Währung namens »Bancor« sah Keynes vor.

Das zweite Modell entstand in Washington. Am 14. Dezember 1941, eine Woche nach dem japanischen Angriff auf Pearl Harbor, beauftragte Finanzminister Henry Morgenthau seinen Assistenten Harry White, sich über die Währungsprobleme nach dem Krieg Gedanken zu machen. Bereits im April 1942 legte dieser seinen ersten Entwurf vor: einen »Inter-Alliierten Stabilisierungsfonds« für die Bewältigung von Zahlungsbilanzproblemen und eine »Interalliierte Bank« zur Organisation von Finanzhilfen an die Anti-Hitler-Koalition. Damit war der Keim gelegt für die späteren »Bretton-Woods-Zwillinge«, den Internationalen Währungsfonds (IWF) und die Weltbank.

Zunächst setzte aber in intensiven Verhandlungen ein Wettlauf zwischen Keynes und White ein. Beiden ge-

50

Im »Mount Washington Hotel« in Bretton Woods fand im Juli 1944 eine Konferenz von Vertretern von 44 Regierungen statt, die die Wirtschaftsgeschichte nach dem Zweiten Weltkrieg entscheidend geprägt hat.

meinsam war das Streben nach »Internationalismus«, also einer offenen Weltwirtschaft, beide strebten feste, aber nach bestimmten Regeln veränderbare Wechselkurse an. Die Unterschiede betrafen den Umgang mit Ungleichgewichten im Handel. White sah die Verantwortung für deren Beseitigung vor allem bei den Defizitländern, Keynes wollte die Überschussländer stärker in die Pflicht nehmen. Nach seinen Vorstellungen hätten diese zum Beispiel für ihre Guthaben Zinsen zahlen müssen – ein Grund, weshalb Kritiker der IWF-Politik in der Dritten Welt bis heute mit einer gewissen Wehmut an den Keynes-Plan zurückdenken. »Der Keynes-Plan war intellektuell faszinierender, aber es war schnell klar, daß der Wagen in die andere Richtung fuhr«, erinnert sich Jacques Polak, in Bretton Woods ein Delegierter der niederländischen Exilregierung und später IWF-Exekutivdirektor. Keynes war zwar der berühmteste Ökonom seiner Zeit, White aber repräsentierte die Nation, die damals die Hälfte des statistisch gemessenen Weltsozialprodukts erzeugte. Und das war das stärkere Argument.

Am 21. April 1944 veröffentlichten Washington und London eine »Gemeinsame Erklärung«, in der sich beide

Regierungen auf den unter Keynes' Einfluss stark veränderten White-Plan festlegten. Und nach einer Vorbereitungskonferenz in Atlantic City, New Jersey, reisten Delegierte aus 44 Nationen mit den Nachtzügen der Boston & Maine Railway in die Berge von New Hampshire. Sehr viel hatten sie dort während der 21 Konferenztage nicht mehr zu beraten. Hinter einer »Fassade demokratischer Verfahrensweisen« sei das Ergebnis »im Großen und Ganzen durch die USA und Großbritannien vorherbestimmt« gewesen, sagt Raymond Mikesell, seinerzeit Mitarbeiter der amerikanischen Delegation. Im Wesentlichen wurde noch über die Mitgliedsquoten beraten, nach denen sich bemessen würde, wie viel ein Land an den IWF zahlen musste, aber auch wie viel Einfluss es dort haben würde. Dabei ging es vor allem um Prestige: Heftiger Streit entbrannte zum Beispiel, weil Frankreich sich mit einer kleineren Quote als China zufrieden geben sollte.

Die rund Hundert nach Bretton Woods gereisten Wirtschafts- und Finanzjournalisten wurden dort täglich vom Sekretär der amerikanischen Delegation, Edward Bernstein, unterrichtet. Als einer der letzten lebenden Stars von Bretton Woods meinte er einmal: »Ihr Deutschen könnt froh sein, dass der White-Plan verwirklicht wurde. Unter dem Keynes-Plan hättet ihr sehr viel Geld für eure Handelsüberschüsse bezahlen müssen«.

Noch lange fand es Bernstein bemerkenswert, dass sich die Macher von Bretton Woods auf eine Lösung der Nachkriegsprobleme einigten, »obwohl sie völlig abweichende Vorstellungen darüber hatten, worin diese Probleme bestehen würden«. Keynes befürchtete, dass Amerika wie in den Dreißigerjahren seine Nachfrageschwäche mittels einer überschüssigen Leistungsbilanz exportieren werde. Bernstein und White sahen dagegen die größte Gefahr darin, dass Fehler in der nationalen Geldpolitik wieder über manipulierte Wechselkurse auf den Nachbarn abgeladen werden könnten. Trotzdem einigten sich beide auf ein Währungssystem, das 25 Jahre hielt: Der Dollar war Leitwährung für alle IWF-Mitglieder, zur Untermauerung dieses Anspruchs verpflichtete sich die amerikanische Notenbank, jederzeit Gold für 35 Dollar je Feinunze zu verkaufen.

Das Trauma der Weltwirtschaftskrise war allgegenwärtig
Die Konferenz von Bretton Woods war mit rund 700 Teilnehmern für damalige Verhältnisse gewaltig. Die organisatorischen Probleme waren so groß, dass der Manager des Mount Washington Hotels kurz vor Konferenzbeginn einen Nervenzusammenbruch bekam und die Organisation zeitweise von einem Beamten des amerikanischen Finanzministeriums übernommen wurde. Aus heutiger Sicht war die Runde allerdings fast intim. Vor allem wurden die wichtigsten Entscheidungen in einer sehr kleinen homogenen Gruppe von Ökonomen gefällt. Sie waren alle vom Trauma der Weltwirtschaftskrise geprägt und standen in der angelsächsischen Tradition ökonomischen Denkens. Andere spielten nur eine marginale Rolle: Franzosen, Niederländer und Dänen vertraten besetzte Länder und hatten entsprechend geringes Gewicht. Aus der Dritten Welt kam nur eine Handvoll souveräner Staaten. Die Rolle der Sowjetunion war absurd. Sie nahm teil und erstritt sich mit 1,3 Milliarden Dollar die dritthöchste Quote, obwohl der IWF-Mechanismus für ihren Außenhandel gar keine Bedeutung hatte. Die sowjetischen Delegierten waren bis in kleinste Details von Weisungen aus Moskau abhängig. Sie kämpften, wie sich ein britischer Delegierter erinnerte, »beständig mit dem Erschießungskommando auf der einen und ihren Problemen mit der englischen Sprache auf der anderen Seite«.

160

Der US-Finanzminister Henry Morgenthau Jr. (Mitte) in einem informellen Gespräch mit Kanadas Finanzminister J. L. Lesley (links) und dem sowjetischen Delegierten M. S. Stepanow am Rande der vom 1. bis 22. Juli 1944 dauernden Tagung von Bretton Woods.

Der Internationale Währungsfonds (IWF) vergibt unter Auflage von Strukturanpassungsprogrammen befristete Kredite an Staaten mit wirtschaftlichen Problemen (Signet des IWF).

160

Tatsächlich trat die Sowjetunion dem IWF nie bei. Russland holte diesen Schritt erst am 1. Juni 1992 nach.

Das System von Bretton Woods funktionierte aus zwei Gründen: Es wirkte während des Kalten Krieges als Kitt und fand seine größte Stütze in der überwältigenden Wirtschaftsmacht der Vereinigten Staaten. Mit der Bindung an den Dollar »kauften die Notenbanken Glaubwürdigkeit« von den Amerikanern, wie Jacques Polak dies heute charakterisiert. Das System brach zusammen, als diese Glaubwürdigkeit nicht mehr gerechtfertigt war – in der zweiten Hälfte der Sechzigerjahre. Präsident Lyndon B. Johnson finanzierte den Vietnamkrieg auf Pump, heizte die Inflation an und führte das Land schließlich in eine akute Zahlungsbilanzkrise. Am 14. August 1971 kündigte sein Nachfolger Richard Nixon einseitig die Verpflichtung zur Goldeinlösung auf. Der Geschäftsführende Direktor des IWF erfuhr dies wie jeder normale Amerikaner: aus dem Fernsehen.

Für Edward Bernstein trat damals ein bis heute ungelöstes Grundproblem des IWF offen zutage: »Wer diszipliniert das wichtigste Mitglied, die USA?« Auf das

Problem reagierten die IWF-Mitglieder Anfang der Siebzigerjahre zunächst, indem sie den Dollar als IWF-Währung durch eine eigene Währung, die Sonderziehungsrechte (SZR), ablösten - Keynes' Bancor-Währung in neuer Verkleidung. Der damalige Bundeskanzler Helmut Schmidt und Frankreichs Präsident Giscard d'Estaing erfanden 1975 den Weltwirtschaftsgipfel der sieben großen Industrieländer, um die Autoritätslücke in der Weltwirtschaft zu schließen. Schließlich entwickelten sich die Finanzminister der sieben großen Industrieländer (G-7) mit ihren regelmäßigen Treffen zu einer Art informellem Weltlenkungsausschuss.

Die Machtbalance hat sich seit Bretton Woods auch noch in anderer Hinsicht verschoben. Für Keynes und White war es selbstverständlich, dass sie es mit Nationalstaaten zu tun haben würden, die über ihre interne Wirtschaftspolitik souverän entscheiden konnten. Im System freier Wechselkurse wächst zwar theoretisch die Macht nationaler Zentralbanken, weil sie ohne Rücksicht auf Wechselkurse die Inflation bekämpfen können - der legendäre Ruf der Bundesbank entstand 1973, als sie diese Macht entschlossen nutzte. Aber die deregulierten Finanzmärkte entwickelten ein solches Eigenleben, dass sie nun ihrerseits die Rolle der Währungsbehörden beschneiden. »Das Problem mit dem Floaten ist«, sagt Edward Bernstein, »dass nun die Kapitalströme zum dominierenden Faktor bei der Bestimmung von Wechselkursen werden.«

Kaum überraschend ist deshalb, dass manche Währungspolitiker sich wieder an den Mythos von Bretton Woods erinnern. Sie wollen den Geist in die Flasche zurückholen und wenigstens auf halbem Weg zurück zum System fester Wechselkurse. *24. Juni 1994*

Mahatma Gandhi

Der eitle Asket

Gandhis Weg der Gewaltlosigkeit erwies sich als Sackgasse. Menschlich war der spirituelle Meister ein unangenehmer Zeitgenosse

Von Angelika Franz

»Das Dumme an dem idealisierten Gandhi ist, dass er so verdammt langweilt und nicht viel mehr hergibt als ein Sprachrohr für Moralpredigten und Haussprüche«, kommentiert der indische Schriftsteller Salman Rushdie jene Figur, als die sein Landsmann Mohandas Karamchand Gandhi heute in vielen Geschichtsbüchern und Lobpreisungen von Friedensinitiativen auftaucht. Gemeinhin gilt der »Mahatma«, die »große Seele«, als der Mann, der kraft seiner moralischen Autorität die Engländer dazu gebracht hat, Indien in die Unabhängigkeit zu entlassen. Hobbyhistoriker und Hollywood-Filmer werden nicht müde, die Gewaltlosigkeit der indischen Revolution zu betonen. Allein mit dem Aufruf zum passiven Widerstand und dem Appell an moralische Grundsätze habe Gandhi die übermächtige Kolonialmacht in die Knie gezwungen. Rücksichtslos sei er dabei nur gegen sich selbst gewesen: Immer wieder trat er in den Hungerstreik, mehrmals warfen die britischen Herren ihn ins Gefängnis.

Dabei sah der so Verklärte sich selber nie als Helden. In seiner Autobiografie schreibt er über seine Kindheit: »Ich war ein Feigling. Ich wurde geplagt von der Angst vor Dieben, Geistern und Schlangen. Ich traute mich nachts nicht vor die Tür. Dunkelheit war ein Horror für mich. Es war für mich fast unmöglich, im Dunklen zu schlafen, weil ich mir vorstellte, wie Geister aus der einen Richtung kamen, Diebe aus einer anderen und Schlangen aus der dritten.«

Was im Zusammenhang mit der »Befreiung« Indiens von beseelten Gandhi-Jüngern gerne unterschlagen wird, ist, dass Indien 1947 nach Abzug der Briten in zwei separate Staaten geteilt werden musste: in das hinduistische Bharat (die Republik Indien) und das muslimische

Pakistan. Der Hass zwischen Hindus und Muslimen, mühsam von den Briten unter Kontrolle gehalten, hatte sich unhaltbar hochgeschaukelt. Über eine Million Menschen verloren in der Auseinandersetzung um den rechten Glauben das Leben. Fast 26 Millionen mussten aus dem einen oder dem anderen Land fliehen, um ihr Leben zu retten. Es war die größte Migrationsbewegung in der Geschichte der Menschheit.

Gandhi war, trotz all seines Einsatzes für ein freies Indien, bei den Feierlichkeiten zur Unabhängigkeit gar nicht anwesend. Zu enttäuscht war er von der gewalttätigen Eigendynamik, die der Freiheitskampf entwickelt hatte. Auch war, nüchtern betrachtet, seine Rolle bei der Befreiung Indiens weit weniger tragend, als manche Historiker es gerne darstellen. Entscheidend für den Rückzug der Briten waren weniger Gandhis Hungerstreiks als vielmehr die wirtschaftliche Schwächung Großbritanniens durch den Zweiten Weltkrieg und der schleichende freiwillige Rückzug aus der Verwaltungskontrolle in Indien bereits seit Mitte der Dreißigerjahre.

Nicht nur politisch wird er heute häufig überbewertet. Auch für ein »moralisches und geistiges Vorbild«, als das gerade viele Deutsche ihn bezeichnen, taugt er wenig. Der eher mittelmäßige Schüler wurde schon mit 14 Jahren verheiratet. Auch wenn er später die Kinderehe verurteilte, so sah er sie damals doch als Segen. Denn der spätere Asket hatte als Jugendlicher nichts als Sex im Sinn. Das kostete ihn ein ganzes Schuljahr. Schließlich rettete ihn nach eigenen Angaben nur, dass seine Frau Kasturbai, dem indischen Brauch folgend, immer wieder für lange Zeiträume zurück ins Elternhaus gerufen wurde und er sich wieder mit seinen Schulaufgaben beschäftigen konnte. War sie bei ihm, spielte er sich als rechthaberischer Ehemann auf und versuchte aus Eifersucht sogar, ihr Tempel- und Freundinnenbesuche zu verbieten. »Meine Strenge basierte auf reiner Liebe«, versuchte sich Gandhi später zu verteidigen. »Ich wollte meine Frau zu einer idealen Frau machen. [Sie sollte] lernen, was ich lernte, und ihr Leben und Denken mit mir identifizieren.«

Gandhi hingegen setzte seine Treue zu Kasturbai dem einen oder anderen Experiment aus. Einmal nahm ein Freund ihn mit in ein Bordell. Doch allein mit der Prostituierten über- oder vielmehr entmannte Gandhi seine Schüchternheit, er konnte im wahrsten Sinne des Wortes kein Glied mehr rühren.

Seine Familie schickte ihn 1888 nach der Schule mit großen Hoffnungen nach London und erwartete, dass Mohandas ein erfolgreicher Rechtsanwalt würde. Aber daraus wurde nichts. Bereits sein erster Fall blieb für lange Jahre auch sein letzter. Als er vor Gericht den Zeugen des Klägers ins Kreuzverhör nehmen sollte, brachte er vor Schüchternheit keinen Satz heraus – und gab den Fall umgehend ab.

Obwohl er kein eigenes Geld verdiente, legte er größten Wert auf sein Äußeres. Er kleidete sich nach der neuesten Londoner Mode und ließ sich Anzüge in der vornehmen Bond Street schneidern. Die Familie zahlte, ohne zu murren. Währenddessen lebten Kasturbai und sein erster Sohn Harilal daheim in Indien in der Obhut der Verwandten. Seinen Vater sah das Kind während der ersten Lebensjahre nur auf seinen sehr seltenen Besuchen.

Erst 1896 – Gandhi lebte mittlerweile in Südafrika – holte er seine Frau und seine mittlerweile zwei Söhne zu sich. In dem Land hatte er sich zunächst eine Existenz als Anwalt aufbauen wollen. Doch konfrontiert mit der Aggression der weißen Südafrikaner gegenüber allen nichtweißen Menschen, vernachlässigte Gandhi schon bald seine Arbeit und gründete stattdessen den Natal Indian Congress, der sich der Rechte der indischen Minderheit annahm. Das Schicksal der schwarzen Bevölkerung berührte ihn hingegen nicht: 1906 engagierte er sich während des Zulu-Aufstandes in einem Sanitätskorps aufseiten der Briten.

Während der Arbeit an der Front fällte Gandhi – mittlerweile Vater von vier Kindern – die Entscheidung, keusch zu bleiben. Lange diskutierte er das Für und Wider mit seinen Freunden und politischen Bekannten, nur Kasturbai wurde am Schluss vor vollendete Tatsachen gestellt. »Sie hatte nichts dagegen«, bemerkt Gandhi lakonisch in seiner Autobiographie.

1915 kehrte Gandhi nach Indien zurück. Mittlerweile hatte er durch seinen Kampf für die indische Minderheit in Südafrika auf nationaler Ebene einige Berühmtheit erlangt. Doch mehr noch als für Politik interessierte

100563

Gandhi mit Anhängern auf dem »Salzmarsch« 1930: Er umgab sich gerne mit jungen Frauen, um seine Keuschheit auf die Probe zu stellen.

Gandhi sich für alternative Lebensweisen. Bei Ahmedabad gründete er einen Aschram, normalerweise die Bezeichnung für den Aufenthaltsort eines heiligen Mannes. Immer wieder betonte er vor seinen Anhängern die Wichtigkeit von Brahmacharya, von Keuschheit. Sie einzuhalten wurde für ihn zu einem zentralen Aspekt seiner spirituellen Lehre, der Satyagraha (Festhalten an der Wahrheit). Noch bis ins hohe Alter pflegte er Brahmacharya-»Experimente«, um die Beherrschung seiner körperlichen Triebe unter Beweis zu stellen. Dafür mussten junge Frauen, oft die Ehefrauen von Freunden und Kollegen, sich über Nacht nackt im Bett neben ihn legen.

Er fühlte sich wohl in der Rolle des spirituellen Meisters
Gandhi lebte vom Geld seiner Anhänger. Reiche Förderer des »Mahatma« bezahlten ihm und seiner wachsenden Anhängerschaft das experimentelle Leben im

100562

Rabindranath Tagore (rechts) und Mahatma Gandhi im Jahr 1921: Für Gandhis Kampagne zur Nichtzusammenarbeit fand der ehemalige Freund nur harte Worte.

Aschram, der sich allein finanziell nicht hätte tragen können. »Es kostet das Land ein Vermögen, Gandhi ein Leben in Armut zu ermöglichen«, beschrieb die Dichterin und Gandhis Nachfolgerin als Präsidentin des Indischen Kongresses, Sarojini Naidu, seine Lebensweise. Ohne die großzügige Unterstützung von mächtigen Industriellen wie Ghanshyam Das Birla hätte es weder einen Aschram noch das Satyagraha je geben können.

Gandhi fühlte sich wohl in der Rolle des spirituellen Meisters. So konnte er auf seiner kleinen Aschram-Insel leben, umgeben von Jüngern, die ihn nie kritisierten. Er schreibt schon über seine Kindheit: »Der kleinste Fehler trieb mir Tränen in die Augen. Wenn ich einen Tadel verdiente oder es dem Lehrer so vorkam, als verdiente ich ihn, war das für mich nicht zu ertragen.« Dass Gandhi nie ein »offener Geist« war, bescheinigt sein früherer Schüler und späterer erster Premierminister Indiens, Jawaharlal Nehru. Vielmehr habe man bei ihm das Gefühl, gegen eine Wand zu reden. Gandhi sei so fest von seinen eigenen Auffassungen überzeugt, dass ihm alles andere als unwichtig erscheine.

Kritisiert wurde Gandhi auch von Rabindranath Tagore. Der Dichter hatte ihn, inklusive seiner Familie und wachsenden Anhängerschaft, unmittelbar nach der Rückkehr aus Südafrika bei sich aufgenommen, weil er von seinem Wirken zunächst sehr beeindruckt war. Auch den Namen »Mahatma« verdankt Gandhi dem Literaturnobelpreisträger. Im März 1921 setzte sich dieser mit seinem ehemaligen Gast dann allerdings in einem offenen Brief auseinander.

Ziel der Kritik war Gandhis Kampagne der Nichtzusammenarbeit. Um gegen die nach Ende des Ersten Weltkrieges eilig von den Briten erlassenen Ermächtigungsgesetze zu protestieren, hatte er zu Streiks und Boykotten aufgerufen. Es sollte ein passiver Widerstand sein, doch die Aktionen eskalierten mancherorts zu wahren Orgien der Gewalt. Und es waren nicht nur die Briten, die ihre Gewehre in die Menge der Demonstranten feuerten. Die Angriffe gingen ebenso vonseiten der Inder aus. Tagore fand nach diesen Ereignissen nur noch harte Worte über den ehemaligen Freund. Einen »Kampf, uns mit Herz und Verstand vom Westen zu entfremden«, nannte er die Nichtzusammenarbeitskampagne, einen »Versuch des spirituellen Selbstmordes«.

Seine Ermordung am 30. Januar 1948 durch den fanatischen Hindu Nathuram Godse machte Gandhi international zum Märtyrer. Die Welt erinnert sich an ihn wegen seines erfolgreichen »Salzmarschs« - einer Wanderung über 24 Tage mit zuletzt 2 500 Anhängern an die Küste des Indischen Ozeans aus Protest gegen das Salzmonopol der Briten - und seinen Einsatz für die Unberührbaren. Doch aus Indien selbst schlugen ihm zuletzt viele kritische Stimmen entgegen. Anlass für seine Ermordung war die Forderung nach Ausgleichszahlungen an Pakistan, die Gandhi mit einem letzten Fasten durchgesetzt hatte. Die Aktion ließ ihn in den Augen vieler Inder als Landesverräter erscheinen, das Geld fehlte in der Staatskasse. Vom politischen Wirken Gandhis ist nach seinem Tod kaum etwas geblieben. Den Weg der Gewaltlosigkeit hatte das Land bereits zu seinen Lebzeiten verlassen. *24. Februar 2005*

Franklin D. Roosevelt

Die große Suggestion

Durch gewaltige staatliche Investitionen wollten die US-Regierungen der Dreißigerjahre die Arbeitslosigkeit im Land überwinden. Dies gelang nicht einmal Präsident Franklin D. Roosevelt mit seinem New Deal

Von Ronald D. Gerste

Fast 16 Millionen Menschen sind arbeitslos, knapp ein Drittel aller Erwerbsfähigen des Landes. Mehr als 5 000 Banken haben wegen Zahlungsunfähigkeit ihre Schalter schließen müssen, zigtausend große und kleine Ersparnisse sind im Nichts verschwunden. In den Großstädten bilden sich vor den Suppenküchen lange Schlangen hungriger Menschen, die hunger lines. Noch verheerender sieht es auf dem Land aus, wo Trockenheit und Sandstürme die Not verschärft haben. Immer mehr Farmen liegen brach, ihre Besitzer oder Pächter haben sich zu Abertausenden auf den Weg nach Westen gemacht, ins Gelobte Land Kalifornien oder in die großen Städte, wo sie indes nur die Neue Welt jener Hoffnungslosigkeit erwartet, die John Steinbeck in seinen Romanen und Novellen über die Zeit der großen Depression so meisterhaft beschworen hat.

Depression. Der Ausdruck meint weit mehr als eine Wirtschaftskrise, als eine Arbeitslosenstatistik oder jene ins Bodenlose stürzenden Aktienkurse, die im Oktober 1929 die ganze Weltwirtschaft mit sich gerissen haben. Er charakterisiert den Gemütszustand eines Volkes, dessen Credo seit jeher grenzenloser Optimismus gewesen ist, Vertrauen auf die Kraft des Einzelnen und die Zuversicht auf ein verheißungsvolles Morgen.

Dem Amerika des Jahres 1932 ist der Glaube an bessere Zeiten entschwunden. Galgenhumoristisch verknüpft man den Namen des fernen Mannes im Weißen Haus, Herbert Hoover, mit allen möglichen Facetten des Elends. Eine Hoover blanket ist keine Decke im herkömmlichen Sinn, sondern das Zeitungspapier, mit dem sich Obdachlose unter den Brücken des Nachts zudecken. Die Hoover flag ist die nach außen gekrempelte Hosentasche, Sinnbild verzweifelter Armut. Hoover wagon heißt ein Auto, dem schon lange das Benzin ausgegangen ist und das von einem Pferd oder Maultier gezogen wird. Unübersehbar sind die Hoovervilles, mancherorts schier endlose Konglomerate aus Wellblech oder Pappe, trübe Heimstatt der Entwurzelten, im Elend Gestrandeten.

Doch der Spott auf Kosten Hoovers klingt ein bisschen ungerecht. Der 31. Präsident der USA war weder ein rücksichtsloser noch ein unfähiger Staatschef. Keineswegs sah er tatenlos zu, sondern initiierte in den vier Jahren seiner Amtszeit mehr öffentliche Beschäftigungsprogramme als alle seine Vorgänger im 20. Jahrhundert zusammengenommen. So entstanden die San Francisco Bay Bridge und vor allem der Hoover-Staudamm in Arizona. Doch ein wirklich spürbarer Effekt blieb aus. Der Republikaner Hoover war ein Präsident ohne hinreichende Energie und, fataler noch, ohne Fortüne.

In jenem (Wahl-)Sommer 1932 nun richteten sich die Blicke auf einen anderen Mann: auf Franklin Delano

Auch Herbert C. Hoover hatte einige Projekte initiiert, um die Wirtschaftskrise aufzufangen – Lake Mead mit dem Hoover-Staudamm, erbaut 1931.

100082

Roosevelt, Hoovers prospektiven Herausforderer aus dem Lager der Demokraten. Selbstbewusst reiste er – per Flugzeug – nach Chicago zum Wahlkonvent seiner Partei. Das allein war schon überraschend, denn anders als heute hatte sich der Kandidat damals zur Stunde seiner Nominierung abseits zu halten. Und noch etwas überraschte an Roosevelt: Er lächelte. Bis zu diesem Zeitpunkt kannte die Öffentlichkeit nur ernste, fast grimmige Präsidenten und Präsidentschaftskandidaten. Vor allem der Vorgänger Hoovers, der über einen Wirtschaftsboom sondergleichen präsidierende Calvin Coolidge, galt nicht nur als extrem wortkarg (Spitzname: Silent Cal), sondern als geradezu sauertöpfisch. Nur Theodore Roosevelt hatte man häufiger lächeln gesehen – der legendäre »Teddy«, Präsident von 1901 bis 1909, war ein (sehr) entfernter Cousin Franklin Roosevelts; Theodores Nichte Eleanor wurde Franklins Frau.

100562

Franklin Delano Roosevelt galt als ein Mann von großem Charme und vor allem – er lächelte!

Franklin D. Roosevelt, Gouverneur von New York, war ein Mann von immensem Charme – obwohl vom Schicksal nun wahrlich nicht nur verwöhnt. Geboren 1882 als einziger Sohn eines reichen Kaufmanns, erkrankte er 1921 an Kinderlähmung. Sie nahm ihm die Kraft in den Beinen; für den Rest seines Lebens blieb er auf den Rollstuhl angewiesen. Doch die Krankheit gab dem vermögenden jungen Anwalt auch ein besonderes Gespür für das Leiden anderer. Im Heilbad Warm Springs in Georgia, das er aus Privatmitteln ausbauen ließ, war er mit Patienten aus allen Schichten zusammengekommen, eine soziale Erfahrung, Welten entfernt von seiner privilegierten Jugendzeit als Harvard-Absolvent und Student der Columbia University.

Als er in jenem Sommer auf dem Parteitag in Chicago, einer Stadt, in der die Arbeitslosenquote auf 40 Prozent geklettert war, seine Nominierung als Herausforderer Hoovers annahm, schleuderte er den Delegierten einen Satz entgegen, der bei den Zuhörern nachbebte und im Gedächtnis haften blieb: »I pledge you, I pledge myself, to a new deal for the American people.«

Es war das feste Versprechen, einen neuen Anfang zu wagen: New deal ist Poker-Slang, es bedeutet, die Karten neu auszuteilen. Und die Amerikaner vertrauten ihm. Ihr Votum am 8. November war eindeutig: 22 Millionen Stimmen für »FDR« gegen 15 Millionen für Hoover, 42 Staaten gegen 6, 472 Wahlmänner gegen 59.

Jetzt war der Moment gekommen, die Karten neu auszuteilen. Und Roosevelt teilte neu aus. Mit dem New Deal griff der Staat, das ferne Washington, in das Leben jedes Amerikaners ein wie noch nie zuvor in der Geschichte der Vereinigten Staaten, oft helfend, fürsorglich, manchmal auch bürokratisch-regulierend. Das Programm Roosevelts steht für die Geburtsstunde des modernen amerikanischen Sozialstaates, und es mag kein Zufall sein, dass das langlebigste, aber auch teuerste Projekt des 32. Präsidenten, die Sozialversicherung, vom 43. Staatsoberhaupt der USA »umgestaltet« und gemäß der eigenen politischen Philosophie »privatisiert« werden soll. Bei all den Umwälzungen, die der New Deal in der amerikanischen Gesellschaft bewirkte, haftet ihm auch eine mythische Komponente an: Gerade für die Bekämpfung der Arbeitslosigkeit bedeutete er, bei allen Erfolgen, keineswegs den entscheidenden Durchbruch. Dieser kam erst nach dramatischen Veränderungen der internationalen Lage – mit dem Zweiten Weltkrieg.

Kaum waren Franklin und Eleanor ins Weiße Haus eingezogen, legte der neue Präsident mit seiner Regierungsmannschaft (der übrigens mit Frances Perkins an der Spitze des Arbeitsministeriums die erste Bundesministerin der amerikanischen Geschichte angehörte) ein Tempo an den Tag, das ohne Beispiel war. Schon in den ersten hundert Tagen brachte er eine Vielzahl von Gesetzen und Maßnahmen durch einen mehrheitlich demokratischen und zunächst noch sehr kooperativen Kongress, von denen einige bald Wirkung zeigten.

Als Erstes verordnete er den Banken mehrere Tage des Zwangsurlaubs und gab mit dem Emergency Banking Act der Regierung die Möglichkeit, die wirtschaftliche Situation der Kreditinstitute zu überprüfen. Das Vertrauen der Bürger wurde wiederhergestellt, man musste nicht länger befürchten, bei einem Bankzusammenbruch sämtliche Ersparnisse zu verlieren. Dies war einer der ersten spürbaren Erfolge des New Deal.

Dann etablierte er eine Aufsicht über die Börse, was ihm in der ohnehin Roosevelt-kritischen Geschäftswelt

Unter dem Einfluss von Roosevelts New-Deal-Politik konnte sich u. a. eine amerikanische Spielart der modernen Kunst, der abstrakte Expressionismus, entwickeln. Jackson Pollock und andere Künstler wurden durch Arbeitsprogramme unterstützt (»Number 32«, 1950; Düsseldorf, Kunstsammlung Nordrhein-Westfalen).

wenig Freunde machte, den schlimmsten Auswüchsen der Spekulation indes einen Riegel vorschob. Zum Leiter der Behörde – und die fast exzessive Einrichtung von Behörden, Amtsstuben und Sachbearbeiterposten war eine etwas fragwürdige Konsequenz des New Deal – ernannte Roosevelt ausgerechnet einen abgezockten Geschäftsmann und Spekulanten, gegen den er später eine fast viszerale Abneigung (»dieser Hurensohn«) entwickeln sollte: Joseph Kennedy, Vater des späteren Präsidenten John F. Kennedy.

Für Konservative ist Roosevelts Politik Kommunismus, für Linke Faschismus

Ein ganzes Bündel von Programmen, finanziert durch Kredite und geldpolitische Manöver, zielte allein auf die Arbeitslosigkeit. Mit dem Civilian Conservation Corps (CCC), der Civil Works Administration und der Federal Emergency Relief Administration entstanden Instrumente und Institutionen, um die Situation der Arbeitslosen in bescheidenem Maße zu verbessern beziehungsweise um ihnen staatliche Beschäftigung zu geben. So war der CCC eine Art freiwilliger Arbeitsdienst für junge Männer; 30 Dollar gab es im Monat.

Das Programm, das dabei am sichtbarsten die amerikanische Landschaft veränderte, war jenes der Tennessee Valley Authority. In einer der ärmsten Regionen der USA, zu der unter anderem die Staaten Tennessee, Kentucky und Arkansas gehörten, wurden in einem geradezu gigantischen Ausmaß Straßen, Brücken, Staudämme und Kraftwerke errichtet und damit nicht nur die Elektrifizierung vorangetrieben, sondern auch den regelmäßigen Überflutungen des Tennessee River vorgebeugt.

Doch Arbeitsprogramme gab es auch für Musiker und Maler; der späterhin so berühmte Jackson Pollock ist nur einer, der davon profitiert hat.

Eine weitere Einrichtung, die Agricultural Adjustment Administration (AAA), sollte die Preise landwirtschaftlicher Erzeugnisse stabilisieren und das Herz der amerikanischen Provinz stärken, die Farm. Das bedeutete aber auch, dass Überschüsse vernichtet wurden, was angesichts der Not in anderen Teilen des Landes auf wenig Verständnis stieß. Die AAA wurde später vom Obersten Gerichtshof der USA für verfassungswidrig erklärt. Dieses Schicksal teilt sie mit einem weiteren Kernstück des New Deal, dem National Industrial Recovery Act, in dem unter anderem das Recht der Arbeiter festgelegt wurde, sich bei Tarifverhandlungen von gewählten Repräsentanten vertreten zu lassen (collective bargaining) - ein Recht, das die Gewerkschaften nachhaltig stärkte. Und erstmals gab es auch so etwas wie eine moderne Umweltpolitik; beraten von Ökologen wie Aldo Leopold, kümmerte sich die Regierung um das ernste Problem der Bodenerosion und ließ weite Landstriche aufforsten.

Konservative bekämpften Roosevelts Politik als kommunistisch, und in der Tat hatte der Präsident zu den Herren der großen Konzerne ein zwiespältiges Verhältnis; für viele Linke indes war der New Deal verkappter Faschismus. Doch wer nur auf die Programme und die Verfügungen schaut, übersieht etwas Wesentliches. Ebenso wichtig für den New Deal war der psychologische Faktor. Schon in seiner Antrittsrede hatte Roosevelt die Devise all seines Handelns verkündet: »Das Einzige, was wir zu fürchten haben, ist die Furcht selbst.«

Roosevelt wusste, dass er motivieren, dass er die Stimmung drehen musste. Die große Depression hatte sich tief in das Bewusstsein eingefressen; das Selbstbewusstsein vieler Amerikaner hing auf halbmast. In regelmäßigen Radioansprachen wandte er sich nun an die Menschen, sprach direkt zu ihnen wie noch kein Präsident zuvor. Die fireside chats, die Plaudereien am Kamin, wurden zu einem wahren Straßenfeger. In den Wohnblocks der Innenstädte versammelten sich die Menschen ebenso wie in den family rooms der Farmen, wenn die ruhige, Vertrauen einflößende Stimme aus dem Empfänger klang. Die Hörer hatten den Eindruck, sie säßen selbst ganz nah am prasselnden Kaminfeuer des Weißen Hauses und würden von »ihrem Präsidenten« in seine Überlegungen zu allen Welt- und Zeitläuften mit einbezogen. Tausende Zuschriften erreichten ihn täglich und wurden von einem vielköpfigen Korrespondentenstab beantwortet. Egal, zu welcher Jahreszeit sich der Präsident an die Menschen wandte, ein Grundton durchzog alle seine Botschaften: Optimismus, Optimismus, Optimismus.

Als bedurfte es einer Zusatzdosis, konnten Zeitungsleser sich dann auch noch an Eleanor Roosevelts Kolumne My Day erquicken, die über Blätter im ganzen Land vertrieben wurde. Ein neuer Politikstil, gar ein neues Lebensgefühl brach sich Bahn: Im Weißen Haus zeigten sich Menschen, denen die ganz alltäglichen Sorgen des Durchschnittsamerikaners nahe gingen, die sich kümmerten. Diese wunderbare Suggestion blieb vielen tatsächlich ein Leben lang unvergesslich: Wer heute mit Zeitzeugen der Roosevelt-Ära spricht, ist beeindruckt ob der Loyalität, fast Dankbarkeit, mit der diese Älteren immer noch des Präsidenten ihrer Jugendzeit oder Kindheit gedenken.

Manche der Maßnahmen des New Deal griffen schnell, andere langsam, einige waren schlicht ineffektiv. Doch, und das war das Wichtigste, Aufbruchstimmung ergriff das Land. Roosevelt triumphierte. Im November 1936 wählten ihn die Amerikaner neuerlich zu ihrem Präsidenten. Es war ein Erdrutschsieg: Er gewann 46 Staaten, sein Herausforderer, der Republikaner Alf Landon aus Kansas, musste sich mit der Mehrheit in Maine und im kleinen Vermont begnügen.

Zwei Ergebnisse dieser Wahl haben bis heute Bestand. Amerikaner afrikanischer Abstammung wechselten von den Republikanern, der Partei des Sklavenbefreiers Abraham Lincoln, zu den Demokraten. Und die Städte wurden zu Hochburgen der Partei FDRs: Roosevelt gewann in 104 der 106 urbanen Zentren mit mehr als 100 000 Einwohnern.

8,5 Millionen Amerikaner finden Arbeit bei den staatlichen Projekten

Seine zweite Amtszeit ließ sich leichter an. Zwar erlitt der Aufschwung von 1937 an einen Rückschlag, doch wurde aus der neuerlichen Rezession keine Depression wie noch Ende der Zwanzigerjahre. Roosevelts Versuch allerdings, den Obersten Gerichtshof, der ihm so oft in die Parade gefahren war, nach eigenem Gusto umzugestalten und die Zahl der Richter mit demokratischen Parteigängern aufzustocken, trug ihm viel Kritik ein und

100001

Wirkungsvoller als der New Deal kurbelte die Rüstungsindustrie im Zweiten Weltkrieg die Wirtschaft an.

den Verdacht des Machtmissbrauchs; seine Pläne scheiterten schließlich.

Indessen begann sich die internationale Lage zu verdüstern. Die japanische Expansion und die Bedrohung des Friedens durch Nazideutschland bestimmten zunehmend die Agenda der Regierung Roosevelt. 1940 schließlich, da stand die Welt schon in Flammen, beschloss der Präsident abermals, mit einer geschätzten Tradition zu brechen und ein drittes Mal zu kandidieren. 1944 wurde er dann als erster und einziger Präsident der amerikanischen Geschichte noch ein viertes Mal wieder gewählt; ein halbes Jahr später, im März 1945, erlag er seinem schweren Kreislaufleiden. Aber da war er fast schon, wie zuvor nur Washington, Jefferson oder Lincoln, zum Mythos geworden.

Der Krieg hatte den New Deal obsolet gemacht, die Rüstungsindustrie sorgte jetzt für Vollbeschäftigung. Die Bilanz des größten Programms zur Ankurbelung der Wirtschaft in der US-Geschichte fiel zuletzt durchwachsen aus. Die Maßnahmen brachten insgesamt 8,5 Millionen Amerikanern bei staatlichen Projekten Arbeit. Fast eine Million Kilometer Straßen, 122 000 öffentliche Gebäude, 77 000 Brücken und 285 Flughäfen entstanden. Und doch: Zu keinem Zeitpunkt bis Ende der Dreißigerjahre sank die Arbeitslosenquote tiefer als 14,3 Prozent.

Der amerikanische Historiker Paul Johnson schreibt in seiner grandiosen History of the American People etwas griesgrämig: »Wenn Interventionismus Erfolg hat, dann bedurfte es neun Jahre und eines Weltkrieges, um das zu beweisen.« Diese Deutung des New Deal übersieht allerdings das, was man den »menschlichen Faktor« nennen könnte. Der 32. Präsident, ein meisterlicher Seelenmasseur, suggerierte über die konkreten Programme des New Deal hinaus dem Land und seinen Menschen wieder Vertrauen zu sich selbst. Und vielleicht wäre dies auch das wichtigste Rezept für heute.

10. März 2005

Mohammed Mossadegh

»So werden wir den Irren los!«

Wie der amerikanische Geheimdienst CIA vor 50 Jahren den iranischen Premierminister Mohammed Mossadegh stürzte und das Schah-Regime installierte

Von Jürgen Martschukat

»Ich verdanke meinen Thron dem lieben Gott, meinem Volk, meiner Armee – und Ihnen!« Als Schah Resa Pahlewi am 22. August 1953 nach wenigen Tagen Exil aus dem Irak nach Teheran zurückkehrte, hatte er allen Grund, dem amerikanischen Agenten Kermit Roosevelt mehr zu danken als den Iranern. Bei dem CIA-Mann waren in den Wirren der zurückliegenden acht Tage alle Fäden zusammengelaufen. Er war es gewesen, der den Sturz des iranischen Premierministers Mohammed Mossadegh koordiniert, General Fazlollah Zahedi an die politische Spitze gebracht und den Schah zum starken Mann im Land erhoben hatte.

Die »Operation Ajax« war der erste CIA-Coup dieser Art in der Geschichte. Durch den Austausch politischer Führungsfiguren sollte das Ende einer über zwei Jahre währenden Krise herbeigeführt werden, die sich im Dreieck Teheran – London – Washington um das iranische Öl entsponnen hatte. Die größte Furcht der Amerikaner war hierbei, dass durch diese Krise der Kommunismus im Nahen Osten Fuß fassen könnte.

Wie war es dazu gekommen? Seit seinen Anfängen im Jahr 1901 lag das iranische Ölgeschäft fest in britischer Hand. Nach einigen Jahren arbeitete die Anglo-Iranian Oil Company (AIOC) mit großem Erfolg und hohen Profiten. Der englische Staat besaß 51 Prozent der Anteile, die Raffinerie in Abadan am Persischen Golf wurde zur größten Raffinerie der Welt und zur wichtigsten britischen Investition in Übersee. Zwar war der Iran nie königliche Kolonie, gehörte aber dennoch fest zum »informellen Imperium«.

Während das Geschäft mit dem Öl boomte und AIOC und britische Regierung Millionen Pfund einstrichen, zog der Iran kaum Gewinn aus seinen Bodenschätzen. So übertrafen etwa die Einnahmen des britischen Konzerns allein aus dem Jahr 1950 die Tantiemen, die der Iran seit Beginn der Ölförderung in seinem Land insgesamt erhalten hatte. In der Abneigung gegen die europäischen Ausbeuter ihrer Bodenschätze waren sich die ansonsten recht dispersen gesellschaftlichen und politischen Kräfte im Iran einig. Im Herbst 1947 beschloss das iranische Parlament daher, mit den Briten einen neuen Vertrag zu verbesserten Konditionen zu verlangen, obschon der bestehende noch bis 1993 gültig gewesen wäre.

Es waren weltpolitisch bedeutsame Jahre. Eine globale antikoloniale Bewegung nahm das Versprechen der anglo-amerikanischen Allianz ernst, weiterhin, auch nach dem Ende des Zweiten Weltkriegs, für Freiheit, Unabhängigkeit und Selbstbestimmung aller Länder zu kämpfen. Allerdings: Die Briten hatten damit ihr eigenes Empire infrage gestellt. Zudem konnte nach 1945 kein Zweifel mehr daran bestehen, dass Erdöl die bedeu-

100264

Auch 1953 war das Ölgeschäft Hintergrund des westlichen Interesses im Iran (Petrochemische Industrie in der heute Bender Khomeini genannten Hafenstadt an der Nordspitze des Persischen Golfs).

tendste Ressource der Gegenwart und Zukunft war. Der Verbrauch stieg enorm an, auch in Friedenszeiten. Und sollte es tatsächlich einen neuerlichen Krieg geben, würden die Vereinigten Staaten nicht noch einmal den Löwenanteil der Ölversorgung aus den eigenen Quellen übernehmen können. Die Zukunft des Öls lag eindeutig im Nahen Osten: Die dortigen Reserven waren wesentlich größer und die Förderkosten deutlich niedriger als an irgendeinem anderen Ort der Welt.

Zudem war die Nachkriegszeit vom beginnenden Kalten Krieg und einer wachsenden Angst der USA vor einer Ausbreitung des Kommunismus geprägt. Im Iran als strategisch bedeutsamem Brückenkopf zwischen Europa, Asien und Afrika fürchteten sie ein Machtvakuum, das die UdSSR nur zu gern füllen würde. Schließlich hatten die Sowjets dort ihre Truppen nach dem Zweiten Weltkrieg nur widerwillig abgezogen und außerdem um eine Ölkonzession im Norden des Landes gekämpft.

Ende 1949 gaben die kommunistische Revolution in China und der erfolgreiche erste Atombombentest der UdSSR den amerikanischen Befürchtungen weitere Nahrung. Im Frühjahr 1950 forderte ein neues Strategiepapier des Nationalen Sicherheitsrates, die USA müssten überall auf der Welt unmittelbar auf eine kommunistische Bedrohung reagieren können. Der Kalte Krieg war nun allgegenwärtig und verlangte ungewöhnliche Maßnahmen.

Als Iraner und Briten im Frühjahr 1948 die Verhandlungen über eine neue Ölkonzession begannen, zeigte sich bald, dass eine Übereinkunft kaum zu erzielen war. Mit der Arroganz von Kolonialherren demonstrierten die Briten, dass eine klare Teilung der Profite, wie von den Iranern gefordert, für sie nicht akzeptabel war. Die amerikanischen Beobachter standen dieser imperialen Attitüde ablehnend gegenüber, ja, die iranischen Forderungen stießen in Washington durchaus auf Zustimmung. So handelte der US-amerikanische Konzern Aramco im Laufe des Jahres 1950 eine beispielgebende Profitteilung mit Saudi-Arabien aus.

Grundsätzlich sahen die USA in der wirtschaftlichen und sozialen Stärkung des Irans den besten und einfachsten Weg, das Land gegen Moskaus Einflussnahme zu wappnen. Und was lag hier näher, als dass der Iran endlich angemessene Einnahmen aus seinem Erdöl bekam? Andererseits war es grundsätzlich angeraten, Großbritannien zu unterstützen.

Trotz englischen Drängens will Truman keinen Militärschlag

Gegen Ende 1950 mehrten sich die warnenden Stimmen aus dem State Department und dem diplomatischen Corps: Man müsse den Freunden in London »in ihrem imperialen Sonnenuntergang« klar machen, dass es im Iran um mehr ging als um das britische Ölgeschäft. Die Angelegenheit sei Teil eines schwierigen Konfliktes von weltpolitischer Bedeutung. Wenn sich die britische Verhandlungsführung nicht grundlegend ändere, dann sei eine Nationalisierung der Ölindustrie durch die Iraner und somit der völlige Verlust der britischen Position nicht mehr abzuwenden. So geschah es denn auch im Frühjahr 1951: Das Parlament in Teheran löste am 20. März den Vertrag mit der AIOC, nationalisierte die Ölindustrie und nahm die Geschäfte selbst in die Hand. »Noch nie zuvor hatten so wenige so viel, so dumm und so schnell verloren«, erinnerte sich später US-Außenminister Dean Acheson an Englands diplomatisches Desaster.

Während der folgenden beiden Jahre wurden insgesamt sieben Anläufe genommen, um die Irankrise zu lösen. Die amerikanische Position war ambivalent, folgte dabei aber immer den geopolitischen Imperativen. So erkannten die Amerikaner einerseits ein Recht auf Nationalisierung grundsätzlich an. Höhere Einnahmen aus dem Ölgeschäft würden das Land »stabilisieren« und unempfindlich machen gegen Moskaus Lockungen und Einflüsterungen. Andererseits mussten Kompensationszahlungen für verlorenes Eigentum und verlorene Rechte geleistet werden – denn machte das iranische Beispiel im Nahen Osten Schule, wäre keine Investition mehr sicher. Deshalb tolerierte die US-Regierung auch den Boykott iranischen Öls, den die AIOC und die britische Regierung initiiert hatten, einen Boykott, der es den Iranern so gut wie unmöglich machte, ihr Öl auf eigene Rechnung zu transportieren und zu verkaufen. Dies war durchaus auch im Sinne der amerikanischen Ölkonzerne, verschärfte aber die eklatante Mangelsituation im Iran.

Dabei zeigte Washington vor allem für den Premier des Irans zunächst deutliche Sympathien. Mohammed Mossadegh, 1882 in Teheran geboren, war gebildet und geistreich, hatte in Europa studiert und eine Weile im politischen Exil verbringen müssen, bevor er im Zuge der Nationalisierungskrise als Premierminister an die Spitze der iranischen Politik vorrückte.

Mossadegh war ein glühender Verfechter der Interessen seines Landes, aber alles andere als ein Kommunist. Seine Verve brachte ihm den Respekt seiner amerikanischen Verhandlungspartner ein. Man verglich ihn mit Benjamin Franklin und dessen diplomatischen Auftritten während der Amerikanischen Revolution; das Time Magazine wählte Mossadegh im Januar 1952 gar zum »Man of the Year«. Trotz seines bisweilen exzentrischen Auftretens – Staatsverhandlungen auf höchster Ebene führte er manchmal im Schlafrock von seinem Bett aus –, durfte der iranische Premierminister nicht unterschätzt werden. Er durchschaute die amerikanischen Ängste und beschwor geschickt die drohende Hinwendung des Irans zum Kommunismus herauf, die auch er nicht mehr aufhalten könne, wenn es nicht zu einer Einigung in der Ölfrage komme. Als Verhandlungspartner war Mossadegh auch deshalb schwierig, weil er als iranischer Nationalist agierte, nicht als Geschäftsmann.

Mit jedem Monat wurde deutlicher, dass die Verhandlungen nichts brachten, und die Enttäuschung wuchs. Zu verhärtet waren die Positionen auf beiden Seiten, zu feindselig war die Stimmung. Die Situation im Land drohte aus dem Ruder zu laufen, und in Washington wuchs die Furcht, dass der Iran zwischen diesen starren Fronten in den »Sog des Kommunismus« geriete.

Gleichwohl: Eine Invasion im Iran kam für die US-Regierung nie infrage, während die Briten schon mit dem Säbel rasselten und ihre Kriegsschiffe in Position brachten. Doch Londons Buhlen um amerikanische Unterstützung blieb ohne Erfolg – und ohne diese Unterstützung wäre ein militärischer Schritt nicht möglich gewesen. »Glaubten die Briten ernsthaft«, fragte Dean Acheson einige Jahre später in der Rückschau auf die Irankrise, »dass wir die militärische Besetzung eines fremden Landes tolerieren oder gar unterstützen würden?«

100563

Mohammed Mossadegh genoss zunächst die Sympathien der Amerikaner. Als er zum Ärgernis wurde, schaltete sich der CIA ein – Mossadegh am 9. November 1953 vor einem iranischen Kriegsgericht, wo er angeklagt wurde, den Sturz der Monarchie geplant zu haben.

Auch eine Geheimdienstaktion, die kooperativere Verhandlungspartner im Iran »installieren« sollte – die Briten drängten darauf –, kam für Präsident Harry S. Truman und Außenminister Acheson nicht infrage. Doch im Januar 1953 zog der Republikaner Dwight D. Eisenhower als Präsident ins Weiße Haus ein. Eisenhower hatte während des Zweiten Weltkrieges als Oberbefehlshaber der alliierten Streitkräfte in Europa gut funktionierende Geheimdienste schätzen gelernt. Nun knüpfte er durch seine Personalpolitik ein enges Beziehungs- und Kooperationsnetz zwischen Außenministerium und CIA, um entsprechende Aktionen auch in den Zeiten des Kalten Krieges lancieren zu können.

Indessen erschien vielen Beobachtern die Position Mossadeghs mehr und mehr geschwächt. Radikale Kräfte gewannen offenbar an Einfluss. Nun kristallisierte sich die Ablösung Mossadeghs auch in den Augen der neuen amerikanischen politischen Führungszirkel als praktikabelste verbleibende Möglichkeit heraus, die Irankrise endlich zu beenden. Damit würde erstens eine ganz neue Verhandlungskonstellation geschaffen und zweitens das Land im Sinne der Amerikaner »stabilisiert«.

Der Schah flüchtet, er hofft auf die Amerikaner

Seit Februar 1953 arbeiteten der britische und der amerikanische Geheimdienst an entsprechenden Plänen, und am 25. Juni präsentierte der CIA-Agent Kermit Roosevelt im Büro des neuen Außenministers John Foster Dulles das fertige Szenario für die Operation Ajax: Unter Leitung Kermit Roosevelts würde die CIA die politische Opposition im Iran weiter anheizen. Gleichzeitig sollte die Unterstützung Schah-treuer Militärs gewonnen werden: General Fazlollah Zahedi wurde von Washington als neuer Premierminister ausgewählt. Vor allem aber musste man Schah Resa Pahlewi überzeugen, von seinem Recht Gebrauch zu machen, Mossadegh per Dekret seines Amtes zu entheben und Zahedi zu ernennen. Darin sah man den schwierigsten Teil der Operation, denn der 33-jährige Schah galt als wenig entscheidungsfreudig und hatte sich bislang damit begnügt, auf dem Pfauenthron eine gute Figur abzugeben. Trotzdem war Roosevelt vom Erfolg seines Plans überzeugt: »So werden wir den Irren Mossadegh los!«

Die Ereignisse der folgenden Wochen, befand Präsident Eisenhower später in seinen Memoiren, »glichen mehr einem Groschenroman als historischen Tatsachen«. Am 19. Juli 1953 reiste Agent Roosevelt unter einem Pseudonym in den Iran ein. Über internationale Kontaktleute sollte zunächst der Schah für die Aktion gewonnen werden. Roosevelt ließ sich auf abenteuerlichen Wegen mehrmals in den königlichen Palast hinein schmuggeln, um Resa Pahlewi unter vier Augen zu sprechen. Der Schah willigte schließlich ein, einen neuen Premierminister zu ernennen, wenn ihm Präsident Eisenhower sowie Premierminister Winston Churchill ihre volle Unterstützung zusagten. Am 15. August 1953 unterzeichnete der Schah endlich die Dekrete.

Auf Druck der amerikanischen Regierung war Mohammed Reza Pahlevi schließlich bereit, Premierminister Mossadegh seines Amtes zu entheben.

Doch Mossadegh hatte von dem geplanten Coup Wind bekommen und seinerseits ihm getreue Militärs mobilisiert, um die Übergabe des Entlassungsdekretes zu verhindern. Der Schah wurde nervös – und floh nach Bagdad; der zum neuen Premierminister erkorene Zahedi zog sich in ein CIA-Versteck zurück. Roosevelt ging neuerlich in die Offensive und ließ die Dekrete des Schahs öffentlich verbreiten. Doch auf den Straßen

Teherans fand sich keine Unterstützung für Resa Pahlewi. Stattdessen erntete man Hohn und Zorn, Standbilder wurden zerstört, und vor allem der kommunistischen Tudeh-Partei schienen neue Kräfte zuzuwachsen. Allerdings handelte es sich bei den vermeintlichen Tudeh-Aktivisten zum Teil um Agents provocateurs, die von der CIA angeheuert worden waren, um eine Gegenreaktion Schah-treuer Kräfte zu provozieren.

Am Ende mussten es die Amerikaner selbst machen: Für den nächsten Tag, den 19. August 1953, mobilisierte die CIA einen Demonstrationszug gegen Mossadegh vom Teheraner Bazar zur Innenstadt. Polizei und Militär schlossen sich dem Zug an, ebenso mehr und mehr Zivilisten, die den Ausschreitungen der vorangegangenen Tage entgegentreten wollten. Die Stimmung in Teheran kippte, Anhänger des Schahs und Fazlollah Zahedis nahmen die Radiostation ein und verkündeten die Ablösung Mossadeghs als Premierminister. Zugleich rollte Zahedi, von Gefolgsleuten umgeben, in einem Panzer auf Mossadeghs Haus zu. Bei der mehrstündigen Schlacht, die nun entbrannte, kamen etwa dreihundert Menschen ums Leben. Mossadegh konnte zwar noch einmal fliehen, stellte sich aber am folgenden Tag. Nun kehrte auch der Schah nach Teheran zurück.

Kermit Roosevelt hatte seine Aufgabe erfüllt. In den Tagen nach dem Machtwechsel in Teheran verhaftete die Polizei beinahe 2000 Mitglieder der Tudeh-Partei. Mohammed Mossadegh wurde im Dezember 1953 zu drei Jahren Haft verurteilt und danach ins Exil verbannt. Das gleiche Schicksal traf circa 270 seiner Anhänger.

In den Monaten nach dem Coup handelten Briten, Amerikaner und Iraner die Rückführung des iranischen Öls auf den Weltmarkt aus. Dabei ließen die US-Unterhändler nie auch nur den Hauch eines Zweifels daran aufkommen, wer in diesen Unterredungen den Ton angab. Vor allem der »Stabilisierung« des Irans und somit der Region sollte nun absolute Priorität eingeräumt werden. Daran hing, wie man in Washington meinte, nicht zuletzt die nationale Sicherheit der USA. Währenddessen zögerten die amerikanischen Ölkonzerne nicht, im Iran einzusteigen. Eine Wiederaufnahme der Ölproduktion unter britischer Leitung wäre selbst

100562

Der von der CIA am 19. August 1953 initiierte Demonstrationszug mündete in mehrstündigen Straßenschlachten, bei denen mindestens 300 Menschen ums Leben gekommen sein sollen. Schließlich wurde die Regierung von Premierminister Mohammed Mossadegh gestürzt.

nach dem Regierungswechsel für die Iraner nicht hinzunehmen gewesen. Also gründete man nun ein internationales Konsortium, in dem die britische AIOC nur noch 40 Prozent der Anteile hielt. Weitere 40 Prozent gingen an die großen fünf amerikanischen Ölkonzerne, das letzte Fünftel teilten sich die Royal Dutch Shell und die Compagnie Française de Pétrole. Die Iraner erhielten fortan die Hälfte der Profite, die das Konsortium einstrich, die AIOC bekam eine moderate Entschädigung zur Deckung ihrer Verluste, und die AIOC-Aktie schnellte auf Rekordhöhe.

Die Amerikaner hatten im Laufe der Irankrise im Nahen Osten das Heft in die Hand genommen – mehr als drei Jahre vor dem Konflikt um die Besetzung des Suezkanals in Ägypten. Im Iran errichteten sie das Paradebeispiel eines korrupten und brutalen Marionettenregimes. Gefüttert mit hoher Militär- und Wirtschaftshilfe sowie gestützt durch einen rücksichtslosen Geheimdienst, machten sie den Schah für die nächsten 25 Jahre zur starken Figur im Land – und zu einem der verhasstesten Diktatoren der islamischen Welt. *14. August 2003*

Nikita Chruschtschow

Papa tobte nie zu Hause

Nikita Chruschtschow hielt die Welt in Atem – mit Raketen und einem Wutanfall. Sein Sohn Sergej ist seit 1999 Amerikaner

Von George Feifer

Väter und Söhne, das alte russische Motiv. Besonders dieser Sohn ähnelt seinem berühmten Vater so sehr, dass die Verwandtschaft sogar in dieser Umgebung nicht zu leugnen ist. Das kapitalistische Amerika war das Ziel der sozialistischen Raketen, deren Sprengkopfsysteme Sergej N. Chruschtschow mit entwickelte. Aber das war früher, in seinem vorigen Leben. Jetzt ist der frisch gebackene US-Bürger, neu geboren im Alter von 64 Jahren, Ehrengast bei einem Empfang der Brown University in Providence, Rhode Island, wo er über internationale Beziehungen lehrt und forscht. An seine Seite schmiegt sich Walentina Golenko, seine Frau, die früher Informatikerin war.

Der Raum füllt sich mit den Kollegen. Die Gläser werden mit Veuve Clicquot gefüllt. Der Direktor des Thomas-J.-Watson-Instituts für Internationale Beziehungen hebt sein Glas. »Lieber Sergej, wenn mir jemand vor zehn Jahren erzählt hätte, dass du hier bei uns sein würdest, ich hätte vermutet, er müsste etwas anderes als Champagner getrunken haben. Wir sind glücklich – deinetwegen und unseretwegen!«

Eine ungewöhnliche Feier. In Moskau wird Chruschtschows Entscheidung für die amerikanische Staatsbürgerschaft als Verrat gebrandmarkt, und ein Teil der offiziellen Missbilligung trifft den eigenen Sohn, einen Journalisten namens Nikita. Hier in Amerika hingegen wird der Dozent des Instituts, den alle einfach Sergej nennen, sowohl geschätzt als auch bewundert. »Charmant«, »freundlich« und »völlig unkompliziert« lautet das Urteil über ihn. Das Lächeln und der Beifall nach seiner gewandten Dankrede sind alles andere als eine Pflichtübung.

»Moment mal, Sergej«, stellt eine Dozentenkollegin ihn beim Anstoßen auf die Probe. »Kannst du eigentlich schon die Nationalhymne singen?« – »Ich nicht, aber Walentina«, antwortet er ohne ein Zögern.

Gelächter. So viel Leichtigkeit ist nicht die Regel bei akademischen Versammlungen hierzulande. Die Geschichten darüber, dass die russische Art zu feiern das Institut belebt, sind offenbar nicht aus der Luft gegriffen.

Auch das Moskauer Fernsehen berichtet über den Empfang. Der Mann, dessen ungewöhnliche Vergangenheit ihm die ersten 15 Minuten Berühmtheit als Neubürger verschafft, ist schon auf dem Sprung nach Boston, um weitere Auftritte zu absolvieren. In seinem gemütlichen kleinen Büro klingelt das Telefon unablässig – weitere Interviewwünsche aus aller Welt verfolgen ihn. »Diese Aufmerksamkeit haben Walentina und ich wirklich nicht erwartet. In Zukunft sind wir vorsichtiger.«

Professor Sergej Chruschtschow, Sohn des früheren Partei- und Staatschefs der Sowjetunion, ist Ingenieur für Raketenbau und seit 1999 amerikanischer Staatsbürger.

100562

Nikita Chruschtschow war ein fröhlicher Familienvater, der gern aß und sang, aber niemals prügelte und brüllte.

100562

Das spontane Grinsen, das immer wieder sein Gesicht erhellt, entblößt einige Zahnlücken. Blickte man nicht auf das gestärkte weiße Hemd – die Brille und die spärlichen Haarbüschel oberhalb der Stirn sind Rechtfertigung genug –, wäre es leicht, ihn Nikita Sergejewitsch zu nennen. Aber da gibt es noch feinere Unterschiede. Dem Vater fehlte die intellektuelle Patina dieses promovierten Ingenieurwissenschaftlers, der es immerhin auch zum Helden der sozialistischen Arbeit brachte und dessen bedeutsame Beiträge zur sowjetischen Kybernetik ihm den Lenin-Preis eintrugen.

»Ja, diese Medienaufmerksamkeit – warum bloß? Sollte man nicht Bürger des Landes sein, in dem man wohnt? Außerdem bin ich nicht übergelaufen. Zu geloben, keiner anderen Armee zu dienen, heißt ja nicht, seine Wurzeln zu verraten. In Russland müssen nur Präsidentschaftskandidaten angeben, welche weiteren Staatsbürgerschaften sie besitzen.«

»Und spielen Sie mit dem Gedanken, Sergej Nikitowitsch?«

»Gott bewahre. Politik, nein danke. Ich bin glücklich mit meiner Forschung und mit dem Schreiben. Ich bin überhaupt glücklich hier. Die Amerikaner sind unglaublich freundlich, und es ist einfach vergnüglicher, in den Nachrichten zu verfolgen, wie der Haushaltsüberschuss ausgegeben werden soll, als Meldungen zu hören, wer eine weitere Milliarde auf die Seite gebracht hat, Jelzin oder Beresowskij oder alle beide.«

Der Vater versprach noch, Amerikas Kinder würden eines Tages unter kommunistischer Herrschaft leben. Der Sohn kann in seiner Entscheidung nichts Geheimnisvolles erkennen, auch keine Ironie der Geschichte, besonders da es in seinem Vaterland für seinen Geschmack im Winter zu kalt und im Sommer zu heiß ist. Außerdem lebten zu allen Zeiten Angehörige der russischen Eliten im Westen. Schon 1956 konnte er sich einen ersten Eindruck von dessen Vorzügen verschaffen, als er Papa nach London begleitete und dabei einen Blick auf die armen Opfer des Kapitalismus werfen konnte, die sich in den reichlich bestückten Geschäften mit Waren aller Art eindeckten. Als 1990 das Sowjetreich zusammenbrach, hatte er gerade eine Gastprofessur in Harvard. Und weil er sich dort äußerst wohl fühlte und die Annehmlichkeiten von Computern schätzte, die anders als daheim nicht »ständig auseinander fielen«, ließ er sich im darauf folgenden Jahr mehr oder weniger dauerhaft in den USA nieder.

Nikitas Beißen war doch nur ein Bellen

Ob Russe oder nicht – kein Sohn kann seinem Vater so ergeben sein wie dieser hier. Nicht nur dass er ihn verteidigt; er pflegt liebevolle Erinnerungen an ihn. Erinnerungen, die sich deutlich von denen des Westens unterscheiden: an den Bau der Mauer, die eine Stadt und ein Land teilten, sowie einen Schuh, mit dem er auf ein UN-Pult trommelte. Eigentlich, sagt Sohn Sergej, sei Nikitas Beißen nur ein Bellen gewesen. Und das Bellen habe schon einer besonderen Anstrengung bedurft. Zu Hause habe der fröhliche Familienvater, der so gern aß und sang, niemals geprügelt, getobt oder gebrüllt, selbst dann nicht, wenn die Köchin den Fisch zerkocht hatte. Sein oberstes Ziel sei einfach gewesen: ein besseres Leben für sein Volk – deshalb nahm er 1963 auch Frau und Kinder mit, um Titos Jugoslawien zu besuchen. Er hegte inzwischen den Verdacht, etwas hindere das sowjetische System daran, sein Versprechen vom schnellen ökonomischen und sozialen Fortschritt einzulösen, und deshalb wollte er eine andere Spielart des Sozialismus in Augenschein nehmen.

Gegen Ende der Reise erzählte Papa seinem Sohn Sergej, dass der blühende Tourismus ein Modell sein könne, nicht aber das jugoslawische System, das letztlich dasselbe sei wie das sowjetische, »nur anders angestrichen«. Was sollte das heißen? »Nicht unbedingt, dass er einen radikalen Wandel wollte; vor solcher Spekulation würde ich warnen.«

Andererseits brachte der Kreml-Führer wichtige wirtschaftliche Reformen auf den Weg und ließ auch die Veröffentlichung weitergehender Denkmodelle zu. »Vielleicht kann man von einer frühen Form des Sozialismus mit menschlichem Angesicht sprechen, der auf einer wirtschaftlichen Dezentralisation basierte und Unternehmern mehr Freiraum ließ. Aber natürlich machten dies und die Einschnitte meines Vaters in den Militäretat Breschnjew und Genossen sehr hellhörig. Sie setzten ihn ab, um die ›Stabilität‹ ihrer Ordnung nicht zu gefährden.«

Auch in der Außenpolitik machten widersprüchliche Interessen häufig einen Strich durch die Rechnung von Chruschtschow senior, der wirklich – ja was? Nun, Frieden und Freundschaft wollte. Längst ist ja bekannt, dass der amerikanische Präsident Eisenhower 1960 nur höchst widerwillig weitere Aufklärungsflüge über dem Gebiet der Sowjetunion genehmigte, weil er befürchtete, den Fortschritt zu gefährden, den er und Nikita Chruschtschow auf dem Pariser Gipfel hätten erreichen können. Bekannt geworden ist außerdem, dass das feierliche Versprechen des CIA-Chefs Allen Dulles, die in großer Höhe fliegenden U2-Aufklärungsflugzeuge könnten ganz sicher nicht vom Himmel geholt werden, dabei half, Ike zu veranlassen, eine neue U2-Variante am Vorabend dieses Gipfels zu genehmigen. »Jedenfalls war die Flugabwehrrakete, die den Flieger abschoss, viele

Jahre alt - und es gab zwei sowjetische Flugzeuge, die das Gleiche konnten. Kaum vorstellbar, dass die CIA das nicht wusste, und unmöglich ist es zu glauben, dass Leute, die den Gipfel zum Erfolg machen wollten, diesen unseligen Flug veranlasst haben sollten.«

Den Präsidenten eines Landes zu treffen, welches den sowjetischen Luftraum verletzt hatte, stellte Chruschtschow zu Hause natürlich vor Probleme. Trotzdem ließ er Eisenhower durch den amerikanischen Botschafter in Moskau wissen, dass er die Angelegenheit schnell und friedlich regeln wollte, um dann einen Tag früher als geplant nach Paris zu fliegen, damit die beiden privat miteinander reden konnten. Jetzt aber wurde noch etwas anderes abgeschossen: nämlich die Absicht des Präsidenten, sich zu entschuldigen. Seine Berater, voran der damalige Außenminister Christian A. Herter, lehnten dies rundweg ab. Der Gipfel platzte, und auch Ikes geplanter Besuch in der Sowjetunion wurde abgesagt; ein großer Tag für die Hardliner in der Kreml-Führung, deren Lieblingswort »Stabilität« lautete und die nun lauthals Chruschtschow vorwerfen konnte, dem Westen gegenüber zu nachgiebig zu sein.

»Weil es keine neuen Hinweise gibt, bleibt dieser U2-Flug ein Geheimnis. War es eine Provokation? Fest steht nur eines: dass viele einflussreiche Amerikaner gegen die Entspannung waren – jene nämlich, die genau wie in Russland den geplanten Atomsperrvertrag ablehnten, weil sie nur eines wollten - testen, testen, testen.«

Zwei Jahre später ließ die Kubakrise John F. Kennedy und Nikita Chruschtschow wohl als zwei Schockierte zurück. Wieder einmal waren die amerikanische und die sowjetische Führung dabei gewesen, dem Frieden einen entscheidenden Schritt näher zu kommen - als auch dieser Versuch beseitigt wurde, zusammen mit dem amerikanischen Präsidenten. »Wir wissen nicht, ob die beiden Völker zur Veränderung bereit waren, um sich nebeneinander einzurichten. Die ungelösten Rätsel des Attentats werden noch verstärkt durch den Rückschritt im gegenseitigen Verständnis, der sich deutlich abzeichnete. In wessen Interesse hätte das liegen können?«

Sergej Chruschtschow räumt ein, dass diese verpassten Gelegenheiten einen Kummer für die ganze Welt und besonders für die Sowjetunion eine Katastrophe bedeuteten. Der Sozialismus, der sich vielleicht hätte retten lassen, brach zusammen, immer noch im eisernen Griff des Zentralismus, den sein Vater zu lockern versucht hatte, und unter dem Gewicht eines Militärhaushaltes, den er zurückschrauben wollte. Dann wurde das Land Opfer von »verrückten« Plänen, auf der Stelle die Marktwirtschaft zu etablieren, obwohl alles in der nationalen Geschichte und im Charakter des Landes nach graduellen Reformen verlangte.

»Das führte natürlich nicht zur Marktwirtschaft, sondern zu Räuberei. Wenn nach wie vor circa zwei Milliarden Dollar monatlich aus dem Land geschmuggelt werden, wenn sich die Gesellschaft nicht von ihrer tödlichen Krankheit erholt, löst sich das Land womöglich auf. Wie auch immer, das Chaos ist zu groß, als dass Außenstehende es noch mildern könnten.«

Die große slawische Wehmut ist merkwürdig nur deshalb, weil der Gesprächspartner offensichtlich immun dagegen ist. Weil er im professoralen Elfenbeinturm sitzt? Nein. Eher schon, weil der Neubürger gleich eine ordentliche Dosis vom trotzigen Optimismus der Amerikaner mitbekommen hat. Stimmt, Russland liegt in Trümmern, aber er hat seine Vorlesungen vorzubereiten – und dazu jetzt auch noch eine Unmenge von Interviews zu geben. »Wenn ich es nicht täte, müsste ich noch mehr Zeit damit verbringen, die Fehler der Journalisten zu korrigieren. Außerdem bessere ich mein Einkommen mit Vorträgen auf, und da ist freie Werbung für mich absolut willkommen.«

Ein Widerspruch zu jenem auch in Russland bekannten Sprichwort vom Apfel, der nicht weit vom Stamm fällt? Kaum. Walentina jedenfalls erkennt in ihrem Ehemann den Pionier, »genau wie der Vater«.

Ob der Vater eines Tages, wenn er die funktionelle Überlegenheit des Kapitalismus über den Sozialismus, den er für den Ursprung einer höheren Zivilisation hielt, anerkannt hätte, womöglich auch nach Amerika gegangen wäre? Der Sohn selbst hält das nicht für ganz abwegig. Und dann gibt es noch ein anderes russisches Sprichwort. Nicht der Ort prägt den Menschen, sondern umgekehrt. *5. August 1999*

Luftbrücke

»Wir bleiben, punktum!«

Mit 380 Rosinenbombern gegen Stalin – 1948 begann der erste Konflikt um West-Berlin

Von Theo Sommer

Ein toller Tag, vermerkte der amerikanische Präsident Harry Truman am 13. September 1948 mit feiner Ironie in seinem Tagebuch. »Berlin ist ein Riesendurcheinander.« Sein Verteidigungsminister und die Top-Generäle Vandenberg und Bradley, notierte er weiter, »halten Vortrag über Stützpunkte, Bomben, Moskau, Leningrad usw. Hinterher habe ich das fürchterliche Gefühl, dass wir kurz vor dem Krieg stehen. Ich hoffe, dass dem nicht so ist.« Krieg in Europa? Die Einheit der vier Siegermächte war längst zerbrochen. Deutschland hatte sie 1941 zusammengeführt; jetzt spaltete es die Kriegskoalition. Amerikaner, Briten und – nach langem Zögern – auch die Franzosen waren entschlossen, die drei Westzonen zu vereinigen, ihre Wirtschaft durch eine Währungsreform anzukurbeln, mit der Einrichtung einer verfassunggebenden Versammlung die Vorbereitungen für die Gründung eines demokratischen Staates in Westdeutschland voranzutreiben und die künftige Bundesrepublik in Westeuropa zu integrieren.

Im Kreml setzten Stalin und sein Außenminister Molotow diesen Plänen ein hartes und harsches Njet entgegen. Zur gleichen Zeit schürten sie den Bürgerkrieg in Griechenland; im Februar 1948 putschten sich in der Tschechoslowakei die Kommunisten an die Macht; das Verhältnis zwischen Moskau und Titos Jugoslawien trieb angesichts der sowjetischen Gleichschaltungsversuche auf den Bruch zu. George Kennan, Leiter des Planungsstabes im US-Außenministerium, hielt sogar eine Machtergreifung der Kommunisten in Italien und Frankreich für möglich. Im Westen wuchs die Nervosität.

Trumans Botschafter in Moskau, Walter Bedell Smith, hatte schon im Vorjahr gewarnt: Wenn es zur Krise zwischen Ost und West käme, würden die Sowjets in Berlin die Daumenschraube ansetzen. In Smith' Analyse war zum ersten Mal das Wort »Blockade« aufgetaucht. Jetzt war es so weit. Lucius D. Clay, der amerikanische Stadtkommandant in Berlin, witterte schon früh die atmosphärische Veränderung. Anfang März kabelte er nach Washington, die russische Haltung verhärtete sich zusehends. Wenige Tage später zogen die sowjetischen Vertreter aus dem Alliierten Kontrollrat aus; Marschall Sokolowskij erklärte dieses Siegergremium für nicht mehr bestehend. Jeder spürte, dass sich Unheil zusammenbraute.

Es begann Ende März mit Nadelstichen gegen die Eisenbahntransporte der Westalliierten von und nach Berlin. Clay antwortete mit der Einrichtung eines improvisierten »Baby Airlift«, der drei Tage lang die Versorgung der westlichen Garnisonen sicherstellte. Daraufhin hoben die Sowjets die Miniblockade wieder auf. Zugleich behinderten sie jedoch den deutschen Berlin-Verkehr immer stärker. Sie unterbrachen zeitweise die Binnenschifffahrt, verzögerten die Briefpost und ließen Pakete nur noch durch, wenn sie im Ostsektor aufgegeben wurden.

Schlag auf Schlag setzte es dann nach dem 7. Juni, an dem die Westmächte ihre »Londoner Empfehlungen« für die Errichtung des westdeutschen Staates verkündeten. Am 9. Juni wurden neue Vorschriften für den deutschen Reiseverkehr erlassen, am 12. Juni die Autobahnbrücke über die Elbe bei Magdeburg wegen angeblicher Reparaturarbeiten gesperrt, am 15. Juni wurde der Ausgangspunkt für den Interzonenverkehr in den Bahnhof Friedrichstraße verlegt. Am 16. Juni verließen die Sowjets die Alliierte Kommandantur. Den Auslöser für die totale Blockade gab schließlich am 18. Juni die Verkündung der Währungsreform in Westdeutschland. Die Russen kündigten an, ganz Berlin werde in eine ostdeutsche Währungsreform einbezogen. Danach führten die Westmächte am 23. Juni die D-Mark (mit dem Überdruck »B« für Berlin) in den drei Westsektoren der Stadt ein.

Über den ADN-Ticker erfuhr die Welt noch am gleichen Tag, wie die Sowjets reagierten: »Die Transportabteilung der Sowjetischen Militärverwaltung sieht sich gezwungen, auf Grund technischer Schwierigkeiten den

160

322 Tage lang unterbanden die Russen die Versorgung Westberlins zu Lande und zu Wasser (Lastwagen während der Blockade 1948).

Verkehr aller Güter- und Personenzüge von und nach Berlin ab morgen früh, 6.00 Uhr, einzustellen.« Unmittelbar danach wurde auch der Schiffsverkehr gesperrt und die Versorgung West-Berlins mit Lebensmitteln, Elektrizität und Kohle aus der Sowjetzone eingestellt. Die Blockade hatte begonnen. Sie sollte 322 Tage dauern.

West-Berlin verfügte für seine 2,1 Millionen Einwohner über Kohlevorräte für 45 Tage, über Lebensmittelreserven für 36 Tage. Was tun?

Clay rief noch am 24. Juni den Luftwaffengeneral Curtis LeMay in Wiesbaden an und gab ihm Weisung, sämtliche Lufttransporter des Typs C-47 für Versorgungsflüge nach Berlin bereitzustellen. Die ersten dieser zweimotorigen Dakotas landeten noch am selben Tag auf dem Tempelhofer Flugfeld, mit 80 Tonnen Lebensmitteln. Am zweiten Tag steigerte sich die Transportleistung auf 295 Tonnen, am dritten Tag auf 384. Nachschubexperten hatten freilich ausgerechnet, dass 4000 Tonnen täglich das Minimum waren, um die Berliner über die sowjetische Hungerblockade hinwegzuretten. Nicht viele glaubten, dass dieses Transportvolumen zu erreichen war.

Die Luftversorgung Berlins begann mit 110 Maschinen. Aber die Amerikaner ließen von Alaska, Japan, Hawaii, Panama und der Karibik sämtliches verfügbare

100264

Amerikanische und britische Flugzeuge flogen rund um die Uhr – manchmal landeten über 1 000 Flugzeuge täglich in Berlin.

Fluggerät heranführen, vor allem auch viermotorige C-54-Transporter, die zehn Tonnen laden konnten. Auch die Briten setzten alles ein, was flugfähig war; auf der Havel gingen sogar Sutherland-Flugboote mit Ladungen von Steinkohle und Salz nieder. Die Franzosen, deren Luftwaffe in Indochina gebunden war, leisteten technische Hilfe. »Operation Vittels« (von victuals, Lebensmittel) nannte die U.S. Air Force ihr Unternehmen, »Operation Plainfair« taufte die Royal Air Force das ihre. Beide zusammen wuchsen sich zum größten Lufttransportunternehmen aus, das die Welt bis dahin gesehen hatte.

Trockenkartoffeln, Trockenei, Trockenfrüchte ...

Die Leistung steigerte sich von Woche zu Woche und von Monat zu Monat: 69 000 Tonnen wurden im Juli eingeflogen, im August schon 119 000. Im Weihnachtsmonat wurden 141 000 Tonnen ausgeladen, im Mai 1949 waren es 250 000. Die »Rosinenbomber« flogen rund um die Uhr. Am Ende landeten die Maschinen im Abstand von 90 Sekunden, manchmal über 1 000 Flugzeuge täglich, auf den Flughäfen Tempelhof und Gatow; seit Dezember auch auf dem binnen drei Monaten eiligst errichteten neuen Flughafen Tegel.

General Clay hatte eigentlich eine andere Lösung vorgeschwebt: Er wollte eine Kolonne von 200 Lastwagen mit Pionieren und bewaffneten Begleitmannschaften auf den Weg schicken, um die von den Russen vorgeschobenen »technischen Schwierigkeiten« auszuräumen. Der amerikanische Generalstab sprach sich jedoch dagegen aus; das Risiko eines Zusammenstoßes erschien ihm zu hoch. Indessen befand Präsident Truman unmissverständlich: »Wir bleiben, punktum!« Die Briten waren genauso entschlossen, nicht klein beizugeben. »Die Preisgabe Berlins liefe auf den Verlust Westeuropas hinaus«, sagte Außenminister Bevin. Also blieb es bei der Luftbrücke. Im Übrigen verhängten die Westalliierten eine Gegenblockade: Westdeutsche Waren durften nicht mehr in die Ostzone geliefert werden.

Lucius D. Clay war von 1947 bis 1949 Militärgouverneur in der amerikanischen Zone und damit verantwortlich für die Einrichtung der Berliner Luftbrücke.

Für die Berliner waren die 322 Tage der Blockade eine bittere Zeit. Strom lieferten die sieben verbliebenen Kleinkraftwerke nur zwei Stunden am Tag; für das neue Kraftwerk Reuter mussten die Einzelteile erst auf dem Luftwege herangeschafft werden. Mit knurrendem Magen saßen die »Insulaner« in kalten und dunklen Räumen. »Es jibt nischt – und och det is knapp«, befand der Volksmund. Die tägliche Ration für Normalverbraucher lag bei 1585 Kalorien: 400 Gramm Brot, 40 Gramm Fleisch, 40 Gramm Zucker, 400 Gramm Trockenkartoffeln, 5 Gramm Käse. Und was da auf den Tisch kam, kostete viel Überwindung: Trockenkartoffeln, Trockengemüse, Trockenmilch, Trockenei, Trockenfrüchte – über die Luftbrücke kamen ja wegen des Gewichts nur Konzentrate, nichts Wasserhaltiges. Doch der Hunger trieb sie den Menschen hinein.

Die Belagerten ließen sich nicht unterkriegen. Von dem Angebot, ihre Lebensmittelkarten in Geschäften des Ostsektors eintragen zu lassen und dort auch Kohle einzukaufen, machten keine fünf Prozent der 920 000 West-Berliner Familien Gebrauch. Mit zusammengebissenen Zähnen erduldeten sie Kurzarbeit und Arbeitslosigkeit. Auf kommunistische Schikanen – Schurigeleien an der Humboldt-Universität, Terror gegen die Stadtverordnetenversammlung – reagierten sie im Dezember mit der Gründung der Freien Universität und mit der Verlegung des Magistrats nach West-Berlin. Bei den Wahlen am 5. Dezember erhielt die SPD 64,5 Prozent, im Januar 1949 konnte endlich Ernst Reuter das Amt des Oberbürgermeisters antreten – der Mann, der wie kein anderer den Durchhaltewillen der Berliner bestärkt, ihnen Mut und Hoffnung gemacht und die Sympathie des Auslands für Berlin geweckt hatte: »Völker der Welt, schaut auf diese Stadt!«

Die ersten diplomatischen Sondierungen unternahmen die Westmächte schon Ende Juli im Kreml. Stalin ließ keinen Zweifel daran, dass ihm die geplante Währungsreform ein Dorn im Auge war und er mit der Blockade die Gründung eines westdeutschen Staates verhindern wollte. Dennoch nahm der Parlamentarische Rat am 1. September seine Arbeit auf. Die Gespräche über einen Berlin-Kompromiss gerieten danach ins Stocken. Auch die Vereinten Nationen scheiterten daran. Es war in dieser Phase, dass Harry Truman seinem Tagebuch die Befürchtung anvertraute, dass es bald zum Kriege kommen könnte.

Die Freiheit gerettet – doch die Spaltung vertieft

Die Monate zogen sich hin. Dann gab Stalin im Januar 1949 dem Hearst-Korrespondenten Kingsbury Smith ein Interview, in dem er andeutete, er könne sich die Aufhebung der Berlin-Blockade vorstellen, wenn der Westen seine Gegenmaßnahmen zurücknehme und sich damit einverstanden erkläre, dass vor der Gründung eines westdeutschen Staates noch eine Außenministerkonferenz der vier Siegermächte zusammentrete. Von einer Rücknahme der Währungsreform war nicht mehr die Rede. In Washington – wo am 4. April die NATO aus der Taufe gehoben wurde – gab es kein Zögern, das Signal aufzugreifen. Gespräche zwischen den beiden UNO-Botschaftern Malik und Jessup mündeten in die Vereinbarung, die Blockade am 12. Mai 1949 zu beenden.

Die Berliner jubelten. Die Straßenbahnen fuhren beflaggt durch die Stadt. An der Zonengrenze fielen die

Schranken, die ersten Züge und Lastwagen rollten wieder. Viele von denen, die aus Berlin kamen, trugen die übermütig-dankbare Aufschrift: »Wir haben überlebt!« Stolz und Erleichterung lag in Ernst Reuters Ausruf: »Der Versuch, uns auf die Knie zu zwingen, ist gescheitert.« Lakonisch fügte Reuter an: »Wir werden von den Trockenkartoffeln ohne Trauer Abschied nehmen.«

Die Luftbrücke wurde vorsichtshalber noch nicht gleich abgeblasen, sondern so lange aufrechterhalten, bis ein Vorrat von 200 000 Tonnen an Kohlen und Lebensmitteln angesammelt war. Die Amerikaner beendeten ihre Versorgungsflüge am 31. September mit der Landung einer Skymaster, die acht Tonnen Kohle und zehn Reporter an Bord hatte. Das letzte englische Flugzeug, eine Hastings, landete am 6. Oktober in Gatow.

Die technische Bilanz des Unternehmens Luftbrücke war imposant. Im Einsatz waren 380 Flugzeuge und 57 000 Mann Luftwaffenpersonal. In 462 Tagen führten Amerikaner und Briten 277 246 Flüge durch und beförderten über 1,8 Millionen Tonnen Güter nach Berlin, allein zwei Drittel davon Kohle. Die Gesamtkosten sind

1585

Die Berliner Universität lag im sowjetischen Teil der Stadt. Die zunehmende kommunistische Einflussnahme hatte dort schon seit 1947 zu Protesten geführt. Vor dem Hintergrund der Berliner Blockade stimmte der Magistrat von Groß-Berlin der Errichtung einer freien Universität zu.

auf 2 Milliarden Mark veranschlagt worden. Davon trugen die Amerikaner 350 Millionen Dollar (damals knapp 1,5 Milliarden Mark), die Briten, die ein Drittel der Fracht befördert hatten, 17 Millionen Pfund (damals rund 200 Millionen Mark). Die Deutschen brachten mit dem »Notopfer Berlin« – einer Sondersteuer samt einem Zwei-Pfennig-Aufkleber neben jeder Briefmarke – monatlich etwa 40 bis 50 Millionen Mark auf.

Bei der Luftbrücke gingen 38 Flugzeuge durch Unfälle verloren; 39 Briten, 31 Amerikaner und acht Deutsche kamen ums Leben. Das bis dahin namenlose Halbrund am Flughafen Tempelhof erhielt am 25. Juni 1949 den Namen Platz der Luftbrücke. Für die Gestaltung eines Denkmals setzte der Senat sechs Preise von insgesamt 10 000 Mark aus. Die »Hungerharke«, wie die Berliner das in seiner Kargheit eindrucksvolle Monument tauften, eine Schöpfung des Bildhauers Eduard Ludwig, wurde 1951 eingeweiht.

Wer hatte gesiegt? Der Westen, dessen Motto lautete: »Nie wieder München«? Die Berliner, die nach der Devise handelten: Nie wieder Unterwerfung unter eine Diktatur? Beide zusammen haben damals die Freiheit gerettet. Aber den Status quo konnten sie nicht umstülpen, den Kalten Krieg nicht verhindern. In den Monaten der Luftbrücke zerbrach die Einheit der Stadt wie die Einheit des Landes. Die Anti-Hitler-Koalition zerfiel. Die Welt spaltete sich in zwei Blöcke – und die Atombombe fror die Spaltung ein. Nicht umsonst hatten die Amerikaner im Juli 1948 60 Atombomber des Hiroshima-Typs B-29 nach England verlegt. Von nun an herrschte das Gleichgewicht des Schreckens.

Erst 40 Jahre später taute wieder auf, was damals vereiste. Wobei sich die Menschheit glücklich schätzen darf, dass der dritte Weltkrieg, in dessen Abgrund Harry Truman im September 1948 angstvoll zu blicken meinte, nie Wirklichkeit geworden ist. *7. Mai 1998*

Christlich-Demokratische Union

Von Grund auf neu

Warum und wozu die CDU erfunden wurde – ein Bericht aus der mageren Zeit

Von Gunter Hofmann

Und sie weinten bitterlich. Helmut Kohl selbst hat das so geschildert, jene Etappe aus den letzten Kriegstagen. Aus einem Wehrertüchtigungslager bei Berchtesgaden wollte der Pimpf gemeinsam mit Freunden zurück zur Familie nach Ludwigshafen. Aber ohne Passierschein mochten die Amerikaner in Mannheim die Jungen nicht über den Rhein lassen.

Daher die Tränen. Die hat er dann nicht mehr oft vergossen, wie sein Biograph, Klaus Dreher (Leben mit Macht) es schildert. Ob der Schüler nun mit gefesselten Füßen durchs Freibad kraulte, um seinen Freunden zu beweisen, dass er selbst so noch schneller war als sie. Ob er die Hasen und Hühner zu Hause zu dressieren versuchte. Ob er das Klassenbuch führte und für Klassenmoral sorgte, gerecht, aber darauf achtend, dass es zu einer gewissen »Kumpanei des Anführers mit seinen Helfern« kam. Immer bestätigen diese Geschichten das gleiche Bild. Das Talent, das er an sich entdeckte, wollte er nutzen. In der CDU, aber klar. Schon mit sechzehn Jahren, 1946, zog es Kohl hinein in diese Partei, die damals eigentlich noch gar keine Partei war, sondern ein Sammelsurium ohne Kontur.

Ein irgendwie christlicher Verbund – »die Idee lag in der Luft«, notiert Hans-Otto Kleinmann, der die Geschichte der CDU geschrieben hat. Berlin, Frankfurt am Main und Köln, alle drei bis auf den Boden zerstört, waren die Zentren, in denen vor allem der Gedanke geboren wurde, in der »schwersten Katastrophe, die je über ein Land gekommen ist« den »Weg der Sühne« und den »Weg der Wiedergeburt« zugleich zu gehen (wie es im Gründungsaufruf aus der Hauptstadt vom 26. Juni 1945 heißt). Eine überkonfessionelle Sammlungsbewegung sollte es sein, nicht nur das alte katholische Zentrum der Kaiserjahre und der Weimarer Zeit.

Die Zäsur konnte gar nicht radikal genug sein, keine andere Partei wollte dermaßen »etwas von Grund auf Neues« schaffen. Nur muss man hinzufügen: Gerade eine bürgerliche Partei hatte das unmissverständlicher klarzumachen als andere. Partei wurde die CDU erst im Jahr 1950. Im Odeon-Saal des unzerstört gebliebenen Harzstädtchens Goslar hatten sich die Delegierten versammelt, um sich erstmals ein gemeinsames Statut und ein Programm zu geben. Zu der Zeit war Konrad Adenauer bereits ein Jahr Kanzler. Beethovens Egmont-Ouvertüre begrüßte ihn, als er in den Saal kam. Und Jubel, Jubel. »Es grüne die Tanne, es wachse das Erz, Gott gebe uns allen ein fröhliches Herz!« Nahe der »blutenden Wunde Deutschlands«, der »Sperre« zum Osten, sei man zusammengekommen, begrüßte der Vorsitzende des niedersächsischen Landesverbandes die Teilnehmer. Ein Oberkirchenrat, aber bitte.

In den mageren Jahren davor hatte noch Chaos geherrscht, und keine Chaostheorie weit und breit. Ord-

100562

Konrad Adenauer war von 1950 bis 1966 Vorsitzender der CDU und hat die Partei maßgeblich geprägt.

nung sollte einkehren, aber eine zentralistische Partei wollten die wenigsten, eine »Bewegung von unten« wollte man sein, nicht an Konfessionen, Klassen oder Interessen gebunden. Die Partei im Entstehen musste und wollte den Neuanfang dramatisieren, ohne sich aus jeder Kontinuität lösen, das »Volk« neu backen oder das Neue schon definieren zu können.

Das »System« CDU – die CSU, mit monarchistischen Resten, noch bäuerlicher und noch viel katholischer als der große Bruder, ging von Anfang an ihren bayerischen Sonderweg –, dieses System der frühen Jahre also erscheint im Nachhinein geradezu logisch. In mancher Hinsicht hieß Undeutlichkeit, in anderer Überdeutlichkeit ihr Gebot.

Unscharf bleibt die Haltung der Neugründer zur Vergangenheit. Hans-Peter Schwarz, der Adenauer-Biograph, referiert das so: »Es ist bekannt, dass der protestantische Volksteil der nationalsozialistischen Verführung sehr viel schneller und widerstandsloser anheim gefallen ist als der katholische ... Keiner spricht laut davon, aber jeder weiß es, dass künftig nur diejenige Partei Mehrheiten gewinnen wird, die auch das Millionenheer ehemaliger Nationalsozialisten und Mitläufer anzuzapfen vermag.« Das Christliche soll stehen gegen das Reich des Bösen in der Vergangenheit und in der Zukunft, gegen den Bolschewismus und seine Jünger. Die CDU muss die Mitte verkörpern – und dennoch soll die Welt in Schwarz und Weiß getrennt werden.

Reichspartei oder eine föderale, die Zonen im Westen zusammenbindende Union? Nur mit dem C im Firmenschild, oder darf das Wort »sozial«, vielleicht gar »sozialistisch« darin auftauchen? Verstaatlichung von Schlüsselindustrien oder nicht? Zwischen Düsseldorf und Hamburg, Freiburg und Bremen dachten sie alle sehr unterschiedlich darüber, die aus dem Zentrum, den Christlichen Gewerkschaften, gelegentlich sogar aus dem Protestantismus kamen und aus allen Himmelsrichtungen wieder hineinströmten in die Politik.

Doch halt – ein »Strom« war es nicht. Es kamen sehr wenige. Zu Fuß, weil es andere Verkehrsmittel nicht gab. Wer Glück hatte, konnte radeln. »Für die Unterbringung von Fahrrädern wird gesorgt« stand auf der Einladung zu einer Kundgebung am 22. Juli 1945 ins Theater am Schiffbauerdamm.

Ähnliche Sorgen plagten die Rheinländer. Man sei »auf eine gewisse Eigenverpflegung eingestellt«, warnten fürsorglich die dortigen Gründerväter - Mütter waren selten darunter - die Teilnehmer aus Rheinland und Westfalen, die sie zu einem »Reichstreffen« ins Pädagogium nach Bad Godesberg einluden. Im Hintergrund und stumm saß, indigniert wegen der Kleinkrämerei, ein alter Herr: Konrad Adenauer.

Die »Gnade der Stunde null«

Die Delegation aus der Hauptstadt durfte auf Anweisung der sowjetischen Militärs nicht an den Rhein reisen, die Berliner CDU-Gründer, Andreas Hermes und Walther Schreiber, waren gerade abgesetzt worden; sie hatten der Enteignung des landwirtschaftlichen Besitzes über 100 Hektar widersprochen. Jakob Kaiser und Ernst Lemmer folgten ihnen nach. Vor allem Kaiser, später der erste Vorsitzende der CDA, der Christlich-Demokratischen Arbeitnehmerschaft, fand, das kommende Zeitalter müsse »im Zeichen einer ›sozialistischen Ordnung‹ stehen«.

Das war nicht nur Taktik gegenüber den Herren der sowjetischen Militäradministration. Überzeugung steckte auch in der These vom notwendigen Brückenschlag zwischen Ost und West, Christentum und Sozialismus. Ähnlich drängten im Rheinland die Walberberger Dominikaner auf einen dritten Weg zwischen »liberalistischem Individualismus« und »sozialistischem Kollektivismus«.

Die katholische Initiative in Frankfurt, gleich nach dem Einmarsch der Amerikaner geboren, drängte noch nachdrücklicher in diese Richtung. Walter Dirks und Eugen Kogon, Herausgeber der Frankfurter Hefte seit 1946, dachten an eine sozialistische Partei, die Sozialdemokraten, Kommunisten und christliche Sozialisten sammelt. Dirks: »Wir sprachen geradezu von der ›Gnade der Stunde null‹.« Aber, das mussten sie lernen, so viel »Stunde null« war auch wieder nicht gewünscht.

Der Berliner Hermes hatte den Namen Christlich-Demokratische Union erfunden, den Protestanten miss-

100562

Eugen Kogon (hier 1951 bei einer Rede zum Jahreskongress der Europa-Union) arbeitete auf die Verwirklichung einer Christentum und Sozialismus verbindenden Gesellschaft hin. Von der CDU Konrad Adenauers wandte er sich bald ab und setzte sich in zahlreichen Essays kritisch mit der Regierung auseinander.

fiel er. Unter den 35 Berliner Gründungsmitgliedern befanden sich 12, die zum Widerstand zählten, 2 von ihnen hatten das KZ überlebt. Viel war in diesen Gründerjahren von »Selbstverwaltung« die Rede, wenig vom Staat. In dem Sinne lässt sich schon sagen, dass die CDU gerade nicht als Partei eines starken Staates angetreten ist, wie ihn bis vor kurzem geradezu mustergültig Manfred Kanther (übrigens auch seine jugendliche Version Roland Koch) verkörperte. Und eine gewisse innere Distanz zu jedem übermächtigen Staat blieb lange ein Grundzug der Union.

Man zeigte sich moralisch - doch zugleich sehr pragmatisch. Unter dem hohen C. Denn vor den Lebensmittelläden standen Schlangen, die Planzahl der Kalorien pro Kopf und Tag wurde weiter gesenkt, 1586 waren es jetzt, Ende 46, und ein Notwinter stand bevor. Viele Menschen starben aus Hunger, viele erfroren. Sie konnten die Kohle schlicht nicht bezahlen, wenn es sie gab.

Das war kurz vor »Ahlen«. 1. bis 3. Februar 1947: Im katholischen Pensionat St. Michael bei Hamm (Westfalen) versammelt sich der Zonenausschuss der CDU, um über ein neues Programm zu beraten. Da blitzt sie ein letztes Mal auf, die frühe Entschiedenheit: »Das kapitalistische Wirtschaftssystem ist den staatlichen und sozialen Lebensinteressen des deutschen Volkes nicht gerecht geworden. Nach dem furchtbaren politischen, wirtschaftlichen und sozialen Zusammenbruch als Folge einer verbrecherischen Machtpolitik kann nur eine Neuordnung von Grund auf erfolgen.«

Ahlen ist zum Mythos geworden
Ziel aller Wirtschaft sei die »Bedarfsdeckung«. Notwendig sei: »Stärkung der wirtschaftlichen Stellung und Freiheit des Einzelnen, Verhinderung der Zusammenballung wirtschaftlicher Kräfte in der Hand von Einzelpersonen, von Gesellschaften, privaten oder öffentlichen Organisationen, durch die die wirtschaftliche oder politische Freiheit gefährdet werden könnte.« Die Zeit der unumschränkten Herrschaft des privaten Kapitalismus sei vorbei, es müsse aber ebenso vermieden werden, »dass der private Kapitalismus durch den Staatskapitalismus ersetzt wird«. Der sei noch gefährlicher.

Ludwig Erhard wurde zum Gegenspieler der christlichen Sozialisten in der CDU (hier bei seiner Vereidigung als Bundeskanzler 1963).

100563

Ahlen ist zum Mythos geworden. Aber so viel steht fest: In St. Michael in der Mitte von Nirgendwo ist keine dramatische Schlacht um den Kurs der Union zwischen Kapitalismus und Sozialismus geschlagen und entschieden worden. Zu stark war bereits der Wunsch in der deutschen Bürgerlichkeit, sich einer Sammlungsbewegung wie der »Union« anschließen zu können, zu schwach waren Dirks und Kogon und Kaiser.

Und dann: Konrad Adenauer. Der Mann, der in Bad Godesberg 1945 noch als steinerner Gast dabei saß. Eigentlich müsste das Ahlener Programm »das Adenauer-Programm heißen«, schreibt Hans-Peter Schwarz. Selbst das, was da an deutlichen Worten zum Kapitalismus zu lesen war, gehörte schon zu Adenauers Strategie. Es steckte auch mehr Arbeit darin von seinem Freund Robert Pferdmenges, dem Bankier, als nach außen bekannt war.

Das Zeitalter des Bürgertums sei zu Ende, hatte Jakob Kaiser geurteilt. Im Gegenteil, es ende nie, hielt Konrad Adenauer dagegen. Der frühere Oberbürgermeister von Köln, der zum Zentrum zählte, abgesetzt von den Nazis, von den Amerikanern wieder ins Amt berufen, zog schon damals im Hintergrund auf seine Weise die Fäden. Der Rheinländer erwies sich nicht nur als gewiefter und einflussreicher, er zeigte sich auch realistischer und zynischer als der Berliner, der sich »Kaiser ohne Land« nannte.

Vielleicht sollte man »Ahlen« so verstehen: Die CDA behielt seitdem in der CDU ihren kleinen, aber festen Platz. Adenauer hatte sich spielend durchgesetzt, wonach Vergesellschaftung derzeit »nicht praktisch« sei. Dem Antikapitalismus der ersten Jahre war ein letztes Hochamt beziehungsweise das Requiem gelesen worden – jetzt aber, 1948, bestimmten Marshallplan und Währungsreform die Lage. Am Rande kam ein Direktor der Verwaltung für Wirtschaft im vereinigten Wirtschaftsgebiet der anglo-amerikanischen Zone ins Blickfeld, Ludwig Erhard mit Namen, der eine andere Idee als die christlichen Sozialisten verfolgte. Den abgemilderten Kapitalismus, den er wollte, nannte er »soziale Marktwirtschaft«.

Ganz langsam gewinnt Adenauer (und auch Erhard) Einfluss, sein Denken prägt die knetbare neue Union.

1945: Der sowjetisch besetzte Teil sei auf nicht abzuschätzende Zeit verloren, gesteht er amerikanischen Journalisten. 1947: Von der europäischen Einigung spricht er als »Königsweg«, die deutsch-französische Verständigung nennt er das »Herzstück« der Einigung.

Es dauert nicht mehr lange, bis er einen »Damm gegen den Bolschewismus« bauen will, und dazu war das Projekt Wiedervereinigung vorerst zu verschieben. Deutschland musste im Westen ankommen. Schwer genug. Denn Adenauer wusste ja, auch wenn er nicht öffentlich darüber sprach, wer versagt hatte. Der »Wundergreis« (Sebastian Haffner) liebte es, überdeutlich zu sprechen, so wie er über die Maßen schwieg, wo es ihm opportun erschien.

Man lese die Briefe, Rhöndorfer Ausgabe. Schmucklose Wahrheiten, unter vier Augen. 23. Februar 1946: »Nach meiner Meinung trägt das deutsche Volk und tragen auch die Bischöfe und der Klerus eine große Schuld an den Vorgängen in den Konzentrationslagern ... Es hat sich fast widerstandslos, ja zum Teil mit Begeisterung gleichschalten lassen.«

Sozialdemokraten und Kommunisten rückt der »Alte« letztlich in eine Reihe »a-christlicher Parteien«, in ein »Halbdunkel«, dem man eine geeinte Partei »als Vertreterin des christlichen Prinzips« gegenüberstellen muss. Schwarz oder weiß, Christ oder Bolschewist, West oder Ost, so sah die Welt aus, wie sie Adenauer bewusst überzeichnete. Die CDU wurde, manchmal schwankend, Volkspartei und blieb in der Mitte. Die vagen Programme wurden präzisiert. Obwohl, bei Lichte besehen, das Argument Adenauers im Jahr von Ahlen ein Leitmotiv blieb: In einer »derartig fluktuierenden Zeit«, hatte er geraten, dürfe man sich mit Formulierungen nicht gar zu genau festlegen. Fluktuierend blieben in dem Sinne letztlich auch die nächsten 50 Jahre. *3. Februar 2000*

Berliner Mauer

Eingemauert im Paradies

Niemand war ihr gewachsen: Mit dem Bau der Mauer begann 1961 eine Geschichte der Selbsttäuschungen. Intellektuelle aus Ost und West dachten über die Grenze hinweg – aber meistens in die falsche Richtung

Von Günter Kunert

Es fing damit an, dass das Telefon klingelte und eine aufgeregte Stimme rief: »Schaltet sofort die Nachrichten ein!« Wahrscheinlich wurde niemals vordem und niemals nachher wieder derart häufig telefoniert wie an diesem Morgen des 13. August 1961. Ließen sich Emotionen in Temperaturen umsetzen, hätten in jenen Stunden die Drähte schmelzen müssen. Am Anfang war der Stacheldraht, am Ende der »antifaschistische Schutzwall«, ein anachronistisches Bauwerk, eher dem Mittelalter zuzurechnen als dem 20. Jahrhundert. Und weil die Mauer so unzeitgemäß gewesen ist, konnte sie in einer globalen Dorfgemeinschaft auch nicht von Dauer sein. »Sie wird noch hundert Jahre Bestand haben ...« – Honeckers späte Behauptung: nichts als leeres Gefasel eines Flachkopfs.

Aber von diesem 13. August an bestimmte das Bauwerk unser Schicksal. Durfte vorher jedermann seines Unglücks Schmied sein, so war ihm diese Mühe nun abgenommen. Die Mauer zog sich durch das Seelenleben aller, die sich ab dem Datum in eine gesellschaftliche Nische zurückzogen, um zu »überwintern«. Wem der Anblick der Mauer entgangen ist, kann sich ihre Auswirkung kaum vorstellen. Und Fotografien geben bloß den äußerlichen Eindruck wieder. Alsbald wird niemand mehr wissen, dass sie auf gewisse Weise ihre Analogie in einem bekannten Märchen besaß, nämlich in Dornröschen, weil wie in diesem ein seltsamer Zustand die Eingeschlossenen befiel. Wie die Prinzessin sank auch das Gesinde in eine Art Schlaf; die Zeit blieb ganz einfach stehen. Draußen nahmen die Weltläufte ihren sich beschleunigenden Fortgang, im »Schloss« jedoch döste

100012

Berliner Mauer am Brandenburger Tor: »Die Zeit blieb ganz einfach stehen ...«.

man mehr oder minder ungemütlich vor sich hin. Was in weiter Ferne von ein paar Kilometern geschah, nahm man ausschließlich durch mediale, ergo irreale Vermittlung wahr und sehnte sich nach Teilhabe an der falschen Munterkeit einer ausufernden Industriezivilisation.

Merkwürdigerweise beneideten viele Außenstehende oftmals die Eingesperrten um ihren verlangsamten Daseinsrhythmus, um den reduzierten Pulsschlag des individuellen wie des öffentlichen Lebens. Ja, ja – bei uns ging es gemächlich zu, und irgendwann einmal waren die zehn Jahre, welche man auf ein Pappmobil, zärtlich Trabi geheißen, warten musste, auch vorüber. Unsere Brüder und Schwestern aus dem nahen Westen gerieten ins Schwärmen, sobald sie durch unsere verfallenen Dörfer kurvten, über holprige Alleen, durch die verkommenen Gassen der Kleinstädte. Hier fanden sie wieder, was sie offenkundig vermissten: den Mief der kleinen, engen Welt. Ein Gestern, bewahrt durch den allmächtigen Herrscher namens Mangel. Klarer gesagt: Die Westler, verstört durch das rapide zunehmende Tempo innerhalb ihres eigenen Umfeldes, glaubten hinter der Mauer die anheimelnde Vergangenheit wiederzufinden, aus der sie verstoßen worden waren.

Dennoch: Spätestens nach Mitternacht endete die Illusion, wenn die Besucher aus dem Westen in ihren lichtdurchfluteten Bereich – und zwar aufatmend – zurückkehrten, ohne sich der Empfindungen der Zurückbleibenden bewusst zu werden. Sie nahmen, außer einigem kunstgewerblichen Kram oder trostlosen Büchern, die Gewissheit mit, dass es den Eingemauerten doch keineswegs so schlecht gehe wie angenommen. Freilich: Die Mühen der Ebene, sich als gleichwertiger Gastgeber präsentieren zu können, ahnte keiner der Eingeladenen. Und die Gastgeber selbst genierten sich ob ihrer verschämten, aber nicht selbst verschuldeten Ärmlichkeit.

Obwohl: Mancher mochte auf Dauer die Borniertheit der Mächtigen und die eigene Wehrlosigkeit nicht ertragen. Nur weg, nur hinaus aus dem real existierenden Paradies, wo man sogar nach Äpfeln anstehen musste. Hinauszugelangen bedurfte es Kühnheit, sogar Tollkühnheit, um sich wie ein Maulwurf unter der »Grenzbefestigung« hindurchzugraben oder sich einem Schleuser anzuvertrauen, der einen mit falschen Papieren oder in einem manipulierten Auto ins Freie schaffte. Viele solcher waghalsigen Unternehmungen erforderten Fantasie.

Als Rotarmisten über die Grenze

Erinnert sei an eine Gruppe einfallsreicher Schelme, die ganz besonders trickreich entkamen. Sie wussten, dass zum Jahrestag der »Befreiung vom Faschismus« eine Kolonne sowjetischer Militärfahrzeuge zum Tiergarten nach West-Berlin rollte, wo ein Ehrenmal für die gefallenen Rotarmisten stand. Unsere tapferen Schneiderlein nähten sich Kopien sowjetischer Uniformen, erstanden einen alten Pobeda, eine sowjetische Nachschöpfung des Buckel-Volvo, lackierten den in der Farbe der »zeitweilig in der DDR stationierten« Klassengenossen, banden einen Kranz mit roten Schleifen auf dem Dach fest und harrten des günstigsten Augenblicks. Dann schlossen sie sich der russischen Delegation an, für die keine Grenzkontrollen existierten. Aber das Auto war ein halbes Wrack, das Getriebe versagte, die Gänge ließen sich nicht mehr schalten, doch schließlich, vermutlich schweißgebadet und mit rasendem Puls, gelang es den falschen »Freunden«, wie der offizielle Sprachgebrauch die Russen titulierte, im Schritttempo die Grenze zu überqueren.

Kaum abzuschätzen, wie viele Fluchtpläne damals entworfen und verworfen wurden. Ich möchte wetten, dass es, bis auf die Stützen der popligen Gesellschaft, keinen gegeben hat, der nicht dann und wann mit dem Abhauen liebäugelte. Jedoch bis zur Ausführung, bis zum Abschied vom verhängten Fatum war es ein weiter Weg, bei dem schon die meisten resignierend auf der Strecke blieben und sich mit Brechts Keuner-Geschichte über den Diener der Macht trösteten, welch Letzterer, von der Macht befragt, ob er ihr dienen wolle, sich ihr unterwirft, sich nach dem Ableben der Macht die Hände wäscht und mutig »Nein« sagt. Von solchen Keuner-Typen wimmelte das Land – darum die Dauer des an sich äußerst fragilen Systems, das ausschließlich auf echte Rotarmisten baute.

Andere wiederum waren durch Zufall, vielleicht durch psychisch bedingte Blindheit und Ahnungslosigkeit, in die Falle geraten und konnten den Käfig nicht mehr verlassen. Unser Anrufer, nach dessen Durchsage wir die Nachrichten eingeschaltet hatten, erschien wenig später tränenüberströmt bei uns, über dem Arm einen Haufen Kleidungsstücke. Unser Freund Karl-Heinz hatte bereits mit Frau und zwei Kindern und den Flugtickets nach Frankfurt am Main in Tempelhof gesessen, als es ihn überkam und er noch einmal am 12. August in den Ostsektor zurückfuhr. Leider spielte ihm Walter Ulbricht, der ja bestritten hatte, eine Mauer bauen zu wollen, einen schlimmen Streich. Als Karl-Heinz am Morgen des nächsten Tages nach Tempelhof wollte, fand er das Tor verschlossen.

Und es hat sich für ihn auch nie mehr aufgetan. Die »Hauptstadt der DDR« wurde zu seiner letzten Ruhestätte. »Und was sollen die Kleidungsstücke, Karl-Heinz?« – »Die bringt doch bitte meiner Frau zum Flugplatz ...« Wie sollte das möglich sein? Nun, viele Ärzte und Künstler besaßen einen »Propusk«, eine »Green Card«, die dazu berechtigte, mit dem Auto nach West-Berlin zu kutschieren, und wir hatten ebenfalls eine solche Karte erhalten. Und das Wunder geschah!

Erich Honecker, verantwortlich für die Abriegelung, hatte vergessen, diese Karten für ungültig zu erklären. Darum gelang es im letzten Moment manchem Arzt, das Weite zu suchen. Also könnten wir probieren, ob es uns gelingen würde, die Sachen ihren Empfängern zuzustellen. Mit diesem unbeschreiblichen Gefühl in der Magengegend und flatternden Händen an einem glitschigfeuchten Lenkrad gelangten wir zum Tor, zum Brandenburger, wie es uns die grüne Karte zuwies. Vor einem Offizier stoppend, reichte ich das Sesam-öffne-dich durchs Fenster.

»Sie können fahren, aber Ihre Frau bleibt hier ...« Der arme Tropf hatte die Rechnung ohne die Wirtin gemacht. Sie nämlich fragte eisig, ob er denn nicht lesen könne, da stehe deutlich sichtbar: »Mit Frau.« Kleinlaut retournierte der wachhabende Sklave die Karte und winkte uns hinaus, hinfort, hindurch. Jenseits des Tores fingen die Westberliner an, sich zum nutzlosen Protest zu versammeln. Rasch nach Tempelhof, um unsere Freundespflicht zu erfüllen, um auf Wiedersehen zu sagen und: »Bestimmt kommt Karl-Heinz bald nach ...«

100562

»Die Mauer traumatisierte Massen von Menschen«.

Wie naiv wir gewesen sind. Wir glaubten tatsächlich, der vorherige Zustand offener Grenzen würde sich nach einer Weile wieder herstellen. Vielleicht bildete unsere unsinnige Hoffnung auf künftige Westtouren so etwas wie ein Sedativ. Man wollte sich die bittere Wahrheit nicht eingestehen. Dabei hätte ich, dessen Biographie von ausreichend schlechten Erfahrungen überquillt, es besser wissen müssen. Es kommt doch immer schlimmer, als man denkt. Und der Standardspruch meiner Mutter »Es wird nichts so heiß gegessen, wie es gekocht wird!« war mir schon lange verleidet.

Nach der Heimkehr in die örtliche Tristesse hockte man mit Freunden zusammen, endlos Spekulationen und Hypothesen produzierend. Am idiotischsten schien mir die laut geäußerte Meinung einiger Schriftsteller und anderer Antiintellektueller, endlich seien wir unter uns, vom Feinde unbehelligt, das brächte uns mehr Freiheit für unser künstlerisches Schaffen. Darüber konnte man nicht einmal mehr höhnen. Es war vorhersehbar, dass man ab heute mit unliebsamen Zeitgenossen nach Bedarf und Lust und Laune umspringen konnte und würde, wie man wollte. Daher lautete die unausgesprochene Parole: sich arrangieren.

Vor dem Fernseher sitzend, ständig erneut den Volksarmisten über den Stacheldraht jumpen sehend, ein signifikantes Bild von enormer Eindringlichkeit, da es immerhin die Einladung zum Mittun, zum Abspringen implizierte, ward des Grübelns kein Ende. Die Mauer traumatisierte Massen von Menschen, und obgleich verschwunden, steckt sie noch immer in uns. Damit meine ich keinesfalls den irgendwann abklingenden Dissens zwischen Ost- und Westdeutschen, ich meine es ganz wörtlich. Noch 40 Jahre nach ihrer Errichtung, elf Jahre nach ihrem Fall, spukt sie durch meine Träume. Heute Nacht chauffierten mich zwei russische Journalisten in ihrem Auto nach Berlin-Kreuzberg, dem Bezirk, in dem ich aufwuchs, damit ich ihnen zeigte, wo das Machwerk gestanden habe. Ich bin dann vorsichtshalber aufgewacht. Insofern hat sie sich allen, denen sie, pathetisch gesagt, zum Schicksal wurde, dauerhaft eingeprägt, ja, eingebrannt. Schade, dass dieses Brandmal nicht genetisch vererbbar ist. *9. August 2001*